□ 운암 조신권 교수 전집 2

성경의 이해와 해석

문학적 접근 모색

조 신 권 지음

"천지는 없어지겠으나,
내 말은 없어지지 아니하리라.
풀은 마르고 꽃은 시드나,
우리 하나님의 말씀은 영영히 서리라."
(마 24:35; 사 40:8)

아가페문화사

The Understanding and Interprtation of the Bible

** Literary Approaches to the Bible **

by

Shin Kwon Cho

2011
Agape Culture Publishing Company
Seoul, Korea

雲岩 조신권 교수 전집을 펴내면서

지금까지 50여 년 간 연세대학교와 총신대학교 및 한국여자신학교에서 가르치고 연구하며 성경과 문학과의 가교를 놓는 일에 진력해 오신 우리들의 동료이자 은사이시며 신앙의 선배이신 雲岩 조신권 교수님의 학덕을 기리고, 신앙과 사상, 교육과 연구 및 문화와 학술 면에서 그가 세운 업적과 공적을 길이 보존하며, 후대에 널리 전승시키고 선양시키기 위하여 그의 전집을 펴내고자 합니다.

그 사이 연구하여 발표하고 출판했던 번역물들과 학술논저들, 그리고 틈틈이 써서 내놓았던 창작물들과 새로 쓴 것들을 모아 雲岩 전집 29권과 별책 1권『人生餘祿』으로 묶어 펴내려 합니다. 이 29권 중에는『성경의 문학적 탐구』를 비롯한 7권의 성경과 문학의 관계저서와『존 밀턴의 문학과 사상』을 비롯한 7권의 영문학과 성경과의 관계 저서,『한국문학과 기독교』를 비롯한 10권의 기타 기독교 관계 저서와 창작물, 그리고『실낙원』을 비롯한 5권의 번역물과 해설이 포함됩니다.

이 전집에서 우리는 끊임없이 새로운 것을 추구하는 선생님의 정열과 도전 및 탐구 정신과 만나게 되고, 무엇보다 복음 안에서 모든 학문과 현상을 재구성하고 재창조하는 그의 탁월한 상상력과 용광로처럼 뜨거운 영성을 재체험(再體驗) 또는 감응감수(感應感受) 할 수가 있습니다. 이런 영성은 혼탁한 세대를 밝히는 등불이 될 것이고, 어디로 가야할 지를 모르는 사람들에게는 지팡이가 될 것입니다.

독자 여러분에게 놀라운 은혜와 감동 및 유익과 새로운 깨달음을 줄 수 있었으면 좋겠습니다. 동시에 그의 한결같은 일관성과 그의 쇠심줄 같은 끈기 및 그의 성문학(聖文學)에 대한 사명감 등을 공유할 수가 있었으면 좋겠습니다. 더구나 영상매체가 판을 치는 이때에 펴내는 이 전집이 천박해 지기 쉬운 우리들의 후학과 후손들의 품격을 고상하게 격상시켜 주는데 도움이 되었으면 좋겠습니다.

지속적인 후원과 기도를 부탁드리며 순차적으로 펴내도록 하겠습니다.

雲岩 조신권 교수 전집 출판후원회
고문 총신대 총장(전) 김인환 박사
대표 총신대 이사장 김영우 목사

머 리 말

'사랑에 목마를 때, 친구가 아쉬울 때나 진리에 배고플 때, 열심히 구하면 그것들이 모두 내게로 온다. 필요로 하지 않는 사람에게 주어지는 것은 없으며, 두드리지 않는 사람 앞에 문은 열리지 않는 법이다. 소망하는 바를 꼭 이루겠다는 신념을 가지고 추구해 나가면 마침내 희망봉에 이르게 된다.'

나에게 이런 긍정적인 확신과 소망을 갖게 해 준 것은 선친 고 조봉하 목사님과 평양신학교에서 선친과 동문수학한 성갑식 목사님의 가르침이 있었기 때문이다. 선친께서는 자주 삼각산 기도원으로 나를 대동하고 철야 산 기도회를 다녀오곤 하였고, 매일 성경 읽기를 권하셨으며, 가정예배를 통하여 시편의 많은 부분을 외우도록 하셨다. 내가 커서 목사가 되기를 선친께서는 원했으므로, 대놓고 말씀은 안 하셨지만 젊을 때부터 이렇게 나를 훈련시키셨던 것 같다.

1946년에 월남하여 전라북도 부안읍에서 교회를 담임하고 계셨던 선친께서는 나에 대한 장기적인 비전을 품고 나를 부안중학교에 넣질 않고 전주에 있는 신흥중학교로 유학을 가게 하였고, 그 당시 이 학교의 교목으로 계셨던 학문이 깊고 신앙 인품이 고매하셨던 성갑식 목사님께 나를 맡기셨던 것이다. 특별히 성목사의 학교 사택 서재에 유숙하면서 나의 멘토 격이었던 성갑식 목사님의 일상생활을 보며 배우게 하셨다. 나는 거기서 성갑식 목사님의 그 근면성과 성실성을 배워 본받게 되었고, 매일 자정 전에는 결코 취침에 들질 않고 기도하고 영어 성경을 읽으며 단어를 외우고 연구하는 성 목사의 끈질긴 신앙 자세를 지켜보며 사표로 삼았었다. 그 후 그는 서울로 올라와 기독교서회와 서울여자대학교를 위해 크게 일하셨다. 전주 신흥중학교를 다니면서 겪었던 일들 중에 잊을 수 없는 일들이 상당히 많이 있다. 그 중에서도 가장 기억에 남는 것은, 2학년 재학 시 학교가 서울대학교 종교학과 교수님이었던 신사훈 박사를 초청하여 신앙 강화집회를 가졌던 일이다. 감수성이 가장 예민하던 이 시절에, 나는 '성경을 사랑하고 양서 특히 위인전과 영적인 자서전을 애독하는 사람은 반드시 크게 된다' 는 말씀을 들었다. 그때 들은 강사의 그 말씀은 항시 나를 떠나지 않고 나의 귀를 쟁쟁하게 울려주었으며 가슴을 뛰게 하였다. 참으로 나는 크나큰 감동을 받았었고, 그 이후 나는 그 설교 말씀의 지배를 받으며 살게 되었다. 그때부터 성경을 줄곧 내 손에서 놓질 않았고 정식 신학교는 다니지 못 했지만, 열심히 성경과 신학을 독학으로 공부하여 성경에 대한 상당한 지식을 쌓을 수 있었다.

나는 성경 말고도 위인전들을 읽으며 많은 감명도 받았다. 그 중에서도 헬렌 켈러의 전기를 읽고 나는 큰 교훈을 받았었다. 들을 수도 없고 볼 수도 없으며 말할 수 없었던 삼중고의 불행한 운명을 떨쳐버리고 드디어 세계적 위인으로 역사 위에 우뚝 서게 된 헬렌 켈러의 전기는 나에게 너무도 큰 감동을 주었다. 불행한 사람들에게 빛을 심어준 이 위대한 인물이 있기까지 그늘에서 불가능의 운명을 가능의 운명으로 바꾸어내기 위해 자신의 일생을 바친 헬렌 켈러의 스승 설리번은 나를 뜨겁게 감전시킨 구원(久遠)의 교육자인 동시에 한 인간을 새롭게 만들어낸 위대한 예술가였다. 또한 헬렌 켈러의 그 무서운 인내와 극기의 의지, 그 놀라운 노력은 시시로 나의 앞을 가로막아서는 실의와 좌절의 운명 앞에서도 쉽게 굽히지 않고 오늘까지 꿋꿋하게 버티게 만든 에너지였다.

나는 대학시절부터 책 읽기와 글쓰기를 즐겼고 생명줄처럼 여기며 매여 달려왔다. 일주일에 꼭 한 번은 청계천과 종로 3가나 명동 중국인 타운 골목에 있던 고서점을 찾아가 스승들로부터 소개받은 귀한 책들을 헐값으로 사다가 읽는 재미를 즐겼고, 세계 위인전과 영웅전들을 사서 적어도 한 달에 1권 정도는 늘 독파했다. 물론 성경은 매일 같이 빼놓지 않고 읽고 쓰고 외웠으며, 또한 읽고 묵상하며 노트를 만들어 깨달은 바를 적기도 하였다.

나는 공자의 말 가운데서 다음과 같은 명언, '학불염 교불권' (學不厭 敎不倦)이라는 자구를 좋아한다. 이 말을 풀면 '배우는 데 싫증을 느끼지 말고, 가르치는 데 권태를 느끼지 말라' 는 말이다. 세상에 배운다는 것처럼 즐거운 일이 없고 보람 있는 일이 없다. 밥 먹는 일, 대화하는 일, 노래를 부르는 일, 영화를 보는 일, 장보는 일 모두 다 인생에 필요한 일이지만 배우고 공부하는 일처럼 흐뭇하고 생산적인 것이 없다.

새로운 것을 아는 기쁨, 몰랐던 것을 깨닫는 즐거움, 지혜를 탐구하는 희열, 명저를 읽는 재미, 나의 정신이 성장하는 보람, 우리는 배우고 공부하면서 비할 데 없는 행복을 느낀다. 그리고 배우고 익힌 것을 가르치면서 더욱 확신한 일에 머물 수가 있고 확고한 입지의 자리에 설 수가 있었다. 나는 일생동안 배우고 가르치는 일에만 전념했을 뿐이다. 그러면서 얻은 것은 돈도 친구도 아니고, 권세와 영화도 아니었다. 거기서 내가 얻은 것은 재미요 행복이요 보람이요 정신적 풍요함이었다. 이렇게 책 읽기를 즐기고 글을 쓰는 가운데, 성경을 읽으면 읽을수록 재미도 있지만 너무나 속뜻이 무겁고 심오하며 깊어서 이해할 수 없는 부분들이 많았다. 그러다가 성경을 잘 풀이해주는 학문이 해석학이라는 것을 알았다. 조금 공부를 해보니 해석학적인 방법도 여러 가지라는 것을 알게 되었다. 시대 따라 그 접근하는 방법도 다른데, 근자에는 새로운 성경해석법으로서 가장 인기 있는 것이 문학적인 접근법이라는 것도 알게 되었다. 내가 전공하는 학문이 문학인지라 더욱 흥미를 느끼지 않을 수가 없었다. 근년에 와서 나는 이 방향의 책들을 꽤 많이 읽어보았다. 그리고 외람되게도 내가 그런 책을 써보아야겠다는 다짐을 했었다. 그 다짐의 소산이 바로 이 책이다.

위에서 말한 바와 같이, 근자의 새로운 접근방법들 중의 가장 중요한 방법의 하나인 문학적인 방법으로 성경을 해석한다고 하는 것은 성경을 하나님의 말씀으로 뿐 아니라 인간의 언어로 기록된 문학 텍스트로 보고 접근하는 것을 말한다. 일반적으로 문학적 해석을 시도하는 사람들은 성경 텍스트의 문학 장르, 수사학적인 장치, 언어의 비유적인 표현, 말의 문법과 구문, 구조적 패턴들에 대한 문제를 제기하게 된다.

이 연구 방식은 오랜 역사를 갖고 있지만, 주된 성경해석법은 아니었다. 이와 같이, 문학적 성경 연구가 많은 성경학자들에 의해 거부돼 온 것은 이 방법론이 성경의 역사성과 사실성보다는 본질 자체를 강조하고 있기 때문이다. 그간 성경연구를 주도해온 연구방법은 역사비평이었으므로 문학적 연구는 그 연구의 관심을 본문 자체로 돌리려고 했던 것 같다.

그러나 미국 웨스트몬트대학 석좌교수님으로 재직 중에 있는 트렘퍼 롱맨 3세는 2008년 5월 2일자 『국민일보』의 "미션라이프" 27면에서 "문학으로서의 성경과 역사로서의 성경을 구분하는 것은 잘못된 이분법"으로서, "성경은 문학이자 동시에 역사이며 그 이상"이라고 강조하였다. 그는 성경이 문학적 형식을 취하면서 갖게 되는 주요 기능으로 진리를 이야기 형식 또는 시 형식 속에 투사함으로써 독자로 하여금 그 이야기에 주의를 기울이게 한다는 것을 꼽았다. 나도 롱맨이 말한 바와 같이, 문학으로서의 성경과 역사로서의 성경으로 나누는 것은 옳지 못하며, 오히려 이상적인 것은 통합적인 방법으로 성경에 접근하는 것이라고 생각한다.

이 책을 다음과 같은 구조로 구성하여 전개하겠다. 첫째로는 '성경해석을 위한 예비적 고찰'을 시도하는 것이고, 두 번째로는 유대교시대로부터 종교개혁 이후시대까지의 성경해석의 역사적 흐름을 살펴보는 것이며, 셋째로는 성경해석의 접근 방법을 살피고, 넷째로는 새로운 성경 접근 방법으로서 문학적인 접근방법을 고찰하는 동시에 직접 성경에 적용해서 풀이해 보는 것이다. 나는 신학자도 아니고 성경주석가도 아니다. 일개 문학도일 뿐이다. 그런 점에서 성경에 관한 연구서를 5권이나 출판한 것은 좀 주제 넘는 일 같으나 하나님께서 나에게만 허락한 가장 큰 소명이요 은혜가 아닌가 생각하며 감사를 드린다. 동시에 여러 가지 미흡한 점이 있다하더라도 사랑으로 덮어주고 지도편달을 바란다.

운암전집을 내는 일에 큰 관심을 가지시고 여러 모로 도와주시는 총신대학교 전 총장 김인환 박사님과 현 총장 정일웅 박사님 및 그 밖의 연세대학교와 총신대학교의 나와 관계가 있는 여러 교수님들, 그리고 총신대학교 이사장이신 김영우 목사님을 비롯한 물심 양 면으로 도와주시는 여러 이사님들과 후원회 회원 여러분들 및 나의 영적인 후견인이 되셔서 애정으로 돌보아 주시는 청암교회 담임목사이신 권성묵 목사님께 감사를 드린다. 또한 이권에 개의치 아니하고 전집 출판에 심혈을 기울여 주시는 아가페문화사 사장 김영무 목사님과 출판총책을 맡아서 헌신적으로 돌봐주신 고(故) 부천대 조한식 선생님, 그리고 맞춤법과 띄어쓰기 및 워딩 작업 같은 자질구레한 일들을 불평 없이 맡아 처리해 준 총신대 영어교육학과 박초록 양에게 감사한 마음을 표한다. 지난 2011년 3월 4일에 조한식 교수는 하나님의 부르심을 받았다. 애도를 표한다.

두 아이를 돌보느라고 힘이 들련만 마다하지 않고 표지 디자인에 정성을 쏟아 주어서 품위 있는 책을 내도록 해준 셋째 자부에게 심심한 사의를 표하며, 늘 옆에서 성실하게 내조하고 기도로 도와주며 동역해오고 있는 사랑하는 아내 강경애 권사와 따뜻한 보살핌으로써 늘 힘을 북돋아 주는 세 아들 조기헌 장로, 조기백 안수

집사, 조준용 안수집사와 셋이 다 집사직을 맡고 있는 이은재, 조모란, 황현정 세 자부들에게도 고마운 마음을 표한다. 할아버지에게 늘 사랑을 베풀어주는 대견스런 현우, 현수, 현재, 현서 네 손자들과 유진, 유빈 두 손녀들에게 하나님의 축복이 넘치기를 애정을 모아 간절히 기원 한다.

2011년 9월 10일

관악산이 바라다 보이는
총신대학교 종합관 연구실에서
운암 조신권 씀

차 례

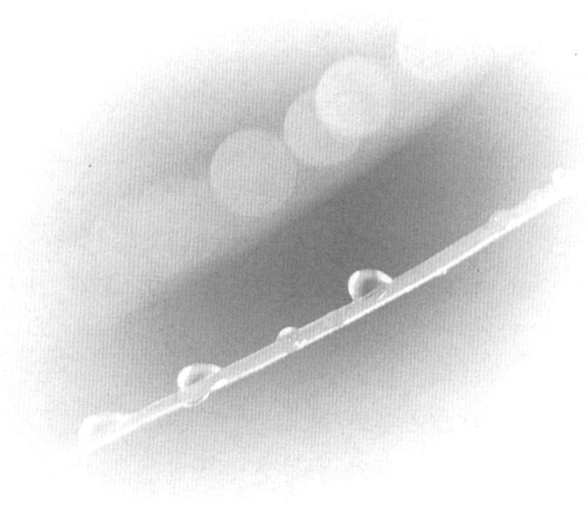

제1부 성경해석을 위한 예비적 고찰

제1장 성경은 어떤 책인가?

성경은 하나님의 말씀이다. 성경은 하나님께로부터 왔고 하나님에 의해 기록된 하나님의 말씀이기 때문에 일점일획도 오류가 없으며 정확하면서도 명백하다. 동시에 성경은, 약 1,600년(약 주전 1500-약 주후 100) 동안에 걸쳐서 각기 다양한 성품과 신분, 직업을 가진 40여 명의 선택된 사람들이 기록한 책이다. 다시 말하자면 성경은 사람의 말과 문체, 사상 등을 통해 기록되었다는 말이다. 그래서 때로는 많은 의문점이 제기되는가 하면, 모순처럼 보이는 부분들도 종종 발견되지만 그 내용이나 주제는 한결같이 통일성을 유지하고 있다. 그 안에서는 어떤 모순이나 오류도 찾아볼 수 없고, 어떤 인간적인 요소들로 말미암아 성경의 권위가 떨어지거나 그 진실성이 손상되지 않는다. 이는 성경이 오직 한 저자 곧 하나님에 의해 기록된 하나님의 말씀임을 강력하게 뒷받침해 주는 증좌가 된다.

또한 성경은 지리적으로 1,550여 곳에서 파피루스, 돌, 가죽, 옹기조각 등에 기록되었다.[1] 이렇게 기록된 성경은 기록된 그 지역의 문헌으로만 남아 사장(死藏)되지 아니하고 언어와 지역적인 공간을 초월하기 위해 여러 나라 말로 번역되어 세계 전역에 보급되었다. 이 점도 또한 성경이 단순한 사람의 글로서 세상 사람들의 마음을 울리고 사로잡는데 그치지 않고, 죽음에 처한 우리 인간들을 생명과 구원의 길로 인도해 주는, 하나님의 경이로운 은총과 영원한 진리 언약의 책이라는 것을 증명 해준다. 참으로 아이러니하게도 200년 전 성경이 곧 사라지리라고 예언했던 볼테르(Voltaire)의 집은 현재 성서공회가 되어 있다고 한다.[2] 이 성경책에 대해 좀 더 구체적으로 두 항목으로 나누어 살펴보겠다.

1. 계약서

'작은 책들' (little books) 이라는 말이 지시하는 바와 같이, 성경은 여러 책들을 모아놓은 문집(文集)으로서, 크게는 『구약』(舊約, *Old Testament*)과 『신약』(新約, *New Testament*)으로 구분되는 계약서(The book of the covenant)다. '구약' 이라는 이름 자체는 이미 '신약' 을 전제로 하고 있으며, 반대로 '구약' 이 없이는 '신약' 이라는 말은 성립되지 않는다.[3] 새 언약이라는 말은 『구약』「예레미야서」에 단 한 번 나온다. "보라 날이 이르리니, 내가 이스라엘 집과 유다 집에 새 언약(new covenant)을 맺으리라" (렘 31:31). 여기서 예레미야는 '새 언약' 이라는 말을 사용하였는데, 이 '새 언약' 이란 곧 '신약' 이라는 말이다. 그리하여 '신약' 이라는 명칭이 생겨났고, 이에 대비하여 '구약' 이라는 말도 만들어지게 된 것이다.

『구약』과 『신약』에 사용된 '약' (約)이라는 말은 '언약'[4] 또는 '계약' 을 지시하는 말로 히브리어의 베리트(berith)라는 말의 번역이다. 이 말은 본래 '언약' (covenant)이라는 뜻이다. 이 말이 헬라어로 번역될 때 '디아데케' (diatheke)라고 번역되었고, 다시 라틴어의 '테스타멘툼' (testamentum)을 거쳐 영어의 '테스타멘트' (Testament)가 되었다.

여기서 언약이란 하나님께서 인간에 대하여 세운 계약을 말한다. 하나님이 아담과 그 자손에 대하여(창 3:14-19), 노아와 그 자손에 대하여(창 6:18, 9:9-17), 아브라함과 그 자손에 대하여(창 17: 할례), 그리고 모세의 십계에 대하여(출 24:7-8) 세운 계약인 것이다. 이스라엘 민족에 대한 이러한 언약은 전부 십계명을 중심으로 하는 율법적인 계약이다. 그래서 이것을 '시내산 언약', 일명 '모세의 언약'이라고도 한다. '시내산 언약'은 하나님에게 선택되어 은혜를 받은 이스라엘 백성들이 율법을 지켜야할 것을 나타낸다. 그러나 이스라엘 백성들이 그 율법과 규정들을 지키지 못했기 때문에 옛 언약(old covenant)은 폐기되고 말았다. 그래서 하나님께서는 새로운 언약을 이스라엘 백성에게 세우셨다. 그 새로운 언약(신약)은 그리스도께서 이스라엘이라고 하는 특정된 민족이 아닌 전 인류를 대상으로 하여 맺으신 것인데, 그 내용을 보면 그리스도께서 십자가에서 흘리신 보혈(寶血)의 공로를 누구든지 믿기만 하면 "멸망하지 않고 영생을 얻게 하려 하심이라"(요 3: 16)는 것이다. 이와 같이 새로운 약속은 믿음을 전제로 한 만민대속(萬民代贖)의 약속인 동시에 한없는 사랑의 약속인 것이다. 이로써 사람들은 죄의 속박으로부터 풀려나 깨어졌던 하나님과의 관계를 다시 회복할 수 있게 되었다. 이런 점에서 성경은 인류해방의 선언서라고도 할 수 있다. 『구약』은 노예민족이었던 이스라엘의 해방사요, 『신약』은 죄악의 노예였던 전 인류의 구속사라 할 수 있다.

우리는 모세의 율법을 중심으로 하는 성경을 『구약』이라 하고, 그리스도 탄생 이후에 관한 성경을 『신약』이라 한다. 한 마디로 말해서 성경은 율법을 중심으로 이루어진 『구약』과 예수 그리스도의 보혈의 공로를 믿는 믿음을 중심으로 이루어진 『신약』으로 구성된 계약서라 할 수 있다.

2. 계시서

성경은 세상에 흔히 볼 수 있는 평범한 책이 아니라 하나님께서 직접 드러내신 말씀을 기록한 계시서(The book of the revelation)이다. 성경을 하나님의 말씀이라 하는 것은 하나님 스스로 자신의 구원계획을 선포하시고, 듣는 대상들에게 자신의 의지와 섭리를 계시하신다는 뜻이다. 이와 같이 성경은 "하나님의 영감(감동)으로 된 것"(딤후 3:16)이기 때문에 그 권위는 인간적인 것과는 전혀 다른 신적인 것이다. 하나님은 본질적으로 영적인 존재이기 때문에, 우리가 볼 수 있는 물질적인 대상이 될 수 없고, 또 우리가 들을 수 있는 음성으로 말씀하시지도 않는다. 따라서 그는 그의 거룩한 뜻을 인간에게 여러 가지 방법으로 계시하셨던 것이다.

"옛적에 선지자들을 통하여 여러 부분과 여러 모양으로 우리 조상들에게 말씀하신 하나님이 이 모든 날 마지막에는 아들을 통하여 우리에게 말씀하셨으니 이 아들을 만유의 상속자로 세우시고 또 그로 말미암아 모든 세계를 지으셨느니라."(히 1:1-2)

옛적에는 예언자들을 시켜 여러 부분과 여러 모양으로 말씀하셨던 하나님이, 마지막에는 그 아들 예수를 시켜 명료하고 생생하게 말씀하셨다는 것이다. 이렇게 볼 때 하나님의 말씀이란 곧 하나님 자신의 자기계시(自己啓示)라 할 수 있다. 특히 여기서 주목해야 할 것은 하나님께서 '여러 부분'과 '여러 모양'으로 말씀하셨다는 것이다. 성경을 보면 이사야가 성전에서 하나님의 음성을 들은 일이 있고, 사무엘이 세 번씩이나 자기의 이름을 부르시는 음성을 들은 일이 있다. 또 『신약』에서도 예수께서는 요단강에서 세례를 받으시고 올라왔을 때 하나님의 음성을 들으셨고 변화 산에서도 그러하셨다. 그러나 하나님께서 말씀하실 때, 우리 인간과 마찬가지로 성대의 진동을 통하여 하셨다고 생각하는 사람도 없지 않으나 그것은 너무나 소박하고 졸렬한 발상이다. 왜냐하면 하나님은 성대의 진동을 통하여 말씀하신 경우보다 오히려 행동을 통하여 말씀하신 경우가 더 많기 때문이다. 즉 하나님의 계시는 언어보다는 생활과 구체적인 행동을 통하여 더 많이 나타났기 때문이다. 이처럼 하나님은 인간이 지각할 수 있는 방편을 택하셔서 자기 자신을 드러내셨던 것이다. 이것을 흔히 역사화의 방법이라 한다.[5] 예수의 성육신 사건만이 하나님의 역사화의 작업이 아니고, 성경의 말씀 일체가 역사화된 하나님의 말씀인 것이다. 인간이 자기의사를 전달하는 데도 여러 가지 방법이 있듯이 역사를 통하여 하나님이 말씀하시는데도 여러 가지 방법이 있을 수 있다. 그래서 히브리서의 기자는 '여러 부분'과 '여러 모양'으로 말씀하셨다고 했던 것이다. 다시 말하면 하나님의 자기계시 방법은 다양하다는 것이다.

이처럼 하나님께서는 여러 가지 역사적 사건들을 통하여 그 자신의 의사를 계시하셨는데, 대체적으로 그 역사화의 도구는 인간이었다. 그러므로 하나님께서 주도하신 역사적 사건들은 대부분 선택된 사람들의 언어와 생활을 통하여 나타났다. 특히 모세, 여호수아, 사무엘, 다윗과 같은 지도자나 제사장 또는 제왕들을 통하여 그가 계시하고자 하시는 종교생활, 도덕생활, 또는 국가생활 등의 규범을 구체적으로 말씀하셨는가 하면, 여러 예언자들을 통하여 역사를 해석케 하셨고, 타락한 민족의 회개를 촉구하셨으며, 실의에 가득 찬 백성들에게는 희망을 주셨던 것이다. 한편 하나님께서는 시인과 지혜자들의 예리한 감각과 통찰력을 통하여 하나님과 인간의 관계를 시적으로 아름답게 묘사해 주셨고, 인간이 마땅히 소유하지 않으면 안 될 실제적 지혜와 생활원리를 교훈하셨던 것이다. 이처럼 여러 사람을 통해 여러 방법으로 말씀하신 하나님께서 마지막에는 그리스도를 통해 자기의 깊은 뜻을 나타내셨던 것이다. 이는 말씀(Word)이 육신이 된 역사적 사건 그 자체가 하나님의 최상의 말씀이라는 말이다. 이 하나님의 최상의 말씀 속에는 인간을 비롯해 우주만물의 기원과 종말에 대한 해답도 계시되어 있다.

하나님의 외아들 예수 그리스도께서 몸을 입고 이 세상에 오셔서 아버지 하나님의 뜻을 친히 전달하실 때, 그는 그 당시의 백성들이 잘 깨달아 알아 들을 수 있는 '비유' 라는 방법을 사용하셨다. 그러나 이 말씀은 특별히 영감을 받은 소수의 사람만이 해석할 수 있었고, 또 그것을 언어로 기록할 수가 있었다. 이런 하나님의 영감은 문자에만 주어졌던 것이 아니고 인간 그 자신에게 주어졌던 것이다.[6] 영감을 받은 인간이 언어를 빌어 표현할 때, 그것은 각양각색의 표현 방식을 입게 되었고, 시대적 영향도 받게 되었던 것이다. 이와 같이 성경 가운데는 시도 있고, 극도 있으며, 이야기도 있고, 편지도 있으며, 비유도 있다. 그러므로 성경을 처음부터 끝까지 모두 같은 성격의 글로 판단하는 것은 잘 못이라 할 수 있다.

역사는 역사로, 시는 시로, 이야기는 이야기로, 비유는 비유로, 편지는 편지로, 극은 극으로 각각 분류하여 거기 해당하는 적절한 해석법에 따라 해석할 때, 우리는 그 계시의 참뜻을 바로 깨닫게 되는 것이다.[7] 그 책들은 여러 권의 책으로 나뉘어 두루마리 형태로 기록되어 있었으나 오랜 세월 동안 종교회의를 거쳐 66권만을 정경으로 가려 뽑았다. 정경화 과정과 영감과 계시에 대해서는, 장을 달리하여 좀 더 자세하게 살펴보겠다.

제2장 어떻게 성경의 정경은 이루어졌는가?

위에서 말한 바와 같이, 성경은 처음엔 여러 작은 두루마리 책들로 이루어져 있었다. 그것들 가운데서 엄격하게 가려 뽑은 66권만을 기독교의 정경(正經)으로 정했다. 정경이라는 말은 영어로 '캐논' (Canon)이라고 한다. 이 말은 히브리어의 '카네' (qaneh)에서 나온 말이다. '카네' 란 '곧은 막대기',[8] '곧은 갈대' (reed)라는 뜻이다. 이 말이 헬라어로 건너와서 '카논' (Kanon)이 되었고, 그 말의 뜻도 단순한 '막대기' 라는 말에서 무엇을 재고 측량하는 '자' [9] 또는 '표준' , '규범' , '기준' [10]이라는 뜻으로 변화되었다.

그래서 "카논은 첫째, 사람이 추구하는 목표라는 뜻이 있고, 둘째, 사람이 판단하는 표준이라는 뜻을 가지고 있다. 문법에서는 문체와 문법의 법칙이 카논이 된다. 사람이 복종하게 되는 법칙이 카논이 되는 것이다. 여기서 카논의 의미는 도덕적인 영역으로 연계된다. 카논은 사람이 진리나 어떤 행동의 실제적인 가치를 판단하는 논리적 기준이라고 할 수 있다." [11] 또한 수학, 천문학, 사료 편집 등에 있어서는 '목록' 혹은 '표' 라는 뜻으로 사용되기도 한다. 이 말은 주후 4세기경 기독교 신학에 들어와서는 정경(正經)이라는 의미로 사용되었다.[12]

여러 단편적인 것들을 모아, 그 중에서 가장 믿을 수 있는 것들만 선택해서 통일성 있게 편집하는 데는 장구한 세월이 걸렸고 여러 차례의 종교회의를 통해 이루어질 수밖에 없었기 때문에 그만한 어려움이 있었다. 이 경전화(canonization)의 과업은 인간이 맡아서 처리했지만 그 배후에서 역사하신 분은 하나님 자신이었다. 그래서 우리는 성경을 하나님 자신이 자기를 들어내신 계시서 (book of God' s self-revelation)라고 한다. 『구약』은 주전 90년에 히브리어 정전(正典)이 확정되었고, 헬라어로 기록된 신약은 27권이 주후 4세기경 정전으로 확정 되었다.

"어느 책을 『구약』 혹은 『신약』의 정경으로 삼을지를 판단하는 기준은 단지 그것이 오래되고, 정보를 제공하고, 유익하고, 하나님의 백성들에게 오랫동안 읽히고 높은 평가를 받아왔느냐가 아니라, 그것이 전하는 내용이 참으로 하나님의 권위를 지니고 있느냐 하는 것이다. 하나님은 자신의 백성들에게 그들이 무엇을 믿어야 하고 어떻게 행동하여야 할지 가르치시기 위해 성경을 쓴 인간 저자들을 통해 말씀하신다. 성경은 계시에 대한 기록일 뿐 아니라 그 자체가 문서의 형태로 된 영원한 계시다. 바로 그것이 우리가 성경이 '영감을 받아 쓰였다' 고 말할 때 의미하는 내용이다. 또 바로 그것이 성경에 속한 책들을 다른 모든 책들과 구별해 준다."[13)]

한 신앙공동체인 교회에 있어서 정경은 신앙과 행위에 있어서 최고의 규범이 되고, 절대적인 권위를 갖는다. 성경이 정경화 됨으로써 비로소 거룩한 하나님의 말씀들이 일정한 틀 속에 자리 잡게 된다. 또한 이때부터 성경은 이 속에 들지 못한 어떤 다른 기록된 자료들과의 관계에 있어서 완전히 독립적인 책으로 취급받게 되었고, 또한 그것들의 권위와도 분리되어 오직 이 책들만을 권위를 가진 거룩한 책으로 확정짓게 되는 것이다. 이 과정을 좀 더 자세하게 살펴보겠다.

1. 구약의 정경

오늘날 우리는 쉽게 한 권의 책으로 된 『구약성경』을 구할 수 있다. 그러나 이 한권의 책이 완성되기 까지는 주전 1200년경에서부터 주전 200년대에 이르는 오랜 시간과 많은 노력이 필요했다. 성경의 내용은 처음에는 단편적인 이야기 형식 즉, 구전으로 전해지다가 조금씩 글로 기록되었다. 그리고 『구약성경』의 대부분은 최초에는 히브리어로 기록되었으나 후대에 헬라어로 번역되었다. 이것을 기록한 재료도 처음에는 파피루스였으나, 인류 문명의 발달에 따라 양피지나 종이가 사용되었고, 기록하는 도구나 방법도 갈대 펜과 먹물에서부터 고도의 인쇄술에 이르기까지 인류 문명의 변천과 그 맥을 같이한다고 할 수 있다.

성경이 하나님과 인간의 교통을 기록한 것이라는 측면에서 볼 때, 성경의 내용은 인간의 창조부터 이미 시작된 것이라 할 수 있다. 그러나 이스라엘의 선택과 이끄심을 통한 인간의 구원역사라는 측면에서 볼 때 이스라엘의 시조인 아브라함에 관한 이야기가 성경의 시작이라 할 수 있다. 이런 두 가지 측면을 성경적으로는 태고사와 족장사라고 하는데, 태고사의 내용은 창세기 1장-11장까지며, 족장사는 12장-50장까지의 내용이 이에 해당한다. 즉 성경은 인류와 세상이 하나님으로부터 기원했다는 것을 말하고 있으며, 더불어 아브라함의 선택을 통해 이스라엘 민족을 선택하여 형성시키고, 이 이스라엘 민족을 통해서 인류를 구원하시는 분도 역시 하나님이시라는 사실을 알려주고 있다.

「출애굽기」, 「레위기」, 「민수기」, 「신명기」는 이스라엘 민족이 모세의 영도 아래 이집트를 탈출하는 역사적 사건에서부터 시작된다. 그 이후 광야에서의 유랑생활을 거치고 시내 산에서의 계약을 통해 이스라엘 민족이 하나님의 백성으로서 기본적인 틀을 갖추어 나가는 여정이 이어지며, 하나님께서 아브라함에게 약속하신 땅, 즉 가나안에 정착해 가는 과정을 설명해 준다.

이스라엘 민족은 가나안에 정착한 후 주위의 여러 민족과 관계를 갖게 된다. 이런 관계 속에서 이스라엘은 국가를 세우고 예루살렘에 성전을 건설하기도 하였으나, 왕국이 분열되고 이웃의 강대국에 점령되어 유배생활을 하기도 하였다. 이런 과정 속에서 하나님의 이름으로 이스라엘의 잘못한 점에 대해서 지적하고 회개와 새로운 출발을 종용하는 예언자들의 역할은 매우 중요하고 엄청난 것이었다.

그러나 이스라엘은 계속되는 강대국의 침략과 통치 속에서 자신들의 허물어져 가는 신앙과 현세적인 평화와 번영을 다시 일으켜

부흥시킬 것을 고대하였다. 그래서 이스라엘은 이집트에서 그들을 구해내신 하나님이 자신들의 하나님이라는 사실을 재확인하고, 그 하나님께서 이 세상을 직접 통치하는 시기가 도래할 것이라는, 그래서 자신들의 신앙의 조상인 아브라함과 약속하신 축복의 계약을 이루실 것이라는 희망을 갖게 되었다. 즉 메시아가 오시는 날 새 하늘과 새 땅이 열리고 새 예루살렘이 이룩되리라는 것이다.

이와 같이 구전으로 전해 내려오던 성경의 내용들은 주전 1000-950년경 처음으로 단편적인 모음집에 수록되기 시작하였다. 이 시기는 다윗과 솔로몬의 통치 시기로 이스라엘 왕국이 매우 강성하였던 시기이다. 이 때 이스라엘인들은 자신들의 조상들이 출애굽 사건을 거쳐서 가나안에 정착하게 된 과정과 나라를 건설하게 된 과정을 글로 기록함으로써 왕국의 권위를 높이려 하였다. 그러나 여기서 그들이 가장 중요하게 생각했던 것은 여호와 하나님만이 유일한 하나님이시며, 그 하나님이 바로 자신들의 하나님이시라는 것이다. 이스라엘 민족의 이러한 신앙고백적인 통찰의 내용은 흔히 '모세오경'(Pentateuch, 「창세기」로부터 「신명기」까지)이라 불리는 5권의 책에 기록되어 있다.

그러나 모세오경은 일관된 체계에 의해 전해진 내용들을 모은 것이 아니라, 이스라엘의 각 지파 사이의 특성과 상이한 역사를 배경으로 하기 때문에, 경우에 따라서는 동일한 내용이 반복되거나 다르게 표현되기도 하며, 시간이나 공간적인 흐름이 논리에 맞지 않는 경우도 있다. 이 모세오경은 주전 450년경에 자신들의 삶과 신앙의 표준이 될 책으로서 받아들여졌고, 그 이후 『구약성경』 중에서 가장 중요한 위치를 갖게 되었다.

「여호수아서」를 비롯한 16권의 책은 흔히 역사서라고 부른다. 이 책들은 이스라엘 민족이 가나안에 정착한 이후 그곳에서 겪었던 다른 민족과의 갈등과 판관의 시기를 거쳐 가는 과정, 그리고 이스라엘 왕국의 분열과 바빌론 유배와 귀환 후의 새로운 정착에 대한 내용이 기록되어 있다. 이 책들 중 「여호수아서」의 내용 중 일부분은 주전 1000년에 해당하는 것도 있으나, 대개는 주전 700년에 해당하는 내용을 포함하고 있으며, 560년경에 그 틀이 갖추어졌다고 볼 수 있다.

모세오경이나 역사서들이 세상의 역사에 직접 관여하시는 하나님과 인간과의 관계를 서술한 것인데 반하여, 시서와 지혜에 관한 7권의 책들은 하나님의 선물인 지혜를 통해 인간이 사색하고 지성에 의지함으로써, 지혜 자체인 동시에 초월적인 지혜인 하나님께 다가가고자 하는 내용을 담고 있다. 역사적 사건 속에서 나타나던 하나님의 계시가, 이제는 인간의 지혜를 통해 드러나게 된 것이다. 즉 하나님께서 인간의 지혜를 주관하심으로써 인간을 지배하시고 이끄시게 되었다는 말이다.

이 책들은 흔히 다윗과 솔로몬이 저술한 것으로 전해지며, 당시 고대 근동지방의 문학양식의 영향을 받아, 인간의 삶과 밀접히 연관되는 문제들을 고찰해 나갔다. 결국 이 책들은 참된 지혜는 하나님 한 분에게서만 비롯될 수 있다는 것과, 인간은 그 지혜를 하나님께로부터 얻어야 하고, 이렇게 얻은 지혜를 통해 삶의 참 뜻을 깨닫고 올바른 삶을 영위하도록 해야 한다는 것이 지혜문학의 근본적인 내용이다.

예언서에서는 예언자들이 하나님의 대변자로서 하나님의 백성인 이스라엘 민족들이 하나님과 맺은 계약과 신앙에 대한 경각심, 정의의 실현을 촉구한 내용에 관하여 말한다. 예언자들은 이스라엘 민족의 가나안 정착과 함께 출현하였으며, 특히 기원전 8세기-4세기 사이에 활발한 활동을 전개하였다. 이들은 활동시기에 따라 유배 이전과 이후의 예언자로 구분되기도 하고, 내용의 양에 따라 대예언자와 소예언자로 구분되기도 한다.

이들의 예언 내용은 글로 기록되기 이전에 말로 선포되었고, 이 선포된 내용이 입으로 구전되었다. 구전된 내용은 하나님께서 말씀 하신다는 신탁의 내용과 훈계 및 자서전이나 찬미가, 풍자적 비유나 독설과 위협 등 다양한 형태로 전승되었고, 주로 예언자들의 제자들에 의해서 보존되고 전해지다가 조금씩 모아지게 되었다. 결국 예언서들은 주전 2세기경에 책으로 정경화 되었다.

이상에서 살펴 본 바와 같이 『구약성경』의 각 내용들은 서로 다른 배경과 상황 속에서 출현하였고, 오랜 시간에 걸쳐서 하나씩 기록되고 정경화 되었다. 이와 같은 구약성경의 정경화에 가장 큰 계기가 된 것은 이스라엘 민족의 유배이다. 이스라엘은 유배의 쓰라린 체험을 함으로써 하나님께 대한 신앙을 새롭게 하고, 그분께로 돌아가고자 하는 노력을 갖게 되었으며, 이런 노력이 성경을 정경화 하는 노력으로 구체화되어 나타났다.

그 결과 5경과 예언서를 제외한 성문서라 부르는 나머지 책들은 주후 100년경, 팔레스타인 북부 해안의 얌니아(Jamnia)[14]에서 유대인 학자들에 의해서 최종적으로 그 범위가 확정되었다. 얌니아 회의에서는 히브리어로 기록된 책 이외에 헬라어로 기록된 종교문헌들은 정경에서 제외되었다. 이렇게 하여 히브리어로 된 『구약성경』은 얌니아 회의에서 정경의 범위가 확정되었다.[15] 그러므로 히브리어로 된 『구약성경』을 일명 '팔레스타인 정경' (Palestinian Canon)이라고 부른다.

2. 신약의 정경

주후 1세기경에 『구약』이 정경으로 확정되었다면 『신약』은 주후 4세기 후반에 이르러서야 어느 정도 정경화 되었다고 볼 수 있다.[16] 그간의 『신약』의 인정 과정을 살펴보는 것이 『신약』의 정경화를 이해하는데 도움이 될 것 같아서 간단히 고찰하기로 한다.

주후 1세기경에는 아마도 바울의 서신들이 하나의 묶음으로 모아져서 회람되었고, 또한 다른 성문화된 복음서들 역시 그런 식으로 읽혀졌다. 그러나 교회생활은 아직도 거의 정경화가 끝난 『구약성경』을 중심으로 이루어졌고, 『구약』과 나란히 부활하신 주님의 권위가 아주 강하게 기능을 발휘했고, 사람들은 이 주님에 대한 전승들을 간직하고 있었다. 또 혹시 이 전승들이 전체 혹은 부분적으로 성문화되어 고정되었다고 해도, 이 성문화된 복음서들과 서신서들이 사람들이 호소하고 의지할 만한 권위를 형성하지는 못했었다.[17)]

성경말씀은 모두가 1세기 이전에 기록되었다. 그러나 초대교회는 300여 년 동안 성문서들을 정경으로 결정하지 못한 상태에서, 회람용으로만 널리 유포되고 있었다. 그 이유 중에 하나는 인쇄술이 발달되지 못하였기 때문이다.

그러므로 교회들은 교회의 규범이 될 수 있는 성경을 편집해야 될 필요성을 느끼고, 흩어져 있는 성문서들을 수집하여 성경을 편집하게 되었는데, 그렇게 편집된 성경은 교회 회의의 결정에 의하여 정경화가 된 것이 아니라, 교회가 그 동안 정경으로 인정하고 받아 내려오던 것을, 성령의 인도하심 따라 정경으로 인정한 것뿐이다.

즉, 정경이 아닌 것을 사람들이 수집하여 성경을 만들어 놓고 그것을 교회의 정경으로 쓰자고 결정한 것이 아니라, 그동안 정경으로 쓰고 있던 성문서들을 함께 모아, 한권의 책으로 묶어 정경으로 결정하게 된 것이다.

주후 303년 디오클레티아누스(Diocletianus, 284-305) 황제는 그리스도인들의 성경을 없애 버리라는 칙령을 내리고 수많은 박해를 가하기도 했지만, 하나님의 역사는 막지 못하였다. 주후 367년 알렉산드리아의 아타나시우스는 교회에 보낸 편지에서 최초의 『신약성경』 목록을 언급하였는데, 그것은 현재 우리가 쓰고 있는 『신약』의 27권의 성경과 같았다. 아타나시우스 이후 제롬과 아우구스티누스도 『신약』의 정경을 27권으로 정의하였으며, 교회 회의 내에서 27권의 성경을 처음으로 인정하게 된 것은 주후 393년 히포 대회 때였다.

그러나 히포 대회에서도 성경의 정경성에 대하여 어떤 권위를 부여했던 것이 아니고, 다만 이전에 결정되어 사용해 오던 것을, 정경으로 다시 한 번 확인하여 기록을 남기게 된 것이다. 그 후 4년이 지난 주후 397년, 아우구스티누스가 주도한 카르타고 회의에서 현재의 27권의 정경목록과 목차를 완전히 결정하여 공포하였다. 그리하여 이후 『신약』 27권의 성경은 로마 가톨릭교회이건 개신교이건 어떤 의문도 갖지 않고 정경으로 받아들여 사용하게 되었다.

1세기 때부터 성문서들이 분리되어 정경으로 받아 드리지 못하던 성경은, 결국 4세기에 이르러서야 정경으로 확정되었고, 그 뒤부터는 어느 누구도 이에 대하여 반발하지 않게 되었다. 동방교회는 주후 367년 아타나시우스가 부활주일날 자기 교구 교회들에게 보낸 편지에서 처음으로 현재 우리가 소유한 성경을 정경으로 밝힌바 있다. 서방교회에서는 주후 382년 로마 회의에서 정경목록이 작성되어 채택되었다. 그리고 393년에는 히포 대회에서, 397년에는 아우구스티누스의 주도아래 열린 카르타고 대회에서 현재 27권의 정경목록과 그 목차가 결정되게 되었다.

제3장 왜 영감이 필요한가?

성경은 사람의 말이 아니라 하나님의 말씀이다. 수백 년에 걸친 역사적 흐름 속에서 서로 다른 기자가 기록한 하나님의 말씀이다. 그 근원은 하나님이시기 때문에 성경의 원저자는 사람이 아니라 하나님이시다. 다시 말하자면 영적인 존재이신 하나님께서 성경 기자들을 인도하시고 감독하셔서 그가 원하는 내용을 정확하게 기록하여 오류가 없도록 하시기 위해서는 특별한 그의 초자연적인 역사가 필요했다. 그것이 바로 우리가 '영감'이라고 말하는 능력이다. 즉 그것은 성경 기자들의 기록이 신적 신빙성과 권위를 갖도록 그들 위에 행사된 성령의 초자연적인 영향력이다.[18] 성경은 각 시대의 선택된 사람들을 사용하셔서 성도들의 믿음과 생활에 유익을 주시기 위하여 감동과 영향력을 불어넣어 만드신 것이라 할 수 있다. 인간은 성스러운 원천에서 나오는 영감이 없는 한 무능력하기 때문에 하나님께서 그에게 내려주신 신성한 계시를 한 치의 오류도 없이 정확하게 말할 수가 없다. 그래서 영감이 필요한 것이다. 이 영감 문제를 좀 더 상세하게 살펴보겠다.

1. 성경과 영감

계시란 하나님께서 사람의 자력으로서는 찾을 수 없는 그런 것을 나타내시는 하나님의 사역이고, 영감은 하나님으로부터 받은 계시를 인간 저자가 기록하는데 있어서 오류가 없도록 이끄시는 수단이라 할 수 있다. 즉, '영감' 이란 말은, 하나님께서 자기를 계시하시기 위하여 취하신 주된 방법을 가리킨다. 하나님께서는 부분적으로는 자연을 통하여, 그리고 특별하게는 그리스도 안에서 계시하셨지만, 또한 특별한 사람에게 말씀하시는 방법도 쓰셨다. 이 말씀하시는 소통의 방법이 곧 영감인 것이다. 그리고 성령의 감동과 영감은 서로 같은 뜻의 말이다.

바울은 "모든 성경은 하나님의 감동으로 된 것으로 교훈과 책망과 바르게 함과 의로 교육하기에 유익하니"(딤후 3:16)라고 하였다. 왜냐하면 "예언은 언제든지 사람의 뜻으로 낸 것이 아니요 오직 성령의 감동하심을 받은 사람들이 하나님께 받아" 말한 것이기 때문이다(벧후 1:21). 그만큼 사도들과 성경의 저자들은 하등의 오류도 없이 거룩한 진리를 제시할 만한 충분한 자격을 갖고 있었다.

워필드는 영감을 다음과 같이 설명한다. "영감은 성령이 우리들의 거룩한 책의 저자들에게 역사하여 특별하고 초자연적인 영향을 미치므로 성경 저자들의 말이 역시 하나님의 말이 되도록 함으로 성경을 완전하게 무오한 책으로 만든 것이다."[19] 그는 이 정의 속에 포함된 개념을 첫째로, 성령의 영향은 초자연적인 것으로 시인이나 천재들이 소유한 영감과 다르고 둘째로, 그 영향은 특별한 영향으로서 성령이 성도들의 회심이나 성화적 삶을 인도할 때 사용하는 영향과도 다르며 셋째로, 그 영향으로 쓰여진 말들은 하나님의 말씀이기 때문에 절대적으로 무오한 것이라고 정리하였다.[20]

가우센(Dr. Gaussen) 박사에 의하면, 영감은 "성경 저자들에게 영향을 미쳐서 저들이 사용할 수 있는 단어를 사용하도록 하였고, 모든 생략은 물론 글자 하나하나도 오류에서 잘못 사용되지 않도록 하였다는 것을 보여주는 말할 수 없는 권능이다."[21] 이런 정의는 월필드의 그것과 대동소이하다. 그리고 바울이 정의한 영감도 사람을 향해 하나님께서 강력하게 의식적으로 '숨' 을 넣어 주시는 것이고, 따라서 그 사람으로 하여금 진리의 말을 할 수 있는 자격을 갖게 하는 것이므로 위에서 인용한 두 정의와 상통한다.

에반스(Dr. William Evans) 박사의 다음과 같은 정의도 거의 마찬가지다. "하나님이 사람을 통해서 말씀하시고, 따라서 구약은 하나님께서 한 마디 한 마디를 말씀하신 것과 똑같이, 전체가 하나님의 말씀이다. 성경은, 사람의 입을 통해서 기운으로 표현되는 것과 마찬가지로 하나님의 기운(감동)의 결과이다."[22]

이와 같이 성경의 기원을 생각할 때, 성경은 성령의 감동(숨)에 의해 이루어진 것이 틀림없다. 즉 성령이 특별하게, 그리고 기적적으로 성경 저자와 함께 하시며, 그들 안에 계셔 저희로 전에 알지 못하였던 진리를 알게 하시고, 이러한 진리를 기록할 때에 똑같이 그들을 인도하시고, 그러한 작업에 있어서 그들의 눈과 귀와 더불어 증인이 되셨으며, 그들이 본질적으로 정확한 내용을 다른 사람의 마음에 전할 수 있도록 하셨다는 것이 정통적인 성경관의 본질이다.

2. 왜곡된 영감이론

개혁주의자들은 하나님의 말씀으로서의 성경의 영감과 무오성(infallibility)을 절대적으로 믿고 있는데, 그 근거는 성경의 영감성에서 찾는 것이 상례다.[23] 전능하신 하나님의 영감 역사를 전제할 때 그 계시된 말씀인 성경의 무오류성은 당연하다.[24] 성경이 인간 저자의 독자적인 작품이 아니라, 하나님 저자의 초자연적인 영감을 통해 존재한다는 점은 성경의 권위와 무오성 강조라는 논리적인 귀결을 가져온다. 그런데 이 영감과 관련해서 잘못된 학설들이 제창되어서 성경 해석에 혼선을 빚는 경우가 있다. 그래서 그것이 어떤 것인지를 좀 더 구체적으로 살펴보고 개혁주의자들이 견지하는 영감설을 고찰해보겠다.

첫째, 영감은 인간적인 것만이 아니라 신적인 것이다. 현대 학자들은 성경 저자들의 영감을 플라톤, 소크라테스, 셰익스피어와 같은 문학적 철학적 천재들이 소유한 그러한 영적인 통찰력과 지혜와 동일시해서 영감을 순전히 선천적인 것으로 취급한다. 이러한 동력적 영감설(dynamic inspiration)은 초자연적인 성령의 영감을 거부하는 것이므로 받아들여서는 안 된다. 하나님의 영감은 오직 성경에서만 나타나는 인간적인 재능을 초월한다.

둘째, 영감은 기계적인 것이 아니라 살아있는, 유기적인 것이다. 하나님으로부터 영감을 받을 때 단순히 하나님은 정보를 불러주시는 구술자가 되고 기자는 필사자가 되는 것이 아니다. 즉 성경의 기자들은 자신들이 쓰는 내용을 이해하든지 못하든지 하나님이 불러 주시는 대로 적는, 이른 바 인간 저자들은 단지 기계로만 사용되는 것은 아니다. 하나님은 성령을 통하여 인간의 능력을 사용하시고, 특징 있는 개성을 활용하시며, 거룩한 메시지를 온전하게 하신다. 그러므로 성경은 하나님의 말씀이지만 어떤 의미에서는 모세나 이사야나 바울의 말이 될 수도 있다. "하나님은 사람에 의해서 역사하시고 사람은 하나님에 의해서 일을 한다. 하나님은 사람 안에서, 사람에 의해서 말씀을 하시되, 사람같이 말씀하시며, 사람 위에서 말씀을 하신다."[25] 영감 된 메시지의 기록에 있어서 하나님과 인간의 상호간 협조한 사실이 명백하다. 그러나 그 방법은 우리의 인식을 초월한다.

셋째, 영감은 부분적인 것이 아니라 온전하다. 어떤 학자들은 부분 영감설(partial inspiration)을 주장하기도 하지만, 그것은 옳지 못하다. 부분 영감설에 따르면, 성경의 저자들은 구원에 필요한 문제에 있어서는 오류가 없으나, 역사, 과학, 연대 그리고 다른 분야 같은 항목에서는 하자가 있다고 한다. 따라서 이러한 부분 영감설에 의하면, 성경은 "하나님의 말씀"이라기보다는 "하나님의 말씀을 포함한다"라고 하는 것이 더 정확할 것이다. 만일 성경의 역사에 오류가 있다면, 교리도 진리가 될 수 없다. 왜냐하면 성경의 교리가 성경의 역사 위에 그 기본을 두고 있기 때문이다. 부분 영감설은 잘못된 것이다.

넷째, 영감은 개념적인 것이 아니라 축자적인 것이다. 어떤 학자들은 하나님은 저자의 말이 아니라 그 저자의 사상에만 영감을 주시었다고 주장하기도 한다. 다시 말하면 하나님은 사람에게 영감을 주시되 단어와 표현의 선택에 있어서 그의 사람에게 자신의 판단에 따르도록 하셨다는 것이다. 그렇지만 성경에서 강조하는 것은 영감을 받은 사람이 아니라, 영감을 받은 말씀이다. "오직 성령의 감동하심을 받은 사람들이 하나님께 받아 말한"(벧후 1:21) 것이 성경이다. 말과 사상을 어떻게 구분할 수 있겠는가? 사상이란 안에 있는 말이고, 말이란 표현된 사상에 불과하다. 거룩하게 영감을 받은 사상은 거룩하게 영감을 받은 말로 표현된다.

매튜 헨리(Matthew Henry)는 이에 대해서 이렇게 말하였다. "성령은 그들(성경 기자들)을 강하게 고무하고 효과적으로 속박하여 그들의 입속에 넣어 놓은 것을 말하게(그리고 쓰게) 하였다. 성령은 성경 기자들이 성령으로부터 받은 것을 전달하는데 있어 참 현명하고 주의 깊게 그들을 돕고 인도함으로, 성경 기자들은 그들이 계시하는 것을 표현하는데 있어 충분히 그 어떤 잘못으로부터도 벗어날 수 있었다. 따라서 성경의 말씀은 바로 성령의 말씀으로 간주되어야 할 것이다."[26]

요세푸스는 성경의 저자들은 "하나님으로부터 받은 통찰력을 가지고 옛 역사를 기록했다"[27]라고 하였다. 매튜 헨리의 주장대로 성경은 영감에 의해 기록된 것이므로 하나의 틀림도 없는 정확무오(正確無誤)한 하나님의 말씀이라 할 수 있다.

3. 개혁주의 영감설

개혁주의자들은 위에서 말한 것과 같은 잘못된 영감설을 모두 거부하고 만전영감설(plenary inspiration), 축자영감설(verbal inspiration), 그리고 유기적 영감설(organic inspiration)을 강조한다. 즉 그들은 하나님의 영감을 받은 사람들이 기록한 하나님의 말씀이 곧 성경이라고 믿고 있다. "하나님께서 가라사대"와 같은 어구나 또는 그와 유사한 용어가 2천 6백회 이상이나 사용되었다고 한다. 이렇게 볼 때, 율법, 역사, 시가, 그리고 예언 등 모두가 하나님의 특별한 영감에 힘입어 사람들이 기록되었다는 것을 알 수 있다(출 24:4, 34:28; 수 3:9; 왕하 17:13; 사 34:16, 59:21; 슥 7:12; 시 78:1; 잠 6:23).

개혁주의자들의 만전영감설에 따르면, 영감의 범위는 성경 전체로서 예외가 되는 부분은 전연 없다고 한다. 즉 『신구약』 전체의 모든 부분들이 모두 영감에 의해 기록되었다고 믿고 있다는 뜻이다. 그러므로 그 어느 부분을 읽거나 연구할 때, 독자 또는 연구자는 하나님께서 성경 속에 숨겨 놓은 의도를 찾아내는데 힘을 기울여야 한다. 이 만전영감설은 해석자로 하여금 하나님께서 보여주시는 성경의 전체적인 신학과 부분적인 의미 모두에 주목하게 만든다.

성경 자체의 증명에 따르면, 성경의 모든 부분이 영감 되었다는 것을 알 수가 있다. 예수와 그의 사도들은 어떤 난제를 해결하기 위하여 '성경'(the Scripture) 또는 '성경들'(the Scriptures)을 기본으로 삼으면서 『구약성경』을 자주 인용했다. 그들이 인용한 『구약』의 책들 중에 어떤 책은 역사서라는 것을 감안해 볼 때, 성경의 영감은 사용된 낱말 하나하나에까지 확장되어 있다고 말할 수 있다. 성경이 축자적(逐字的)으로(verbally) 영감 되었다고 해서 기계적으로 영감 되었다는 말은 아니다. 축자영감설이라는 교리는 완전히 성경에 근거한 교리이다.

축자영감설은 성경에 사용된 단어 하나하나에도 영감이 있다는 것이다. 그 어떤 단어도 영감 되지 않고 성경에 기록된 것은 없다. 물론 이것은 엄격히 말해서 원본을 두고 하는 말이다. 성경의 어떤 사상 또는 특정한 윤리적인 주제만 영감된 것이 아니라, 단어 하나

하나 모두에 영감된 것이라는 이 이론은 그 어떤 성경의 말씀도 소홀히 해서는 안 된다는 것을 강조한다. 이 축자영감설에 따르면, 성경은 본문의 내용, 즉 메시지만 영감된 것이 아니라, 본문에 나타난 저자의 문체와 표현도 영감된 것으로 이해하여야 옳다. 사상이나 주제만이 아니라 단어의 선택에까지 영감이 된 것이라면 본문의 언어적, 문학적, 수사적인 표현도 영감의 결과로 보아야 한다는 것이다.

축자적 영감설이란 하나님께서 성경 저자들에게 말씀을 기록하게 하셨을 때 한자 한자 불러 주는 대로 기록하였기 때문에 기록된 성경의 말씀은 한자도 오류가 없다는 설이다. 벌코프는 영감론에 있어서 단지 사상만의 영감이 아니라 언어까지도 영감 되었으며, 성경의 어느 부분만이 아니라 모든 부분에 다 해당된다고 말하므로, 결국 이런 의미에서 축자적 또는 완전한 영감이라고 한다.

유기적 영감설은 하나님께서 유기적인 방법으로 인간 저자에게 역사하셔서 기록을 남기게 하셨다는 것이다. 하나님께서 불러주신 것을 받아쓰게 하셨다고 하는 기계적 영감설과 차별이 되는 이론이다. 하나님과 인간의 유기적인 협력 사역으로 성경이 기록되었다는 것이다. 그래서 본문에서 인간 저자의 개별적 특성이 드러나는 것은 전혀 이상한 것이 아니다. 원저자 되시는 하나님께서는 인간 저자의 표현 내용, 곧 메시지와 표현방식, 스타일에 직접적으로 역사하셨거나 최소한 그렇게 하도록 허락하신 것이 된다.[28)]

영감에 대한 성경적 견해는 성령께서 성경의 저자들을 유기적(有機的)인 방법으로 감동시켜, 그들의 내적 인간성, 곧 저자들의 성격과 기질, 은사와 재능, 교육과 교양, 용어와 문체를 그대로 사용하여 조화를 이루게 하셨다는 것이다. 성령께서는 저자들의 마음을 조명하셨고, 기억을 새롭게 하여 기록하도록 고취시키셨고, 기록함에 있어서 죄의 영향을 받지 않도록 주장하셨으며, 그의 사상을 표현함에 있어서 심지어 용어 선택까지도 지도하셨던 것이다.

이 세 영감설에 따르면, 그 내용은 물론 언어적인 모든 표현도 신성하고 확실하고 권위가 있다. 리런드 라이켄이 말한 대로 성경의 기자들은 영감에 의해 초월적인 진리를 계시 받아서, 영적 상상력을 통하여 그것을 새롭게 창조해내고, 그 오래된 진리를 새로운 양식으로 해석하고 표현하여, 생활에 새롭게 적용한 작가들이 위에 열거한 그런 사람들이다.[29)]

성경은 이처럼 성령의 영감을 받은 사람들에 의해 기록된 살아있는 하나님의 말씀이기 때문에 말씀 속에서 성령은 살아 움직이는 존재이다. 그러므로 아무리 성경을 해석하는 좋은 방법이 있어도 성령의 도움 없이는 그 신성한 진리를 파악할 수 없을 뿐 아니라 전혀 이해가 안 되기 때문에 흥미로울 수도 없다. 계시의 진실성에 의심의 여지가 없을 때에, 그 내용은 진정하고 구속력 있는 것으로 받아들여진다(행 11:27; 갈 2:2).[30)] 진실 된 계시는 신적인 것일 수밖에 없다. 거짓된 인간들이 만들어내고 꾸며내는 모든 것들은 아무리 그것이 진실하다고 할지라도 사이비한 것에 불과하다. 오로지 하나님께서 그의 영감을 통하여 계시해 주신 것만이 진실할 수밖에 없다. 왜냐하면 하나님만이 영원하시고 변함이 없으시며 전능하시기 때문이다.

이런 신적 영감은 문자에게만 주어졌던 것이 아니고 인간 그 자신에게 주어졌던 것이다. 영감을 받은 인간이 언어를 빌어 표현할 때 그것은 각양각색의 표현 방법을 입게 되었다. 성경의 기자들에게 하나님의 영감에 의해 환기된 초자연적인 상상력과 통찰력이 없었더라면, 오직 하나의 뜻을 그렇게 유기적으로 통일하여 우수한 작품으로 만들어낼 수가 없었을 것이다.

제4장 하나님을 어디서 만날 수 있는가?

우리 인간은 피조물이자 전체가 아닌 부분으로서, 결코 전체를 파악할 수 없을 뿐만 아니라 타락하여 아주 연약한 상태 속에 있다. 타락한 존재로서의 인간은 원래의 모습에서 멀리 떨어져 있는 일부분에 불과하다. 더욱 우리는 온전한 부분이 아니라 찌그러진 부분이다. 그러므로 부분으로서 전체를 알려면 혼자의 힘으로써는 불가능하다. 더구나 인간은 타락하여 하나님으로부터 더욱 멀리 떨어지게 되었으며 하나님을 인식하지 못하는 지경에 다다르게 되었다. 영적인 타락은 지적인 타락으로 이어졌다. 그리하여 인식의 차원에서 볼 때 인간은 하나님으로부터 단절되었다. 그런 단절된 인간은 하나님을 아실 수가 없다. 하나님께서 그 길을 열어주시지 않으면 그런 사람은 하나님을 볼 수도 없으며 믿을 수도 없다(고전 12:3). 그런 까닭에 계시가 필요하다.

'계시' 라는 말은 히브리어로 '아포칼립시스' 라고 하는데, 그 뜻은 '숨겨진 것' 또는 '가려진 것' 을 벗겨 보여 준다는 것이다. 이 말은 성경에서 여러 용도로 쓰이고 있다. 첫째는 '비추다' (in-covering, 눅 2:32), 둘째는 커튼을 젖히면 뒤에 있는 것이 나타나는 것 같이 '나타난다' (롬 2:5; 행 1:7; 벧전 1:7. 13), 셋째는 '깨닫게 한다' (엡 1:17; 갈 1:12)는 뜻으로 보통 사용된다.

하나님이 누구이시든, 또는 어떠한 분이든지 간에 하나님은 우리의 지식의 범위를 완전히 초월하신다고 보아야 한다.[31] "너희가 하나님의 오묘를 어찌 측량하며 전능자를 어찌 능히 온전히 알겠느냐?" (욥 11:7)라는 말씀과 마찬가지로 하나님을 안다는 것은 참으로 불가능한 일이다. 그의 무한한 위대성은 우리의 눈으로부터 가려져 있다. 우리는 스스로의 힘으로는 그를 발견할 수 없다.

그런데도 우리는 때때로 우리의 지혜나 또는 철학으로 하나님을 알아보려고 한다. 세상에서 자기를 가장 똑똑하고 현명하다고 생각하는 사람들은 하나님에 관한 지식을 얻기 위해서 자기의 수단으로 하늘에 이르는 사상과 지성의 사닥다리를 만들려고 시도한다. 아무리 그런 긴 시도를 한다고 할지라도 인간의 이성과 지혜를 가지고서는 하늘에 도달할 수가 없다. 따라서 땅에서부터 하늘에 이르는 방법으로서는 불가능하고 오직 하늘에서부터 땅으로 주어지는 방법으로서만 가능하다. 다시 말하면 하나님 자신이 자기 자신을 사람에게 드러내실 때만 가능하다는 말이다. 그것을 우리는 '계시'라 한다.

그 계시의 내용은 무엇인가? 우리는 계시를 통하여 하나님을 만날 수 있으며 그의 참된 모습을 볼 수 있다. 또한 계시를 통하여 우리는 우리 인간의 참된 모습 즉 죄인으로서의 모습과 하나님의 구원의 행위로 인하여 새롭게 드러나는 인간의 참된 모습을 보게 되며, 약속으로 주시는 새로운 세계를 대면하고 그 세계로 초대받게 된다. 하나님을 알게 되는 통로는 둘이다. 일반계시와 특별계시의 길이 있다.

1. 일반계시

일반계시란 하나님께서 자연(시 19:1), 양심(마음 빌 2:13; 잠 4:23), 역사(행17:23-29) 등을 통하여 하나님의 뜻과 행위, 존재를 일반적인 방식으로 전달하는 것이다. 사람들은 자연, 역사, 문화, 인간의 양심을 통해서 하나님을 아는 지식을 얻을 수 있다. 하나님이 창조세계 안에서 자신을 우리에게 계시하신다고 믿는데, 「시편」 19편은 이를 가장 잘 표현해주는 말씀이다. "하늘이 하나님의 영광을 선포하고 궁창이 그 손으로 하신 일을 나타내는도다". 이것을 일컬어 우리는 일반계시(general revelation)라고 한다. 존 밀턴도 그의 『실낙원』에서 이렇게 노래하였다. "하늘들아, 너희 살아 있는 문들을 열어라. 엿새 동안 세상을 만드시고 장엄하게 돌아오시는 위대한 창조자를 맞으라." 존 칼뱅은 일반계시의 가치를 매우 강조했던 신학자 가운데 한 사람이다. 자신의 주석에서 그는, 어머니 품안에 있는 아기의 모습이 천 가지의 신탁보다도 하나님의 영광을 더 웅변적으로 대변한다고 했다. 칼뱅은 계속해서 우주에는 소위 영광의 불꽃들이 흩어져 있으며, 그러한 불꽃들을 보면서 우리는 하나님이 어떤 분인지 알 수 있다고 말했다.[32] 우리는 하나님의 현존을 무시할 수는 있지만, 세상 어디에서도 그것을 피할 수는 없다. 세상은 온통 그분으로 가득하기 때문이다. 우리는 자연세계 안에서 하나님의 증거를 찾는다. 우리는 하나님의 발은 보지 못하지만 그분의 발자국은 볼 수 있다. 우리는 하나님의 손은 보지 못하지만 그분의 지문은 볼 수 있다. 「로마서」 1장 16-25절과 「사도행전」 17장 23절을 읽어보면 이에 대한 확실한 증거를 얻을 수 있다.

2. 특별계시

자연에서 이성에 의해 얻을 수 있는 하나님의 계시도 있긴 하지만(일반계시), 인간의 죄로 매여 있고, 영혼이 더럽혀져 있기 때문에 자연과 이성이 빛과 위로를 주기에는 그 힘이 너무나 미약하다. 우리는 결코 이성으로써 진리의 범위를 잴 수가 없고 복음 안에서만 진리를 만날 수가 있다.[33] 그래서 특별계시(special revealtion)가 인간에게는 필요하다. 특별계시란 구약시대에는 주로 꿈과 환상, 음성과 제비뽑기, 이적과 기사 또는 선지자를 통해서 계시되었다. 그러나 신약시대에 와서는 주로 말씀을 통해서 계시되었는데, 그 말씀에는 네 가지가 있다. 첫째는 살아있는 인격적 말씀 즉 예수 그리스도, 둘째는 기록된 말씀 즉 성경, 셋째는 기록되지 않은 말씀 즉 성령, 넷째는 선포되는 말씀 즉 목사의 설교가 그것이다.

하나님께서 책을 통해서 사람에게 자신의 메시지를 전달하시는 것은 매우 타당한 일이다. 케이서 박사(Dr. Keyser)는 다음과 같이 말한다. "책이란 한 세대에서 다음 세대로 그 내용을 온전하게 보존하고, 전달하는 최상의 수단이다. 기억과 전승은 믿을 수 있는 것이 못된다. 따라서 하나님은 가장 지혜롭고 가장 합당한 방법으로 책이란 형식에서 사람에게 자신의 모습을 나타내어 주셨다. 우리가 아는 한, 계시 외의 어느 방법에서도 하나님이 모든 인류에게 유의하며, 시대를 거듭할수록, 변함도 없고, 모든 사람이 믿음과 행위의 똑같은 규범으로 삼을 수 있는 무오한 규범을 주신 일이 없었다."[34] 하나님께서 그의 종에게 영감을 주시고, 인간의 이성으로 찾을 수 없는 진리를 그 영감 속에서 기도하도록 하셨다는 것은 너무나 타당한 것인 동시에 참으로 감사할 만한 일이다.

성경은 보통 사람들이 탁월한 상상력이나·통찰력을 가지고 쓴 평범한 문학책이나 교양서가 아니라 하나님께서 영감을 통하여 계시하신 것을 기록한 하나님의 말씀인 것이다. 성경을 하나님의 말씀이라 하는 것은 하나님 스스로가 자신을 선포하시고, 듣는 대상들에게 자신의 의지와 섭리를 계시하신다는 뜻이다.[35] 하나님께서 인간에게 자신의 거룩한 뜻을 계시하실 때 사용한 방법은 영감만이 아니다. 하나님은 여러 가지 방법으로 그의 뜻을 계시하셨다(히 1:1-2).

제5장 왜 성경의 구조가 중요한가?

1. 구약의 구조

성경은 총 1,189장과 31,163절로 이루어져 있는데, 『구약』 39권과 『신약』 27권을 모두 합하여 총 66권이다. 39권으로 된 히브리어 『구약성경』(Palestinian Canon)에서는 전통적으로 『구약』을 세 부분 즉 (1) 5경(五經, Torah, Pentateuch), (2) 예언서(豫言書, Neviim, Prophets), (3) 성문서(聖文書, Kethuvim, Writings, 또는 Hagiographa)로 나누었다. 그러나 기독교 개신교에서는 『구약』 책들의 순서 배열에 있어서는 '팔레스타인 정경' 을 따르지 않고 '알렉산드리아 정경' (Alexandrian Canon)을 따랐다. 따라서 다음과 같이 네 부분으로 구분하였다.

(1) 율법서(Law 5권): 「창세기」(Genisis, 50), 「출애굽기」(Exodus, 40), 「레위기」(Leviticus, 27), 「민수기」(Numbers, 36), 「신명기」(Deuteronomy, 34).

(2) 역사서(History 12권): 「여호수아」(Joshua, 24), 「사사기」(Judges, 21), 「룻기」(Ruth, 4), 「사무엘 상」(1 Samuel, 31), 「사무엘 하」(2 Samuel, 24), 「열왕기 상」(1 Kings, 22), 「열왕기 하」(2 Kings, 25), 「역대기 상」(1 Chronicles, 29), 「역대기하」(2 Chronicles, 36), 「에스라」(Ezra, 10), 「느헤미야」(Nehemiah, 13), 「에스더」(Esther, 10).

(3) 시가서(Poetry 5권): 「욥기」(The Book of Job, 42), 「시편」(Psamls. 150), 「잠언」(Proverbs, 31), 「전도서」(Ecclesiastes, 12), 「아가」(Song of Solomon, 8).

(4) 예언서(Prophets 16권)

대예언서(Major Prophets 4권): 「이사야」(Isaiah, 66), 「예레미야」

(Jeremiah, 52), 「에스겔」(Ezkiel, 48), 「다니엘」(Daniel, 12).

소예언서(Minor Prophets 12): 「호세아」(Hosea, 14), 「요엘」(Joel, 3), 「아모스」(Amos, 9), 「오바댜」(Obadiah, 1), 「요나」(Jonah, 4), 「미가」(Micah, 7), 「나훔」(Nahum, 3), 「하박국」(Habakkuk,3), 「스바냐」(Zephaniah, 3), 「학개」(Haggai, 2), 「스가랴」(Zechariah, 14), 「말라기」(Malachi, 4).

이와 같은 순서 배열을 설명하면 다음과 같다. 첫째 5경이 제일 먼저 배치된 것은 어떤 정경전승에서나 공통되는 점이다. 이것은 『구약』 안에서 5경의 중요성을 말해주는 것이다. 다음은 역사서가 배열되어 있는데, 여기에는 이스라엘 역사와 관련된 모든 책들이 전부 모아졌다. 「사사기」 다음에 「룻기」가 나오는 것은 「룻기」의 배경이 사사시대이기 때문이다. 또한 「에스더」의 시대 배경은 페르시아시대이기 때문에, 이 시대에 속하는 「느헤미야서」 다음에 배치되었다. 세 번째 부분은 시가문학이다. 즉 시의 형태로 써진 책들을 한데 묶었다. 「잠언」, 「전도서」, 「아가서」 세 권의 책은 모두 솔로몬 왕과 관련이 된 책이므로 같이 묶어 배열하였다. 「시편」은 솔로몬 왕보다 먼저 왕이었던 다윗과 관련돼 있으므로 솔로몬의 세 책보다 먼저 배치하였다.

마지막 부분은 예언서다. 먼저 4대 예언서들, 「이사야」, 「예레미야」, 「예레미야 애가」, 「에스겔」, 「다니엘」 순으로 배치되어 있다. 「예레미야 애가」는 예언서는 아니다. 그러나 전통적으로 이 책의 저자가 예레미야라고 생각해왔기 때문에 「예레미야서」 다음에 놓여졌다. 또한 다니엘은 대 예언서는 아니지만, 편의와 내용의 성격상 이 곳에 배치되어 있다. 히브리어 『구약성경』에서 「다니엘서」는 예언서가 아니라 "성문서"에 속해 있다. 다음 제일 마지막으로 "12 소예언서"가 등장한다. 이들 12예언서는 전부 합해야 그 분량에 있어서 대 예언서 한 권 정도의 분량이 된다. 따라서 『구약』이 두루마리 책(Scroll)의 형태로 되어 있을 때부터 이들 12권의 예언서는 한데 묶여서 마치 한 권처럼 취급해왔다.

2. 신약의 구조

(1) 복음서(Geosples 4권)

공관복음서(Synoptic Gosples 3권): 「마태복음」(Matthew, 28), 「마가복음」(Mark, 16), 「누가복음」(Luke, 24).

제사복음서(The Fourth Gosple 1권): 「요한복음」(John, 21).

(2) 역사서(History 1권): 「사도행전」(The Acts, 28).

(3) 서신(Epistles 21권)

* 바울서신(Pauline Epistles)

교리서신(Doctrinal Epistles 3권): 「로마서」(Romans, 16), 「갈라디아서」(Galatians, 6), 「히브리서」(Hebrews, 13).

정치서신(Administrative Epistles 2권): 「고린도 전서」(1 Corinthians, 16), 「고린도 후서」(2 Conrinthians, 13).

옥중서신(Prisoners Epistles 4권): 「에베소」(Ephesians, 6), 「빌립보」(Philipphians, 4), 「골로새」(Colossians, 4), 「빌레몬(Philemon, 1)

전도서신(Evangelical Epistles 2권): 「데살로니가 전서」(1 Thessalonians, 5), 「데살로니가 후서」(2 Thessalonians, 3).

목회서신(Pastoral Epistles 3권): 「디모데 전서」(1 Timothy, 6), 「디모데 후서」(2 Timothy, 4), 「디도서」(Titus, 3)

* 일반서신(General Epistles 7권): 「야고보서」(James, 5), 「베드로 전서」(1 Peter, 5), 「베드로 후서」(2 Peter, 3), 「요한 1서」(1 John, 5), 「요한 2서」(2 John, 1), 「요한 3서」(3 John, 1), 「유다서」(Jude, 1).

(4) 묵시서(Revelation): 「요한의 계시록」(Revelation, 22)

위와 같은 순서 배열은 나타난 순서와는 물론 다르다. 일정한 형태의 교신은 교회의 삶 속에서 매우 일찍 나타나지만(행 15: 23-29), 우리가 아는 바 일정한 규격을 갖춘 최초의 서신들은 사도 바울의 것이었다. 그 다음으로 나타난 것이 복음서다. 예수 그리스도에 관하여 믿을 만한 증거를 제공하기 위한 복음서로서 제일 먼저 나온 것이 「마가복음」이었고, 이어서 다른 두 공관복음서들인 마태와 누가가 나왔고, 마지막으로 「요한복음」이 나왔다. 누가가 쓴 두 권의 저술 중 두 번째 부분인 「사도행전」이 세상에 나왔고, 뒤이어 예언-묵시적 작품인 「요한계시록」이 나왔다. 그런데 어찌해서 공관복음이 제일 먼저, 그것도 「마태복음」이 신약정경의 첫 자리에 있게 되었는가? 『신약성경』의 책들에 권위적 특성을 주는 것은 바로 주 예수 그리스도의 권위라 할 수 있다. 그리스도의 권위는 의심할 여지없이 『신약성경』의 기원과 탄생을 가능케 만든 근본 요인이 되었고, 또한 신약 정경의 배열 순서를 정하는 잣대도 되었다고 생각한다. 예수 그리스도가 없었다면, 기독교의 『신약성경』도 있을 수 없었을 것이라는 것을 생각할 때 현재의 배열순서는 너무나 당연하다고 생각된다.

위에서 『신구약성경』의 구조를 자세히 살펴 볼 때, 가장 눈에 띄는 것은 『신구약』의 대응관계(對應關係)이다. 율법은 복음과, 역사는 행적과, 시가는 서신과, 그리고 예언은 묵시와 서로 대응되는데, 이것은 우연의 일치가 아니고 양자 간의 깊은 구조적 관련성을 보여주는 것이다. 반면 그것은 성경이 지닌 문학적 표현의 다양성을 보여주는 것이기도 하다. 이렇게 표현양식이 다양하면서도 전체적인 대응을 보이는 것은 성경문학의 유기적 구조를 단적으로 입증해 주는 것이 된다. 모든 뜻의 전달은 구조에 의하지 않고서는 불가능하다는 것이 현대 문학이론가들의 지론인데, 오랜 세월에 걸쳐 여러 작가가 다양한 표현양식을 써서 기록한 성경인데도 불구하고 내용의 본질적 통일성을 기하고 있다고 하는 것은 그 만큼 성경문학의 구조 자체가 유기적 통일체를 이루고 있다는 증거가 되는 것이다. 이런 구조적 통일성은 하나님의 영감에 의해 점화된 히브리인들의 성화된 종교적 상상력에 힙 입은 것이라 할 수 있을 것이다. 왜냐하면 유기적 구성은 상상력에 의해서만 가능한 것이기 때문이다.[36)]

T. S. 엘리엇은 "종교 시인이란 시의 주제 중에서도 제한된 부분만을 다루는 사람"[37)]이므로, 종교시는 "일종의 이류시" 밖에는 될 수 없다고 했다. 그 이유는 도대체 무엇인가? 그것은 종교시인의 "신앙적 불성실"[38)] 때문이라는 것이다. 또한 새뮤얼 존슨(Samuel Johnson)은 "신과 인간 사이의 영적 교통이 시적일 수 없다"[39)]는 전제 아래 종교는 시인의 상상력을 무력하게 만든다고 했다. 과연 종교시는 모두 수준이 낮고, 종교는 시인의 상상력을 무력하게 만드는 것일까? 물론 종교시 가운데는 형편없는 수준 이하의 것들도 있을 수 있다. 그러나 그것은 엘리엇의 말대로 신앙의 불성실에서 기인되는 것이지, 종교 자체가 시인의 상상력을 둔화시키는데서 오는 것은 아니다. 오히려 종교는 풍부한 체험을 갖게 하고 고결한 정서적 표현을 가능하도록 상상력을 고조시켜 준다.

히브리 민족은 종교적 민족이었고, 그들은 하나님의 영감에 의해 뜨겁게 불붙은 상상력을 가지고 내용의 통일성을 기하면서 유기적 구조를 취할 수 있었던 것이다. 히브리인들은 선천적으로 특유한 경이감과 숭배충동을 소유한 민족이었고,[40)] 그런 특질이 그들의 상상력을 심화 확대시켜 주었던 것이다. 만일 그들에게 이런 성화된 종교적 상상력이 없었더라면 그들의 체험은 "혼란하고 불규칙적이고 단편적인 것"[41)]으로 끝났을 것이고, "진정한 표현의 통일성"[42)]을 기할 수 없었을 것이다. 여기서 말하는 표현의 통일성이란 양식론상의 의미가 아니고 표현의 구성력을 뜻한다.

뿐만 아니라 그 내용이나 주제의 통일성을 뜻하기도 한다. 그 안에서는 어떤 모순이나 오류도 찾아볼 수 없다. 또한 성경은 인간을 비롯해 우주만물의 기원으로부터 시작해서 종말에 이르기까지를 계시해주고 해답을 제공해주는 일관된 섭리구조로 이루어져 있다. "예부터 지혜 있는 인간들은 끝없이 넓은 우주와 땅위에서 살아가는 온갖 생물과 변화무쌍한 자연현상을 바라보면서 그것들이 어디로부터 와서 어떻게 존재하며 또 장차 어떤 종말을 맞게 될 것인가에 대한 무한한 호기심을 가지고 나름대로의 관찰과 실험과 연구를 끈질기게 계속해오고 있다. 그러나 아직까지 그들은 우리에게 우주빅뱅론, 적자생존론, 진화론과 같은 추상적인 가설 이외에 그 어떤 명확한 결론도 제시해주지 못하고 있다. 성경은 태초에 하나님께서 천지를 창조하셨고 세상 끝 날에는 다시 오셔서 심판하신다는 사실을 명확하게 선포하고 있다."[43)]

『구약』이 그림자라면 『신약』은 그 본체이며, 『구약』이 그릇이라면 『신약』은 그 안에 담긴 내용물이다. 『구약』과 『신약』은 하나님의 말씀으로서 똑같은 권위와 가치를 지니고 있다. 이와 같이, 성경의 구조는 그 내용과 주제를 통일하는 역할을 할 뿐 아니라 시종(始終)의 일관성을 이어주는 유기적 기능도 한다.

제6장 성경은 어떻게 보존되고 전하여졌는가?

"고대 유물들 중에 돌이나 점토 등에 새겨진 하무라비 법전이나 길가메슈 서사시, 아마르나 문서, 메르넵다나 로제다 비문들이 전해져 내려오고 있기는 하지만 대부분 단편적이고 조잡한 내용들로 꾸며져 있다. 20세기의 최대의 문명사가였던 아놀드 토인비가 '강대국들이 도리깨질하던 타작마당' 이었다고 표현한 이스라엘은 다윗과 솔로몬 시대를 제외하고는 주변강대국들, 즉 애굽, 앗수르, 바벨론, 메대 파사, 헬라, 로마 등에 의해 철저히 파괴되었고 식민지 종살이를 하거나 포로로 끌려가는 등의 숱한 고난과 역경을 겪어야만 했다.

성경을 포함하여 고대 문서들은 처음에 돌이나 토판, 나무, 짐승의 뼈 등에 새겨지다 후에는 양피지나 파피루스, 구리판 등에 붓이나 철필로 기록되었다. 아무리 하나님의 말씀을 목숨처럼 지키려 했던 유대인들이었다 할지라도 우상숭배 국가들의 강압적 지배 아래서 성경 원본을 보존한다는 것은 매우 힘들었을 것이다. 더욱이 포로로 끌려가면서 엄청난 무게의 돌들이나 토판들, 수많은 두루마리들을 옮긴다고 하는 것은 불가능했을 것이다. 특히 후기 헬라시대 즉 안티오크스 에피파네스 시대에는 성경을 읽거나 가졌다는 이유만으로도 처참한 죽음을 당해야 했다."[44] 그러므로 이런 상황에서 성경 본문을 보존한다는 것은 생각조차 할 수가 없다. 그런데 어떻게 이 성경이 전체적으로 보존될 수가 있었는지 신비스럽기만 하다. 이 문제를 두 가지 측면에서 살펴보겠다.

1. 유대인들의 쉐마 교육

유대인들은 2000여 년 전에 나라를 잃어버렸다. 세계에서 가장 오랫동안 유랑한 민족이다. 그럼에도 불구하고 유대인은 세계 곳곳에서 엄청난 영향력을 발휘하고 있다. 미국에 살고 있는 유대인의 숫자는 전체의 3퍼센트밖에 되지 않는다. 그럼에도 불구하고 유명대학교 교수 중 약 30퍼센트가 유대인이며, 세계에서 가장 공신력이 있는 미국의 뉴욕타임스, 워싱턴포스트, 월 스트리트 저널, TV 방송국 등이 다 유대인의 소유이다. 미국은 영화 산업의 대표적인 나라다. 500개의 영화사가 있는데, 그 중에 7대 메이저가 파라마운트, MGM, 워너, 폭스, 유니버설, 콜롬비아, 디즈니인데, 이 중 디즈니만 빼놓고 모두가 유대인의 소유이다. 유명한 스필버그 감독도 유대인이다.

세계 어느 나라를 가도 백화점은 쉽게 찾아볼 수 있다. 이 백화점 시스템을 최초로 만들어낸 사람들이 또한 유대인이다. 미국의 100대 기업 중에서 유대인의 소유가 45퍼센트 전후라고 한다. 미국 최고 갑부의 25퍼센트가 또한 유대인이고, 노벨 수상자 가운데 유대인은 역대 노벨수상자의 약 30퍼센트를 차지한다. 20세기 최고의 천재 아인슈타인도 유대인이다. 지금 미국은 유대인들에 의해 움직인다고 해도 과언이 아니다. 세계의 비난을 무릅써 가면서까지 미국은 이스라엘에 천문학적인 금액을 무상원조하고 있다.

더욱 더 놀라운 것은, 그들은 수천 년 동안 나라 없이 흩어져 살면서도 그들 민족의 정체성을 조금도 잃지 않았다는 사실이다. 이것은 거의 불가사의라 할 수 있다. 대부분의 민족은 이민을 하거나 나라를 잃게 되면 불과 두 세 세대만 지나면 민족의 정체성을 모두 잃어버리는 것이 일반적이다. 가장 먼저 잃어버리는 것이 민족의 언어인데, 유대인들은 수 세대가 아니라 수 천 년을 그렇게 나라 없이 살았는데도 그들의 언어와 신앙이 변질되지 않고 전수되고 있다. 그들의 문화와 풍속, 그들만의 민족적 정체성이 굳건하다. 참으로 놀라울 뿐이다.

또한 유대인들은 그렇게 오랜 동안 박해와 시련 중에서도 하나님에 대한 경외를 놓지 않고 늘 붙들었으며 성경을 보존하였다. 무엇이 유대인들을 이토록 훌륭한 민족이 되게 했을까? 그들이 선민이기 때문에 근본 태생부터가 달라서일까? 그들은 우리 일반 민족과 별로 다를 바 없이 평범하다. 머리가 더 좋은 것도 아니고, 가지고 있는 자질이 더 나은 것도 아니며, 신체적 능력이 더 뛰어난 것도 아닌데, 자라서 성인이 되면 그 어느 민족도 따라갈 수 없는 위대한 민족으로 변해 있다.

흔히 유대인들은 '천재적인 머리를 가지고 태어난다' 는 말들을 한다. 그런데 유대인 출신의 세계적 물리학자였던 아인슈타인은 유대인들의 천재성이 결코 선천적인 것이 아님을 입증하기 위해 '사후에 자신의 뇌를 영구 보관해 달라' 는 유언을 남겼다고 한다. 지금까지 진행된 연구결과는 그의 뇌가 보통 사람의 것과 조금도 차이가 없다는 것이다.[45)]

그러면 무엇이 이것을 가능케 했을까? 그것은 오직 유대인의 쉐마 교육에 그 비결이 있다고 본다. 성경은 '쉐마' 를 사랑하는 자녀에게 가르쳐줄 것을 말씀하고 있다. 신명기 6장 4-5절은 이스라엘 백성들이 끊임없이 자녀에게 가르쳐 주는 귀한 메시지인데, 이것을 '쉐마' 라 한다. '쉐마' 라는 말은 히브리말로 '들어라' 는 뜻이다.

유대인 어머니가 아이에게 늘 말하는 것 그것이 곧 쉐마다. "너는 들어라, 너의 하나님 여호와는 하나이신 여호와시니 너는 일생동안 마음을 다하고 힘을 다하고 성품을 다하여 주 여호와 하나님을 사랑하라." 이것을 계속해서 가르치는 데, 정부가 가르치고, 학교가 가르치며, 제사장이 가르치고, 사회가 가르치며, 언론이 가르친다. 온 나라가 모든 유대인들의 이 쉐마 교육에 다 같이 참여하는 것이다.

하나님께서는 이스라엘 백성들에게 "오늘 내가 네게 명하는 이 말씀을 너는 마음에 새기고 네 자녀에게 부지런히 가르치며 집에 앉았을 떼에든지 길을 갈 때에든지 누워 있을 때에든지 일어날 떼에든지 이 말씀을 강론할 것이며 너는 또 그것을 네 손목에 매어 기호를 삼으며 네 미간에 붙여 표로 삼고 또 네 집 문설주와 바깥문에 기록 할지니라" (신 6:6-9) 하였고, "그가 왕위에 오르거든 이 율법서의 등사본을 레위 사람 제사장 앞에서 책에 기록하여 평생에 자기 옆에 두고 읽어 그의 하나님 여호와 경외하기를 배우며 이 율법의 모든 말과 이 규례를 지켜 행할 것이라"(신 17:18-19)고 명하셨다. 이 쉐마 명령을 따라 유대인들은 어릴 때부터 성경을 읽고 외우도록 교육 받는다. 특히 유대인 어머니들은 입덧이 시작되면 성경을 큰 소리로 읽는데, 그때부터 몸속의 태아는 엄마의 뜨거운 심장소리와 우렁찬 성경 읽는 소리를 들으면서 명석하고 우수한 두뇌를 가진 아이로 태어난다. 이것이 그 유명한 유대인의 천재교육이다.

유대인들은 끈기 있고 혹독한 암기 과정을 반복하면서 성경을 머릿속의 기억에 담아둔다. 어떤 리투아니아의 수석 랍비는 2500여권의 책을 완벽하게 암기했다고 한다. 유대인들은 세 사람의 랍비만 있다면 한 권의 성경책을 만들 수 있다는 것이다. 대부분의 학자들에 의하면 오늘날의 『구약성경』은 바벨론에서 돌아온 에스라와 랍비들에 의해 모든 성경 본문이 원문 그대로 원상 복구되었다. 우리 인간의 두뇌는 사전 1만권 분량을 기억할 수 있는 1000억 비트의 용량을 가지고 있다고 한다.[46)]

이와 같이 유대인들은 '쉐마' 교육을 통해 태어날 때부터 하나님의 말씀을 경청하고 순종하면서 그것을 평생 기억하도록 반복하는 것이다. 이스라엘 사람들은 하루에 아침과 저녁 두 번씩 쉐마를 암송했다(미쉬나 1:1,2). 어린아이가 태어나서 말을 하고, 글을 쓰기 전에 먼저 말을 듣는 것처럼 쉐마 교육은 앞에서 말한 바와 같이 어머니의 뱃속에서부터 시작된다. 먼저 가정에서 쉐마 교육이 이루어지고, 학교와 성전에서도 반복해서 쉐마 교육이 이루어진다. 이렇게 해서 하나님 경외 신앙과 선민의식이 강화되고 혹독한 반복적인 암기 훈련을 통하여 천재적인 기억력을 소유하게 된다. 이런 기억력 덕분에 성경은 보존되었다.

2. 신구약 성경 고대 사본

성경이 최초로 기록된 원본은 오직 한 권뿐이었다. 이 한권의 책을 널리 분배하는 문제도 있고, 책의 마모와 글씨 자체의 오손(汚損)도 문제가 되었기 때문에 인쇄술이 발달하기 전에는 원본을 만들면 반드시 필사본을 만들 수밖에 없었다. 이렇게 만들어지는 책의 수요가 많아지면 많아질수록 더욱 그것을 베껴 쓸 필사자도 더 많이 필요하게 되었다. 이 필사본과 원본 사이에는, 필사자들이 각기 여러 면에서 다른 것처럼 차이도 생길 수밖에 없다.

성령의 영감을 받은 필사자에 의해 만들어진 사본은 원본과 흡사하고 그렇지 못한 필사자에 의해 만들어진 사본은 원본의 내용과 좀 거리가 있을 수가 있다. 오랜 세월이 지난 뒤 원본마저 없어지게 되면 그 원본에 가장 가까운 사본을 골라내는 작업이 필요하게 되는데, 그것은 성경의 본래적인 의미를 알기 위해서다. 원본에 가장 가까운 사본을 정확하게 선택하기 위해서는 성령의 조명을 받은 전문가가 필요하게 된다. 왜냐하면 성경은 사람의 말을 기록한 책이 아니고 하나님의 말씀이기 때문이다. 이렇게 해서 만들어진 많은 사본들을 통하여 성경은 보존되어 왔다. 원본의 실체는 아직도 정확하게 알 수 없지만, 현존하는 『구약』 아람어를 포함한 히브리어 사본은 대략 1000여개, 신약 헬라어 사본은 5000여개 정도가 된다. 앞으로 새로운 사본들이 발견될 때마다 이 숫자는 점차 증가할 것이다. 남아 있는 것들 가운데 어떤 것들이 가장 가치 있으며, 또한 성경의 고대 사본으로서는 어떤 것들이 남아 있는가를 살펴보겠다. 가장 잘 알려진 사본들은 다음과 같다.

1) 구약사본들

『구약성경』은 『신약성경』이 기록되기 여러 세대 전에 기록되었다. 그것은 원래 유대인들만의 거룩한 책이었으며 유대인들은 이를 타나크(Tanak)라 불렀다. 이것은 유대인의 성경 구분 방법에 따른 '토라'(율법서), '네빔'(선지서), '케투빔'(성문서)의 첫 글자를 조합해 놓은 명칭이다. 『구약성경』의 사본과 『신약』의 사본은 다른 경로를 통해 우리에게 전해졌다. 그 사본들 중에서도 가장 오래되고 가장 중요한 것들만 살펴보겠다.

(1) 마소라 사본

『구약성경』 사본 중 제일 낡은 것은 주후 500년경에 시작하여 인쇄술이 발명될 때까지 노력한 유대인 학자들에 의하여 완성된 마소라 사본이다.[47] 히브리어로 '마소라'는 '전통'을 의미한다. 따라서 마소라 학자 하면 조상으로부터 이어받은 성경본문의 전통을 잘 전수시키기 위하여, 자음만을 갖고 있던 히브리어 성경에 정확한 모음 발음을 위한 모음 기호를 개발한 사람을 의미한다.

이 마소라 학자들에 의하여 편찬된 성경이 『마소라(Massora) 사본』이다. 이들은 히브리어 성경 본문을 확고하고도 안전하게 전수한 학자들이었다. 그들은 성경 본문을 정확히 전수하기 위하여 특별한 부호를 개발하거나 본문에 주를 달아서 세부사항까지도 표시하려고 노력하였다. 마소라 본문이 문헌화되기 시작한 것은 히브리어 모음과 그 강세 체계가 완성된 시대, 즉 5-6세기경 이후로 추정된다.[48] 이미 말한 바와 같이, 그들은 그때까지 띄어쓰기도 없었고 모음이나 억양 기호, 구독점도 없기 때문에 일어난 혼란과 불확실성을 없애려고 비상한 노력을 기울여 고정된 띄어쓰기, 모음, 억양, 구독점 등을 붙여서 소위 마소라 원문(텍스트)을 형성하였다.

우리가 마소라라고 이야기할 때에는 그 형태에 따라 다음 네 가지로 구분한다. 그러나 일반적으로 처음의 두 가지가 자주 상용되기에 그 의미를 정확하게 알 필요가 있다. 첫째, '마소라 파르바' (Masora Parva)라 불리는 '소 마소라' 이다. 대부분 사본의 난과 난, 혹은 좌우의 난 외 여백에 쓰인 약호로 통계적 데이터와 모음 문자를 동반한 완전한 필기법과 생략형 필기법 등이 주석으로 다루어지고 있다. 둘째, '마소라 마그나' (Masora Magna)라 일컫는 '대 마소라' 이다. 사본의 상하 여백에 기록된 각주 같은 것으로 '소 마소라' 의 내용을 부가 설명하고, 연관된 성경 구절을 열거하였다.

셋째, '마소라 피날리스' (Masora Finalis)로 사본의 권말에 기록된 마소라이다. 이는 '마소라 마그나' 를 알파벳순으로 배열한 색인 형태로 기록되어 있다. 넷째, '오크라 웨오크라' (Okra Weokra)는 자체적으로 한 권의 사본을 이루는 마소라 최대의 학문적 집대성이라 할 수 있다.

『마소라 사본』은 자음만 표기하던 히브리어 성경에 모음 부호와 강세표를 고안하고, 이를 성경 사본에 사용하여 히브리어 발음과 철자법의 통일을 가져오는 데에 큰 영향을 미쳤고, 히브리어의 발전과 유대인의 언어사에 많은 공헌을 한 것으로 생각된다.

(2) 사해사본

1947년과 1956년 사이에 사해(死海)서북해안 쿰란(Qumran)에 있는 동굴들 속에서 고대의 두루마리 책들이 발견됐는데, 그것을 『쿰란사본』 또는 『사해사본』이라 한다. 『구약』의 「에스더서」만 제외된 거의 모든 책들의 사본을 찾을 수 있었고, 이것은 9세기 사본보다 천년이나 더 낡은 것이었다. 일반적으로 이 낡은 사본과 마소라 원본이 일치한다는 사실을 발견하게 되었다. 이런 점에서 이 사건은 학계에 커다란 경이와 기쁨을 주었다.

이 '사본들' 은 일부 완전한 것들도 있지만, 대부분은 부분적인 조각들로 발견되었다. 광범위한 의미로 보면, 『사해사본』들은 주전 3세기부터 주후 8세기 무렵까지의 문서들로서 사해바다 주변 지역의 일곱 장소에서 발견된 것들을 통칭한다. 사해바다 주변 지역들이란 쿰란, 마사다, 와디 무라바아트, 나할 헤베르, 나할 쩨엘림, 나할 미쉬마르, 그리고 키르벳 미르드 지역들을 일컫는다. 또한 사해사본에는 카이로에서 발견되어진 '그니자' 까지도 포함되어지기도 한다. 협소한 의미에서의 『사해사본』은, 쿰란 지역의 11개 동굴에서 발견되어진 쿰란 사본들을 가리킨다.

히브리어와 아람어 성경사본 200-201개가 쿰란에서 발견됐고, 유대 광야의 다른 지역에서 23개의 성경 사본 조각들이 발견됐다. 쿰란 동굴들의 사본 중 거의 190개 정도는 보통 '히브리어 체', 즉 '정방형' 또는 '아람어 체' 로 된 사본들이고 11-12개의 사본은 고대 '히브리어 체' 로 되어 있다.

이 새로 발견된 사본들은 여러 방면에서 히브리어와 헬라어 성경 본문의 연구에 혁명적인 역할을 해왔다. 성경 본문들의 전승 과정은 여러 면들에서 분명하게 드러났고, 쿰란의 두루마리들은 성경책들의 문학적 성장의 마지막 단계들을 이해하는 데에도 깊은 관계성을 보여 준다. 『쿰란사본』은 전에 알려진 본문 자료들, 즉 랍비들에 의해 전승되어 오늘날 유대인들의 성경이 된 마소라 텍스트(MT), 유대지역과 경쟁 관계에 있는 북쪽의 사마리아 분파의 오경이 되었던 사마리아 오경(SP), 그리고 헬라어로 번역이 되어 초기 기독교회에 의해 보존됐던 『70인역』(LXX)들을 더 잘 이해 할 수 있게 해 준다.

또한 쿰란에서 발견된 사본 본문은 다양성을 보여 준다. 이 다양성은 고대 이스라엘에서 이 두루마리 사본들의 서로 다른 기원을 반영해 주는데, 아마도 당시 대부분의 이스라엘 지역에서는 그것들이 완전 일치해야 한다는 개념 자체가 존재하지 않았을 것이다. 그 외에도 대영박물관 사본과 래닌그라드(모세 벤 아셀) 사본 등이 있다.

2) 신약사본들

『구약』은 히브리어와 아람어로 기록되었고, 『신약』은 헬라어로 기록되었다. 『신약』의 사본은 크게 세 가지의 경로를 통하여 우리에게 전달되었다. 『서방사본』, 『비잔틴사본』, 『알렉산드리아사본』 등이 그것이다. 『비잔틴사본』이란 고대 세계의 광범위한 지역에 걸쳐 분포되어 있는 사본군(寫本群)을 일컫는다. 이는 시기상으로는 『알렉산드리아사본』에 뒤지지만, 사본의 대다수를 차지하는 정통 사본군이며, 고정본과 흠정역도 여기에서 연유된다. 흔히 『동방사본』, 『콘스탄티노플사본』, 『시리아사본』이라고도 한다. 『비잔틴사본』은 다수의 사본을 형성하기는 하나 시기상 후대에 기록된 것이며, 이차적인 자료의 가치를 지니고 있어서 교부들이 달갑게 생각하지 않는다. 이것이 이 사본의 약점이라 할 수 있다. 아무튼 신약사본으로 알아둘 만한 내용은 다음과 같다.

(1) 바티칸 사본

4세기부터 10세기에 이르는 동안의 대문자 필사본은 140여개 정도가 있으며, 최근에는 약 72개의 대문자 필사본이 더 발견되었다. 이 가운데 성경 변개자(變改者)들이 '세계적으로 인정받는 필사본'이라고 제시하는 것이 'B' 사본이라고 명명된 로마 가톨릭의 『바티칸 사본』(Codex Vaticanus)이다.

『바티칸 사본』은 주후 1481년 바티칸 도서관을 통해 갑자기 세상에 알려졌다. 그것은 350-370년경에 기록되었으나, 성경대로 믿는 그리스도인들에게 외면당해 왔기 때문에 1100년 이상을 소외된 상태로 남아 있었다. 이 『바티칸 사본』은 고급 양피지(vellum)를 사용하였으며, 총 759페이지나 된다. 가로 10인치, 세로 10.5인치로 페이지마다 세 개의 칼럼이 있고, 각 칼럼은 41줄로 구성되어 있다. 티센도르프(C. von Tischendorf)에 따르면 『바티칸 사본』은 『시내사본』을 기록한 사람에 의해 기록된 것으로 알려져 있다.

『바티칸 사본』은 바나바 서신을 비롯한 외경을 담고 있으며, 「창세기」 1:1-46:28, 「시편」 106-138편, 「마태복음」 16:2, 3, 「로마서」 16:24, 「바울서신」, 「요한계시록」, 「히브리서」 9:14이후 등이 없다. 이러한 사본을, 학자들은 '최고의 성경', '가장 잘 보존된 성경', '놀라우리만큼 순전한 성경', '아름답게 보존된 성경', '가장 확실한 성경' 등으로 칭송하고 있으며, 1600년 이상 남아있기 때문에 오늘날 우리 앞에 변개된 성경의 정당성을 확보하는 근거로 제시되고 있다. 확실히 알아야 할 것은 이 사본의 앞부분에는 「창세기」가 삭제되어 있고, 중간 부분의 「시편」은 잘려나가 버렸으며, 마지막 부분인 「요한계시록」은 생략되었을 뿐만 아니라, 예수 그리스도의 영원하고 자비로운 보혈에 대한 「히브리서」의 말씀도 사라졌다.

또한 보다 흥미로운 사실은 『바티칸 사본』에 「요한계시록」이 삭제됐다는 것이다. 바티칸은 「요한계시록」 17장 1-9절이 바티칸을 공격하고 있다고 믿고 있었기 때문에 「요한계시록」을 삭제했다는 것이다. 그러나 학자들은 로마 바티칸이 「요한계시록」을 가지고 있는 것처럼 또는 계시록을 문자적으로 믿는 것처럼 가장하려고 『바티칸 사본』을 'B' 사본이라고 부를 것을 고안해 낸 것으로 믿고 있다.

이 『바티칸 사본』은 일설에 의하면 이시도리아 『교황 교령집』

(the Isidorian Decretals)이 기록되었던 로마에서 기록되었다고 한다. 그러나 이곳이 '순전한' 성경이 필사되어 본존 되기에 적합한 곳이라고는 생각되지 않는다. 어떤 학자들은 『바티칸 사본』이 이집트의 알렉산드리아에서 유래되었다고 하고, 또 어떤 학자들은 로마나 가이사랴라고도 한다. 이렇게 견해가 엇갈리지만 변개되었다는 사실만은 부정할 수가 없다.

(2) 시내사본

『바티칸 사본』 다음으로 주목받고 있는 것은 『시내사본』(Codex Sinaiticus)(알렙)이다. 학자들의 명명법에 따르면 히브리어 '알렙'(Aleph)으로 표시되어 있다. 이 사본은 1859년에 독일학자 티센도르프가 시내 산에 있는 한 수도원에서 발견한 코덱스 형의 유명한 사본으로 현재 대영 방물관에 보관되어 있다. 이것은 양피지에 기록된 헬라어 성경 사본이다.

티센도르프는 1815년 독일의 렝겐펠트에서 태어났으며 라이프치히대학에서 신약학 전공으로 박사학위를 받은 뒤 1840년에 이미 독자적인 헬라어 『신약성경』을 출판했을 정도로 일찍부터 이 분야의 전문가로 성장 했다. 당시 유럽의 강대국들은 기독교 국가답게 정통성 있는 최고의 성경들을 보유하고 있었다. 즉 영국은 『알렉산드리아 사본』을, 프랑스는 『에프라임 사본』을, 이탈리아는 『바티칸 사본』을 소장하고 있었다. 그러나 당시 이렇다 할 만한 고대 성경을 갖고 있지 못했던 독일은, 티센도르프의 『시내사본』(Codex Sinaiticus)을 국가적 영광으로 받아들였다.

『시내사본』 역시 『바타칸 사본』과 마찬가지로 고급 양피지에 기록되었으나 『바티칸 사본』 보다는 얇은 것이 특징이다. 대부분의 학자들은 이 사본은 대문자 필사본 가운데서 『신약』을 전부 수록

하고 있는 사본으로 평가된다. 하지만 이 사본에는 "허마의 목자서"나 "바나바 서신" 같은 외경들이 수록되어 있다. 이 두 개의 외경은 세례를 통한 구원과 행위를 통한 구원을 가르치고 있다. 『시내사본』 역시 350-370년경에 기록되었으며, 가로 15인치, 세로 13.5인치로서 총 147페이지 반이나 된다. 각 페이지마다 48줄로 된 네 개의 칼럼이 있다.

『시내사본』의 기록 연대는 복음서 부분의 여백에 기록된 예수의 생애와 관련된 일련의 숫자 표시로 알 수 있는데, 이것은 카이사리아의 유세비우스가 처음으로 고안한 것이므로 그의 사망연도인 주후 340년경의 것으로 추정 된다. 기독교를 국교로 선포한 로마제국의 콘스탄티누스 황제는 주후 331년 카이사리아의 성경학자인 유세비우스로 하여금 헬라어 성경 50권을 제작하여 제국 내의 중요한 교회에 배포하라고 명령 했다. 그 중의 하나가 카이사리아에 있다가, 주후 638년 페르시아가 팔레스타인을 점령할 때, 그들의 박해를 피해 빠져나온 어느 피난민에 의해 성 카타린 수도원까지 오게 된 것으로 추정된다.

『시내사본』의 내용상 가장 중요한 신학적 논쟁은 「마가복음서」의 끝부분에 예수의 부활 기사(막 16:9-20)가 없다는 점이다. 당시 모든 신약학자들이 「마태복음서」를 가장 초기에 기록된 문서로 여겼기 때문에, 티센도르프는 자연스럽게 필사자의 실수라고 해석했다. 하지만 이 문제는 「마가복음서」가 최초의 기록이라는 사실이 밝혀진 19세기 말부터, 복음서 논쟁의 뜨거운 쟁점으로 떠올랐다.

저명한 학자들이 『시내사본』의 『신약성경』은 완전하다' 라고 주장하며 가르치고 있는데, 사실상 그러한 행위는 거짓을 진리로 왜곡하는 것이라 할 수 있다. 이는 『시내사본』이 「요한복음」 5:4, 8:1-11, 「마태복음」 16:2-3, 「로마서」16:24, 「마가복음」 16:9-20, 「요한일서」 5:7, 「사도행전」 8:37, 그리고 그 밖의 열두 구절이 더 삭제되어 있는 변개된 필사본이기 때문이다. 즉, 이 구절들이 삭제된 것은 그리스 정교와 로마 가톨릭의 수도승들이 구원과 예수님의 행적을 믿지 않았기 때문이라 할 수 있다.

『시내사본』은 그 구절에 따라서 『바티칸 사본』보다 킹 제임스 성경에 보다 가까운 면이 없지는 않다. 그러나 『시내사본』은 전반적으로 북아프리카의 배교한 학자들 즉 오리게네스를 비롯한 알렉산드리아의 이단들이 만든 변개된 사본들을 따르고 있다.

(3) 알렉산드리아 사본

다음으로 주목하여야 할 필사본은 『알렉산드리아 사본』(Codex Alexandrinus, 주후 520-540)이다. 이것을 명명법에 따라서 'A' 사본이라고 한다. 이 사본은 773페이지가 현존하고 있으나, 원래는 820페이지로 추정된다. 두 칼럼이 41줄로 이루어져 있고, 가로 10과 3/4인치, 12와 5/8인치의 고급 양피지가 사용되었다. 이 사본은 「요한복음」 6:50-8:52, 「고린도후서」 4:13-12:6, 「열왕기상」 12:20-14:9, 「마태복음」 1:1-2:6, 「창세기」 15:1-5, 「창세기」 14:14-17, 「창세기」 16-19장이 없으며, 외경인 클레멘트 서신 두 개가 첨가되어 있다. 『알렉산드리아 사본』은 『킹 제임스 성경』과 새 성경의 기반이 된 비잔틴 원문과 유사한 내용의 일부를 가지고 있기도 하다.

그 밖의 대문자 필사본들은 시간이 흐름에 따라 『킹 제임스 성경』의 권위를 확정하는데 그 증거가 되고 있으며, 『바티칸 사본』과 『시내사본』, 『알렉산드리아 사본』들도 역시 부분적으로 그 뒤를 따르고 있다. 앞의 세 개의 사본을 제외한 대문자 필사본은 다음과 같다.

『에프라임 사본』(Codex Ephraemi)이 있는데, 'C' 사본이라고 명명된다. 5세기에 기록되었으며, 가로 5인치, 세로 9인치로 페이지

마다 하나의 칼럼으로 되어 있다. 이 사본은 「데살로니가후서」와 「요한 2서」가 없는 상태의 『신약』을 담고 있다. 그 다음으로는 『베자 사본』(Codex Bezae)이 있는데, 'D' 사본이라고 명명되어 있다. 약 5세기경의 필사본으로 사복음서와 「사도행전」, 그리고 「요한 3서」의 일부를 담고 있다. 세 번째로는 일명 『워싱턴 사본』이다. 'W' 사본(Codex W)이라고도 한다. 이 사본은 『킹 제임스 성경』과 많은 부분이 일치한다. 주후 1906년 프리어(C. L. Freer)가 이집트 카이로 고물 상인에게서 산 사복음서의 사본으로서 4세기 말에서 5세기 초에 쓰인 것인데, 지금은 워싱턴 프리어 미술관에 보관되어 있다.

이밖에도 주후 1930년경에 영국의 골동품 수집가 체스터 비티(A. Chester Beatty)가 얻은 고대 사본들 중에 중요한 헬라어 성경 사본들이 세 개 들어 있는데 제3세기의 것이라는 점이 중요하다. 주후 1935년에 고문서학자 로버트(C. H. Roberts)가 발견한 작은 사본조각들이 있다. 이것들은 지금까지 발견된 신약 사본들 중 가장 오래된 것으로 알려져 있으며, 제2세기 전반기에 쓰인 것으로 보고 있다. 「요한복음」 18장의 내용 중 약 30단어를 포함하고 있는 작은 조각 두 개다. 근년에 스위스 사람 보드머(Martin Bodmer)가 입수한 헬라어 고대 사본들 중에 신약성경 사본들이 끼어 있었고 그 중의 하나가 주후 1956년에 발표되었다. 그것은 「요한복음」의 처음 14장을 완전히 보존하고 있으며, 나머지는 부분적으로 가지고 있다. 그 연대를 주후 200년경으로 잡고 있다.

이상에서 『신약성경』 사본의 몇 개만을 예로 들었지만 지금까지 발견된 『신약』 사본을 분류하고 통계를 낸 것을 보면 주후 1959년 현재로서 아래와 같다. 즉 그것은 대략적으로 파피루스 형 67개, 코덱스 형 사본으로 대문자 사본이 241개, 소문자사본이 2,533, 일과서 1,838 등이 있다고 한다. 제9세기까지는 대개 대문자로 쓰던 것을 그 후부터 소문자로 자체(字體)를 바꾸었다. 그것은 비용과 시간을 절약하기 위한 방편이었을 것이다. 어쨌든 오늘날은 근 5,000개나 되는 사본들이 남아 있는데, 다른 고대 세속 문헌들은 그 사본을 불과 두세 개밖에 남기지 않고 있는 것을 생각할 때 놀라운 일이라 하지 않을 수 없다. 그 뿐 아니라 세속 문헌들은 그 사본들이 대개 중세기에 쓰인 것이며, 따라서 원문과 사본과의 시간적 간격이 천 년이나 되지만 상술한 바와 같이, 성경은 최소는 한 세대로부터 100년 이내의 것들이 상당히 많다는 것을 지적할 수 있다.[49)]

3. 성경 번역

15세기 중엽 인쇄술이 발달하기 전까지는 앞에서 이미 말한 바와 같이 성경은 필사본의 형태로 보존되었다. 이 필사본을 만드는 경우 일일이 필사자들이 베껴 쓰지 않으면 안 되었는데, 그 필사에 사용된 주된 자료는 두 가지였다. 그 하나는 파피루스고 다른 하나는 가죽이었다. 이런 자료를 가지고 두 가지 형태 곧 두루마리(scroll)형과 코덱스(codex)형을 만들었다. 그리고 필사하는 방법도 두 가지였는데, 그 하나는 개인이 어떤 대본을 놓고 한자 한자 옮겨 놓는 것이고, 다른 하나는 사서실(寫書室)에서 어떤 대본을 큰 소리로 천천히, 명료하게 읽어주면 여러 서사(書士)들이 그것을 받아써서 만드는 것이었다. 어느 방법에서도 많은 실수와 잘못이 생길 수 있다. 특히 후자의 경우가 더욱 그러했다.

이렇게 책을 만드는 경우 상당한 수의 문제들이 발생할 수 있었는데, 그 첫째는 오사(誤寫)이고, 둘째는 생산성의 한계였다. 이런 어려운 문제들에도 불구하고 종이와 인쇄술이 발달하기 전까지는 어쩔 도리가 없었다. 이런 난제가 해소되기 시작한 것이 바로 15세기 이후부터다. 15세기 이후 종이와 인쇄술이 발달하게 되면서 각종 판형이 다른 여러 가지 책들을 대량으로 생산할 수가 있었다. 성경도 이때부터 각국 나라말로 번역되어 세계에 널리 전해지게 되었다. 그럼으로 성경이 후대에 전해지게 되는데 있어서 가장 중요한 역할을 한 것은 복음 전파의 열기 이외에도 종이와 인쇄술의 발달이었다고 할 수 있다. 물론 종이나 인쇄술이 발달하기 전에도 유대인들은 필요에 따라 그들이 흩어져 살고 있는 그 지역의 언어로 성경을 번역해서 보급하였다. 우리는 그것을 성경의 고대 역본이라 한다. 이런 고대역본들은 나름대로 성경 번역사와 해석사에 중요한 의미를 갖는다. 그것은 번역도 넓은 의미에 있어서 해석의 기초가 될 뿐 아니라 해석의 범주에 포함되기 때문이다.

히브리어 성경은 유대인을 위한 유대인의 성경이었으므로 유대인들이 자신들의 영토인 팔레스타인 땅에 거주하면서 히브리어를 모국어로 사용할 때는, 번역본(飜譯本)이라는 것이 전혀 필요하지 않았다. 그러나 유다 왕국이 완전히 멸망한 후에 유대인들은 자신들의 땅에서 거의 다 쫓겨나서 팔레스타인에는 소수만 남게 되었고 대다수가 바벨론을 비롯한 이집트, 소아시아 등지로 뿔뿔이 흩어져 살게 되었다. 따라서 오랜 세월이 지나면서 자연히 히브리어를 잊어버리고 정착지 언어에 더 익숙해진 자들이 늘어나게 되었으므로 유대인들을 위하여 그 나라 언어로 성경을 번역할 필요가 생기게 된 것이다.

주전 450-440 경 에스라, 느헤미야가 주도하여 포로에서 귀환한 유대인들은 자신들이 살던 땅에서 쫓겨난 이유는 하나님의 말씀을 소홀히 하였기 때문이라는 자각을 통하여, 그들이 어느 곳에 있든지 하나님의 말씀을 잘 보존하여야 한다고 생각하였다. 따라서 히브리어를 모르는 디아스포라(Diaspora) 유대인들을 위해서도 말씀을 가르치고 보존해야한다는 취지에서 번역을 시작한 것이다. 그러므로 기독교가 전파되기 전까지 『구약』은 유대인들만의 경전이었으므로 고대의 히브리어 번역은 모두 유대인들을 위한 것이었다.

히브리어 번역본은 고대 역본과 현대 역본으로 대별하는데, 고대 역본은 손으로 베낀 필사본을 뜻하며, 현대 역본은 1450년 경 구텐베르크의 인쇄술이 발명된 후에 인쇄본으로 간행된 것들을 가리킨다. 그런데 현대 역본으로서 『구약』만 번역한 것은 매우 드물고 대부분 『신약』과 함께 합본으로 번역되어 인쇄됐기 때문에, 그것을 별도의 히브리어 번역본으로 취급하지 않는다. 여기서는 고대 역본들 중에서 중요한 것들만을 가려서 살펴보겠다.[50] 그리고 근현대 성경 번역에 대해서는 지면상 여기서는 생략하고 기회가 주어지는 대로 다른 곳에서 다루겠다.

1) 탈굼

『탈굼』(Targum)은 히브리 원어의 아람어 역본이다. 고대 역본 중에서 역사가 가장 오래 된 것은 아람어 번역이다. 아람어(Aramaic)는 북방계 셈어(Semitic) 중에서도 북부 셈어에 속하는 언어를 말하는데 '갈대아어' 와 '수리아어' 가 이에 포함된다. 갈대아어는 고대 셈어인 '악카드어' 를 계승하여 앗수르(아시리아)?바벨론 시대부터 사용한 것으로 추정되며, 바사(페르시아) 시대에는 이미 고대 근동에서 정치, 경제, 문화 등 모든 면에 널리 사용되는 국제 표준어로 자리 잡게 되었다. 특히 아람어와 히브리어는 같은 북방계 셈어족에 속하는 가까운 언어였기 때문에 유대인들이 쉽게 친숙해 질 수 있었고, 따라서 유대인들이 바벨론에 포로로 잡혀 온 이후 모국어인 히브리어보다 당시의 국제어였던 아람어를 사용하게 된 것은 정착 과정에서 자연스러운 결과였다.

유대인들이 히브리어를 점차 잊어버리게 되자 회당에서 랍비들이 율법을 낭독하고는 아람어로 번역을 해주어야 했는데, 처음에는 구두로 해석하던 것이 점차 정교하게 고정화되면서 문서화시킬 필요성을 느끼게 되었다. 따라서 주전 4-3세기경부터 성경을 아람어로 번역하려는 시도는 있었으나, 제대로 된 번역은 로마에 의해 유대인들이 팔레스타인에서 완전히 추방되는 시점인 주후 2세기경에 가서야, 성경 해석의 길잡이 노릇을 해줄 수 있는 아람어 『탈굼』이라는 이름으로 비로소 등장하게 되었다.

아람어로 '탈굼' 이란 낱말의 어근인 동사 '티르젬' (tirgem)은 '번역하다' 라는 의미를 갖는다. 따라서 이 동사의 명사형인 '탈굼' 이란 낱말의 뜻은 '번역' 또는 '의미의 해석' 이라는 뜻을 지닌다. 따라서 '탈굼' 이란, 첫째로 어느 언어를 사용했든 『구약성경』을 번역한 역본을 의미하는 말로 사용되었으며, 이는 바벨론 포로 초기의 사용으로 추정된다. 둘째로, 후에 랍비들은 '탈굼' 을 자신들의 전통에 의하여 『구약성경』을 아람어로 번역하거나 혹은 히브리어 본문의 아람어식 해석과 주석적인 보충까지도 의미하는 단어로 한정되어 사용하게 되었다. 셋째로, 이는 더 후대에 문자화된 아람어 『구약성경』을 지칭하는 낱말로 국한되어 사용한 것이다.[51]

『탈굼』은 히브리 성경을 후일 포로 후기시대 팔레스타인의 일상용어가 되었던 아람어로 자유롭게 번역한 것이다. 오늘날에는 『탈굼』이 오경, 예언서, 성문서로 나누어져 전해져 내려오고 있다. 『탈굼』은 히브리어 성경을 아람어로 번역하는 과정에서 독특한 입장을 취하고 있다. 『탈굼』은 하나님의 이름을 피해가는 경향이 있으며, 하나님의 행동을 묘사할 때도 신인동형론적(anthropomorphic) 표현을 피해 히브리어 성경을 개작하는 부분이 있었다. 아람어 『탈굼』 중에서 유명한 것은 주후 3세기경의 토라를 번역한 『탈굼 옹켈로스』(Targum of Onkelos)와 4세기경의 예언서를 번역한 『탈굼 요나단』(Targum Yonathan) 등이다.

『바빌로니아 탈굼』(Babylonian Targum) 중의 대표적인 것이 『옹켈로스의 탈굼』이다. 전체적으로 볼 때, 『옹켈로스의 탈굼』은 문자적인 번역이면서도 랍비들의 주석을 번역에 반영시키고 있다. 축자적이며 외래적인 요소의 도입을 꺼리고 있으며 바빌로니아에서 재편집된 흔적을 발견할 수 있다.

그리고 『팔레스타인 탈굼』들 중 가장 유명한 것은 『요나단의 탈굼』이다. 요나단은 14세기경부터 생긴 이름으로서 『예루살렘 탈굼』(Targum Jerusalem)을 뜻하는 히브리어 약자 'TJ'를 『요나단의 탈굼』(Targum Jonathan)으로 잘못 읽은 데서 비롯되었다. 이것은 『옛 팔레스타인 탈굼』(Old Palestinian Targum)과 옹켈로스의 초기 번역을 뒤섞은 것이므로, 랍비들의 주석 · 설교 · 교훈 등이 번역에 많이 첨가되어 있다. 『요나단의 탈굼』은 오경의 『예루살렘 탈굼』으로서 『팔레스타인 오경 탈굼』의 신학적-언어학적 특징들을 많이 지니고 있으나 천사론과 마귀론의 부분에 있어서는 『팔레스타인 탈굼』을 능가하고 있다.

이 역본에는 대량의 석의(commentary)와 주석(explanation)이 포함되어 있다. 『탈굼』은 원래 아람어권의 회당(Synagogues)에서 사용된 것으로, 오랫동안 구전되던 것이 문자화된 것이다. 문자화된 시기는 대체로 보아 기원 5세기나 그 이후로 본다. 『탈굼』은 본문비평의 관점에서 보면 그다지 가치가 있는 것이 아니지만, 고대 히브리의 전통이나 성경 석의에 있어서는 새로운 빛을 보여 주었다.

2) 셉투아진트

가장 오래된 『구약성경』 번역본 중의 하나가 『70인 역본』이다.

히브리어 성경 원문을 번역한 것으로 헬라어가 국제 공용어일 때 이집트에 있는 유대인 공동체들이 사용하도록 제작한 것 같다. 언어분석 결과 토라, 즉 모세 5경은 주전 3세기 중반에, 나머지 부분은 주전 2세기에 번역되었다고 한다. '70'을 뜻하는 라틴어 '셉투아진트'(septuagint)에서 유래한 '70인'이라는 명칭은 이스라엘 12지파에서 6명씩 뽑은 72명의 번역자들이 알렉산드리아의 파로스에서 70일 동안 각각 독방에 들어가 『구약성경』 전체를 번역했는데, 그들의 번역이 모두 동일했다는 후대의 전설에서 유래됐다. 그러나 그것은 근거 없는 하나의 가설일 뿐이다. 사실 토라(율법서)와 후대의 번역본은 문체와 용례가 많이 다르다. 예루살렘의 대제사장 엘레아자르가 문학의 후원자인 프톨레마이오스 2세 필라델푸스(주전 285-246)의 요청으로 번역자들을 알렉산드리아로 보냈다는 전승이 "아리스테아스의 편지"에 처음 보이는데, 별로 신빙성이 없는 자료이다. 초기 그리스도교가 사용한 언어는 주로 헬라어였으며, 그리스도교도들은 그리스도가 성취했다는 예언들을 『70인역』 본문에서 인용했다. 유대인들은 이를 성경을 잘못 사용하는 것이라고 간주하고 『70인역』 사용을 중단했다.

3세기에 오리게네스는 『70인역』에 끼어든 필사자의 오류들을 바로잡으려고 시도했는데, 당시 사본에 따라 여러 가지 많은 오류들이 있었다. 다른 학자들도 『70인역』을 좀 더 정확하게 만들기 위해 히브리어 본문을 참조했다. 그러나 『구약성경』에 대한 고대 라틴어역, 콥트어역, 에티오피아어역, 아르메니아어역, 그루지야어역, 슬라브어역, 그리고 아랍어역 일부의 주요근거가 된 것은 히브리어 성경이 아니라 바로 주전 250년 경에 이루어진 『70인역』이었다. 그리스 정교회는 『70인역』을 『구약성경』 표준역본으로 인정해왔으며, 히에로니무스는 이 역본을 가지고 불가타 『구약성경』을 번역하기 시작했다. 그리스도교권에서 보존한 『70인역』은 히브리

정경의 모든 책 외에 소(小)예언서들과 몇몇 책들을 구분했으며, 개신교도들과 유대인들에게는 외경으로, 로마 가톨릭교도들에게는 제2정경으로 알려진 부수적인 책들을 덧붙였다. 히브리 정경은 토라, 네비임(예언서), 케투빔(성문서)의 3부분으로 나뉘는 데 비해, 『70인역』은 율법서, 역사서, 시가서, 예언서의 4부분으로 나뉘며 외경들도 적절히 배치되어 있다. 오늘날 서방세계 대부분의 성경 역본들은 계속 이런 식으로 구분되었으나, 개신교 역본들의 경우에만 외경을 빼거나 따로 묶는다. 『70인역』의 본문은 초기의 몇몇 사본들에 실려 있지만, 그 사본들은 별로 신빙성이 없다.

가톨릭교회에서는 이미 헬라어 『70인역』 『구약성경』 46권을 주후 382년에 로마 주교회의에서 정경으로 인정했고, 이것을 트리엔트 공의회(1546년)에서 다시 확인하여 오늘날에 이르고 있다. 그러나 초대교회의 헬라어를 사용하는 이방인 개종자들이 오직 『70인역』만을 『구약성경』으로 사용하자, 유대인들은 그것을 부정확하다고 배격하기 시작했으며, 그래서 유대인들만을 위한 새로운 헬라어 번역본이 등장하기 시작하였다. 이들 중에는 주후 2세기경 유대인만을 위해 만들어진 아퀼라역이 있다. 아퀼라(Aquila)는 랍비 아키바의 제자인데 직역을 엄격하게 한 것으로 유명하다. 그밖에 의역을 한 심마쿠스(Symmacus)역이 있고, 2세기 말에는 초기 헬라어역본을 다시 번역한 데오도티온(Theodotion)역 등이 있다.

3) 페쉬타

수리아어(시리아어)로 번역된 역본이 『페쉬타』(Peshita)이다. '페쉬타'는 '공공' 또는 '단순'이라는 뜻인데, 주후 2세기경 수리아의 기독교인들이 히브리어 성경을 아람어의 한 지류인 수리아어로 번역함으로써 만들어지기 시작하였다. 『페쉬타역』은 『70인역』과 조화를 맞추기 위해 수차례 개정 작업을 하면서 9세기까지 필사된 것으로 알려져 있다. 수리아역의 특징은 수리아어가 아람어의 일종이므로 아람어 『탈굼』과 유사한 점이 많다는 것이다. 또 하나의 수리아역은 주후 3세기경 영어로는 오리겐이라고 하는 오리게누스(Origenus)의 '헥사플라' 를 번역한 '수리아 헥사플라리스' 가 있는데, 『신약』까지 포함하고 있음은 물론이다.

제2세기에는 『신약성경』의 일부분이 수리아어와 라틴어로 번역되었으며, 제3세기에는 콥트말(Coptic)로 번역이 되었다. 주후 200년경에 복음서들이 각각 수리아어로 번역되었다가, 마침내 제4세기에 『신약성경』 전체가 번역되었다. 그것을 『페쉬타』라 한다. 물론 이 번역은 『신약』의 22권만을 가진 것이었으며 제6세기에 또 다른 수리아어 역본이 나타나면서 27권 전부를 포함하게 된다.

초기 번역본들 가운데 가장 중요하고 오래된 것은 시리아어와 라틴어의 번역본이다. 성경 번역의 역사는 헬라어 원문의 역사와 평행선상에 위치하는데, 특히 구 라틴 역본(Old Latin) 과 구 시리아 역본(Old Syriac)은 「요한계시록」이 기록된 이후 50년도 지나기 전에 번역된 것으로, 대부분의 헬라어 사본들이 필사되기 이전에 번역된 초기 번역본들이다.

학자들이 여러 가지 반론을 제기하지만, 분명히 구 라틴 역본은 『시내사본』과 『바티칸사본』(4세기)보다 먼저 있었다. 이는 2세기와 3세기의 교부들이 구 라틴 역본을 인용한 것을 통해 알 수 있으며, 시리아의 교회들이 모두 구 시리아 역본을 사용했음을 보아 알 수 있다. 시리아의 교회들은 431년경에 두 개의 그룹으로 나뉘었다. 그러나 그 두 그룹들은 모두 같은 성경을 사용했다.

이것은 매우 중요한 의미를 갖는다. 변개된 성경을 옹호하는 학자들은 '가장 오래된 필사본' 으로서 『바티칸사본』과 『시내사본』을 제시하지만, 그 사본들이 있기 오래 전에 이미 통용되던 성경이 그 두 사본들을 반대하고 있다면 그 두 사본, 즉 『시내사본』과 『바티칸사본』의 권위는 자연 떨어지게 될 것이다. 바로 이러한 이유로 학자들은 이 두 번역본이 주후 2세기의 것이 아니라는 주장을 펴는 것이다.

4) 불가타

그리스 문명이 쇠퇴하고 로마의 세력이 팽창하면서 라틴어의 세력이 커지게 된다. 따라서 히브리인이나 모든 그리스도인들에게 있어서 라틴어 성경 번역이 필요하게 되었다. 이리하여 헬라어나 라틴어를 아는 사람이면 누구나 성경을 번역하려고 하였다. 따라서 성경 번역에 통일성이 있을 수 없고, 잘못된 번역들이 수없이 나돌아 혼란을 빚어냈다.

그래서 주후 2세기 말 북 아프리카에서 『70인역』 헬라어 성경을 라틴어로 번역한 터틀리아누스(Tertulianus)의 라틴 역본을 비롯한 다른 여러 역본들이 4세기까지 각지에서 만들어지고 읽혀지게 되었다. 이것들을 구 라틴 역본이라고 부르는데 혼란스러울 정도로 많은 역본들이 쏟아져 나오게 되자, 주후 382년에 교황 다마수스(Damasus) 1세는, 그 당시의 유명한 성경학자요 경건한 기독교 신자였던, 제로무스(Jeromus)라고도 부르는 유세비우스 히에로니무스(Eusebius Hieronymus, 340-420)에게, 『구약』만은 히브리어 사본을 직접 번역함으로써 신뢰할만한 라틴어 번역을 쓰도록 요청하였다. 이미 여러 가지 경로를 통하여 조잡하게 번역된 라틴어 성경들이, 오히려 교회의 통합을 저해하는 요인으로 작용했기 때문이다. 다마수스 황제의 요청을 받은 제로무스(제롬)은 주후 405년에 '대중적'이라는 뜻을 가진 『불가타 역본』(Vulgata Versio)을 완성하였다.

제로무스는 성경의 히브리어 원문을 직접 라틴어로 번역하였다. 그는 이 일을 주후 390년에 시작하여 405년에 끝냈다. 그러나 이미 서방 교회 안에서는 헬라어 『70인역』이 굳게 자리를 잡고 있었으므로, 제로무스의 라틴어역은 처음에는 교회 안에서 정착하기가 어려웠다. 더욱이 제로무스의 라틴어 번역은 칠십인역의 내용과도 다르고 고대 라틴어역과도 다른 곳이 많았기 때문에 전통적으로 읽어오던 본문과 다르다고 하여, 오히려 그의 라틴어역의 권위가 도전을 받았다.

아우구스티누스 같은 지도자는 제로무스의 라틴어역 성경이 그리스 교회와 라틴 교회를 갈라놓을까봐 두려워했다. 그래서 제로무스의 새 라틴어역의 우수성이 인정을 받게 되기까지는 많은 세월이 걸렸다. 8세기에 가서야 비로소 그의 번역은 『라틴어 불가타』(라틴어 보통말 번역)가 되어서, 종교개혁 때까지 서방 교회의 성경으로 자리를 잡게 된다. 1546년 트렌트 회의에서 『불가타』를 공인함으로써 개정본의 필요성이 더 절실해졌고, 거기에다가 15세기 중엽부터 발달된 인쇄술은 번역 본문을 정착시키는 데 큰 공헌을 한다. 교황 클레멘트 8세가 1592년에 새 개정판을 간행한다. 이것이 로마 교회의 공인 『불가타』가 된다.

번역은 하나의 해석이다. 성경이 인간이 사는 세상에 전해진 이후, 각 민족과 사람들은 그 성경을 해석하여 그 안에 나타난 하나님을 발견하려 하였다. 시대가 바뀌고 세월이 흘러도 이런 욕구는 변하지 않는다. 그토록 수많은 역본들이 있는 것도 그런 이유 때문일 것이다. 하나님은 이 번역의 역사를 통하여 각 시대마다 말씀하시며, 그의 뜻이 지속되기를 원하신다. 그러므로 번역도 성경해석에 빼놓을 수 없는 일 중에 하나로서 여겨질 수밖에 없다.

각주)-----------------

1) 박영만 글. 그림, 『성경산책』 (서울: 성광문화사, 2000), 16.

2) 류순하 저, 『성서의 이해』(서울: 숭실대학교 출판부), 27.

3) 박준서, "구약성서," 『성서와 기독교』 (서울: 연세대학교 출판부, 1988), 40.

4) 성경에는 식물이 자라나는 것과 같이 그 안에 발전하는 계시의 흐름이 있다. 게할더스 보스(G. Vos)는 "씨앗--〉싹--〉연한 줄기--〉잎--〉꽃이 피고 열매"를 맺는 것처럼, 성경에는 유기적이고 점진적인 계시의 발전이 나타난다고 했다. 이렇게 발전해 가는 계시의 흐름 가운데 가장 잘 나타난 것이 '언약'이라는 것이다. '언약' 이란 하나님과 인간 사이에 맺어진 은혜와 약속의 주권적인 사역을 말한다.

5) Herny Kendall Booth, *The Background of the Bible* (New York: Charles Scribner' s Sons, 1930), xiv.

6) *Ibid.*, xii.

7) 박창환 지음, 『성경의 형성사』 (서울: 대한기독교서회, 1969), 9-14 참조 바람.

8) '곧은 막대기' 는 방패 가장자리를 굽지 않게 만드는 '막대기' , '직공의 봉' (棒), 혹은 휘장을 거는 '막대기' 같은 것들을 가리킨다.

9) 목수의 일이나 건축을 정밀하게 하기 위해서 한 쪽 모서리를 똑바로 자른 나무 조각을 가리킨다.

10) 철학, 종교, 윤리, 미학 등에 있어서 본보기의 개념을 포함하는 의미다.

11) 박형용 지음,『신약정경론』(서울: 합동신학대학원 출판부, 2002), 27.

12) 야콥 판 브럭헌 저, 『누가 성경을 만들었는가』, 김병국 역 (서울: 총신대학교 출판부, 1997), 23

13) 필립 W. 컴포트 엮음, 『성경의 기원』, 김광남 옮김 (서울: 엔크리스토, 2010), 82-83.

14) 얍니아는 팔레스타인 지중해 연안지역에 있던 도시로 Jabneh, Javneh, Jabnecl 등 다양한 이름으로 알려져 있다.

15) 데이비드 F. 힌슨 저, 『구약성서 39권』, 이후정 역 (서울: 컨콜디아사, 1991), 2권 21-23 참조.

16) 성경 형성사에 대해서는 Edgar J. Goodspeed, *How Came The Bible?* (New York: Abingdon Press, 1940), 유성덕 역 편저, 『성경형성개론』 (서울: 성광문화사, 1987)을 참고해 주기 바란다.

17) 브렉헌, 42.

18) B. B. Warfield, *The Inspiration and Authority of the Bible* (Philadelphia: The Presbyterian and Reformed Publishing Company, 1948), 299.

19) *Ibid.*, 420.

20) 박형용,『신약정경론』, 18.

21) 위 책, 24에서 재인용.

22) 위 책, 24에서 재인용.

23) 김상훈 저, 『해석 매뉴얼: 성경해석법의 이론과 실제』(서울: 그리심, 2003), 241.

24) 권성수 저, 『성경해석학』(서울: 총신대학출판부, 1991), 77-79.

25) 다윗 클라크 지음, 『성경 교리학』, 송봉길 옮김 (서울: 기독교 문화협회, 1986), 26.

26) 『기독교 대백과사전』(서울: 기독교문사, 1984), 642에서 재인용.

27) 브럭헌, 30에서 재인용.

28) 김상훈, "영감된 하나님의 책으로서의 성경과 개혁주의 해석학적 과제," 『신학지남』(서울: 신학지남사, 2002), 114 참조.

29) Leland Ryken, *The Christian Imagination: Essays on Literature and the Art* (Michigan: Grand Rapids, 1981), 37.

30) A.B. 토잇 지음, 『신약정경론』, 권성수 옮김(서울: 엠마오, 1991), 85.

31) 죤 스토트 지음, 『성경연구입문』, 최낙재 옮김 (서울: 성서유니온, 1992), 189-95 참조.

32) 더글라스 J. 브라우어 지음, 『당신은 무엇을 믿는가』, 이종태 옮김 (서울: 복있는 사람, 2001), 36.

33) 클라크, 22.

34) 위 책, 22-23에서 재인용.

35) 토잇, 90-91 참조.

36) David Daiches, *Critical Approaches in Literature* (London:

Longmann, Green and Co Ltd., 1969), 110.

37) T. S. Eliot, *Essays Ancient and Modern* (London: Faber and Faber, 1963), 97.

38) Elizabeth Drew, *Poetry* (New York: Dell Publishing Co., Ltd., 1959), 236.

39) Amos N. Wilder, "Modern Poetry and the Christian Tradition," in *Encyclopedia of Poetry and Poetics*, ed., Alex Priminger, Frank J. Warnke and O. B. Hardison, Jr. (New Jersey" Princiten UP., 1965), 688.

40) Mary Ellen Chase, *Life and Language in the Old Testament* (New York: 55), 67.

41) T. S. Eliot, *Selected Essays* (London: Faber and Faber, 1951), 287.

42) Daiches, 109.

43) 고영민, "성경은 무엇인가," 『국민일보 미션라이프』 2010년 7월 7일자, 27.

44) 위 글, 27.

45) 위 글, 27.

46) 위 글, 27.

47) 신충훈 지음, 『유대인의 세계와 히브리어』(서울: 한국학술정보, 2008), 105.

48) 위 책, 108.

49) 박창환 지음, 『성서개론』(서울: 대한 예수교 장로회 총회 교육부, 1970), 107-109.

50) http://www.stauros.net/index.htm.

51) 신충훈, 122-123.

제2부 성경해석의 역사적 흐름

우리가 읽고 해석하는 성경이 지금으로부터 이 천 여 년 전에 기록된 문서라는 점에서 성경 해석을 위해서 우리가 넘어야 할 시간적, 역사적 장벽이 있다. 또한 성경을 기록한 사람들의 생활과 풍습 등이 우리와 아주 달랐다는 점에서 그들이 말하고 있는 내용을 올바로 이해하기 위해서는 문화적 장벽을 넘어야 한다. 뿐만 아니라 성경이 우리의 언어와는 아주 다른 특성의 언어로 기록되었다는 점에서 성경의 올바른 이해를 위해서는 언어적 장벽을 또한 넘어야 한다. 그리고 성경의 원본은 없고 오직 사본들만 있다는 점에서 원본에 가까운 본문을 찾아야 할 문제도 해결해야만 한다.

성경해석의 이런 난해성을 벤자민 키취는 이렇게 말하였다. "성경을 저울로 달아 보았다. 0.5kg도 되지 않았다. 말로 되어 보았다. 한 되도 차지 않았다. 이리 재고 저리 재어도 가로 세로 한 뼘 정도이다. 그런데 거기엔 우주가 담겨져 있고 창조주가 계셨으며 온갖 보화와 황금광과 천국과 지옥, 인류의 조상과 종말이 담겨져 있었고 · · ·. 그런데 모두 하늘색으로 칠해져 있고 하늘의 언어로 설명되어 있어서 이해하기에 힘이 들었고 더욱이 예표, 환유, 은유, 반어, 상징, 비유, 제유 등으로 가득차 있어서 하늘의 화법을 모르고서는 도저히 이해하기 어려웠다."[52]

그래서 박형용 박사도 성경해석학은 "시작은 있어도 끝이 없고, 입학은 있어도 졸업이 없는 과목이다. 이 과목은 평생토록 연구해야 하는 과목이다"[53]라 하였다. 이 과목은 그 깊이와 넓이와 길이를 정확하게 헤아릴 수 없는 과목으로서, 우리들이 성경 속에 묻혀

있는 진리를 아무리 파헤치려고 할지라도 다 함이 없고 끝을 발견할 수가 없다.[54)]

이토록 어려운 문제의 매듭을 풀기 위해서, 아니 성경 텍스트의 본래 의미를 좀 더 정확히 밝혀내기 위해서, 오래 전부터 성경학자들은 다양한 방법론을 개발해 왔다. 그 최초의 성경해석학자는 『구약성경』에 나오는 학사 에스라였다. 그가 백성들을 모아놓고 율법 책을 낭독한 후 그 뜻을 해석하여 줄 때에 그 율법을 깨달은 백성들이 듣고 울었다는 기록이 있다(느 8:8-9). 당시의 사람들은 히브리어를 제대로 이해하지 못하였으므로 에스라가 그 뜻을 자세히 풀어서 설명하자 그 낭독된 율법의 말씀을 듣고 잘못을 깨닫고 울었으며 감동을 받았던 것이다.

『신약』에서는 부활하신 예수께서 엠마오로 내려가고 있는 제자들을 찾아와 성경을 풀어주실 때 사람들에게 깨달음이 일어났으며 그들은 마음이 뜨거워져 예루살렘으로 돌아와 그 사실을 예루살렘에 모여 있던 다른 제자들에게 고하고 신실한 제자의 길을 가게 되었다(눅 24:32). 이와 같이 해석의 목적은 듣는 사람들에게 그 뜻을 깨닫게 하고 변화를 주기 위한 것이다. 이렇게 막중하고 존귀한 일을 신학자도 아닌, 학식도 일천한 졸사(卒士)가 시도하는 것 자체가 만용인 것 같지만 오래전부터 품어왔던 신학공부의 꿈과 성경해석학 연구를 엉성하게라도 엮어보고자 하는 강열한 욕망과 동기에서 시작하게 되었음을 유의해주기 바라며, 미흡한 것이 있다 하더라도 너그럽게 이해해 주기를 바란다. 먼저 성경 해석의 역사적 흐름을 개관해 보겠다.

제1장 성경해석의 기초적 고찰

'해석학'(hermeneutics)이란 말은 헬라어 명사 '헤르메네이아'(hermeneia)라는 단어에서 유래했다. '헤르메네이아'의 의미는 '해석하다'는 뜻을 가진 라틴어 '인테르프레타리'(interpretari)와 상응하는 동사 '헤르메네우에인(hermeneuein)에서 연유된다. '헤르메네이아'는 '해석'(interpretation)을 의미하며, 불분명한 것을 분명한 것으로 드러나게 하는데 널리 적용된다. 원래 '헤르메네이아'는 신들의 메시지의 해석과 해명에 적용되었는데, 그것은 신들의 메시지 자체가 신비적이고, 또 초월적일 뿐 아니라 불분명하기 때문이다.

'해석학'(hermeneutics)이라는 영어 단어는 그리스 신화에 나오는 신들의 사신인 헤르메스(Hermes)와 관련이 있다. 헤르메스의 사명은 신들의 계획과 결정을 인간에게 해석해주는 것이었다. 그렇게 함으로써 그는 인간의 영역과 신들의 영역 사이에 다리를 놓아 주었다. 해석학도 이와 유사하게 두 영역 간의 관계를 연구하는 것으로 텍스트 혹은 예술작품과 그것을 이해하고자 하는 사람을 연결시키는 학문이라 할 수 있다.

원래 '헤르메네이아'라는 해석학의 어원적인 뜻도 신의 소식을 전한다는 의미를 가지고 있다. 이러한 어원적인 유래를 감안해 볼 때 '성경 해석학'은 하나님의 말씀인 성경을 학문적으로 해석 또는 설명하는 것을 의미한다. 다시 말해서 어떤 기술적인 원리와 법칙을 이용해서 성경의 진리를 해석하는 학문이라 할 수 있다.

성경해석학은 성경을 대상으로 성령의 도우심을 따라 본문의 뜻을 쉽게 풀어 이해시킴과 동시에 본문 이해를 바탕으로 삶에 적용시키는 데 따르는 여러 가지 원리와 실제적 방법들에 관한 지식을 체계적으로 종합한 학문이다. 그래서 데이빗 독크리(David

Dockery)같은 성경학자는 성경적인 해석학이란 "성경 본문의 역사적인 의미를 발견하는데 초점을 맞추는" 학문이라고 하였다.[55) 해석학이 중요한 것은 해석학에 따라 동일한 본문일지라도 그 의미가 달라질 수 있기 때문이다.

성경해석학은 학문적으로는 주경 신학(Exegetical Theology)의 한 기초 과목이지만, 모든 신학이 성경에 근거를 두지 않은 것이 없기 때문에 사실은 모든 신학을 하기 위한 기본 준비로서 필요하다. 성경은 사람의 말로 사람이 기록했으나 하나님의 감동(영감)을 받아 기록한 특별한 책이다. 또한 성경은 성령의 감동을 받아 기록되었기 때문에(벧후 1:21) 이 세상에 나타난 유일무이한 하나님의 말씀이다. 이는 식언하시지 않으시는 하나님의 말씀이기에 정확무오하며, 우리 신앙과 행할 일(본분)에 대한 유일한 법칙임을 믿어야 한다. 배워보고 믿겠다고 생각하는 사람은 결코 목적지에 도달할 수가 없다. 성경은 세상의 책과는 달리 믿어야 알게 되는 오묘한 책이다.

어떤 사람들은 성경은 원어로 읽어야만 제대로 그 의미를 깨달아 알 수가 있다고 한다. 물론 원어를 알면 금상첨화일 것이다. 그러나 그리스도 이후의 거의 대부분의 신자들은 번역된 성경밖에 모른다. 『구약성경』은 히브리어(약간은 아람어로)로, 『신약성경』은 헬라어로 되어 있다. 심지어 사도들도 구약의 원어성경을 읽지 못했고, 헬라어 번역본인 『70인 역』을 사용했다고 보는 학자들도 있다. 이는 『신약성경』을 기록할 때 『70인 역』을 사용했다고 보는 것이다. 그래서 번역된 성경이라도 성경의 핵심적인 의미는 그대로 전달된다. 그러나 우리가 조심해야 할 것은 아무 번역 성경이라도 괜찮다는 생각이다. 그보다 가장 원어에 가까운 번역본을 추천받아서 읽고 해석하는 것이 좋을 것이다.

1. 성경해석의 필요성

해석이 어떤 대상을 이해하기 위해 필요한 것이라면, 성경해석은 당연히 성경을 이해하기 위해서 필요한 것이다. 성경의 본문이 같을지라도 성경해석 여하에 따라 그 의미가 달라지기 때문에 성경을 이해하는 과정에서 성경을 읽기 전에 올바른 성경해석방법부터 아는 것이 필요하다. 또한 이는 하나님의 말씀을 그릇 이해하도록 영향을 미친 것들을 추적할 수 있게 한다. 더 나아가 해석 역사에 대한 이해는 해석하는 사람으로 하여금 과거에 두드러졌던 일부 해석 방법에 익숙해지게 하고, 성경에 접근하는 데에 사용했던 방법들 중 일부를 실증할 수 있게 해준다.[56)]

그럼에도 불구하고 대부분의 사람들은 자신들의 방법대로 성경을 주관적으로 해석하면서 그냥 무턱대고 성경을 읽기만 한다. 그러나 보통의 그러한 성경 읽기는 올바르고 건전한 해석방법을 통하지 않고서 자신의 잣대로 성경을 해석하는 것이므로 사실 매우 위험하다. 왜냐하면 그로 인해 성경의 본문이 의미하는 바를 정확히 깨닫지 못하고 하나님의 뜻을 왜곡하기도 하며, 결국 하나님의 뜻대로 순종하기보다는 인간의 생각이 더 많이 지배하게 되는 상황으로 떨어질 가능성이 높아지기 때문이다.

이단(異端)이 생겨남도 잘못된 성경해석에서 연유된다. 이단들도 한결같이 성경을 인용하고 있지만, 똑같은 성경을 두고서도 그들은 전혀 다르게 해석하는 것을 볼 수 있다. 그 밖의 모든 잘못된 신앙도 잘못된 해석에 입각한 잘못된 가르침에서 비롯된 것이라고 할 수 있으므로 올바른 성경해석의 필요성은 두 말할 나위도 없다. 또한 아무리 강조해도 지나치지 않는다.

바울과 바나바가 루스드라에서 복음을 전파할 때 발생했던 잘못된 문제를 보면서 더욱 우리는 올바른 성경해석의 필요성을 절감하게 된다(행 14:8-18). 이 두 사도 바울과 바나바가 하나님의 말씀을 전하고 있을 때, 그들의 말에 열심히 귀를 기울이던 청중 가운데 나면서 앉은뱅이가 되어 걸어본 적이 없는 자가 한 사람 있었다. 바울은 이 사람을 주목해 보니 그에게 구원받을 만한 믿음이 있는 것을 보고 "네 발로 바로 일어서라"(행 14:10)라고 큰 소리로 말하였다. 그러자 그 사람은 벌떡 뛰어 일어나 걸었고, 거기에 모여 있던 사람들은 "신들이 사람의 형상으로 우리 가운데 내려오셨다"(행 14:11)라고 외쳤다. 그들은 바나바를 제우스로 오인하였고, 바울은 "그 중에 말하는 자이므로" 헤르메스라 하였다.

루스드라 사람들은 결정적으로 쉬우면서도 중요한 의미의 사건에서 오류를 범했다. 그들은 바울이 전하는 메시지와 앉은뱅이를 고친 일을 그들의 헬라 종교의 틀 안에서 해석했다는 것이다. 성밖에 있는 제우스 신당의 제사장마저 소와 화환들을 가지고 대문 앞에 와서 무리들과 함께 제사하고자 하는 것으로써 이 일을 부채질했다.

바울과 바나바는 루스드라 사람들이 이렇게 혼동을 일으키는 것을 보고 너무나 놀라서 오해를 바로 잡기 위해 극적인 행동을 취했다. 그들은 자기들이 보통 사람들과 마찬가지로 피와 살을 지닌 사람임을 입증해 보이기 위해 옷을 찢었고, 그들이 앞서 전하려고 애썼던 복음을 되풀이하여 설명하였다. "이르되 여러분이여 어찌하여 이러한 일을 하느냐 우리도 여러분과 같은 성정을 가진 사람이라 여러분에게 복음을 전하는 것은 이런 헛된 일을 버리고 천지와 바다와 그 가운데 만물을 지으시고 살아계신 하나님께로 돌아오게 함이라"(행 14:15). 다시 말하면 그들은 명백히 헬라인들의 준거, 곧 그들의 세계관에 도전했던 것이다. 하나님은 헬라인들이 생각했던 것처럼 만신전(萬神殿)의 무수한 신이 아니고 만유를 지으시고 주재하시는 오직 한 분, 살아계신 하나님이시다. 하나님의 계시를 그들 자신의 부적절한 인식의 틀에 맞춰 이해하려 드는 경향은 루스드라 사람들에게만 있는 것이 아니다. 그러므로 성경을 올바로 해석할 필요성을 더욱 느끼게 되는 것이다.[57] 바울과 바나바가 하나님의 계시를 바로 해석하여 그들에게 풀어 해석해 주었기에 망정이지 그렇지 않았더라면 그들은 그리스도의 사도가 아니라 헬라적 세계관을 좇는 이단이 되고 말았을 것이다.

2. 성경해석의 역할과 목적

성경해석의 역할은 성경을 읽는 사람으로 하여금 성경의 본래의 의미를 잘 깨닫도록 이끌어주는 안내자이다. 모르는 길을 처음 갈 때 도움을 받지 못하면 실패하거나 고생하면서 시간과 정력을 많이 낭비할 것이다. 길을 잘 아는 사람에게 미리 자세히 물어보고 또 지도를 보면서 간다면 훨씬 쉽게 목적지에 도달할 수 있다. 성경해석의 목적은 시간적 · 공간적 또 언어적, 문화적, 종교적 격차를 좁힐 수 있도록 안내함으로써 본문이 의미하는 바를 최대한 정확하게 드러내어 읽는 사람으로 하여금 말씀이 의미하는 바에 도달하도록 하는 것이다. 깨달은 것을 자신의 삶에 효과적으로 적용함으로써 하나님의 말씀이 인생의 삶 가운데 살아 역사하도록 만든다.

제임스 사이어가 『비뚤어진 성경해석』의 서문에서 하고 있는 이야기를 그대로 옮겨 놓겠다. 요가 협회 회장이었던 스와미 사치타난다(Swami Satchitananda)는 샌프란시스코의 비밀 공제 조합 강단에 운집한 청중 앞에서 연설 중이었다. 스와미는 "마음이 청결한 자는 복이 있나니 그들이 하나님을 볼 것임이요"(마 5:8)라는 예수님의 말씀을 인용하였다. 그리고 나서 잠시 후 그는 이 말씀을 다음과 같이 풀이하여 설명했다. "그렇소. 의식을 정화한 자는 복이 있나니 그들이 스스로를 하나님으로 볼 것임이요."

예수의 가르치신 그 심원한 산상수훈 8복 가운데 하나인 가르침을 위에서 말한 식으로 왜곡시킬 수 있겠는가? 스와니는 이런 해석을 통하여 하나님과 타락한 인간을 동일시하는 불경스런 등식으로 변질시키는 큰 죄를 범했다. 만일 이러한 자기들의 종교적 신념과 인식의 틀에 맞춰 제멋대로 성경을 해석한다면 독자들은 바르게 인도 받을 수가 없다. 즉 혼동을 일으킬 수밖에 없다는 말이다. 성경해석의 목적은 앞서도 말한 바와 같이 독자로 하여금 성경의 본래의 의미를 바로 깨달아 알도록 하기 위한 것이다. 그러나 스와이의 해석은 전혀 가당치도 않은 말이며 주장을 억지로 끌어다 붙여 자기들이 주장하는 조건이나 이치에 맞추려는 일종의 견강부회(牽强附會)적인 해석일 뿐이다. 해서 성경해석에는 신중을 기하여야 한다.

3. 성경해석과 관련된 용어들

성경해석학과 관련된 용어들로는 주석, 석의, 주해, 주경, 강해, 해석 같은 것들이 사용된다. 이들 용어들은 얼핏 보면 모두 비슷한 말 같아서 혼용되는 수가 많다. 해석에 관한 공부를 시작하기 전에 먼저 그 관련된 용어들의 개념을 정리해둘 필요가 있다.

1) 해석

성경해석 관련 용어들의 상관관계는 주석에서부터 석의, 주해, 강해, 해석, 해석학의 순서로 그 의미가 확대된다. 먼저, 해석학(Hermeneutics, Biblical interpretation)은 해석을 다루는 학문으로서 가장 넓은 의미로 사용되고 있으나, 해석과 동의어로 사용되는 경우도 많다. 해석(interpretation)이란 광의적으로는 성경풀이에 관한 모든 것들을 말하므로 다시 그것을 주해와 강해로 구분한다.

주해(註解)가 본문의 뜻을 이해하는 과정이라면 강해(講解)는 본문을 적용하는 과정이라고 보면 되는데, 이들을 나누는 것은 앞에서 성경해석의 목적이 나눠지는 것과 같다. 그런데 해석의 개념은 학문적으로 정의할 때와 일반적인 의미에서 다르게 사용된다. 학문적인 정의로는 위에서 말한 대로 해석이란 주해와 강해를 포함한 포괄적인 개념이 되지만, 일반적인 해석의 개념은 적용(application)에 대조되는 개념으로서 단순히 뜻을 아는 것을 말하기도 한다. 즉, 본문의 의미를 파악하는 주해를 가리키는 협의적 개념으로 사용되는 경우가 흔하다.

2) 주해

주해는 주경(註經)이라고도 하며 영어로는 '엑스지시스'(exegesis)라고 하는데, 어원은 '길을 안내하다', '설명하다', '나타내다'의 뜻을 가진 헬라어 '엑세게오마이'에서 비롯된다. 그 뜻은 '~로부터'라고 하는 전치사와 '인도하다'라는 뜻의 동사가 합성하여, '~로부터 인도함을 받는다'이다. 만일 성경을 해석할 때 자기 사상을 개입시키면 주해가 아닌 외삽(外揷)이 된다. 외삽은 '사람 생각'을 가지고 성경본문 속으로(into) 들어가는 것을 말한다. 따라서 주해는 말뜻에서 보듯이 '속으로'(into)가 아닌 '~로부터'의 정신으로 이루어져야 한다. 즉, 주해의 원리는 경험, 가치관, 철학, 신조, 교리 등 자신의 잣대를 가지고 성경 속으로 뛰어 들어가서는 안 되며, 오직 성경에서 비춰지는 빛의 조명을 겸허하게 받으며 성경 속으로 들어가겠다는 정신으로 성경을 대하여야만 한다.

3) 주석 · 석의

주해는 다시 세분하면 주석(註釋)과 석의(釋義)로 구분된다. 주석과 석의라는 용어는 서로 많이 혼용되지만, 실제적으로는 의미상의 차이를 구별해낼 수 있다. 주석이 일반적으로 석의라는 말보다 좁은 의미로 쓰인다. 구체적으로 설명하면 주석이란 영어로는 '엑스프러네이션' (explanation)이라고 하며 무엇에 대하여 설명한다는 뜻이다. 곧 주석은 어느 일정 본문 내에서 단락 내지는 어느 일부 구절들을 택하여 뜻풀이를 하는 진행하는 과정, 즉, 본문 전체가 아닌 한 구절씩을 어귀의 뜻풀이 중심으로 해석하는 것이다. 따라서 본문 전체를 해석하는 석의보다 좁은 의미를 가지는 주해의 한 방식이라 할 수 있다.

반면, 석의는 '컴멘터리' (commentary)인데, 주석을 통해 구절들의 뜻풀이를 모아서 본문 전체의 의미를 드러내는 것이다. 그렇게 볼 때 석의는 주해와 비슷한 개념으로서 두 가지 용어는 흔히 동의어로 사용된다. 강해가 말씀을 적용하는 측면이라면 석의나 주해는 성경 본문의 최초의 의미를 알아내려는 작업으로 이해된다. 주해와 주석과 석의의 관계를 요약하면 주해는 강해에 대조되는 큰 개념으로 볼 수 있고, 주해의 세부내용은 다시 어귀 해석의 주석과 본문 해석의 석의라는 개념으로 구분한다고 보면 된다.

4) 강해

강해(講解)란 영어로 '엑스포지션' (exposition)인데, 뜻풀이에 그치지 않고 실제의 삶에 적용하도록 설득시키는 것까지 포함된다. 즉, '강해 설교' (expository message)를 위한 준비 과정이라고 할 수 있다. 주해는 본문의 최초 의미를 드러내는데 주력하고, 진실이 무엇인지에 대한 '역사적 이해' (historical particularity)를 추구한다. 강해는 본문의 최초 의미를 파악한 것을 바탕으로 해서, 그 본문이 지금 나에게 무엇을 의미하고 있는가를 찾아내는 작업이라 할 수 있다. 곧, 강해는 본문과 나와의 관련성(contemporary relevance)을 발견하고 현재 나에게 어떤 교훈이 있는지를 찾아내어 적용시키는 실존적 이해를 다룬다.

주해와 강해의 관계를 살피면 결국 주해도 해석이고 강해도 해석이라는 뜻이다. 주해는 단순히 본문의 정확한 의미를 알고자 하는 협의적인 해석이라 할 수 있고, 강해는 주해를 바탕으로 실제적으로 적용하는 것까지를 포함하는 광의적인 해석이라 할 수 있다. 즉, 주해가 성경 말씀을 가능한 한 성경이 기록되어진 당시에 살았던 사람들의 입장으로 해석하는 것이라면, 강해는 역사를 초월하여 모든 성도의 현재적 삶의 문제와 관련지어 해석하는 것이다. 따라서 주해를 위해서는 과학적이고 역사적인 연구가 수반되지 않을 수 없으며, 강해는 그러한 주해를 바탕으로 삶의 증거들과 연관지을 수 있어야 한다. 그래서 해석은 이론적이라고 할 수 있는 주해와 실제적이라고 할 수 있는 강해를 모두 포함해야 완벽해지게 된다. 그것이 어느 한 쪽으로 치우치면 평형을 잃게 되며, 건전한 해석을 기대하기 힘들게 되기 때문이다. 만일 주해 쪽으로 기울게 되면 본문의 뜻을 아는데 그치게 되고 실천이 약한 '지식적 그리스도인' 을 양산하게 된다. 강해 쪽으로 기울게 되면 본문의 의도를 알지 못한 채 자신의 감정에 따라 신앙의 기복이 심한 '감각적 그리스도인' 이 많이 생긴다. 그러므로 건전한 해석은 주해와 강해를 병행하면서 균형을 잃지 않는 것이다.

4. 성경해석의 특수성

1) 해설과 적용

'성경해석'은 성경 본문의 뜻을 쉽게 풀어서 이해시키는 것인데, 학문적으로 표현하면 '성경해석학'이라고 한다. 그러나 단순하게 뜻을 풀이하는 것으로 성경해석이 끝났다고 할 수는 없다. 그것은 성경이 세상의 다른 책들과는 구별되는 신앙생활을 위한 책이기 때문이다. 성경 역시 인간의 글자로 내용이 표현된 점은 다른 책과 다를 바 없지만, 그 안에 포함되어 있는 내용은 인간의 지식이 아닌 '계시된 하나님의 말씀'이므로 전혀 같지 않다. 따라서 성경은 이해하는 정도로 그치지는 것으로 만족하지 아니하고 그것을 삶에 적용하도록 촉구한다. 그러므로 성경을 바르게 풀어 이해하려면 그 속에 우리의 실질적인 삶을 위한 어떠한 교훈이 들어 있는지를 바로 깨달아 삶에 적용해 살아가도록 하여야 한다. 그렇지 않으면 바른 성격해석이라 할 수가 없다.

적용은 성경의 메시지를 하나님의 말씀으로 받아들임에 있어서 우리가 어떻게 반응하여야 할 것인가를 깊이 살피고, 내려놓을 것은 내려놓고 비울 것은 비우며 삶의 한복판으로 그것을 받아들여서 시금석으로 삼아 살아가는 것을 말한다. 그러므로 적용에는 반드시 훈련과 학습이 요구된다고 할 수 있다. 다시 말하면 그렇게 살아가려고 애쓰고 도전하고 실천하는 훈련이 필요하다.

이런 훈련은 우선 우리가 그런 목표의식을 뚜렷하게 세우고 자만하지 아니하고 앎의 속을 비울 때 비로소 시작된다. 그러자면 먼저 우리가 성경을 잘 알고 있다는 생각부터 접어야 한다. 우리가 우리의 날개를 접지 않을 경우 틈만 생기면 우리의 날개를 가지고 날아올라가려고 하게 될 것이기 때문이다. 날아도 우리 날개를 가지고 날것이 아니라 성령의 날개를 붙이고 날아야만 한다. 그러므로 우리가 성경을 이미 다 알고 있다는 전제 아래서 성경의 어떤 구절을 해설하거나 적용하게 되면 결국 그 속에 우리들의 지식과 식견이 우리도 모르는 사이에 투사될 수 있다. 우리는 다 타락한 인간들이기 때문에 하나님께서 우리에게 가르쳐 주기 전에는 진리를 알 수가 없다. 그러므로 우리는 성경 앞에서 겸허하여야 한다.

그리고 우리가 말씀을 적용할 때도, 우리는 성경 자체의 준거에 따라야 할 뿐 아니라 우리 개개인의 선입관이나 주관적 판단 및 생각을 성경의 제단 위에 번제로 들여야만 한다. 또한 아무리 이상하게 여겨지는 뜻일지라도 성경의 가르침으로 받아들일 준비가 되어 있어야 한다. 내 생각을 모두 내려놓을 때 비로소 바른 해석과 적용이 이루어질 수가 있다. 성경해석자들이 나를 방하착(放下着) 즉 비우거나 내려놓지 않으면 깊고 넓은 새로운 성경의 세계가 열리질 않는다. 성경을 읽는 사람들이 아전인수(我田引水) 격으로 제멋대로 해석하고 적용 하면 씻지 못할 오류와 오독을 범하게 될 것이다.

2) 성령의 안내

성경에는 인간지식의 한계를 초월한 많은 내용들이 포함되어있기 때문에, 인간이 하나님의 뜻을 이해하기 어렵고 통상적인 해석학의 지식만 가지고서는 해석할 수 없는 부분들도 많이 있다. 성경을 제대로 해석하려면 해석에 관한 이론과 방법을 아는 동시에 성경의 원 저자이신 성령의 도우심을 받아야 한다. 이를 흔히 성령의 조명(illumination)이라고 부르는데 일종의 성령께서 주시는 독해력(comprehension)이라 할 수 있다. 하나님을 믿지 않는 사람들도 성경을 읽을 수는 있지만, 해석을 할 수는 없다. 그것은 그들이 일반적인 독해의 기술은 가질 수 있지만, 성령께서 주시는 독해력은 가질 수 없으므로 그 뜻을 정확하게 알 수는 없기 때문이다. 또한 그리스도의 신성과 성경의 기적을 부정하는 자유주의 신학자들이 주로 이성과 합리주의 정신에 의존하여 성경을 읽고 이해하는 것도 진정한 해석이라고 할 수 없다. 왜냐하면 그것은 제 이성을 따라 제 생각대로 읽고 풀기 때문이다. 그러나 주의할 점은 성령의 도우심을 구하는 일을 직통 계시 같은 신비적인 현상에 의존하는 것으로 오해해서는 안 된다는 것이다. 성령의 안내란 오히려 하나님께서 인간에게 주신 지혜와 인격을 건전하게 사용하여 말씀을 이해하게 하되, 그러한 방법들에 대한 과오와 해석의 지혜가 부족하지 않도록 위로부터의 도우심을 주시는 것을 의미한다.

'나무판자 이빨에 털이 생긴다' 는 뜻의 판치생모(板齒生毛)라는 기상천외한 말이 있듯이, 좁고 옅으며 일상적인 것에 집착되어 있는 인간의 틀을 깨지 않으면 새로운 세계를 볼 수가 없다. 마찬가지로 성경을 해석할 때 성령에 의존하지 않고 나의 지식이나 뜻에 의존하게 되면 우리는 언제나 우물 안의 개구리가 될 수밖에 없다. 우리가 용기 있게 일상적인 틀을 깨어 치고 나갈 때, 우리는 성령의 조명과 인도를 받게 될 것이다.

성령이 우리에게 주시는 깨달음은 우리의 개인적인 향유만을 위한 것이 아니라 타인과 더불어 나눠 갖도록 하시기 위함이다. 만일 성령이 우리의 첫째가는 스승이라면 우리 자신이 성령께 의지하고 배워서 자신을 가르쳐야 할 필요가 있다. 성령의 가르침을 받아 우리 자신이 겸손하게 순종하며 다른 사람에게 성경말씀을 전달하고자 하는 마음을 갖고 노력을 기울일 때 성령께서도 그런 사람에게 깨우침을 주시고 본래의 의미를 잘 알아서 바른 해석을 하도록 안내해 주실 것이다.

3) 성경의 무오성

성경은 사람의 말로 사람이 기록했으나 앞에서 언급하였듯이, 하나님의 감동(영감)을 받아 기록한 특별한 책이다. 성경은 성령의 감동에 의해 기록되었으므로(벧후 1:21), 이 세상에 나타난 유일무이한 하나님의 말씀이라 할 수 있다. 그리고 식언하시지 않으시는 하나님의 말씀이기 때문에 정확무오하며, 우리 신앙과 행할 일이나 본분에 대한 유일한 법칙이 되는 것이다. 성경의 무오성(inerrancy)은 성경이 행위의 오류들은 물론이고 내적인 즉 형식적인 잘못도 갖고 있지 않다는 것을 의미한다.

성경의 무오성에 의하면 성경에 기록된 역사적 사건, 성경에서 가르친 교리 및 생활 원리들에는 일체 오류가 없다는 주장이 성립된다. 즉, 그것은 영이거나 실재적인 영역, 역사적 영역, 과학의 영역을 불문하고 그 어떤 주장에도 성경은 오류가 없다는 것이다. 성경은 모든 의의 완전한 표준이며 점이나 흠이 없고 확실하고 무오한 법칙이며, 무오한 하나님 말씀인 것이다.[58]

무오성은 무류성(infallibility)과 밀접하게 관련되어 있다. 무류성이란 성경은 하나님의 진리를 찾기 위해 그것에 의지하는 자들에게 의지할 만하고 신뢰할 만한 것이라는 뜻이다. 진리의 근원인 성경은 결점이 있을 수 없다. 즉, 그것은 진리의 기준에서 떨어지거나 이탈할 수 없다. 그러므로 성경은 그것을 신뢰하는 누구라도 실망시키거나 기만하지 않는다.

무오성과 무류성은 자주 혼용되고 있으나 무류성이 무오성보다는 넓은 의미다. 무오한 성경을 믿는 사람은 또한 무류한 성경도 믿게 된다. 그러나 그것의 역이 필연적인 것은 아니다. 많은 것이 오류라는 말을 어떻게 정의하느냐에 달려 있기는 하지만, 어떤 학자들은 성경은 오류로부터 자유롭지 않더라도 여전히 하나님의 계획을 이룸에 있어서 무류할 수 있다고 주장한다. 그들은 성경의 오류들이 발견되더라도 계속해서 작동할 수 있는 무류성이라는 보다 역동적인 교리를 제안한다. 일부 학자들이 이런 주장을 하여도 복음주의자들은 엄격한 무오성과 무류성을 요구한다. 성경을 신앙과 실천을 위한 유일하게 완벽한 기준으로 받아들이고 그렇게 믿고 따르고 신뢰한다. 그래야 성경의 권위가 살아나게 되고 해석의 오류도 말끔히 가시게 될 것이다.

일부의 오류를 인정하게 되면 그것으로 그치지 않고 다른 시비와 오류가 또 생겨나게 된다. 성경의 오류를 인정하려는, 믿음이 견고하지 못한 사람들이 성경해석의 실권을 잡게 되면 성경의 권위와 절대성은 무너지고 그 가치도 해체되고 말 것이다. 성경의 무오류성을 조금이라도 희석시키기 시작하면 얼마 안가서 전체가 희석될 수도 있고, 마침내 진리의 둑을 무너뜨릴 수도 있다. 진리에 대해서는 천하없어도 양보를 해서는 안 된다. 성경은 세상의 어떤 책과도 다른 정확 무오한 하나님의 말씀으로 믿어야하고 그렇게 받아들여야 한다. 그래야만 바른 해석과 삶을 갖게 될 것이다.

제2장 유대교의 성경해석

에스라 이후에 유대교의 학자들 중에 '하시딤' (Hasidim)이라는 무리가 있었다. 원래 '하시딤' 이란 주전 2세기 첫 무렵에 율법에 충실한 여러 유대인들이 한데 모여 이루어진 집단이었다. '하시딤' 은 서서히 진행되는 헬라화에 대해 저항한 무리들이었다. 이들은 마카베오 집안 편에 서서 신앙의 자유를 되찾으려고 계속해서 싸웠지만 정치적인 자유를 위해 싸우는 데에는 관심이 없었다. 나중에 '하시딤' 가운데서 바리새인들이 나왔다. 이들은 『구약성경』을 토라와 네비임, 그리고 케투빔으로 분류하면서 사람들이 이를 이해할 수 있도록 성경을 해석하기 시작했다. 유대교 해석학은 대충 서로 다른 네 가지 방법들, 즉 문자적, 미드라쉬적, 페쉐르적(Pesher), 그리고 풍유적 해석으로 구성되어 있다. 물론 여기서는 이 네 가지 방법 이외에도 성경 해석의 기초가 되는 텍스트들에 대해서도 다루겠다.

1. 미쉬나와 게마라

유대인들은 모세가 말로 전한 가르침을 수 천 년 동안 입에서 입으로 전하며 보존했다. 이렇게 구전되던 단편적인 율법들이 주후 200년경 유대교 구전율법을 연구한 팔레스타인의 소규모 학자 집단이었던 '타나임'의 최후의 일인이었던 랍비, 유다 하 나시(Judah ha-Nasi, 주후 135-220)에 의해 결집되었는데, 그것이 바로 유대교 최초의 성문법인 '반복'이라는 뜻의 '미쉬나'다.

1) 미쉬나

유다는 신앙과 학식이 깊고 저명했기 때문에 하 나시(군주), 랍비(스승), 라베누(우리 스승), 라베누 하카도슈(거룩한 우리 스승) 등 여러 가지로 불렸다. 대현(大賢)인 힐렐의 자손으로서, 아버지 시메온 벤 가말리엘 2세를 계승하여 팔레스타인에 있는 유대인 공동체의 족장(族長)이 되었고, 후에는 당시 주로 입법 활동을 하던 산헤드린 공의회의 의장이 되었다. 처음에는 베트셰아림, 후에는 세포리스의 족장으로서 로마 권력자들과 관계를 유지했다. 베트셰아림과 세포리스, 이 두 곳은 모두 역사적 중요성을 지닌 팔레스타인의 갈릴리에 위치한 지역들이다. 『탈무드』에 따르면, 안토니누스 가문 출신의 안토니누스 피우스나 마르쿠스 아우렐리우스와 같은 황제들 가운데 한 사람의 친구로서 그와 함께 상과 벌의 본질 같은 철학문제들을 논했다고 한다. 죽은 뒤에는 베트셰아림에 묻혔다.

보통 사람들은 '탈무드' 만 알고 '미쉬나' 에 대해서는 잘 모른다. 하지만 '미쉬나' 는 오늘날 이스라엘 국법의 뿌리일 정도로 유대인들에게는 큰 의미를 지니고 있다. '미쉬나' 는 6부 63편 520장으로 이루어져 있으며, 농경법, 절기법, 여자에 관한 법, 손해에 관한 법, 성물(聖物)에 관한 법, 정결 의식법 등 여섯 가지 내용으로 분류되어 있다. 이는 다시 각각 10여 가지의 소주제로 나누어 유대인의 삶의 모든 영역을 규범화하였는데, 실제적으로는 원론적 내용만 담고 있어서, 일상생활에 그대로 적용하는 데는 많은 어려움이 있었다.

'미쉬나' 를 좀 더 자세히 살펴보자면, 첫째는 씨앗(Zeraim)이라는 주제인데 주로 농경법에 관해 다루고 있다. 그 내용은 축복, 추수, 십일조를 드리지 않은 농산물, 교배 및 교합, 안식년, 십일조, 가루 떡 제사, 금지된 과일, 첫 열매 등에 관한 것들이다. 둘째로는 절기(Moed)에 대해서 가르치고 있는데, 안식일, 안식일의 금지사항, 유월절, 세겔(성전세), 속죄일, 축제일, 초막절, 신년, 금식일, 두리마리(부림절), 절기제물, 소절기 등에 관하여 규정하고 있다. 셋째로는 여성(Nashim)에 대하여 말하고 있는데, 시형제 결혼, 결혼계약서, 서약, 나실인 서약, 간통, 이혼증서, 약혼 등에 관하여 규정하고 있다.

다음, 넷째로는 손해(Nezikin)에 관한 법이다. 즉, 첫째 문, 중간 문, 마지막 문(재산문제), 손해, 산헤드린, 맹세, 증거, 우상숭배, 아버지, 결정권 등에 대하여 어떻게 하여야 하는지를 규정한 것이다.

다섯째, 성물(Kodashim)에 대해서는 번제, 소제, 비제사 도살, 맏물, 가격결정, 대체예물, 악의 근절, 신성모독, 일일제사, 성전의 척도, 새 제물 등에 관한 규정을 가르치고 있으며, 마지막 여섯째는 정결(Tohaarot)에 관한 규정인데, 용기(그릇), 천막, 문둥병, 암송아지, 정결, 제의적 목욕, 생리, 감염, 유출, 오염, 손, 줄기 등에 관하여 기록하고 있다.

위에서 열거한 여섯 가지가 일상생활에 적용하도록 규정된 구체적인 '미쉬나'의 내용이었다. 유대교 랍비들은 시간이 흐를수록 이런 '미쉬나'를 더욱 실제적으로 해석하고 설명을 더욱 보태기 시작했다. 주후 3-5세기에 활약했던 유대인 학자들을 특히 '말하는 사람들' 이라는 뜻에서 '아모라임' 이라고 불렀는데, 이들은 '미쉬나' 를 더욱 자세히 설명한 일종의 주해서로서 '완성' 이라는 뜻의 '게마라' 를 만들고, 이를 '미쉬나' 에 덧붙여 『탈무드』라고 부르게 되었다. 이렇게 오랜 기간 동안 랍비들은 '미쉬나' 를 바탕으로 토론하고 해석하는 작업을 하게 되는데, 이런 해석들을 모은 것이 '게마라' 다. '게마라' 는 정확하게 말하면 다시 '미쉬나' 의 해석이라 할 수 있는 '할라카' 와 그것의 문집(文集)이라고 할 수 있는 '하가다' 로 구분된다. 이 '할라카' 와 '하가다' 에 대해서는 다음에 다시 논하겠다.

구전 율법의 집대성인 '미쉬나' 가 주후 200년경에 편집된 이후 약 200년이 지나 '예루살렘 탈무드' 가 편집되었고, 약 350년 후에는 '바벨론 탈무드' 가 편집되었다. 따라서 『탈무드』 시대는 크게 '미쉬나' 시대와 '게마라' 시대로 나뉜다. 이러한 분류는 단순히 양자를 시대별로 분류하는 것 이상의 의미가 있다. 이는 유대 율법은 오래된 순서에 따라 상하 수직적인 권위 체계를 갖고 있기 때문이다. 즉 더 오래된 자료일수록 더 큰 권위를 가지게 된다. 따라서 '성경' 에 언급된 법들은 '미쉬나' 에 언급된 법보다 더 권위가 있고, '미쉬나'에 언급된 법들은 '게마라'에 언급된 것들보다 더 권위가 있으며, '게마라'에 언급된 법들은 그보다 후대에 내려진 '할라카' 율법보다 더 높은 권위를 갖게 된다. 이러한 법적 권위에 따라, 시대별로 랍비들에게 내려진 칭호도 달랐다. 미쉬나 시대의 랍비 곧 학자들에게는 '타나임'이라는 칭호를 붙였고, '게마라' 시대의 랍비들에게는 '아모라임'이라는 칭호를 붙였다.

'미쉬나'를 연구하는 '아모라임' 랍비들은 이스라엘 땅에 있던지, 바벨론에 있던지 막론하고 연구 방법론과 목적에 있어서 동일하였다. 율법과 경구의 백과사전식 모음집인 '미쉬나'와는 달리, '게마라'는 여러 율법학자들의 토론 과정을 담고 있다. 즉 '게마라'는 '미쉬나'와 성경 본문 혹은 율법에 관해 학자들 간에 벌어진 주고 받기식의 논쟁과 토론을 기록하고 있다. 편집자들은 다른 학파나 혹은 다른 시대에서 유래된 자료들까지 묶음으로써 토론의 범위를 확장시켰다. 토론의 근본 목적은 '미쉬나'를 좀 더 분명하게 설명하는 것이었다. 『탈무드』를 보면 먼저 '미쉬나'가 나오고 뒤이어 '게마라'가 나온다. '아모라임' 학자들에 의해 설명되는 개개의 '미쉬나' 본문은 한 단락을 넘지 않는다. 그러나 몇 몇 예외적인 경우를 제외하고는 그 한 단락의 '미쉬나'에 대한 토론, 즉 '게마라'는 여러 쪽에 걸쳐서 다 이루어지고 있다.

2) 게마라

『탈무드』가 '미쉬나'에 대한 설명인 '게마라'를 덧붙인 것이라고는 하나, '게마라'에서 토론되는 내용은 '미쉬나'의 내용에 국한되지 않는다. '아모라임' 랍비들은 단순 논리뿐 아니라 연상 논리를 사용했기 때문에, 그들은 때로 토론 범위를 원래의 주제와 별 상관이 없는 다른 율법이나 구절, 논제로 확장하기도 하였다. 또한 그들은 일상의 삶에 직접 적용되는 율법만 다룬 것이 아니었다. '게마라'에는 당시의 삶과 전연 관계가 없는 순전히 이론적인 문제에 관한 광범위한 논쟁도 담겨 있는 데, 예를 들면 그 당시에 더 이상 존재하지 않았던 희생제사와 성전에 관한 토론과 같은 것들이다. 때로 '게마라'는 '할라카'(율법)로 채택되지 않는 견해에 대해서도 상당히 긴 분량을 할애하여 다루고 있다.

'미쉬나'와 달리, '게마라'는 율법의 문제만을 다루고 있지 않다. '게마라'는 '미쉬나'에 대한 법적인 토론이 주를 이루지만, 그 외에 상당히 많은 부분이 '미드라쉬 성경' 본문에 대한 주석인 '미드라쉬'와 랍비들의 이야기, 의료적인 조언, 과학, 철학적인 논쟁과 귀신론 등에 할애되어 있다.

'게마라' 토론은 '미쉬나'의 분석으로 시작하여, '할라카'로 채택할 것이 무엇인가에 관한 논쟁으로 끝을 맺는다. 때로는 어느 견해를 표준 '할라카'로 채택할 것인가에 관한 논쟁이 있었다. 때로는 논쟁의 결론을 내리지 못하고 '태쿠'(무승부)라는 말로 끝을 맺는 데, 이는 선지자 엘리야가 메시아의 오심을 선포하기 위해 지구로 돌아 올 때 엘리야 자신이 이 문제를 풀게 될 것이란 뜻이다.

2. 할라카와 하가다

1) 할라카

'할라카'는 '가다', '따르다'는 뜻의 히브리어 동사 '할라크'의 명사형이다. 문자적으로 '가는 것', '걷는 것'을 의미하며, 비유적으로는 '규정', '규칙' 및 '종교적인 율법'을 가리킨다. 「출애굽기」 18장 20절에서 이드로가 모세로 하여금 그들에게 '율례'(호킴)와 법도(토라의 복수인 토롯)를 가르쳐서 마땅히 '갈 길'과 '할 일'을 보여 주라고 조언한다. 여기서 '갈 길'이란 모세로부터 받은 율례와 법도의 구체적인 적용을 말한다. 즉 율법에 대한 재해석의 방법이라 할 수 있다. '할라카'란 유대인의 생활 전반을 지배하는 법, 규례와 규범이라 할 수 있다. '할라카'는 종교 뿐 아니라 사회정치, 가정, 경제의 현장에서 이루어지는 모든 인간관계를 다룬다. 여기서는 종교법과 세속법 사이에 구분이 없다.

'할라카'를 낳게 된 이유는 다음과 같다. 성문법이 적용되는 환경이 변화되면서, 성문율법 자체를 자세하게 풀어 해석해 주어야 했다. 성문율법과 '할라카'의 관계를 '안식일 율법'을 예를 들어 설명해 보겠다. "안식일에 . . . 아무 일도 하지 말라"(출 20:10)는 율법을 구체적으로 지키기 위해서 어떤 일이 안식일 율법을 범하는 것인지를 정의해 줄 필요가 있었다. 따라서 '안식일에는 이런 저런 일들을 해서는 아니 된다'는 서기관이나 혹은 랍비들의 설명과 해석들이 나오게 되었고, 이 중에서 권위 있는 해석이 '할라카'인데, 세대를 거치면서 이를 '구전율법'이라는 말로 부르게 되었다. 『신약성경』에서는 '장로들의 전통(유전)'(마 15:2)이란 표현으로 나타난다.

'할라카' 혹은 '구전율법'의 기원은 제2성전 시대(주전 515-주후 70)의 초기로 거슬러 올라간다. 바벨론 포로에서 돌아 온 유대인들이 새로운 상황에서 예기치 못한 상황을 규정하는 새로운 규율을 선문율법에서 채택해야 할 필요성과 함께, 기본 성문율법을 더욱 자세하게 해석해야 할 필요성을 갖게 되었다. 좀 더 구체적으로 5세기 중엽 "모세의 (성문)율법에 익숙한 학자"(스 7:6)인 에스라 때로 거슬러 올라간다. 우리말 성경의 '학자'라는 표현은 히브리어 본문에서는 '소페르', 즉 서기관이다. 학자 에스라가 율법을 '연구'('다라쉬')했다(스 7:10)는 것은 포로에서 귀환한 백성들에게 성문율법의 구체적인 적용의 길인 '할라카'를 내 놓았다는 말이다. 현인들은 자신들의 권위의 원조인 서기관들에게 큰 권위를 부여하였다. 토라의 말씀보다 서기관들의 말씀을 더욱 값지게 생각하였고 서기관들의 말씀을 무시하는 것에 대한 처벌은 토라의 말씀을 경시하는 것보다 더 무거워야 한다고 생각하였다. 이는 결국 성경의 말씀보다 서기관들의 말씀에 더 권위를 부여하는 결과를 가져왔다. 서기관들의 계보를 잇는 현인 혹은 랍비들은 성문율법에서 해석 근거를 찾지 못하면, 기본적이고 중요한 의미를 설명하기 위해 본문의 문자적 의미를 초월하여 의미를 탐구하는 미드라쉬적 해석 방법을 사용하였는데, 이는 그들이 내 놓은 할라카적인 선언들 중에 성경 본문과 거리가 먼 것들이 존재하는 이유이다. 어떤 '할라카'는 성경본문을 전연 언급하지 않고 시내 산에서 모세로부터 받은 것으로 간주하였다. 이와 같은 이유에서 예수님은 '할라카'를 "사람의 계명"(마 15:9)이라고 비판하셨던 것이다.

유대인들의 삶의 실제적인 규범이 된 '할라카'를 만들어 내는 현인들의 권위는 사실상 무제한적이었다. 그들은 자신들의 이러한 권위가 모세로부터 내려 온 것으로 보았다. 모세가 여호수아에게 안수하고 토라를 전해 주었듯이(민 27:18), 그들은 안수를 통해서 권위를 제자들에게 대물림하였고, 『탈무드』 시대에서는 안수 대신에 랍비라는 칭호를 부여함으로써 권위를 전수하였다. 현인들의 율법에 관한 권위는 주전 2세기의 하스모니안 시대에 시작된 공의회 내지 법정으로서의 산헤드린에 이르러 절정을 이루게 된다. 산헤드린은 모세 시대의 70인 장로회(민 11:16-17)와 에스라 시대의 120인 대공회에 그 기원과 권위를 두고 있다고 주장한다. 산헤드린에서 해석되고 반포된 '할라카'에 대해 문제를 삼는 자는 사형을 당할 수도 있었다(신 18:12).

바리새파는 모세가 시내 산에서 성문율법을 받을 때, 구전율법도 함께 수여 받았다고 주장 한다. 하나님이 시내 산에서 모세에게 율법 판을 수여하실 때, 장차 서기관들이 제정하게 될 모든 규정들도, 곧 구전율법도 보여 주셨다는 것이다. 그러나 사두개파는 구전율법의 권위를 부인하고 성문율법에 엄격하였다. 특별히 사두개파가 바리새파의 구전율법의 권위 내지 유효성에 의문을 제기한 것과 관련하여 주목할 만한 점은 '사후세계관'(영생, 부활 등)과 '보상과 처벌'에 관한 것 등이었다. 그들은 바리새파와 달리 성문율법에 절대 권위를 부여했기 때문에 바리새파의 '미드라쉬적 해석'의 결과로 나온 영생, 부활 등을 부인하게 된 것이다.

'할라카'는 랍비들에 의해서 제정된 율법과 관습들은 물론이고, 토라에서 온 계율 모두가 다 '계명'이라는 뜻인 '미츠보트'(mitzvot)를 갖는다. 이 모든 것들은 유대법의 지위를 갖게 되며, 동등한 구속력도 갖는다. 유일한 차이는 랍비들에 의해서 제정된 율법과 관습을 어겼을 때 받는 처벌들이 토라 법을 어겼을 때 받는 처벌들보다 덜 심하다는 것이다. 여기서 랍비들에 의해 제정된 율법들은 상황에 따라 랍비들에 의해서 변경될 수 있다.

2) 하가다

'게마라'의 또 다른 한 부분은 '하가다'다. '하가다'(Haggada) 또는 '아가다'(Aggada)라고도 하는데, 이 '하가다'는 히브리어로 '이야기'라는 뜻이다. 유대교에서 전설이나 격언을 포함하는 비법률적인 랍비 문학 형태를 일컫는다. '하가다'는 '할라카'와는 달리 모든 법조항을 직접적으로 다루려고 의도하지 않는 모든 것들, 즉 역사적 사건들, 야사, 민담, 전설, 교훈 등과 같은 것을 가지고 사람들을 위로하고, 가르치고, 각성케 한다. 이런 이야기를 '하가다'라 한다.

'하가다'는 '할라카'보다 좀 더 자유스러운 부분을 갖게 되는데,

그것은 율법 이외의 부분에 대한 해석도 포함 할 수가 있다. 주로 교훈을 목적으로 하기 때문에 '하가다'는 역사, 종교, 윤리 등에 대하여 주석하고 그것을 확대해서 이끌어가는 이야기로 이해될 수 있을 것이다.

율법을 알기 쉽게 설명하려는 랍비들의 문헌적 자료로서, 설화를 읽는 사람들이 율법의 규범들을 좀 더 성실하게 지켜 나가도록 도와주려는 데 그 목적이 있다. '하가다' 의 양식은 이야기, 일화, 비유, 민담 등 다양하며, 다루는 주제도 점성학에서 신비주의에 이르기까지 그 폭이 매우 넓다. 성경의 비법률적인 설화 부분을 다른 교훈적 주석으로써 풀기도 하고 종교적 개발과 교훈을 목적으로 하는 감동적이고 극적인 이야기로 전개하기도 한다.

또 다른 의미에서 '하가다' 라고 불리는 히브리 문서는 '창세기 해설집' 이라 해도 틀림이 없다. 창세기 1장에서 3장까지의 이야기가 줄거리이지만 기타의 창세신화에 관한 모든 내용을 포함하고 있어서 '전설집' 이라는 인상을 주는 문서라 할 수 있다. 형식적으로는 하나님이 천지와 인간을 창조하는 전 과정을 차례로 다루고 있지만, 중심은 어디까지나 히브리인들의 정신적 지주인 '토라'라 할 수 있다. 그래서 매 주제마다 토라적인 교훈이 따라붙는데, 이 토라적인 교훈 없이 '하가다'는 성립될 수가 없다.

3. 탈무드

『탈무드』(Talmud)는 약 700 여 년 간에 걸쳐 축적된 유대인의 전승된 율법과 지식의 총화이다. 『탈무드』라는 말은 '공부하다' , '연구하다' 혹은 '가르치다' 는 뜻의 히브리어 어근 동사 '라마드' 에서 나왔다. 전술한 바와 같이 『탈무드』는 '미쉬나' 와 '미쉬나' 에 대한 '아모라임' 학자들의 토론 혹은 해석을 모아놓은 책인 '게마라'를 합친 것이다. 다시 말하자면, '게마라'와 '미쉬나'를 한데 모은 것이 바로 『탈무드』다. 즉, 『탈무드』는 법령집 '미쉬나'에 대한 해설 판 모음집으로 이해하면 된다. 물론 '미쉬나'를 해설한 '게마라'를 결집하다 보니 『탈무드』에는 『구약성경』에 대한 주석과 함께, 윤리적 교훈, 속담, 격언, 기도문, 비유, 예화, 관습, 전통, 민속, 역사적 사건에 대한 내용 등이 모두 망라되어 있다.

이 『탈무드』에는 당초 두 가지 판본이 있다. 주후 425년경 편찬된 『예루살렘 탈무드』와 6세기경에 완성된 『바벨론 탈무드』가 그것이다. 『탈무드』라면 으레 『바벨론 탈무드』를 일컫는 것으로 간주되어 왔으나, 『탈무드』가 기독교에 의해 금지 당했을 때는 '게마라'라는 말 자체가 '탈무드'라는 말을 대신하였다. 『탈무드』는 또한 '샤쓰'라는 말로도 표현되는 데, '샤쓰'는 전술한 바와 같이 미쉬나의 여섯 주제를 가리키는 '쉬샤 쎄다림'의 두문자어(頭文字語)이다.

위에서 이미 말한 바와 같이 탈무드의 판형으로서는 『예루살렘 탈무드』와 『바벨론 탈무드』 둘이 있는데, 이 두 판형 사이에는 문체와 형식, 그리고 내용면에 있어서 서로 많은 차이가 있다. 주후 500년경에는 두 『탈무드』가 각각의 지역에서 독자적 권위를 누렸지만, 훗날 이슬람의 성장으로 바벨론이 중동의 중심지로 부각되면서 『바벨론 탈무드』가 더 권위 있는 것으로 유럽 지역에 알려졌다. 이 『바벨론 탈무드』는 1520년부터 1523년까지 처음으로 베네치아에서 인쇄 됐는데, 이때의 판형이 지금까지 변하지 않고 이어져 내려오고 있다.

유대교의 특징 중의 하나는 『탈무드』를 성경보다 더 우위적인 것으로 생각하는 것이다. 성전의 몰락은 유대교를 제사 중심의 종교에서 기도와 율법연구를 중시하는 방향으로 전환시켰을 뿐만 아니라 사람들로 율법 속에서 행동 규범을 찾으려고 노력하게 만들었다. 모세 오경을 뜻하는 '토라'는 성문화된 율법으로 이미 회당에서 낭송되고 있었지만, 그 이외에도 구전으로 전해지는 전승적 율법도 중시되었다. 그 전승율법에는 우리가 잘 아는 대로 '미쉬나', '미드라쉬', '게마라', '할라카' 등으로 불리는 여러 가지 전승들이 포함되어 있다. 이런 다양한 구전 전승은 『탈무드』라는 책으로 집대성되어 유대교의 생활과 행동의 규범 양식으로 자리를 잡았다.

유대인의 기록된 율법(모세 5경)은 긴급한 문제들을 모두 처리할 수 없었기 때문에 여러 세기에 걸쳐 구전율법 체계가 발전되었다. 유다는 이 전승을 보전하기 위해 베트셰아림에 50년가량 살면서 구전율법을 세밀히 분류한 다음, 농사, 절기, 결혼, 민법, 성전예배, 정결의식에 관한 법들을 6권으로 편집했다. 그의 목적은 전승과 지식의 보고를 보존할 뿐만 아니라, 어느 '할라코트' 즉 '율법들'의 진술이 표준인가를 결정하려는 데 있었다. '미쉬나'를 주제별로 나누어 6권으로 편집한 것은 이전 시대의 2명의 '타나임', 즉 랍비 아키바와 아키바의 제자 랍비 메이르의 방법을 따른 것이긴 했으나, 유다는 나름대로 큰 업적을 남겨 놓았다. 어떤 랍비의 견해가 권위를 갖는가를 결정하는 것과 아울러 장차 법을 바꾸고 그 선례를 필요로 할 경우에 대비하여 소수 견해도 주의 깊게 보존했다. 반대로 시대에 뒤떨어지고 권위가 없는 법들은 생략했다. 그 뒤 팔레스타인과 바벨론의 '아모라임' 학자들은 '미쉬나'를 주석 대상으로 삼았다.

'타나임' 이후의 유대교 랍비들 즉 '아모라임'의 두 학파인 팔레스타인 학파와 바빌로니아 학파는 각각 독자적인 『탈무드』를 만들어냈다. 두 학파가 동일한 '미쉬나'를 사용했고 서로 자문을 구하기도 했으나, 결국 율법, 전승, 주석으로 이루어진 별개의 모음집을 만들었다. 바벨론 '아모라임' 보다 약 1세기가량 앞섰던 팔레스타인의 '아모라임'은 약 2세기 동안 작업하여 400년경 완성했다. 『바벨론 탈무드』는 다른 것보다 늦게 완성된 것인 만큼 『팔레스타인 탈무드』보다 방대하며, 그런 이유로 더 높이 평가받는다. 두 『탈무드』 모두 '미쉬나'의 모든 부분을 다룬 것은 아니다. 어떤 부분들은 아예 주석되지 않았고 어떤 부분들은 그 주석들이 상실된 것 같다. 초기 사본들과 인쇄본들에서는 '미쉬나'에 대한 주석을 『탈무드』라고 했으나, 1578-81년에 나온 바젤 판의 경우에는 교회 검열국이 '탈무드'라는 이름을 아람어로 '완성'이라는 뜻의 '게마라'로 바꾸었다. 이렇게 바뀐 이름이 오랫동안 사용되었으며, 『탈무드』라는 이름은 '미쉬나'와 '게마라'를 합친 전체를 가리키는 데만 쓰였다. 그러나 최근에는 많은 '탈무드' 학자들이 다시 옛날 이름을 사용하고 있다.

『탈무드』는 권수로 모두 20권이며, 12,000페이지에다 단어의 수만도 무려 250여만 개 이상이며, 그 무게가 75킬로그램이나 나가는 엄청난 분량으로 이루어져 있다. 엄격히 말해서 『탈무드』는 교리책이 아니라 문학책이라 할 수 있다. 12,000여 페이지에 이르는 『탈무드』는 주전 500년부터 시작하여 주후 500년까지에 이르는 천년어간의 구전들을 모두 수많은 학자들이 10여년에 걸쳐서 수집, 편찬한 것이다. 또한 이 『탈무드』는 오늘을 살고 있는 우리들의 생활 속까지도 깊이 관여하고 있는 유대인들의 지혜이며, 지식의 보고라고까지 말할 수 있다.

유대인들은 『탈무드』를 '바다'라고 부르기도 한다. 이는 『탈무드』의 지혜가 바다처럼 그 깊이를 헤아릴 수 없을 정도로 넓고 깊다고 생각하기 때문이다. 유대인들은 『탈무드』 속에는 모든 것이 들어 있으며, 배우고 또 배워도 그 모든 것을 깨달을 수 없다고 믿는다. 이것은 모세 율법을 기초로 한 히브리 기본법과 민법의 모체다. 이는 주전 300년에서 주후 500년에 이르는 랍비사상의 결정체다.

이 『탈무드』는 나라 잃은 유태 민족에게 5,000년에 걸쳐 정신적 지주가 되어 온 생활 규범이다. 이것은 유대인들의 경전이자 교과서로서 이렇게 오랜 시간 동안 유대인의 생활 규범으로 자리 잡은 삶의 지혜를 담고 있다. 그 지혜는 짧고 재미있는 이야기 속에 담겨 있어서 더욱 빛을 발한다. 또한 이 이야기들이 담고 있는 교훈은 우리가 일상생활에서 부딪히는 문제들과 깊은 관련이 있어서 더욱 의미가 크다 할 수 있다.

그러나 이 『탈무드』는 유능한 정치가나 과학자 또는 철학자나 저명인사들이 만든 것이 아니라, 학식 있는 학자들이 문화, 종교, 도덕, 전통 등을 총 망라하여 엮어낸 책이라 할 수 있다. 때문에 『탈무드』에는 법전은 아니지만 법률이 들어있고 역사책이 아니지만 역사의 내용도 들어 있으며, 인명사전이 아니지만 많은 인물들이 망라되어 있어 마치 백과사전과 같은 역할을 하고 있다.

『탈무드』가 책으로 엮어져 정착되기 전에는 선생에서 제자에게로 구전되어 전승되었다. 때문에 내용 대부분이 질문하고 대답하는 형식으로 되어 있을 뿐 아니라 내용의 범위도 광대하다. 그리고 모든 테마들은 히브리어나 아람어로 기록되어 있다.

이처럼 『탈무드』는 유대인들에게 있어서는 '얼' 과도 같은 것이다. 2000년이란 오랜 세월을 세계 각처에 흩어져 수난 속에 살아야 했던 유대민족에게 이 『탈무드』는 이들을 연결해 준 유일한 정신적 지주였기 때문이다. 지금의 유대인들 전부가 『탈무드』를 공부하고 연구한다고는 할 수 없지만, 이들 중 대부분은 정신적 자양분을 이 『탈무드』에서 취하고 있으며, 또한 여기에서 생활 규범을 찾고 있다. 『탈무드』는 유대인을 유대인답게 만들어 왔고, 또한 유대인들이 『탈무드』를 지켜온 것 못지않게 『탈무드』가 유태민족을 지켜왔다고도 할 수 있겠다.

유대교는 『구약성경』에서 출발했지만, 오늘날에는 『구약성경』

의 종교라기보다는 탈무드' 의 종교라고 하는 것이 더 타당할 것이다. 『탈무드』는 일종의 연구서라 할 수 있다. 특히 유태인에게 있어서 공부와 연구는 인생 최대의 목표이다. 그러므로 유태인을 이해하려면, 『탈무드』가 유태인에게 있어 얼마나 소중하게 다루어지고 있는가를 알지 않으면 안 된다. 유대인들은 신의 뜻을 몸소 실천에 옮기는 것이 무엇보다도 중요한 일이었으므로 '탈무드' 를 공부하지 않고는 살아갈 수가 없었다. 그러나 『탈무드』에 대한 공부는 지적인 공부라기보다는 종교적인 공부이고 연구였다.

유대인들에 있어 신을 찬양하는 최대의 행위는 공부하는 일이다. '공부와 연구가 올바른 행동을 만든다' 는 말이 유대민족의 오랜 금언으로 간직되고 있는 것으로 보아도 알 수 있다. 고대 유대의 도시나 고장은 그곳에 세워진 학교의 이름에 의하여 알려졌다. 예배를 보는 곳은 곧 공부하는 곳이기도 하였다. 로마인들은 유대인들의 확산을 막기 위해 유대인들의 『탈무드』에 대한 공부를 엄격하게 금했었다.

4. 미드라쉬

유대인들은 '미드라쉬' (Midrash)를 『탈무드』와 함께 아주 소중하게 여긴다. '미드라쉬' 란 '찾다', '연구하다' 는 뜻의 동사 '다라쉬' 에서 나온 명사형으로 '해석' 혹은 '설명' 이란 뜻을 갖고 있다. 성경 본문 자체가 분명하게 법적인 규율 내지 의미를 제시해 주지 않을 때, 본문을 해석하게 되는 데, 이를 히브리어로 '미드라쉬' 라고 부른다. 전통적으로 '미드라쉬' 의 기원은 에스라에게서 찾게 된다. "에스라가 여호와의 율법을 연구하여 준행하며... 가르치기로 결심 하였더라"(스 7:10)에서 '연구하다' 는 동사가 히브리어로 '다라쉬' 이다. 「느헤미야」 8장 7-8절에는 에스라의 권고에 따라 주전 5세기 중엽 예루살렘 성 수문 앞 광장에 모인 회중(會衆) 앞에서 5경이 낭독되고 "···레위 사람들이···그 뜻을 해석하여 백성으로 그 낭독하는 것을 다 깨닫게 하였다"고 기록되어 있다. 여기서 미드라쉬란 "단순한 문자적 의미보다 더 깊이 성경의 정신까지 뚫고 들어가서 본문을 모든 각도에서 살피고 그리하여 본문에서 명백하지 않은 의미를 추출해내는 주석"을 말한다.[59]

'아모라임' 시대의 '미드라쉬'는 주석적 미드라쉬와 설교적 미드라쉬로 구분된다. 주석적 미드라쉬란 성경 본문의 순서를 따라 해석하고 본문과 연관시켜 다양한 비유를 설명하는 방식을 말한다. 설교적 미드라쉬는 회당에서 읽혀지는 본문을 모든 회중들이 이해할 수 있도록 설교식으로 해석을 하였는데, 이러한 설교들을 수집하여 발행한 것이다. '미드라쉬'에 의한 성경해석은 문자적인 해석보다는 그 안에 담긴 정신을 조명하는 데에 중점을 두었다.[60] 시간이 지남에 따라, 성경에서 법적인 규율 즉 '할라카'들을 추출해 내기 위한 '미드라쉬'의 원칙 내지 방법들이 개발되었다. 이렇게 개발된 '미드라쉬'는 단적으로 말해서 랍비계 유대교의 해석방법이라 할 수 있다. 이들의 해석방법에는 두 개의 기본적인 형태의 내용이 담겨 있다. '할라카'는 인간행동의 원리들과 규범들을 담고 있으며, '하가다'는 예증에 중점을 두며 잠언과 이야기들에 의존한다. 이 랍비계 유대교의 성경해석에는 몇 가지 독특한 특성이 포함된다.

첫째로, 이들의 해석은 주로 랍비들의 해석 전통에 크게 의존해 있다. 둘째로, 랍비들의 주석서들은 보통 성경을 문자적으로 해석한다. 랍비들의 해석의 특징은 '미드라쉬'의 실행이다. 이미 언급한 바와 같이, 바벨론 유배 후 랍비들이 회당에서 성경에 대하여 주석하고 해설하는 것을 '미드라쉬'라 하는데, 이때의 해설자인 랍비들은 성경구절의 교차 참조 곧 관주법이라는 방법론을 성경

해석에 적용하는 형식을 취한다. 더욱 중요한 사실은 『신약』 저자들도 고대의 랍비들과 유사한 방식으로 『구약』을 해석하고 있다는 점이다. 그러나 랍비들의 성경 해석의 핵심은 '미드라쉬'의 실행인데, 그것의 특색은 성경을 실생활과 연결시켜 해설하는 것으로 사색적인 면보다는 실용적이고 영적인 면을 더 강조한 것이다.

미드라쉬 해석 원칙들은 매우 복잡하지만 '미드라쉬'적 해석을 가장 쉽게 이해할 수 있는 길이 있다면, 랍비 아키바의 입장에서 생각해 보는 것일 것이다. 그는 기록된 성경 구절에는 모두 문자적인 의미 이상으로 이면(裏面)에 감추어진 뜻이 있다고 보았고, 심지어 글자 한 자 한 자에도 뜻이 담겨 있다고 보았다. 이 감추어진 의미를 찾는 것이 '미드라쉬'라는 것이다. '미드라쉬'는 이상과 같이 성경 해석 방법을 의미하지만, 그 자체가 해석집 또는 주석책을 의미하기도 한다.

역사적이고 교리적인 주제들을 다루는 해석을 하가다식의 미드라쉬라고 부른다. 이 해석의 형태는 보다 더 예증적이고 실제적이며 풍유와 전설, 그리고 다채로운 성경 역사가 혼합된 것이었다. 그것은 성경 연구에 대한 설교적 접근이라 할 수 있다. 그와는 대조적으로, 법적인 문제들을 취급하는 해석은 할라카식의 미드라쉬다. 이 해석의 형태는 본문들의 유사성 및 결합을 통해 모세의 율법에서 특별히 규정짓지 않은 예외적인 경우들에 율법을 적용시키기 위한 것이다.[61]

이 해석법은 성경구절의 문맥의 중요성과 적합한 성경해석을 위한 본문끼리의 유사성을 고려할 필요성을 강조한다. 그것은 영적인 해석이 오용될지도 모른다는 두려움 때문이었다. 그리고 이 방법에서는 분명한 의미를 바로 알 수 없는 본문의 뜻을 밝히기 위해 각 본문에 파고들 것을 촉구한다.

5. 페쉐르

쿰란 공동체는 에세네파(Essenes)의 일부가 사해의 광야로 도피하여 동굴에 은거하면서 이룬 유대교의 한 분파이다. 수리아에게서 유다의 독립을 쟁취한 하스모니안(마카비) 왕조 시대 유대교는 바리새파와 사두개파로 나뉘었다. 사두개파는 헬라화 된 귀족적 제사장들의 단체였던 반면, '분리'라는 뜻을 가진 바리새파는 경건한 종교 생활을 지향하므로 '하시딤'으로 칭하여졌다.

그러나 바리새파가 하스모니안 왕조와 손을 잡는 과정에서 왕이 대제사장을 겸임하려는 시도에 반발하고 그들의 종교적 순수성을 지키는 것이 힘들게 되자 한 제사장이 '의의 교사'(teacher of righteousness)를 자처하여 하스모니안 왕가에 대항하면서 바리새파는 다시 분리하게 된다. 이렇게 바리새파에서 분리된 자들이 에세네파인데, 결국 왕의 박해를 견디지 못하고 쿰란의 동굴로 몸을 피하면서 그들 나름대로 독특한 신앙의 형태를 만들어 가게 되었다.

바리새파와 사두개파가 율법과 제사라는 형식적 신앙에 몰두한 반면, 에세네파와 쿰란 공동체는 정결 예식과 기도, 명상 등 금욕주의적 삶을 통해 하나님의 법에 순응해가려고 노력하였다. 그들이 제일 중요하게 여긴 것은 『구약성경』의 보존이었는데, 이를 위해 피나는 노력으로 성경을 양피지에 필사하였고, 그것이 오늘날 사해 사본으로 우리에게까지 전해지게 된 것이다. 그들은 성경 이외에 공동체 생활 규범도 만들어서 자신들의 삶을 유지해나갔으며, 성경에 대해서는 기록 보존하는 일 뿐 아니라 주석을 다는 일까지 행하였다.

쿰란 공동체가 『구약성경』을 주석한 문서를 '페솨림'(Pesharim)이라고 부르는데 18개 정도가 발견되었다. 그들은 성경을 주석하기 위해 나름대로 독특한 성경해석 방식을 가지고 있었는데 이를

'페쉐르'(Pesher)라고 부른다. '페쉐르'는 히브리어로 '해명'(explanation), '해결'(solution) 또는 '해석'(interpretation)이라는 뜻인데,[62) 「전도서」 8장 1절에서 "사물의 이치"이라고 할 때 사용된 단어이다. '페솨림'은 주석하고자 하는 모든 성경 구절마다 '페쉐르'라는 단어와 함께 그 의미를 해석하는 정형화된 틀을 가지고 있는 것이 특징이다.

그런데 '페쉐르'는 성경 본문의 전후 문맥을 무시하고 그들의 공동체의 삶과 무리하게 연관시키는 면을 많이 드러냈기 때문에 현대적 의미에서 보면 성경해석이라고 하기에는 미흡하다. 그들은 자신들의 삶을 종말론적으로 이해하였고 그러한 바탕 위에서 성경을 해석하였기 때문에 주로 종말론적으로 해석하는 경향이 많았다. 그들은 구약의 예언들을 자기들의 언약 공동체를 통하여 가까운 시간 내에 성취될 어떤 것으로 확신했다. 이러한 묵시적인 해석(apocalyptic interpretation)은 하나님께서 의(義)의 선생을 통해 과거에 비밀 가운데 숨겨졌던 예언의 의미를 드러내셨다는 사상과 더불어 당대에 매우 일반적인 것이었다.

쿰란파가 이런 '페쉐르적 해석'(Pesher interpretation)을 한 목적은 첫째, 의의 교사를 그 적들로부터 변호하고, 둘째, 그의 추종자들을 그들의 적들로부터 변호하고, 셋째, 추종자들의 신앙과 인내를 강화하며, 넷째, 그들에게 배교의 위험을 경고하고, 다섯째, 유대 광야에서 학습과 순종을 통해 여호와의 길을 예비하고, 여섯째, 그들의 공동체의 미래에 대하여 교육하는 데 있었다.[63)]

'페쉐르적 해석'은 사도 바울이 구약을 인용할 때 활용한 방법이다. 바울은 구약의 내용을 신약에 인용할 때 그리스도의 죽음과 부활을 정점으로, 이룩된 구속 성취의 관점, 곧 신약의 맥락에서 구약을 해석한다. 바울은 데살로니가 사람들에게 역사적 예수가 성경에서 예언된 그리스도임을 증거 하기 위해, "내가 너희에게 전하는 이 예수가 곧 그리스도라"(행 17:3)고 했다. 바로 이것이 '페셔적 해석 방법'을 사용한 것이라 할 수 있다. 그러나 사도 바울이 쿰란 공동체의 해석 방법을 그대로 따른 것이 아니라 메시아 강림의 내용을 표현하기 위해 그 방법을 활용했을 뿐이다.

보통 쿰란파는 여러 주석들을 썼는데, 그 주석에 그들은 성경 구절들을 하나 또는 세 구절까지 간략하게 인용하였다. 특히 쿰란파는 자기들을 종말적인 공동체라고 생각했기 때문에 『구약』의 예언을 해석할 때 자기들과 연관시켜 해석하였다. 예언서를 해석할 때 나타난 그들의 독특한 해석의 측면은 과거의 모든 것이 변해서 현재의 가치와 의미가 된다는 것이다. 예를 들자면, 「하박국」 1장 4절에 나오는 '의인'은 '의의 교사' 또는 에세네파의 창시자를 의미한다고 해석하였고, '의인을 둘러싼 악인'은 '악한 제사장' 또는 '의의 교사를 핍박하던 거짓된 자'라고 해석하였다. 또 「하박국」 1장 6절에 나오는 '갈대아인' 또는 '바벨론인들'은 로마인들로서 에세네파에서는 이들을 성경에 나오는 이름인 '깃딤'이라고 칭했다.[64] 이렇게 성경을 해석하는 것이 '페셔'적 성경 해석이라 할 수 있다.

6. 알렉산드리아의 필로

필로(Philo. 주전 20-주후 50)는 유대인 철학자 중의 뛰어난 사람이며, 유대교의 종교적 사상과 헬라의 철학적 사상을 조화시키려고 노력한 사람이었다. 그의 생애에 대하여 확실히 알 수는 없지만, 그가 주후 40년경에 유대인의 대표로 로마에 가서 유대인들이 황제 숭배를 반대한 까닭에 박해를 당하는 데 대하여 황제에게 진정하였다는 사실이 전해지고 있다. 그는 헬라 철학에 정통하였다. 플라톤과 후기 피타고라스학파 및 스토아학파의 영향을 받았다.

그러나 그는 항상 유대교적인 신앙에 중심을 두고, 토라에 최고의 권위가 있음을 인정하였다.

보이는 세상은 단지 이데아의 모상에 불과하다는 플라톤과 스토아학파의 세계관에 따라, 필로는 성경의 말씀 뒤에 숨어 있는 더 깊은 영적 의미를 발견해내려고 하였다. 그는 영적 의미에 호메로스나 다른 시인들의 작품과 신화에 대해 학교에서 가르치는 세속적 해석 방법을 사용하였다. 이 작품들도 계몽된 철학의 빛 안에서 더 이상 문자적으로 이해될 수 없었기에 알레고리적 설명은 더 깊은 철학적 · 도덕적 의미를 한층 돋보이게 하였다. 필로는 유대인의 해석 방법과 철학에다 헬레니즘 철학과 교육을 접목하였다. 이러한 접목 과정은 알렉산드리아가 헬레니즘 세계의 중심지이며 로마제국 가운데 가장 큰 유대인 디아스포라 공동체의 고향이자 세계적 도시였기 때문에 쉽게 이루어질 수 있었다. 이곳에서는 이미 주전 2세기에 히브리어로 씌어진 『구약성경』이 헬라어로 번역되었다.

필로는 이 70인경을 사용하였으며, 70인 번역자들도 영감을 받았다고 확신하였다. 필로는 구약 가운데서 거의 모세 5경만을 인정하였다. 그는 세 권으로 된 방대한 오경 주석으로 율법의 내용과 가치와 중요성을 제시하고 있다. 제1부에서는 세계와 율법의 조화를 이루고 있는 창조기사를 설명하고 있고, 제2부에서는 기록 되지 않은 율법으로서의 족장들의 삶에 대한 기사를 다루고 있으며, 제3부에서는 모세의 율법에 대한 기사를 다루고 있다.

필로는 성경본문을 한절씩 해석하지 않고, 적절한 설화 부분을 태초 역사와 족장 역사에서 선택하여 다시 서술하고, 거기다가 자기의 풍유적인 해석을 첨가하는 방식을 사용하였다. '풍유적 해석' 은 성경 본문이 아닌 심지어 성경 자체가 말하고 있지 않는 관점들의 도움을 받아 특정 본문의 영적인 의미를 이해하려는 방법이다. 이 해석은 성경 본문 그 자체보다 더 심오한 상징적 실재를 말해주는 것으로 여긴다. 유다 사상가 필로는 자신을 둘러싸고 있는 그리스 · 로마 문화에 대해 성경과 유대사상의 합리성, 논리성, 현재적 탁월성을 증명하기 위해 풍유적인 성경해석 방법을 정교하게 사용했다. 따라서 그는 영감된 하나님 말씀의 존엄성을 저해할 만한 그 어떤 것도 풍유적으로 해석할 준비가 되어 있었다. 즉, 천지창조 기사의 비상식적인 것, 율법 조문에서 비난 받을 만한 부분, 또는 오경의 역사적 진술에 나타나는 천박한 것 등을 풍유적으로 해석했다. 변증적이고도 실제적인 관심 외에도 성경구절이 하나님을 신인동형론적으로 표현할 때 필로는 하나님의 초월성을 옹호하기 위해 그의 신학적 확신을 따라 풍유적 해석을 사용했다.[65]

물론 필로의 풍유적 해석은 "성경의 문자적 의미를 배제한 것은 아니다. 그는 두 차원의 의미, 즉 표면적 의미와 더 깊은 배후의 의미가 성경에 있다고 하면서 표면적 의미는 이면적 의미라는 실체에 대한 그림자이므로 표면적 의미에서 풍유적 의미로 전이해야 한다는 것이다."[66] 이와 같이, 필로는 풍유적인 의미를 성경의 고유한 의미로 간주하였으며, 많은 구절에서 그는 문자적인 의미를 배제했지만, 풍유적인 의미는 결코 배제시키지 않았다. 풍유적인 의미는 영혼이 육체와 연결되어 있는 것과 같이 문자적인 의미와 매우 밀접하게 결합되어 있다. 문자란 그림자와 실체의 관계처럼 신탁들과 관련된다. 그러므로 문자적 의미 속에 들어 있는 더 고귀한 가치들은 진실로 존재하고 있다. 따라서 필로는 문자적 의미만 관심을 갖는 사람들에게 더 높은 의미를 찾도록 권면한다. 모세가 성경을 현재의 형태로 준 것은 교육적인 의미에서였다. 왜냐하면 모든 사람들이 더 깊이 감추어진 진리를 파악 할 수 없기 때문이다. 모세는 하나님의 대변자였고, 하나님의 말씀들을 인간의 언어로 번역하였다.

필로의 몇 가지 원리들 중에 가장 중요한 것은 성경에 더 깊은 의미가 담겨 있고, 이 의미는 사람이 찾을 때 발견된다는 확신이다. 필로는 자신과 철학자들, 곧 헬라의 풍유 해석자들과 자신보다 앞서 알았던 풍유적 해석을 사용한 헬라 유대인들은 모두 성경이 하나님에 관해 부정확하거나 가치 없는 진술을 할 때 즉 신인동형론적인 서술을 할 때, 혹은 문자적인 의미가 터무니없거나 모순적일 때, 풍유적으로 해석해야한다는 원리에 필로는 동의하고 있다. 즉 풍유적인 방법은 더 깊은 의미를 얻거나 그렇게 해석할 기회가 있을 때는 언제나 사용될 수 있다고 그는 말한다.

예컨대, 에덴동산의 두 나무는 사람이 당면한 선택에 대한 영적인 가치를 나타내는 것이요, 뱀은 탐욕으로 해석했다. 이렇게 타락설화는 심리학적으로 다루기는 했어도 그 역사성은 부인하지 않았다. 이러한 기사들은 단순히 우리에게 인간이 거듭 죄로 인하여 패배할 수 있는 방식을 제시해 준 것이라고 보았다. 필로의 흥미로운 풍유적 해석의 한 예를 든다면, 「창세기」 14장에 나오는 네 왕은 인간의 사감(四感) 곧 희로애락(喜怒哀樂), 다른 다섯 왕은 우리의 오감(五感) 곧 시청후미촉(視 聽 喉 味 觸)을 나타낸다는 것이다. 왜냐하면 그것들이 우리를 다스리기 때문이다. 다섯 왕은 네 왕에게 종속되어 공물을 바친다. 이처럼 즐거움, 두려움 등과 같은 감정이 우리의 감각으로부터 일어난다. 갈등은 공물이 더 이상 바쳐지지 않을 때, 즉 나이가 많아 감각이 둔하게 될 때 일어난다. "두 왕이 역청 구덩이에 빠진다"(창 14:10)는 구절은 촉각과 미각이 육체의 내부로 빠져들어 갔다는 뜻이다. 나머지 셋이 "산으로 도망하매"란 구절은 그것들이 육체의 외부로 향했다는 것을 뜻한다. '아브라함이 그들 모두를 공격했다'는 말은 이성이 달려들어 그것들을 정복했다는 뜻이다.

이 「창세기」 주석에는 풍유적인 해석 방법만이 사용되었으며, 기록된 역사성에 대해서는 전혀 고려되지 않았다. 그러므로 개개의 설화들이 상징적으로 해석되었을 뿐만 아니라 선택된 부분들도 구구절절이 풍유적으로 해석되어 있다. 그리고 「창세기」에 등장하는 인물은 각각 다를지라도 해석의 통일성을 갖고 있다. 왜냐하면 심리학적이고 윤리적인 체계가 이미 「창세기」 자체에 발전되어 있기 때문이다. 필로의 이 방대한 풍유적 주석의 특별한 목적은 등장하는 인물의 다양성에서 인간 서로간의 관계와 하나님에 대한 그들의 관계 및 감각세계에 대한 관계 등을 분석하여 도덕적 교훈을 추론해 내고자 한 것이다.

필로는 심리학적이고 윤리적인 범주에 속하는 개념들과 인물들을 해석할 때에는 어원론과 상징적 용어에 근거를 두었다. 고유명사에 대해서는 거의 어원론이 일관성 있게 사용되고 있다. 이제 그 풍유적 해석의 한 예로서, 「창세기」 3장 8-18을 든다면, 필로는 '남자' 를 마음으로, '여자' 는 감각으로, '뱀' 은 쾌락으로, '들짐승들' 은 감정으로 표현한 점이다. 이렇게 일단 도입이 되면, 일관성 있게 적용을 하였다. 이것이 언어의 상징주의이다. 이것은 그들이 당대에 이러한 상징어를 유용하게 사용하고 있었다는 증거라고 본다. 어쩌면 묵시문학에서 사용하는 언어의 상징주의도 이와 같은 맥락에서 이해가 된다. 문제는 그 시대적인 배경에서 성경을 직설적으로 해석하지 못했던 점도 감안하면 무리는 아닐 것이다.

그런데 필로의 이러한 해석은 마치 영해가 자유롭게 진행 되듯이 매우 자유롭게 해석되고 있었다는 점이다. 그러나 결과적으로 해석의 목표는 윤리적이고 심리적인 논거를 통해서 권면의 통일체를 시도한 점이다. 전반적으로 이것은 학적인 주석이나 사변을 꾀한 것이 아니고, 미드라쉬와 유사한 교화적이고 훈계적인 해석이라 할 수 있다.

7. 솨마이와 힐렐

알렉산드리아에서 헬라 철학과 문화에 익숙한 유대인 학자들이 활약하는 가운데, 거의 동시대에 전통적 랍비 집단에 의해서도 『구약성경』에 대한 해석방법이 발전해갔다. 그 중에서도 솨마이(Shammai)와 힐렐(Hillel)이라는 두 랍비 집단 간에 선의의 경쟁을 통해 『구약성경』해석에 대한 연구는 활발히 진행되었는데, 두 학파는 완전히 대조된 성향을 나타냈다. 솨마이와 힐렐은 모두 예수님 오시기 조금 전 헤롯왕 통치 때 살았던 바리새파 사람들로서 나중에 각각 산헤드린의 최고 지도자들이 되어 그 영향력을 행사하였다.

마카비 시대로부터 헤롯시대의 말기(주전 168년-주후 10년)까지 솨마이와 힐렐파 두 랍비 집단 사이에 해석 논쟁이 있었다. 각 시대 랍비들은 두 집단들 가운데 어느 한 쪽을 추종하지 않으면 안 되었다 솨마이파는 규정들을 엄격하게 해석했고, 힐렐파는 주변 상황의 유동적 요소들을 강조했다.

1) 솨마이

솨마이는 초문자적 해석(hyperliteralist interpretation)의 대표라고 할 수 있다. 「신명기」 21장 18절 이하에는 완악한 아들을 돌로 쳐 죽이는 처형법이 기록되어 있다. 솨마이는 거기서 "부모가 그를 끌고" 란 구절이 있으니 그 부모는 아들을 끌고 갈 손을 가진 사람들이었던 것이 분명하므로, 부모 중 한 사람이라도 손에 이상이 있으면 그 아들은 완악한 아들로 정죄될 수 없다고 한다. 부모 중 하나라도 지체장애자이거나 시각, 청각장애인이면 그 아들을 완악한 아들로 정죄할 수 없다는 것이다. 왜냐하면 본문에 "끌고 간"

이란 말은 부모가 지체부자유자가 아니라는 뜻이며 “말하기를” 이란 부모가 말을 할 수 있으며, “우리의 이 자식” 이란 말은 부모가 시각장애자가 아니며, “우리말을 듣지 아니하고” 란 말은 부모가 청각장애자가 아니라는 뜻이기 때문이라는 것이다.

솨마이는 바리새파 중에서도 유대교의 핵심 교리를 엄격하게 수호하는 엄숙주의자였으며 좁은 형식주의자로서 딱딱하고 격렬한 성격을 가진 자였다. 속죄일에 어린 손자를 금식시켜 죽을 뻔하게 한 일이나 초막절에 산고로 신음하는 딸 침대 위에다 초막을 세운 일 등이 이를 잘 입증해 주고 있다. 그는 상황을 무시하고 원칙에 매여 성경을 해석했으며 힐렐파와 피를 흘릴 정도로 논쟁하였다.

솨마이파가 얼마나 바리새 정신에 몰두하였는가는 나중에 그의 제자들이 18개 교령(敎令)을 만들어 그들의 신조로 삼아 지킨 것을 보면 알 수 있다. 그 내용은 이방인에게 음식을 사거나 팔지도 말 것과 히브리어와 아람어 이외에 다른 이방의 말을 배우지 말며, 이방인과의 모든 교제를 금한다는 것 등이 포함되어 있다. 솨마이파는 유대교의 전통을 지키는데 있어서 극단적인 태도를 취하였으므로 셀롯(Zealot)당 곧 열심당이 여기서 파생되었다는 것이 이해될 만하다. 또 솨마이는 『구약성경』해석에 있어서도 엄격하게 초문자적인 해석을 주장하였으므로 이후 솨마이파의 성경해석은 경직된 경향을 보일 수밖에 없었다.

2) 힐렐

랍비 힐렐은 성경을 문자적 해석(literal interpretation)과 미드라쉬적 해석(midrashic interpretation) 방법으로 풀이 하였다. 그 중에서 가장 기본이 되는 방법은 물론 문자적 해석이다. 이 방법은 다른 해석 방법의 기초 역할을 한다. 이 접근법은 특히 「신명기」의법을 해석하는데 적용되었다. 물론 토라의 규범적인 성질은 이러한 접근방법의 적용을 요청한다. 힐렐파는 "네 자녀에게 부지런히 가르치며 집에 앉았을 때에든지 길을 갈 때에든지 누워 있을 때에든지 일어날 때에든지 이 말씀을 강론할 것이며"(신 6:7)의 말씀에 대해, "누워 있을 때에든지 일어날 때에든지"라고 되어 있으므로 율법을 암송할 때, 저녁에는 기댄 자세로 암송하고 아침에는 선 자세로 암송해야 한다고 할 정도로 문자적으로 성경을 해석했다. 그러나 이 해석방법이 항상 전적으로 알맞은 것도 아니었다.

그래서 힐렐은 성경을 문자적으로만 해석한 것이 아니라 미드라쉬적 방법으로 해석하기도 하였다. 힐렐이 발전시킨 일곱 가지 '미드라쉬' 적 해석법칙이 있다. 첫째 법칙은 덜 중요한 경우에 적용 되는 것은 더 중요한 경우에는 더욱 더 확실하게 적용될 수 있다는 것이다. 둘째 법칙은 한 구절과 다른 구절의 표현상의 유사성을 발견하여 해석하여야 하고, 동일한 단어들이 서로 다른 경우들에 적용될 때는 양자에서 동일한 의미를 찾아야 한다는 것이다. 셋째 법칙은 동일한 구가 여러 구절들에 나타나는 경우에는 그 중 하나에서 발견되는 의미가 그 전체에 적용된다는 것이다. 즉 하나의 본문에서 하나의 원리를 세우는 원칙이다. 넷째 법칙은 두 본문을 관련시킴으로써 하나의 원리를 발견해내는 것이다. 다섯째 법칙은 일반적인 원리가 다른 구절에서는 특수화 될 수 있고 특수 원리가 다른 구절에서 일반원리로 확대될 수 있다는 것이다. 여섯째 법칙은 한 본문의 난제는 그와 일반적으로 유사한 다른 본문과의 비교를 통해서 해결될 수 있다는 것이다. 일곱 번째는 문맥에서 의미를 찾아야 한다는 법칙이다.

이런 여러 가지 방법을 적용하여 미드라쉬식(주경학적)으로 성경을 해석하였는데, 그것은 단순한 문자적 의미보다 더 깊이 성경의 정신까지 뚫고 들어가서 본문을 모든 각도에서 살피고, 본문에서 명백하지 않은 의미를 추출해내고자 하는 목적으로 시도되었다. 그러나 그것은 건전한 면으로 흐르기보다 잘못된 방향으로 흘러 문맥과는 관계없이 본문, 구절, 용어에 뜻을 부여하게 되었으며, 같은 용어나 구절이면 그것들이 다른 사상을 가지고 있었을지라도 같이 혼용하게 되었다. 또한 사소한 문법적 문제에 해석적인 의미를 부가하기도 하였다.[67]

힐렐은 솨마이와 동시대 같은 바리새인이었지만 극단적 바리새 정신을 피하고 온건한 보수주의자로서 바리새의 한 유파를 형성하였다. 그의 성품은 온화관대하고 원수 맺기를 좋아하지 않으며 이방인에 대해서도 동정적이었다고 한다. 성경해석에 있어서도 솨마이의 지나친 문자주의적 해석과는 달리 율법의 문자적 표현에 구애받지 않고 그 근본정신을 깨달아야 한다는 온건한 태도를 견지하였다. 힐렐파의 해석방법은 성경에만 적용되었을 뿐 아니라 점차 유대인의 구전 율법의 성문서를 편찬하는데도 적용되었다. 따라서 힐렐의 성경해석방법은 그의 사후 약 200년이 지난 주후 2-3세기경에 만들어진 '미쉬나' 편찬에 밑거름이 되었다고 해도 과언이 아니다.

주후 2세기에 랍비 이스마엘 벤 엘리사(Ishmael Ben Elisha)는 힐렐의 규칙을 13가지로 늘렸다. 랍비 엘리에살 벤 호세(Eliezar Ben Jose)는 이것을 32개로 부연했다. 일반적으로 페사트(peshat) 또는 본문의 직접적인 의미를 반영하던 힐렐의 일곱 가지 규칙들로부터 벗어난 이 같은 법칙의 늘어남과 부연은 궁극적으로 13세기의 히브리 신비주의에서 그 절정에 달한다.[68] 그러나 법칙이 늘어났다고 해서 반드시 좋은 해석이 이루어지는 것만은 아니다.

제3장 교부시대의 성경해석

예수 그리스도께서 부활 승천하신 후, 제자들은 기록된 말씀에 의존하기보다는 주님의 가르침을 기억으로 더듬어 그대로 전하는 방식으로 사람들을 가르쳤다. 그러다가 바울 사도의 편지들이 먼저 등장하고 나중에 복음서가 기록되기 시작했다. 이때를 사도(Apostle)시대라고 하는데, 그들이 비록 『구약성경』을 약 200회 이상 인용하였고 그것에 대해 어떤 해석을 가한 것처럼 보이기는 하지만, 사도시대에는 특별한 어떤 성경해석방법이 있었다고 말하기는 어렵다. 왜냐하면 『신약』을 기록하면서 『구약』을 해석한 것은 저마다 자신들의 독특한 방식으로 한 것이 아니라 완전히 영감과 계시를 받아서 한 것이기 때문이다.

실질적으로 성경해석이 필요하게 된 시기는 제자들과 사도들이 모두 죽은 이후부터라고 할 수 있다. 『신약성경』은 제자들과 사도들이 생존했던 사도 시대에는 해석할 필요 없이 그들에게 직접 물어보면 되었다. 그러나 그들이 모두 세상을 떠나면서 상황은 달라졌고, 그 다음부터는 해석의 대상으로 남게 된 것이다. 따라서 그들을 계승한 교부들(Church Fathers)에 의해 『신약』과 『구약』은 해석되고 가르쳐졌다.

교부들은 사도들의 시대가 끝나는 1세기 말부터 4세기 초 콘스탄티누스 대제에 이르기까지 대단히 어려운 시기에 교회를 이끌어 나갔다. 외적으로는 무서운 박해가 계속되었고, 내적으로는 사도들이 모두 죽어 지도력에 공간이 생겨 있었다. 확고한 권위가 없어지면서 여러 가지 이단 사설이 일어났다. 초대교회 정통교부들은 신앙을 바로 변호하며 양 무리들을 격려하고 결속시키는 어려운 일을 감당하여야 했다.[69]

교부는 기독교 신앙의 근간을 확정시키고 교회의 권위와 교리

형성에 아버지와 같은 역할을 했다고 해서 붙여진 이름이다. 교부의 시대를 구분해 본다면 니케아 시대 이전의 교부와 니케아 시대 이후의 교부로 구별할 수 있다. 그리고 니케아 이전의 교부들을 헬라교부와 라틴교부라고 불렀는데, 그것은 당시 교회가 동서로 나눠지지는 않았지만 지역의 언어를 따라 헬라어를 사용하는 지역의 교부를 헬라적 교부라 하였고, 라틴어를 사용하는 지역에 사는 교부를 라틴교부라고 하였다. 그리고 동방교부와 서방교부는 니케아 종교회의 이후로부터 교회가 서서히 분열되기 시작을 하였는데, 이때부터는 분열의 골이 깊어지면서 지역을 동서로 구분 하여 동방교회와 서방교회로 이름을 구별하여 부르게 되었다.

교부들도 헬라교부와 라틴교부라고 부르던 것을 역시 이때부터 동방교회에서 활동하던 교부를 동방교부라고 하고 서방교회에서 활동하던 교부를 서방교부라 하였다. 즉 교회가 동서로 분열되기 이전에는 지역의 언어로 구별하여 교부들의 호칭을 헬라교부와 라틴교부로 나누었고, 로마교회가 완전히 나눠지지는 않았지만 니케아 종교회의 이후부터 그들의 신학은 교회의 분열을 가져오게 되는 촉매제가 되는 계기가 되었다. 따라서 교회의 분열이 시작이 되면서부터는 언어적인 구별보다 지역적으로 구별이 되어 동방교회의 신학과 서방교회의 신학을 대변하는 동방교부와 서방교부로 구별하여 부르게 되었다.

교부들 중에서 예수님의 제자들을 바로 잇는 몇몇의 사람은 특히 속사도 혹은 사도적 교부(Apostolic Father)라고 하고, 속사도 이후의 사람들만 그냥 교부라고 한다. 그런데 속사도를 잇는 초기 교부들은 변증가들(Apologists)로서 기독교에 대한 박해에 대항하여 기독교를 논리적으로 변증하려고 애썼기 때문에 그들 나름대로 성경의 해석방법들을 연구하게 되었다. 그 후에는 지역에 따라 다른 경향을 가지게 되는 여러 유파의 교부들에 의하여 성경에 대한 해석과 기독교 교리가 확립되는 시기가 계속되었다. 광범위하게 교부라고 할 때는 사도적 교부들을 포함하여 변증가들과 교부들을 모두 통틀어서 말하므로, 사도적 교부들이 활약하기 시작한 시기인 주후 90년경부터 590년경 그레고리 1세가 교황이 된 시기까지 약 500년간의 기간을 초기 기독교 교부 시대라고 부르는 것이다. 이 시대의 성격해석에 대해 살펴보겠다.

1. 사도적 교부들의 증언

속사도라고도 불리는 사도적 교부들이란 이미 앞에서 언급한 대로 예수의 제자들에게 직접 양육되고 교훈을 받았거나 그 권세를 계승하여, 자신들 역시 사람들을 제자로 삼아 가르쳤던 일단의 사람들을 가리킨다. 그러므로 교부란 사도들의 직계 제자들로서 사도들의 뒤를 이어 기독교회의 건설과 교리 발달의 역사상 가장 중요한 위치를 차지하는 인물들이다. 그리고 교부로서 지녀야할 자격 중 중요한 한 가지는 교리의 정통성을 지녀야 한다는 것이다. 즉 사도로부터 직접적인 예수사역의 가르침을 받은 제자들이어야 한다는 말이다.

사도적 교부들은 로마의 클레멘스(클레멘트), 이그나시우스, 폴리카르푸스(폴리갑), 바나바스(바나바), 헤르마스, 파피아스 등 6명인데, 생사(生死)의 연대는 잘 알 수 없으나 그들이 활약한 1세기 말부터 2세기까지(주후 100-150)를 속사도 또는 사도적 교부시대라고 한다. 사도적 교부들은 열두 제자 이후로부터 활동한 초기 기독교 저술가들을 가리키는데, 그들은 『신약성경』과 2세기 후반 저작활동을 했던 변증가들 사이에 교량역할을 함으로써 사도들의 사상을 후대에 계승시키는 일에 중추적인 역할을 담당하였다.

사도적 교부들은 진리를 파수하고 이단들로부터 교인들을 지키려다가 대부분 순교하였다. 그들은 신앙을 위한 심오한 글을 남기지도 않았고 신학을 발전시키지도 않았다. 그때그때의 필요에 따라서 신앙을 설명했으므로 무슨 체계를 세운 것도 없었다. 어떤 이는 깨끗한 삶을, 그리고 어떤 이는 하나님에 대한 신앙을, 어떤 이는 믿음으로 얻어지는 의를 가르쳤다. 그들은 사도들의 신앙의 생동력을 그대로 다음 세대로 이어주는 역할을 하였다. 크나큰 어려움 가운데 있는 양떼들을 이끌며 순교의 무서운 멍에를 메고 그들은 앞장서서 걸었다. 교회의 분쟁을 진압하였고, 교회의 조직을 강화하였고, 이단을 물리치기에 힘썼고, 순교의 본을 보였다. 그들은 스승이었고 상담자였고 목사였다. 그들은 글자 그대로 가르치는 '아버지' 였다.[70)]

사도적 교부들은 주님의 직계 제자들이 기록한 성경을 잘 보존할 뿐 아니라 그때그때 필요에 따라 신앙을 설명해 주는 자신들의 글을 남겼는데, 그들의 문서에서 우리는 성경을 해석하는 특징들을 발견할 수 있다. 이 사도적 교부들 시대의 대체적인 경향을 말하자면 교회 밖의 적대적인 자들로부터 교회를 보호하기 위하여 초기 기독교 교리를 세우기 시작하였다는 점이 두드러지며, 성경을 보는 관점은 『구약』을 『신약』의 모형적인 관계 즉 모형론으로 이해하는데만 치우치다보니 풍유적 해석이 주를 이루고 있음을 보게 된다. 그들은 동시에 교회 전통을 성경의 위치와 동등한 위치로 부상시키기도 하였다.

속사도 시대는 주후 90년에서 140년경의 어간을 말한다. 이 때 중요한 문헌으로는 클레멘스 제1서신. 이그나티우스의 일곱 서신, 폴리카르푸스의 서신, 바나바스 서신, 파피아스의 단편, 헤르마스의 목자, 디다케 등이 있다. 이것들은 사도시대 이후 2세기 전반까지의 『신약성경』 형성 시대와 변증가들의 시대 중간에 위치하는 공통점을 가지고 있다. 사도적 교부들의 편지들은 해석이라기보다는 신앙의 증언들이라 할 수 있겠다.

1) 로마의 클레멘스(클레멘트): 『고린도인들에게 보낸 제1서신』

로마의 클레멘스(Clemence)란 후대의 교부이었던 알렉산드리아의 클레멘스와 구별하기 위하여 붙인 이름이다. 그는 베드로와 바울의 제자였다고 한다. 아마도 「빌립보서」 4장 3절에 나오는 이름 클레멘스가 그가 아닌가 추측한다. 어떤 학자들은 바울과 누가의 친구일 가능성을 주장하고 있지만 역시 객관적인 증거는 없다. 그는 주후 92년부터 101년까지 로마교회의 감독이었다. 전설에 의하면 그는 로마의 귀족으로서 훌륭한 교육을 받았으나 당대의 모든 학문과 철학에 만족하지 못하고 진리를 찾아 여기저기 여행하다가 팔레스타인에서 베드로를 만나 기독교를 믿게 되었다고 한다. 그리하여 그는 베드로와 선교여행을 함께 하게 되었고, 베드로의 저술도 도울 수 있었고, 마침내 그의 후계자로 지명되었던 것이다. 클레멘스는 그 시기의 목회 사역의 가치 있는 정보를 제공해주고 있다. 그는 그의 아내 플라비우스 플라비아 도미틸라와 함께 처형당했으며 이름이 알려진 유일한 로마의 순교자다.[71)]

여하간 그의 개인에 관한 기술은 별로 없지만 로마의 감독으로 재직할 때 고린도교회에 두 번에 걸쳐서 보낸 편지와 설교를 통해 그의 가르침을 이해할 수 있다. 그는 『구약』을 빈번하게 인용하였는데, 『구약』을 그리스도께로 인도하는 예비적인 것으로 보았기 때문에 주로 풍유적으로 해석하게 되었지만 다른 사도적 교부들에 비하여 지나치게 과장된 표현은 적은 편이었다고 할 수 있다.

사도적 교부들의 글들 가운데서 가장 먼저 쓰여 졌다는 신빙성을 갖고서 말할 수 있는 것이 로마의 클레멘스가 쓴 『고린도인들에게 보낸 제일서신』(*the First Epistle to the Corinthians*)이다. 주후

96년 로마제국의 황제 도미티아누스가 죽은 직후 크레멘스는 로마교회의 이름으로 이 서신을 고린도교회에 써서 보냈는데, 그것은 『신약성경』의 고린도 전 후서에 나타난 고린도교회의 분열과 혼란이 여전히 계속되고 있었기 때문이었다. 고린도인들은 불경건하고 혐오스러운 분열을 행하고 있었고, 존경받고 귀중한 지도자들에 반대하여 무리를 지어 항거했고 그들의 직분을 폐하려고 시도했다. 그래서 크레멘스는 그것을 무마하고 진정시키기 위해서 그의 생애의 마지막 때에 이 서신을 써서 고린도교회에 보냈던 것이다.

이 서신에 따르면, 고린도 교회에 분열이 일어난 이유는 "영예스럽지 못한 자들이 영예스러운 자들에 반대하고, 유명치 않는 자들이 유명한 자들에 반대하고, 어리석은 자들이 현명한 자들에 반대하고, 젊은이들이 나이 든 자들에 반대하였기 때문" 이었다(3:3). 더욱이 "선행을 행함에도 불구하고 영예를 지켜가며 고결한 목회를 하지 못하도록 목회자들을 방해했기 때문" 이었다(44:6). 이렇게 반역하여 일어난 자들은 스스로 자제력이 강한 자들이라고 자랑하고(38:2), 자기들은 신실한 자들로서 모든 주장들을 판단할 수 있고, 선행을 행할 수 있는 '영지' (gnosis)를 가졌다고 주장하며(45:2), 방언을 한다며 자랑하고(21:5), 특별한 카리스마를 가졌다고 주장하는 자들이었다. 이런 특별한 은사를 받았다고 자랑하는 자들은 대체적으로 분파를 일으켰다는 것이 교회사를 통하여 우리가 배울 수 있는 교훈이다.

클레멘스가 고린도인들에게 보낸 이 헬라어 서신은 1628년 콘스탄티노플의 대주교 시릴 루카리스가 성경의 복사본인 고대 알렉산드리아 문서(Alexanderian manuscript) 가운데서 발견하였다. 그 후 이 서신은 1633년 영국 왕립 도서관장이 옥스퍼드에서 출판하여 영국의 왕 찰스 1세에게 헌정하였고, 지금은 대영박물관에 소장되어 있다. 그리고 『클레멘스의 제2서신』은 일반적인 용어로 기독교 생활의 특성과 회개의 의무를 설명하고 있으며 남아있는 기독교 설교 가운데 가장 최초의 설교(homily)라 할 수 있다. 여기서는 『클레멘스의 제2서신』에 대한 논의는 더 이상 하지 않고 제1서신에 대해서만 살펴보겠다.

『클레멘스의 제1서신』은 모두 65장으로 되어 있다. 이 작품은 일반적으로 기독교 고전의 가장 아름다운 문헌가운데 하나라 할 수 있다. 비록 본문에 그의 이름이 나타나지는 않았지만 전통적으로 교회는 그것이 클레멘스의 것이라고 인정한다. 그리고 그는 그의 편지에 『구약성경』을 많이 인용하였다. 사실 그는 당시 로마교회의 외교담당 지도자였다.

당시 고린도는 주전 44년에 로마의 식민지로 건설된 후 곧바로 로마화 되었다. 때문에 로마교회는 고린도교회의 분쟁에 대하여 특별한 관심을 갖게 되었다. 왜냐하면 그때 고린도교회는 로마의 관할 하에 속해 있었기 때문이다. 실제적으로 고린도교회는 바울 사도의 시대부터 분쟁이 있었다. 바울이 사역하던 당시도 고린도 교회는 바울파니, 게바파니, 그리스도파니 하는 등의 분쟁과 신비주의적인 은사론 때문에 문제가 많았다. 그런데 설상가상으로 로마 황제 도미티아누스의 혹독한 박해로 인하여 교회는 신앙의 상호 일치보다는 분쟁에 휘말리어 신앙생활을 제대로 할 수가 없었다. 이때 고린도 교회의 분쟁 소식을 들은 로마 교회의 클레멘스는 이러한 분쟁을 막기 위하여 이 편지를 쓰게 되었던 것이다. 즉 크레멘스는 고린도 교회의 이런 상황을 믿음, 사랑, 겸손, 자제와 같은 기독교적인 미덕을 권장하고 위선, 질투, 시기, 교만과 같은 기독교적인 악덕을 경고할 기회로 이용하였다.[72] 당시 클레멘스가 쓴 서신의 내용을 보면 대개 4가지로 정리할 수 있다.

첫째, 교회의 분열을 타파하고 질서를 중요시하였다. 교회의 분열은 이질적인 것이라고 지적하면서 합당한 질서를 강조하였다. 신앙의 겸손과 순결, 순종과 평화를 누리며 선을 추구한 교회를 회고한 후, 신앙의 분열은 하나님의 백성들에게는 결코 있어서는 안 되는 것이라고 주장하였다.

둘째, 신자는 참다운 회개의 징표로서 신앙을 지킬 것과 경건한 삶을 살 것을 촉구하였다. 여기서 그가 말한 회개란 성령으로 말미암는 회개, 즉 겸손에 이르는 회개와 하나님의 자비를 통한 사랑의 실천에 이르는 회개를 말한다.

셋째, 믿음에 의해 이루어지는 의란 곧 변화된 삶을 일컫는다. 클레멘스에 따르면 예수 그리스도는 우리의 대 제사장이요 보호자로서 우리의 연약함을 도우시는 분이시다. 그를 통하여 우리 마음의 눈이 열리고 우리의 어리석고 어두워진 마음의 깨달음에 빛을 얻게 되고, 교회에는 믿음으로 인한 믿음의 의가 나타나야 한다고 강조하였다. 즉 하나님의 의는 삶의 변화를 가져와야 한다는 것이다.

넷째, 교회의 질서를 역설한다. 크레멘스에 따르면 교회의 모든 성도는 다 장군이 아니라 하위 계급자들로서 상급자의 명령을 따라야 하듯이 성실하게 자신의 자리를 지키며 맡은 사역에 임해야 한다는 것이다. 그래야만 그리스도인의 온전성이 들어나게 되기 때문이다.

그리스도는 하나님께로부터 보내심을 받았고 사도들은 그리스도로부터 보내심을 받았듯이, 교회의 감독들과 장로들은 사도들로부터 세움을 입었기 때문에, 교회는 그 질서를 무시하고 분쟁을 일으켜서는 안 된다고 클레멘스는 강조하였다. 그러므로 교회는 파당을 피하고 피차 덕을 행할 것과 사랑과 순종, 겸손으로 각자 직위에 대한 질서를 지켜 계승해야 한다는 것이다.[73]

클레멘스의 서신에 의하면 그는 어떠한 교리적인 체계보다는 고린도교회의 실천적 삶의 가르침에 역점을 두고 글을 썼다는 것을 알 수 있다. 특히 클레멘스는 그리스도인의 직분에 있어 질서를 강조하고 직분의 계승의 중요성을 가르쳤다.

클레멘스 서신의 특징은 첫째, 장로와 감독을 구별하지 않고 상호 동의어로 사용하고 있다는 점이고, 둘째, 헬라적 요소와 스토아적 요소를 다 갖고 있다는 것이다.[74] 하지만 클레멘스를 무분별하게 헬라사상과 기독교를 융합시키려 한 인물로 매도하는 것은 바람직하지 않다. 비록 클레멘스의 사상에 헬라주의적 요소가 나타나지만 그의 신관은 삼위일체적이라 할 수 있다. 현대 복음주의신학자들은 클레멘스가 성경의 권위를 존중하는 고등 성경관을 지니고 있었다고 본다.

더욱 클레멘스는 『구약성경』과 스토아 철학에서 말하는 우주의 본질적인 조화 혹은 일치를 제시한다. 클레멘스의 창조주 하나님은 조물주(데미우르즈)에 국한하지 않고 만물의 절대적 지배자이시다. 클레멘스의 신관은 분명히 삼위일체적이다. 클레멘스의 기독론은 구세주의 선재를 인정하는 것이었고, 성령을 통한 그리스도의 말씀으로 「시편」을 인용하고 있다.

클레멘스에 있어서 칭의론은 또 하나의 중요한 사상이다. 32장 4절에서 믿음으로 의롭다 함을 얻는다는 사실을 지적하면서 예수 그리스도가 구원의 길임을 강조하고 있다. 클레멘스에게 믿음은 순종과 불가분의 관계를 갖고 있다. 심지어 때때로 믿음보다 순종을 강조하고 있는 것처럼 보이기도 한다.

"그러므로 그의 뜻대로 예수 그리스도 안에서 부르심을 받은 우리가 의롭게 되는 것은 우리 스스로나 우리의 지혜로나 우리의 성찰로나 종교적 헌신으로나 우리의 충심으로 행하였다고 보여지는 거룩한 행위로 말미암는 것이 아니요, 시초부터 전능하신 하나님께서 모든 사람을 향해 믿음으로 의롭다하시는 그 믿음으로 말미암는 것입니다. 그에게 세세 무궁토록 있나이다. 아멘."[75)]

그리고 그는 "예수 그리스도의 뜻에 따라 부르심을 받은 우리는 스스로에 의해 의롭게 된 것이 아니고, 마음에서 행한 거룩한 행동, 종교적 헌신, 또는 지혜로 의롭게 된 것이 아니고, 태초부터 전능하신 하나님께서 모든 사람을 의롭게 하셨다는 그 믿음으로 의롭게 된 것"이라고 말한다(32:4). 이 대목을 근거로 클레멘스를 폴리카르푸스를 제외하고는 바울의 이신칭의(以信稱義) 개념을 다소나마 나타내는 유일한 교부로 평가하기도 한다.

클레멘스는 교회를 유기체적인 관계로 이해했다. 강자와 약한 자, 부자와 가난한 자가 교회 안에 존재할 수밖에 없지만 교회에는 그리스도 안에서 공유해야할 사랑의 윤리적 차원이 있다. 사도적 계승에 의한 권위. 즉 사도들은 예수의 영감을 받아서 교회가 확고하게 정립된 권위를 필요로 할 때가 올 것임을 알았다. 이 권위를 계승한 사람들, '감독'(장로)과 '집사'의 직분이 세워졌다. 이때까지는 감독과 장로의 구분이 명확하지가 않았다. 클레멘스는 기독교를 이렇게 소개 하였다.

"살아있는 하나님을 아는 분명한 의식에 확고하게 뿌리를 두고, 그리스도 안에서 구속된 삶을 살아가는 하나의 도덕적인 운동입니다. 다른 종교들과 비교해 볼 때 기독교는 내향성과 성령의 종교이고, 동시에 형제애의 종교이며, 인간의 삶만큼 포괄적이고 인간의 욕구만큼 깊습니다. ···만일 우리가 여기서 로마 교회가 기록한 것과 우리가 그 시대의 도시와 공동체의 삶, 여러 조직들, 학파들 등등에 대해 알고 있는 것을 비교한다면 그 엄청난 차이에 즉각 놀라서, 우리는 빌립보 교인들에 대한 사도 바울의 말을 기억할 것입니다. 여러분은 어그러지고 거시리는 세대 가운데서 하나님의 흠 없는 자녀이고, 그들 가운데 빛들로 보입니다."

우리는 그의 글 가운데서 특히 부분적인 하나님의 삼위일체성

교리와 그리스도의 신성, 그리고 믿음으로 의롭게 되는 도리와 교회의 합일에 관한 분명한 간증 등을 읽을 수 있다. 로마의 클레멘스는 속사도들 가운데서는 가장 오래된 저술을 남겼을 뿐 아니라 신앙생활에 필요한 행동 규범 같은 것을 제시한, 사도와 같은 교부였다.

2) 안티오키아(안디옥)의 감독 이그나티우스: 『서머나에서 로마 교회에 보낸 편지』

이그나티우스(St. Ignatius of Antioch)는 사도 요한의 제자로서 주후 70년부터 107년까지 37년 동안 시리아 안티오키아의 감독으로 있었다. 그는 트라야누스 황제의 통치기간인 2세기 초 안티오키아에서 로마로 압송되어 원형극장에서 순교를 당했다. 이것으로 볼 때 그는 로마인이 아니었음을 알 수 있다.

그런데 이그나티우스는 로마로 압송되어 가는 도중에 일곱 통의 편지를 썼는데, 네 개는 서머나에서, 세 개는 드로아에서 썼다. 그 중에서 다섯 통은 소아시아에 있는 에베소, 마그네시아(Magnesia), 빌라델피아, 서머나(Smyrna) 교회에 그리고 다른 두 통은 로마교회와 서머나 교회의 감독인 폴리카르푸스에게 보냈다.[76] 이그나티우스가 쓴 7개의 서신은 자신의 신학적 입장을 균형있고 조직적으로 정립한 것일 수는 없다. 그의 서신은 그릇된 가르침에 대한 변호와 교회 연합의 핵심이라 할 수 있는 감독의 권위를 강화시키려는 데 있었다.

그는 영향력 있고 존경받는 교회 지도자이자 신학자였지만, 그의 생애에 대한 것은 거의 그 자신의 저서나 서신들을 통해서만 찾아볼 수가 있다. 체포당하기 전에 해당하는 생애 기록은 거의 없지만, 위에서 말한 그의 서신들을 보면 그의 인격과 그가 당시 기독교계에 끼친 영향력 등을 알 수가 있다.

이그나티우스는 유대교에서 출발하여 그리스와 로마세계에 동화되는 전환기의 기독교를 대표하며, 후세대들이 작성하게 될 교리의 기초를 세웠다. 그가 주교의 권위를 강조한 점, 동시에 교회의 성직 위계체제를 옹호한 점, 그리고 그리스도의 참된 인성(人性)을 주장하는가 하면 순교를 열망한 점 등이 많은 논쟁의 초점이 되어왔다고 할 수 있다.

이그나티우스에 관한 유일하게 믿을 수 있는 정보는 그의 서신들 속에 담겨져 있지만, 그 가운데서도 날짜가 기록된 유일한 것은 로마교회에 보내는 서신뿐이다. 그나마 그것도 연대가 기록되어 있질 않아서 정보의 정확성은 떨어진다. 이 서신들에 의하면 이그나티우스는 체포당할 당시에, 안티오키아의 감독이었다는 것을 알 수 있다. 원래 그 도시 출신이었는지도 분명하지 않지만, 그가 남긴 헬라어 산문을 보면 그 지역에 해당되는 헬레니즘 문화의 특징이 그 속에 나타난다는 것을 알 수 있다. 그의 사상은 사도 요한과 연관된 전승과 바울의 서신들의 강한 영향에서 연유된 것 같다. 그 중에서도 요한을 직접 알고 있었을 것으로 추측되느니 만큼 그의 영향을 가장 많이 받았을 가능성이 크다고 할 수 있다.

누구에 의해서 고발되었는가 하는 것조차 불문에 붙여진 채 두 죄수와 함께 이그나티우스는 군인 열 명의 호송을 받으며 로마로 압송되었다. 그러나 자신의 선임자 바울처럼 바다로 압송된 것이 아니라 육로로 압송되었다고 한다. 그들은 소아시아를 통과해 북쪽 길을 따라 빌라델비아와 서머나를 거쳐 드로아로 갔다. 호위병들은 이그나티우스에게 상당한 자유를 주긴 했지만 그를 아주 거칠게 다루었다고 한다. 이런 그들에게 압송되어 가는 자신을 이그나티우스는 "후하게 대접하면 점점 더 다루기 어려워지는 열 마리 표범에 묶여 있는 신세"라고 표현했다.

이그나티우스는 로마로 압송되어 가는 동안 체류하게 되는 곳에서 그때마다 방문객을 맞이할 수 있는 자유를 누리는가 하면 7통의 서신을 쓸 수도 있었다. 그 중에 4개의 서신은 서머나에서 썼는데, 그 서머나는 그곳의 감독이며 그의 친구였던 폴리카르푸스가 목회하던 곳이었다. 이 네 서신은 이미 앞에서도 말한 바와 같이 에베소, 마그네시아, 트랄레스(Tralles), 그리고 로마로 보내는 것이었다. 드로아에서 쓴 그 나머지 서신은 빌라델비아와 서머나와 폴리카르푸스에게 보내는 개인 편지였다.

이때에 이그나티우스가 쓴 7통의 서신은 당시 기독교의 역사적 상황을 변증하는 중요한 문서로 평가받는데, 그중에서도 서머나에서 로마교회로 보낸 편지가 가장 중요하다. 그는 로마의 기독교인들이 자신을 구출하려 한다는 소식을 듣고 그것을 적극적으로 만류했다. 그는 이미 순교할 각오가 되어 있었고, 반면에 자신의 구출문제로 인하여 로마의 기독교인들을 비롯한 전체 기독교가 박해받게 될 것을 염려했다. 이그나티우스는 자신의 순교가 자신을 예수 그리스도의 제자로 만드는 것으로 생각했고, 그것이 자신의 인생에서 가장 보람 있는 것이라고 믿었다. 그는 오히려 자신이 죽음 앞에서 나약해 질 것을 두려워했다. 그는 로마교인들에게 자신을 구출하여 욕되게 할 것이 아니라 시련과 고통을 이기고 승리하여 참된 그리스도의 제자가 될 수 있게 기도해달라고 간청했다.

이그나티우스가 순교를 결심한 것은 개인적인 신앙 때문이었지만 당시의 박해 속에 사는 모든 기독교인들에게 위로와 소망과 인내를 주고자 하는 지도자적 책임과 사명감 때문이기도 하였다. 그는 자신이 담대하게 순교를 받음으로써 모든 기독교인들의 배교를 차단하고 아울러 그들로 하여금 하나님 앞에 강하고 담대한 신앙적 삶을 살게 해주어야 한다는 지도자로서의 책임과 의무를 다하였던 것이다. 때문에 그는 자신을 구출하려는 로마교회의 성도들에게 다음과 같은 내용의 서신을 보냈다.

"나는 그대들의 친절이 나를 오히려 해치리라고 생각합니다. 아마도 당신들은 그 계획을 성공시킬지도 모릅니다. 그러나 부디 나의 부탁을 들어 나로 하여금 하나님 앞에 큰 은혜를 얻게 하라 .... 그리하여 내가 단지 기독교신자라고 불리울 뿐만 아니라 기독교신자로서 행동할 수 있게 해 달라 .... 나는 더 이상 육신의 양식을 탐하지도 않습니다 .... 그러나 예수그리스도의 몸이신 하나님의 떡을 맛보기를 원합니다 .... 또한 영원히 목마르지 않게 할 그의 보혈을 마시기를 원합니다 .... 나는 고난을 당할 때 예수그리스도 안에서 자유할 것이며 언젠가 자유스럽게 그와 함께 다시 부활할 것입니다 .... 나는 그리스도의 순수한 떡으로 바쳐질 수 있도록 짐승들의 이빨에 찢겨야 할 하나님의 밀알입니다 .... 만일 그대들이 나를 위해 침묵을 지킨다면 나는 하나님의 말씀이 될 것입니다. 그러나 당신들이 나의 육신에 연연한 사랑에 의해 흔들린다면 나는 단지 인간의 목소리에 불과하게 될 것입니다."

7통의 서신을 통해서 알 수 있는 것은 분명히 이그나티우스는 두 집단의 가르침에 대응하려고 했다는 것입니다. 그 집단들 가운데 하나는 『신약성경』의 권위를 인정하지 않았던 유대교 복귀주의자들이었고, 다른 하나는 그리스도의 고난과 죽음이 현상으로 나타나긴 했으나 실재는 아니었다고 주장한 가현설 신봉자들이었다.[77] 그 서신들 속에서 우리는 이그나티우스가 그때 이미 지금의 정경으로 인정되고 있는 성경을, 실제로 인용할 수 있는 지식을 가지고 있었다는 것을 알 수 있다. 이그나티우스가 쓴 편지들은 서머나 감독 폴리카르푸스에 의하여 모두 수집이 되었는데, 주된 내용은 이미 앞에서 어느 정도 언급은 되었지만 좀 더 자세하게 살펴보면 다음과 같다.

첫째, 삼위일체와 그리스도에 대한 인성의 실제와 그의 수난의 실제성을 부인하는 가현설에 대한 비판이 등장한다. 그는 예수 그리스도가 참된 인간으로서 십자가의 고통들을 당하신 것이 실제임을 확신 있게 말한다. 그리스도는 인간으로 태어나 먹고 마시며 자라셨고 폰티우스 필라투스(Pontius Pilatus, 본디오 빌라도)의 치하에 고난을 받고 십자가에 못 박혀 죽으셨다. 이그나티우스는 예수 그리스도를 마리아의 아들인 동시에 하나님의 아들이셨다는 것을 분명하였으나 예수 그리스도의 부활과 영원성에 대하여는 설명하지 않았다.

둘째, 이그나티우스는 교회의 직분의 삼중적 방식을 최초로 제시한 저술가로서 감독과 장로와 집사들이 있어야 한다고 주장하였다. 그는 기독교의 필요조건으로 감독이 있어야하고 만약 감독이 없다면 교회도 없고 세례도 없고 성찬도 불가능하다고 했다.

셋째, 이그나티우스는 37년간 감독으로 사역을 하면서 예수께서 팔에 안으시고 "누구든지 이 어린아이와 같이 자기를 낮추는 사람이 천국에서 큰 자니라"고 하셨던 바로 전설적인 어린아이(마 18:4)가 바로 이그나티우스였을 것이라는 설이 있을 정도로 그의 신앙의 모범을 보여주고 있다. 한 번은 트라야누스 황제가 안티오키아를 방문하였을 때에 이그나티우스를 보고자 하였다. 이그나티우스를 만난 트라야누스 황제는 다음과 같이 말했다.

"여기 사악한 마귀, 사람들을 속이는 자가 있구나." 이때 이그나티우스는 "나는 마귀가 아니라 마음에 그리스도를 모신자입니다" 라고 대답했다. 그러자 트라이야누스 "네 속에 그리스도가 있다고! 폰티우스 필라투스가 십자가에 죽인 그가 너에게 그렇게 중요한 존재인가?" 이그나티우스 "그렇습니다. 그분은 나의 죄를 대신하여 십자가에 못 박혀 죽으셨기 때문입니다"

이 일로 인하여 트라이야누스 황제는 특별한 법도 제정하지 않고 그를 로마로 압송하여 4500여명이 모이는 원형경기장에 구경을 하러온 사람들이 보는 앞에서 맹수들의 먹이가 되어 순교를 당하게 하였다. 그는 죽음 앞에서 다음과 같은 말을 남겼다. "오! 주여 나는 주님께 감사드립니다. 주님께서는 나를 이와 같이 영화롭게 하신 것을 허락해 주셨나이다"

넷째, 이그나티우스는 순교를 그리스도의 제자가 되는 길이라고 생각하고 죽음을 기쁘게 받아들였다. 그는 죽음 앞에서 이런 말을 남겼다. "나는 모든 사람들이 내가 나의 자유의지에 따라 하나님을 위해 죽는다는 것을 알리기 바랍니다. 나는 하나님의 알곡으로 맹수의 입 빨에 찢김으로 하나님의 순수한 떡으로 발견되기를 소원합니다. 맹수들을 부추겨 그것들이 나의 무덤이 되고 나의 몸을 한 조각 남김없이 삼킴으로 내가 잠들 때 아무에게도 짐이 되지 않기를 원합니다. 세상이 나의 육신까지도 보지 못할 때 참으로 나는 예수 그리스도의 참된 제자가 될 것입니다."

다섯째, 이그나티우스는 교회를 하나로 보았으며, 그는 최초로 '가톨릭교회' 라는 용어를 사용했다.[78] 이그나티우스는 교회에서 감독의 중요성을 역설했으며, 군주적 감독제도를 처음 증언한 인물이다. 즉 "감독이 없으면 교회에서는 아무것도 할 수 없다." "감독에게 속하지 않는 자는 하나님에게도 속하지 못한다." "감독의 동의가 없으면 세례와 성찬을 집행할 수도 없으며, 결혼의 연합까지도 감독의 동의를 얻어야 한다" 고 충고했다. 이그나티우스는 임박한 순교를 앞에 놓고 서신서들에 나타난 이단분파들로부터 그리스도인들을 효과적으로 방어하기 위하여 감독제를 강력히 주장하였다. 이그나티우스는 장로와 감독을 구분하여 모든 사람들은 감독에게 순종해야 한다고 하였다.

"여러분 존경스러운 장로단이 현이 수금에 맞추듯 감독에게 맞추고 여러분은 교회가 예수 그리스도에게 밀착되고 예수 그리스도께서 성부에게 밀착된 것처럼 감독에게 밀착되어야만 조화로운 일치를 이룰 수 있습니다" 라고 강조하였다.

또한 감독은 성만찬, 세례를 집전하며 이를 다른 사람에게 위임하기도 한다. 이렇듯 감독에게 순종하고 감독과 일치될 때 성도들의 모든 행위는 확실하고 합당하다는 것이다. 에딘(Jedin)이 편집한 교회사에서는 이러한 군주 감독제가 주후 120년경에 안티오키아와 소아시아 지역을 중심으로 존재했으며 150년경 이후에는 전 기독교지역에서 우세한 형태가 되었다고 한다.

이그나티우스의 편지에는 『구약성경』이 자주 반영되어 나타난다. 그는 살아 있는 전승보다 절묘한 본문 해석을 더 선호했던 것 같다.[79] 그는 『구약』을 『신약』의 예형적인 기록으로 보기 때문에 주로 다른 사도적 교부들과 마찬가지로 풍유적인 해석을 시도하였다. 그리고 이그나티우스의 문체는 일반적으로 알기 쉽고 허세가 없는 선명한 메타포와 금언들이 넘쳐서 사람들이 좋아한다. 일반적으로 흔히 사용되고 있는 일은 아니지만 그의 글에는 헬레니즘적인 어휘 및 용법과 수사법의 흔적이 많이 남아 있다는 것은 부인할 길이 없다. 이그티우스는 말로써 열정을 전달하는 재능을 갖고 있어서 읽는 사람들에게 대단한 확신을 갖게 해준다.[80]

"이러한 서신들의 양식에서 독특한 창의력이 돋보인다. 문장이 급진전하고 일관성이 없고 비유와 복잡한 수사가 너무 많음에도 불구하고 오히려 2세기에 가장 훌륭한 기독교 문학의 표현 가운데 하나가 될 정도로 그리스도의 강한 믿음과 감당키 어려운 큰 사랑을 보여주고 있다. 그 서신들은 독특한 양식과 씌여진 배경을 참작하여 볼 때 『신약』의 책들에서 인용된 부분들이 별로 없는 편이고, 내용에 있어서도 간단하고 분명히 기억을 되살려 기록되었다는 것을 이해할 수 있다."[81]

3) 서머나의 감독 폴리카르푸스(폴리갑):『빌립보인들에게 보낸 서신』

소아시아의 상업도시였던 서머나 교회의 감독으로서 많은 사람들로부터 존경받고 사랑받았던 하나님의 종 폴리카르푸스(폴리캅)(Polycarpus, 주후 69-156)은 현대기독교사에 가장 아름답고 고결한 순교자로 기록되어 있다. 예수님께서 가장 사랑하시던 요한 사도의 제자이며, 요한으로부터 주후 110년경 서머나 교회의 4대 감독으로 임명받고 사역하였다. 서머나는 소아시아 지역(오늘날 터키 서방지역) 해변에 위치한 곳으로 거기에는 「요한계시록」에 나오는 일곱 교회 중 하나가 있었다. "네가 죽도록 충성하라 그리하면 내가 생명의 면류관을 네게 주리라"(계 2:10)고 칭찬받은 교회였다. 이 도시는 오늘날 에게해의 항구도시 이즈미르(Izmir)다. 서머나에는 일찍부터 기독교 복음이 전파되었고 그곳에는 초대교회가 세워졌다.

폴리카르푸스는 안티오키아의 감독 이그나티우스와도 긴밀한 관계를 맺고 있었다. 이그나티우스는 그에게 한 편지를 보냈었는데, 지금도 우리에게 그 편지가 남아 있다. 또한 이레니우스도 그와 개인적인 교분이 있었다. "우리는 아직 우리가 어렸을 때 그를 보았다." 그는 심지어 "폴리카르푸스가 앉아서 강론하기를 좋아하던 장소를 말할 수 있다"고도 했다.

폴리카르푸스는 6명의 사도적 교부들 중 가장 뛰어난 인물이었다. 사도들의 직계 제자였을 뿐만 아니라 그들로부터 말씀을 직접 들었고, 그리스도의 정신을 직접 받은 존경 받는 속사도였다. 그는 기독교를 매우 어릴 때 받아들인 후 80여세까지 살았으며 아시아에 있는 모든 감독들의 지도자격이었고, 순교 후에는 기독교인들로부터 최고의 존경을 받아오고 있다. 폴리카르푸스는 훌륭한 한 명의 제자를 두었었는데, 그가 바로 히에라폴리스의 파피아스(Papias)였다.

폴리카르푸스가 남긴 큰 업적이라고 한다면 초대교회의 사도들과 사도 이후 기독교 교부였던 이레니우스와의 사이에 '사도들의 신앙'을 전승하는 교량 역할을 했다는 것이다. 폴리카르푸스는 생존 시 목숨을 걸고 주를 섬기며 교회를 이단으로부터 지키려고 애를 썼다. 그리고 그가 그의 목회 사역이나 설교를 통하여 항상 내세운 것은 다음과 같은 신앙이었다.

첫째, 그것은 '오직 예수'라고 하는 종말론적 신앙이었다. 즉 예수 그리스도가 육체로 오신 것을 부인하고 그가 지신 십자가의 증거를 인정하지 않는 자들은 모두가 적그리스도인 동시에 마귀에게 속한 자라고 하는 것이었다. 따라서 우리의 신앙의 주체는 우리 자신이 아니라 죄와 죽음의 저주 아래에서 다시 살아나신 '예수 그리스도'이시며, 우리는 그분을 통하여 하나님의 뜻을 따라 구원받았고, 죽은 자와 산자를 심판하러 오실 주를 충성으로 섬겨야 한다고 폴리카르푸스는 강조하였다.

둘째, 그것은 행함이 있는 삶이 살아있는 신앙이라는 것이었다. 폴리카르푸스에 따르면 예수 그리스도는 심판주로 오실 것이므로 이 땅에 살고 있는 우리는 불의와 탐욕, 그리고 돈에 대한 사랑과 거짓 증언을 피하고 저주를 저주로 갚지 말라는 말씀을 기억하면서 신앙을 실천하는 삶을 살아야 한다고 했다.

셋째, 그것은 순교적 신앙을 유지하라는 것이었다. 주후 110년경부터 서머나에서 목회하던 폴리카르푸스는 교회에 혹심한 박해가 있을 때마다 그것을 하나님의 뜻이라고 여기고 침착하고 당당하게 처신하였고, 오히려 그 대적자들을 위하여 기도하였다. 당시의 최대 시험은 로마의 황제 카이사르를 주(主)라 부르라는 것이었다. 만약 이것을 거부하면 사형을 면할 수가 없었다. 폴리카르푸스는 로마로 압송되면서 집정관으로부터 카이사르를 주로 숭배할 것을 강요받았지만 단호히 거절하였다. 그 일로 인하여 그는 서머나에서 화형을 당하게 되었는데, 그 직전에 하나님께 이렇게 기도

하였다고 한다.

"오 전능하신 주 하나님, 사랑하는 우리 주 예수 그리스도여, 당신은 모든 천사들, 능력들, 그리고 모든 피조물들의 하나님이십니다. 이제 저에게 당신의 선하심을 나타내 보이소서. 그리하여 내가 순교자들의 반열에 임할 수 있도록 하옵소서. 당신의 잔을 마시게 하옵소서. 저를 화목제로 삼으소서. 당신의 뜻을 이루소서. 오 신실하신 하나님이시여! 이제 모든 피조물이 당신을 찬양하며 당신께 영광을 돌립니다. 아멘."

이렇게 기도를 드린 후 주후 156년경에 그는 순교를 당했다.[82] 이레네우스에 의하면 순교당하기 전까지 폴리카르푸스는 소아시아에 있는 교회들을 견고하게 하기 위하여 많은 편지들을 썼는데, 그 중에 다만 하나만이 남아있다고 한다. 그것이 『빌립보인들에게 보낸 서신』(*The Epistle to the Philippians*)이다. 이 편지는 전 14장으로 구성되어 있다. 제4복음서나 혹은 이그나티우스의 서신처럼 깊이는 없으나, 그리스도를 구원 교리의 중심에 놓고 그리스도의 인간적 실재를 다루었다는 점에서 이그나티우스와 제4복음서의 경향을 따랐다고 할 수 있을 것이다. 교리적 가르침에서 이 편지는 독보적이라 할 수는 없지만, 이그나티우스의 서신들에 대한 진정성을 밝혀주는 귀한 자료가 되기에는 부족함이 없다.

『빌립보인들에게 보낸 서신』은 폴리카르푸스가 쓴 글들 중 유일하게 현존하는 것이다. 이 편지를 쓴 목적은 두 가지인데, 그 하나는 이그나티우스의 편지들을 전부 수집해 두기 위해서 이그나티우스 자신이 빌립보교회에 써 보냈던 편지를 자기에게 보내달라는 요청을 하기 위한 것이었고, 또 다른 하나는 빌립보교회가 폴리카르푸스에게 요청한 문제들을 서신을 통해 해결처리하고 이단을 경계하도록 촉구하기 위한 것이었다.[83]

이 서신은 심오한 겸손, 완전한 온유, 불타는 자선, 그리고 거룩한 열정, 즉 자신의 생명까지도 버릴 수 있는 열정이 어우러져 있는 사도적 정신을 잘 나타내 보여주고 있다. 서신 서두에는 자신이 하나님께 개종하게 된 그 기쁨과 하나님의 그 크신 사랑에 대한 열정이 표현되어 있다. 이단에 대한 극단적이었던 폴리카르푸스는 그리스도께서 사람이 되셨고, 죽으시고, 부활하신 것을 분명하게 함으로써 이단들에 대해 반대하는 신실한 사람들에게 사표가 되었다. 또한 신적 구속자에 대한 우리들의 겸허하고 애정 어린 헌신을 감동적으로 표현하고 있다. 우리가 진리를 따라 걷기를 원한다면 반드시 그리스도의 뜻을 행하며, 그의 계명들을 지키고, 그가 사랑했던 것은 무엇이든지 사랑해야하고, 또한 모든 사기와 탐욕, 비난과 성급한 판단에서 돌아서서 선으로 악을 갚고, 자비를 다른 사람들에게 마음껏 베풀어야만 한다고 했다. 계속하여 폴리카르푸스는 다음과 같이 권면하기도 하였다. "예수 그리스도께서 육신으로 오심을 부인하는 자들은 적그리스도입니다. 그들은 십자가의 고난을 부인하기 때문에 악마와 같습니다. 또 부활도, 심판도 없다고 합니다. 그는 사탄의 장자입니다."

또한 유혹을 받지 않도록 항상 기도하라고도 하였다. "그러므로 이 모든 일에 견고히 서서 주의 본을 따르라. 믿음에 굳게 서서 흔들리지 말며 형제 우애를 도모하여 서로 사랑하며, 진리 안에서 함께 수고하며, 주의 온유함으로 서로 존경하며, 아무도 멸시하지 말라. 선을 베풀 힘이 있거든 지체하지 말라. 대개 구제는 사망을 면케 함이라. 너희 모두가 피차 복종하라. 이방인 중에서 너희 행실을 흠없이 본받게 하여 너희 선한 일로 인하여 너희가 칭찬을 받게 하여 너희로 인하여 주께서 비방 받지 않게 하라."

이런 식으로 폴리카르푸스는 금식하며, 소망 중에 바라고 기뻐하며, 오래 참으신 예수 그리스도를 닮으라고 하였고, 그의 이름으로 인해 고난을 당할 때 우리는 그분께 영광을 돌리게 됨으로 고난

받는 것을 두려워하지 말라고 권면하였다. 더욱 순교까지도 두려워하지 않고 고난을 감내했던 분들을 소개하였는데, 그들이 바로 이그나티우스, 조지무스, 그리고 루푸스 등이다.

폴리카르푸스의 편지가 특별하게 중요한 것은 그 편지 속에 아주 광범위한 기독교 저술들의 인용문들이 들어 있다는 것이다. 그의 문체는 이렇다 할 어떤 특출한 점도 없고 헬레니즘적인 문화에 대해 많은 지식과 교양의 흔적도 없다. 또한 『구약성경』을 이용한 곳도 별로 보이질 않는다. 그러나 한 가지 뚜렷한 특징은 기독교 저술들로부터 수많은 인용과 인유들을 모아서 모자이크 해놓았다는 것이다.

폴리카르푸스는 요한의 제자였던 만큼 제4복음서와 「사도행전」에 대해 잘 알고 있었고, 바울의 편지들에 대해서는 아주 친밀했다. 그러나 그는 「베드로전서」를 가장 좋아했는데, 이는 그가 「베드로전서」에서 족히 14번 이상 인용한 것을 보아도 알 수 있다. 또한 「히브리서」와 「야고보서」, 그리고 「요한 1. 2서」에 대한 지식도 상당히 가지고 있었고, 로마의 크레멘스가 고린도교회에 써서 보낸 제1서신도 광범위하게 이용하고 있다.[84] 폴리카르푸스는 주로 신약성경에서 목회상 필요한 부분들을 많이 인용했고 교회들을 이단으로부터 보호하고 견고하게 하기 위하여 성경을 교리적으로 풀어 해설해준 박식하고 경건한 목회자였다. 폴리카르푸스의 서신은 분량은 적으나 다른 사도교부들의 저작에 나타난 것보다는 『신약』의 책들을 암시하는 내용이 훨씬 많이 있다.[85]

4) 사도적 교부 바나바스: 『바나바 서신』

사도적 교부 바나바스(Barnabas)는 바울과 함께 동역하였던 사도 바나바스(행 14:14)와는 다른 바나바스다. 사도 시대에 활약한 바나바스는 역시 사도요 성경 기록자들이었던 누가나 마가보다는 선배였던 것 같다. 따라서 그는 훨씬 그 후에 기록된 것으로 추정되는 『바나바스 서신』(*The Epistle of Barnabas*)의 기록자라 할 수는 없다.

『바나바스 서신』은 주후 70-130년 사이에 기록된 것으로 추측되며 시내사본에서 발견되는데 이집트에서는 경전으로 인정되었다. 제로무스(제롬)는 이 서신을 외경으로 보았지만 알렉산드리아의 클레멘스와 오리게네스은 정경으로 보았다.[86] 제4세기 이후로 이 서신은 점차 배격 받게 되었다. 이 서신의 주제는 『구약성경』의 계시가 크리스천들과 어떤 관계가 있는가 하는 것을 다루는 것이고, 다른 하나는 '빛의 길' (19장)과 '어둠의 길' (20장)이라는 양태로서 실제적이고 도덕적인 교훈을 첨가하고자 한 것이었다.

이 서신의 일반적인 성격과 형식은 비록 고대의 전통적인 서신의 격식을 갖추지는 못했지만, 일종의 편지양식을 취하고 있다는 것이다. 좀 더 정확하게 말하면 히브리인들에게 보낸 편지인 「히브리서」와 유사한 일종의 교훈적인 기록이라 할 수 있다. 「히브리서」와 마찬가지로 『바나바스 서신』도 주요부에서 전개하고 있듯이 단 하나의 분리할 수 없는 주제, 다시 말하면 유대주의는 하나님의 뜻과 길에 반하는 거짓된 것임을 다루고 있다. 『바나바스 서신』은 초기 기독교의 어떤 기록에서보다 더 『구약』과 유대주의 사이를 엄격하게 갈라놓고 있다. 이 서신은 『구약성경』을 유대인들을 위한 것이라기보다는 애초부터 기독교인들을 위하여 시도된 기독교의 예언으로 해석하도록 된 것이라고 강조하였다. 또한 바나바스는 기독교인들이 언약의 역사적인 근원을 심각하게 시인하며 쉽게 받아들이지 말라고 권면하고 있다.

『바나바스 서신』은 총 21장으로 이루어져 있는데, 그 중에서 1-17장은 교리적인 부분이고, 18-21장은 실천적인 부분이다. 교리적인 부분은 구약성경의 풍유적 해석으로 구성되어 있다. 풍유적 해석은 필로에 의해서 도입된 헬라철학의 방법을 바탕으로 하고 있는 유대교의 구약해석법이지만, 기독교에서도 이 풍유적 해석 방법으로 유대교와는 판이하게 다르다는 것을 보여주고 있다. 한 마디로 말해서 기독교는 『구약』의 예언 모두가 그리스도를 예표하고 있다는 기독론 중심의 해석으로서 풍유적 해석을 이용했다.[87] 즉 이삭을 희생으로 드린 것, 양을 광야로 보낸 것, 모세가 그의 팔을 십자가로 펼쳐 든 것 등이 다 예수 그리스도의 모형이 되며 예형이 된다는 것이다. 즉 바나바스의 서신은 풍유적 해석으로 그리스도의 선재와 창조, 죄악의 총제적인 해결, 유태인 정죄 등을 주창하는 기초적인 틀로 삼고 있다.

풍유적 해석의 전제(前提)는 『구약』의 모든 내용을 『신약』을 위한 예비적 선형으로 본다는 것이다. 이 때문에 『구약』의 평범한 진술까지도 풍유적으로 해석하는 우를 범할 수도 있다. 사도적 교부 바나바스는 위에서 이미 지적한 대로 교리적인 부분과 교훈적인 부분으로 구분된 그의 서신에서 광범위하게 풍유적인 해석을 사용하였다. 결국 정경이 되지 못한 것도 지나치게 편향된 풍유적 해석 때문일 것이다. 제사 드리기(2장)와 금식하기(3장), 시간의 임박한 종말과 신도들에 대한 요청(4장), 언약의 이어짐(전승 13-14장), 할례에 관해서(9장)와 성전(16장) 등에 관해 말하고 있는 교리 부분 중에서도 안식일에 관해 말하고 있는 15장이 가장 유명하다.

그 편지 15장에는 이렇게 기록되어 있는데, 「히브리서」의 내용과 같이 안식일을 종말적으로 해석하고 있다. "그때에 가서야만 우리는 참으로 쉴 수 있고, 그 날을 거룩하게 지킬 수 있습니다. 의롭다함을 받은 후에 그리고 약속을 받은 후에만 참으로 안식할 수 있습니다. 여덟째 날은 새로운 세계의 시작인 바 천년왕국의 안식 후에 마지막 영광을 바라봅니다." (15장)

여기서 보면 그는 안식일을 문자적으로 해석하지 않고, 여덟째 날을 언급하고 있다. 여덟째 날이 첫 번째 날과 같은 요일이라는 사실은 말할 필요가 없다. 여기서 보는 바와 같이, 바나바스는 개별적인 항목들을 함께 묶어 정리 배열할 수 있는 감수성과 통합적인 능력을 갖고 있지는 않았던 것 같다. 그런 연유로 해서『바나바스 서신』은 편지로서의 조화와 질서를 가질 수 없다. 그래서 두 부분, 즉 교리적인 부분과 실제적인 부분에서 우리는 내용상의 유사성과 연속성을 찾을 수가 없다.

또한 그는 모세의 율법을 마치 우화인 것처럼 해석했다. 그는 되새김질을 하고 굽이 갈라진 깨끗한 동물은 하나님의 말씀을 되새김질하듯 묵상하는 사람을 상징한다고 말했다. 또한 '갈라진 굽'은 의로운 사람이 "이 세상에서 삶의 길을 걸어" 가면서 동시에 하늘의 삶을 고대하는 것을 상징한다고 했다. 이러한 해석은 성경에 근거한 것이 아니다(레 11:1-3). 성경을 곡해시킨 사람들 중의 한 사람이 사도적 교부 바나바스라고 할 수가 있다.

그리고 디다케라고 하는 서신의 내용이『바나바스 서신』의 뒷부분에 요약되어 소개되고 있다. 그래서『바나바스 서신』과『디다케』를 동일시하는 학자들도 있지만 양자를 동일시하는 것은 무리인 것 같다.[88] 또한『바나바스 서신』과「히브리서」의 저자를 동일인으로 보는 학자들도 있지만, 양서를 같은 사람이 썼다고 볼만한 객관적이고 확실한 증거는 찾을 수가 없다. 물론 바울 사도의 영향을 받은 것은 사실인 것 같다. 그러나 그것이 곧「히브리서」를 바나바스가 썼다는 증거가 될 수는 없다.

5) 히에라폴리스의 감독 파피아스:『주님의 말씀에 대한 해석』

파피아스(Papias)는 폴리카르푸스와 동시대인으로 그의 제자이자 동료였으며 사도 요한의 제자였다. 그러나 나중에는 브루기아에 있는 히에라폴리스(Heriapolis)의 감독이 되었는데, 그의 활동 시기는 주후 70-140년경이라 할 수 있다. 브루기아에는 사도 바울의 동역자 중 한 사람인(골 4:12-13) 에바브라의 노력으로 세워진 교회가 하나 있었다. 그는 굉장한 학식과 성경 지식을 가졌으며 주님의 생애와 말씀에 대한 모든 전승을 수집하는 것을 과제로 삼았다.[89)] 그는 구전 뿐 아니라 초기 기독교 저작에 상당한 흥미를 갖고 있었다. 파피아스는 자신이 들은 예수 그리스도의 가르침과 말씀을 수집하여 『주의 말씀 강해』(*Exposition of the Saying of the Lord*)이라는 책으로 발간하였는데, 전 5권 중 오직 단편만이 이레니우스와 유세비우스의 기록물 가운에 남아 있다. 이 책의 머리말에 보면, 파피아스는 주의 제자들에 의해 전승된 그리스도의 삶에 대해 상세히 배우려고 한 열심 있는 사람이었던 것 같다. 그는 전승의 분량에 관심 갖은 것이 아니라 진리에 부응하는 그 질에 관심을 가졌다고 설명한 후 계속해서 다음과 같이 말하였다.

"장로를 추종하였던 어떤 한 사람이 오면, 나는 장로들의 말씀들을 즉 안드레나 베드로나 빌립이나 도마나 야고보나 요한이나 마태나 그 밖의 다른 주의 제자들이 말하였던 내용들을, 그리고 마리스티온과 요한, 주의 제자들이 말하고 있었던 내용들을 알아내려고 하였다. 왜냐하면 책에서 얻는 정보들은 살아 있는 생생한 증언만큼의 효과가 없다고 생각하였기 때문이다."[90)]

그가 말씀을 수집하고 분석하는 것까지는 좋았는데, 성경을 철저하게 문자적으로 해석해야만 한다는 그의 주장이 문제라 할 수 있다. 기본적으로 문자적인 해석은 바람직하지만, 성경에는 수많은 비유와 상징이 나타나므로 모든 말씀을 문자적으로 해석할 수는 없는 것이다. 그러다 보면 말씀을 왜곡시키는 어리석음을 범할 수도 있기 때문이다. 항상 문제가 되는 것은 균형과 조화를 무시한 극단적인 생각이다.

파피아스는 천년왕국을 최초로 주장한 사람인데, 그 까닭은 「요한계시록」 20장 4절에 '천 년' 이라는 말이 나오기 때문이다. 교부 이레니우스는 이런 그의 천년왕국설의 입장을 지지하였다. 유세비우스에 따르면 파피아스는 「마태복음」과 「마가복음」 이외의 「요한 1서」와 「베드로전서」를 알고 있었던 것 같다. 중요한 것은 그는 그리스도를 생전에 목격했던 자들의 구전 전승을 문서기록보다 선호했다는 것이고, 교회사적으로 볼 때 제일 먼저 그가 천년왕국설을 가르쳤다는 것이다. 그러나 그가 지나친 문자적 해석 일변도를 고수한 것은 문제점으로 지적된다.

6) 로마교회의 선지자 헤르마스: 『헤르마스의 목자서』

헤르마스는 1세기말에서 2세기 초, 즉 주후 100년경에 살았던 인물로 간주된다. 그의 저술에 따르면, 그는 로마에서 로다(Rhoda)라는 부녀에게 팔렸던 노예였다. 로다는 그를 해방시켜 주었고 헤르마스는 자유인으로서 결혼하여 큰 재산을 모았는데, 불운으로 인해 다시 빈곤한 생활을 하게 되었다. 헤르마스는 자신을 이해력이 부족한 사람으로 묘사했지만, 호기심에 있어서는 만족할 줄 몰랐으며, 동시에 인내성이 있고, 선한 기질을 지녔고, 언제나 웃고 다니는 아주 단순한 사람이었고 고지식하기까지 한 사람이었다. 그는 시야가 좁은 단순한 사람이었지만, 진실로 경건하고 양심적인 사람이었다.

로마의 박해로 인하여 헤르마스의 온 가족은 회개하게 되었고, 회개 후 그는 로마교회에서 선지자로 활동하게 되었다. 그렇게 활동하면서 그는 각종 자료들을 수집하여 편집하였는데, 그것이『헤르마스의 목자서』(*The Shepherd of Hermas*)다. 헤르마스는 「로마서」 16장 14절에 나오는 '허마' 와 동일한 인물로 여겨진다. 어쨌든 그의 책은 도덕적인 가치의 면에서 볼 때 초대 교회시대에 높이 평가되었고, 그 책은 초신자들을 위한 교과서로서 기여하였다.[91)]

『헤르마스의 목자서』는 5개의 환상과 12개의 명령 그리고 10개의 비유 등 3부로 구성되어 있는 일종의 종교적인 우화다.[92)] 물론 맨 마지막 부분 곧 10개의 비유는 비유적이라기보다는 훨씬 더 풍유적이라고 하는 것이 옳을 것이다. 5개의 환상은 12개 명령의 서론 역할을 하지만, 12개의 명령들은 환상과 비유들 사이에 흩어져 있고, 환상들은 또한 비유들 속에 나타나기도 한다. 이런 점에서 이 서신은 질서정연하지 못하고 느슨하게 짜여진 「요한 계시록」과 흡사한 성격을 갖고 있는 기록이라 할 수 있다.

5개의 환상 중에는 회심을 촉구하는 권면과 박해를 받을 때 신앙을 굳건히 지킬 것을 권면하는 내용이 들어 있다. 그리고 12 계명은 기독교인의 의무를 요약한 것인데, 헤르마스는 그 계명들에 순종함으로써 영생을 얻을 수 있다고 확언하였다. 헤르마스에게 있어서 기독교란, 무엇보다도 우리가 꼭 지켜야 할 끊임없는 도리를 행하도록 요구하는 일종의 교훈을 중점으로 하는 종교였다. 그러므로『헤르마스의 목자서』에는 하등의 신비적인 느낌도 들어 있지 않을뿐더러 신학적 탐구도 없고, 다만 실천적인 것에만 관심이 높고 주로 윤리적인 교훈만 들어 있다.

5개의 환상 가운데 처음 네 개의 환상에 있어서 계시자는 하르마스가 한 때 노예로 있었을 때 그의 여주인이었던 로다다. 로다는 실제적으로 나이가 지긋한 부인에서 젊고 아름다운 여자로 이어지는 변화를 입어 교회를 상징적으로 대표하는 예언적인 인물이었다. 환상 5의 경우에 있어서는 목자의 옷을 입고 나타난 '참회의 천사' 라고 불리는 인물이 계시자의 역할을 이어 받는다. 이런『헤르마스의 목자서』의 주된 주제는 임박한 박해와 주의 재림 전에 세례를 받은 크리스천들에게는 두 번째 회개할 기회가 있지만, 배교를 포함한 참담한 죄를 범한 자들은 이런 회개의 기회도 가질 수 없다는 것을 가르쳐 주는 것이다.[93)]

헤르마스에 따르면 구세주는 하나님의 아들인 동시에 성령과 동일시되는 그런 존재였다. 이렇게 볼 때 교회의 선재설이 제기될 수 있다. 그러나 헤르마스는 선재적 교회와 현재의 지역교회 간에 어떠한 관계가 형성되는지에 대해서는 밝히려하지 않았다. 또한 교직제도(사도, 감독, 교사, 집사) 등을 분명히 밝히고 있으나, 장로의 교회 관할권을 명시하지 않았으며, 또한 군주적 감독제도에 대해서도 언급하지 않았다. 또한 죄에는 의식 중에 지은 죄와 무의식 중에 지은 죄가 있는데, 죄는 근본적으로 멸망이요, 악한 욕망이며, 죽음의 힘에 포로가 된다고 기록하였다.

그리고 『헤르마스의 목자서』에는 신을 통한 인간의 창조, 원죄와 세례의 필수 불가결성, 인간의 자유, 우리가 간구해야 할 필수적인 은총, 계명의 준수와 선한 행실의 반복을 통하여 완전에 이르려는 노력, 부의 위험성, 부활과 영원한 보상에 관한 내용 등이 기록되어 있다. 이와 같이, 『헤르마스의 목자서』에는 교리적이고 교훈적인 가르침들이 많이 포함되어 있는데, 분명하고 간결한 문체로 기록한 것이 그 특징이며, 여러 가지 비유와 환상들이 나타나기 때문에 「요한 계시록」과 유사성을 갖게 된다.

특히 환상 3을 보면, 일련의 의인화된 기독교 미덕들이 교회의 상징인 '탑' 을 떠받들고 있는 것을 알 수 있다. 기독교 미덕들 중 그 첫째가 하나님의 선택받은 자들이 구원을 받을 수 있는 신앙이고, 다음 이어지는 것들은 자제, 단순함, 지혜, 순결함, 존경과 사랑 등이다. 이러한 미덕들을 따르고 잘 보존하는 하는 자들이 탑에 묵을 수가 있다는 것이다. 이처럼 구원은 바른 신앙은 물론 바른 행위와 삶을 요구한다고 헤르마스는 선언하였다.

헤르마스에 따르면, 죄의 뿌리는 두 마음을 품는 것이다(약 1:8, 4:8). 이 두 마음으로부터 불경과 위선, 부정직과 교만, 정욕과 허장성세가 나온다고 했다. 이런 교의론이 헤르마스의 서신이 갖는 핵심이라 할 수 있다. 이와 같이, 그는 한 몸과 한 성령 안에서 화평과 하나됨을 강조하였다. 헤르마스는 마태, 마가, 누가, 요한을 알고 있었던 것 같고, 바울 서신과 「히브리서」, 「베드로전서」와 「요한 계시록」도 다소 반영하고 있다. 그러나 헤르마스와 「야고보서」에 나오는 어휘와 아주 비슷한 내용이 곧 헤르마스가 「야고보서」를 직접 의뢰했다는 것을 입증해주지는 못한다. 『헤르마스의 목자서』는 무엇보다 「요한계시록」과 흡사한 묵시문학적인 성격을 가지고 있는 기록이라 할 수 있다.

7) 디다케: 『12 사도들의 가르침』

『디다케』(*The Didache*)라는 말의 본래 뜻은 『열두 사도들의 가르침』이다. 이 문서는 1875년 이스탄불에서 발견되기 까지는 잊혀진 채로 있었다. 『디다케』의 연대와 저자에 대하여는 계속 논란의 대상이 되고 있다. 『디다케』는 총 16개의 짧은 장으로 구성되어 있고 그것은 다시 세 부분으로 구분된다.

'두 길 문서' 라고도 하는 첫째 부분(1:1-6:2)에는 두 길, 즉 생명의 길과 죽음의 길이 묘사되어 있다. 둘째 부분(6:3-10:7)에는 일련의 예배와 관련된 가르침, 즉 세례, 금식 기도, 성만찬문제 등이 설명되어 있다. 셋째 부분(11:-15:)에는 일종의 훈련지침서로서 거짓 선지자들의 문제와 성찬에 대한 문제, 감독과 집사 선출의 문제 및 세상의 종말과 그에 대한 준비 등이 취급되어 있다. 이 책을 기독교 사상사의 측면에서 보면 무엇보다도 신학적인 흐름에 따르면서 도덕주의를 잘 표현했다는 점에서 매우 중요하다고 하겠다.

위에서 언급한 세 부분의 내용을 좀 더 자세하게 살펴보겠다. 첫째 부분은 『바나바스 서신』에도 그대로 게재 되어 있다. 그것은 『디다케』와 『바나바스 서신』은 원래 독립적으로 존속했었는데 이 두 서신의 저자들이 필요에 따라 서로 이용하고 수정을 가해서 보완했기 때문이라고 사료된다. 이 책의 첫째 부분에 나타나 있는 두 길 중 생명의 길은 하나님과 이웃을 사랑하는 사람들이 추구하며, 또한 모든 행실에서 악을 피하고 기독교인의 의무를 완수하는 자들이 가는 길이다. 그리고 죽음의 길은 저주받은 길이며 이 길을 따르는 자들은 거짓과 악덕과 위선과 탐욕에 넘겨진 자들이다. 이러한 '두 가지의 길' 에 의해서 윤리적 교훈을 제시하는 방식은 유대인의 문답법에서 사용하는 기본적인 방법이다. 유대인들의 이러한 교수법은 구두에 의한 것이든 문서들에 의한 것이든 그것이 초대교회의 기독교 지도자들에 의해서 이방인의 개종자들을 가르치는데 사용되었던 것이 틀림없을 것이다.

『디다케』의 6장 3절부터 10장 7절까지는 둘째 부분인데, 여기서 설명하고 있는 예배와 관련된 가르침, 특히 7장에서는 세례에 관해 말하고 있다. 세례란 삼위일체의 이름으로 행해져야 한다고 강조하고 있으며, 가능하면 '다음과 같은 방법으로 세례를 베풀라' 고 교훈하고 있다. "이것들을 암송하면서 흐르는 물에서 성부와 성자와 성령의 이름으로 세례를 주시오. 만일 흐르는 물이 없다면 다른 물을 사용하시오. 그리고 만약 이것저것도 없다면 깨끗한 물을 성부와 성자와 성령의 이름으로 세 번 머리에 뿌리시오. 세례받기 전에 세례 받는 이나 세례를 주는 이나 금식을 하도록 하고 할 수만 있다면 다른 이들도 금식에 동참할 수 있도록 하시오. 또한 금식을 할 때에도 외식하는 자들과 같이 하지 마시오."

여기서 말하고 있는 것은 세례의 진정한 의미가 형식보다 더 중요하다는 것이다. '흐르는 물이 가장 좋다' 라는 의미는 아마도 예수님이 요단강에서 세례를 받으셨기 때문이 아닐까하는 생각을 해본다. 세례식 이전의 금식을 언급한데 이어 곧 일반적인 금식의 문제를 다루고 있다. "그대들은 금식은 하되 월요일과 목요일에 금식하는 외식 하는 자들과 같이 하지 말라" 고 하였다. 또한 "그대들의 금식은 수요일과 금요일에 해야 하고, 또한 외식 하는 자들과 같이 하지 말고, 주님이 그 복음서에서 명령하신 것같이 기도하도록 하라" 고 하였다.

제11장에서 13장까지에서는 거짓 선지자의 문제를 다루었다. 선지자들은 규정된 형식들을 사용하기보다는 "그들이 원할 때 감사기도를 드릴 수 있다" 는 지시를 한 후, 『디다케』11-13장에서 교회들이 자기들의 공동체를 갑자기 방문할지도 모르는 영감 받은 설교자들 즉 사도들과 선지자들을 어떻게 영접할 것이며 어떻게 시험하며 어떻게 대접할 것인가에 대해서 논의하였다. 이러한 것들은 신학적인 것이 아니라 윤리적인 것이다. 돈을 요구한다든지 자신이 가르치는 내용대로 행동하지 않으면 그는 거짓 선지자가 되고 '그리스도의 장사꾼' 이 된다.

반면에 진실한 선지자는 대접을 받기에 합당하고 공동체에서 그를 위해 비용을 부담하는 것이 마땅하다고 가르친다. 15장에서는 감독과 집사에 관해 언급하면서 이들은 공동체에서 선출된다고 했다. 그러나 이들과 선지자 사이의 관계에 대해서는 언급하지 않았다. 마지막 16장에서는 주의 재림과 징조들에 관해서 쓴 묵시적 경고로 되어있다. 『디다케』의 기자는 이 끝맺음을 위해서 「마태복음」 24장과 「데살로니가 전서」 4장 16절, 그리고 「데살로니가 후서」 2장 9절로부터 그의 자료들을 보충하였다.

무엇보다도 『디다케』는 신학 사상적 흐름 속에서 예배와 교회의 조직을 도덕주의로 표현하였다는 점에서 중요하다. 이러한 의미에서 『디다케』는 초대교회 기독교의 신앙의 금자탑이라기보다는 기독교신앙의 참된 모습을 깨닫기가 얼마나 어려운가를 보여주는 좋은 예라고 할 수 있다. 그리고 『디다케』의 중심내용을 보면 언제나 고립적이거나 편협하고 융통성이 없는 그런 가르침이 아니라 항상 이교도나 이방인을 위해 개방된 선교적 의도가 강하게 내포되어 있는 교훈이라는 것을 알 수 있다. 이로 인해 후대의 많은 예배의식에 대한 관심과 연구가 지속적으로 이루어지게 된 것을 볼 수 있다.

지금까지 사도적 교부들의 편지를 중심으로 살펴보았다. 그 결과 속사도라고도 하는 사도적 교부들의 저서를 통해서 어떤 신학적 사상을 찾기란 매우 어렵다는 것을 알 수 있었다. 그 이유는 이들에게 사상이 없는 것은 아니지만 그들이 그때 그때 필요에 따라 기독교 신앙을 실천적으로 다양하게 표현했기 때문이다. 이들은 또한 교회의 책임 있는 지도자들로서 교회 안에 분쟁이 일어날 때마다 진압에 힘썼고, 교회의 조직이 빈약하여 통일성과 질서를 잃을 때 질서를 강조하였다. 또한 가현설주의자나 유대주의자 등이 교회를 혼란케 할 때 이 같은 이단사상을 물리치기에 힘썼으며 교회의 핍박이 닥쳤을 때 직접 순교의 본을 보였다. 그러므로 그들의 편지는 신앙적 증언의 성격이 강하다. 그들은 이렇게 증언을 통하여 신앙과 진리를 가르쳐 주고 권면을 통하여 그것을 해설해 주려고 하였다.

그들의 이런 모범은 우리에게 뜨거운 감동과 감화를 준다. 그들은 사도들과 달리 영적 권위를 행사하려고 하지 않았다. 그들은 사도들의 모범적 권위를 표준으로 하여 믿는 사람들이 어떻게 생활할 것인가를 가르쳐 주었다. 예를 들어 사도들이 기독교적 신앙의 근본들을 권위로 반포한데 반해 이들은 그 신앙을 전제로 하여 실제 교회 생활에 필요한 것들을 권면하였다. 그런 권면을 할 때 그들은 『신구약』에서 인용을 한 성경 구절을 기초로 하였으나 가능한 한 사도들의 신앙적 전통에 서려고 노력하였다. 따라서 그들은 신학적이거나 사색적이었기보다는 대부분 목회적이고 실천적인 인물들로서 초기 보편주의를 향해 움직이던 기독교 공동체의 내적인 삶에 관심을 쏟았다. 그것 자체가 일종의 성경에 대한 목회적이고 실천적인 해석이라 할 수 있다.

2. 변증적 교부들의 신앙변호

사도적 교부들은 박해에 대항해서 기독교를 변호하려 하지 않았다. 그들은 감사함으로 박해를 감수할 뿐이었다. 그러나 2세기 중엽이 되면서 기독교에 대한 이론적인 비판이 높아져 갔고 이에 대한 변호도 차츰 일어나게 되었다. 이러한 변호를 시도한 이들은 기독교로 전향한 철학자들이었다.[94] 이 초기 교부들은 기독교 신앙을 변호하는 변증가들(Apologists)로서 주로 헬라 지역을 기반으로 활약하였다.

초기 기독교는 복음으로 세상을 힘차게 정복하여 가는 과정에서 격심한 박해에 부딪치게 되었다. 변증가들은 박해의 주된 원인을 기독교에 대한 오해에서 비롯된 것으로 보고 신앙을 옹호하기 위하여 세상에 맞서 기독교를 변호해야 할 필요를 느끼게 된 것이다. 따라서 이들은 로마 황제와 당시의 지식인들을 향하여 붓을 들기 시작하였다. 곧 그들은 헬라 철학적인 용어와 논리를 이용하여 기독교를 설명하였다. 그러나 어떤 경우에는 헬라 철학의 구조상 복음을 그대로 전달하지 못하고 약화시키거나 왜곡시키는 경우도 있었다. 그럼에도 불구하고 복음은 헬라 철학을 통하여 전 세계에 그들의 논리로 설명되기 시작했고 학문적으로도 체계화되어갔다. 이러한 과정을 통해서 기독교의 생명력은 소멸되고 인간의 논리에 갇혀 버리게 되었다. 그렇지만 성령에 감동된 하나님의 사람들이 이러한 도구를 이용하여 하늘의 보화를 쏟아 낼 때 많은 사람들이 역시 성령의 감동으로 그것을 받아들이게 되었다.[95)]

이 변증가들의 활동 시기는 대체로 130년부터라고 보는 것이 옳다고 생각한다. 변증가들은 사도적 교부들과 당대의 정통주의 조류를 대표하는 이들로서 어떤 의미에서 최초의 신학자들이라 할 수 있다. 그들은 유대인과 이교도들을 동시에 공격하였다. 변증가들이 유대인을 공격한 것은 그들이 그리스도를 구주로 믿지 않기 때문이었고, 이교도들을 공격한 것은 그들이 기독교의 복음을 이질화 시켰기 때문이었다. 변증가들이 기독교를 변호하는 방법은 소위 '공개적인 편지' 들을 통해서였다.

헬라 변증가들로는 콰드라투스, 아리스티데스, 순교자 유스티누스, 타티아누스, 히에라폴리스의 주교 아폴리나리스, 멜리토, 아테나고라스, 테오필루스 등이 있고, 라틴 변증가들로는 마르쿠스 미누키우스 펠릭스와 테르툴리아누스 등이 있다. 초기 변증가들이 쓴 저서의 초기 사본들 가운데서 지금까지 소수나마 전해지는 것은 주로 비잔틴 학자들 덕분이다. 주후 914년 카파도키아의 카이사리아 주교인 아레타스는 초기 변증가들의 글을 필사하여 서재에 보관해 놓았다. 그 후 16세기 트리엔트 공의회에서 전통의 본질이 논의되었을 때 후대의 많은 사본들이 필사되었다. 그러나 변증가들의 진본(眞本)이 알려진 것은 사실상 16세기에 들어서면서부터였다.

사도적 교부들은 이미 예수를 믿는 기독교인들에게 글을 써서 보내는 것이었으므로 논리적인 틀보다 위로하고, 격려하고, 훈육적인 것이었으나, 변증가들은 거의 모두가 비기독교들에게 보내는 것이었으므로 매우 치밀한 논리 전개가 이루어졌다. 따라서, 헬라 철학의 지식이 없이는 변증가들의 글은 이해하기가 어려웠다. 또한 변증가들의 변증의 대상은 로마 제국의 황제들과 지방 총독 및 재판관들과 로마인들, 그리고 헬라 철학자들이었다. 이들의 변증 논점은 대략 다음과 같다.

첫째, 그리스도교를 국가와 사회에 위험요소로 보는 이들을 향해 교회에 대한 올바른 이해를 가질 수 있도록 연구해 볼 것을 촉구한다. 그리스도교는 로마제국에 절대로 위험한 존재가 아니며, 제국과 황제만을 생각하지 않고 모든 시민들의 복지를 생각하기 때문에 세상에 유익한 종교이며, 그리스도인들도 충실한 한 시민으로서 합법적인 근거 없이 박해받는 것은 부당하다고 주장한다. 그리고 그리스도교도들의 삶은 윤리적으로 순수하고 깨끗하며 존경 받을 만하므로 신도들에 대한 나쁜 소문들은 그릇된 악성 유언비어라고 강변한다.

둘째, 이교사상들과 그들의 우상, 미신, 신화(神話)가 지니고 있는 모순과 비윤리성을 지적하면서 그리스도교의 유일신 사상의 우월성을 설파한다. 여기에 곁들여, 하나님의 초월성과 그리스도 강생의 신비, 그리고 육신의 부활 등에 관한 가르침을 개진한다.

셋째, 철학의 이론적 방법 즉 인간의 이성만으로는 참다운 진리에 도달할 수 없으며, 진리 자체이신 하나님의 '로고스' 곧 '말씀'을 통해서만 절대적 진리에 도달할 수 있기 때문에 그리스도교야말로 '신적 철학' (Philosophia divina)이라고 주장한다. 따라서 여러 이단과 이교를 조장하는 헬라철학은 '악마의 유산' 이라고 공격한다. 변증가들은 『구약』과 『신약』의 연결을 강조하고 '로고스 신학' 을 개진하면서 그리스도교가 신흥종교가 아니라, 가장 오래된 종교임을 입증하였다. 모세와 같은 인물은 사실 헬라의 어느 철학자보다 훨씬 오래 전에 살았으며, 헬라철학자들이 오히려 모세로부터 지혜를 배웠기 때문에 『구약』의 가르침이 우월하다고 강변하였다. 이들의 그리스도의 교리 변증과 체계화는 기독교 발전에 크게 기여했다.

물론 어떤 이들은 변증가들이 그리스도교를 헬라화시킴으로써 복음의 순수성을 잃어버리는 결과를 초래했다고 혹평하기도 한다. 그러나 그것은 지나친 평가라고 생각한다. 그들은 『신약성경』을 소개하는 정도가 아니라 이교들에게 맞서서 그리스도의 교리를 변증하고 체계화하는 신학적 변증주석 작업을 한 변증신학자 또는 변증 해석자라고 할 수 있다. 그들은 이교도들에게 대항해서 그리스도교를 설명하고 그리스도교의 우월성을 입증하기 위해 그들의 용어와 표현양식을 사용했을 따름이지 그리스도교의 교리를 변질시키지는 않았다. 그러므로 그들에 대해 너무 지나치게 곡해된 평가를 하는 것은 의도적인 오류가 될 수 있다. 여기서는 지면관계상 중요한 변증가들만 선별적으로 다루어 보겠다.

1) 아테네의 감독 콰드라투스: 하드리아누스 황제에게 보낸 편지

변증가의 아버지라고 일컬어지는 프로나토르 콰드라투스(Pronator Quadratus)는 아테네의 감독이었다. 그는 사도들의 제자이기도 하고 활동시기도 125 년경으로 보아 속사도에 속하지만 그가 훌륭한 변증서를 하드리아누스 황제에게 보냈으므로 변증가의 시초로 본다. 그는 그리스도인들이 위험하거나 이상한 존재들이 아니라고 변증한다.

"그리스도인은 나라나 언어나 관습에 의해 다른 인류와 구별되지 않습니다. 저들이 특유의 이상한 나라에 사는 것도 아닙니다. 저들은 어떤 특별한 언어를 쓰는 것도 아닙니다. 저들이 비록 헬라의 도시에나 야만인의 도시에 분별없이 살면서 각자가 자기의 운명을 따라 살며, 각기 그 나라의 관습대로 입고 먹고 일상생활을 영위하고 있으나 저들은 자신들의 공동체에 놀라운 통일성과 조직을 나타내고 있습니다."

그럼에도 불구하고 그리스도인들은 보통 사람들과 구별되는 새로운 사람이라 하였다. "저들은 저들 각자의 나라에서 살고 있으나 외인으로서 살고 있는 것입니다. 저들은 모든 면에서 다른 사람들과 함께 살고 있으나, 외국인으로서 모든 것을 참습니다. 모든 외국이 저들의 조국이며 저들에게는 조국도 또한 외국인 것입니다. 다른 사람들과 같이 저들도 결혼하고 자녀들을 낳으나 저들은 아기들을 내버리지 않습니다. 저들은 지상에서 바쁘게 지내나 저들의 시민권은 하늘에 있습니다. 저들은 모든 법률에 순복할 뿐 아니라 법이 요구하는 것 이상을 행합니다. 저들은 모든 사람을 사랑하고 그리고 모든 사람에게 박해를 받습니다. 저들은 알려지지 않습니다. 그리고도 정죄를 받고 죽임을 당합니다. 그러나 저들은 생명에 이르는 것입니다."[96)]

또한 모든 인간은 다 죄인이지만 하나님께서 베푸시는 놀라운 은총에 의해 구원받게 됨을 설명하고 있다. "그는 직접 자신의 아들을 우리의 대속물로 주셨습니다. 거룩한 자와 불의한 자들 위해, 무죄한 자와 범죄자들 위해, 의로운 자와 불의한 자들 위해, 썩지 않는 자들과 썩을 자들을 위해, 죽지 않는 자들과 죽을 자를 위해, 그의 의로우심 외에 우리의 죄를 무엇으로 가리울 수 있겠습니까? 오 가장 아름답고 기묘한 교환이여! 모든 예측을 넘어서는 축복이여! 많은 사람의 죄가 의로운 이 안에 숨겨졌고 이 의인의 의가 죄인들인 많은 사람을 의롭게 만듭니다." 그러므로 이제는 "그의 선하심을 믿고, 그를 유모로, 아버지로, 스승으로, 인도자로, 의사로, 정신, 빛, 존귀, 영광, 능력, 생명으로 바라고 옷과 먹을 것을 인해 염려하지 말도록 하신 것입니다"라고 설명하였다.[97)]

최근에 와서 『디오그네투스에게 보낸 서간』을 아테네의 감독이었던 콰드라투스의 변증으로 보려는 사람들이 있다. 그러나 확실한 객관적인 증거는 없다. 『디오그네투스에게 보낸 서간』의 저자는 확실하지 않아도 콰드라투스의 작이라고 보는 사람들도 있기 때문에 여기서 언급해 두려 한다. 『디오그네투스에게 보낸 서간』은 서간문의 형태로 된 초대교회의 변증론으로서, 귀족가문의 출신인 비신자 디오그네투스가 던진 세 가지 종류의 질문에 대답하는 내용을 포함하고 있다.

첫 번째 질문은 하나님은 누구이시며 그리스도신자들이 하나님을 숭상하는 이유가 무엇이며 왜 유대인들과 이방인들의 종교를 배척하는가? 그리고 두 번째는 그들이 가장 중요하게 여기며 찬양하는 형제적 사랑 내지 이웃사랑은 과연 어떤 것인가? 세 번째로는 그리스도께서 왜 이토록 늦게야 세상에 오셨는가? 라는 질문이었다(1장).

첫 질문에 대해 저자는 먼저 유대교와 이교도들의 경신행위의 비판으로 시작한다(2-3장). 이교인의 신들은 인간의 물질적 작품이기 때문에 그들을 공경하는 것은 무의미하다. 유대인들은 한 분이신 참된 하나님을 공경하지만, 그들은 하나님께 여러 가지 제물을 바치며 불합리한 율법규정을 지나칠 정도로 엄격히 지키면서 잘못 공경한다.

그 다음에 저자는 그리스도교 신자들의 고유한 생활 내지 행동방식을 묘사한다. 그들을 세상의 영혼과 같은 존재라고 부르면서 그들이 세상 안에 살면서도 세상을 초월하는, 그리고 육신 안에 살면서도 육신의 욕망을 따라 살지 않는, 초자연적인 생활을 영위하는 특징을 가지고 있는 점에 대해서 말한다(5-6장). "모든 객지가 그들에게는 고향이요, 모든 고향이 그들에게는 객지이다." 이어서 그리스도교는 하나님께서 세우신 것임을 강조하고, 성부께서 말씀(성자)을 세상에 보내신 것은 당신을 우리에게 알리시고 또한 세상을 구원하기 위해 보내셨다는 가르침과 하나님의 본질을 계시하는 말씀(7-8장, 9장)이 계속된다.

셋째, 그리스도께서 이토록 늦게 세상에 오신 것은 처음부터 하나님의 예정된 구원계획에 따른 것이었다고 한다. 하나님께서는 아들을 보내어 인간을 죄와 죽음에서 구원하는 것은 인간이 자신의 불의를 인정하고 스스로 구원하는 것이 불가능함을 깨달을 때에야 비로소 이루시기로 작정하셨던 것이다. 그것은 인류에게 구원을 얻는 데 있어서 인간에게는 능력이 없음을 보이시고, 따라서 인간은 오로지 구세주를 통한 구원을 필요로 한다는 사실을 깨닫게 하기 위함이었다(9장). 10장에서는 디오그네투스에게 그리스도교의 신앙을 받아들이라는 간곡한 권유를 담고 있다. 그러면 하나님께서 그를 인도하시어 참된 하나님께 대한 사랑과 인간에 대한 사랑으로 불타게 만드실 것이라고 격려한다.

『디오그네투스에게 보낸 서간』의 저자는 이교도들이 비난하고 비방하는 '그리스도인'에 대해 다음과 같이 변호하는 글을 남겼다. "한 마디로 영혼이 육신에 존재하듯이 그리스도인은 세상에 존재하고 있습니다. 그리스도인이 세상의 모든 도시에 흩어져 살고 있듯이 영혼도 육신의 모든 부분에 존재하고 있습니다. 그리스도인이 세상에 살면서 세상에 속하지 않듯이 영혼도 육신 안에 있으면서 육신에 속하지 않는 것입니다. 보이지 않는 영혼은 보이는 육신 안에 갇혀 있으며, 그리스도인이 세상 안에 살고 있음은 볼 수 있으나 그들이 하나님께 바치는 예배는 보이지 않습니다. 육신이 자기를 해롭게 하지 않는 영혼을 미워하고 싸움을 거는 것은 영혼이 육신의 쾌락 추구를 반대하기 때문인 것처럼, 세상이 아무런 해를 주지 않는 그리스도인을 미워하게 됨은 그 쾌락을 추구하지 못하게 하기 때문입니다.

영혼이 자기를 미워하는 육신과 그 지체를 사랑함은 그리스도인이 자기를 미워하는 사람들을 사랑하는 것과 같습니다. 영혼은 육신 안에 갇혀 있지만 육신을 살려 주며, 그리스도인도 세상이라는 감옥에 갇혀 있으면서 세상에 생명을 주고 있습니다. 불사불멸의 영혼이 죽을 운명의 천막 안에 살고 있듯이 그리스도인 역시 하늘나라의 불멸의 운명을 기다리면서 썩어 없어질 세상 안에 살고 있는 것입니다. 영혼이 굶주림과 목마름으로 극기를 할 때 진보하는 것과 같이 그리스도인은 박해를 당할 때 날로 계속해서 증가합니다. 하나님이 그들에게 주신 지위는 그렇게 고상한 것이기에 그것을 포기할 수 없습니다."

위의 글에서 볼 수 있는 바와 같이, 『디오그네투스에게 보낸 서간』은 여러 관점에서 볼 때 그리스도교를 호교하고 변증하는 작품의 전형으로 볼 수 있다. 저자의 탁월한 묘사와 선명하고 아름다운 수사학적인 문체와 대답의 조화로운 전개로 말미암아 이 서간은 그리스도 호교론 중에서도 뛰어난 작품이라 할 수 있다.

2) 아테네 사람 아리스티데스: 하드리아누스와 피우스 황제에게 보낸 편지

아리스티데스(Aristides)는 2세기경에 활동한 아테네의 정치가요 철학자였으며 초기 그리스도교 변증가였다. 2세기 중엽으로 들어서면서 그리스도교의 발전은 앞서도 말한 바와 같이 이교 세계의 공격 즉 지식층의 논리적 논박, 황제들의 박해, 일반대중의 의혹과 모함 등을 초래하였다. 크레센스, 프론토, 루시아누스, 첼수스 등과 같은 반 그리스도교적 지성인들은 새로운 종교로 등장하여 성장한 그리스도교 신앙의 교리와 생활에 대한 부분적 지식을 가지고 경멸, 야유, 조롱으로 교회를 공박하는 논쟁을 전개하였다. 이교철학자들은 그들의 저서에서 그리스도교를 그리스 로마 문화의 전통적 가치를 파괴하는 뿌리 없는 사이비 신흥종교로 격하시키면서 그리스도인을 미신 추종자, 무신론자, 무종교주의자로 단정하여 비난하였다. 이러한 영향력 있는 지성인들의 반 그리스도교적 사상은 로마 제국의 황제들에게 교회 박해에 대한 촉진제 역할을 하였다. 아울러 일반 대중은 박해를 피해 종교집회를 갖고 있던 그리스도인에 대해 의혹을 품고 있었다. 이교신자들은 그리스도인들을 식인종 또는 근친상간의 윤리적 범죄를 자행하고 있는 집단이라는 터무니없는 편견을 유포하였다.

그리스도교에 대한 이러한 논박과 박해 그리고 의혹에 대응하여 개종한 지식층과 상류계급 출신의 신자들이 펜을 들어 변론과 호소 또는 대화의 문학 형태를 통하여 그들의 개종에 대한 정당성을 설명하였고, 그리스도교의 진리를 공적으로 변호, 옹호, 수호하면서 비난에 반격을 가한 그리스도교 철학자, 수사학자, 변증가들이 호교론을 펼쳐 그리스도교의 정당성을 주장하게 되었다.

그러한 변증가들 중의 한 사람이 아리스티데스다. 아리스티데스는 주후 117년에서 138년경에 현존하는 것으로서는 가장 오래된 그리스도교 변증서인『그리스도교 신앙을 위한 변증』(*Apology for the Christian Faith*)이라는 글을 썼다. 아리스티데스의 이름은 주로 4세기에 역사가 유세비우스를 통해 알려졌으며, 로마 황제인 하드리아누스(주후 117-38 재위) 또는 그의 계승자인 안토니우스 피우스(주후 138-161 재위)를 위해 이미 언급한 바 있는 변증서를 썼다. 초보적이고 일반적인 내용으로 그리스도교 신앙을 옹호한 아리스티데스의 간결한 주장이 효시가 되어, 2세기말과 3세기 초에 아테나고라스와 테르툴리아누스의 작품과 같이 보다 개인적이고 문학적인 내용으로 그리스도교의 정당성을 주장하는 책들이 나오게 되었다.

아리스티데스의 『그리스도교 신앙을 위한 변론』은 2세기 초 또는 중엽에 아테네를 방문한 로마 황제 하드리아누스 또는 안토니누스 앞에서 발표되었던 것으로 알려져 있다. 19세기 말부터 본격적으로 발견되어 세상에 알려지게 된 이 텍스트는, 실제로는 중세의 그리스도교 성인 열전 『바를람과 요사파투스』안에 이미 삽입되어 전해지고 있었던 독특한 문헌학적인 사연을 가지고 있다.

그 내용은 신개념(神概念)에 관한 일반적인 진술, 이교도들의 신개념에 대한 비판, 올바른 신개념을 가지고 있는 기독교인들에 대한 칭찬과 변론으로 구성되어 있다. 그의 신개념은 한편으로는 그리스 철학적인 개념을 깊숙이 반영하고 있으며, 다른 한편으로는 초기 기독교 신앙에 입각하여 세워진 것이다. 그에 따르면, 신은 하나며, 세상을 창조하였고, 불멸, 불사하고, 모든 결핍과 격정으로부터 초월해서 세상을 섭리하고 움직여 나간다. 그런데 이교도들(칼데아인들, 그리스인들, 이집트인들)은 신에 대해 매우 잘못된 개념을 가지고 있다고 비판한다. 그의 이교도 비판은, 결국 신의 존재와 속성에 관한 인식론적인 오류가 도덕적 · 윤리적인 오류로 귀착되고 만다는 철학적 입장을 반영하고 있다.

반면 유대인들의 경우 신에 관해서 부분적으로 옳은 생각을 가지고 있지만, 세상에 인간의 모습으로 온 신의 아들에 관해 무지하다고 비판한다. 그런 점에서 그들은 잘못된 길로 빠질 수밖에 없다는 것이다. 이 대목에서 아리스티데스의 신의 개념은 그리스 철학적이고 추상적이며 일반적인 신에 대한 개념으로부터 벗어나 기독교적인 성격을 갖게 된다.

신은 인간을 초월한 존재이지만, 신의 아들, 즉 예수 그리스도를 통해 인간과 깊은 관계를 맺게 되며, 결국은 이 세계에 현존하는 존재가 된다는 것이다. 이렇게 볼 때, 아리스티데스가 생각하는 신은 인간과 세계를 초월하는 존재인 동시에 세계 내재적 존재라는 성격을 갖는다고 할 수 있다. 이와 같은 분석의 결과는 아리스티데스의 신관을 기독교적인 시각에서 벗어나 좀 더 포괄적으로 접근할 수 있는 방향을 제시하며, 서양의 중세철학으로 이어지는 길의

한 가닥을 비춰준다.

또한 아리스티데스는 이교도들이 비판하고 험담하는 그리스도인들에 대해 아래와 같이 변호하는 변증론을 펼쳤다. 첫째로 그리스도인들을 무법자라고 하는데 대하여 그는 그렇지 않다고 변호한다.

“그리스도인들은 자기네 마음에 하나님의 법률이 새겨지게 하고, 장차 올 세상을 바라는 희망으로 그 법률을 준수합니다. 이것 때문에 그들은 간음을 하지 않고 사음(邪淫)도 행하지 않습니다. 거짓 증언을 하지 않습니다. 자기에게 맡겨진 기탁물을 차지하지 않습니다. 자기에게 해당하지 않는 바를 탐하지 않습니다. 아버지와 어머니를 공경하고 이웃에게 선을 행합니다. 만일 재판관인 경우에는 정의롭게 판결을 내립니다. 인간 형상을 한 우상들을 섬기지 않습니다. 남들이 자기에게 하지 말았으면 하는 것을 그들은 아무에게도 행하지 않습니다. 그들은 우상에게 바쳐진 살코기를 먹지 않는데, 우상숭배로 오염되었기 때문입니다. 그들의 딸들은 순결한 처녀들이며 매춘을 피합니다. 남자들은 불법한 육체관계를 일체 삼가며 온갖 부정한 짓을 피합니다. 마찬가지로 그들의 여자들은 다른 세상에서 커다란 상을 받으리라는 희망으로 정결하게 지냅니다.”

그리고 아리스티데스에 따르면, 그리스도인들은 선량하고 애정이 많은 사람들이었다. “그들은 자기네를 못살게 구는 사람들을 나서서 돕고 그들의 친구가 되어 줍니다. 원수들에게 선을 행합니다. 이방인들의 신들을 섬기지 않습니다. 그들은 유순하고 선하고 절도 있고 신실하고 서로 사랑합니다. 과부를 멸시하지 않고 고아를 구해줍니다. 가진 사람은 불평을 하지 않고 갖지 못한 사람에게 줍니다. 이방인들을 보면 자기 집에 들어오게 하고 즐겁게 해 주며 그들을 진짜 형제로 인정해 줍니다. 그들을 형제라고 부르는데 육신으로는 그렇지 않지만 영혼으로 형제라는 것입니다.

가난한 사람이 죽으면, 그 일을 아는 경우는 그리스도인들이 그의 장례에 나름대로 제각기 이바지합니다. 누가 핍박을 받고 그리스도의 이름 때문에 감옥에 갇히거나 유죄판결을 받은 줄을 알면 자선금을 한데 모으고 그들에게 필요한 것을 보내주며 가능하다면 그들을 석방시킵니다. 도와 줘야 할 노예나 빈민이 있으면 이틀이고 사흘이고 단식을 하고는 자기가 먹으려고 마련한 식량을 그들에게 보내 줍니다. 그들도 자기네처럼 기쁨을 누리도록 불리운 사람이므로 그들도 기쁨을 누려야 한다고 생각하는 것입니다."

뿐만 아니라 그리스도인들은 정의로움과 거룩함에 의거하여 산다고 그는 역설한다. "그들은 하나님의 계명을 정확하게 준수하고, 주 하나님이 그들에게 정하신대로 거룩하고 정의롭게 삽니다. 매일 아침과 매일 저녁 하나님께 감사를 드리고, 먹는 음식이나 마시는 음료나 다른 모든 좋은 것을 두고 감사를 올립니다. 오 황제시여, 바로 이것이 그리스도인들의 법입니다. 하나님께로부터 받아야 할 것이 있으면 그들은 우상 아닌 하나님께 청합니다. 그렇게 해서 세상 끝날 때까지 그들은 이 세상을 가로질러갑니다. 하나님이 만유를 그들에게 종속시키셨기 때문입니다. 그래서 그들은 하나님을 향해서 은혜를 감사드리는 사람들이니 그 이유는 온 우주와 피조계가 그들을 위해서 만들어졌기 때문입니다. 물론 이 사람들은 진리를 발견한 사람들입니다."

아리스티데스는 하드리아누스 황제가 그리스도인이라는 이상한 사람들에 대해 알아보라고 보낸 정탐꾼이었다. 그런데 그리스도인들의 행동을 살펴보고 난 아리스티데스는 다음과 같은 보고서를 제출했다. 그의 말은 역사 속에서 사라지지 않고 지금도 메아리치고 있다. "그들은 서로 사랑합니다. 그들은 과부를 돕고 고아들을 학대하는 자의 손에서 구해냅니다. 그들은 자신에게 있는 것들을 없는 사람들에게 나누어 주며, 나그네를 보면 집으로 초대하여 마치 친형제라도 되는 것처럼 반가워합니다. 그들은 자신들을 보통 의미의 친형제로 여기지 않고 하나님 안에서 성령으로 한 형제가 되었다고 생각합니다."

바로 이러한 삶의 특징들이 당시 세상 사람들에게 연상되는 그리스도인의 이미지였다. 그리스도인들이 있어서 세상에 아름다운 일이 넘쳐나게 된다는 것이다. 선한 일을 해도 자신을 사람들에게 드러내지 않고, 자신을 이해하지 못하는 사람들에게도 관심을 보이며 외롭게 살기 위해서 더욱 노력하는 이들은 분명 새로운 사람들이라 할 수 있다는 것이다. 거룩한 무언가가 그들 안에 있는 것 같은 사람들이라고 아리스티데스는 말하였다. 아리스티데스의 그리스도인에 대한 변호는 일종의 『신약성경』의 주해요 해설이라 할 수 있다.

3) 순교자 플리비우스 유스티누스: 안토니우스 피우스 황제에게 보낸 편지

2세기의 변증적 교부들 가운데 가장 유력하고 뛰어난 한 사람은 철학자인 동시에 순교자 플라비우스 유스티누스(Flavius Justinus, 100-165))다. 영어로는 저스틴(Justin)이라고 불리는 유스티누스는 주후 100년경에 그리스 · 로마의 식민지이었던 플라비아 네아폴리스 곧 사마리아에 있는 세겜 땅에서 태어났다. 그 도시는 약 주후 70년에 파괴되었지만, 뒤이어 재건되었고, 그리스와 로마의 정착민들이 살고 있었다. 그는 자기 자신을 사마리아인이라고 부르지만, 실은 이교도 가정에서 태어났고, 할례를 받지 않았으며, 회심하기 전에는 모세와 선지자들도 모르고 살았다. 그의 조부는 헬라식 이름으로 바키우스라 하였고, 아버지는 프리스쿠스라는 라틴식 이름을 갖고 있었다. 이로 볼 때, 그는 혈통 상 이방인이었다는 것을 알 수가 있다.

부유한 이교도였던 그의 부모는 그에게 훌륭한 교육을 받게 했다. 특히 그는 젊어서 여행을 많이 했으며 당대에 유행하던 온갖 철학을 열정적으로 섭렵하면서 지적인 방황을 계속하였다. 그러나 그 어떤 것도 진리를 찾아 고뇌하는 젊은 철학도의 영적인 갈망을 충족시켜 주질 못했다. 그는 자신의 절실한 의문에 대한 답을 얻기 위해 스토아주의, 아리스토텔레스의 사상, 피타고라스주의, 플라톤주의를 차례로 타진했다. 다만 에피쿠로스주의는 경멸했기 때문에 관심을 갖지 않았다.

먼저 유스티누스는 스토아 철학자를 찾아갔으나, 그 자신이 신에 대한 지식을 갖는 것이 불가능하거나 불필요한 것으로 간주하는 일종의 무신론자라는 것을 알게 되었고, 소위 페리파토스학파(소요학파)라고 하는 아리스토텔레스학파의 한 학자를 찾아갔으나 가르치는 일보다 사례금에만 더 관심이 있었다. 그 뒤 저명한 피타고라스주의자를 찾아갔으나, 지고한 진리를 깨닫기 위해서는 먼저 음악과 천문학과 기하학에 관해 지나치게 많은 예비지식을 요구했다. 마침내 자기가 살고 있던 도시를 찾아온 어떤 저명한 교사의 인도로 큰 열정을 가지고 플라톤주의의 품에 안기게 되었다. 그때부터 그는 비물질적인 것들을 인식하고 영원한 진선미(眞善美) 개념들을 사색하는 데 푹 빠지게 되었다. 그는 이 철학이 약속한 목표였던 '신(神)을 보는 것' 에 이미 가까이 와 있다는 것을 알 수 있었지만, 영적인 갈증이 완전히 해갈된 것은 아니었다.

그러던 중 32세 되던 어느 날, 그는 세상의 혼잡함을 떠나 조용히 한적한 해변을 거닐면서 파도소리를 듣고 있었다. 거기서 그는 경건한 그리스도인 한 노인을 만났다. 이 노인은 철학자들보다 더 먼저 있던 히브리 예언자들을 인용하면서 진리를 말했는데, 이성에 호소하는 것이 아니고 마음에 감동이 오도록 하였다. 그리스도가 오셨는데 그가 예언자들이 예언한 모든 것을 성취하였으므로 이 사실을 믿어야 한다는 것이었다. 그 노인과 헤어진 뒤 다시는 만날 수 없었지만, 그의 말은 귓가에 영원히 남아 있었다. 유스티누스는 『구약』과 복음서를 읽다가 계시를 보게 되었고, 결국은 그로인해서 열광적인 신플라톤주의자로부터 그리스도인으로 전격적으로 전향하게 되었다.[98] 이 노인과의 만남이 그의 인생행로를 바꿔 놓았다. 이때가 주후 약 130년경이었다.

그 후 유스티누스는 그리스도인 집단을 찾아다녔고 그들로부터 복음의 교리와 교회의 역사를 배웠다. 그는 성직자로 안수를 받지는 않았지만 틈만 나면 설교를 하였다. 그는 평신도 철학자이면서 신학자였다. 그러기 때문에 그는 동료 그리스도인들에게 존경을 받았다. 그리고 165년경에 다른 6명의 신자들과 함께 목 베임을 당했다. 그는 마지막으로 "우리 주 예수 그리스도를 위하여 고통 받는 것 이상 바랄 것이 없다. 이것이 모든 사람이 반드시 당할 무서운 심판대 앞에서 우리에게 구원과 기쁨을 주기 때문이다"고 했다.[99]

유스티누스가 기독교의 진리를 확신하게 된 또 하나의 요인은 순교자들이 보여준 용기였다. "나 자신이 또한 플라톤의 철학을 흡족해 하였고 기독교인들을 비방하는 소문도 들었다. 그러나 그들이 죽음이나 온갖 무서운 일에 직면하면서도 용감하게 행동하는 것을 보면서 나는 그들이 악하고 육신적인 일에 몰두하여 살 리가 없다고 생각했다. 왜냐하면 쾌락을 즐기거나 절제가 없는 사람, 또는 육신에 신경을 쓰는 사람들이라면, 자기 욕망의 대상을 빼앗아갈 죽음을 환영하지 못할 것이며 행정관의 눈을 피하여 살려고 애쓸 것이며, 죽을 것을 알면서 스스로 교인이라고 고백하지 못할 것이기 때문이다" (제2변증서).

유스티누스는 변증과 논쟁에 있어서 입으로써 신앙을 증거했을 뿐만 아니라 글을 통해서도 상당한 노력을 기울였다. 기독교 진리를 훼방하던 유대인들과 이방인들과 이교도들을 상대로 부단하게 움직였다. 유스티누스는 8권의 책을 저술했지만 현재 3권만이 남아 있다. 『제1변증서』(*The First Apology*), 『제2변증서』(*The Second Apology*), 그리고 『유대인 트리포와의 대화』(*The Dialogue with the Jew Trypho*)이다. 그의 글은 2세기 기독교의 사상을 이해하는 데 큰 도움이 된다.

『제1변증서』는 주후 147년경에 황제 안토니누스 피우스(주후 137-161)에게 보낸 68장으로 이루어진 저술이다. 이 책은 3부분으로 나누이는 데, 제1부는 1-20장까지로 그리스도인에 대한 근거 없는 미움과 편견을 버리고 사실을 잘 조사하여 그들이 당하고 있는 억울함을 풀어줄 것을 황제에게 간청한 부분이고, 제2부는 21-60장까지로 그리스도교와 이교사상을 비교하면서 그리스도교의 가르침의 우월성을 역설하고 있다. 그리고 제3부는 61-68장까지로 첫째 부분에서는 그리스도교의 윤리적 가르침과 종교예식의 우월성을 강조하였고, 둘째 부분에서는 기독교인들에게 가해진 죄목들을 조사해 볼 것이며 만일 그들이 무죄하다면 법적인 제재로부터 해방시켜 줄 것을 황제에게 강력히 요청했으며, 셋째 부분에서는 기독교의 윤리, 교의, 그리고 창시자에 대한 논의에 할애하였다. 그는 그리스도의 탁월한 삶과 덕이 『구약성경』의 예언 안에 이미 예고되었음을 나타내려 했고, 박해와 오류들을 마귀들의 역사로 돌렸다. 마지막 61-68장에서는 기독교의 예배에 대해 설명했다. 요컨대 기독교인들에게 씌워진 죄목을 조사해 보면 기독교인들이 무죄하다는 것이 밝혀질 것이므로, 기독교인들에 대한 박해를 중지해야 한다는 것이 이 변증서의 중심 되는 요체라 할 수 있다.

『제2변증서』는 주후 161년경 로마의 집정관 율리우스 루스티쿠스로부터 부당하게 박해를 받아 순교한 세 명의 처형 문제를 항의하기 위해 이교도들을 대상으로 쓴 것인데, 15장으로 이루어져 있다. 단지 그리스도인이라는 이유로 가혹하게 처벌받아서는 안 되며 그리스도인들에 대한 악랄하고 풍자적인 비웃음에 대해 반박하며 변호하고 있다.

『트리포와의 대화』는 주후 155년에 유대교 랍비 티리폰과 행한 대화를 토대로 해서 편집된 글로서 교회 역사상 최초로 유대인들을 향해 쓴 호교론적 저서라 할 수 있다. 이 책은 유대인들을 향한 기독교 변증서로서는 가장 오래된 것으로 기독교적 신앙이 건전하고 합리적인 믿음이라고 트리포가 생각할 수 있도록 그 합당한 이유들을 훌륭하게 설명했다. 이 책에서 그는 유대인의 반대에 대한 기독교의 변호로써 유대인들로 하여금 그리스도께서 메시아이심을 믿게 하려고 노력하였다. 『구약』의 예언들이 그리스도에게서 성취되었으며 기독교인들이야 말로 새 이스라엘이요 하나님에 의해 참으로 선택된 자들이라고 주장했다.

유스티누스의 저서들은 교회 자체가 아직도 작은 종파에 지나지 않을 때에 경멸과 핍박을 받으면서도 믿음을 지키기 위하여 죽음 앞에서 굴하지 않고 그 죽음을 달게 받던 그 모습을 우리에게 생생하게 보여주고 있다. 그의 저서는 어느 것이던 유스티누스의 정직함과 열심, 기독교에 대한 열성적인 사랑, 조금도 두려움이 없이 밖에서의 공격과 안에서의 곡해(曲解)에 대하여 힘 있게 변호하였음을 여실히 나타낸다. 그의 저서는 또한 공중예배와 성례집행에 관한 신뢰할만한 문서로서 가장 처음 나온 것이다. 만일 로마황제들이 그들에게 보낸 이 변증서를 읽었다면 그들은 필연코 깊은 감동을 받아 적어도 유스티누스가 정직하며 그리스도인들이 무죄하다는 것을 알았으리라고 사려된다. 유스티누스의 변증서들은 이후의 변증가들 곧, 아테나고라스 (Athenagoras), 테오필루스

(Theophilus), 테르툴리아누스(Tertullianus), 펠릭스(Minucius Felix) 등에게 큰 영향을 주었다.

특히 유스티누스는 그리스도를 당대의 지성들에게 설명하느라 이런 변증서들을 많이 썼다. 그는 스토아 철학자들이 내세우는 '생성의 로고스' 사상으로 그리스도교를 표현하였다. 그것은 우주 창조의 신이요 힘이었다. 인간은 아무리 해도 이 로고스의 아주 작은 부분만 소유하고 있으므로 한계가 있을 수밖에 없다. 다시 말하자면 인간의 지식은 부분적이라는 것이다. 이 로고스의 근원은 그리스도요 나머지는 부분적인 현상일 뿐이라고 한다. 원래 로고스로서의 그가 우리를 위해 사람이 되었고 우리의 고난에 참여하는 자가 됨으로써 우리를 고쳐주셨기 때문에 우리는 그분을 사랑하고 경배하여야 한다는 것이다.

로고스론의 근원은 우주와 자연 질서 속에서 최고의 이성을 인식하려는 스토아주의에 있다. 이 로고스에는 영원부터 하나님이 내재하였고 하나님으로부터 나와서 세계 창조에 참여하였다.[100] 로고스는 세계 이성으로서 이미 그리스도 이전에 헬라철학에 영향을 끼쳤지만 그때까지는 아직 완성되질 않았었다. 그런데 그 로고스가 그리스도 안에서 화육하였다는 것이다. 로고스로서의 그리스도는 자신을 인간들로 하여금 알아보도록 내어 준 하나님이라 한다.

그리스도는 그 이성의 구현, 즉 성육신하신 로고스이다. 이성적인 것은 모두 기독교적이며 기독교적인 것은 모두 이성적이라는 것이다. 로고스는 모든 사람에게 이성과 자유를 부여했으며, 그것은 타락에 의해서 완전하게 상실되지 않았다. 로고스는 성육신 이전에 진리의 씨앗들(스페르마타)을 뿌리되, 유대인들에게만 아니라 헬라인들과 야만인들 특히 이교의 예언자들인 철학자들과 시인들에게도 이 씨앗들을 뿌렸다. 이 예비적 빛에 순응하여 이성적으로, 도덕적으로 살았던 사람들은 비록 그리스도인이라는 이름은 지니지 않았어도 사실상 그리스도인들이라고 하였다.

그는 스토아적 방식으로 이 로고스를 인식하여 언제 어디서나 일하시며, 소크라테스나 헤라클리투스와 같은 희랍인이거나, 또는 아브라함과 같은 유대인이거나를 막론하고 진리를 가르쳐 주는 분으로서 언제라도 그분의 지도를 따르기만 하면 진실로 기독교도가 된다고 생각했다. 그가 스토아 개념을 넘어선 것이 있다면, 이 인류 전체를 계몽하는 신적인 로고스가 구체적으로 그리스도 안에 성육(成肉)하셨다는 확신이었다. 그러므로 그분 안에는 다른 데서 찾아볼 수 없는 완전한 계시가 있다. 유스티누스는 기독교 복음의 내용을 동시대의 가장 우수한 이교 철학과 비슷한 용어들, 즉 하나님의 지식, 도덕성, 불멸의 희망, 미래의 상과 벌 등의 어휘를 사용하여 이해하고 설명하였다.

반면에 비이성적으로 살았던 사람들은 그리스도와 무관하며 그리스도의 원수들이었다. 소크라테스는 비록 자신은 몰랐으나, 아브라함과 마찬가지로 그리스도인이었다. 교부들과 스콜라 학자들을 통틀어 이렇게 구원의 문을 넓게 열어놓은 사람은 다시 없었다. 누구나 로고스의 영을 가진 자는 그리스도인이라는 것이다. 변증가들은 기존의 헬라 문화를 부수지 않고 그 구조를 그대로 이용하면서 그것을 넘어서는 기독교를 소개하려고 하였다.

유스티누스는 분명 교부 중에서 박식한 초기 기독교 사상가라고 부를 수 있는 사람으로, 현대의 학자들도 그의 겸손, 정직, 용기에 많은 감명을 받아오고 있다. 그는 글로써만이 아니라 죽음으로까지 자신의 믿음을 지키고 그리스도를 증거 한 2 · 3세기 순교자의 대열에서 가장 큰 존경을 받을 만한 사람이었다. 그는 기독교가 무식한 종교라는 당대의 기독교 비판에 맞서서 기독교야말로 진정으로 지성적인 종교라고 변호하였다. 그의 헬라사상과 기독교 사상과의 연속성 추구는 영지주의자들이 갖고 있는 기독교 사상의 헬라화와 본질적으로 달랐다. 이것은 유스티누스가 영지주의를 부정적인 시각으로 바라보는 데서도 어느 정도 입증된다. 유스티누스는 기독교를 모든 철학중의 가장 참된 철학이라고 변호하였고 다른 철학사상에 허용되는 관용을 기독교에도 베풀어야 한다고 주장하였다.

변증적 교부들은 대체적으로 하나님이 한 분이라는 것을 강조했고 무에서 세계를 창조하고 관리하신다고 했으며, 그리스도를 로고스라는 용어를 사용하여 설명하였다. 나아가 스토아철학의 숙명론을 거부하고 인간의 자유의지를 통하여 그리스도의 가르침을 받아들일 수 있고 그리스도의 재림 시 선인과 악인이 그들이 행한 대로 심판을 받게 된다는 것을 주장하였다. 이런 주장은 철학적인 변증으로 이루어진 것이거나 단순한 지적인 호교가 아니라 하나님의 영감으로 된 성경 말씀에 근거해서 이루어진 것이기 때문에 특수한 의미의 성경해석이 될 수 있다고 사료된다. 성경해석이 중요한 것은 하나님의 말씀을 좀 더 명확하게 이해하고 그 말씀의 내용에 대해 올바르게 분별하고자 하는 데만 있는 것이 아니다. 물론 그것이 일차적인 목표이기는 하지만 올바르게 이해하고도 그것을 올바르게 적용하지 못하면 아무런 의미가 없다고 생각한다. 적용한다고 하는 것은 곧 성경에 기록된 말씀대로 행하였다는 것을 의미하므로 변증은 유용한 성격해석의 일부가 될 수가 있다.

3. 신학적 교부들의 성경해석

교부들 중에서 예수님의 제자들과 직결되는 몇몇 사람들을 보통 속사도 혹은 사도적 교부(Apostolic Father)라고 하고, 속사도 이후 복음 진리를 옹호하고 이설(異說)로부터 정통교리와 교회를 지키려고 호교론을 펼쳤던 사람들을 흔히 변증적 사도들이라 한다. 그런 변증시대를 지나 뛰어난 신학적 식견을 가지고 성경을 바탕으로 해서 교리해석과 신학논쟁을 벌였던 사람들을 초대교회의 교부라고 한다. 이 초대교회의 교부들은 지역에 따라 다른 신학적 경향을 갖고 있었으며 각기 독자적으로 성경에 대한 해석과 기독교 교리를 확립하고 있었다. 그들이 이렇게 독자적으로 성경을 해석하면서도 그들 나름대로 깊이 고려했던 것은 성경이 일반 서적과는 달리 영감에 의해서 기록되었다는 것이었다. 성경의 영감론은 성경의 신학적 의미를 인식하도록 요구하였는데, 이것은 다른 문학에서는 찾아볼 수 없는 하나님의 계시가 성경 안에 나타나 있기 때문이다.

이러한 관점에서 초기 기독교 시대에 발생한 두 학파의 서로 다른 해석학적 입장은 상당한 주목을 끈다. 왜냐하면 풍유적인 해석으로 대변되는 알렉산드리아 학파와 역사적, 문법적 해석으로 대변되는 안티오키아 학파의 해석학적 입장은 영감에 의해 기록된 성경을 해석함에 있어서 상당한 차이가 나는 결과를 드러내주고 있기 때문이다. 소아시아 학파의 대표적인 교부는 이레니우스와 그의 제자인 히폴리투스다. 알렉산드리아 학파의 대표적인 교부는 클레멘스와 오리게네스고, 안티오키아 학파의 대표적인 교부는 크리소스토무스와 제로무스, 그리고 북아프리카 학파의 대표적인 교부는 테르툴리아누스와 키프리아누스다. 이들의 성경해석에 대해서 살펴보겠다.

1) 소아시아 학파의 대표교부들

소아시아는 아시아의 서쪽 끝에 있는 흑해, 에게해, 지중해에 둘러싸인 반도로서, 터키의 대부분을 차지하며, 예로부터 아시아와 유럽을 잇는 중요한 통로였다. 면적은 78만 5760㎢라 한다. 이 도시는 아시아 대륙과 유럽 대륙이 만나는 지점이라는 입지조건 때문에 문명 초기부터 양쪽 대륙에서 이주해오거나 정복 전쟁을 하러가는 수많은 민족들이 지나는 교차로였다. 아나톨리아라고도 불리는 소아시아는 아주 오랜 옛날부터 동양과 서양 사이에 벌어졌던 수많은 전쟁의 현장으로 알려져 왔다. 중앙아시아의 연장인 중부 고원 지대에는 하천이 전연 없고 자연적인 출입로도 거의 없는 지역이어서 경관이 단조롭고 기후가 혹독하다. 그러나 기름진 계곡이 있고 기후가 좋은 서부 해안지역도 있는데, 실제로 이 지역은 유럽의 일부로 분류되기도 한다.

주전 2000년경에 남러시아 초원 지대에 살던 인도유럽인들이 이동하기 시작하였는데, 그 중의 일부 종족이 카프카즈 산맥을 넘어 바로 이 지역으로 이주해 와서 그 지역의 원주민인 하티인들을 죽이거나 같이 동거하며 차차 아나톨리아 반도 전체에 정착하였다. 그 후 그들의 일족인 루비아인이 리디아 왕국을 건설하였는데, 얼마 지나 페르시아의 키루스 왕에 의하여 정복되어 사라졌고, 아나톨리아 반도에는 알렉산드로스 대왕의 서진 이후에 새로이 이주해온 그리스인들이 거주하게 되었다.

알렉산드로스가 죽은 뒤 여러 후계자들이 아나톨리아 반도의 각지에 저마다의 지배권을 수립했다. 로데스는 강대한 해양 공화국이 되었으며, 이집트의 프톨레마이오스 왕조는 아나톨리아의 지중해 연안을 지배했다. 비티니아는 독립 군주국이 되었고, 카파도키아와 파플라고니아는 토착 군주들이 다스리는 속주(屬州)가 되었다. 남부에서는 셀레우코스 왕조가 상업 중심지로서 안티오크 · 아파메아 · 아탈리아 · 라오디케아를 비롯한 여러 도시를 세웠는데, 그 가운데 일부는 후에 아나톨리아의 그리스화와 그리스도교의 보급에 중요한 역할을 했다. 그리스도교가 들어와 점점 아나톨리아 전 지역으로 퍼지면서 엄청난 변화가 일어났다. 이 시기에 7개의 소아시아 그리스도교 교회가 세워졌다. 이 일곱 교회 말고도 수리아 지방에는 안티오키아 교회가 세워졌다.

『신약성경』에서 안티오키아 교회는 외국 선교의 전진기지로서 매우 중요한 위치를 차지하고 있었는데(행 13:1-3), 처음으로 기독교인이 '그리스도인' 이라는 이름으로 불리어졌던 곳이며(행 11:26), 이방인 개종자의 할례 문제에 관한 논쟁이 처음 있었던 곳이기도 하다(행 15:1,2; 갈 2:11-21). 이와 같이 이방 지역 선교를 위한 중요한 기능을 담당했던 안티오키아 교회는 초기에 바나바와 바울, 그리고 베드로에 의해 지도되었고 2세기에는 이그나티우스와 데오빌로스, 그 후에는 크리소스토무스와 제로무스 등의 유명한 지도자들에 의해 지도되었다. 그래서 안티오키아는 알렉산드리아와 로마와 함께 중요한 신학적 본산이 되었다. 또한 후일 소아시아 학파를 안티오키아 학파라고 하는 이유가 여기에 있다. 소아시아 학파의 대표적인 교부들에 대해 생각해보겠다.

(1) 리용의 감독 이레니우스

당시 변증가들이 그 시대의 기독교 철학자로서 대외 사상에 관심을 갖고 연구했다면, 이레니우스(Irenaeus, 주후 130-203)는 교회 정통신앙을 계승하고, 이를 체계적으로 가르치기 위해 온 정열을 다했으며, 더욱이 그는 동방교회와 서방교회의 평화를 위해 노력했고, 교인들의 양육에 깊은 관심을 갖고 있었다. 또한 리용의 감독으로서 로마 감독의 교회행정에까지 관심을 보였다. 뿐만 아니라 당시 이단에 대해서는 철저하게 분별하여 교회로 하여금 미혹되지 않도록 지도하였다. 그리하여 학자들은 그를 '교회 최초의 위대한 조직신학자' 라 부르기를 주저하지 않는다.

이레네우스는 동북 지중해안의 소아시아 지방에서 주후 130년경 태어나 서머나의 감독 폴리카르푸스(폴리캅)의 영향 아래서 성장했다. 주후 177년 스토아 철학에 심취한 이레네우스는 아우렐리우스 황제(161-180)의 종교적 박해로 리용과 비엔나의 기독교인들이 순교를 당했는데, 이들은 단지 그리스도인이라는 사실만으로 죄인으로 취급당했으며, 로마황제 숭배 사상을 거부하는 반역죄로 정죄 당했다.

이레니우스는 주후 170년경 프랑스 고울 지방의 리용에 정착하면서 주후 177년에 그곳의 장로가 되었고, 당시 리용의 감독이었던 포티누스의 순교로 인해 그가 리용의 감독으로 선출되었다. 이레네우스는 성질이 온순하고 사상이 순수한 것이 장점이었으며 박학한 학자였다. 그가 활동했던 소아시아에서는 이그나티우스, 폴리카르푸스, 파피아스, 데오빌로, 유스티누스 등의 신학이 주류를 이루고 있었다. 이레니우스는 이들의 영향을 받았고, 이 일련의 학자들은 훗날 '안티오키아 학파' 로 불리게 된다.

그 중에서도 특히 서머나 지방의 감독 폴리카르푸스의 영향을 많이 받은 것으로 보인다. 이것은 이레니우스의 기독론 해석에서 잘 나타나 있다. 이레니우스는 헬레니즘적인 학문과 철학적 통찰력과 실천의 지혜 및 중용의 요소가 조화된 훌륭한 목회자였고, 그의 저술 또한 목회적인 입장을 많이 반영한다. 또한 그는 당시 변증가들 가운데 유스티누스의 영향을 많이 받았으며, 리용에 있을 때 많은 저술과 활동을 하였다고 전해진다. 특히 그는 목회에 대한 깊은 관심을 가지고 이단으로부터 교회를 보호하는데 힘을 기울였다. 후기 자료에 의하면 그는 리용에 있는 많은 사람들이 순교를 당할 즈음, 주후 202년에 함께 순교자의 대열에 합류했다고 한다.

리용의 감독이 된 이후 그는 복음을 전하며 영혼을 근실하게 돌보는 신실한 목회자가 되었다. 그는 리용 전체를 기독교로 개종시킬 정도로 정열적인 목회를 했다. 그는 신실한 목회자로서 복음을 전파하고 이단으로부터 양들을 보호하고, 기독교를 변호하는데 힘을 기울였다. 이후 주후 180년부터 190년까지 이레네우스는 저술활동에 몰두하다가 200년경 순교하였다.

이레니우스의 작품이 많지만, 오늘날까지 전해 내려오는 작품은 제한적이다. 그 가운데 대표적인 것은 『이단에 대해서』인데 5권으로 되어 있으며 헬라어로 기록되었고, 몇 개의 언어로 번역되었지만 지금은 라틴어역본만 남아있다. 그는 이 작품에서 영지주의와 마르시온의 이단 신학을 비판하였다.

"당시 가장 위협적인 이단은 영지주의였다. 이 영지주의는 헬라철학인 플라톤 철학에 기초하여 동방의 신비주의에 영향을 받은 이단종파로 '그노시스파' 라고도 불린다. 이들은 신비주의와 이원론적 우주론에 기독교를 혼합한 이단 사상 체계를 갖고 있다. 이레네우스가 기독교 역사에 있어서 중요한 인물로 평가를 받는 것은 당시 이단 신학의 혼합주의 성격을 비판하고 바른 교리를 정립시켰다는 점이다. 영지주의는 기독교의 역사적 사건인 예수 그리스도의 생애를 부인하고, 물질계와 정신계를 구분하며, 『구약』을 경시하고 『신약』만을 정경으로 수용하는 성경의 원리에 어긋난 이단 사상이었다"[101]

이레네우스는 다른 변증가들과는 달리 교회 내부에서 일어나는 이단을 막기 위해 싸웠다. 그는 성경을 자유롭게 인용하여 『신약』을 충분히 활용한 교부들 중 일인자로서 『구약』과 『신약』의 통일성을 보여주었으며 사복음과 거의 모든 서신을 이단자 말시온의 성경과 대조하여 논증하는데 인용하였다.

그의 사상은 다른 변증가들의 사상처럼 철학적이지도 사변적이지도 않았고 사도 이래의 전통을 존중하고 신앙의 표준을 중히 여겼다. 그는 특히 사도들에 의해 보존된 로마 교회의 신앙과 사상이 모든 교회의 신앙 표준이 되어야 한다고 주장했다. 그는 그노시스파의 신관(神觀)에 반대하여 하나님은 자유 의지로 천지를 창조하신 유일한 아버지이심을 강조하였고 신의 피조물인 우주 역시 선한 것임을 강조하였다. 그리스도는 하나님께서 자기를 나타내신 로고스이며 그의 독생자라고 하였다. 성령은 성부에 대해 순종하는 위치에 서며 성자에 대해서도 그렇다고 했다.

이레니우스 신학의 특징이 가장 잘 나타난 부분은 예수님께서 단순한 선생이 아니라 구주이심을 밝힌 부분이다. 즉 주님은 이방종교의 교조들처럼 단지 선한 가르침을 베푼 분이 아니라 그 자신이 거룩한 가르침을 드러낼 수 있는 거룩한 하나님이셨다는 점을 강조했다. 즉 주님은 그의 가르침을 뒷받침할 수 있는 놀라운 인격과 권능을 소유한 분이었다는 것이다. 이레네우스가 본 그리스도의 사역의 중심은 그의 순종이었다. 인류는 바로 불순종으로 인해 타락하고 망하게 되었는데, 이것을 회복하기 위해 주님은 처음부터 끝까지 아버지의 뜻에 순종하셨다. 이로써 주님은 인류에게 순종의 본을 보이셨다.

주님은 인류의 머리로서 모든 인류를 자기 안에 포함하시고 십자가에서 죽으심으로써 인류를 구원하셨다. 이레네우스는 이러한 '그리스도로 말미암는 하나님과 사람의 화목' 에 대해 힘써 증거하였다. 이레네우스의 신학 사상의 중심은 이미 로고스가 아니고 성육신과 속죄에 있었다. 오랫동안 거의 잊혀있었던 바울의 신학은 이레네우스에 의해 다시 상기되었다.

영지주의를 반박한 이레네우스의 저작들은 초대교회 신학발전에 큰 영향을 주었으며, 지금까지도 로마 가톨릭과 정교회에서는 모두 그를 교부이자 성인으로 추앙하고 있다. 가톨릭 교의학의 아버지 또는 '교회 최초의 위대한 조직신학자' 라 불리는 이레니우스의 업적은 교회의 전통, 구속사, 『신구약』의 권위 등 여러 분야에서 찾을 수 있다. 그 중에서도 특히 당시의 교회를 위협하고 있던 이단 사상 영지주의를 철저하게 논박하고, 하나님의 구원섭리를 역사신학 안에서 진지하게 설정한 것과 『신약』을 『구약』과 같은 권위로 보면서 성경을 총체적으로 사용하여 해석한 점은 높이 평가받을 만하다.

이레니우스는 누구보다 더 사도적인 전통과 가르침을 강조하였다. 이런 교회의 전통에 대한 이레니우스의 호소는 정경형성과 깊은 관련을 갖는다. 이레니우스는 4복음서를 의심 없이 수용했는데, 이것은 4복음서가 이레니우스 시대 교회에서 일반적으로 받아들여졌음을 보여주는 것이다. 그가 최초의 역사 신학자로 평가 받는 이유는 그가 창조와 구속을 연장선상에 있는 것으로 이해함으로써 구속사라는 관점에서 『구약』과 『신약』을 통일시켰기 때문이다. 이런 그의 통시적인 역사 이해는 창조주와 그리스도의 아버지가 하나인 동시에 같은 하나님임을 확신하는데서 출발한 것이다.

성경에 대한 이레니우스의 접근은 테르툴리아누스나 혹은 오리게네스와는 완전히 다르다. 그의 근본적인 관점은 역사를 통해 그의 백성을 인도하시는 하나님 곧, 목자이신 하나님의 관점에서 본다는 점이다. 즉 성경은 이스라엘이라는 특정한 백성의 역사 속에 펼쳐지는 하나님의 역사를 증거 하기 때문에 그는 성경에 대한 알레고리적 해석을 철저히 배척한다. 이레니우스가 말하는 역사는 하나님께서 인류와 관계를 맺으시는 역사를 말한다. 이레니우스의 성경해석은 이와 같이 역사적이었다.

(2) 로마의 히폴리투스

히폴리투스(Hippolytus, 170-235)는 로마 교회의 신부로서, 학문이 뛰어난 인물이었다. 이미 유명세를 타고 있었기 때문에, 너나할 것 없이 인정하는 강력한 차기 교황 후보였다. 그러나 기대와는 달리 제피리누스 교황이 세상을 떠나자 칼리스투스 부제가 로마의 주교로 뽑혔다. 칼리스투스는 노예 출신의 부제로서 로마 성 밖에 있는 지하 공동묘지를 관리하던 사람이었다.

히폴리투스로서는 받아들이기 어려운 일이었다. 이때부터 히폴리투스는 끊임없이 칼리스투스의 사목 노선을 비판하면서 날카롭게 대립하게 된다. 칼리스투스 교황(217-222년 재위)은 참회 예식과 죄의 용서에 있어서 너그러운 태도를 취했다. 그러나 히폴리투스는 칼리스투스의 관용적인 태도를 못마땅하게 여긴 나머지, 교황이 교회의 규율을 흐트러뜨린다고 헐뜯으며 스스로 엄격주의 노선을 취하였다.

히폴리투스는 엄격한 참회 조건을 채우지 못한 신자들을 교회에 다시 받아들이는 것을 거부 하였다. 노아의 방주에는 더러운 짐승들이 없었듯이, 교회 안에도 죄인들이 들어올 수 없으며, 교회란 모름지기 '거룩하고 의로운 사람들' 만의 공동체여야 한다고 주장했다. 이 두 사람의 상반된 노선은 오늘날까지도 교회 안에서 줄기차게 흐르고 있는 엄격주의와 관용주의라는 두 물줄기의 원류(原流)가 되었다. 그러나 2000년 교회사에서 '거룩하고 순결한 사람들만의 교회' 를 주장한 엄격주의자들은 한결같이 이단이나 열교(裂敎)에 빠지고 말았다. 왜냐하면 예수께서는 죄인, 세리, 창녀, 병자들을 불러 모아 당신 교회를 세우셨기 때문이다.

히포리투스는 신학 논쟁과 교리논쟁을 좋아했던 신학자로서, 그는 교리에 대해 처음으로 신학적 · 철학적 작업을 시도한 로마의 사제였다. 그는 성 제피리누스가 교황으로 있는 동안(199경-217) 로마 교회를 이끌었다. 그는 성 제피리누스를 양태론자라고 비난했는데, 양태론자는 삼위일체가 모두 그리스도 안에 거한다고 생각하여 성부와 성자라는 이름은 동일 주체를 가리키는 다른 명칭에 지나지 않는다고 주장한 사람을 가리킨다. 히폴리투스는 삼위일체의 삼위를 구별하는 로고스 교리를 옹호했다. 그는 하나님을 개별적으로 존재하면서도 또한 복수로 있는 한 단위로 생각했다. 그는 윤리 면에서 보수적이어서 제피리누스의 후임자인 칼리스투스가 간음 같은 중대한 죄에까지 사죄를 내리는 조처를 취했을 때 분개했다. 이미 언급한 바와 같이, 그는 교회를 공의로운 자들만으로 이루어진 사회라고 생각했다.

불행하게도 히폴리투스는 논쟁에만 머물지 않고, 마침내 자신의 지지자들을 끌어 모아 교회를 세우고, 자기야말로 로마의 진짜 주교라고 주장하기에 이르렀다. 교회 역사상 처음으로 '대립 교황'이 탄생하는 순간이었다. 칼리스투스가 세상을 떠난 뒤에도, 로마 안에는 적어도 13년 이상 이른바 두 교황이 맞서고 있었다. 그러나 막시미누스 트락스 황제는 폰티아누스 교황(주후 230-235년 재위)과 히폴리투스 대립 교황(주후 217-235년 재위)을 둘 다 사르데냐 섬으로 귀양 보냈다. 그곳에서 폰티아누스와 화해하게 되어 자기를 지지하는 사람들에게 로마 교회와 결합하라고 권했다. 순교당하기 전 두 사람은 후임자로 성 안테루스(주후 235-236 재위)를 지목한 후 다 같이 교황의 자리를 내놓았고, 이로써 분열은 끝났다. 교황 성 파비아누스(주후 236-250 재위)는 엄숙하게 장례를 치르기 위해 두 사람의 시신을 로마로 가져오게 했다. 이 두 유해는 얼마 후 로마에 함께 옮겨져서 한 날 한 시에 서로 다른 장소에 묻혔다.

독창적인 신학자라고 볼 수 있는 히폴리투스는 부지런하고 박식한 편찬자였는데, 그의 저술들은 격분해서 논란을 벌이는 어조 때문에 글을 망치는 경우가 종종 있었다. 서방교회는 그가 분리주의자인데다 헬라어로 글을 썼기 때문에 곧 그를 잊어버렸다. 그의 가장 뛰어난 저술은 『이단에 대한 논박』이고 대표작은 『사도전승』이다. 이 책은 초세기 교회 생활, 특히 전례와 성직 계급에 관한 규정들을 담고 있는 교회 규정집이다. 예컨대, 오늘날 미사 때 사제가 드리는 감사기도는 바로 이 문헌에 보존되어 있다. 그밖에도 오늘날 사용하고 있는 주교, 사제, 부제서품 예식 기도문과 규정은 거의 히폴리투스의 『사도전승』에서 따온 것들이다.

이처럼 초세기 교회의 관행과 규정들을 고스란히 전해주고 있다는 점에서 이 책은 소중한 가치를 지닌다. 그러나 다른 한 편에서 보면, 『사도전승』은 예수께서 남겨주신 생생한 복음과, 예수께서 그토록 비난하셨던 율법주의를 뒤섞어버렸다고 할 수 있다. 다시 말하자면, 축복 예식에 관한 규정에서 "소출들, 곧 포도, 무화과, 석류, 올리브, 배, 사과, 오디, 복숭아, 버찌, 편도 열매, 자두는 축복할 것이나, 수박, 멜론, 참외, 양파, 마늘, 그리고 다른 채소들은 축복하지 말 것이다. 그리고 때때로 꽃들도 봉헌할 것이니, 장미와 백합은 봉헌하되 다른 것들은 봉헌하지 말 것이다"(32장) 라고 가르친 것들이 그런 예라 할 수다. 유대교의 율법주의 냄새가 진하게 풍기는 대목이 아닐 수 없다.

히폴리투스는 초기 교회생활을 담은 『사도전승』을 펴내어 로마 교회는 초기부터 다른 지역 교회들과 형제적인 친교를 이루면서 사랑과 일치의 구심점이 되어 왔다. 베드로와 바울 사도가 직접 로마에서 선교하였고, 마침내 그곳에서 순교했다는 사실 때문에, 로마 교회는 세상에 널리 퍼져 있는 모든 자매 교회들의 맏이 노릇을 하고 있었다. 히폴리투스도 자기의 스승 이레니우스와 마찬가지로 성경을 역사적으로 접근하려 하였다.

2) 알렉산드리아 학파의 대표교부들

아프리카 북부 나일 강 하류에 위치한 알렉산드리아는 로마제국

내의 제2의 번성한 도시였다. 주전 331년 알렉산드로스 대왕에 의해 건설된 아프리카와 아시아를 잇는 경제와 상업의 요충지요 국제적인 무역도시였던 알렉산드리아는 그 당시 백 만의 인구를 헤아리던 대도시였다. 이 도시는 아시아와 유럽에서 배로 몇 시간 거리밖에 되지 않으며, 이집트의 수도로서 사업이 번성했고 그리스와 유대교 학문이 발달했고, 모든 종교와 철학이 서로 만나는 길목이었다.

아테네의 뮤즈(Muses) 언덕을 본떠 만든 학당(museum)은 원래 프톨로메우스 궁의 경내에 있었는데, 학식 있는 이들과 철학자들이 모여들던 곳이었다. 그러다가 70만권이라고 하는 세상에서 가장 많은 장서를 갖춘 대학이 되었으나, 율리우스 카이사르가 포위하던 때에 불에 타고 말았다. 특별히 이곳에는 많은 부유한 헬라인들과 유대인들, 특히 모험심이 강한 상인들과 학자들, 그리고 철학자들이 모여 살았다. 당시의 유대인들은 알렉산드리아 전체 인구의 약 10%를 차지하고 있었다고 한다. 문화면에서는 로마보다 우월했던 이 도시에는 당시 세계 최대의 도서관으로 알려진 무제이온과 라페이온이 있었고, 또한 이곳에서는 로마제국 내의 지식과 지혜로 활발한 학문 활동이 펼쳐지고 있었다.

알렉산드리아에서 팔레스타인의 종교적인 삶과 그리스의 지성적 문화가 함께 만나 혼합되었고, 기독교신학의 첫 번째 학파가 형성되는 길이 준비되었다. 그리고 이 지역에 모여 살던 유대 랍비들은 헬레니즘 세계와 좀 더 잘 접촉하기 위해 『구약성경』을 헬라어로 번역하는 작업을 이곳에서 시도하였다. 전승에 따르면 이 랍비들의 수가 일흔 명이었기 때문에 이 헬라역본을 70인역 성경이라 부른다. 『70인역』을 통해 시작된 『구약성경』과 헬라사상과의 교류와 조화는 유다인 학자 필로에 의해 크게 발전하였다. 이로써 성경과 헬라 철학이 만나는 계기가 되었다.

이미 알렉산드리아는 이렇게 기독교를 받아들일 토양이 완비되어 있었다. 그곳에 교회가 세워진 직후부터 감독의 관할 하에 '교리문답 학교' 가 생겼다. 이 학교는 원래 세례를 받고자 하는 모든 계층의 이교들과 유대인들을 준비시킨다는 실제적인 목표로만 구상되었다. 그러나 그 도시는 필로의 신학과 영지주의 이단설, 그리고 신플라톤주의 철학이 태동한 곳이었던 까닭에, 그 학교는 곧 아주 자연스럽게 지적인 성격을 띠게 되었고, 동시에 일종의 신학교가 되어 감독들과 교사들을 양성하는 데 강한 영향을 끼쳤으며, 기독교 학문 발달에 크게 이바지했다. 처음에는 교사가 한 명뿐이었다가 그 후 여러 명이 교사로 있었으나, 고정된 급여가 없었고 건물도 따로 없었다. 비교적 부유한 학생들이 수업료를 냈지만 많은 경우 고사되었다. 교사들은 대체로 철학자들의 방식을 따라 자기들의 집에서 가르쳤다.[102)]

이 학교의 초대 교장은 180년경에 기독교 신앙으로 회심한 스토아 철학자 판타이누스(Pantaenus)였다. 그는 훗날 인도에 가서 선교를 했으며, 주석을 여러 권 남겼으나, 소수의 단편들을 제외하고는 남아 있지 않다. 그가 바로 클레멘스의 스승이었다. 이 알렉산드리아 출신들로서는 필로, 클레멘스, 오리게네스, 아다니시우스, 시릴(Cyril) 등이 있다. 이곳을 중심으로 형성된 알렉산드리아 학파는 철학과 문화에 대한 이해가 깊은 사람들로서 계시와 기독교와의 문화의 절충을 시도하였으며, 철학도 신적인 기원을 갖는다고 하여 이를 적극적으로 평가하였다. 이전의 변증교부들은 박해와 공격의 압박을 받는 입장에서 임시적이고 부분적인 해답을 제시하는 변증적, 논쟁적 저술들을 펴낸 반면에, 알렉산드리아의 신학자들은 보다 포괄적이고 전체적인 신앙 진리를 다루며 체계적인 신학저서들을 제시하는 선구자 역할을 담당했다.

그리고 알렉산드리아 학파의 교부들은 성경 본문의 문법적, 역사적 의미를 거부하지는 않았지만, 그런 의미를 여러 가능한 의미 가운데 하나에 불과하다고 여겼다. 정도의 차이는 있지만 모든 교부가 "히브리어 성경(『구약성경』)의 일부를 복음서 사건의 그림자와 예견으로 읽는" 모형론적 해석을 선택했다.[103] 교부들은 일반적으로 "성경의 인물과 사건이 추상적인 미덕이나 교리들을 대표하는 것으로 보는" 풍유적 해석을 받아들였다.[104] 알렉산드리아 학파를 대표하는 몇 교부들에 대해서 상론하면서 그들의 신학과 성경 해석을 살펴보겠다.

(1) 알렉산드리아의 클레멘스(클레멘트)

로마의 클레멘스와 구별하기 위하여 보통 알렉산드리아의 클레멘스라 부르는 판타이누스의 후계자였던 티투스 플라비우스 클레멘스(Titus Flavius Clemens, 150-215)는 아마 주후 150년경 그리스 아테네의 이교가정에서 태어난 것 같다. 영어로는 알렉산드리아의 클레멘트라고 한다. 클레멘스는 학구적인 사람으로서 기독교에 귀의하기 이전에 진리를 찾기 위해 시칠리아와 시리아, 팔레스타인 지역 등을 돌아다니면서 여러 방면의 훌륭한 교육을 받았고, 결국 주후 180년경에 알렉산드리아에 와서 판타이누스를 만나 그리스도교에 입문하게 되었다. 그는 판타이누스가 세운 교리문답학교의 학생으로서 배우다가 후에는 알렉산드리아 교회의 장로가 되었으며, 189년경에 판타이누스를 계승하여 그 도시의 교리문답학교의 교장이 되었다.

클레멘스는 주후 202년 셉티미우스 세베루스 황제 통치하의 박해 때문에 그곳을 탈출하지 않으면 안 되었는데, 그때까지는 계속해서 이방인의 회심과 그리스도인들의 교육을 위하여 그곳에서 일하였고, 탈출한 뒤로는 다시 그곳으로 돌아가질 않았다. 주후

211년에 클레멘스는 카파도키아 가이사랴에서 안티오키아로 감독의 서신을 전해주었고,[105] 그 이후 약 5년이 지나 세상을 떠났다.

클레멘스는 그 교리문답학교 교장으로 있는 동안, 진실하고도 논리적인 사고로 성경적인 학문과 헬라적인 철학을 철저히 결합시키면서, 그 학교에 독특한 영향을 끼쳤다. 그 때는 그노시즘의 전성시대였고, 클레멘스는 그리스도인의 완전함에 있어서 중요한 요소로 '그노시스' 즉 종교적 지식 또는 조명을 받아들인 면에서는 그노시즘과 의견을 같이 하였다. 그러나 그에게 있어서 '그노시스' 는 오직 교회의 신앙을 전제로 한 것이었다.[106]

클레멘스는 헬라문화의 언어와 사상적 범주를 빌려 교회의 전통과 권위를 재해석하고 영적인 진리들을 탐구함으로써 기독교가 반지성적인 종교가 아님을 입증하려고 하였다. 클레멘스에 따르면 유대인에게 율법이 주어졌듯이 헬라인들에게는 철학이 주어졌다. 그는 철학자들도 신의 직접적인 활동을 통해 마치 유대인들이 율법을 통해 받았던 것과 비슷한 양상으로 진리를 알게 된다고 주장했다.

클레멘스는 신앙과 이교철학은 서로 모순되는 것이 아니며, 오히려 모든 학문은 신학에 도움을 주고 기독교는 모든 이교학문의 영광이며 화환이라는 확신을 가지고 있었다. 이교철학과 기독교의 이러한 조화는 스승이신 그리스도께서 모든 인간의 이성 안에 역사하신다는 '로고스 신학' 에 기초를 두고 있다. 클레멘스는 이교학문을 거쳐 기독교의 진리에 이르게 되는 과정, 소위 회심의 세 단계에 상응하는 세 작품을 남겼다. 그는 이 세 작품을 체계적인 구조로 계획하였고, 이 가르침을 통해 그리스도교 신자를 어린이 같은 영적수준에서 완숙한 성인으로 지도하는 목적을 가지고 있었다. 그 세 작품은 곧 『그리스인들에게 주는 권고』(*Protrepticus ad graecos*), 『교육자』(*Paedagogus*), 및 『양탄자』(*Stromata*)다.

『그리스인들에게 주는 권고』는 12권으로 되어 있는데, 여기서 클레멘스는 이교문화로부터 기독교를 변호하고 있다. 그는 이방종교의 신비들과 그 의식들의 어리석음과 약함을 일방적으로 비난하는 동시에 우상숭배와 신화에 기반을 둔 이교사상의 맹목성과 부도덕성을 지적하면서 비판하고 있다. 여기까지가 제1부다. 제2부에서는 그리스도를 인류의 참된 교사로 부각시키면서 유아기에 불과한 이교사상에서 벗어나 기독교의 성숙한 진리의 품으로 돌아올 것을 권고하고 있다.

『교육자』는 3권으로 되어있는 데, 이 저서는 『그리스인들에게 주는 권고』의 속편이라 할 수 있다. 이 저서는 기독교에 귀의한 새 신자들이 합당하게 신자생활을 영위하는데 필요한 내용을 가르치고 있는 그리스도인들의 교리서다. 여기서 그리스도는 참된 교육자로, 신자들은 어린이들로 묘사된다. "어린이와 같은 우리에게는 교육자가 필요하다. 이처럼 온 인류는 예수를 필요로 한다"고 『교육자』라는 책에서 말하고 있다. 세례를 통해 하나님의 자녀가 된 신자들은 교회 안에서 참된 스승 되시는 로고스이신 그리스도로부터 가르침의 자양분을 받아 성장한다고 하였다.

『양탄자』 또는 『잡기』는 8권으로 되어있는 데, 이 저서는 일정한 순서 없이 마치 들판에 피어있는 여러 가지 색깔의 꽃들을 한 데 모은듯 여러 형태의 글들을 포함하고 있다. 양탄자란 이름이 붙여진 이유는, 마치 여러 색깔의 실들을 짜서 하나의 양탄자를 만들어낸다는 뜻에서, 매우 다양한 주제에 대해 다룬 여러 형태의 글들을 모아 만든 책에 붙여지는 당시의 관행 때문이다. 내용은 『구약』과 『신약』의 의미, 철학과 계시의 관계, 신앙과 인간의 운명에 관련된 문제들, 그리스도인의 혼인과 독신생활, 순교와 완덕, 하나님의 지식을 포함한다. 클레멘스는 기독교와 이교문학 즉 신앙과 철학의 관계를 비교하는데, 헬라철학의 유익성과 필요성을 말하면서도 신앙의 우위성을 역설하고 있다. 철학은 신학의 준비과정이며, 기독교 신앙은 참된 철학이라는 것이다.

클레멘스는 풍유적 해석방법을 성경해석의 주된 도구로 삼았다. 그는 하나님께서는 문자적 의미보다는 상징 혹은 풍유적인 의미를 통해서 말씀하신다고 믿고 있었다. 그에 의하면 성경의 유형은 비유적이기 때문에 예언의 거룩한 신비는 비유로 가려져 있으며, 선택받은 사람들을 위해 보존되고, 오로지 로고스로부터 특별한 조명을 받은 자들만이 이러한 지식을 얻을 수 있다고 생각했다.

이러한 사상은 당시의 소수의 선택받은 자들만이 가장 높은 지식을 이해할 수 있다는 신플라톤주의적인 사유를 반영하고 있다. 그러나 클레멘스가 성경의 문자적, 역사적 의미를 전적으로 배제한 것은 아니다. 그는 성경 본문이 문자적 의미와 영적의미를 동시에 가지고 있다고 말했다. 문자적 의미는 첫 번째 의미이며 풍유적 의미는 진보된 의미라고 생각했다. 철학과 신학, 이성과 신앙의 일치에 관한 클레멘스의 관심은 그의 로고스론 즉 말씀론에서 두드러진다. 로고스는 그에게 철학과 성경을 연결시키는 접촉점이었다.

클레멘스의 그리스도론에서는 무엇보다도 그리스도의 이중적 본성과 실재성을 강조하면서 신적 지혜와 로고스, 로고스와 성육신한 그리스도를 하나이면서 동일한 존재로 인정하고 있다. 로고스와 아버지를 영원한 존재로 동등하게 여기면서, 동시에 로고스를 하나님의 표현할 수 없는 통일성과 우주의 다양성 사이에 있는 중간자로 묘사하고 있다.

클레멘스에 따르면 로고스의 첫 번째 존재 단계는 하나님의 이성 혹은 지혜였다. 두 번째 단계는 신적 이성으로부터 유출된 구별된 존재였으며, 감각세계의 창조자요 모든 피조된 것들의 원리였다. 셋째 단계는 세계의 혼이다. 즉 로고스는 모든 지식과 모든 피조물의 근거라는 것이다. 인간의 언어로 형언할 수 없는 존재인 하나님은 로고스를 통해 우리에게 계시된다고 하였다. "샛별이 있기 전에, 즉 태초에 로고스가 계셨는데, 이 로고스가 하나님과 함께 하셨으니, 이 로고스는 곧 하나님이시다." 이 신적 로고스는 궁극적인 시작이요, 만물의 원리이며 원칙이라고 한다. 모든 시작이 그로 말미암지만 하나님과 로고스는 구별되는 동시에 하나인 존재라는 것이다. 아들인 로고스는 아버지 안에 있으며, 아버지는 아들 안에 있는 동시에 하나님은 아들의 아버지가 되신다.

로고스는 하나님으로부터 산출되었고 성육신 때에 예수의 육체에 들어가셨다. 로고스는 예수 그리스도 안에서 육화되었다. 이 신적 로고스는 헬라인에게는 철학을, 유대인에게는 율법을 주셨다고 한다. 이 철학과 율법은 우리를 그리스도 곧 성육신하신 로고스에게 인도하는 몽학선생(蒙學先生)[107]이다. 선지자들과 철학자들이 아는 모든 진리는 실제로 이 로고스로부터 유래된 것이다. 요컨대 말씀은 교육자로서, 성부께서는 말씀이신 성자께 온 인류를 맡기셔서 진리를 계시하게 하셨다.

클레멘스는 예수의 지상생활에 대해서 별 관심을 갖지 않았다. 그는 로고스가 인성을 입어 그리스도의 몸과 영이 다 같이 인간이 되었음을 의심하지 않았지만, 그의 신학은 형이상학적 수준에 머물러 있었다. 그는 사실상 정상적인 인간으로서의 그리스도의 인성에 대한 신학적인 중요성을 간과하고 있었다. 로고스가 역사적으로 성육했다는 것은 인정하면서도, 강한 가현적 개념을 가지고 있었다. 예를 들어 예수께서 음식을 잡수신 것은 삶의 에너지를 얻기 위한 것이 아니라 그와 함께 하신 자들이 이상한 생각을 갖지 않도록 하기 위함이라고 말한다. 클레멘스는 그리스도교인들에게 철학에 대한 개방적인 태도를 취하도록 촉구하기 위해 로고스를 주축으로 하는 그리스도론을 사용했다. 그의 이런 로고스 그리스도론은 불완전한 것이었지만, 동방의 로고스 그리스도론 발전에 영향을 미쳤다.

이 로고스가 클레멘스의 성경해석과 신론, 그리고 역사관의 구심점이 되어 있다. 결론적으로, 클레멘스의 신학의 핵심은 현대적인 용어를 빌린다면 그리스도론이라고 할 수 있고, 초대교회적인 의미로 표현한다면 로고스론이다. 이 로고스론은 헬라철학과 성경을 연결하는 교량이며 역사는 전체적으로 통일시켜주는 원리이고 또한 『신구약』을 총체적으로 연결시켜주는 근본원리가 된다. 헬라적인 특징과 성경적인 특징이 분명한 구분 없이 한데 어울려 마치 현대판 종교 다원주의를 제창하는 것처럼 보이지만, 그럼에도 불구하고 클레멘스의 사고 속에서는 헬라철학의 중요성을 무시하지 않으면서 기독교의 유일성을 제창하려는 내면적인 노력이 엿보인다. 정확히 표현한다면 클레멘스는 기독교 진리를 축으로 하여 헬라 철학을 끌어들여 조화시키려고 했던 것이다. 이런 클레멘스의 기독교 사상의 방법론은 오리게네스 신학의 원형이 되기도 하였다. 결국 클레멘스가 강조하려고 한 것은 신앙이란 지식의 토대위에 세워져야 한다는 것이었고, 성경과 헬라철학, 신앙과 이성을 연결시켜 성경을 해석하여야 한다는 것이었다. 클레멘스는 모든 성경은 신비한 상징적 언어로 말하기 때문에 풍유적 해석이 요구된다고 주장했다. 그러나 그는 이러한 방법에 대한 조직적인 의견을 제시하지는 않았다.

(2) 풍유적 성경해석의 대표자 오리게네스(오리겐)

오리게네스(Origenes, 185-254)는 주후 185년 알렉산드리아의 아주 열심 있는 한 그리스도인 가정에서 태어났다. 철저한 신앙 교육과 세속 교육을 받은 그는 플로티누스의 스승이던 철학자 암모니우스 사카스 문하에서 배우며 철학적으로도 괄목할 만한 소양을 쌓았다. 주후 202년에 오리게네스는 그의 아버지 레오니데스(Leonides)가 순교로 생을 마감한 이후 생계를 위해 문법학교를 열어 큰 성공을 거두었으며, 당시 알렉산드리아 주교 데메트리우스에게 발탁되어 예비신자들의 교리 교육에도 헌신하게 되었다.

'알렉산드리아 교리학교' 는 그의 명성으로 말미암아 크게 부흥하여 수업과목을 배로 늘려야할 정도였다. 오리게네스는 원래 그가 가르치던 하급반은 친구에게 넘겨주고 상급반만을 가르치게 되었는데, 그의 제자들로 하여금 우선 고전 공부 과정을 거치게 함으로써 성경과 신학의 체계적 연구에 접근할 수 있게 하였다.[108] 로마의 요르다니아, 팔레스티나의 카이사리아 등을 두루 다니며 가르침을 펴기도 했는데(215-220), 바로 이것이 관할 주교 데메트리우스의 심기를 불편하게 하였다. 그가 아직 평신도라는 점을 들어 문제 삼으려 하자 체사레아의 주교가 오리게네스를 사제로 서품하였다. 이후 알렉산드리아로 돌아왔을 때 데메트리우스는 그의 사제직이 무효라고 선언하고 파문과 함께 유배를 명하였다. 이에 오리게네스는 카이사레아로 피신하여 거기서 알렉산드리아의 교리 학교와 유사한 학교를 설립하고 설교와 성경 주석의 두 소임을 수행하였다. 주후 250년 데치우스 황제 박해 때 붙잡혀 옥살이를 하며 모진 고문을 당하였는데, 결국 이 고문의 후유증으로 세상을 떠나게 되었다. 이렇게 해서 이 위대한 인물이 어릴 적부터 키워오던 순교의 꿈은 사실상 이루어지게 된 셈이었다.

그는 고대에 있어서 기독교 안팎을 막론하고 가장 많은 저술을 남긴 사람으로 평가받는다. 그러나 사후에 벌어진 소위 '오리게네스주의 논쟁' 의 여파로 불행히도 많은 저술이 조직적으로 파괴되고 말았다. 살아남은 그의 작품들 중 일부만이 헬라어로 전해오고 있으며, 많은 분량이 루피누스 등의 라틴어 번역본으로 전해져온다. 엄청난 분량의 저술은 철학과 신학, 영적 생활 등 그가 손대지 않은 분야가 거의 없었다는 사실을 잘 보여주고 있다.

그는 믿기 어려울 정도의 지식과 엄청난 창의력을 동시에 갖춘, 참으로 희귀한 역량의 대신학자였다. 주후 215년에서 220년 사이에 그는 영지주의에서 기독교로 귀의한 암브로시우스라는 인물의 요청을 받고 네 권으로 구성된 『원리론』(*De Principiis*)을 썼다. 이 책은 모든 면에 있어서 토마스 데 아퀴나스의 『신학대전』(*Summa Theologiae*)의 선구가 된다. 이 작품은 젊은 시절에 씌어진 것인데, 부분적으로 지나치게 대담한 가설들이 들어있어서 사후에 박해를 받는 원인이 되기도 했다. 그러나 사실상 그의 작품은 전적으로 성경에 토대를 두고 '신앙 규칙'(regula fidei)에 충실하였다는 사실을 잊지 말아야 한다. 그리고 성경주석으로서는 『헥사플라』(Hexapla)라고 하는 작품이 있는데, 6개국번역을 대조한 책이다. 그는 이 본문들 중 하나를 여리고 가까운 동굴에서 발견하였다고 말하고 있는데, 이것은 오늘날 최대의 발굴인 사해문서 중 일부가 아닌가하고 추측한다. 이것은 현재 전해지지는 않는데, 150년 후의 제로무스가 카이사리아(Caesarea, 가이사랴)의 교회도서관에서 이 번역본을 사용할 수 있었다고 말한다.

수없이 많은 그의 저서들 가운데 현재까지 남은 것은 그리 많지 않지만 그 가운데 들어 있는 가설들은 너무나 과감해서 앞에서 이미 언급한 대로 심한 비난과 박해의 원인이 되기도 하였다. 예컨대 영혼선재설 같은 것이 그런 것들 중의 하나라 할 수 있다. 그러나 이 가설은 교의적 주장의 성격을 지녔다기보다는, 어떻게 하면 말씀을 자기 시대의 언어로 전할 수 있을까하고 고민하는 신학자로서 마땅히 해야 할 신학적 실험 내지 훈련의 성격을 띤 것으로 볼 수도 있다.

이렇게 그는 놀라운 지식을 가지고 있었고, 단지 허약한 지식인으로만 머문 사람은 결코 아니었다. 그의 저술 곳곳에 드러나는 탁월한 영적 통찰력은 이미 깊은 영적 체험을 전제로 하는 것이었다. 그가 즐겨 사도 바울의 표현을 빌어서 말했듯이, 오직 영적인 사람만이 영적인 것을 이해할 수 있는 것이다. 그의 말대로라면 그는 영적인 사람이었으므로 영적인 것을 이해할 수가 있었다. 뿐만 아니라 그는 "평생 금욕적인 생활을 했다. 꼭 필요하지 않은 이 세상의 물건은 버리는 것이 그의 원칙이었다. 학생들이 가져오는 선물을 받지 않았고, 구주의 명령에 문자 그대로 순종하여서 겉옷도 한 벌만 가지고 지냈고 신발도 한 켤레 이상 소지 하지 않았으며, 내일 일을 염려하지 않았다. 어지간해서는 고기를 먹지 않았고 술을 입에 대지도 않았다. 밤 시간은 대부분 기도와 연구로 보냈고, 잠은 맨바닥에서 잤다. 그뿐 아니라 금욕적 성결을 이루려는 청년의 열정으로 심지어 스스로 거세하는 행위까지 감행했다. … 그는 나이가 들어 생각이 원숙해진 뒤에 하나님 앞에 회개했으나 이러한 경솔하고 그릇된 영웅주의로 인해 교회법에 따라 성직자가 되지 못했다. 그럴지라도 오랜 뒤인 주후 228년에 그는 두 명의 친숙한 감독들인 예루살렘의 알렉산드로스와 팔레스타인 카이사리아의 테옥티스투스에 의해 장로로 임명되었다. 이들은 그 전에도 오리게네스가 평신도였을 때도 자기들의 교회로 초빙하여 성경을 강해달라고 부탁했었다."[109] 그러나 교회법을 어겨 가면서까지 장로로 안수를 받은 데다, 그의 명성이 이교사회와 기독교 사회에서 점차 커지자 알렉산드리아 감독 데메트리우스가 그를 시기하여 교회법을 어긴 죄목으로 장로직과 교리문답 교사직을 박탈한 뒤 출교했다. 이렇게 해서 그는 그를 시샘한 성직자들의 희생물이 되었던 것이다. 그는 알렉산드리아에서는 쫓겨났지만 외국에서는 교회의 신앙을 지도하는 교사로 인정을 받았다.

권성수 교수에 따르면 "오리게네스는 사본비평의 창시자이고 설교들을 통해 대중 강해 유형을 설정하였으며, 스콜리아(scholia)를 통해 여백 설명의 귀감을 보여주었고, 주석들을 통해 교회 최초의 연석주석을 제공하는 등, 그의 성경지식과 성경해석에 대한 기여는 타의 추종을 불허할 정도이다. '헬라철학에서 소크라테스의 영향처럼, 교회사에서 오리게네스의 영향은 수많은 상이한 사상의 흐름들의 분수령이다.' 그는 특별히 문법적 풍유적 해석의 시초라고 할 수 있다."[110)]

성경을 하나님의 영감의 기록으로 보고 풀이한 오리게네스의 성경해석학은 풍유화(allegoric system)로 요약될 수 있다.[111)] 풍유적 해석의 시초는 이미 언급한 대로 알렉산드리아의 필로다. 필로는 성경해석을 문자적 해석과 영적 해석으로 구분하였는데, 그는 성경의 문자적 의미를 무가치하다고 생각하지 않고 다만 이해의 미숙한 수준이라고 생각했다. 그러므로 문자적 의미가 성경의 '몸'(體)이라면, 풍유적 의미는 성경의 '혼'(魂)이라고 할 수 있다는 것이다. 따라서 문자는 미숙한 자를 위해 있는 것이고, 풍유는 성숙한 자를 위해 있는 것이라 할 수 있다. 필로는 풍유적 해석의 시초고 오리게네스는 알렉산드리아 학파의 성경해석을 대표하는 사람이라 할 수 있다.

이 풍유적 해석은 문자나 명백한 사실 아래에 그 구절의 진의가 따로 있다고 믿는 해석이다. 풍유적 해석이 추구하는 것은 성경에 기록된 이야기나 내용의 배후에 숨겨져 있는 의미를 캐내어 교회의 교리가 성경에 일치한다는 것을 재확인하고, 이로써 그 교회의 교리를 성경적으로 뒷받침하면서 교리와 성경으로부터 신앙과 신앙적 삶의 지침을 얻어내는 데 있다.

오리게네스는 모든 것을 문자적으로만 해석하면 하나님을 모독하거나 모순을 일으킬 수 있다고 보았다. 예컨대, 신인 동형적 표현들(anthropomorphism)을 문자적으로만 해석하면 하나님을 육체적인 하나님으로 설명하는 꼴이 될 뿐 아니라 많은 『구약』 기사들이 비도덕적인 것으로 치부될 수가 있다. 노아의 폭음, 야곱의 처들과 첩들, 유다에 대한 다말의 유혹, 탐식에 대한 금지 규정 등이 바로 그런 것들이라 할 수 있다. 『구약성경』을 지나칠 정도로 문자적으로 해석함으로써 많은 장애물들이 초래된다는 사실 때문에 오리게네스는 성경을 읽으면서 보다 깊은 의미를 파악하려 하였다. 오리게네스가 성경해석에 사용한 방법은 정신이 육신적인 차원에서 영적인 차원으로 비상하는 아나고게(anagoge) 곧 상승이었다.

평신도들에게 있어서는 문자적 의미가 그대로 성경의 의미로 받아들여질 수 있지만, 사실상 성경은 영적인 책이므로, 그 의미는 성경을 영해함으로써 비로소 발견될 수가 있다고 한다. 오리게네스는 이와 같이 풍유적 해석을 가장 크게 옹호한 사람인데, 그는 성경의 드러난 측면과 감추어진 측면을 그의 『원리론』에서 다음과 같이 설명하였다. "그렇다면 우리는 성경이 하나님의 영으로 만들어졌으며, 성경에는 드러난 의미뿐 아니라 대부분의 사람들과 관련해서 감추어진 의미도 있음을 믿는다. 묘사된 것이 어떤 성례의 형태이며, 신적인 것들의 반영이기 때문이다. 이것에 관해 보편적 교회는 모든 율법이 영적이라는데 의견을 같이 한다. 하지만 율법이 무엇으로 가득 차 있는지가 모든 사람에게 알려진 것은 아니다. 지혜와 지식의 말씀 가운데 성령의 은혜를 받은 사람에게만 알려져 있다."[112)]

오리게네스가 풍유적인 해석을 처음으로 주장한 사람은 아니지만 성경 본문의 문자적 해석은 이해할 수 없거나 자기 모순적이라는 주장을 하였다. 특히 문자적으로 보면 『구약성경』에 나타난 하나님의 행위와 특성이 하나님답지 못해 보이는 경우가 많다. 예를 들어, 「여호수아서」에서 여리고 성에 있는 남녀노소를 모두 죽이라는 하나님의 명령을 어떻게 보아야 하겠는가 하는 것이다. 그래서 켈리는 알렉산드리아 교부들이 풍유적 해석을 택한다고 하였다.

"알렉산드리아 사람들은 하나님께서 그와 같은 일을 요구하시리라고 믿을 수 없었다. 그래서 여리고 백성은 우리의 죄를 나타낸다고 보았다. 그리고 하나님께서는 가장 작은 죄까지도 없애기를 원하신다고 보았다. 오늘날 이 해석은 억지처럼 들릴 것이다. 하지만 3세기 주석가가 보기에, 문자적 해석은 야만적이고, 풍유적 해석은 하나님을 자비로운 분이 되게 한다. 이 두 가지 해석 가운데 한 가지를 결정해야 했을 때, 풍유적 해석이 그리스도인을 위해 성경을 구하는 길이었다."[113)]

오리게네스는 성경 본문의 세 가지 수준 즉 자구적 의미와 윤리적 의미 및 영적 의미를 두 가지로 줄이고 있는데, 바로 자구적 의미와 영적 의미이다. 문자는 필수불가결한 것으로 본문과 본문 해석을 떠받치는 지주와도 같은 역할을 하지만, 숨어 있는 의미 곧 본문에서 영감을 주신 성령께서 일러 주시는 의미, 영적 의미를 담고 있는 것이다. 이 영성적 해석을 통해, 우리는 『구약성경』을 그리스도의 빛으로 비추어 읽으면서, 『구약성경』을 『신약』의 예언으로 알아듣게 된다. 그는 나아가 『신약성경』 안에서는 장차 천국에서 누릴 축복의 약속을 발견하게 된다고 주장하였다.[114)]

이와 같이, 영적인 의미를 바로 알기 위해서는 풍유적 해석 방법이 필요했다. 그는 풍유적적 방법을 사용하여 성경의 모든 부분에서 영적 의미를 발견할 수 있었고, 이를 통하여 복음의 어리석음을 제거하고 복음서를 지혜서로 영화롭게 할 수 있었다. 이런 성경해석방법들이 두 계층에 대응되는데, 단순한 계층과 군중들은 독단에 의존하고 그들의 비합리적 신앙과 함께 문자적 의미를 고수한다. 그들은 창조주 하나님에 대해서는 말하지만 그를 열등하고 부정한 사람으로서 생각한다. 그들은 심판에 관한 성경말씀을 문자적으로 이해하고 순수한 의미로는 이해하지 않는다. 그리고 그들을 그리스도인으로 만든 것은 오직 심판에 대한 두려움뿐이다. 이것은 그리스도가 명령한 것과 같이 성경의 영적 내용을 이해하는 것을 배우고 찾는 교양 있는 신자들을 나타내기 위한 낮은 계획이다. 그리하여 좀 더 높은 수준의 신자들은 그리스도가 평지에서 환자들을 치료하였지만 제자들을 데리고 산에 올라가신 이유를 이해하며 그리스도를 더 이상 의사로서가 아니라 선생으로 받아들인다. 기독교는 권위에 근거한 믿음과 심판의 두려움으로 죄에서 돌아섬으로부터 시작한다.

그 다음에 더 높은 단계 즉 이해하고 조망하는 단계가 따라온다. 그는 이 더 높은 단계를 본질적으로 지적인 것으로 생각했다. 이러한 그의 성경해석방법은 알렉산드리아의 후대의 신학자들과 팔레스타인의 교부들, 카파도키아의 교부들, 그리고 암브로시우스, 초기의 제로무스, 그리고 아우구스티누스에게까지도 영향을 미쳐 이 방법을 수용하여 사용토록 했다. 그러나 주후 4-5세기경 이런 풍유적 해석에 대한 강한 반발이 일어났는데, 그 중심지는 안티오키아였다.

한편 오리게네스는 플라톤주의적 특성을 지닌 하나님에 대한 사고로부터 그의 신학이 시작되었다. 오리게네스는 하나님을 논함에 있어서 삼위라는 단어를 자주 사용했다. 이로써 후일 삼위일체 교리의 발전에 기여했다. 오늘날과 같이 하나님의 '위'(位)의 개념이 명확하지 않은 시대에 그는 하나님은 성부, 성자, 성령의 삼위일체라고 주장했다. 이 주장은 그의 스승인 클레멘스의 로고스 그리스도론에 대한 직접적인 반응이었다. 그러나 이것은 로고스가 성부에게서 산출되었다는 스승의 유출설적인 해석을 거부한 것이었다. 그는 성부의 비물질적인 속성을 신체적으로 구분하는 것은 어리석은 일이라고 말했다. 그는 성부와 성자의 통일성과 유기적 연합을 강조하였으며, 성자도 성부와 더불어 영원하며 본질적으로 신적이라고 주장했다. 오리게네스의 신학을 탐구하고 사색을 즐겨하는 사람이었다. 클레멘스가 신앙가요 사상가였다면 오리게네스는 조직 신학자였다고 말할 수 있다.

기독교신학의 발전과정에 있어서 오리게네스는 빠질 수가 없는 인물이다. 그의 신학의 방법론과 무엇보다도 당시의 일반사상과의 기독교와의 연관성을 통해 기독교를 체계화시킨 점은 높이 살 만하다. 우리는 그의 사상 속에서 그 이후 계속적으로 기독교의 안과 밖에서 논쟁되어 왔던 거의 모든 신학적 문제들을 접할 수가 있다. 이러한 점에서 그는 최초의 기독교 학문적 신학사상가라고 불릴만하다. 또한 그의 뜨거운 신앙과 학문에의 열정, 그리고 그리스도에 대한 헌신은 우리의 눈길을 돌리지 못하도록 잡아두는 매력을 지니고 있다. 한편 그는 당시의 플라톤사상에 너무 깊이 빠져들어 가서 성경으로 돌아와 세상의 모든 학문과 사상에 대하여 담대하게 대항하지 못하였다. 결국 그는 많은 업적과 매력에도 불구하고 이단으로 정죄 받고 말았다.

3) 안티오키아 학파의 대표교부들

안티오키아(수리아 안디옥)는 지중해에서 약 32km 내륙에 있는 오론테스 강 하구에 위치해 있으며, 1939년 이래 터키 남부 하타이주의 중심도시 역할을 하고 있다. 주전 300년 그리스인이 건설했으며, 셀레우코스 왕국의 중심지로서 번영을 누리다가 주전 64년 로마에 넘어가 시리아 속주의 수도가 되었다. 안티오키아는 주후 1세기에 로마 제국 안에서 로마와 알렉산드리아에 이어 인구 약 50만에 달하는 큰 도시였던 것으로 알려져 있다. 지역의 위치상 안티오키아는 동서 문화가 혼합되어 상존했으며 전체 인구 중 칠분의 일 정도가 유대인들로 구성되었다. 주후 37-41년에는 칼리굴라(Caligula) 통치 아래에서 많은 유대인들이 학살당했던 무서운 도시로도 알려져 있다. 안티오키아 고고학 박물관에는 로마 모자이크 바닥이 남아있고, 실피우스(Silpius) 산 정상에는 감히 접근할 수 없는 어마어마한 망대가 있는데, 그 뒤에 와서 그 망대는 몇 번이나 재건되었다.

예수 당시에는 로마의 제3도시였고 스데반이 순교를 당할 때에 신도가 사방으로 흩어졌다가 이 성으로 들어온 사람들이 교회를 설립하였는데, 이것이 곧 이방 교회의 시초가 되었다. 이 교회를 보통 안티오키아 교회라 한다. 이 안티오키아는 경제적으로 윤택하여 사도 바울이 선교여행도중 반드시 들려서 가는 선교의 거점이었다. 이곳은 가장 유서 깊은 기독교 신앙전통을 지닌 곳으로서 다른 공동체를 도와주는 공헌을 남긴 곳이기도 하다.

성경 시대 이후에도 상당 기간 동안 안티오키아는 기독교의 중요한 근거지였다. 2세기에는 이그나티우스와 테오필로스, 3-4세기에는 요한 크리소스토무스와 테오도루스 등 유명한 지도자들에 의해 지도되었다. 그래서 안티오키아는 알렉산드리아와 로마와 함께 중요한 신학적 본산이 되었다. 안티오키아 학파(Antiochia School)는 소아시아의 안티오키아를 중심으로 형성된 학파로서, 알렉산드리아 학파의 풍유적 해석과 사색적 기풍에 반발하여 문자적이며 역사적인 해석과 실제적인 신앙을 주장하면서 형성되기 시작했다.

안티오키아 학파에서는 역사적 사실에 비중을 두고 과도한 영성주의를 비현실적이며 부정적 의미로 보아 비판하면서 성경의 문자적 의미에 더 치중하였고, 그곳의 일반학교에서도 본문 비판과 문자적 역사적 연구와 수사학을 장려하였다. 그래서 성경본문의 문자와 역사 문법적 의미에 더 중점을 두었으며, 안티오키아 학파의 성경 해석은 예형론에 더 가까워서 오늘날에도 찬사를 받고 있다. 그러나 안티오키아는 성경본문을 영적으로 보아 성경의 신비적 의미도 받아들였다. 특히 본문의 사실이 영적 실재를 보여주고자 하는 역사성에서 시작하여, 역사적인 문자적 의미를 배제하지 않고 오히려 그 본문이 말하고자 하는 신비적 의미를 도출해냈다. 이들은 당시의 교회로부터는 널리 환영받지 못했지만, 성경을 편파적으로 왜곡하는 풍토에 경종을 울렸고, 본문 자체의 의미를 중시했던 태도는 높이 살만하다. 안티오키아 학파는 알렉산드리아 학파와 쌍벽을 이루며 발전해갔는데, 결국 나중에는 라틴 교부인 제로무스를 통해 그 맥을 이어갈 정도로 그 영향력은 잠재되어 있었다.

알렉산드리아 학파는 풍유적 방법을 주로 사용하였으며 플라톤이 주장한 '보이는 것은 보이지 않는 것의 반영' 이라는 철학을 취하고 있었으나, 안티오키아 학파는 아리스토텔레스의 철학을 취하고 있어서 '눈에 보이는 것의 역사성' 을 중요시하였다. 안티오키아 학파는 성경의 모든 단어가 그리스도의 삶에서 의미 있는 것이며 성경본문의 사실적, 역사적 측면이 성경해석의 시작이라고 보고 있다. 그러나 두 학파는 서로 보완관계를 이루었고 그 결과는 아우구스티누스(Augustinus)에게서 나타난다. 안티오키아 학파를 대표하는 크리소스토무스와 제로무스에 대해서 고찰해 보겠다.

(1) 황금의 입을 가진 명설교가 크리소스토무스(크리소스톰)

안티오키아 학파의 시초는 흔히 크리소스토무스(Chrysostomus, 347-407)부터라고 본다. 크리소스토무스는 주후 347년 경 시리아 안티오키아 지방에서 고급장교였던 아버지 세쿤투스의 아들로 태어나 미망인이 된 어머니 안투사(Anthusa) 밑에서 그리스도교도로 양육 받았다. 그는 신앙이 좋은 어머니에게서 경건훈련을 받았다. 20살에 과부가 된 안투사는 미모가 뛰어났고 상당한 교양이 있었다. 따라서 많은 구혼자들로부터 재혼해 줄 것을 부탁받았다. 그 당시 황제도 안투사가 자신의 고관과 결혼해 주기를 기대했다는 기록이 있다. 그러나 안투사는 모든 청혼을 거절하고, 오로지 어린 크리소스토무스를 키우는 데 헌신하여, 아들에게 최상의 훈련을 받게 하였다. 이렇게 그녀는 아들에게 기독교 신앙을 철저하게 가르쳤고, 가장 훌륭한 교사 문하에 들어가도록 주선했다.

그는 어머니의 뜻에 따라 법학을 공부하기 위해 안드라가티우스에게서 철학을 배우고, 유명한 궤변가 리바니우스에게서 수사학을 배웠다. 그 당시 멜레티우스 감독은 이 청년을 주목하게 되었고, 그의 성품에 매료되어 계속하여 교분을 가졌다. 크리소스토무스는 3년 간 멜레티우스 감독의 성례 시중을 들어 준 후 성경 낭독자가 되었다. 이때부터 그는 타르수스의 디오도루스로부터 신학 수업을 받았다. 그로부터 금욕주의적인 삶을 배우면서 세상을 등지고 수도원에 가려고 했다. 그러나 홀어머니의 반대로 인해 집에 머물렀지만, 수도사적인 삶을 살았다. 목숨만 부지될 정도의 음식을 먹고, 맨바닥에서 잤으며, 삶의 대부분을 명상과 기도로 보냈다. 주후 374년 어머니가 돌아가시자 크리소스토무스는 남쪽 지역의 한 산 속으로 들어가, 나이 많은 늙은 은둔수도사와 4년을 보냈고, 홀로 동굴 속에서 2년을 더 보내면서 그리스도의 언약에 대해서 공부하였다. 2년 동안 그는 밤낮으로 한 번도 누운 적이 없었다고 한다. 그의 위장 기관들은 거의 죽은 것과 다름이 없었고, 그의 신장도 추위로 인하여 제 기능을 다하지 못했다고 한다. 자기 스스로 몸을 돌볼 수 없게 되어 결국 그는 안티오키아로 돌아와 어느 정도 건강을 되찾게 되자 부제로 서임되어 5년간 일하였다. 그는 가난한 사람과 부요한 사람 등 많은 사람들과 접했고, 교회의 실상도 익히게 되었다. 주후 381년에 그는 집사 안수를 받았고, 가난한 대중과 접촉하면서 무엇을 설교해야할 것인지 깨달았다. 그로부터 5년 뒤인 39세가 되었을 때(주후 386년) 안티오키아 교회의 장로 겸 수석 설교자로 임명받아 본격적으로 설교를 시작했다.

이 때 그의 명성을 높여 주었던 한 사건이 터졌다. 그것은 과다한 세금 문제로 안티오키아 시내에서 폭동이 일어났었는데, 흥분한 안티오키아 시민들은 황제와 황후의 동상을 부수면서 격렬한 항의를 벌였다. 그러나 황제 데오도시우스(Theodosius)의 분노가 두려운 나머지, 안티오키아 감독 플라비안은 진상조사단을 꾸려 콘스탄티노플로 떠났다. 이 기간 동안, 크리소스토무스는 석상(石像)에 대한 21편의 유명한 설교를 했는데, 그 내용이 얼마나 시의에 적절하고 진실했든지, 지대한 효과를 거두었다. 이 설교는 오늘날도 그의 천재적인 설교자로서의 모범으로 남아있을 정도다. 플라비안 감독의 부재로 크리소스토무스는 설교자요 목회자인 동시에 한 시민으로서의 모든 재능들을 발휘하여 안티오키아 시민들의 두려움을 안심시켰다. 그는 무엇보다 심각하게 침체된 영혼들을 회복시키려고 애썼다. 그가 강단에서 쏟아내는 황금 줄기 같은 설교를 듣고자 수많은 사람들이 구름 떼 같이 모여들었다.

회중들은 그의 설교를 들으면서 온갖 영적 체험을 경험했고, 안티오키아의 고통을 묘사할 때는 마음이 녹아내려 눈물을 흘리는가 하면, 그의 격려에 크나큰 자극도 받았다. 특히 회중들은 황제의 너그러움을 상기시키는 동시에 플라비안 감독이 임무를 잘 수행할 것이므로, 무엇보다 하나님을 신뢰하고 평안을 가지라는 그의 말씀에 영혼의 활력을 되찾았다고 한다.

이처럼 이 시기의 크리소스토무스는 가장 인기 있고, 탁월한 설교자로 명성을 얻었다. 그가 설교할 때면 교회는 그의 설교를 들으려는 회중들로 가득했다. 그의 강해설교가 절정에 이르렀을 때 회중들은 자발적으로 박수갈채를 보냈지만, 그는 습관적으로 이런 박수갈채를 싫어했다. 안티오키아 교인들은 크리소스토무스를 누구보다도 사랑했다. 많은 사람들로부터 존경을 받고, 설교자로서의 명성을 드높였으며, 많은 설교와 주석을 기록하기도 했다.

주후 397년에 콘스탄티노플의 대주교인 넥타리우스(Nectarius)가 죽자, 후임으로 크리소스토무스가 선임되었다. 그러나 크리소스토무스는 동방 기독교의 노른자위를 차지할 마음이 없었고, 안티오키아 교인들도 위대한 설교자가 떠나는 것을 원치 않았다. 하지만 제국의 지도자들은 명성이 자자한 크리소스토무스를 콘스탄티노플로 납치하듯 데려갔다. 안티오키아에서는 그를 놓아주지 않으려 애썼지만, 전격적인 조치로 콘스탄티노플 대감독으로 전임되었다.

콘스탄티노플에서의 첫 시작은 만사가 순탄하였다. 이곳 사람들도 그의 설교에 감명을 받았다. 그는 금욕적인 삶을 살면서, 많은 수입을 구제와 다른 경건한 일에 사용하였지만, 콘스탄티노플은 정치적인 술수와 교직의 타락이 난무하는 도시였다. 이러한 상황을 알게 된 크리소스토무스는 부패하고 타락한 수하의 성직자들을 한 치의 용서도 없이 치리하는 동시에 사회 개혁을 촉구하였다. 콘스탄티노플의 성도들을 향하여 늘 도덕적이고 검소한 삶을 살아갈 것을 설교하자 크리소스토무스의 개혁에 반대자들이 등장하였다. 일부 부패한 성직자와 알렉산더의 데오빌로 주교 및 황후 유독시아는 크리소스토무스를 모함하여 추방령을 내렸다.

이러한 상황을 알게 된 콘스탄티노플 시민들은 분노했다. 위대한 설교자를 잃은 백성들은 울분을 갖고 궁전을 습격하면서 그의 귀환을 요구했다. 안티오키아 시민들은 운집하여 "우리의 감독을 돌려 달라. 우리는 우리의 감독을 모시겠다. '황금의 입' 이 닫히는 것보다 태양의 빛이 가려지길!" 이라고 외쳤다. 때마침 거센 지진이 일어나 왕궁을 강타하자, 이를 하나님의 분노라고 해석한 황후는 당황하여 크리소스토무스를 다시 불러들였다.

복귀 후, 처음에는 황후와 우호적인 관계를 유지했지만, 두 달 만에 그 우호적인 관계는 깨지고 말았다. 예배당 근처에서 벌어진 황후 유독시아의 은상(銀像) 헌당식을 기념하는 외설적인 행사와 춤을 크리소스토무스는 방관할 수 없었다. 그가 이를 비판했을 때 둘 사이의 관계는 다시금 악화의 일로로 치닫게 되었다. 결국 그의 재 추방이 결의되었는데, 결국 주후 404년, 부활절 저녁예배 때 그가 황실 사제들과 더불어 세례를 베풀려고 대상자들을 욕조에 소집했을 때 군인들이 들이닥쳤다. 그러자 예식은 중단되었고, 크리소스토무스는 추방되기에 이르렀다. 크리소스토무스가 교회 일에 지속적인 영향력을 미치는 것을 두려워한 세력들은 그를 흑해 지방으로 추방해 버렸던 것이다.

이처럼 크리소스토무스는 제국의 교회에 만연한 부패와 사치를 개혁하는 한편, 기독교 이상을 구현하려는 소명에 충실하고자 애썼다. 그의 태도는 교회 당국이나 제국의 권력과 잦은 충돌을 일으켰고, 결국은 반대파들에 의해 추방당하게 되었다. 크리소스토무스는 위대한 설교자로서 세속적이고 정치적인 일에는 관심이 없었다. 오로지 하나님의 말씀을 전하고, 전한 말씀대로 살아가려고 노력했다. 만약 그가 정치적인 야심이 있었다면 그를 따르는 민중의 힘을 사용해서 황후 유독시아와 전면전을 치를 수도 있었다. 그러나 그는 정치가가 아니라 설교자였다. 그렇기 때문에 크리소스토무스는 위대한 영성을 가지고 하나님의 말씀을 능력 있게 선포하는 위대한 정치가가 아닌 설교자가 될 수 있었다.

이렇게 추방된 크리소스토무스는 카파도키아와 아르메니아의 경계선 가까이에 있는 쿠쿠수스에서 생활했다. 이곳에서 설교할 수는 없었지만, 친구들과 서신을 왕래하면서 양떼를 돌보는 일과 자선사업과 전도를 하였다. 크리소스토무스가 유배를 떠나자 수많은 지역에서 지지자들이 나타났다. 로마 감독 이노센트(Innocent)를 비롯한 여러 사람들의 입가에 그의 이야기가 오르내리자, 적대 세력들은 크리소스토무스를 쿠쿠수스에서 흑해의 피티우스라는 새로운 유배지로 이송시켰다.

오랜 수도 생활과 금욕 생활을 통하여 건강을 상실한 크리소스토무스는, 장기간에 걸친 추방생활을 견딜 수 없는 상태가 되었다. 유배지로 향하던 중, 하나님의 부르심을 깨닫고 크리소스토무스는 인근 교회당으로 옮겨줄 것을 부탁했다. 그는 이곳에서 성찬을 받고 주위를 둘러싼 이들에게 작별을 고했다. 그리고 전 생애에 걸쳐서 가장 짧으면서도 가장 뛰어난 "모든 일에 하나님께 영광을 돌리라. 아멘" 이라는 설교를 했다. 그의 삶은 수많은 사람들에게 그리스도인으로서의 삶의 모범을 제시했다. 하나님의 말씀을 서슴없이 외치고, 세상과 타협하지 않는 메시지를 선포한 것이 원인이 되어, 유배의 길을 떠났던 크리소스토무스의 피곤한 육신은 폭염 아래 쓰러져 하나님께로 옮겨졌다. 그때가 주후 407년이었다. 바르지 못한 교권주의자들과 시기심으로 불타는 동료 설교자들은 그들의 권위와 안일을 위하여 크리소스토무스를 영원히 추방해버리는, 씻을 수 없는 죄를 범하고 만 것이다.

크리소스토무스는 사변적인 사상가도, 조직적인 신학자도 아니었다. 그는 본질적으로 목회자요, 설교자요, 개혁자였기에 많은 설교가 보존되어 있다. 그 속에는 서신이나 논문, 성례전에 관한 예식서들도 포함되어 있다. 그는 안티오키아 학파의 학자들 중에서 가장 많은 저서를 남겼는데, 그의 작품들은 신학적으로도 높은 가치를 지니고 있을 뿐 아니라, 당시 교회의 정치, 사회, 문화 연구에 중요한 사료가 된다. 크리소스토무스의 저서들은 대략 네 가지로 분류할 수 있다.

첫째는 도덕과 성직자의 사역을 포함한 수도생활과 금욕 생활에 대한 논문들이 있다. 이 분야의 논문에는 '사제직에 관하여', '참회에 관하여', '재혼에 반대하여', '세례 지원자에 대한 교훈' 등이 있다. 주후 386년에 저술한 '사제직에 관하여'는 목회에 대해 지극히 높은 표준을 제시한 책들이 포함되어 있다. 이는 그의 작품 중 가장 널리 알려졌으며 전 세계적으로 가장 많이 번역되어 출판된 책들이다.

둘째는 600여개의 설교와 주석들이다. 현존하는 그의 설교는 약 『구약』 133편, 『신약』 477편, 도합 610편 정도다. 여기에다 독립된 성경 대목에 대한 설교를 추가할 수 있다. 그의 설교와 강론은 두 가지 형태로 전해오는데, 하나는 초고 형식으로, 속기사들이 그의 설교를 들으면서 직접 기록한 것이고, 다른 하나는 후대 사람들이 이 초고를 다듬어서 일관성 있게 재편집한 것들이다. 크리소스토무스는 전례축일이나 특별한 기회에 맞추어 『신구약 성경』에 어떤 제목을 발췌하여 강론한 경우가 있는가 하면, 신자들의 교육을 위해 성경을 처음부터 연달아 강론한 것도 있다.

셋째는 교리적인 저술들이 있다. 그는 유대인과 이방인이 반대한 그리스도가 하나님임을 증명했다. 예언의 성취로 말미암아 드러난 그리스도의 신적 메시아성을 증명한 것이다.

넷째는 크리소스토무스의 서신들이 있다. 그의 서신은 236편인데, 이것들은 22차 유배기인 주후 404-407년 사이에 씌여진 것들로서, 자신의 유배로 인해 혼란과 어려움을 겪고 있는 콘스탄티노플 교회의 성도들에게 보낸 짧고 간결한 편지들이다.

크리소스토무스는 그의 성격을 반영하듯이 성경해석에 있어서는 알렉산드리아의 풍유적인 성경해석을 반대하였다. 성경 저자가 말하는 바를 그대로 전하지 않았고, 이는 해석자의 자의적인 주장만을 하게 된다는 이유에서였다. 따라서 저자의 의미가 무시되는 풍유적 해석은 지양되어야 하며, 문자적이고 역사적인 해석을 해야 한다는 주장을 하였다. 즉, 본문의 최초 의미를 중요하게 생각한 것이다.

그는 성경 어디에나 비유로 표현되었을 경우에는 그 비유에 대하여 성경 자신이 해설을 하고 있다고 하면서, 비유로 표현되지 않은 본문에서 억지로 비유를 찾으려하는 것은 어리석다고 하였다. 그러나 크리소스토무스는 융통성 없는 문자주의를 말하지는 않았고, 대신에 본문의 원의미를 발견하는 역사적인 해석을 말하였다. 지나치게 문자 그대로 해석을 하는 문자주의로는 성경 저자의 원뜻을 정확하게 알 수 없기는 마찬가지다. 왜냐하면 성경을 기록하면서 문자 그대로의 의미로만 표현했을 리는 없기 때문이다.

따라서 그는 성경에 나타난 비유들을 풍유법 대신 모형론(Typology)으로 해결하려고 하였다. 양자 사이에는 어떤 유사성이 있다고 생각할지 모르나 사실은 전혀 다른 태도를 가진 해석방법들이다. 즉 풍유법이 제시하는 비유적 상관관계가 해석자의 개인적 신앙과 상상력에 의하여 의루어진다면, 모형론은 역사적 사실을 통하여 어떠한 상관관계를 객관적으로 입증하려는 태도이다. 아무튼 풍유적 해석이 압도적으로 유행하던 시대에 그 위험성을 경고하고, 성경 본문의 최초 의미를 찾는 일의 중요성을 강조하는 동시에 역사적 해석과 모형론으로 성경을 바르게 이해하려고 노력한 크리소스토무스의 공로는 크다고 하겠다.

(2) 몹수에스티아의 주교 테오도루스

몹수에스티아의 테오도루스(Theodorus of Mopsuestia, 350-428)는 주후 350년경 안티오키아에서 태어난 것 같다. 당시 가장 위대한 성경 해석자이며 안티오키아 학파의 영적 지도자로 인정된다. 그는 부유한 집안에서 자라난 유명한 소피스트였으며 수사학자인 이교도 리바니우스 밑에서 공부했다. 주후 369년 크리소스토무스의 영향을 받아 금욕주의자가 되었다. 테오도루스가 스무 살 때 요한 크리소스토무스를 알게 되는데, 그 이후로도 오랫동안 서로를 평생지기로 생각하며 우정을 나누었다. 그들은 함께 타르수스의 디오도루스가 세운 학교에 다녔다.

테오도루스는 한 동안 결혼과 독신 가운데 어느 길을 가야 할지 결정하지 못한 채 신학 공부를 마쳤지만, 학교를 다니는 동안 큰 내적 위기는 겪지 않았다. 그가 이 학교에서 배운 공부는 그의 영적 삶과 성경주석 방법에 도움이 되었다. 테오도루스는 주후 381년 사제가 되었고, 주후 386년부터 몇 년간 타르수스에 머물다가, 주후 392년에 올림피우스의 뒤를 이어 킬리키아에 있는 몹수에스티아의 주교로 임명되었다. 그는 정통신학의 수호자로서 특별히 성경주석 분야에서 명성을 얻었고, 안티오키아의 가장 위대한 스승으로 존경받았다.

36년 동안 주교로 있으면서 당시 동로마 교회에 전염병처럼 번지던 신학논쟁에 가담했으며, 주후 402년 또는 403년에 저작활동을 시작하여 안티오키아 학파의 주요대변인이 되었다. 그는 주의 만찬, 니케아 신조, 성례전, 성경 대부분의 책들에 대해 주석서를 썼다. 또한 성령, 성육신, 제사장직, 주석 방법, 신학논쟁, 수도원주의 등 신학적이고 실천적인 문제에 대한 글도 썼다. 그의 작품들은 지금의 터키 우르파인 에데사에서 시리아어로 번역됨으로써 표준이 되었다. 그는 해석가로서 전례 없는 비평적인 기준들을 사용했다.

테오도루스의 전기를 다룬 진술은 별로 없지만 그가 저술한 작품들은 매우 많다. 그는 성경의 거의 모든 책을 주석하여 안티오키아 학파의 가장 저명한 성경주석가로 이름이 났으며, 페르시아 교회에서는 성경을 주석하지 않은 네스토리우스와 더불어 가장 중요한 신학자로 손꼽힌다.

테오도루스의 성경해석 방법은 근본적으로 스승 디오도루스의 방법을 계승하면서 그 방법을 정확하게 규정하고 심화시켰다. 그에 따르면, 인류사는 크게 두 시기로 발전하여 왔는데 그 중간 시기가 그리스도의 육화된 시기라 한다. 따라서 『구약성경』은 당시의 역사적 상황에 따라 해석해야 한다는 것이다. 그리고 그리스도의 도래를 준비하는 경우에 역사적 상황은 예형론적 의미를 지니게 된다는 것이다. 그렇지만 예형론적 해석에는 다음과 같은 세 가지 기준이 적용되어야 한다고 했다. 즉 첫째로 『구약성경』과 『신약성경』의 사건들이 비교될 수 있어야 하고, 둘째로 사건들은 『구약성경』 안에서 구체적인 구원의 힘을 지녀야 하며, 셋째로 그 사건들은 『신약성경』의 사실성에 적합해야 한다는 것이다.

『구약성경』, 특히 예언서에 관한 테오도루스의 역사적 · 문법적 성경주석은 알렉산드리아 학파의 알레고리 해석과 상반되는 것으로 이해되지만 성경의 예형론적 고찰을 결코 배제하지 않았다. 예형론적 해석에 있어서 율법서와 예언서의 역사적 실재는 미래의 구원사건에 대한 암시를 내포하고 있기 때문에 역사적 의미도 강조된다. 예를 들면, 모세가 뱀의 재앙 때 구리 뱀을 기둥에 단(민 21: 4-9) 사건을 그리스도가 십자가에 매달리는 예형으로 해석할 수 있다고 한 것 같은 것이다. 그러나 알렉산드리아 학파의 풍유적 방법으로 해석한다면 『구약』의 역사적 사건은 그 의미를 갖지 못하게 되는 반면, 안티오키아 학파의 해석은 『구약』의 역사적 사건도 구원사적 의미를 갖게 된다.

이 시기에 있어서 테오도루스만큼 그리스도론 발전에 기여한 사람은 없다고 해도 과언이 아닐 것이다. 테오도루스는 그리스도론을 펼치면서도 교회의 전통을 충실히 따랐다. 그는 그리스도 안에 내재하는 인성의 완전성을 매우 강조하였다. 이러한 배후에는 그리스도는 참으로 인간이 되신 우리의 형제라는 것이 깔려 있다. 다시 말해 그리스도의 신성만 강조하면 우리가 그를 따르는 경건성에 의미가 없어진다는 것이다.

테오도루스는 에페소스(Ephesus)공의회(주후 431년)가 정죄한 바 있는 콘스탄티노플의 총대주교 네스토리우스에 동조하는 네스토리우스 교회, 즉 '동방의 교회'에 큰 영향을 끼쳤다. 안티오키아 학파를 추종하던 네스토리우스 교회는 테오도루스를 가리켜 '해석자'라고 했으며, 그를 모든 신앙 문제에서 가장 큰 권위자로 여겼다. 테오도루스가 죽자 알렉산드리아 학파의 지원을 받은 논쟁이 절정에 달했다. 칼케돈 공의회(주후 451년)는 그리스도의 인성론에 대한 견해를 옹호했지만 제2차 콘스탄티노플 공의회(주후 553년)는 테오도루스의 견해와 저작을 단죄했다. 주후 484년 페르시아 공의회가 그를 올바른 믿음의 수호자로 인정한 뒤부터 동방교회는 테오도루스의 신학에 동조했고, 그 이래로 네스토리우스파가 되었다.

그러나 영향력 있는 일부 라틴 신학자들은 테오도루스를 결코 네스토리우스 이전의 네스토리우스주의자로 보지 않았으며, 테오도루스의 작품에서 엿보이는 일부 미숙한 표현에도 아랑곳하지 않고 교의사적 가치를 인정하고 있다. 두 사람의 헬라 신학자, 몹수에스티아의 테오도루스와 알렉산드리아의 키릴루스(Cyrilus, 주후 375경-444년)는 그리스도가 어떻게 신인 동시에 사람일 수 있는가에 대해 영향력 있는 대안적 견해를 제시했다.

테오도루스의 작품들은 거의 사라졌고, 시리아어로 번역된 『교리설교』(*Homiliae Catecheticae*)만이 남아 있다. 성경주석 작품들 가운데서도 남아 있는 것은 매우 단편적인데, 이 속에서 테오도루스는 그의 완전한 정통성과 엄격한 방법론을 보여주고 있으며, 『구약성경』을 해석하는 데는 균형 잡힌 예형론을 사용하고 있음도 드러내 보여주고 있다.[115] 몹수에스티아의 테오도루스는 오리게네스 이후 가장 위대한 성경해석학자로서, 오리게네스의 비유적 성경해석방법에 대해서는 좋게 생각하지 않았으며 오히려 그것을 배척하기까지 했다. 그는 주목할 만한 안티오키아 주석가로서, 알렉산드리아 학파와 그들의 풍유적 해석에 의존하는 것에는 문제가 있다고 확신했지만, 역사적 · 문자적 해석만을 고집한 것은 아니었다. 특히 『구약성경』을 해석할 때는 모형론 또는 예형론적인 의미를 모두 인정하였다.[116]

(3) 스트리돈의 히에로니무스

제롬(Jerome) 또는 제로무스(Jeromus)로 더 알려진 그의 원이름은 라틴어로 유세비우스 히에로니무스(Eusebius Hieronymus, 주후 340-420)다. 주후 340년경 지금의 슬로베니아 류블랴나 근처인 듯한 스트리돈 지방의 부유한 기독교 가정에서 태어나 최고의 학교 교육을 받았다. 12세에 로마로 유학해 문법, 수사학, 철학을 공부했다. 라틴 문학에 매료된 진지한 학자로서 지하묘지인 카타콤 집회에 자주 참석했고, 주후 366년경 로마 유학을 마칠 무렵 교황 리베리우스에게 세례를 받은 것으로 보인다. 젊은 날 로마로 가서 공부를 하며 그곳의 자유를 마음껏 누리고 키케로 등 라틴 정신에 사로잡혀 살다가, 회심하여 기독교인이 되고난 후 철저히 금욕적인 삶을 살게 되었다.

수도승 생활을 향한 열망으로 말미암아 그는 몇몇 친구들과 함께 아퀼레이아로 갔고, 시리아의 칼키스 사막에서 살기 위하여 그곳을 떠나 처음으로 동방을 향하여 떠난다(주후 375-377). 그러나 시리아에서 다른 수도승들과 불화를 일으켜 한동안 안티오키아에 머문다. 그는 안티오키아식 성경주석방법을 거부하다가 나중에는 그 방법을 따르게 된다. 안티오키아를 떠나 콘스탄티노플에 가서 나지안주스의 그레고리우스를 만나게 되는데, 그는 히에로니무스로 하여금 오리게네스에게 열광하게 만든다.

나지안주스의 그레고리우스의 열렬한 제자였던 그는 주후 381년 콘스탄티노플 공의회에 참석하여 니사의 그레고리우스와 신학자 이코니움의 암필로키우스와도 알게 되었다. 이들의 영향으로 헬라어 실력을 쌓았고, 오리게네스의 주석에 대해 점점 더 감탄하게 되었으며, 오리게네스의 『구약성경』 설교들 가운데 14편을 라틴어로 번역했다. 또한 콘스탄티노플에서는 교회사가 유세비우스의 『연대기』(*Chronicon*)를 번역하기 시작하여 주후 378년에 마쳤다.

그러나 생애 말기에 가장 결정적인 영향을 끼친 것은 교황 다마수스의 비서가 되어 로마로 돌아온 일이었다(주후 382-385). 로마에서 성경연구를 계속하면서 금욕생활을 보급했고, 다마수스의 요청으로 간단한 해석학 논문들을 쓰고 오리게네스의 「아가」 설교 2편을 번역했다. 더욱 중요한 것은 우수한 헬라어 사본들을 토대로 옛 라틴어 복음서 역본들을 자기 방식대로 개정한 일과 70인역의 몇몇 사본을 토대로 「시편」의 옛 라틴어 역본을 처음 개정한 일이다.

히에로니무스가 마지막 34년 동안 팔레스타인에서 남긴 문학 유산은 당대의 논쟁들, 성경에 대한 열정, 수도원 생활의 산물이다. 당시에는 다양한 논쟁들이 벌어졌다. 이단에 반대한 주교 에피파니우스의 선동으로 동방에서 일어난 반(反)오리게네스 운동의 영향을 받아 오리게네스의 견해에 반대하게 되었을 뿐만 아니라 친구들이었던 예루살렘 주교 요한네스와 루피누스에 대해서도 반대하게 되었다. 성 아우구스티누스와 처음 편지를 주고받는 가운데 이 아프리카 사람이 자신의 성경 관련저서들을 혹평한 데 대해 화를 냄으로써 서로에 대한 존경에 상처를 입힐 뻔했다. 주후 392년 또는 393년에 이교도들의 이교문화에 대한 자부심에 맞서기 위해 기독교 저자들의 목록인 『유명한 사람들에 관하여』(*De viris illustribus*)를 썼다. 또한 처녀성과 혼인의 동등성을 주장한 수사 요비니아누스에 반박하기 위하여 쓴 신랄한 논쟁서 『요비니아누스를 반박함』(*Adversus Jovinianum*)(주후 393)도 냈다. 이 책은 대부분 명쾌한데, 지나치게 거칠고 때로는 혼인을 쓸데없이 모질게 다루고 있는 책으로서 2-3세기의 대표적인 신학자 테르툴리아누스의 영향을 크게 받아서 쓴 것이 아닌가 한다. 사제 비길란티우스에 반박하는 동시에 수도원주의와 성직자 독신주의 및 순교자 숭배와 관련된 특정 의식들을 옹호한 『비길란티우스를 반박함』(*Contra Vigilantium*)이라는 책을 주후 406년에 썼다. 펠라기우스 문제는 이 이단설을 주장한 저자가 직접 나타남으로써 로마에서 팔레스타인으로 넘어가게 되었고, 히에로니무스는 주후 415년에 이에 대하여 뛰어난 논쟁서인 『펠라기우스를 반박하는 대화』(*Dialogi contra Pelagianos*) 3권을 썼는데, 가공의 질문자들을 등장시키는 방법을 사용함으로써 자신의 주장을 객관화했다.

베들레헴에서 성경제작 작업을 하는 성경학자들에게 크게 도움이 되는 2권의 저서들을 썼는데, 유세비우스의 책을 번역 각색한 『지명에 관한 책』(*Liber locorum*)이라는 팔레스타인 지명들에 관한 저서와 히브리어 성경에 나오는 인물들을 가공적인 어원 및 출처와 함께 알파벳 순서로 소개한 『히브리 인명 해석서』(*Liber interpretationis Hebraicorum nominum*)가 그것들이다. 오리게네스의 『헥사플라』에 기초하여 70인역의 옛 라틴어 역본을 꾸준히 개정한 결과, 「전도서」, 「잠언」, 「아가」, 「역대기 상」, 「역대기 하」,

「욥기」를 개정하게 되었고, 「시편」에 대한 로마 개정본에 오리게네스의 발음부호들을 덧붙였다. 주후 391-406년에 원문을 토대로 『구약성경』 라틴어 역본을 제작했는데, 도구들이 매우 빈약했고, 또한 이 작업과정에서 받은 반발을 고려하면 주목할 만한 업적이었다. 베들레헴 주석들에서는 때로 성급한 집필과 전임자들에 대한 지나친 의존 및 풍유적 해석에 대한 편애 등이 드러나고 있다. 『창세기의 히브리어 문제들에 관한 책』(*Liber Hebraicarum quaestionum in Genesim*)에서는 지리, 어원, 랍비 전승을 주로 다루고 있으며, 「시편」에 대한 짧은 해설서들과 「시편」10-16편에 대한 더욱 학문적인 해설서들도 썼다. 주후 387년경에 낸 「전도서」 주석은 히브리 본문을 사용한 최초의 라틴어 주석이라는 점에서 해석학의 표본이 된다. 대표적인 주석은 아마 『구약성경』의 예언서들일 것이다. 『신약성서』에 대해서는 「마태복음」을 문자적 의미를 강조하여 해설했고, 사도 바울로의 편지 4편 「빌레몬」, 「갈라디아서」, 「에베소서」, 「디도서」를 풍유적 해석법을 강조하여 해석했으며, 주후 304년경에 순교한 라틴 해석학자 현재 오스트리아인 페타우의 주교였던 빅토리누스가 장차 그리스도가 재림해서 1,000년 동안 그의 추종자들과 함께 다스릴 것이라는 천년지복설(千年至福說)에 근거하여 쓴 「요한계시록」의 주석을 개작했다.

히에로니무스는 초대 교회의 가장 뛰어난 학자 중 한 사람으로 평가 받는다. 그의 업적 중에서 가장 중요한 것은 불가타(*Vulgata*) 라틴어 번역인데, 히브리어와 헬라어에 정통한 그가 심혈을 기울여 라틴어로 번역한 것이다. 그는 아타나시우스의 27권 성경 목록을 그대로 따라 자신의 라틴 역본에서 제시했고, 정경과 외경을 명백히 분리하여야 할 것을 주장하여 얼마 후에 히포(주후 393년)와 카르타고(주후 397년) 공의회에서 현재와 같은 27권의 정경의 목록을 확정하는데 토대를 마련하였다. 그는 성경 번역 뿐 아니라,

오리게네스와 유세비우스 같은 헬라 교부들의 책들도 라틴어로 옮겨서 보급하는데 힘을 썼다. 그가 남긴 서한들은 초대 교회 역사 연구에 중요한 자료로 이용되고 있다. 뿐만 아니라 그는 아리우스주의, 펠라기우스주의, 오리게네스주의 등도 비판하였다.

성경해석에 있어서는 스승이었던 그레고리우스의 영향으로 알렉산드리아 학파의 풍유적 해석에 어느 정도 영향 받았으나, 실제로는 안티오키아 학파의 영향을 더 많이 받았다. 따라서 초창기에는 풍유적 해석을 하였으나 점차 역사적인 해석으로 바뀌어갔으며, 이는 그의 성경 번역에 그대로 반영되었다. 그러나 다중적 의미를 찾는 풍유적 해석을 완전히 버렸다고는 할 수는 없고, 문자주의와 풍유적 해석을 조화시키려고 노력하면서 그 사이를 왔다 갔다 했다고 보아야 옳은 것이다.

4) 북아프리카 학파의 대표교부들

북아프리카의 초대 교회를 이해하려면 예수님 이전의 북아프리카 상황을 이해하는 것이 도움이 될 것이다. 북아프리카에는 본래 원주민인 아마지(Amazigh) 민족이 유구한 역사 속에서 거주하고 있었다. 주전 1,100년 즈음부터는 지금의 레바논 요르단 지역의 페니키아 상인들이 북아프리카 전역에 걸쳐 무역을 통해 진출하기 시작하였다. 페니키아인들은 항아리, 유기, 목재, 과일 등을 북아프리카 정주민인 아마지인들에게 판매하고 아마지인들은 양, 말, 양모, 금속기구들을 페니키아인들에게 판매하였다. 이 시기에 석류, 포도 및 무화과 묘목 등이 북아프리카로 전해진 것으로 보인다. 주전 1,000년경부터는 카르타고에 페니키아인들 다수가 정착하여 살기 시작하였으며 가장 번성하였을 당시, 즉 주전 146년경에는 인구가 25만 명에 이르기도 하였다.

지금의 리비아 북부에 위치한 카르타고는 로마와 가까운 지리적인 이점 때문에, 일찍부터 교통과 무역이 발달한 도시었는데, 주전 146년경에 이곳으로 로마가 진출하였다. 로마의 카르타고로의 진출은 북아프리카에 커다란 변화를 가져다 주었다. 카르타고는 완전히 폐허로 변해 버렸고 페니키아인의 무역 상인들은 더 이상 찾아볼 수 없었다. 리비아, 튀니지, 알제리, 모로코의 연안 도시들은 직접 로마와 교류를 하기 시작하였다. 정치, 경제, 문화 모든 면에서 로마의 직접적인 영향을 받지 않을 수 없었다. 기원전후에 건설된 튀니지의 로마 유적지, 주후 200년경 모로코 볼리빌리스, 라밧 등지에 건축된 로마 유적지에서는 그 당시의 왕성하였던 로마의 화려함을 엿볼 수 있다. 하지만 로마에서 강하게 강조하였던 황제 숭배 사상은 북아프리카인의 종교적 풍습까지 완전히 바꾸어 놓지는 못하였다. 아마지인들의 태양숭배, 어린이 제물 풍습은 이곳에 복음이 들어오기까지 지속되고 있었다.

북아프리카에 복음이 전해진 것은 예수님 당시 예수께서 골고다 언덕길을 올라가실 때 십자가를 대신 졌던 '구레네 시몬' 이 했을 것이라고 전해지고 있다. '구레네' 는 현재의 리비아 지역이다. 사도행전 2장에 오순절 성령의 역사 이후 각 지방에서 모여든 성도들 가운데는 북아프리카에서 온 자들도 있었던 것으로 보아 기독교가 순식간에 북아프리카에도 전파 되었던 것을 알 수 있다. 특히 예루살렘 교회에 강력한 핍박이 있자 성도들은 소아시아와 북아프리카로 흩어진 것으로 여겨진다. 12사도 중 요한은 에페소스(에베소)에 정착하여 초대 교회를 이끌었고, 도마는 인도에서 복음을 증거하였다. 마가는 이집트 알렉산드리아에 교회를 세웠다. 마침내 사도 바울이 그들에게 합세하면서부터는 지중해 연안의 여러 지방에 기독교가 뿌리를 내리게 되었다.

기독교를 유대교에서 결정적으로 분리시켜, 인종과 지역을 초월한 세계종교로 발전시킨 것은 사도 바울이었다. 바울은 로마 시민권을 가진 엄격한 유대교도로서, 처음에는 기독교도 박해의 선두에서 활약하였으나, 마침내 결정적 계기에 의해 기독교 신앙으로 회심한 이후에는 열렬한 선교활동을 벌였다. 그의 전도 대상은 유대인들뿐만 아니라 여러 이방인도 포함하였다. 그리하여 기독교는 유대민족의 범주를 벗어나 지중해 연안의 종교로, 세계종교로 확장되기에 이르렀다.

초기의 복음 전파자들이 선교 사역을 효과적으로 감당할 수 있었던 이유들로는 로마의 통치로 인해 이루어진 동일 제도권 안에서 살 수 있었다는 것과 제국의 공용이었던 헬라어를 사용하였다는 것, 그리고 복음을 전파하는 일에 공공장소로 크게 사용되었던 유대인들의 회당이 있었음을 꼽을 수 있다. 이외의 몇 가지 다른 요소들을 말한다면, 복음 전도자들의 복음에 대한 헌신과 열정, 개인적인 신앙 체험, 죽음을 두려워하지 않는 담대한 믿음, 그리고 초기 기독교 변증가들의 논리적인 신앙 변화들을 들 수 있을 것이다. 그 중에서도 위대한 교부들의 출현과 그들의 헌신적인 주님을 섬기는 사역, 그들이 남긴 기독교 역사에 길이 남을 신앙적 모범과 신학적 성취, 선교에 대한 열정 등은 오늘날 기독교가 세계종교로 자리매김을 할 수 있도록 크게 공헌하였다. 특히 소아시아 지역의 교회들에 비해 상대적으로 역사적 기록이 남아있지 않은 알렉산드리아와 북아프리카에 전파되었던 기독교는 초기 기독교에 커다란 영향력을 발휘하였다. 테르툴리아누스(Tertullianus, 주후 169-230)와 키푸리아누스 (Cyprianus, 주후 200-258), 그리고 암브로시우스(Ambrosius, 주후 337-397-)와 히포의 주교였던 아우구스티누스(Augustinus, 주후 354-430)등이 북아프리카 학파의 대표적인 교부들이라 할 수 있다.

테르툴리아누스가 이 북아프리카 학파의 대표다. 알렉산드리아 교부들은 대개 헬라 철학에 정통한 사람들인데 비해, 북아프리카 학파 교부들 혹은 라틴교부라고도 불리는 이 교부들은 대개 법률, 정치 등의 사회과학적인 교양을 갖춘 사람들이라는 점에서 차이가 있다. 라틴 교부들은 알렉산드리아와 안티오키아의 헬라학파 교부들이 지나치게 철학적 사고를 통하여 신학 연구를 하는 것에 반발하면서, 전통 중심의 라틴 신학을 형성하였다. 그러므로 알렉산드리아 신학은 기독교가 지니고 있는 형이상학적 진리의 특성을 잘 설명한 데 비해, 라틴 신학은 기독교의 역사적 사건과 그것에 근거하는 계시와 그 계시에서 나온 교회를 매개로 하여 전승되어 내려오고 있다는 사실을 분명히 하였다.

물론 북아프리카 학파는 신학에서 헬라 철학을 배격하려고 노력하였지만 완전히 배제할 수는 없었다. 왜냐하면 무엇인가를 깊이 생각하는 그 자체가 바로 철학이었으며, 기독교의 가르침에 간단하고 명료한 내용만 있는 것은 아니므로 깊이 있는 신학연구를 위해 때로는 철학의 도움이 필요한 경우가 있었기 때문이다. 그러나 그들이 철학과 신앙을 분리시키고자 노력한 것만은 틀림없다.

라틴 교부들은 헬라 교부들이 헬라어로 기록한 것에 비하여 라틴어로 저술하였으며, 이들에 의해서 주도된 학풍은 북아프리카를 본거지로 하였기 때문에 북아프리카 학파(North-Africa School)라고도 부른다. 이들은 나중에 서방 교회의 신학 형성에 많은 영향을 미치게 된다. 교리적으로는 동방 교회와 입장을 달리하지만, 성경해석방법에서는 알렉산드리아와 안티오키아 학파의 영향을 골고루 받았다고 할 수 있다. 위에서 말한 대표적인 교부들에 대해서만 살펴보겠다.

(1) 라틴신학의 아버지 테르툴리아누스

테르툴리아누스(Quintus Septimius Florens Tertulianus, 주후 155-220)는 가장 위대한 서방신학자 중의 한 사람이었으며, 고대 기독교의 뛰어난 저술가였다. 그는 그 당시의 신학을 라틴 신학으로 개편하였고 라틴어역 성경도 마련하였다. 이런 점에서 그는 라틴 신학의 아버지로 불리게 된다. 테르툴리아누스가 라틴 교회 신학 발전에 미친 가장 큰 공로는 그가 최초의 라틴 신학자로서 뛰어난 신학사상을 개진하였다는 점도 있지만 많은 라틴어 신학 용어들을 만들었다는 점 또한 찾을 수 있다. 그가 만든 라틴어 신조어가 무려 982개나 된다고 한다.

사실 오늘날 사용되고 있는 신학 용어들 중에는 테르툴리아누스가 처음 사용한 것들이 매우 많다. 기독교는 그 점에 대해서도 그에게 많은 빚을 지고 있는 셈이다. '삼위일체' 라는 용어를 처음 만들어 낸 사람도 테르툴리아누스인 데, 그는 '한 본체 안에 세 위격이 연합되어 함께 계신다' 는 교리를 공식화 하였다. 또 '성례전' , '부활' , '참회' 와 같은 용어들을 처음으로 사용한 사람도 테르툴리아누스다.[117)]

테르툴리아누스는 주후 150년경 현재 북아프리카 튀니스 근처에 있는 카르타고의 이교도 가정에서 출생하였다. 그는 강력하고 열심 있는 교회가 있던 로마 시에서 성장하였고, 그의 아버지는 총독 관저의 백부장이었다. "당시 부모들은 이교도였지만 생활은 비교적 중류층으로 어렵지 않아 그는 어릴 때부터 헬라어, 라틴어, 문학, 법률, 수사학, 철학 등의 교육을 받을 수 있었다."[118)] 그는 후에 로마에서 변호사로 일하며 유명해지기 시작했다. 로마에 있을 때, 즉 주후 195년경 그는 기독교 신자들이 순교당하는 영웅적인 모습을 보고 감명을 받아 기독교로 개종하였고 그리스도인 여자를 아내로 맞이하게 되었다.

당시 북아프리카 전역에 있는 교회들은 코모두스 황제(주후

180-192) 통치 아래 비교적 평온한 시절을 즐기고 있었지만, 그의 후계자 셉티미우스 세베루스(주후 193-211)가 기독교에 대적하여, 주후 202년에는 자신의 통치 아래 있는 백성은 누구든지 기독교나 유대교를 믿지 말라는 칙령을 선포하였다. 이렇게 해서 또 다시 박해가 일어나게 되었는데, 이때 장로였던 테르툴리아누스는 기독교 신자라면 누구나 숨지 말고 떳떳하게 이를 맞아야 한다고 주장하였다. 그는 이 기간 중에 살아남았지만 많은 그리스도인들은 체포되어 카르타고에 있는 원형 경기장에서 처형당했다. 그는 그 장면을 보면서 이렇게 술회하였다. "우리 그리스도인은 박해를 받으면 받을수록, 더욱 더 늘어난다. 순교자들의 피는 기독교의 씨앗이기 때문이다"(『호교론』). 그 이후 그는 카르타고 교회에서 교사로서 교회를 위해 봉사하였는데, 그때 당시 로마 교회에 만연되어 있는 방종의 모습을 보게 되었다. 그로 인해서 그는 그때부터 금욕적으로 살게 되었고 도덕성에 대해서도 많은 강조를 하게 되었으며, 극장 관람조차 강력하게 정죄하였던 것이다.

테르툴리아누스는 아주 격정적이고 준엄하며 재능이 많은 인물이었다. 격정적인 그의 천성은 생애의 초기동안 그를 방황하게 만들었지만, 후기동안에는 누구와도 비교할 수 없는 원칙과 금욕주의적인 삶을 살게 하였다. 진리를 향한 열정은 그의 대적자들, 즉, 이교도들과 이단을 향한 논쟁의 장으로 이끌어냈다. 테르툴리아누스의 개성 자체가 뚜렷하고 독특하였듯이, 그의 문체 또한 독특하고 명석했다. 수사학의 방법을 따라 유창한 화법을 구사하면서도 직설적이며 간결한 표현을 즐겨 사용하였다. 그는 키케로와 세네카의 고전적인 라틴어 문체에 따라 고급 라틴어를 구사할 줄 알았다. 여러 문제에 대한 질문과 반문을 제기한 다음 이에 대해 간략하면서도 명백한 해답을 제시하는 수법이 그가 즐겨 사용한 문체의 일면이다.

또한 대조법을 좋아하였으며, 때로는 언어의 유희를 통하여 논리적 귀결을 피하기도 하였고, 자기 나름대로의 고유한 표현을 통해 의도한 바를 역설하기도 하였다. 그가 구사한 어휘와 문장, 그리고 표현 등은 타키투스(Tacitus, 주후 55-120)에 버금갈 정도로 뛰어난 것이었다. 그는 이단자들을 논박할 때 변호사 출신답게 명쾌한 논리를 폈지만, 적대자를 완전히 굴복시킬 때까지 비슷한 문제를 여러 각도에서 반복하여 역설했기 때문에 때로는 지루한 느낌도 준다. 그러나 테르툴리아누스의 문장은 특히 간결하기로 유명하다. 사실 테르툴리아누스는 라틴어가 가지고 있는 장점을 최대한 이용하여 각종 분사구문과 단축용법 등을 많이 구사했기 때문에, 그의 라틴어 문장을 대할 때는 마치 퀴즈를 푸는 듯한 인상을 받게 된다. 그래서 라틴 교부들 가운데 테르툴리아누스의 문장은 가장 어려운 문장으로 정평이 나 있으며, 그의 본문을 현대어로 번역하면 본문보다 훨씬 길어질 수밖에 없다.

테르툴리아누스가 기독교로 개종한 이후 주후 212년경부터 그가 죽을 때까지 25년 동안 로마국가와 사회에 대한 기독교의 자세, 이단에 대한 정통 신앙의 수호, 기독교인의 도덕적인 삶 등의 문제에 관심을 가지며 저술활동에만 전념했다. 그의 저서는 31권 분량에 달할 정도로 방대한 것이며, 그 내용은 크게 세 가지, 즉 논증, 교리, 도덕으로 나눌 수 있다.[119] 그 중에서도 가장 유력한 저서는 『이교도들에게』와 『호교론』이다. 이 두 책은 유사점이 많은 저서들로서 주후 197년에 저술되었다. 테르툴리아누스는 두 저서에서 그리스도인들에 대한 이교도들의 박해가 이성과 정의에 어긋나며, 무지의 소산임을 역설하고 있다.

특히 『호교론』은 그의 저서들 중에 가장 비중 있는 작품으로서 지방 행정관들에게 쓴 것이다. 그는 종교와 신앙의 자유를 주장하면서, 그리스도인들이 우상숭배를 거부하는 것은 황제에 대한 반대가 아니라 진실한 삶의 선택이며, 오히려 신도들은 국가의 안녕과 통치자의 건강을 위해 기도하고 있다고 역설한다. 그리고 아무리 잔혹한 박해로 신도들을 죽이더라도 신도들은 더욱 늘어날 것임을 강조한다. 이 책에서 그는 탁월한 법률가로서 다른 그리스도인 변증가들이 한 번도 취급해 본 적이 없는 강력한 논점들을 다루고 있다. 좋은 예가 다음과 같은 것들이다. "우리를 십자가에 못 박고, 고문하고, 저주하고, 파괴시켜보아라! 너희의 사악함이 우리의 무죄를 증명할 뿐이다. 그래서 하나님께서 우리에게 고통을 허락하신 것이다."(『호교론』).

그리고『이단자 규정론』은 체계적이며 특징적인 내용을 담고 있다는 점에서 높이 평가 받는 작품이다. 제목이 암시하듯이, 가톨릭 교회와 이단자들의 관계를 법적 투쟁의 형식으로 설명하고 있다. 성경은 '신앙의 규범'(Regula fidei)이 되는데, 문제는 진리가 '전승의 정통성' 안에서 전해져 오느냐 하는 데 있다. 다시 말하자면 그리스도께서 사도들에게 당신의 모든 것을 위탁하셨기 때문에 사도들만이 권위 있는 후계자들이며, 그들은 교회를 통하여 교회 안에서 자신들의 임무를 수행하였기 때문에 이 사도적 전승밖에는 어떠한 진리의 전승도 없다는 것이다.

따라서 성경의 진리를 따르지 않고 교회밖에 있는 이단자들은 성경을 인용하거나 사용할 자격과 권리가 없다고 역설한다. 이 저서의 부록(46-53장)에는 32개의 이단 목록이 수록되어 있다. 그리고 테르툴리아누스는 이단들을 세부적으로 논박한 작품들을 남겼는데, 특히 영지주의 계통의 이단분파들을 논박한 작품들이 많다. 예를 들면, 『마르시온 논박』, 『발렌티누스 논박』, 『헤르모제네스 논박』, 『전갈 처방』 등이 있으며, 이중에서 특히 『마르시온 논박』은 테르툴리아누스의 작품들 중에서 분량이 가장 큰 책이다. 그는 마르시온의 저서들을 조목조목 반박하면서, 『구약』의 창조의 신과 『신약』의 구원의 신은 서로 적대되는 신이 아니라 같은 하나님이시며, 예수 그리스도는 『구약』에서 약속되고 예언된 메시아라는 점을 역설하고 있다. 『그리스도의 성육신』과 『육신의 부활』은 서로 연관성이 있는 저서들로서, 인간 육신을 천시하고 구원을 부인하는 영지주의자들을 반박하며, 그리스도의 참다운 육화(肉化)와 우리 인간 육신의 부활과 구원을 역설하고 있다.

그는 단순한 법률학도나 수사학자가 결코 아니라, 믿음과 실천의 사람이었다. 박해의 상황에서 굳센 믿음을 간직했고 누구나 하나님을 자유로이 믿을 수 있는 권리가 있음을 외치고 있다. 또한 그는 진리와 신앙 때문에 목숨을 내놓을 수 있는 확신의 사람이었다. 사실 그는 『호교론』 끝머리에서 이와 같은 자신의 심정, 즉 순교에 대한 각오를 명백히 피력하고 있다. 그래서 그는 박해 중에라도 피신할 수 없음을 주장하며 가르치고 있다.

그는 철학적 방법을 배제하고 오직 기독교적인 경험만으로 새로운 사상 세계를 개척하려 했다. 그는 일체의 공상적 사변을 정죄했는데, 예를 들어 사람이 하나님의 전지전능이 무엇을 할 수 있는가를 묻는 것은 시간 낭비일 뿐 아니라 위험한 일이라고 했다. 그에 따르면 사람이 물어야 할 것은 하나님이 무엇을 하실 수 있는가 하는 철학적 관심이 아니라 하나님께서 실제로 무엇을 이루었는가 하는 성경적 관심이라는 것이다. 이것이 교회가 가르치는 바이며 성경에서 찾을 수 있는 것이라고 하였다. 그 외에는 모두 무용하고 위험한 호기심에 지나지 않는다는 것이다.

테르툴리아누스와 같은 위대한 신학자가 정통 교회를 등지고 이단에 빠지게 되었는데, 도대체 그 이유는 과연 무엇이었는가? 당시 카르타고 교회는 신자 수는 증가했지만, 신앙의 질은 떨어지고 있었다. 배교자들과 죄인들이 많았고, 행실이 나쁜 성직자들도 있었다. 박해가 끝나자 배교자 처리 문제로 극한 대립을 보였다. 그는 모든 그리스도인은 자신처럼 열정적으로 신앙생활을 해야 한다고 굳게 믿었다. 주님을 열렬히 사랑한 나머지 미지근한 신앙생활을 하는 사람들을 도저히 용납할 수 없었던 그는, 끝내 교회가 죄인들의 공동체라는 사실을 인정하지 않았다.

테르툴리아누스 신학의 근거는 기독교전통과 그가 받았을 것으로 보이는 법률교육과 그의 철학적 배경들이다. 기독교를 옹호하는 그의 논증은 삼위일체론과 같이 법률적인 방식도 있고 스토아적인 요소도 있다. 또한 그는 어느 정도까지는 몬타누스의 극단적 영혼주의와 종말론적 운동과 연관된다고 보았다.

헬라와 로마사상이 지배했던 당대에 테르툴리아누스가 철학을 어떻게 평가했는지에 대한 전통적인 견해는 그가 철학에 대하여 부정적인 시각을 가지고 있었다는 것이다. 특별히 당대에 부활하고 있는 플라톤주의를 거부하고 그것을 반기독교적이라고 간주하였는데 그것은 플라톤주의가 육체는 구원받을 수 없고 단지 영혼만 구원받을 수 있다고 믿었던 반물질주의였기 때문이다. 그러나 상당수의 학자들은 테르툴리아누스가 스토아철학을 긍정적으로 수용하고 있었다고 본다.

또한 그는 금욕주의를 강조하였다. 자신을 버리는 것은 하나님의 은혜를 받을 수 있는 길이 되는 것이며, 바로 이러한 금욕주의는 죄에 대한 보상(compensation)이라는 설명으로 그는 법률적인 용어를 사용한다. 이에 더하여 그는 만족(satisfaction)이라는 단어를 사용하는데, 우리의 선행으로 인해 우리는 하나님을 만족시킬 수 있다는 것이다.

그는 그리스도의 부활에 대해서 "그 일은 불가능하기 때문에 확실한 사실이다"라고 말하고 있는데, 이것은 바로 비합리주의를 말하는 것이다. 이러한 철학에 대한 부정적인 견해는 바로 이단 곧 영지주의를 반박하기 위함이었다. 그가 말한 저 유명한 "아테네가 예루살렘과 무슨 상관이 있느냐?"는 표현 같은 말들은 바로 영지주의를 반박하기 위함이었다는 것이다.

테르툴리아누스의 헬라철학에 대한 이와 같은 적대적 태도는 그의 기독교적인 성격을 설명해 주고 있다. 즉 알렉산드리아의 기독교가 그 특성에 있어서 영지주의와 같은 노선을 걸으면서 지식을 신앙 위에 놓고 신자와 영지주의자들을 구별한데 반하여, 테르툴리아누스에게는 이러한 구분이 철폐될 뿐만 아니라 오히려 영지주의자들을 무시하고 단순한 신앙을 내세웠던 것이다. 그러므로 라틴 신학의 창시자 테르툴리아누스는 헬라전통에 서있는 것보다 오히려 히브리적인 전통에 더 가깝고, 기독교를 보는 면을 달리하고 있다고 할 수 있다. 그의 플라톤 철학에 대한 비판과 이를 영지주의와 결부시키는 일은 예리하고 정확하다고 할 수 있다. 그는 "기독교 신앙은 문화, 철학, 성경이라는 누에고치 안에 있을 때에만 안전하게 발전한다"[120]고 하였다. 기독교 신앙은 성경을 떠나서는 발전할 수 없다는 말이다. 그는 성경에 대한 어떠한 비기독교적 석의도 효용성이 없다고 하였다. 교회 밖에는 참된 해석이 전혀 있을 수 없다는 말이다. 더욱이 그의 주장에 따르면 성경은 교회만의 소유이다. 그러므로 영지주의자들에게는 무엇보다도 성경해석에 참여할 어떠한 합법적 권리도 없다고 했다. 여기서 교회적 기준은 더 이상 부수적인 기능을 가진 것이 아니라, 오히려 올바른 성경해석과 그릇된 성경해석을 구분 짓는 기초가 된다는 것이다.[121]

(2) 카르타고의 주교 키프리아누스

카에킬리우스 키프리아누스(Caecilius Cyprianus, 주후 200-258)는 스스로 테르툴리아누스의 제자라고 일컬었던 3세기의 가장 위대한 주교인 동시에 헬라어보다는 라틴어를 더 즐겨 사용한 교부

중 한 사람이었다. 그는 주후 200년경 카르타고의 부자 집에서 출생했는데, 어릴 때부터 훌륭한 헬라식 교육을 받아 나중에 저명한 수사학 교사가 될 수 있었다. 그가 중년이 되던 주후 246년경에 어느 교회의 장로와 친구로 사귀다가 그리스도를 믿게 되었는데, 세례 받은 이후 갖게 되었던 자신의 중생 체험에 대해 이렇게 진술했다. "이 두 번째 탄생은 천국으로부터 온 성령의 숨결로 나를 새 사람으로 만들어 주었다."[122)]

결국 키프리아누스는 주후 245년 카르타고에서 가장 존경받는 사제인 케킬리아누스에 의해 그리스도교인이 되었다. 그의 개종 시기에 관해서는 정확하게 알 수 없지만 아마도 주후 245-248년 사이라고 여겨지는데, 그때 그의 나이는 이미 마흔을 넘어서고 있었다. 개종한 그는 곧 자신의 재산을 포기하고 사제로 수임을 받았고 주후 249년 초에 도나투스의 뒤를 이어 카르타고의 주교가 되었다.

키프리아누스는 교회를 이끌어가는 데 유익한 재능을 많이 지니고 있었다. 그는 순수하고 균형 잡힌 인물이었고, 외유내강의 성품으로 지도자 자질을 갖추고 있었으며, 교회를 향한 뜨거운 사랑도 지니고 있었다. 그는 있는 힘을 다하여 그리스도인의 기강을 바로잡고 생활양식을 개선해 나갔다. 하지만 그는 겨우 10년 동안 주교직을 유지했을 뿐이다. 왜냐하면 주후 250년 로마제국의 황제 데키우스의 핍박으로 인해 카르타고를 떠나 인근 지역으로 피했었기 때문이다. 데키우스는 교회의 주교들과 지도자들에게 명하여 황제에게 희생제를 드리도록 하였는데, 그것은 충성을 맹세하게 하려는 의도에서였다. 또한 그것은 그만큼 제국이 불안했다는 의미이기도 했다. 로마 군사들은 마을로 다니면서 황제의 명령을 시행하려고 하였다. 그러자 키프리아누스는 잠시 도주했다가 다음 해인 주후 251년 봄, 카르타고로 되돌아왔지만, '배교자' 문제로 어려움에 직면하게 되었다. 왜냐하면 겁쟁이처럼 도주했었다는 이유로, 사람들은 그를 로마 감독에게 고발했기 때문이었다. 또한 로마교회의 지도자들은 키프리아누스에게 글을 써 보내며 비난했다. 그러자 키프리아누스는 자신의 도주는 개인적인 것이 아니라 신적 지시에 따른 것이었다고 변호하였다.

다시 말씀드리면, 배교자일지라도 공식적인 회개를 하는 사람들은 다시금 교회 일원으로 받아들여야 한다는 것이 키프리아누스의 주장이었다. 그러나 키프리아누스가 도주했던 시기 동안에 장로 노바투스라가 임명했던 펠리키시무스 집사는 키프리아누스의 제안을 정면으로 반대했다. 그래서 키프리아누스는 그를 파직하고 출교를 명했는데, 그러자 펠리키시무스는 노바투스의 지원을 받아 반대파들을 이끌면서 분파를 자행했다.

그러자 주후 251년에 키프리아누스는 『배교자들에 관하여』라는 글을 썼고 카르타고에서 주교회의를 개최하여 이 문제를 거론했다. 이 주교회의에서는 펠리키시무스를 정죄하고 키프리아누스의 권면을 채택했지만, 펠리키시무스를 따르는 자들은 키프리아누스를 반대하고 주교를 따로 선출하여 분파를 계속 이끌어갔다. 이에 키프리아누스는 교인들의 도덕성에 관한 글들을 써서 권면하며 분파자들이 더 이상 확산되지 못하도록 했다.

주후 255년에 다시금 키프리아누스는 다른 문제와 직면하게 되었다. 이단자들이 주재한 세례가 타당한 것인지 아니면 그릇된 것인지에 관한 문제였다. 이 문제로 인해 로마감독 스테판과 논쟁을 벌였다. 스테판은 이단자들의 세례도 타당하다고 했다. 그리스도 또는 삼위일체의 이름으로 세례를 합법적으로 행했다면, 그 세례가 정당하다는 것이었다. 이에 반해 키프리아누스는 교회 밖에는 구원이 없을 뿐만 아니라 참된 회개도 없으므로, 이단자들의 세례는 아무런 의미가 없다고 대답했다.

이러한 논쟁이 한창이었던 주후 257년에 새로운 핍박이 또다시 일어났다. 주후 254년에 권좌에 오른 새 황제 발레리아누스(주후 254-259)가 교회를 파괴하기 위해 두 가지 칙령을 선포한 것이다. 그 중의 하나가 자기 통치하에 있는 모든 백성들은 로마의 신들을 숭배해야 하며, 그리스도인들은 모임을 열거나 예배 장소로 묘지를 사용해서는 안 된다는 것이었다. 이때로부터 일 년 후에 반포된 두 번째 칙령 속에는 모든 성직자들을 죽이라는 명령이 적혀 있었다.[123)]

이번에는 키프리아누스도 카르타고를 떠나지 않았다. 그는 결국 체포되어 총독 앞에 불려나갔는데 처음에는 추방령만 받았다. 그러나 일 년 후 새로 부임한 총독이 그를 다시 불러들여 심문했는데, 이때 성도들이 그가 갇혀 있던 대저택 주변에 잔뜩 모여 들었다. 그것은 아마도 도덕적 지원을 위해서였을 것이다. 심문은 아주 간단했는데, 키프리아누스에게 로마인들이 하는 의식을 따르라는 것이었다.

키프리아누스가 이를 거절하자, 총독은 이렇게 형을 선고했다. "피고는 오랫동안 비종교적인 삶을 살아왔다. . . . 그리고 피고 자신이 로마의 종교와 로마의 신들에 대한 공공연한 적이라고 고백해 왔다. 따라서 피고를 본보기로 삼을 것이다. . . . 본 법정은 키프리아누스를 단 칼에 벨 것을 구형한다."

키프리아누스는 즉시 밖으로 끌려 나갔으며 수많은 군중이 그 뒤를 따랐다고 한다. 그의 양 손이 불안하게 떨리자 장로 율리아누스가 손수건으로 키플리아누스의 두 눈을 가려 주었다고 한다. 그는 이렇게 순교하였다.[124)]

키프리아누스는 10년 동안 주교로 일하면서 끊임없이 핍박의 위협에 직면했을 뿐 아니라 교회내의 문제점들을 다루는데 많은 시간과 정력을 쏟았다. 그는 그 시험을 잘 견뎌냈으며 영광의 불꽃 속에서 소천 하였다. 그때가 주후 258년이었다.

키프리아누스 신학의 중심은 교회론에 있다. 테르툴리아누스는 인성(人性)의 부패를 말하면서 이 세상은 멸망할 것이므로 여기서 탈출하는 것이 구원이라고 가르쳤다. 이에 비해 키프리아누스는 구원은 교회 안에만 있다고 말했다. 그는 그리스도의 교회를 떠난 자는 타인인 동시에 속인(俗人)이며 적이라고 하였다. 교회를 어머니로 하지 않는 자는 하나님을 아버지로 부를 수 없으며, 노아의 방주에 들어가지 않고 구원 받은 사람이 있다면 교회 밖에 있는 사람도 구원 받을 수 있을 것이라고도 하였다. 그가 말한 교회는 오직 하나 뿐인 가톨릭교회였다. 그는 감독에 의해 다스려지는 가톨릭교회 외에는 다른 교회가 없다고 주장했다.

이와 같이 키프리아누스는 교회의 통일성과 주교에 대해 크게 강조함으로써 중세 가톨릭교회의 근본이 될 사상 체계의 기초를 놓았다. 그는 교회의 중요성을 너무 강조한 나머지, 교회 외의 일상생활과 자연 만물의 신성과 가치를 인정하지 않았다. 키프리아누스는 교회를 그리스도의 몸으로서 불가시적 영적 공동체 또는 성령의 인도를 받는 성도들의 유기적 공동체로 보지 않고 단지 외적 조직과 제도를 갖는 가시적 공동체로 보았으며, 그러한 교회의 일체성은 보이지 않는 '성령'과 '말씀' 보다는 보이는 '사람' (주교들)에 의해 확실히 유지되는 것으로 보았다.

가톨릭교회 곧 가시적 교회 안에만 구원이 있다고 말하였고, 주교 없이는 신앙도 없다는 강경한 주장을 한 키프리아누스는 아마도 가톨릭의 성직 제도를 확고히 한 최초의 인물이라고 할 수 있다. 이단과 핍박이 교회를 안팎에서 공격하던 당시의 사정에서는 이런 주장을 할 필요성이 어느 정도 있었을 터이지만, 성령의 역사에 근거하고 있는 신약교회의 특성을 지나치게 무시하고 인간의 제도에 근거하여 교회를 유지하려고 의도한 키프리아누스의 신학은 한쪽으로 크게 치우친 잘못된 신학이었으며 훗날 나타나게 될 교황제도를 합리화시켜 줌으로써 교회를 크게 황폐하게 만든 원인을 제공했다.

전통적으로 보면, 키프리아누스는 앞에서 다룬 바 있는 테르툴리아누스의 작품들을 탐독하였지만, 테르툴리아누스와는 다르게 온건하고 친절한 성품을 소유한 인물이었다. 테르툴리아누스가 열정적이었다면, 키프리아누스는 참을성 있고 균형 잡힌 인물이었다. 키프리아누스는 성경주해자라기보다는 가톨릭교회 변호가요 그 제도를 확고하게 하기는 했지만 성령의 역사를 무시한 편협주의자였다. 그러므로 그의 교회론은 건전하지가 못하다고 할 수밖에 없다. 키프리아누스는 그의 스승 격이던 테르툴리아누스의 입장에 서 있었으나 그의 성경해석은 스승보다는 보수적이었고 편파적이었다.

(3) 밀라노의 주교 암브로시우스(암부로스)

암브로시우스(St. Ambrosius, 주후 337-397)는 교회와 국가에 관한 중세 개념의 전형이 된 여러 사상들을 맨 처음 내놓은 인물이었다. 그의 저서들은 라틴 웅변의 걸작으로 인정받아 왔으며, 그의 음악적 업적은 그가 지은 찬송가들을 통해 오늘날까지도 기억되고 있다. 또한 그는 위대한 기독교 신학자 히포의 성 아우구스티누스를 개종시키고 세례를 준 교사로, 교회가 로마 제국의 폐허 위로 떠오르는 환상을 본 모범적인 주교로도 기억된다.

암브로시우스는 주후 337년경에 독일의 아우구스타트레배로룸(트리어)에서 귀족가문의 둘째 아들로 태어났다. 갈리아 지방의 총독이었던 그의 아버지가 세상을 떠나자 로마로 돌아와 한 저택에서 성직자들과 과부가 된 어머니, 수녀가 된 누이 마르첼리나와 함께 살았다. 거기서 그는 고등교육을 받은 후, 처음에는 변호사가 되었으며, 나중에는 밀라노에 관저를 둔 에밀리아 지방의 총독이 되었다.

그 도시의 주교 아욱센티우스는 완고한 아리우스주의자여서 그 당시의 교회공동체는 조각나 있었다. 그의 후계자를 선출하는 것 자체가 이미 커다란 소동과 어려움을 예고하고 있었으므로, 암브로시우스 총독은 도시의 질서와 공정한 선출을 감독하기 위해서 그 자리에 나와 있었다. 성전에서 암브로시우스를 발견한 군중은 가톨릭 신자건 아리우스파건 할 것 없이 한 마음으로 '암브로시우스 주교!' 를 외쳤다. 그 당시의 암브로시우스는 예비신자에 불과했다. 결국 그는 군중에 떠밀려 세례를 받고 여드레 후인 주후 374년 12월 7일에 주교의 서품을 받았다. 서품을 받자 암브로시우스는 자신의 모든 재산을 가난한 사람들과 교회에 나누어 주었다.[125] 그는 연줄은 좋지만 이름이 없는 원로원 가문의 출신이었다. 그렇지만 그는 서임 받은 밀라노의 주교직을 훌륭하게 수행하여 당대의 문화 및 정치 생활을 유능하게 이끌어 갔다.

밀라노의 새로운 주교가 된 암브로시우스의 가장 시급한 과제는 심플리키아누스 사제의 지도를 받아 성경을 깊이 깨우치는 일이었고, 필로의 성경주석과 특별히 오리게네스의 성경주석을 익혀 나가는 일이었다. 이 작업은 헬라어에 능통했던 암브로시우스에게 있어서 그리 어려운 것이 아니었다. 그는 묵상과 기도를 통해서 자기가 받은 신학교육을 심화시켰으며 이어지는 목회 활동을 그렇게 준비하였다.

암브로시우스는 총독 당시 얻었던 통치 감각과 책임감과 함께 아리우스파를 끼고 돌던 유스티나 황비를 비롯하여 제국의 권력 마저도 굴복시킬 정도로 타고난 권위를 지니고 있었다. 암브로시우스의 목표는 알프스 남부의 아리우스파를 해체하는 것이었다. 그는 정통파라고 믿고 있던 시리미움 주교 선출에 직접 개입했다. 그런 다음 암브로시우스는 아리우스주의에 마지막 일격을 가하기 위해서 발렌티니아누스 1세와 그라티아누스 황제에게 영향력을 행사했다.

주후 388년에 암브로시우스는 유대인 회당을 불태운 주교를 처벌한 황제 테오도시우스를 꾸짖었으며, 주후 390년에는 테살로니키에서 반란이 일어났을 때 테오도시우스가 이를 진압하고자 그곳 주민들 7000명을 대학살한 죄에 대해 격분하여 그를 성찬에 참여치 못하게 함으로써 결국 황제가 8개월 동안 참회하고 나서야 성찬을 베풀 정도로 교권의 위엄을 보이고도 하였다. 이렇게 전례없는 간섭을 하면서도 그는 충성심이 강한 인물이었으며, 특히 주후 383년과 386년에 트리어의 탈취자 막시무스를 공식 방문하는 등 외교관으로서도 뛰어난 자질을 발휘함으로써 신임을 받았다.

황제들에 대한 밀라노 주교의 영향력이 점점 줄어들게 되자, 그는 교회의 내적 생활에 시간을 쏟아 부었고, 순교자의 신심을 찬양하여 나자리우스와 켈수스의 유해를 발굴하는 일에 총력을 다 기울였다. 그리고 새로운 주교 좌를 만들어 주교들을 새로 임명하였으며, 교회의 내적인 일을 더욱 활발하게 하다가 주후 397년 4월 4일에 밀라노에서 세상을 떠났다.

암브로시우스는 기독교이건 이교도이건 간에 가릴 것 없이 그들의 최신 헬라 지식, 특히 필로와 오리게네스, 카이사리아의 성 바실리우스와 이교도이며 신플라톤주의자이였던 플로티누스의 사상을 빠른 속도로 익혔다. 설교할 때 이 지식들을 토대로 성경을 해석했고, 특히 유식한 철학적인 풍유를 써서 『구약성경』의 영적인 의미를 변호하는 데 사용했다. 암브로시우스의 주요문학작품인 설교들은 라틴 웅변의 걸작들로 인정받았고, 헬라 철학과 신학을 서양에 전달하려는 학자들에게 중요한 자료가 되고 있다. 이 설교들을 통해 얻은 가장 유명한 개종자는 훗날 북아프리카 히포의 주교가 된 아우구스티누스였으며, 아우구스티누스는 암브로시우스와 마찬가지로 교회의 스승으로서 존경을 받게 되었다.

암브로시우스는 라틴 지식인들에게 기독교를 고전 라틴어로 번역하여 나무랄 데 없이 전해주었다. 성직자들의 도덕적 의무에 대해서 쓴 『성직자의 의무에 대하여』(*De officiis ministrorum*)는 키케로의 『도덕적 의무에 관하여』(*De officiis*)를 정교하게 모방한 작품이다. 그는 로마의 영웅들 대신에 『구약성경』의 성인들을 강조하여 기독교로 개종한 귀족들의 행동 모범으로 삼도록 하기 위해 노력했다. 또한 많은 편지를 쓰고, 많은 지역을 방문하고, 많은 사람을 임명함으로써 그는 자신이 한때 로마 총독으로 다스린 적이 있는 이탈리아 북부 도시들에게 귀족적인 기독교를 강화시켜 주었다. 또한 밀라노에 있을 때 그는 새로운 동방의 음악들을 도입하고, 아름다운 찬송가들을 작곡함으로써 시민들을 매혹시켰다. 뿐만 아니라 세례 예비자들을 가르치는 데에는 어떤 수고도 아끼지 않았고, 사회의 부패상을 가차 없이 비판했으며, 유죄판결을 받은 사람들을 자주 사면해주기도 하였다. 그는 매우 엄격하게 금욕주의를 옹호했기 때문에, 결혼을 앞둔 딸들을 가진 귀족 가문들은 암브로시우스가 설교를 통해 독신의 미덕을 강요하는 예배에는 딸들을 참석하지 못하게 했다.

암브로시우스가 죽은 뒤에 얻은 명성에 대해서는 어떤 사람도 도전하지 못했고 시비를 걸려고도 하지 않았다. 아우구스티누스는 그를 주교의 전형으로 보았고, 밀라노의 부제 파울리누스를 설득하여 주후 412년에 그의 전기를 쓰게 했다. 아우구스티누스의 반대자 펠라기우스도 암브로시우스를 '라틴 웅변의 꽃'으로 보았다. 암브로시우스의 설교들 가운데 『누가복음서 해설집』(*Expositio evangelii secundum Lucam*)이 가장 유명하고 널리 읽혀지는 작품이다. 그럼에도 불구하고 암브로시우스는 두 얼굴을 가진 인물이라는 평가를 받고 있다. 그는 황제들에게 자신의 의지를 강요했으나, 교회가 국가를 통치하는 정치의 선구자로 스스로를 간주한 적은 없었다. 그런 그의 행동은 기독교가 이교도 귀족들에 의해 몰락할지도 모르며 가톨릭 신앙이 황궁의 아리우스파 지지자들에 의해 밀라노에서 뿌리 뽑힐지 모른다는 깊은 우려에서 비롯된 것이었다. 지식에 대한 그의 태도 역시 시대에 뒤진 것이었다. 그는 이교도들과 이단자들이 "불신앙을 철학이라는 물감 통 안에 넣어 물들인다"고 말했다. 그렇지만 그의 설교들은 은연중에 플로티누스의 이교적 신비주의를 드러내고 있었다.

선배 키프리아누스와 후배 아우구스티누스와 마찬가지로 암브로시우스는 주교 직무를 수행하기에 앞서 성경을 통해서 양성된 사람이었다. 암브로시우스의 수많은 주석들은 목회적인 동기로 말미암아 글로 엮어지기 이전에 이미 설교를 통하여 태어난 것들이었다. 필로의 유다식 성경주석과 특히 오리게네스의 기독교식 성경주석에 도취되어 있었던 암브로시우스는 성경에 문자적인 의미와 윤리적인 의미, 그리고 풍유적 또는 영적인 의미도 있다고 보았다. 그러나 신약성경과 구약성경을 조화시키는 예형론에도 끊임없는 주의를 기울였던 성경의 사람이요 전례의 봉사자였으며 가난한 사람들과 약한 사람들의 변호사였다. 암브로시우스는 실로 평신도로부터 주교 좌에까지 오른 아주 훌륭한 사목자였다.

(4) 히포의 주교 아우구스티누스(어거스틴)

아우렐리우스 아우구스티누스(Aurelius Augustinus, 주후 354-430)는 고대교회의 위대한 신학자였을 뿐 아니라 철학자요 역사가였고, 수사학자인 동시에 교육학자였으며 히포의 주교였다. 아우구스티누스(어거스틴)는 주후 354년에 로마제국의 일부였던 북아프리카의 누미디아 지방, 현재 알제리 동부의 수카하라스에 해당되는 다가스테(Tagaste)에서 이교도였던 아버지 파트리시우스(Patricius)와 기독교도였던 모친 모니카(Monica) 사이에서 출생하였다. 이렇게 그는 이교와 기독교의 대립적인 환경에서 태어났다. 이러한 그의 내면적인 갈등은 그가 주후 387년 밀라노에서 세례를 받을 때까지 계속되었으며, 그를 참다운 기독교 신봉자로 만드는 결정적인 동기가 되기도 하였다.

당시 북아프리카에는 마니교라는 종교가 번창하고 있었다. 마니교는 이 세상의 모든 악과 고통은 『구약』의 조물주 때문에 생긴 것이라고 주장하였다. 또한 『구약』의 하나님은 『신약』의 하나님과 무관하다고 했다. 그의『참회록』(*The Confession*)에 따르면, 그는 주후 370년, 즉 18세 때 부친의 의사에 따라 북아프리카의 중심도시 카르타고로 법률과 수사학을 공부하러 갔었다. 거기서 남다른 우수한 성적을 보였으나 대도시의 유혹에 빠져 방종한 생활을 경험하게 되었다. 악의 기원에 대하여 번민하다가, 마니교에 입교하였으며, 주후 373년에 키케로의 『호르텐시우스』를 읽고 진리에 대한 사랑을 불태우게 되었다. 그러나 주후 383년에 마니교에 대하여 회의를 품고서, 어머니를 속이고 로마로 갔었다. 중병과 가난에 시달리면서 한 동안 아카데미아파의 회의론에 기울기도 하였으나, 다음 해 밀라노에서 수사학을 가르치는 교사가 되었고, 거기서 암브로시우스(주후 340-397년) 주교의 설교를 듣고 많은 깨달음을 얻었다. 특히 그는 바울서신에 넘쳐흐르는 종교적 감동에서 새로운 자기를 발견하고 그때까지 해결하지 못했던 지적 빈곤에서 해방되었고, 이윽고 신플라톤주의 서적을 통하여 영혼의 세계에 눈을 뜨게 되었으며, 암브로시우스로부터 주후 387년에 세례를 받았다.

아프리카로 되돌아가 주후 388년 타가스테에서 친구들과 더불어 기도와 연구의 공동생활을 시작했다. 그것이 기독교 수도원의 효시가 되었다. 주후 391년에 히포의 사제가 되었으며, 그 후에 주교로 임명되어 초기 기독교 최대의 교부로서 각종 이단사설을 반박하여 기독교의 교권과 신앙의 기초를 확립하였다. 주후 430년 히포가 반달족에 의해 침탈 된지 3개월 만에 열병에 걸려 사망할 때까지 34년 간 주교직에 있었다. 주후 430년 세상을 떠날 때까지 그가 쓴 책은 무려 117권이나 되었다. 그의 저술 가운데 가장 대표적인 작품이 주후 400년에 완성한 『참회록』이다. 이 저서에서는 우리들로 하여금 인간 영혼의 심저를 깊이 들여다보게 하는 그의 심리적, 지성적 통찰력을 잘 드러내 보여주었다.[126] 또한 그의 작품들 중 주후 413년과 427년 사이에 저술한 『하나님의 도시』(*The City of God*)도 기독교 역사에 있어서 가장 중요한 저서로 평가받는 불후의 명작이라 할 수 있다. 이 저서는 기독교를 비판하는 이교도들을 향한 호교론적인 입장을 나타내는 기독교 역사철학서로서, 하나님의 나라가 영원함을 강조한 작품이다. 로마 제국이 몰락되는 과정을 지켜본 그는 그리스도인들이 세상에서 인내하며 하나님 나라의 평화를 간구하기를 바랐다.[127]

그밖에도 성경주석서와 강해서, 설교와 편지 같은 작품들도 있는데, 모두 라틴어로 기록하였다. 그는 그의 신학을 구성할 때 주로 라틴 교부들의 자료에 의존했다. 그럼에도 불구하고 그는 탁월한 상상력과 집중력으로 서방 교부들의 신학을 체계화시키고 확립하여 중세로 넘겨주는데 큰 공헌을 하였다. 그로 말미암아 중세 신학의 방향과 중세 교회의 틀이 짜여졌다고 해도 과언이 아닐 정도로 그의 영향력은 컸다. 한편 그는 원죄설을 거부한 아일랜드 수도사 펠라기우스와 싸우는 등 실천적 사상가이기도 했다.

성경해석 면에서 아우구스티누스는 계시의 점진성을 인정하였고, 『구약』 전체에서 복음을 발견하려고 시도하였으며 풍유적 해석이 역사적 의미에 근거해야 한다고 하였다. 그러나 그는 히브리어를 몰랐고 헬라어도 약간 아는 정도에서 70인경과 라틴 역본에 의존하였기 때문에 '역사적 의미' 파악에 약했으며 티코니우스의 해석법칙들을 수용하여 성경에 풍유적 해석을 가하였다. 아우구스티누스는 알렉산드리아 학파의 성경해석의 흐름을 막지 못하고 그것을 수용해서 중세의 4중의 의미로 가는 다리를 놓았다고 할 수 있다.[128)]

그러나 아우구스티누스의 성경해석을 한 마디로 정의내리기란 그리 쉽지 않다. 우선 그는 성경을 해석함에 있어서 전적인 영감설을 부인하는 동시에 성경은 문자적으로만 해석해서는 안 된다고 가르쳤다. 아울러 그는 성경을 해석하기 위해서는 성경을 올바르게 풀이한다는 전제 아래에서 모든 가능한 방법들과 자료들을 이용할 것을 요청하였다. 성경해석에 있어서 우선 원어와 원뜻에 충실할 것과 그것을 이해하기 위해서는 상황과 해석이 중요시되어야 한다는 것을 전제로 내세웠다. 뿐만 아니라 아우구스티누스는 사물과 성경해석에 있어서는 사물을 바로 파악할 것과 부호(sign)를 모호하지 않도록 명확하게 할 것도 강조하였다. 또한 그는 성경을 하나의 통일체로 다루어 성경의 불투명한 구절은 보다 더 분명한 구절을 통해 이해하라고 조언하였다. 그는 전통적인 모형론적 독해방식에 준거해서 『구약성경』을 해석하면서, 『구약성경』의 모든 내용은 거의 문자적으로만이 아니라 상징적인 의미로도 이해되어야 한다고 하였다.[129)]

많은 사람들이 그런 우를 범하고 있는 것처럼, 아우구스티누스의 해석학을 풍유적이라고 단적으로 말하는 것은 매우 위험하다. 그가 문자적 의미를 무시하는 사람은 아니었기 때문이다. 오히려 그는 본문의 문자적 의미가 역사적으로나 배경적으로 너무 제한적이어서 하나님의 진리를 온전히 드러내지 못할 경우에만 풍유적인 해석을 하자고 제안하였다.

이런 이유에서 아우구스티누스에게 본문의 문자적 의미는 너무도 중요한 일차적 이해의 대상이 아닐 수가 없었다. 그렇기 때문에 다양한 번역본의 필요성에 대한 강조하였고, 이미 앞에서 언급한 바와 같이, 라틴어 성경에만 의존하지 말고 히브리어 또는 헬라어 원어를 더욱 많이 사용할 것을 권하고 있는데, 그것이 그의 성경 해석에 있어 중요한 대목을 차지하게 된다. 바로 그런 맥락에서 이미 문자적으로 분명한 부분에 해석을 가한 후, 그것을 토대로 해서 풍유적 · 도덕적 해석, 그리고 신비주의에 접근하는 것이 옳다고 강조하였다. 그러면서 그는 '명확한 의미 이해에서 시작해서 모호한 부분으로의 해석' 으로 진행되어야 한다는 입장을 취하였다.

히포의 주교 아우구스티누스의 사상은 중세 1000년은 물론 종교개혁을 거쳐 근 현대에 이르기까지 크게 영향을 미쳐오고 있다. 모든 신학은 아우구스티누스에게서 얼마나 가깝고 얼마나 거리를 두고 있는가에 따라 결정된다고 말할 수 있을 것이다. 과정신학자 다니엘 윌리엄스는 "서양 기독교 사상은 아우구스티누스를 계속 인용하는 주(註)밖에 안 된다" 고 말하기까지 하였다. 토마스 아퀴나스가 인용한 교부의 저술 중 80%가 아우구스티누스의 것이었다. 중세 철학의 주제였던 신앙과 이성의 문제에서 "믿지 않고서는 이해할 수 없다" 는 아우구스티누스의 주장이 중요한 모토였다. 카롤루스 대제는 『하나님의 도시』를 늘 베개 옆에 두고 읽었다고 한다. 종교개혁자 루터와 칼뱅은 "인간은 전적으로 타락해 구원의 소망은 오직 하나님의 예정과 은총으로만 가능하다" 는 아우구스티누스에 의지해 가톨릭은 물론 인본주의자였던 에라스무스와도 맞서 싸웠다. 아우구스티누스는 루터 이전의 루터였다고 할 수 있다.[130)]

제4장 중세의 성경해석

중세(주후 600-1500)는 교황 그레고리 1세가 치세하던 600년부터 종교개혁 전까지 약 1,000년간의 교권 통치시대를 말하는데, 국권 위에 군림한 교권이 민중을 억압할 정도로 강하게 확립된 반면, 기독교의 진정한 가르침은 오히려 빛을 잃어감에 따라 어둡고 긴 터널을 지나가는 시대였다고 평가된다.

중세에는 꽤 오랜 기간 동안 신학다운 신학도 없이, 과거 교부들의 신학을 답습하는 수준에 머물렀는데, 그 까닭은 신학이 진리 탐구가 목적이 아니라 교권을 옹호하고 기득권을 더욱 정당화시키기 위해서 사용된 도구에 지나지 않았기 때문이었다. 9세기에 가서야 철학과 신학을 조화시키려는 스콜라 신학이 태동하면서 학문적 연구가 활발해지기 시작했다. 그러나 14세기에 접어들면서 인간 이성에 대한 자각으로 중세 신학은 쇠퇴기를 맞게 되었다. 이런 점에서 중세 신학을 구분하면 처음에 신학이 부재하였던 중세 초기, 스콜라 신학이 태동하여 발전하였던 스콜라시대, 그리고 스콜라 신학이 쇠퇴에 접어들었던 중세 말기의 세 시대로 구분할 수 있다.

한편, 중세 성경해석의 역사는 오래 동안 풍유법이 유행하였던 중세 전기시대와 13세기 중엽부터 토마스 아퀴나스를 중심으로 역사적 해석이 되살아난 후기시대로 나뉜다. 후기에는 제로무스의 성경해석으로 돌아가 본문의 의미를 정확하게 알고자 하는 문자적이고 역사적인 해석의 중요성이 인식되던 시기였다. 그러나 비록 역사적 해석의 중요성이 강조되기는 하였으나, 중세 전체를 통틀어서 풍유법은 역시 지배적이었고, 실제적으로 역사적인 해석은 매우 도외시 되었다.

사실 신학은 성경해석을 어떻게 하는가에 의해서 결정되는 것인데, 중세에는 특이하게 신학의 방향을 결정해 놓고 이를 뒷받침하기 위한 성경해석이 행해졌으므로, 성경해석 자체에 관심을 가진 깊은 연구는 별로 이루어지지 않았다고 보아야한다. 따라서 알렉산드리아 학파로부터 라틴교부들에게로 이어지고 아우구스티누스에게서 확고하게 되었던 다중적 · 풍유적 해석이 주류를 이루었다. 또한 교회의 수장인 교황만이 성경을 해석할 수 있다는 고정관념이 오래 동안 지배하였으므로, 성경해석은 진리 탐구의 방편이 아니라 교황의 교권 확립과 교회의 전통을 세우는데 필요한 시녀와 같은 존재로 전락하고 말았다. 이 시기의 성경해석을 대략 다음과 같이 나누어 설명 드리겠다.

1. 중세 초기의 성경해석: 사중적 의미

중세 초기에는 특별한 신학이 없는 시대러서 거의 3백년간 계속되었는데, 이 기나긴 세월 동안 신학에 있어서는 새로운 교리나 성경해석의 새로운 방법들이 모색되고 연구되어지기 보다는 과거 교부들이 정립해 놓은 것들을 철학적으로 논증하고 합리화하여, 교회 안팎에 정당화시키려는 노력들이 주류를 이루었다고 할 수 있다. 성경해석에 있어서는 서방 교회의 라틴 교부들 특히 아우구스티누스로부터 물려받은 풍유법이 득세하게 되었다. 그러면서 옛날 교부들의 주석이 많이 번역되었고, 성경을 해석할 때는 그것들을 근거로 하는 것이 바람직하다는 풍토가 동시에 유행하게 되었다. 이 역시 교회의 전통을 중시하는 라틴 학풍 때문이었다.

중세 초 중기까지 오리게네스의 삼중적 의미에 더하여 사중적(四重的) 의미가 유행하였다. 사중적 의미는 문자적, 풍유적, 도덕적(교훈적), 영적(신비적) 해석을 말한다. 문자적(Literal) 의미는 하나님께서 행하신 그대로를 보여주며, 풍유적(Allegorical) 의미는 우리의 믿음이 어디에 있는가를 보여주고, 도덕적(Moral) 의미는 삶의 기준을 제공해주며, 영적(Spiritual) 의미는 우리의 삶의 끝이 어디인지를 보여주는 종말론적인 해석을 말한다. 마이켈슨은 이에 대해 다음과 같이 말하였다. "문자는 하나님과 우리 선조들이 한 일을 보여주고, 풍유는 우리의 신앙이 숨을 곳을 보여주고, 도덕적 의미는 일상생활의 규칙들을 보여주고, 천상적(영적) 의미는 우리의 싸움이 끝나는 곳을 보여준다."[131]

예를 들어 예루살렘은 문자적으로는 '이스라엘 성' 을 가리키지만, 풍유적으로는 '교회' 를 의미하며, 도덕적으로는 '신실한 인간의 영' 을 말하고, 영적으로는 '하늘에 있는 도성' 을 가리키는 것이다. '물' 은 문자적으로는 우리가 마시는 '자연의 물' 을 의미하고, 풍유적으로는 '세례와 만족 또는 은총' 을 의미하고, 도덕적으로는 '슬픔과 지혜, 혹은 이단과 번영' 을 의미하고, 영적으로는 '영원한 행복' 을 의미한다. "빛이 있으라"는 문자적으로 실제적인 창조행위를 의미하고, 풍유적으로는 '그리스도의 사람이 되라' 를 의미하고,, 도덕적으로는 '그리스도에 의해 정신적으로 조명을 받으라' 를 의미하고, 영적으로는 '그리스도에 의해 영광으로 인도되라' 를 의미한다고 한다.[132]

그러나 사실 이는 말장난 같은 것이라 할 수 있다. 하나의 단어에 이와 같이 많은 의미가 동시에 있을 수는 없기 때문이다. 실상 선지자와 사도들이 성경을 기록하면서 한 단어 한 단어를 표현할 때 한 단어 속에 여러 가지 의미들을 한꺼번에 집어넣으려는 생각을 했을 리 만무하다. 다만 같은 단어라도 어떤 때는 단순히 문자적인 의미에 그치며, 어느 때는 풍유적인 의미를 더하여 가지기도 하고, 또 어디에서는 교훈적인 의도를 가지고 사용된 경우도 있을 수 있으며, 또 다른 곳에서는 영적인 의미를 지니기도 할 수는 있는 것이다. 그러나 어떻든 간에 단어마다 모든 의미를 동시에 가질 수 없다는 것은 너무나 자명한 일이다.

또한 다중적 해석방법은 본문의 원래적 의미를 발견해 내고자 하는 주해(Exegesis)와 그것을 적용하는 강해(Exposition)로 구분되는 성경해석의 일반적 원리와는 다르다고 할 수 있다.물론 성경해석의 일반적 원리에서도 영적인 깨달음을 삶에 적용시키는 것을 배제하지는 않는다. 그러나 본문의 원래적 의미를 가장 중시하여 그것을 근거로 한 영적인 교훈이 되어야 한다는 것이 성경해석의 일반적 원리다.

중세에 이런 해석이 유행하게 된 이유는 무엇인가? "교부신학은 주로 주석에 근거하였는데 원래 신학이란 말씀을 가급적으로 넓게 적용하는 것이기 때문에 주석을 확대할 수밖에 없게 되는 것이다. 뿐만 아니라, 헬라교부들과 아울러 플라톤의 사상이 아우구스티누스를 통하여 기독교 세계관에 영향을 미쳤다. 이에 따라, 성경은 보이는 세계로 보이지 않는 세계의 하나님과 모든 다른 진리들을 보여주는 커다란 거울이라는 생각을 하게 된 것이다."[133)]

우리는 흔히 중세의 성경 해석을 풍유적이라고 매도하는 경향이 있다. 그러나 이미 위에서 언급한 바와 같이, 아우구스티누스의 원전에서는 이런 이해를 용납하지 않고 있다는 사실을 기억할 필요가 있다. 아우구스 티누스를 비롯하여 중세 해석의 중요한 원리 중 하나는 본문에 대한 명확한 이해, 즉 역사적 사건에 대한 분명한 앎이 전제되어야 한다는 것이다. 아우구스티누스의 해석에서 사실 우리가 이해해야 할 중요한 요체 중의 하나가 바로 풍유(allegory)라는 말이다. 풍유는 아무 때나 함부로 사용할 수 있는 비유가 아니라 본문의 문자적 이해를 마친 자리에서 그 본문의 의미가 문자적으로는 충분하지 않을 때 본문이 가르치는 그 참된 내용을 발견하기 위해 쓰는 방법이다. 그는 풍유의 목표를 단순한 풍유 자체에 두는 것이 아니라 그것을 통해 진리 곧 믿음을 발견하고 교회가 가르치고 믿는바 내용을 정리하는 방법 자체를 풍유라고 부르고 있다. 그러니까 아우구스티누스가 말한 풍유는 곧 본문의 문자적 의미가 궁극적 진리를 말하지 않고 있지 않을 때 본문이 가르치고 있는 진리, 즉 교리를 이해하는 방법을 말하는 것이다.

문자적 이해나 풍유적 이해를 넘어서는 경우가 있는데 이런 경우를 비유적 해석이라고 말하고 있다. 아우구스티누스의 해석학에 있어서 비유 해석은 곧 우리가 어떻게 살아야 할 것인가라고 하는 교훈을 발견하는 것을 말한다. 성경 본문의 문자적 의미를 넘어 궁극적으로 의미하는 본질을 찾는 과정에서 비유적 이해란 곧 인간이 어떻게 살아야 하는지를 말해주는 윤리적 본질인 사랑을 찾아 가는 해석을 말하게 된다.

마지막 한 축이 더 있는데, 그것이 바로 신비적 해석이다. 즉 본문의 문자적 의미를 넘어 설 경우 그 본문의 의미 속에서 우리의 미래적 소망을 정리하는 방법으로서의 신비적 해석이 그의 해석학의 나머지 한 축을 이루고 있다. 그러므로 문자적, 풍유적, 비유(도덕)적, 신비적 해석이 아우구스티누스 해석학의 근본이라 할 수 있다. 아우구스티누스는 본문의 문자적 의미가 역사적으로나 배경적으로 너무 제한적이어서 하나님의 진리를 온전히 드러내지 못할 경우에만 희망적으로 사용해도 좋을 해석방법으로 제안했던 것이다. 이런 이유에서 아우구스티누스에게도 본문의 문자적 의미는 너무도 중요한 일차적 이해의 대상이 된다. 그러므로 아우구스티누스의 영향 아래 이루어진 중세초기의 성경해석은 풍유적인 것만 일색이라고 할 수는 없다.

2. 중세 스콜라 시대의 성경해석: 문자적 · 역사적 의미

스콜라 신학은 철학으로써 신앙을 이해하려는 것으로서, 신앙과 이성을 조화시키려는 '철학적인 신학' 이라고 할 수 있다. 스콜라(Schola)라는 말은 성직자 양성의 부설학교에서 유래하였다. 스콜라 신학은 한 마디로 철학을 사용하여 신학을 연구하는 것이라고 할 수 있다. 중세후기는 스콜라 철학이 태동하여 발전했던 시기인데, 이 시기는 종교와 철학을 구분하지 않고 신앙과 이성의 일치를 시도하였던 9세기 중엽의 에리우게나로부터 시작하여 나중에 토마스 아퀴나스 같은 대가들이 나와 신앙과 이성을 철학적 방법으로 훌륭하게 조화시키면서 스콜라 신학을 집대성하고 융성하게 발전시켰던 13세기 중엽까지의 약 4백년간의 기간을 말한다.

스콜라 시대는 다시 초기의 스콜라 태동기와 스콜라의 번성기로 나뉜다. 초기 스콜라 시대는 신학에 있어서는 신앙과 지식의 일치를 강조하는 경향이 뚜렷했다. 즉, 신앙적 진리와 철학적 진리를 구분하지 않고 신앙을 철학으로 해석하는 풍조가 나타나게 된 것이다. 따라서 이때는 풍유적 해석과 함께 성경 안에서 발견되는 개념들을 철학적으로 접근하려는 시도들이 많았다. 이는 아우구스티누스에게서 많은 영향을 받았다고 할 수 있겠다.

중세의 몇몇 학자들은 유대의 권위자들의 자문을 구함으로써 성경의 역사적 의미를 발견하려는 시도를 했다. 아퀴나스는 성경의 문자적 의미의 중요성을 주창했고, 그 문자적 의미가 믿음에 필요한 모든 것을 담고 있다고 주장했다. 사실상 그들은 풍유적인 해석에 오랫동안 속박 되어 있던 신학을 그 속박으로부터 해방시켰다.

중세 시기는 교회 내에서 풍유적인 해석 방법론의 우위가 서서히 종말을 고하는 시기였다. 풍유의 실행자들이 여전히 교회 안에서 활발히 활동했으며, 전통적인 해석에 대한 의존도 여전히 강하게 남아 있었다. 동시에 성경 해석에 있어서 기독교회 역사상 가장 결정적인 변화를 가져다 줄 징후들이 도처에서 발견되고 있었다.

초창기 스콜라 신학자로는 에리우게나, 안셀무스, 아벨라르두스 등이 있다. 에리우게나(Eriugena)는 주후 810년 아일랜드에서 출생한 수도사였는데, 초기 스콜라 신학의 정초를 놓은 사람이다. 그는 신앙이 이성보다 앞서야 하나, 이성의 사용으로 신앙이 분명해질 수 있다고 하여 양자는 서로 대립되지 않고 조화를 이루고 있다고 생각하였다. 이는 다시 말해서 신앙이란 맹목적인 것은 아니기 때문에, 신앙은 지적인 인식으로서의 이성을 요구하게 되고, 지적인 인식의 대상은 신앙의 내용이 된다는 것이다.

따라서 신학과 철학을 분리시키지 않고 동등한 위치에 놓고 자신의 사상들을 주장하였다. 에리우게나는 오직 하나님 한 분만이 오류가 없으며, 그 외의 모든 권위가 의심스러울 때는 그 위에 이성을 두어야 한다고 주장하였다. 즉, 권위의 원천은 이성이 되어야 한다는 것이다. 그는 철학을 참된 신앙을 알기 위한 성찰로 보았으며, 참된 종교는 참된 철학이며 참된 철학은 참된 종교라고 하였고, 신앙을 이성으로 설명할 수 있다는 스콜라 철학의 기반을 닦은 사람이다.

스콜라 신학은 13세기 초부터 번성하기 시작하여 아리스토텔레스 철학의 영향을 받은 토마스 아퀴나스 같은 대 신학자가 등장하면서 13세기 중엽에 절정기를 이루게 된다. 이때는 신학과 철학을 조화시켜 철학의 기독교화가 이루어짐으로써 신학을 위하지 않는 철학이란 존재하지 않던 시대였다. 스콜라 철학의 전성기 곧 13세기 초에는 프란시스(Francis)와 도미니크(Dominic)의 두 교단이 형성되어 수도원 운동을 전개하고 있었는데, 프란시스 교단은 아우구스티누스 사상에 영향을 받아 보수적 경향의 주의적(主意的) 신학 풍토를 가진 반면, 도미니크 교단은 아리스토텔레스의 철학을 받아들여 주지적(主知的) 신학 풍토를 가졌었다. 아무튼 이때는 주의적이든 주지적이든 철학과 신학이 분리되지 않고 철학적 신학이 지배하던 시대였다.

스콜라 전성기에 프란시스적 노선의 신학자로는 보나벤투라가 유명하며, 도미니크적 신학자는 알베르투스 마그누스와 토마스 아퀴나스가 있다. 이때는 또한 성경해석에 있어서 제로무스의 역사적 해석방법이 다시 주목을 받게 되면서, 향후 성경을 해석하는 새로운 흐름이 형성되기 시작하였다. 이 시기의 대표적인 신학자는 토머스 아퀴나스다.

토마스 아퀴나스(Thomas Aquinas, 1224/25-1274)는 중세의 스콜라 신학을 집대성하고 완성시킴으로써 교부시대의 아우구스티누스를 방불케 하는 걸출한 신학자이다. 아퀴나스는 이탈리아의 귀족가문에서 태어났다. 유복한 가정에서 자란 아퀴나스는 5세 때 몬테 카지노 수도원에 입문하였고, 이후 나폴리 대학에서 수학, 천문학, 음악 등 여러 학문을 연구하였다. 아퀴나스의 부모와 형제들은 아퀴나스가 가문을 빛낼 훌륭한 인물이 될 것이라 생각했다.

그러나 아퀴나스는 부모의 기대와는 다르게 탁발 수도사가 되고자 1244년 중세의 도미니크 수도회에 입문하였다. 탁발수도사란 거지 수도사라고도 하는데, 이들은 구걸하거나 노동을 하면서 생계를 유지하였다. 이들은 가르치고 설교하는 것을 자신들의 사명으로 생각하는 중세 수도사들이었다. 도미니크 수도회는 지성과 학문이 수도사들에게 중요하다고 강조하였는데, 이러한 면이 지적 호기심이 강한 아퀴나스의 마음에 들었다.[134] 아들의 이러한 처사를 보고 실망한 부모들은 백방으로 회유하고 납치하여 감금하면서까지 그를 설득하였으나 도미니크 수도사가 되겠다고 하는 아퀴나스의 결심은 확고하였다. 그가 수도사가 되려고 한 것은 세상의 명예가 아닌 금욕적인 삶을 통해 하나님의 뜻을 이루려는 그의 결단이었다.

아퀴나스를 지성적이고 철학적인 인물로만 보는 것은 잘못된 평가라고는 하지만, 사실상 그는 기독교 교리와 아리스토텔레스의 철학을 종합하여 스콜라 철학을 대성한 중세 기독교 최대의 신학자이다. 그는 아리스토텔레스의 철학을 연구하고 자기 신학의 종합·분석적 도구로 사용하여 기독교의 사상을 철학적인 용어로 설명하였다. 그는 스승인 알베르투스보다 뛰어난 체계화의 능력을 가지고 아리스토텔레스뿐 아니라 플라톤, 헬레니즘, 아랍 철학 등 수많은 철학 분야를 모두 연구하여 종합하고 체계화시킴으로써 새로운 조화를 이루어 토마스주의(Thomism)라는 신학체계를 만들어 냈다. 물론 아퀴나스는 경건한 신앙인의 삶을 스스로 몸소 실천하며 쉬지 않고 항상 기도한 인물이기도 하였다.

1252년 아퀴나스는 하나님께 합당한 삶을 살고자 부모의 요구를 거절하고 파리로 가서 생활하며 거기서 신학을 강의하였다. 더욱 이탈리아에서도 신학을 강의하면서 그의 학문을 체계화하였다. 그는 탁월한 저술을 많이 남겼는데, 『존재와 본질』(*De ente et essentia*), 『진리론』(*De Veritate*) 등은 형이상학적인 내용을 담은 작품이고, 아리스토텔레스에 대한 주해도 썼으며, 가장 유명한 것은 『신학대전』(*Summa Theologica*)이다. 이 작품은 하나님이 계시하신 진리를 파악하려는 목적으로 저술된 글이다. 또한 이 작품은 기독교 신앙에 대하여 체계적인 이해를 돕는데 크게 공헌하였고, 가톨릭교회의 신학을 대표하면서 이후 조직신학의 한 표준적 틀로서 많은 영향을 끼치게 되었다.

그는 모든 존재하는 지식은 종교와 관련을 맺은 결실이라고 하였다. 즉, 사람의 영혼에게 두 가지 지식의 원천이 있는데, 초자연적인 하나님의 계시와 자연을 통한 인지라는 것이며, 이 둘은 모두 하나님을 아는 인식 원리가 된다고 하였다. 그런데 이성은 하나님의 존재를 증명하는 정도에 머물며, 계시가 하나님의 본질을 밝혀준다고 하였다. 따라서 자연을 연구하여 얻는 철학적 지식은 하나님의 은총으로 신학으로 높여져야 만족한 경지에 오르게 된다고 하였다.

아퀴나스는 신학자인면서 동시에 박학한 성경해석자였다. 그는 제로무스의 문자적 해석에 동조하면서 성경의 문자적 의미의 중요성과 역사적 해석을 강조하였다. 그의 문자적 해석의 한 예는 에덴동산에 대한 성경의 기록이 상징적인 것이 아니라 역사적 서술방식에 의한 것이므로 에덴동산은 실재하였다고 한 것이다. 그가 비록 다중적 해석을 완전히 버리지는 않았지만, 당시로서 문자적 해석을 중요하게 부각시킨 그의 주장은 새로운 것이었다.

이러한 사상은 이후에 많은 영향을 주면서 문자적 해석을 위한 성경 원어 연구를 활발하게 하고, 역사적 주해석이 쏟아져 나오게 하는 자극을 주었다. 이는 결국 신학과 성경해석이 분리되는 결과를 낳았다. 중세를 풍미해온 풍유적 해석의 특징은 내적 은혜 아래 하나님으로부터 직접 영감을 받아 해석한다는 것인데, 해석자의 자의적 판단에 의존하는 이러한 풍토는 점차 지양되었다. 그러면서 성경해석과 연구에 있어서 합리성과 객관성이 중요시 되는 시대적 요구를 반영하는 새로운 해석의 길이 열리게 된 것이다. 이는 후기 스콜라 학파의 성경해석의 새로운 전통으로 자리 잡으며, 나아가서 고전 연구에까지 물고를 틔게 함으로써 서양 고전에 대한 활발한 연구는 결국 15세기 초 문예부흥을 촉발하는 계기가 된 것이다.

3. 중세 말기의 성경해석: 리라의 니콜라우스의 해석

막강한 교권으로 위세가 드높던 중세 기독교는 말기에 접어들면서 많은 문제가 드러나고 각종 반발에 부딪히게 되면서 결국 쇠퇴하기 시작한다. 중세 말기인 14세기부터는 교권에 억압받았던 인간 이성이 눈뜨기 시작하고 신앙과 이성은 별개라는 인식이 확산

되자, 중세 교회를 지탱하였던 스콜라 신학 역시 점차 쇠퇴기에 접어들게 된다. 따라서 이때부터 자연스럽게 신앙에서 지식을 독립시키고 사상의 자유를 추구하려는 흐름이 형성되기 시작하였다. 이로써 14-16세기에 르네상스(Renaissance)라는 새로운 사조가 형성되면서 기독교 역사에 새로운 변화를 맞게 된다.

또한 이때는 기독교 학자들이 신학자와 성경해석자로 각각 역할이 구분되는 경향이 나타난다. 그러나 신학이란 성경해석 없이는 불가능하므로 신학자는 먼저 성경해석자라고 보아야 하기 때문에 이러한 구분이 정확한 것은 아니지만, 종래의 스콜라 신학을 반대하는 입장의 약간의 신학자들이 있었으며, 또한 전문적인 성경 번역자와 전문 주석가들도 함께 활동하였다.

둔스 스코투스(Duns Scotus), 윌리엄(William of Ockham), 니콜라우스(Nicolaus) 등이 이 시기의 전문 성경 주석가들이다. 그중에서도 니콜라우스가 대표적인 성경학자다. 그는 1270년경 프랑스 리라에서 출생하였는데 프란시스 교단에 들어간 후에 파리에서 공부하고 소르본 대학에서 오래 동안 강의하였다. 그는 성경 연구에만 전념하여 50권으로 된 『성경전권주해』를 남기는 등 전문적인 성경해석학자로서 활약하였다. 그는 중세의 다중적 · 풍유적 해석의 위험을 경고하고 문자적 의미를 중시하였으며, 또한 기초적인 문헌학적 해석을 주장하여 성경해석에 새 경지를 열었다.

니콜라우스는 사본들의 부식에 대한 관심과 사본 비평적 관심을 가졌으며, 원어 이해를 중시했고, 본문을 끝없는 파편들로 쪼개는 것은 유치하다고 보았고, 강해와 가능한 제의를 구분하였으며, 문자적 의미에 확고하게 근거해서 의미를 파악하였다. 그는 많은 주석서를 썼으나 실제 주석에 있어서는 위에서 말한 바 있는 그 원리들을 따르지 않는 현상을 보이기도 하였다고 한다.[135)]

아퀴나스로부터 서서히 불을 지피기 시작한 문자적 · 역사적 해석이 니콜라우스에게서 꽃을 피우게 된 것이다. 그의 새로운 성경해석 체계는 중세의 억압된 분위기를 벗어나려는 시대적 배경과 맞물려 당시와 근세로 넘어가면서 계속 유행하였고, 결국 종교개혁을 성공시킨 마르틴 루터에게까지 큰 영향을 미쳤다. 루터는 니콜라우스를 상당히 존경한 것으로 알려졌다.

제5장 종교개혁시대의 성경해석

16세기 초부터 서서히 시작된 종교개혁은 17세기 초까지 계속되어 중세의 교권 통치시대를 무너뜨리는 결정적 역할을 하면서 중세와 근세를 잇는 다리 역할을 하였다. 다시 말해서 종교개혁은 교황과 교회의 절대적 권위에 의해 지배되던 시대에 종지부를 찍고, 새로운 시대를 열게 하는 시발점이 되었다는 말이다. 종교개혁 운동 이전에도 교회를 개혁하려는 시도는 있었지만, 그것은 교황과 교회의 절대적 권위에 의해 억압되었을 뿐 아니라 사회적 지지도 충분히 얻어낼 수가 없었기 때문에 무고한 희생만 치르면서 빈번히 실패하고 말았다.

마르틴 루터를 위시로 한 종교개혁이 성공한 것은 시대적 배경이 크게 작용하였기 때문이었다. 다시 말해서 때마침 문예부흥으로 인한 인권에 대한 자각이 이루어지게 되고, 이성적 신앙이 강조되면서 중세의 일방적이고 맹목적이던 신앙의 강요가 더 이상 먹혀들지 않게 되었으며, 문화와 사회적으로 다방면에 걸친 개혁의 분위기가 무르익게 되었다. 더욱 1445년에 구텐베르크(Gutenberg)의 금속활자 인쇄술이 발명된 후 많은 번역 성경이 인쇄되어 대량으로 쏟아져 나오면서 성경해석에 대한 새로운 전기를 맞게 되었다. 이런 것들이 루터 시대에 와서 종교개혁이 성공을 거두게 되는 계기가 되었다.

종교개혁은 초대교회로 돌아가자는 운동이었다고 할 수 있다. 그것은 천 년 동안 중세의 교회가 정치화, 권력화, 제도화되면서 초대교회의 순수한 모습을 송두리째 잃어버렸기 때문이다. 복음은 변질되고, 진리는 왜곡되었으며, 신학은 교회 권력을 유지하기 위한 수단으로 전락하고 말았었다. 민중에 대하여 교회 정치의 억압이 극에 달하게 되면서 사람들은 초대교회의 순수한 믿음과 경건한 헌신을 그리워하게 되었으며, 교권으로부터 해방되기를 열망하게 되었다. 이를 계기로 해서 종교개혁의 운동은 걷잡을 수 없이 폭발하게 되었던 것이다.

종교개혁의 핵심은 성경이 갖는 유일한 최고 권위를 회복토록 해야 한다는 것이었다. 중세에는 성경이 있어도 일반 성도가 읽는 것이 허락되지 않았고, 정확한 뜻을 알려고 노력하는 것은 더더욱 허락되지 않았었다. 하나님의 백성이 하나님의 말씀을 마음대로 접하지도 못하고 알지도 못한다고 하는 것은 아이러니가 아닐 수 없었지만, 중세교회는 자신의 부패성을 감추기 위하여 비겁하게도 성경을 신자들로부터 철저히 격리시켰었다. 그들은 성경에 대한 해석은 오직 교회만이 할 수 있고, 교황 무오설을 주장하여 심지어 교황이 성경의 내용을 바꾸어도 상관없다고까지 하였다.

신학을 비롯해서 교회의 모든 행동은 성경을 어떻게 해석했는가에 따라 실제적으로 결정된다. 성경을 어떻게 해석하는가에 따라 수많은 신학과 그에 따른 교파들이 나타나게 된다는 것은 부인할 수 없는 사실이다. 성경을 교회만이 해석해도 그 교회가 완전하다면 전혀 문제가 없다. 그러나 지상에 존재하는 교회는 절대적으로 완전할 수가 없는데, 그것은 주님께서 교회와 함께 하신다 해도 교회에 소속된 신자들은 불완전한 인간들이므로 얼마든지 변질될 수가 있기 때문이다. 그런데도 제도화된 교회는 획일적인 성경 해석 권한만을 주장하고 있었다. 이 시대의 성경 해석 권한을 움켜쥔 성직자들은 거의 다 부패되어 있었기 때문에, 그 당시의 교회는 자동적으로 변질될 수밖에 없었다.

마침내 종교개혁을 통하여 성경이 널리 보급되면서 교회의 터무니없는 해석의 허상이 적나라하게 드러남으로써 '교회의 일방적 해석'은 점차 영향력을 잃게 되었다. 종교개혁 시대의 성경해석은 종래의 전통적 해석과는 근본적인 차이를 갖게 되었는데, 그것은 곧 다중적 의미를 배제하고 본문의 원래의 의미를 중시하는 것과 교회 전통보다는 성경 그 자체를 매우 강조한 것이었다.

교회전통을 중시하던 라틴 교부들의 사상이 지배하던 시대가 가고, 안티오키아 학파의 헬라 교부들의 학풍이 천여 년의 세월을 뛰어넘어 되살아나게 되었다. 종교개혁을 통해 문자적이고 역사적인 해석의 중요성이 새롭게 인식되었으며, 이제는 '오직 성경'(Sola Scriptura)이라는 새로운 신념이 자리 잡게 되었던 것이다. 이로써 교권 수호를 위한 신학은 더 이상 존재 가치가 없어졌으며, 참된 신앙을 위한 새로운 신학의 정립이라는 새로운 과제가 시대적 사명으로 부각되었다.

이러한 과정 속에서 로마 가톨릭교회가 인정하던 외경(Apocrypha)을 정경에서 제외하여 현재의 66권으로 정하였으며, 또한 중세의 대표적인 성경인 불가타 라틴번역본을 사용하는 대신 히브리어와 헬라어로 된 원어 성경을 직접 연구하고 번역하기 시작하였다. 종교개혁 시대에 원어에 대한 새로운 관심이 일기 시작하고, 원어 문법책과 원어 성경이 출판됨으로써 원어 연구는 더욱 발전할 수 있었다.

중세는 성경해석의 원리에 대해 완전히 무지했던 시대라고 해도 과언이 아닌데, 종교 개혁 직전에 니콜라스가 성경의 문자적 의미와 신비적 의미만을 인정하여야 한다고 주장하게 되면서 성경해석의 새로운 눈이 열리게 되었다. 종교 개혁자 루터는 성경학자 니콜라스의 이런 사상이 불완전 하기는 하지만 성경을 문자적으로 보려는 그의 노력에 굉장한 감동을 받았었다. 그러다가 유럽의 두 눈이라고 불리는 로이흘린과 에라스무스가 나타나서 성경은 두 가지 의미만이거나 4중의 의미만이 아니고 하나의 의미밖에는 없다고 하는 주장을 하면서 그 견해가 대세를 이루게 되었다.

그 결과 성경은 정확무오한 하나님의 말씀으로서 성경만이 최고의 권위를 갖게 되었다. 그래서 종교개혁자들은 대부분 성경의 해석자는 성경이라고 주장하였는데, 곧 성경이 성경을 해석한다는 의미이다. 언제나 『구약』 해석은 『신약』이 해 주기 때문에 『신약』을 통해서 『구약』이 분명해지므로, 성경해석은 성경이 하여야 한다는 것이다. 그런 성경 해석의 기본 원리가 종교개혁시대에 들어서 굳게 자리를 잡게 되었다.

그리고 모든 성경을 이해하는 것과 설명하는 것은 신앙과 일치하여야 하는데, 그것은 성경을 일관성 있게 가르치고 의견 개진을 하여야 할 것을 의미한다. 성경 해석을 일관성 있게 하지 않으면 신앙이 흔들리게 되기 때문이다. 그런데 그것은 인간의 많은 배움과 지적인 수련이나 부단한 노력에 의해서 이루어지는 것이 아니라, 초월적인 성령의 조명하심과 하나님의 영성적 지혜의 이끄심으로써만 가능하게 되는 것이다. 이런 점을 염두에 두고, 이 시대를 대표하는 두 거장 루터와 장 칼뱅에 대해 살펴보겠다.

1. 마르틴 루터의 성경해석

마르틴 루터는 원래 로마 가톨릭교회의 신부였으나, 로마 가톨릭 교회의 부패에 항거하여, 로마 가톨릭 교회의 교리와 전통을 논박하고, 성경이 지니고 있는 유일한 권위와 하나님의 은혜를 통한 구원을 강조하였다. 그러나 루터는 스스로가 시작한 이 일을 '종교 개혁' 이라고 말하지는 않았는데, 그것은 하나님에 의해 이끌려서 수동적으로 한 일이었기 때문이다. 그는 다만 '복음주의자' 라는 입장에서 복음을 전파하기 원했고, 자신이 종교개혁자로보다는 설교자, 박사, 교수로 불리지기를 원했다. 그러나 그가 행했던 모든 일들은 엄청난 결과를 가져왔다. 그로 인해 개신교가 태동했을 뿐 아니라, 성경 번역과 많은 저작 활동, 그리고 작곡과 설교를 통해 사회와 역사가 크게 변화되었기 때문이다.

마르틴 루터(Martin Luther, 1483-1546)는 1483년 독일의 작센안할트 주의 아이스레벤(Eisleben)에서 광산업에 종사하는 아버지 한스 루터와 어머니 마가레테 린데만 사이에서 태어났다. 태어나자마자 당시의 관례대로 그도 세례를 받았는데 그 날이 성 마르틴 축일이어서 그의 이름을 아버지가 마르틴이라고 불렀다. 그의 집안은 중산층으로 생계에는 지장이 없었으나 상당히 검소하여, 그의 모친은 다른 동네 부인들과 같이 장작을 주웠다. 그의 부친은 교회의 타락을 묵인하지 않는 양심을 가진 기독교인이었다. 마르틴 루터는 부모의 권유로 에르푸르트 대학에서 법학을 전공하여 문학 석사학위를 받았다. 이후 루터는 1512년에 신학 박사학위를 받고 비텐베르크 대학의 신학 교수가 되었다.

이런 루터가 하나님을 만나는 회심의 기회를 갖게 된 것은 우리가 잘 아는 대로 21세 때 고향에서 대학으로 돌[136]아 가던 중 뇌우를 만났기 때문이었다. 위험에 처한 루터는 "성 안나여, 저를 도와주소서. 그러면 제가 수도사가 되겠습니다" 라고 서원을 하며, 하나님의 사람으로 살기를 결심하였다. 하나님의 은혜로 위기를 모면한 루터는 그가 약속한 대로 아우구스티누스 파 수도원에 입문하였다. 그러나 그에게 있어서 그 길은 순탄하지가 않았다. 그는 종교적인 극심한 고민에 빠졌는데, 그것은 그를 괴롭히는 문제가 죄와 의로운 삶, 및 구원 등과 같은 근본적인 문제라는 것을 알게 되었다. 다시 말해서, 그는 하나님을 이해하고 사람이 의로워지고 구원을 얻고 하는 데는 인간의 노력과 열정이 전혀 무익하다는 것을 깨달았다는 말이다. 어느 날 루터는 「로마서」1장 17절의 말씀에 사로잡혀 그 문제를 해결하였다.

루터는 결국 사제로 서품을 받고 교회의 지도자가 되었지만 그의 눈에 비친 당시 로마 교회는 교리와 윤리적인 면에서 타락했었다. 이러한 타락현상을 가장 잘 말해주는 사건은 면죄부 판매 사건이었다. 당시 로마 교회는 재정이 궁핍해서 면죄부 판매를 통해 부족한 재정을 충당할 의도를 갖고 있었다지만, 루터에게 있어서 면죄부 판매는 타락한 로마교회의 하나의 현상에 불과한 것이었다. 더욱 큰 문제는 성경의 교훈과는 다른 교리적 탈선과 도덕적 타락이 로마교회의 큰 병폐였다. 이런 부패현상을 좌시할 수 없었던 루터는 1517년 10월 31일에 비텐베르크 성당 문에다 95개조 반박문을 계시하였는데, 이것이 시발점이 되어 종교개혁의 불을 당겨지기 시작하였다.

마르틴 루터는 성경해석에 있어서 36세까지는 벌겟, 교부들, 그리고 4중 의미에 부분적으로 의존하는 것으로 만족하였다. 그러다가 그는 4년간 히브리어, 헬라어를 연구하면서 교부들에 대한 의존에서 벗어나게 되었다. 그는 고해성사의 근거를 헬라어에서 찾아보니 '메타노이아' 인데 이것은 라틴어 고행(penance)과 다르다는 것을 발견하였다. 이때부터 원어연구의 중요성을 절감하게 되었다. 40세 이후 그는 성격해석의 원리를 정립하게 되었다.[137]

루터는 성경을 바로 알기 위해서는 평신도들이 직접 읽어서 쉽게 이해하여야 하는데, 그러자면 자국어로의 성경 번역이 시급하다는 것을 깨닫고 되었다. 그래서 루터는 성경을 독일어로 번역하여, 독일 국민들에게 최대의 공헌을 하였다. 그리고 그는 성경 주석 사업에도 힘을 썼으나 극히 제안된 범위를 벗어나지 못하였다.

루터는 가톨릭의 교도권을 배척하고 '오직 성경' 만을 신앙의 전거(典據)로 삼았다. 다시 말하자면 성경의 최고 절대 권위를 성경해석의 최고원리로 삼았다는 뜻이다. 루터에게 있어서 성경은 온전한 하나님의 말씀이며, 하나님의 말씀에 대한 증거였다. 그는 오직 성경만을 신적 권위로 인정하였으며, 교황과 교회의 전통은 신적 권위로 인정하지 않았다. 이처럼 루터는 성경해석을 교회의 권위로부터 성경자체의 권위로 돌려놓았다. 이것은 루터의 아무리 양보해도 간과할 수 없는 큰 공로라 할 수 있다. 그는 교황과 교회회의에 의해 철학적 · 권위적 유권해석과 스콜라의 의복을 덧입었던, 그래서 안개에 쌓인 것 같은 성경해석을 모든 전제와 조건을 제거하고 성경 자체로 성경을 해석한다는 학문의 새로운 시대를 연 개척자였다.

'오직 성경'이라는 원리는 루터 자신이 성경의 명료성을 확신하는 것에서 연유되었다. 그러나 루터와 대조적으로 에라스무스는 성경의 명료성을 받아들이지 않았기 때문에, 에라스무스와 루터간에는 차이점이 생겼다. 뿐만 아니라, '오직 성경' 이라는 원리는 성경은 스스로 자증성이 있다는 그의 확신에서부터 나왔다. 그에게 있어서 성경의 참다운 해석 방법이란 바르고 적절한 방법에 의해 성경을 성경으로 비교 설명하는 것이었다. 즉 그것은 각각의 성경 본문을 성경의 전체 메시지에 비추어서 해석하는 방법이라 할 수 있고, 애매모호한 본문은 분명하고 확실한 본문에 의하여 설명하는 원리라 할 수 있다.

성경의 명료성과 자증성을 확신하였던 루터는 중세의 4중적 의미를 부정하고 문자적 의미만을 인정하였다. 루터는 풍유적 해석이 성경의 의미를 다양하게 하기는 하지만, 애매모호하기 때문에 그 방법의 타당성을 거부했다. 오리게네스의 풍유들은 흙만큼도

가치가 없으며 단순한 원숭이 장난으로 전락될 수 있다고 평가절하였다. 그러나 풍유적 해석법에 대해서 조소와 비난을 보내면서도, 그는 문맥과 역사적 환경을 고려할 것을 강조하였고, 해석자의 신앙과 영적 통찰력을 요구하였으며, 성경 어느 곳에 있어서나 그리스도를 찾아내는 것이 성경해석자들의 의무라고 하였다.

이와 같이, 루터는 문자적 해석을 인정하면서도, 거기다가 역사성, 즉 역사적 해석을 가미하였다. 문자적으로 성경을 보는 동시에, 그 내용 자체가 언제, 어디서, 누가, 어떻게, 왜 그런 말이나 그런 사건이 일어나게 되었는가 하는 역사성을 밝혀내는 해석을 하여야 한다고 하였다. 그러면서 성경 속에서 그리스도를 찾으려는 시도를 하였는데, 이것은 16세기 종교개혁이 일어나기 전까지는 상상도 못했던 착상이었다. 그런데 종교 개혁이후 루터가 성경의 문자적 의미만을 강조하면서 그리스도를 찾으려는 그런 시도가 시작되었다.

이와 같이, 루터는 모든 성경을 '그리스도 중심적 해석' 으로 구성하여야 한다고 믿었다. 루터의 해석학에 포함되어 있는 가장 중요한 단어는 바로 이 '그리스도 중심적 해석' 이다. 즉 모든 성경이 『신약』과 『구약』에서 그리고 각 장과 절에서 나타내고 있는 것은 그리스도이며, 이 그리스도는 성경의 중심이 된다는 것이다. 루터는 이렇게 성경해석을 그리스도론으로부터 시작하고 있는데, 그런 의미에서 우리는 그를 현대 비평의 창시자라고 부르게 된다. 그는 모든 성경이 그 문자적 표현으로서 그리스도의 구속사역인 칭의, 즉 값이 없는 은혜를 나타내고 있다고 하였다.

그리하여 루터는 성경에서 이러한 값없이 주는 은혜의 근원으로서 주 예수의 모습을 정확히 묘사한 부분을 복음이라 하였고, 이 복음이 발견되지 않는 부분을 율법이라 하였다. 율법은 죄인으로서 죄를 깨닫게 하며 절망의 상태에 이르게 하지만, 복음은 죄인을 살리게 한다. 이러한 관점에서 그는 『구약』과 『신약』을 율법과 복음으로 가를 뿐만 아니라, 신약 안에서도 '그리스도 중심' 이라는 기준이 약하게 표현되어 있는지 혹은 강하게 표현되어 있는지를 평가해서 소위 고급한 책과 저급한 책으로 분류한다. 이를 테면 「로마서」나 「갈라디아서」는 고급한 것으로, 「야고보서」는 저급한 것으로 분류한 것과 같은 경우를 말한다.

루터는 성경을 해석할 때 본문의 역사적 상황 아래서 일반적으로 통용되는 문법적 해석 원리를 따라야만 한다고 하면서도, 성경에는 영적 의미가 없지 아니하므로 문자적 의미와 영적 의미의 균형을 맞추어야 한다고 하였다. 루터에게 있어서 영적 의미란 다중적 의미와는 전혀 다른 개념이다. 즉, 다중적이고 풍유적인 의미는 해석자의 교묘한 언어유희에 의해 이루어지지만, 영적 의미는 본문의 심층적 의미로서 성령의 조명을 통해 이루어진다는 것이다. 따라서 영적 의미를 발견하려면 언어학과 역사, 그리고 신학 연구만으로는 부족하고, 반드시 성령의 조명을 경험해야 한다고 하였다. 이러한 균형의 원리는 현대 성경해석학에서 거의 그대로 받아들여지고 있다.

물론 루터의 해석학이 중세적인 교권주의에서의 해방을 이룩했을 뿐 아니라 당시 가톨릭교회의 해석에 비해 진일보 한 것이 사실이지만, 합리주의적 비평신학이 발판을 놓을 수 있는 근거를 마련했다는 과실도 안고 있다.

2. 장 칼뱅(존 칼빈)의 성경해석

종교개혁 시대에 루터와 더불어 가장 걸출한 인물이었던 장 칼뱅(Jean Calvin, 1509-1564)은 1509년 프랑스에서 소시민의 아들로 태어났다. 14살이 되기까지 그는 자신의 고향에서 교육을 받다가 아버지 제럴드 칼뱅의 권유로 파리에서 신학을 공부하고 그의 소원대로 오를레앙 부르주 대학에서는 법학을 공부하기도 했다. 1531년 그의 아버지가 사망하자 법학에 흥미를 느끼지 못하던 칼뱅은 법학을 포기하고 자신이 원하는 신학을 연구하기 시작하였다. 이것은 그의 생애에 하나의 새로운 전환이었다. 그는 파리 왕립대학으로 옮겨 피에르 다네(Pierre Danes) 밑에서 헬라어를 배웠고, 바타블(Vatable)에게서 히브리어를 배웠다. 몽테규 대학에서 철학과 수사학, 교부들의 작품들을 배운 그의 인문학적인 소양과 왕립대학에서 받은 그의 언어적 훈련은 후에 그를 성경을 해석하는 위대한 학자로 쓰이게 했다.

1533년 그는 개신교 신앙으로 회심하여 개혁가로서의 삶을 결단하며 하나님의 사역자가 된다. 그는 「로마서」1장 21절 "하나님을 알되 하나님을 영화롭게도 아니하며 감사하지도 아니하고 오히려 그 생각이 허망하여지며 미련한 마음이 어두워졌나니"라는 말씀에 사로잡혀서, 과거 자기가 살아온 삶이 얼마나 가증스럽고 불신적이었는가를 깨달았다. 과거의 불신적인 삶을 청산한 칼뱅은 다른 사람들 앞에서 스스로 자신을 '말씀의 사역자'라고 불렀다. 한편 그의 삶에 또 다른 큰 변화를 준 사건이 발생하였다. 그것은 1533년 그가 24세 되던 해 11월에 칼뱅과 친분이 있는 사람이 파리 대학 총장으로 취임하는데 칼뱅이 작성하여 준 취임 연설의 내용이 문제가 되었다. '기독교 철학'이라는 제목의 연설문이 독일의 종교개혁자인 멜란크톤과 네덜란드의 개혁자 에라스무스의 글을 인용하면서 개신교를 옹호했기 때문이다. 이는 로마 교회나 대학 입장에서는 대단한 충격이었다. 당시 프랑스는 다른 유럽보다 개신교 신앙의 자유를 인정치 않는 나라였으며, 특히 프랑스 왕 프랑수아 1세는 개신교도들을 투옥하고 화형에 처하는 종교탄압을 시행하고 있었다. 결국 총장은 이단자로 지목되어 추방되었고, 이 원고를 작성하여 준 칼뱅도 신앙의 자유를 찾아 스위스의 바젤로 피신을 했다.[138] 칼뱅은 바젤에 은신해 지내면서 교회를 초기 사도시대의 순수한 모습으로 복귀시킬 것을 다짐한 후 로마 가톨릭과 결별하였다.

칼뱅은 피신하여 간 바젤에서 1536년에 약관 27세의 나이로 복음주의의 고전이 된 『기독교강요』(*Institutio Christianae Religionis*)를 저술하였다. 이 책의 목적은 그 서두에서 밝히고 있듯이, 박해받고 있는 프랑스의 프로테스탄티즘에 대해 변호하고 그 신앙을 옹호하기 위한 것이었다. 그 내용은 기독교에 관하여 많은 것을 조직적으로 다루고 있는데, 깊은 사상과 풍부한 논리로 인하여 오늘날까지 많은 영향력을 발휘하고 있다.

그의 종교개혁가로서의 출발은 스위스의 종교개혁자 울리히 츠빙글리(Huldrych Zwingli, 1484-1531)의 후배인 파렐(Guilliaume Farel, 1489-1565)로부터 스위스의 수도인 제네바에서 종교개혁을 위해 함께 일할 것을 요청받고 그의 종교개혁 운동에 참가하면서부터 시작되었다. 그의 제네바 개혁은 교회의 무질서와 시의 도덕적 타락에 대한 것부터 시작하였다. 먼저 그는 교회 조직을 초대교회의 모델을 따라 정비하고, 교회 법규를 제정하여 교회의 질서를 바로 잡았다. 당시 제네바 시는 그 도덕적 타락의 정도가 심각하여, 사치와 향락적인 댄스, 도박, 음행이 공공연히 행해지고 있었다. 이에 칼뱅은 자신의 스토아적 금욕주의 사상을 피력하면서 절제 있는 삶을 통한 사회 정화를 주장하였다.[139)] 그는 프랑스에서 태어났지만 종교개혁의 꿈을 스위스에서 펼치게 된 것이다. 거기서 그는 루터와 츠빙글리에 의해 많은 영향을 받고 철저하게 프로테스탄트(Protestant)의 입장을 명확하게 취할 수가 있었다.

그러나 처음부터 하나님나라 건설에 기반을 둔 엄격한 개혁을 추진하려 했기 때문에 파렐과 함께 추방되어 프랑스의 스트라스

부르로 쫓겨났다. 그곳에서 설교자와 신학교교수로 있으면서 『로마서 주해』등을 저술하는 등 계속 활동하다가 상황의 변화로 다시 제네바에 초빙되어 본격적인 종교개혁을 수행하게 된다.

이미 앞에서 말한 것처럼, 그는 거기서 엄격한 '교회규율'을 제정하고 교회제도를 정비하는 한편, 이단을 강하게 척결하였다. 그러나 삼위일체를 부정하고 오직 성부의 신성만을 인정하는 유니테리안이었던 세르베투스를 분살(焚殺)한 것은 그의 급격한 성격이 그대로 드러난 일면을 보여준 것으로 매우 비난받는 잔인한 사건으로 기록 된다. 또한 제네바의 일반 시민에게도 엄격한 신앙생활을 요구하여, 신정정치적 체제를 수립하였는데, 그 과정에서도 어떤 패륜아를 돌로 처 죽이는 형벌을 집행하기도 하는 등 그에게는 중세의 잔재로 여겨지는 과격한 면이 있었다.

아무튼 제네바는 그 후 종교개혁의 중심지로서 전 유럽에 영향을 끼치게 되었다. 즉, 칼뱅의 사상은 영국에서 존 녹스에게 영향을 끼쳐 영국의 퓨리터니즘 형성에 배경이 되었고, 스위스와 프랑스에서는 그의 후계자인 베자가 종교개혁을 이어갔다. 칼뱅주의와 존 녹스의 사상으로 후에 장로교파가 형성되었으며, 장로교는 나중에 다시 독일, 화란, 미국으로 나뉘어 성향이 다른 형태로 발전하게 되었다.

칼뱅은 예정론 등 많은 신학적인 부분을 아우구스티누스에게서 이어 받았다. 칼뱅이 그의 초기 작품인 『기독교강요』의 많은 부분을 아우구스티누스와 같은 입장에서 서술하고 있는 것을 보아서 알 수 있다. 그러나 후일에 기록한『주석서』등에서는 아우구스티누스의 다중적 성경해석을 비판함으로써, 아우구스티누스의 영향력에서 벗어난 것을 보여주었다. 이는 그가 초기에는 아우구스티누스의 영향 아래에 있었으나 후에 가서는 그의 영향으로부터 벗어나서 자신의 독특한 신학 체계를 추구하게 되었다는 것을 의미하는 것이다.

칼뱅을 흔히 신학자와 종교개혁가로서 평가하지만, 실상 그의 진면목은 그가 성경해석자라는데 나타난다. 사실상 그는 『기독교 강요』보다는 더욱 심혈을 기울여서 쓴 것이『성경 주석서』라 할 수 있다. 그리고 그의 성경 해석과 관련된 작품들은 주로 그의 설교와 주석들이다. 칼뱅은 자신의 생애 마지막 15년 동안은 설교하기와 설교와 주석을 쓰는 일에 더 주력하였다. 그러나 그의 설교들은 19세기 초반에 거의 분실되었다. 재생된 것도 있지만 대부분은 찾을 수가 없다.

칼뱅의 『구약』 주석은 그의 강의안을 대부분 편집한 것이다. 『구약』에 대한 강의는 1540년 후반에 시작했으며 아직도 모든 강의안들이 남아 있다.「요한계시록」과 『구약』 몇 권이 제외된 성경 전문에 대한 자세한 주석을 썼는데, 그는 이 주석서들을 통하여 성경해석자로서 탁월한 면모를 보여주었다. 그는 다중적 해석이나 애매모호한 영적 해석을 단호히 배격하면서 문법적이고 역사적인 해석을 역설하였다. 그렇다고 영감과 조명을 무시한 것은 아니었다. 칼뱅주석은 간결하고 명쾌한 해석을 한 것이 특징이며, 오늘날의 현대 성경해석자들에게도 큰 도움을 주고 있다. 최근에 칼뱅의 해석학 원리를 연구한 많은 학자들은 칼뱅이 독특하게 사용한 성경해석의 원리와 간결하고 용이한 방법을 인정하고 있다.

1) **성경을 성경으로 해석하기**

칼뱅은 다른 프로테스탄트 학자들과 마찬가지로 로마 가톨릭교회의 전통에 반대하여 '오직 성경' 이라는 원리를 내세웠다. 이는 성경을 성경으로 해석하여야 할 것을 주장하는 것이지만, 그에 의하면 성령의 조명 없이는 성경을 성경으로 해석할 수 없다. 왜냐하면 모든 성경은 하나님에 의해 영감으로 기록된 하나님의 말씀이기 때문이다. 그에게 있어서 성경해석의 최고 권위는 오직 성경뿐이며, 그 성경에 대한 해석은 성령의 조명을 통해서만 가능하다는 것이다. 칼뱅에게 있어서 가장 중요한 것은 성경해석에 작용하는 성령의 활동이었다. 성경해석 상 성령이 활동으로서 그가 강조한 것이 다음과 같은 요소들이다.

첫 번째로, 칼뱅은 성령이 성경의 참된 저자라고 강조했다. 따라서 해석의 주도권은 인간에게 있지 않고 성령님께 있다고 한다. 즉 이는 '성령' 그 자신이 해석자라는 뜻이다. 칼뱅은 비록 인간이 성경을 해석하지만, 성경 해석의 참된 권위는 인간이 아니라 언어의 최고 권위자이신 성령이라는 것이다. 그에게 있어서 성령은 내적인 스승이요, 충성스런 해석자였다. '성령이 유일한 참된 해석자이다' 라는 칼뱅의 견해는 결코 성경 해석에 있어서 인간적인 측면을 결코 무시하는 것은 아니다. 그것은 분명하게 성경의 저자는 성령의 도구임을 주장한 말이라 할 수 있다. 성경 저자들은 성령의 도구들이었으므로 성경을 해석할 때도 반드시 성령의 조명을 받아야 한다는 것이다.

두 번째로, 칼뱅은 성령의 의도를 성경 해석에 있어서 가장 중요한 요소들 가운데 하나로 간주했다. 칼뱅에게 있어서 성령의 의도는 성경의 이해와 밀접하게 연결되어 있으므로, 성경 해석자는 성경을 해석할 때 반드시 성령의 의도를 찾아야 한다고 하였다. 우리는 성령의 의도를 이해함이 없이 결코 성경의 참된 의미를 이해 할 수가 없다. 칼뱅이 성경 해석에 있어서 성령을 성경의 저자로 강조한 사실은 그의 주석을 올바르게 이끌 수 있게 하였다.

세 번째로, 성령의 조명에 의하여 성경을 이해하는 것은 믿음과 연결되어 있다. 즉 성경은 믿음이 있을 때만 이해가 될 수 있다는 것이다. 칼뱅에 따르면 "오직 믿음이 이해를 발생시키기 때문에 이해는 믿음과 분리될 수 없다"고 하였다. 믿음은 우리의 마음속에서 더욱더 많은 이해의 불빛을 불태울 것이지만, 믿음의 역사는 우리의 힘으로 되지 않고, 우리를 조명하는 성령의 힘에 의해서만 된다는 것이다. 우리가 믿음에 따라 성경을 해석 할 때 성령은 우리가 육신의 이성에서 보호 받고 하나님의 말씀을 이해하도록 인도하신다.

네 번째로, 칼뱅은 우리가 성경을 해석하기 위하여 성령의 조명을 받기 위하여 기도해야 한다는 것을 강조했다. 칼뱅은 우리가 성령의 의도에 의해 다스려지기 위하여 기도해야 할 것을 강조하였다. 우리는 기도를 함으로써 올바른 이해를 주시는 성령에 의하여 다스림을 받을 수 있다는 것이다. 성령의 조명을 위하여 우리가 기도하는 일이 올바른 성경 해석을 위하여 필수적이라 하였다.[140]

2) 간결하고 용이한 방법으로 해석하기

간결하고 용이한 방법이란 단지 성경 해석을 간단하고 쉽게 한다는 의미가 아니라, 그 이상의 수사학적 배경을 가진 원리로서 칼뱅의 성경 해석학의 핵심적인 방법이다. 간결성이란 몇 단어로 표현이나 기간을 짧게 하는 것이다. 또 용이성이란 표현을 쉽게 하거나 유창하게 하는 것을 의미한다.

칼뱅은 세네카의 주석법과 같은 방법을 선택하여, '주석의 최고의 미덕은 간결 명려한데 있다' 고 하였다.[141] 칼뱅의 간결한 방법이란 길고 장황하고 거대한 해석을 피하고 가능한 짧고 간략한 방법을 의미하며, 용이한 방법이란 해석의 단순성을 찾으려는 시도로서 해석할 때에 애매한 점을 제거시켜 본문의 의미를 쉽게 독자들에게 설명하는 것이다. 칼뱅은 단순성을 찾고 독자들이 장황한 주석으로 인한 지루함에서 벗어나게 하기 위하여 이 방법을 사용함으로써 성경 저자의 의도를 독자들로 하여금 간결하고 쉽게 이해하도록 돕는데 그 목적을 두었다. 이 목적은 「로마서」의 헌사뿐만 아니라 「시편」 주석의 서문에서도 분명하게 밝히고 있다.

갬블은 칼뱅과 루터를 이런 관점에서 다음과 같이 비교하여 설명하고 있다. "칼뱅의 주석들을 볼 때 그의 간결성에 놀라지 않을 수가 없다. 칼뱅의 「창세기」 주석과 루터의 「창세기」 주석을 비교한다면 루터는 8권인데 반하여 칼뱅은 단 한권이다. 「로마서」 주석을 비교해 볼 때 칼뱅은 한 권인데 반하여 부처는 4권을 썼다. 문체에 있어서 칼뱅은 사실상 간결했다." 칼뱅은 성경을 해석할 때 다음과 같은 몇 가지의 원리들을 가지고 간결한 방법론을 사용했다.[142)]

간결한 방법의 첫 번째 원리는 성경의 본문을 해석할 때 단어나 혹은 문장의 사용에서 보통 사람이 이해하기 어려운 전문적인 단어를 사용하지 않고, 또 문장을 쓸 때 장황하게 하지 않는 것이다. 칼뱅이 그렇게 한 이유는 그의 독자들이 말 많은 주석으로 부담 갖기를 원하지 않았기 때문이다. 이런 맥락 안에서 그는 성경 해석을 장황하게 했던 에라스무스와 고대 신학자들, 그리고 부처(Bucer)를 비판했다.

칼뱅은 고대 학자들, 특히 아우구스티누스와 같은 교부들이 장황한 해석을 많이 했다고 비판을 가하였다. 고대 학자들에 관한 그의 설명은 다음과 같다. "그런데 그리스도의 생활을 어떻게 정리할 것이냐를 서술함에 있어서 나는 문제의 내용이 복잡다단한 것을 모르는 바가 아니다. 그 중대성으로 보아서, 만일 자세히 논한다면 방대한 저서가 될 것이다. 한 가지 덕목에 대한 훈계를 기술하는데도 옛날 학자들은 무수한 말을 한 것을 우리는 안다." 칼뱅은 아우구스티누스로부터 신학 사상에 있어서 절대적인 영향을 받았음에도 불구하고, 성경 해석에 있어서는 무조건 따르지 않고 분별하여 본문의 참된 의미를 바르게 주해하지 않은 경우에 냉정할 정도로 아우구스티누스의 잘못을 지적하였다. 특히 칼뱅은 아우구스티누스의 장황성에 대해 파월에게 보낸 편지에서 "당신도 내가 아우구스티누스를 얼마나 좋아하는지 알고 있지만, 그의 장황성은 나를 즐겁게 하지 못한 점을 숨길 수가 없소, 나의 스타일은 아주 간단합니다"라고 진술하였다.[143)]

칼뱅이 성경을 해석할 때 원문의 내용을 수정하지 않고 오히려 원문 그대로 보존된 상태에서 설명을 시도하였다. 그가 이렇게 한 이유는 원문을 수정하여 변화된 본문은 오히려 의미가 왜곡되어져 간결한 방법으로 해석되지도 않았고 단순하지 않았으며 자연스럽지 않았기 때문이다. 이 점에 관해서 칼뱅은 에라스무스를 강하게 비판하였다. 그는 지나치게 원문을 변형시키기도 하고 이성적인 관점에서 원문에 단어와 전치사 등을 삽입하기 때문에 성경해석에서 간결성을 상실했다.

칼뱅은 어려운 성경 구절을 해석할 때마다 성경을 기록한 당시의 저자의 의도가 무엇인가를 먼저 파헤친 다음에 저자의 의도와 관련하여 본문을 정밀하게 주석하는 것을 시도했다. 그가 성경을 해석할 때마다 성경을 기록한 본 저자의 의도 곧 성령의 의도를 끌어내어 독자들에게 설명하고자 한 점은 기독교 해석의 역사 가운데 획기적인 업적이라 할 수 있다. 성령의 신학자였던 칼뱅 이전에 그 누구도 그만큼 성경의 저자인 성령의 의도를 중요시 여긴 신학자는 없었다. 자신의 이성에 근거한 비평방법을 사용한 에라스무스와는 대조적으로 본문을 파괴하지 않고 건설적으로 보존성의 원리를 사용하여 원문의 권위를 손상시키지 않음으로써 아름다운 해석자의 모범을 후대에 영구히 보여 주었다.

칼뱅은 성경을 해석할 때 본문과 관련된 문제에만 제한을 두고, 본문과 무관한 주제들에 대해서는 가급적 해석의 방향을 단절시키며, 그런 주제로 인해 자신의 해석이 본문의 중심에서 이탈하지 않도록 하였다. 칼뱅의 해석이 간단명료하고 논리적인 것은 그가 늘 본문의 중심에서 이탈하지 않았고, 그 결과 본문의 주제를 떠나서 방황하지 않았기 때문이다. 이것은 그가 「로마서」의 헌사에서 이미 밝혔던 그의 방법을 실제로 해석할 때 그대로 실행했음을 보여주는 것이다. 칼뱅은 그곳에서 간결한 해석이란 해석자가 저자의 의도가 심겨져 있는 본문의 참된 의미를 벗어나 방황하지 않고 자기의 한계를 늘 지키는 것이라고 했다. 칼뱅은 본문의 중심 주제에서 혹시 벗어났다고 생각될 때 즉시 본문의 중심점에 그의 해석의 방향을 돌려놓았다.[144]

칼뱅이 간결한 해석을 하기 위해서 본문의 중심에서 이탈하지 않고, 또 본문의 주제와 관련이 없는 부수적인 것에 빠져들지 않음으로써 독자들에게 참된 의미를 보여주려는 시도는 우리로 하여금 관계성의 원리를 절감하게 한다. 성경 본문의 중심에서 이탈하여 저자의 의도와는 무관한 주해로 인해서 본문을 통한 성령의 역사를 올바르고 강하게 전달할 수가 없기 때문이다. 결국 성경의 저자이신 성령의 의도를 참되게 파악하지 못한 상태에서 설교를 한다면 일반적인 교훈을 전달할 수 있을지는 모르나 본문의 참된 의미를 통한 구체적인 성령의 의중을 회중들에게 정확하게 드러내지는 못할 것이다.

칼뱅이 풍유적 해석을 거절한 이유 가운데 하나는 그 풍유적 해석이 한 본문에서 여러 가지의 의미를 주기 때문이었다. 그러나 칼뱅은 풍유적 방법을 무조건 반대하지는 않았다. 칼뱅은 풍유가 성경이 세운 법칙의 한계를 넘어가지 않는 범위에서는 그 사용을 허용했다. 칼뱅은 성경의 해석자는 모호한 방법은 피해야 하고, 해석자의 주관에 따라 본문을 왜곡시키거나 저자의 의도와 문맥에 적절하지 않게 해석해서는 안 되며, 저자의 의미를 자연스럽게 설명해야 한다고 말했다.

장 칼뱅의 이름으로 제시되는 신학적인 체계는 물론 칼뱅의 석의적 업적은 우리가 해석의 원칙 및 방법을 발전시키기는 데에 큰 도움을 준다. 결론적으로 말하자면 칼뱅의 주석은 명료함과 탁월함의 모범이라 할 수 있다.

제6장 근세의 성경해석

근세는, 문예부흥과 종교개혁으로 인해 종교정치와 종교적 절대가치를 일변도로 강조했던 중세의 경색되고 암울했던 시대가 끝나고, 보다 인간의 가치와 이성을 존중하는 새로운 자각의 시대였다. 역사적으로 근세를 넓게 보면 종교개혁 시대인 16세기부터 시원을 잡지만, 보통은 종교개혁 이후 17세기부터 19세기까지를 근세로 보고, 20세기부터는 현대로 분류한다.

이 시기는 인류역사상 어느 시대와도 비교할 수 없는 무한한 가능성의 새로운 지평을 여는 시기였다. 문예부흥과 종교개혁을 통해 종교적 억압으로부터 해방된 세상에서 맹목적인 신앙의 강요는 더 이상 설득의 여지가 없었고, 인간의 가치와 이성적 사고가 존중되면서 엄청나게 다양한 견해와 지식들이 쏟아져 나오게 되었다. 이전에는 모든 학문을 신학과 분리하여 생각할 수조차 없었으나, 철학과 문학, 과학과 예술 등이 신학으로부터 분리되어 나가면서 독자적으로 발전하게 되었고, 다양한 학문의 분화로 말미암아 발전의 속도는 가속화되었다.

특히 17-18세기를 철학사에서는 계몽주의(Enlightment)시대라고 하는데, 신앙을 철저히 배제한 무신론과 이신론(Deism)적 관점에서 대륙의 합리주의(Rationalism)와 경험주의(Empiricism)가 대립하다가 칸트의 비판이론으로 절충되었다. 근세에 들어오면서 계몽주의적 사고의 영향으로 신앙은 점차 그 빛을 잃어갔으며, 그 반면에 인간의 이성은 최고조에 달하게 되어 다양한 문학작품과 예술작품이 쏟아져 나오게 되었다.

그러나 신학의 퇴조에도 불구하고 신앙에 있어서 새로운 지각이 일어났는데, 독일을 중심으로 종전의 교리 중심적 신앙에서 탈피하여 개인의 회심과 경건한 삶을 중요시하는 경건주의 운동이 시작되었다. 이는 큰 호응을 얻어 유럽 대륙과 영국으로 번졌으며, 나중에는 미국에까지 영향을 미치게 되었다. 성경연구에 있어서는 원어성경에 대한 직접적인 연구가 활발해졌고, 문법적 해석과 역사적 해석이 주류를 이루게 되었다.

18세기 말부터 19세기에 접어들면서 유럽 전역의 낭만주의(Romanticism)와 독일 관념론(Idealism), 그리고 실존주의(Existentialism) 등의 영향으로 인본주의적 사고가 팽배하여 철학을 비롯하여 신학에 있어서도 비평주의가 하나의 흐름이 되었다. 이는 성경 연구에도 영향을 미쳐서 더 이상 성경에 대하여 무조건 신뢰하지 않고 성경 자체를 비평하려는 시도들이 나타나기 시작하였다.[145)]

1. 17-18세기의 성경해석

칼뱅의 종교개혁 사역이 급물살을 탈 때, 로마가톨릭교회는 트렌트 공의회(The Council of Trent, 1545-1563)를 개최하여 로마가톨릭의 교리와 표준을 밝히는 신조를 만들고 개신교회를 극력 비난하였다. 이에 대하여 개신교회는 자체의 신앙 신조를 제정하여 로마가톨릭에 대응하였다. 종교개혁의 여파로 유럽사회에서는 신학적 저술들이 많이 발간되었고, 그 이후 17-18세기에는 인간의 이성이 강조되면서 많은 철학자들에 의하여 합리론과 경험론, 그리고 이성론이 크게 대두되었다. 이성적 추상적 신학 저술이 발간되면서, 신학자들은 자신들의 신학을 주장하기 위한 성경 연구에도 몰두하였다.

이 시대에 있어서, 교리는 왕성하였으나 정통이나 영성은 꺼진 시대였고, 신학은 승리하였으나 사랑은 행방불명이 되었고, 교황무오 대신에 교리들의 객관적인 권위가 강조되었다.[146] 이 시대의 성경해석으로 합리주의와 경건주의를 들 수 있다. 이에 대하여 간단하게 살펴보겠다.

1) 합리주의 학파

합리주의 학파(Rationalism)는 인간 이성의 판단 능력을 중요시하였다. 홉스(Thomas Hobbes, 1588-1679), 스피노자(Benedict de Spinoza, 1632-1677) 등 이 학파의 대표자들은 인간의 이성적 판단 능력을 중시한 나머지 전통적으로 지지되어 온 계시에 대한 불신을 널리 전파하였다. 이 학파는 성경에 기록된 초자연적 이적을 거짓과 속임수의 표본이라고 단정하여 이성적 비판을 가하였다. 결국 하나님의 특별 계시인 말씀이 인간에 의한 이성적 판단을 받게 된 것이다. 그들의 합리주의에 의한 이성적 전제는 성경에 대한 극단적 비평을 이끌어 내며 자유주의학파에 영향을 주었다.

토머스 홉스는 1988년에 잉글랜드 윌트셔의 웨스트포트에서 교구 목사(Vicar)의 아들로 태어났다. 홉스는 가난한 집안의 칠삭둥이였고 술주정뱅이로 전락한 아버지는 가족을 돌보지 않았지만, 부유한 삼촌의 도움으로 학업에 전념할 수 있었다. 홉스는 말름스버리 학교(Malmesbury school)에 입학하여 언어에 뛰어난 자질을 보인 것으로 알려져 있다. 그는 열네 살의 나이에 옥스퍼드 대학의 청교도적 학풍을 자랑하는 마그덜린 단과대학(Magdalen Hall)에서 5년간 공부하며 학사학위를 받았다. 당시 마그덜린 단과대학의 교장이자 진취적인 청교도이었던 존 윌킨슨은 홉스에게 상당한 영향을 주었다.

홉스는 캐번디시 가의 가정교사로 지내면서 그 집안의 후원으로 유럽 여행을 하며 폭넓은 학문 활동을 계속할 수 있었다. 그는 1629년부터 1631년 사이에 프랑스를 여행하면서 유클리드의 기하학을 알게 되었고, 여기서 기하학의 논증적 방법을 자기 학문의 주요 방법으로 받아들였다. 그는 1608년부터 1610년 사이에 프랑스와 이탈리아를 여행하면서 프랜시스 베이컨과 교류할 기회를 가졌다. 그는 심신 이원론을 주장한 데카르트와 갈등을 빚었고, 보일의 실험주의를 비판했다. 또 보일의 진공 실험을 비난하며 진공의 존재를 인정하지 않으려고 안간힘을 쏟기도 했는데, 이 일로 결국 영국 왕립학회 회원이 될 수 없었다. 또한 절대군주제의 열렬한 지지자였던 그는 당시 영국에서 장기의회가 결성되자, 프랑스로 도피 생활을 떠나기도 했다. 그는 90세의 나이에도 저서를 출판할 만큼 만년에도 왕성한 학문 활동을 했다. 1679년 12월 초순, 그는 대학을 졸업한 후 망명기를 제외하고는 평생 동안 의지했던 캐번디시 가의 한 저택에서 91세를 일기로 생을 마감했다.

홉스는 리바이어던(*Leviathan*)이라는 그의 주된 저서에서 성경은 하나님의 계시 자체가 아니라, 그 계시의 기록이라고 했다. 성경은 교회가 그리스도인의 생활의 규칙들로 치부하고 선택한 책이라고 했다. 그는 이렇게 이성의 권위를 계시의 권위 위에 두면서 동시에 가톨릭의 교회관을 비판했다. 성경왜곡의 최악의 형태는 하나님의 나라가 현재의 교회라고 하는 것이라는 입장이라고 지적했다.[147] 홉스 말고 또 한 사람, 합리주의 학파의 대표자는 스피노자였다.

베네딕트 드 스피노자(Baruch Benedict Spinoza, 1632-77)는 1632년에 네덜란드의 암스테르담에서 태어났으며 1677년에 헤이그에서 죽은 철학자다. 할아버지와 아버지는 포르투갈인이었으며, 스페인 종교재판소의 탄압 때문에 그리스도교로 개종한 뒤에도 비밀리에 유대교를 믿었다. 네덜란드가 스페인에 대한 저항에 성공하여 종교의 자유를 되찾자 이들은 암스테르담으로 피난했다. 어머니도 포르투갈 이주민이었는데, 스피노자가 겨우 6세였을 때 세상을 떠났다. 스피노자 집안은 장사로 번창했으며 유대인 사회에서도 두터운 신망을 얻고 있었다. 스피노자는 1638년경 암스테르담에 설립된 유대인 소년학교에 다닌 것으로 보인다. 소년들은 학교수업을 마친 뒤 세속적 주제에 대한 개인교습을 따로 받았다. 스피노자는 독일인 학자에게 라틴어와 독일어를 배웠으며 그 밖에 중요한 유럽 언어도 어느 정도 알고 있었다. 1654년 3월 아버지도 세상을 떠났다. 스피노자의 유일한 혈육인 이복누이가 유산을 모두 상속받겠다고 요구하는 바람에 법정다툼이 있었다. 스피노자는 승소했지만 거의 모든 재산을 그녀에게 물려주었다.

당시까지 스피노자의 학습내용은 주로 유대교에 한정되어 있었지만 워낙 독창적인 정신의 소유자였기 때문에 학습과정에서 정통교리와 성경해석을 뛰어넘는 견해를 가지게 되었다. 더욱이 17세기 당시에는 전통과 권위에 대항하는 분위기가 상당히 팽배해 있었다. 그러나 네덜란드가 아직 유대인을 공식 시민으로 인정하지 않은 상황에서 암스테르담의 유대교 지도자들은 유대교와 그리스도교 모두에 반대하는 이단종교들이 자신들을 탄압할지도 모른다고 두려워하고 있었다. 스피노자는 곧 유대 교회 당국의 비난에 부딪혔다. 그는 다른 학생들과 토론하면서 신이 육체가 없다는 점, 천사가 실제로 존재한다는 점, 영혼이 불멸한다는 점 등을 뒷받침할 근거가 성경 어디에도 없다고 주장했다.

스피노자는 신학과 철학의 관계를 논하면서 기독교인들은 성경의 심오한 신비에 놀란다고 하면서도 사실은 플라톤과 아리스토텔레스의 철학을 가르치고 있다고 지적하였다. 성경을 철학에 맞춘 것이다. 그래서 그들이 생동적인 신앙을 가지지 못했다는 것이다. 이러한 속박에서 벗어나기 위해서는 성경을 계시나 계시의 기록으로 보지 않고, 비합리적인 부분들은 모두 히브리적 관용구로 보고 인간 이성으로 처리하여야 한다고 말했다. 이는 이성을 신학의 주장으로부터 완전하게 해방시켜야 한다는 말이다. 성경을 바로 이해하면, 이성이 철학으로 통해서 얻은 통찰력을 확인하고 있음을 발견하게 된다고 한다.[148] 신학을 철학으로부터 분리시키면 지성인이 신학을 거부하는 결과가 초래된다고 하였다.

2) 경건주의학파

경건주의(Pietism)란 이론적 지성주의를 배격하고 개인적인 경험을 통한 산 신앙을 강조한 복음적인 영적 갱신운동이다. 17세기에 등장한 경건주의는 종교개혁자들의 생동감과는 거리가 있는 무력한 개신교 정통주의에 항거하여 실제적인 경건생활에 대한 관심을 제기한 복음주의 운동이었다. 또한 경건주의는 교리적 지식보다 개인적인 신앙과 종교체험 및 성경공부를 강조하여 교회 안에서의 영적 갱신을 추구했다. 뿐만 아니라, 경건주의는 교회 안에서 무기력한 신앙에 중생의 체험을 강조함으로 생동감을 주었고, 교회 안의 작은 교회 모임을 통해 성경공부와 삶을 서로 나누면서 교회를 새롭게 했다. 이들의 성경연구는 종교개혁 이후 정통주의 신학자들이 주로 교리를 정립하기 위하여 성경을 연구한 것과는 달리 교리를 발견하기 위한 목적이 아니라 말씀을 개인의 삶에 적용하기 위하여 필요한 것이었다. 따라서 성경해석에 있어서

신학적 해석보다는 역사적 해석에 강조를 두면서 성경 본문의 역사적 배경에 대한 깊은 연구가 많이 이루어졌다.

특히 1787년 독일의 가블러(Gabler)가 교의신학과 성경신학은 서로 명확하게 구별되어야만 한다고 선언한 이래 독일 신학계에서는 종래에 교리를 뒷받침하기 위해 성경을 연구하던 것으로부터 성경 자체에 대한 성경 연구로 일대 방향을 전환하게 되었다. 그 결과 성경 본문에 대한 연구열이 높아지면서 성경 본문에 대한 여러 가지 비평적인 방법들이 논의되었고, 이는 19세기에 본격화 된 성경비평의 초석을 제공하였다고 볼 수 있다. 성경연구에 대한 열기로 인해 이 시기에는 원어성경에 대해서도 많은 연구가 이루어졌으며, 원어문법서들과 각종 어휘사전들이 출판되기 시작하면서 성경 본문 연구에 박차를 가하게 되었다.

슈페너의 경건한 열망이란 소책자의 내용은 그 시대의 종교적 필요를 감당하는데 큰 역할을 했고 이 책에서 강조한 것들이 경건주의 운동의 특색들이 되기도 하였다. 그 특색들을 요약해보면 첫째 경건생활을 위한 성경연구, 둘째 교리적 논쟁의 회피, 셋째 회개와 인격적 신앙 강조, 넷째 교회 안의 핵심체 인정, 다섯째 독립적 평신도 운동 등이다. 이런 경건주의 운동은 당시 성직자들의 간섭을 받지 않았고 또 기성 교회에 대한 위협적인 도전으로 여겨지지도 았으며, 형식화 된 독일 교회를 누룩처럼 조용히 변화시켰다. 경건주의를 대표하는 학자들로는 슈페너와 프랑케 및 벵겔 등을 들 수 있겠다.

슈페너(Jakob Spener, 1635-1705)가 경건주의라는 새로운 운동을 일으키기 전에는 독일 루터 교회의 주임목사였다. 슈페너는 초기에 루터교 신학자 요한 아른트와 영국의 설교가 리처드 박스터 같은 청교도들의 가르침에 영향을 받았다. 그는 스트라스부르에서 공부하던 시절(1651-59) 루터교 정통신학과 관행을 개혁하는

데 관심을 갖게 되었다. 특히 지나치게 경직되어 있는 성직구조와 도덕성이 결여되어 있는 성직자들의 태도를 비판했다.

슈페너는 31세에 마인 프랑크푸르트에 있는 루터교교회 목사가 되었다. 그곳에서 신자 개인의 영적 성장, 기도, 성서공부를 장려하기 위한 모임인 '경건학교'(*collegia pietatis*)를 시작했다. 슈페너는 또한 독일의 목사들과 폭넓은 교제를 나누었는데, 이것은 그의 주요저서인 『경건의 소망』(*Pia Desideria*, 1675)과 함께 경건주의를 성장시키는 데 크게 공헌했다. 『경건의 소망』은 경건주의의 기본 프로그램을 요약한 것으로, 그는 이 책을 통해 독일전역에서 경건주의 운동의 대변인이라는 명성을 얻었다. 그는 교리에 손상을 줄 정도로 지나치게 실천을 강조한다는 평도 종종 받았다. 그러나 그는 당시 벌어지고 있던 교리투쟁을 보고 깊이 걱정했으며, 그 투쟁의 대부분을 해롭고 본질에서 벗어난 것으로 간주했다. 1686년 슈페너는 당시 독일 루터 교회에서 가장 높은 직위인 드레스덴 왕실 수석목사가 되었다. 그러나 곧 그의 견해에 반대하는 사람들이 나타났다. 라이프치히대학교와 작센 왕실의 루터교 정통파들이 경건주의를 비난하고 나섰다. 슈페너는 작센의 선제후 요한 게오르크 3세를 주정뱅이라고 비난한 바 있었기 때문이었다.

1691년에 슈페너는 베를린으로 가 장크트니콜라스 교회의 목사가 되었다. 그곳에서 브란덴부르크 프로이센 왕실의 지원을 받아 많은 개혁을 단행할 수 있었다. 슈페너는 1694년 브란덴부르크의 선제후가 경건주의를 기반으로 세운 할레대학교에서 제자 크리스티안 토마시우스와 아우구스트 H. 프랑케에게 교수 자리를 알선해주었다. 슈페너가 죽을 때쯤에는 독일의 경건주의가 뿌리를 내리고 있었고, 그 영향은 영국과 영국령 아메리카 식민지에까지 미치게 되었다. 그는 300권이 넘는 책을 썼는데, 그 가운데 중요한 것으로는 『영적인 제사장직』(*Das geistliche Priestertum*, 1677), 『일반 신학』(*Die allgemeine Gottesgelehrtheit*, 1680) 등이다.

그는 개혁주의 교회의 예배가 점차 형식주의에 빠져가는 것을 우려하면서 성도 각 개인의 신앙적 지성과 경건의 회복을 역설하였고, 이를 위하여 개인의 회심과 하나님과의 관계를 바르게 정립하는 것이 무엇보다 중요한 일임을 강조하였다. 또 그는 성도 개인이 참다운 그리스도인의 삶을 배우고 덕행을 개발하기 위해 성경공부가 필요하다고 하면서 소규모 그룹별 성경공부를 주창하였다. 그의 영향은 매우 커서 후계자인 프랑케를 중심으로 라이프치히와 할레 등 독일의 여러 지역에서도 경건주의 운동이 일어났다.

아우그스트 헤르만 프랑케 (August Hermann Franrie, 1663-1727)는 1663년에 독일에서 출생하였으며, 슈페너에게서 영향을 받고 경건주의를 체계적으로 확립시킨 인물이다. 프랑케는 원래 루터교회 교인이었다. 그는 경건주의에 참예하게 되면서 정통 루터교회를 떠났다. 경건주의의 기본요소는 신앙적인 경험과 구원의 확산에 있었다. 프랑케는 극적인 중생을 경험한 사람이었다. 이것이 그로 하여금 모든 신자들은 중생을 경험해야 한다고 스스로 믿게 만들었다. 이러한 확신을 가진 사람은 근본적으로 삶의 태도가 달라지는데 그 대표적인 증거가 개인의 경건생활과 선행이었다.

이미 위에서 언급한 바와 같이, 프랑케는 학문적인 루터교회 신앙에 반대하여 일어난 그리스도교 부흥운동인 독일 경건주의 운동의 주요인물이다. 필리프 야코프 슈페너의 열정적인 신앙운동에 영향을 받아 할레대학교에서 경건주의 모임을 만들었고, 이 대학교에서 1695년에서 1727년까지 신학과 동양 언어들을 가르쳤다. 그의 신앙 모임은 성경적인 부흥운동과 사회적인 행동주의 때문에 전통적인 루터교도들에게 비판을 받았는데, 특히 할레에 빈민들과 고아들을 위한 학교와 무료진료소 및 출판사로 구성된 프랑케 회관을 세우기도 했다. 기성 교회에서 면직당한 뒤 훗날 프로이센의 왕 프리드리히 빌헬름 1세의 후원을 받았는데, 빌헬름 1세는 1713년에 그의 회관을 방문한 뒤 영향을 받아 프로이센에 그와 비슷한 교육 시설을 세우기 위한 법을 만들었다.

프랑케의 경건주의는 회심의 경험을 강조하였고, 기독교적 양육과 제자 화합에 있어서 훈련과 생활을 위한 규칙을 강조하는 동시에 가난한 자와 궁핍한 자에게 대한 선행의 의무도 강조하였다. 교회의 커다란 문제로 인간의 두려움을 주장하며 분열된 마음의 치료가 하나님의 깊은 경험에 의해 극복되어야 한다고 지적하고 있다. 위에서 언급한 두 사람 말고 경건주의 학파를 대표할 만한 사람이 있는데, 그가 벵겔이다.

벵겔(Johann Albrecht Bengel, 1687-1752)은 독일 개신교 신학자이며 성경학자다. 슈바벤 경건주의의 창시자이며 『신약성서』의 비평적 주석의 선구자다. 튀빙겐에서 공부한 뒤 1713년에 뎅켄도르프의 신학교 교수로 임명되었으며 그곳에서 초기 저서들을 출판했다. 학생시절부터 성경 본문의 여러 가지 변형문에 관심을 기울였으며 일관성 있는 방법론을 찾기 위해 애썼다. 그는 '보다 난해한 변형문을 택해야 한다' 는 원칙을 주창했다. 1741년에는 헤르브레히팅겐의 대주교, 1749년에는 알피르스파흐의 대주교가 되었다. 오늘날까지 『신약성서』 비평과 신약학에 영향을 미치고 있는데, 그는 '모름지기 학자는 성경에 들어 있지 않은 것을 성경에 집어넣어 읽지 말아야 하고, 모든 것을 성경으로부터 이끌어내되 성경에 실제로 담겨 있는 것을 하나라도 놓쳐서는 안 된다' 고 주장했다. 그는 『신약』의 영감설을 건드리지 않은 채 『신약성경』 사본들을 정리하는 원문연구의 기초를 다진 사람으로 현대 본문비평의 아버지라 불린다.

경건주의가 이룩한 공은 개신교를 학문적 전문성의 지배로부터 구원했고, 평범한 사람도 믿음, 헌신, 성경의 지식을 가까이 할 수 있도록 했다. 경건을 향한 갈구에 의한 개인적 기독교를 강조함으로 사람들을 체험적 삶의 신앙으로 이끌었고, 그들이 신학적 사색으로 전락하지 않도록 도왔다. '작은 교회' 들의 조직망은 그리스도인의 사역을 실제적이고도 실천적인 차원으로 확대 시키는 근간이 되었으며, 상호 의존적이면서 밀접한 관계, 내부적인 규율과 지도, 기관 내부에서의 명확한 책임 분할이 활동의 기초가 되었다. 만민 제사장직과 사랑으로 행하는 믿음의 필요성은 영적 발전의 길을 열어 놓아, 개신교의 성경적이고 보수적인 동기 부여가 생존하는 곳에는 언제나 경건주의적인 형태가 자리 잡고 있다.

2. 19세기의 성경해석

19세기는 기독교 역사로 볼 때 기독교 세계 전파가 가장 활발하게 이루어진 때인 동시에 예수 그리스도를 구주로 고백하는 믿음이 가장 부실하고 냉각된 시대였다고 평가된다. 그것은, 낭만주의와 관념론, 그리고 진화론과 고등비평 등의 발달로 수많은 지식인들이 기독교를 떠나는 충격적 시대였기 때문이다.

낭만주의(Romanticism)는 18세기 말부터 유행한 사조인데, 냉랭하고 분석적인 이성에 대한 반작용으로부터 발생하여 상상력과 직관에 의해서 삶의 의미를 발견하려고 하는 것으로 비단 철학 뿐 아니라 문학, 미술 등 많은 분야에서 영향을 미쳤다. 이는 느낌과 감정을 중요시하는 것으로 경험을 강조하는 것과는 다르다. 낭만주의 영향으로 계시보다 직관을 더 중시하는 현대 자유주의 신학이 태동하는 시기였다고 볼 수 있다.

한편 독일의 관념론(Idealism)은 칸트 철학을 계승한 헤겔의 변증법적 역사관으로 대표되는데, 헤겔은 인간 역사와 사상이 필연적으로 발전하여 간다고 주장하였다. 이러한 사상은 다윈이 생물의 진화를 주장한 것과 시기적으로 교묘하게 맞물리면서 무신론 사상을 부채질하였으며, 이러한 영향으로 신학에 있어서도 비평적이고 자유로운 생각들이 무차별적으로 나타나기 시작하였다.

때를 맞추어 베를린대학의 랑케(Ranke)에 의해 역사비평이란 학문이 생겨났는데, 이로 인해 성경을 과학적으로 분석하여 신화적인 부분을 걷어내야 한다는 생각이 나타나기 시작하였다. 즉, 예수 그리스도에 관한 이야기가 모두 역사적 사실은 아니며, 신화를 제거하여야 본래의 예수가 누구인지 알 수 있다는 것이다. 그리하여 사람들은 랑케의 방법을 사용하여 그 일을 시도하였고 , 그것은 '역사적 예수 운동' 이라는 이름으로 유행하였다.

게다가 18세기 말 독일의 가블러(Gabler)에 의해 교의신학과 성경신학이 명확히 분리된 이래 성경신학이 독자적인 분야로 연구되어 왔는데, 19세기에 들어와서 독일의 바우어와 벨하우젠이라는 두 명의 신학자들에 의해 자료비평이라는 성경비평법이 개발되면서 성경신학은 더욱 발전하게 되었다. 이러한 조류를 타고 19세기 독일 계통의 학자들은 성경을 일반적인 책과 같이 보고 분석하기 시작하였다. 즉, 성경말씀을 더 이상 시간을 초월한 진리로 보지 않고, 어떤 특정 시대에만 적용되는 인간의 기록으로 간주하는 풍조가 나타나기 시작한 것이었다. 따라서 성경 본문을 샅샅이 뒤지는 각종 비평방법들이 발달하였으며, 이는 성경해석에도 큰 영향을 미치게 되었다.

그러나 한편으로 영미대륙에서는 하나님의 말씀을 사수하려는 보수 신학자들이 개혁주의 신앙을 지키고자 노력하였다. 당시 세계는 산업의 발달과 인구의 증가, 경쟁적인 해외 식민지의 건설 등으로 매우 복잡한 형국이었는데, 여기에 진화론과 고등비평 등 새로운 사조들이 속속 등장하여 혼란이 가중되었다. 그럼에도 불구하고 영미와 화란의 신학자들은 새로운 시대의 물결에 휩쓸리지 않고 경건한 신앙과 보수신학을 유지해갔다.

따라서 19세기의 신학 사조는 크게 양분되는데, 독일을 중심으로 유럽 대륙의 자유주의 신학과 화란을 포함한 보수주의 신학의 대립 구도로 볼 수 있다. 성경해석에 있어서는 독일 계통의 고등비평방법의 발달과 영미의 문자적 해석이 대조를 이룬다. 이러한 구별은 선교에도 나타나 유럽은 선교에 소극적인 반면, 영미는 적극적인 선교를 해 나가 기독교의 세계화에 가장 혁혁한 성과를 올렸다고 할 수 있다. 이 시기를 대표하는 성경해석자는 슐라이어마허다.

1) 슐라이어마허의 성경해석

프리드리히 다니엘 에른스트 슐라이어마허 (Friedrich Daniel Ernst Schleiermacher, 1768-1834)는 독일의 개신교 신학자이며 철학자다. 그는 계몽주의 비판과 전통적인 개신교 사상을 화해시키려는 인상적인 시도로 유명하다. 그는 또한 성경해석학 발전에 큰 영향을 끼쳤다. 이후 기독교 사상에 끼친 그의 깊은 영향력 때문에, 그는 자주 '근대 프로테스탄트 신학의 아버지', 또는 '자유주의 신학의 시조' 라고 불린다. 칼 바르트를 대표로 하는 20세기의 신정통주의 운동은, 그의 영향력을 넘어서기 위한 여러 방식의 시도들 중 하나였다고 할 수 있다.

슐라이어마허는 1768년 독일에서 개혁파 교회 목사의 아들로 태어났다. 할레 근처의 바비와 루사티아 북부의 니에스키에 있는, 모라비안 학교에서 교육 받았다. 그러나 경건주의적인 성격의 모라비안 신학은 날로 늘어만 가는 그의 회의를 해소시키질 못했고, 그의 아버지는 마지못해서 그가 할레 대학교에 들어가는 것을 허락해주었다. 당시 할레 대학교는 이미 경건주의를 포기하고, 울프(Friedrich August Wolf)와 제믈러(Johann Salomo Semler)의 이성적인 정신을 채택하였었다.

슐라이어마허는 신학생으로서 교과과정과는 별도로 그 나름대로의 책읽기에만 전념했으며 『구약성경』과 중동 지역의 언어에 대한 공부는 무시했었다. 그러나 제믈러의 강의에 참석하면서 『신약성경』에 대한 역사비평을 공부하게 되었고, 요한 아우구스투스 에버하르트의 강의를 통해서 플라톤과 아리스토텔레스의 철학에 깊은 관심을 갖게 되었다.

1796년 목사가 되어 베를린으로 옮겨 갔으며, 철학자 슐레겔 등 낭만파 문학가들과 학자들의 영향을 받았다. 그는 『종교론』에서 종교의 본질은 행위도 이성도 아닌 감정이라고 주장한 자유주의 신학의 아버지로, 또한 나폴레옹 전쟁 당시 독일의 민족정신을 불러일으켰던 루터 이후의 최대 설교자로 알려졌다. 그는 베를린대학교 설립에 참여했으며, 베를린대학교 신학교수를 역임하기도 했다.

무엇보다도 주목해야 할 그의 작품은 『종교론』(1799년)과 『신앙론』(1821)이다. 우선 『종교론』에서 그가 제시한 근대 신학의 새로운 방향정위를 살펴볼 수 있다. 20세기의 새로운 신학적 사상들은 슐라이어마허의 신학을 비판하거나 그것과 대화하려는 시도였으며, 이를 극복하고자하는 노력이었다고 할 수 있다. 그러나 오늘날 슐라이어마허의 신학은 새로운 활력을 얻고 있다. 그는 루터파와 개혁파의 통합운동을 바라며 말년의 작품인 『신앙론』을 썼는데, 종교의 본질을 절대적인 의존감정으로 규정하고 기독교 교의학을 전개하면서 과감한 자유주의 신학을 주장하였다. 여기서 신학이란 계시에 대한 연구가 아니라 인간의 삶에서 발견되는 종교적인 감정을 기술하는 것이라고 하였다. 즉, 성경 그 자체에 대한 연구로부터 인간의 종교 의식에 대한 연구로 종래의 신학 방법에서 일대 변혁을 시도한 것이다. 이러한 점 때문에 신정통주의자인 칼 바르트는 그가 신학을 '인간학' 으로 전락시켰다고 신랄하게 비판하였다.

슐라이어마허는 또한 교회의 전통적인 교리와 신학 용어들을 거부하고 자신의 새로운 신학을 정립하려고 노력하였으며, 성경을 계시로 이해하지 않기 때문에 성경해석에 있어서도 말씀 내에서 하나님의 뜻을 발견하기보다는 인간의 종교적 감정을 중시하여 주관적인 경험과 의식에 많이 의존하였다. 이러한 태도 역시 후대의 자유주의(Liberalism)자들에게 많은 영향을 미쳤다고 볼 수 있다.

한 마디로 말해서 슐라이어마허는 하나님을 '주체' 로 해서 생각한 것이 아니라 인간을 '주체' 로 해서 생각했다는 것이다. 그것이 그의 사상의 핵심이라 할 수 있다. 여기서 '주체' 는 모든 것을 지탱하는 근원을 뜻하므로, 인간이 '주체' 라고 하는 것은 인간 자체가 인간의 모든 삶과 사유의 중심이 되어야 하는 동시에 모든 것은 바로 그 자신에 의해 이끌어져야 한다는 것이다. 따라서 '주체' 로서의 인간에게 있어서 '종교' 란 외부의 어떤 힘에도 굴복하거나 순복해서는 안 되는 것이었다. 이런 점에서 슐라이어마허의 종교는 교리를 중요시하는 정통주의와 결별하게 되고, 결국 19세기 자유주의 신학의 문을 열어 놓게 되었다.

슐라이어마허를 대표로 하는 자유주의 학파는 성경도 인간의 저술이라는 점을 강조하였다. 나아가 다윈(Darwin)의 진화론적인 영향과 헤겔(Hegel)의 변증법적 역사 이해의 영향으로, 그들은 성경을 이스라엘 종교의식의 진화론적 발전을 기록해 놓은 것으로 취급하였다. 이 자유주의 학파들이 취하는 성경해석의 대 원칙을 살펴보면 다음과 같다.

첫째, 성경 역시 인간의 기록에 의한 문헌으로 간주되므로 자연의 규칙과 법칙을 초월하는 성경의 기적을 수용하지 않았다. 같은 논리로 죄, 인간의 부패성, 동정녀에 의한 탄생, 그리스도의 대속적인 죽음, 지옥에 관한 교리는 인간의 도덕적 감각에 대치되므로 배척하였다.

둘째, 전통적으로 지지되어온 성경의 영감성과 초자연적 교리를 배격하였다. 그들이 생각하는 영감은 종교적 체험에 감화를 주는 능력이고, 계시는 종교적 진리를 이해하는데 파고드는 인간의 통찰력이나 종교적 진리에 대한 인간의 발견이었다. 자유주의자들은 성경을 종교적인 감화를 주는 인간의 작품으로 보았고, 계시의 유일성을 인정하지 않았다. 결국 다른 훌륭한 종교적 문학작품과 비교해서 성경이 더 훌륭하다고 볼 수는 있어도, 성경만이 유일한 존엄성을 가진 하나님의 계시라고는 볼 수 없다는 것이다.

셋째, 인간의 이성에 의하여 배척되는 성경 기록상의 기적, 예언 등 모든 초자연적인 사건들은 신화나 민간전승(forklore) 또는 시적 기교로 다루었다. 그들은 초자연적인 것을 물질적인 질서를 초월한 것으로 생각하여 정신적인 초월적 사건으로 밖에 생각하질 않았고, 하나님의 섭리로 기적이 일어난다는 사실을 인정하질 않았다.

넷째, 원시적이고 미숙한 이스라엘 종교가 진화하여 그리스도의 복음의 절정으로 나아간다는 기독교의 진화개념이 도입되었다. 즉, 진화의 개념이 이스라엘 종교와 이스라엘 종교의 문헌에 적용되었다. 그들은 이스라엘의 민간 종교가 역사의 발전과 함께 점점 진화되어 현재의 기독교가 되었다고 보면서, 문헌도 역시 그런 발전 과정을 거쳐서 편집, 보충된 것으로 보았다. 그러므로 예수께서는 신학적 공상과 헬라의 형이상학에 의해서 마침내 이상야릇한 신성과 인성이 합쳐진 교리적 인물로 화했다고 단정했다.

다섯째, 성경의 많은 신학적 진술이 고대 용어의 잠정적이고 일시적인 형태를 지닌 것이라고 주장함으로써 주요 교리가 약화되거나 파괴되었다. 이들은 신약교리의 본질을 현대 용어로 재형성하기 위하여 『구약』과 『신약』의 문화의 개념과 이미지들을 제거해야 한다고 하였다. 그들은 성경에 기록된 내용은 저작 당시의 언어로 기록되어 현대인에게는 올바른 내용 전달이 어려우므로 그것을 현대인의 언어로 개조되어야 한다고 보았던 것이다. 이를테면 그리스도의 피는 '피 흘리는 제사' 를 드리던 유대인들이나 '피' 를 신의 음식으로 여기고 종교의식에서 사용하던 고대인들에게는 익숙하기 때문에 바울 당시에는 '피' 에서 '구속적인 의미' 를 찾을 수 있었으나 지금은 '피' 속에서 '구속력' 을 찾을 수 없으니 조절되어야 한다고 말했다.

여섯째, 성경의 유일성을 단절시키고자 역사적 해석을 축소시켰다. 이들에게 있어 역사는 신학적 신념을 창조 해낸 사회적 환경을 이해하는 정도로 간주되었다. 그들은 신학적 신념들이 주위 환경과 다른 종교들의 영향으로 변화 또는 변천되어 왔기 때문에 성경이 다른 종교나 다른 사상을 차용했다고 믿었고, 성경 저작 당시의 독자들이 받아들인 성경구절의 본 의미를 발견해야 한다고 하면서, 성경의 예언적 요소나 모형적인 해석을 배격했다.

임마누엘 칸트(Immanuel Kant, 1724-1804)에 의한 인식론과 헤겔에 의한 이념(idea) 정화의 과정이 그들의 성경해석에 영향력을 끼쳤다. 특히 그들의 논리 중 헤겔의 이념정화 과정으로서 정(thesis), 반(antithesis), 합(synthesis)의 원칙은 종교를 포함한 사회문화 전체에 적용되었다. 율리우스 벨 하우젠(Julius Welihausen, 1844-1918)은 이 원칙을 『구약』 해석에 적용하였고, 스트라우스(David Friedrich Straus, 1808-1874)와 튜빙겐 학파는 『신약』에 적용하였다.

슐라이어마허는 피히테의 초월철학과 낭만주의를 자신의 체계 안에 흡수해서 그 때까지의 무르익은 해석학적인 통찰을 정리했고 이전의 아스트(Ast)나 볼프(Wolf) 등의 실제적 인 성경해석이나 실용적인 법해석에서 얻은 개별적인 해석학적 통찰의 한계를 극복하였고 모든 텍스트에 구별 없이 적용되는 이해의 방법으로서의 보편적 해석학 이념을 제시하여 해석학을 하나의 학문으로 성립시켰다.

그는 이해를 저자의 정신적 과정의 추체험(追體驗)으로 규정한다. 왜냐하면 저자의 창작활동이 자신이 갖고 있는 정신적 내용물을 객관적으로 외화(外化)하는 과정임에 반하여, 이해활동은 이미 객관화되어 고정된 표현을 통해 독자가 저자의 정신적 삶에 도달하는 과정이기 때문이다. 이에 따라 슐라이어마허는 이해의 개념을 텍스트의 의미가 저자와 그의 원 독자들이 공유하는 언어의 영역을 기준으로 이해되어야 한다는 문법적 해석과 심리적 해석의 두 부분으로 나누어 체계화시켰다.

그는 또한 독일 관념론 철학자인 피히테의 영향을 받아 저자의 부분적인 생각들이 활동적이며 유기적으로 발전하고 있는 주체의 통일성에 관련되어 이해되어야 한다고 주장함으로써 개체성과 전체성의 관계를 낭만주의 해석학의 초점으로 부각시켰고 이로부터 유명한 '해석학적 순환' 의 테제를 정립했다. 슐라이어마허의 업적은 해석학의 역사에 있어서 전환점이 된 것이다.

2) 빌헬름 딜타이의 성경해석

빌헬름 딜타이(Wilhelm Dilthey, 1833-1911)는 독일의 역사학자이자 심리학자였고, 해석과 의미에 대한 연구를 하는 해석학 연구자며 철학자였다. 그는 1833년에 독일 비스바덴 시의 비브리히

(Biebrich)라는 마을에서 개신교 목사의 아들로 태어났다. 딜타이는 비스바덴에서 김나지움을 다녔고, 이후로는 부모의 권유로 1852년에 하이델베르크 대학교에서 신학을 전공했고, 세 학기를 다닌 후 1853년에 다시 베를린 대학교로 옮겨 역사학을 공부했다. 칸트, 레싱, 게르비누스의 철학과 역사에 관심을 가졌다. 그리고 부모의 소망에 부응하기 위해 1856년에 신학 국가시험에 합격한 후 설교 활동을 하기도 했다. 그 외에도 국가 시행 교사 자격시험을 치러 합격한 이후 베를린 소재 한 김나지움에서 2년 정도 교편을 잡기도 했다. 하지만 그는 이를 건강 문제로 포기하게 되었고, 그 이후 약 6년간 역사 및 철학에 매진하게 되었다.

이전의 사상가들 중 특히 베크(J. T. Beck)와 랑케(L. von Lanke), 트렌델렌부르크(F. A. Trendelenburg), 피셔(K. Fischer) 등에게서 영향을 받았고, 해석학의 입장에서 역사주의 철학을 발전시키는 일에 관심을 쏟았다. 대학에서는 교회사, 원시 기독교에 대한 관심과 함께 그의 스승인 트렌델렌부르크에게서 플라톤과 아리스토텔레스를, 뵈크에게서는 문헌학을 수강하였다. 신학 분야 국가시험을 수석으로 졸업하였으나 지속적 학문과 생활의 안정을 위하여 김나지움 교사로 진로를 바꾸게 되었다.

1859년 슐라이어마허 재단의 현상 논문에 선정되면서 교사직을 사임했고 본격적으로 해석학과 철학 연구에 몰두하게 되었다. 딜타이는 1864년에 해석학의 선구자인 "슐라이어마허의 윤리학에 관한 연구"로 철학 박사학위를 취득해 대학에서 강의를 시작했다. 1865년 "도덕의식의 분석 시도"라는 연구로 교수 자격 논문이 통과되었다. 교수 자격 논문이 통과된 이후 딜타이는 베를린 대학교에서 사강사로 일하였고, 1866년에는 스위스의 바젤에서 교수직을 얻어 본격적으로 가르치기 시작 하였다. 그 이후 1868년에서 1871년까지는 다시 독일의 킬(Kiel)과 브레슬라우 등으로 자리를 옮겨 교수 생활을 하다가 1882년에서 1905년까지는 루돌프 로체의 후임으로 베를린 대학교에서 교수직을 얻어 은퇴하기까지 가르쳤다. 이 교수직은 한때 헤겔이 재직했던 자리이기도 하다. 1883년 정신과학 입문을 출간하면서 정신적으로 가장 생산적인 순간을 맞게 된 딜타이는 브레슬라우 시절부터 교제해 오던 요르크 백작(Grafen Yorck)과의 우정을 더욱 돈독히 하게 되었다. 1874년에 푸트만(Katherine Puttmann)과 결혼해 슬하에 1남 2녀를 두었다.

베를린 대학에 정착한 후 딜타이의 삶에서 학자로서의 학문적 강의와 저술 이외에 그다지 특이한 점은 보이지 않는다. 다만 1887년 베를린 학술원 회원으로 임명된 후 칸트 전집의 출간에 공헌을 하였다는 점이 눈에 띈다. 이후 딜타이의 대표적인 저술로는 1906년 『체험과 문학』, 1907년 『철학의 본질』, 1910년 『정신과학에서 정신세계의 구축』 등을 꼽을 수 있다. 딜타이는 1911년 10월 1일에 오스트리아와 헝가리에 걸쳐 있는 남(南)티롤 지방 슐레른 강변의 자이스(Seis)에서 병으로 사망했다.

딜타이는 새로운 학문인 정신과학을 기획함으로써 역사이성 비판의 학문으로서의 철학을 혁신하고자 하였다. 나아가 역사적 세계에 대한 학문들의 이론, 사회적 체계와 그것의 연구에 대한 이론을 총체적으로 정립하고자 하였다. 또한 그는 칸트, 헤겔, 슐라이어마허를 넘어 진정한 계몽이 역사적 이성으로 완성된다는 생각을 품고 있었다.

딜타이가 가장 강조했던 부분은 바로 삶은 그 자체로부터 이해되어야 한다는 것이다. 인간의 삶은 하나의 이해의 대상으로 주어져 있고, 지각 가능하며, 이해될 수 있고, 규정될 수 있다는 것이다. 인간의 삶에 관한 학문으로서 정신과학은 따라서 삶의 자기 이해를 확장하고, 심화하는 것 이상도 그 이하도 아니다. 이해와 이해를 토대로 성립된 학문의 원천은 바로 내적 경험이다. 그 경험이란 내 자신의 고유한 삶의 연관에서 나오며, 언어와 전승을 매개로 역사적으로 형성된 그런 경험을 의미한다. 이런 전제하에서 딜타이는 인간의 삶이 전통철학에서 말하는 이성에 의해서만 활성화되는 것이 아니라는 점을 분명히 하고 있다. 감성, 기분, 정서와 같은 요소들이 오히려 '원하고, 느끼는' 인간 존재의 본질 규명에 더 부합하다는 것이다. 딜타이의 창작 활동이 이성적 학문인 철학에 국한되지 않고, 예술, 시학, 음악에까지 두루 미치고 있는 점은, 인간의 삶을 총체적으로 파악해야 한다는 그의 철학적 신념에서 비롯된 것이다. 이런 맥락에서 딜타이의 정신과학이 왜 '삶의 철학'으로 명명되는지를 알 수 있다.

딜타이의 주된 관심은 해석학을 매개로 정신과학의 인식론적 토대를 역사주의 논리로써 구축하는 비판철학에 있었다. 비록 그 견해를 끝내 분명하게 정리해 내지는 못했지만, 1883년 전집 1권에 해당되는 『정신과학 입문』을 쓴 이후 '정신과학의 인식론적 토대 구축'이라는 중요하고도 어려운 문제를 필생의 과업으로 삼아 연구에 매진했다. 정신과학을 위한 토대의 구축이라는 자신의 과업을 위해, 딜타이는 훔볼트와 랑케 이후에 전개되었던 역사주의 학파에게 닥친 상대주의의 위기에 맞서 싸우는 한편, 헤겔로 표상되는 전통 형이상학 및 당대의 실증주의가 펼쳤던 독단의 국면에 맞서 저항했다. 그는 자연의 자리가 아닌 정신의 자리에서 칸트의 비판적 방법으로 정초한 '이해의 이성'을 통해 이러한 철학의 두 현안을 한꺼번에 해소하려 했다.

딜타이는 『정신과학 입문』 이후의 책들, 특히 전집 5권과 7권에서, '해석학적 계획'과 '역사이성 비판'에 보다 넓고 깊게 천착함으로써 자신의 그러한 철학적 목적에 한층 더 가까이 다가섰다. 하지만 그의 이러한 시도의 성취 밖에 여전히 남겨진 문제들은 많은 이들에게 한계로서 지적된다. 그러나 오늘의 철학이 처한 중요한 문제를 우리로 하여금 보다 분명하게 이해할 수 있게 해준다는 점에서, 그가 펼쳐놓은 한계는 여전히 지금 여기의 철학의 과제로 살아 있다. 적어도 해석학 혹은 해석학적 경향들에서 딜타이를 비껴간 현재는 없고, 또 비껴갈 미래도 없을 것이다.

딜타이의 영향을 받은 이들로는 슈펭글러(Oswald Spenglers), 가다머(Hans-Georg Gadamer), 아도르노(Theodor W. Adorno), 카시러(Ernst Cassirer), 하버마스(Jurgen Habermas) 등이 있다. 하이데거(Martin Heidegger) 스스로도 자신의 저작이 딜타이의 작품에서 영향을 받고 있다고 실토하고 있다.

딜타이 해석학의 핵심적 사유는 어떤 과정을 거쳐 근대에 '보편적 해석학' 이 정립될 수 있었느냐 하는 것이다. 이 과정에서 단연 중심인물로 거론되는 사람이 슐라이어마허이다. 딜타이는 그를 독일의 위대한 철학자로, 고전어의 대가로 존경과 흠모를 아끼지 않았다. 해석학의 역사에서 특히 슐라이어마허의 보편적 해석학에 주목하는 이유는 이전의 신학적 해석학이나 문헌학적 해석학과 같은 해석학의 좁은 시야에서 벗어나 좀 더 보편적인 지반에서 해석과 이해의 문제를 볼 수 있게 되었기 때문이다. 슐라이어마허는 근대 이전 필로, 오리게네스, 아우구스티누스, 루터에 이르기까지 성경해석학의 방법으로 널리 활용되었던 비유적인 해석 방식에 슐라이어마허는 회의를 품게 되었다. 비유적 해석은 텍스트의 본래적 의미 이외에 비본래적 의미를 받아들이는 한계를 드러내고 있었기 때문이다. 만인을 위해 쓰인 성경을 더 이상 신앙과 은총이 아니라 문법적이고 심리적으로 해석할 필요성을 절감한 슐라이어마허는 이전의 전통과 동시대인들과의 활발한 지적 교류를 통하여 해석학과 비판의 체계를 수립하게 된다.

슐라이어마허에 의하면 해석은 하나의 구성 과정이다. 구성은 규칙을 잘 적용하는 것일 뿐만 아니라 해석자의 재능에도 상당 부분 의존하고 있다. 해석에서 가장 기초가 되는 것은 바로 문법적 해석이다. 이것은 저자의 언어 영역권 안에서 텍스트를 이해해야 한다는 것과 단어의 의미는 전체적인 문맥으로부터 이해되어야 한다는 전제를 배후에 깔고 있다. 텍스트의 해석에서 저자의 의도를 파악하는 일이 또한 중요하다. 심리적 해석은 저자의 기본 생각과 본래 의도에 비추어 텍스트를 살펴보아야 한다는 요청이다. 저자에게서 우리는 자아, 품위, 자율, 자유, 자발성과 같은 심리적인 근원을 발견할 수 있다. 해석자의 예감은 해석자의 근원을 추적하기 위한 방법으로 저자의 심리적 상태 파악은 물론 저자의 전체적 저술에 비추어 하나의 작품을 통찰함으로써 이해를 촉진시킬 수 있다. 슐라이어마허의 '저자가 자기 스스로를 이해한 것보다 훨씬 더 텍스트를 잘 이해해야 한다'는 주장은 이러한 근거에서 나온 것으로 볼 수 있다. 한 마디로 말해서, 그는 종교를 신적인 계시에 대한 응답이 아니라 인간의 경험에서 비롯된다고 주장하며 성경을 인간의 종교적 경험의 서술로 보고 이를 해석하는 방법을 정립했는데, 그것이 사실상 문제가 되었다고 할 수 있다.

제7장 현대의 성경해석

20세기의 1, 2차 세계 대전으로 인해 19세기 전반에 걸쳐 득세하였던 자유주의 학파의 낙관론은 크게 흔들리게 되었다. 성경해석학이 사실상 이렇게 흔들리는 자유주의와 결별하면서, 성경해석학의 전기가 마련되었다. 19세기는 세계를 선으로 보고 미래에 희망을 둔 낙관주의가 주도해왔는데, 그런 19세기의 실제적 종말이 1914년에 다가왔다. 그것은 1914년 8월에 93명의 독일 지식인들이 황제 빌헬름 2세의 전쟁 정책을 지지하는 성명서를 발표하는 일에 참가한 것이었다. 그런데 그들 가운데는 놀랍게도 이제까지 신앙적으로 존경했던 칼 바르트의 스승들이 거의 다 포함되어 있었다. 그들이 독일의 제국주의를 지지하는 것을 보면서 그들의 신학이 전쟁의 이데올로기와 타협하고 있다면, 그것은 큰 잘못된 것이라고 판단하였다. 칼 바르트는 그들이 가르친 윤리학과 교의학 또 그들의 성경주해와 역사해석 등을 더 이상 받아들일 수가 없었다. 그래서 그는 스승들의 성경해석 역사에 대한 가르침을 전면 부정하게 되었고, 19세기의 신학에는 미래가 없다는 사실을 깨닫게 되었다. 또한 19세기의 자유주의 신학이 하나님에 대해서는 제 멋대로 생각하고 인간에 대해서는 과대평가하고 있었다는 것도 알게 되었다. 인간은 이성적인 존재요 본성이 선하므로 바르게 교육시키면 의롭게 살 수 있으리라고 낙관적으로 판단했지만, 그것은 기독교적인 세계관과는 거리가 먼 것이었다.

20세기의 신학은 19세기에 줄곧 견지해오던 비성경적인 낙관적 세계관에 대한 반동으로부터 시작되었다. 이렇게 시작된 20세기를 대표하는 신학자를 꼽으라면 대다수의 신학자들이 두 말할 것도 없이 칼 바르트를 선택할 것이다. 그는 19세기의 신학을 20세기 신학으로 바꾼 신학자였으며 수많은 신학적 주제와 새로운 신학 정신을 만든 신학자였다. 20세기 신학은 바르트의 신학이라고 해도 과언이 아니다. 21세기 신학은 20세기 바르트의 신학이 형성한 토양 위에 새롭게 자라는 신학이라고 말해도 괜찮을 정도다. 그렇기 때문에 바르트의 신학을 모르고서는 20세기 신학이 무엇인지도 알지 못할 것이고, 앞으로의 21세기 신학이 어떠한 모습으로 전개 될 것인지도 알 수 없을 것이다. 아무튼 현대의 해석학의 시대는 칼 바르트로부터 열린다.[149]

1. 칼 바르트와 신정통주의 학파의 성경해석

이미 앞에서 언급한 바와 같이, 슐라이어마허의 뒤를 이어서 19세기에 하르낙(A. V. Harnack, 1851-1930)과 헤르만(J. W. Herrmann, 1846-1922) 등에 의해서 주도되었던 자유주의 신학에 정면으로 도전하여, 칼 바르트는 새로운 성경 해석학의 방법을 제시했다. 이런 그의 신학을 초기에는 자유주의를 반대한다는 의미에서 '반자유주의 신학' 으로 불렀다.[150] 후세에 와서는 그의 신학을 '신정통주의 신학' 이라 한다. 그것은 바르트의 '신정통주의 신학' 은 자유주의보다는 정통주의 쪽에 더 가깝기 때문이다. 그러나 신정통주의의 신학자들이 각자의 신학을 발전시키게 되면서부터는 그 양상이 아주 많이 달라졌다. 그래서 정통주의 신학자들은 바르트의 신학도 자유주의 부류에 속하는 일종의 실존적인 '변증법 신학' 으로 본다.

칼 바르트(Karl Barth, 1886-1968)는 1886년 스위스의 바젤에서 태어났다. 아버지는 설교자를 양성하는 대학의 교수였으며 스위스 개혁주의 그룹에 속해 있었다. 바르트는 유년기와 청년기를 베른에서 보냈으며, 1904년 베른 대학교, 베를린대학교, 튀빙겐 대학교 등에서 공부하면서, 그를 가르치던 교수들의 영향으로 당시 유럽신학계의 주류였던 자유주의 신학을 배우게 되었다. 바르트는 그의 생애 말년에 많은 명문 대학들로부터 명예박사 학위들을 받았지만 그 스스로는 박사 학위를 마치지 못했다고 여겼다. 1908년 그는 개혁교회의 목사직을 위해 안수를 받았고, 제네바 교회의 부목사직을 맡게 되었다. 거기서 그는 칼뱅이 강의했던 그 대강당에서 이따금씩 설교를 했지만 큰 성취감을 느끼지 못했다. 결국 그는 1911년 스위스와 독일의 국경 지대의 마을인 자펜빌(Safenwil)의 한 작은 교구 교회로 옮기게 되었다.

1911년부터 1921년까지 스위스의 작은 마을 자펜빌 교회에서 개혁교회의 목사로 목회하면서 자본가가 노동자를 착취하는 잘못된 사회를 하나님 나라의 복음으로써 바로잡고자 하였다. 그래서 자본가들로부터는 '빨갱이 목사' (Red Pastor)라는 비난을 받았고, 일부 공장주들은 개신교에서 로마 가톨릭으로 교파를 바꾸는 일도 있었다. 이처럼 초기의 바르트는 슐라이어마허의 사상에 젖어 있었다. 그런 바르트가 자유주의 신학과 갑자기 결별하게 된 이유는 여러 가지가 있는데, 그 중에서도 이미 앞에서 언급한 스승들의 정치개입과 더불어 가장 현실적이었던 것은 자유주의적인 신학이 설교를 하는 자신의 일이 전혀 쓸모없다는 것을 발견했기 때문이었다. 그는 점차 성경을 조심스럽게 연구해 나갔고, 성경 안에서 오묘하고도 새로운 세계 곧 하나님의 말씀 세계를 발견하였다.

그래서 칼 바르트는 전쟁 중에「로마서」에 대한 주석을 쓰는 작업에 착수했다. 1919년 주석이 출판되자 폭발적인 인기를 끌게 되었다. 한 신학자는 그의「로마서」주석은 신학자들이 노는 놀이터에 떨어진 폭탄과 같았다고 표현했다. 이 책에서 바르트는 성경 연구에 적용된 역사와 비평의 방법도 옳지만 축자 영감의 교리도 옳다고 양쪽을 긍정했으며, 만일 꼭 한쪽을 선택하라고 한다면 후자를 선택하겠다고 했다.

칼 바르트는 하나님의 말씀은 위에 계신 '절대 타자' 로부터 오기 때문에 인간 스스로의 힘으로 말하거나 메시지를 전하는 것은 자신들이 신이라는 것과 같다고 하면서, 과거의 '아래로부터' 라는 인간 중심의 신학을 대신할 '위로부터' 의 신학을 주장하였다. 그것은 하나님의 전적인 주권, 복음, 영원, 구원 등을 강조한 것이었다. 이러한 진리들은 인간의 보편적인 경험이나 이성으로부터 세워질 수 있는 것이 아니라 하나님의 계시를 통하여 오는 것이므로 순종함으로 받아 들여야 한다고 했다. 그의「로마서」주해는 하나님과 인간의 대면을 강조한 것으로 '변증법적 신학' (dialectical theology) 또는 '위기의 신학' 이라는 별명을 얻게 되었다.

칼 바르트의 「로마서」주해는 자유주의 진영에서는 한 종교적 열광주의자의 야단법석이라고 일축하는 가운데, 그의 스승이었던 하르낙과 헤르만 등은 이 주석이 성경에 대하여 비역사적이고 반비평적인 접근방법을 취하고 있는 것에 대하여 이해를 하지 못했다. 한편 개혁주의 쪽의 일부는 진정한 종교개혁 정신의 회복이라고 환영하기도 하였다. 그러나 곧 대부분의 목사들과 교사들과 신학자들은 그것이 20세기로 넘어가는 과도기로서의 교정방법이라는 것을 깨닫게 되었다. 오늘날 많은 학자들은 19세기 신학의 종말과 20세기 신학의 출발 연대를 1919년에 이루어진 이 책의 출간에 맞추고 있다.

이 책으로 유명해진 칼 바르트는 1921년 독일 괴팅겐대학교의 개혁신학 교수로 임용되었다. 그는 그곳에서 자유주의 사상가 리츨의 제자들과 심각한 갈등 속에 빠지게 되었다. 칼 바르트는 하나님의 말씀을 인간의 이성 위에 두는 논문들과 책들을 계속 쓰면서 자유주의적 신개신교주의는 계몽주의 시대의 합리주의 문화에 굴복하고 있다고 비난했다.

그 후 그는 1924년 뮌스터 대학교에서 5년을 지내고 1930년에 본(Bonn)대학교로 옮겼다. 그 사이에 그의 자유주의 신학은 포기되지 않았지만, 예수 그리스도 안에 있는 인간에 대한 하나님을 더 강조하기 시작했다. 그는 동시에 어떤 인간적 사상 체계에도 의존하지 않는 전적으로 신학적이고 성경적인 신학을 창출하고 싶었다. 시간이 갈수록 그는 인간이 가지는 신앙의 주관성보다는 하나님께서 주시는 계시의 객관성을 강조하기를 원했다.

그는 중세 스콜라주의 신학자인 캔터베리의 안셀무스(Anselmus, 1033-1109)에 대해서 연구하였다. 바르트는 안셀무스를 연구하면서 모든 신학은 기도와 순종이라는 맥락에서 이루어져야 한다는 것을 알았다. 이것은 기독교 신학이 객관적이고 냉정한 과학이 될 수 없고, 예수 그리스도 안에 나타난 하나님의 객관적 자기 계시가 은혜와 믿음에 의해서만 이해 될 수 있다는 것을 의미한다.

바르트가 안셀무스에 대한 논문을 쓰기 전까지는 하나님과 인간이 만난다는 것에 대한 그 부정성을 강조했었다. 그러나 이 논문을 쓰면서부터 그는 예수 그리스도 안에 나타난 하나님의 자기계시라는 범위 안에서 하나님에 대한 지식이 가능하다는 것을 강조하기 시작했다. 그는 여전히 자연신학으로부터 하나님에 대한 지식을 얻으려는 시도에 대하여 강하게 부정했으나, 예수 그리스도 안에서 믿음으로 하나님에 대한 진정한 지식은 얻어질 수 있다고 그 가능성을 강조하는 쪽으로 변한 것이다.

그는 곧이어 『교회 교의학』(*Church Dogmatics*)이라는 조직 신학서의 집필 작업에 착수했다. 이 책은 그가 죽을 때(1968)까지 13권이 써졌지만 미완성으로 끝났다. 이 책은 이렇게 방대함에도 불구하고 전통적인 서설이나 철학적인 서론 같은 것은 없다. 그는 진정한 신학은 하나님의 말씀만을 해설하는 것이어야 한다는 확신을 갖고 있었기 때문에 그것을 의도적으로 뺀 것이라고 생각한다. 바르트는 여기에서 '믿음의 유비'를 '존재의 유비'라는 해묵은 개념과 대비시켰다. 하나님에 대한 지식은 인간의 존재나 본성이나 경험으로는 알 수 없으며, 하나님이시며 동시에 인간이신 예수 그리스도 안에서 그것이 은혜로 허락될 때 비로소 가능하게 된다는 것이다. 그러므로 사람은 예수 그리스도를 길과 진리와 생명으로 볼 수도 있고 보지 못할 수도 있다고 하였다.

1930년 초 바르트는 반 나치적인 독일 교회에도 깊이 간여하였다. 1934년 그는 예수 그리스도만이 그리스도인들의 주님이라고 연명한 바르멘 선언(Barmen Declaration)을 작성하는데 도움을 줌으로써 히틀러를 메시아의 위치에 놓으려고 했던 독일 그리스도인들에 대하여 간접적인 비판을 아끼지 않았다.

그는 바젤 대학교에서 교수 자리를 부여 받고 27년간 가르치는 동안 『교회 교의학』과 그의 많은 책, 논문 등을 저술하는 작업을 했고, 시 형무소에서 정기적으로 설교를 하는가 하면 모차르트 연구가로서의 명성도 얻었다. 전 세계로부터 학생들이 그의 강의를 듣고자 왔으며 그가 이끄는 세미나에 참석했다. 그는 유럽과 미국을 순회하며 강연을 하였고 시카고 대학교는 그에게 명예박사 학위를 수여했다. 그러나 그의 생애 마지막 몇 년은 매우 어려웠다. 그것은 건강이 나빠졌을 뿐 아니라 자신이 보수와 진보 양진영의 가혹한 비판의 대상이라는 것을 알았기 때문이다. 그는 1968년 12월 9일 밤 바젤의 자택에서 죽었다.

바르트에 따르면, 진정한 성경해석은 인간학적 사유방식을 뛰어넘어, 초월적인 방식으로 우리에게 개입되는 그분의 계시에 의해서만 가능하다고 보았다. 우리가 아무리 종교사적인 접근이나 심미적 차원에서 추적을 해도 그 하나님은 우리의 인식 안에 들어올 수 없다는 것이다. 바르트에게 있어서 그 하나님은 '전적인 타자'(Whole Other)이며, '전적인 초월자' 였다. 따라서 그분을 인간의 인식능력 안에서 규정하는 것은 곧 우상숭배이며, 죄라고 보았다. 성경은 끊임없이 우리의 문화적 인식을 뛰어넘는, 전적인 타자로서의 하나님을 통찰하고 있기 때문이라는 것이다. 바르트는 바로 이런 점에서 인간학적인 역사비평에 대해 한계가 있다고 보았다. 하지만 바르트는 문자와 텍스트의 정신을 동일시하는 것은 잘못이라고 하여 문자주의나 성경주의를 비난하였다. 성경은 무오하지 않은데, 그것은 인간의 책이지만 하나님의 초월적인 말씀을 증거 하는 책이기 때문이다. 그래서 바르트는 인간의 말인 성경을 통한 하나님의 계시는 결국 그 자체로 전해지고 들려지도록 해야 한다고 보았다. 계시 앞에 인간은 기다릴 뿐이고 그러한 성경에 취할 수 있는 유일한 반응은 성경에 '순종'하는 것이다. 그럼으로써 기꺼이 성경이 자기를 해석하도록 할 것이며 성령이 본문을 통해 독자에게 판단의 말씀을 할 것이라고 보았다. 그렇기에 바르트의 해석학은 '계시의 해석학'이라고 불릴 순 있겠지만 적어도 의미를 비판하고 고찰하는 의미작용의 해석학은 아니었다. 따라서 그러한 계시의 해석학은 여전히 매우 구체적이지 않은, 추상적이고 모호한 이야기로 남아 있다. 계시에 대한 기다림, 그리고 성경이 스스로 해석하도록 해야 한다는 이야기나 성령에 의해 판단되어야 한다는 이야기는 결국 '하나님은 하나님이다'라는 식의 동의반복일 뿐이라고 할 수 있다.

결정적으로 바르트는 성경 해석에 적용하는 이 같은 공리들이 모든 해석에 미리 전제되어 있는 것으로 보았었다. 즉, 적어도 이 부분만큼은 모든 인간적 비판들이 불허되는 면제 영역으로 남아 있어야 한다는 이야기가 된다. 따라서 바르트의 해석학적 입장 그 자체에 대한 비평적 성찰 없이 그의 해석학적 공리들을 받아들일 경우, 그것은 이미 너무나 많은 것을 결정하는 데 관여한다는 점에서 매우 우려되는 것이라 볼 수 있겠다.

인간 인식의 한계를 지적한 점은 동의하지만, 그렇다면 성경에 담긴 하나님의 계시를 우리가 어떻게 접근하고 발견할 수 있느냐에 대해서도 분명하게 이야기를 안 할 수가 없다. 그런데도 이에 대한 그의 답변은 인간의 접근 가능성은 봉쇄되기 때문에 그저 '기다려라', '순종하라' 등등 매우 추상적인 대답으로 인도되고 있다. 흔히 그의 신학은 '기다림의 신학'이라고도 불려진다. 굳이 거론해본다면, 바르트는 인간 인식의 불가능성에도 불구하고 성경의 증언에 기대어 '삼위일체론적인 시각'으로 설명할 수 있다고도 말한다. 하지만 이 '삼위일체론적인 시각'이라는 게 앞서 지적한 것처럼 매우 모호하고 추상적인 언술인데, 도대체 그것이 구체적으로 무엇인지에 대해서 말할 수 있는 것은 거의 없고, 결국은 이러한 시각이 오히려 기독교 전통이라는 근본주의적 교리로 귀결되는 사태를 낳고 있다는 점은 바르트 신학의 분명한 한계를 보여주는 것이다.

바르트는 성경이 인간의 종교적 의식의 산물이라는 자유주의 견해뿐 만 아니라 성경이 하나님의 말씀이라는 정통주의 견해도 받아들이지 않았다. 그는 '성경은 하나님의 자기 계시에 대한 인간의 증거이다' 라는 견해를 주장하였다. 이 바르트를 주종으로 하는 신정통주의 학파는 하나님이 자기 자신을 말로써 계시하지 않고 자신의 임재로만 계시한다고 믿었다. 그러므로 이들은 사람이 성경 말씀을 읽고 믿음으로 하나님의 임재에 반응을 보일 때 계시가 발생한다고 보았다. 이들의 관점에서 계시는 역사의 한 시점에서 발생하여 사람에게 성경 본문으로 전수되는 것이 아니라 인간의 실존적 반응을 수반해야만 하는 현재적 경험이었다.

또한 신정통주의 학파는 성경의 무오설을 수용하지 않았다. 이 학파의 관점에 의하면 성경기사에는 잘못이 있을 수 있으며, 약간의 잘못이 있다고 하더라도 큰 문제가 되지 않는 것으로 보았다. 그 이유는 무엇인가? 그것은 그들에게 있어 하나님의 계시가 중요한 것이 아니라 계시에 대한 인간의 실존적 관심과 반응이 더 중요한 것이었기 때문이다. 그러므로 그들은 객관적인 계시를 특별히 강조하지도 않았다.

이러한 성경관은 성경 66권에 대한 계시의 객관성을 인정하지 않음으로써 성경해석의 기초가 흔들리게 되는 결과를 초래하였다. 그러나 이 학파의 지도자인 칼 바르트는 성경이 하나님 말씀의 유일한 자료임을 인정하였다. 하지만 그는 성경 본문의 내용이 자기에게 말할 때에만 하나님의 말씀이 된다고 말함으로써, 성경이 객관적인 하나님의 말씀임을 믿지 않았다. 이 학파의 성경해석 접근방식은 이미 언급한 바 있지만, 다시 정리하면 다음과 같다.

첫째, 계시의 원리에 있어서 성경의 '무류성' (infallibility)과 '무오성' (inerrancy)을 인정치 않으므로 계시에 관한 전통적 개념과 역사적 전통적 영감론이 배척되었다. 그 결과로, 인간의 능력으로 확인할 수 없는 진리의 전달로서의 계시가 배척됨으로써 성경 계시는 인간에 의해 복제된 '명제적 계시' (propositional revelation)로 취급받았다. 그러므로 성경에 나타난 명제적 계시는 신정통주의의 전형적인 공격의 논제 대상이 되었다. 또한, 전통적 역사적 영감론이 배척되므로 축자영감을 믿는 사람은 기계적인 또는 구술적인 영감이론을 범하는 것이 되어 '성경광신' (bibliolatry)이라는 비난을 받았다.

이들은 오직 하나님만이 하나님을 위해 말씀하실 수 있으므로 하나님의 말씀은 단순한 말씀이 아니라 하나님의 인격적 임재로 보았다. 이들의 관점에서, 하나님의 말씀은 사람의 의식 속에 임재하신 하나님 자신이며, 말씀의 객관적 형태는 예수 그리스도이시고, 예수 그리스도는 자비, 은혜 그리고 화해 가운데 임재하신 하나님이셨다. 그러므로 이들은 '하나님께서 예수 그리스도를 통해 나에게 말씀하시고, 내가 믿음으로 반응할 때 계시가 생겨난다' 고 보았다. 결과적으로, 이 학파에게 있어 성경은 하나님의 직접적 계시가 아니라 계시에 대한 기록이요 증거이지 하나님의 직접적 말씀은 아닌 것이다. 이들은 '사람이 성경을 신뢰할 수는 있지만 오류가 가능한 계시에 대한 증거이므로 사람이 계시를 온전히 체험할 수 있다고 할지라도 결코 순전한 전달을 소유하지는 못 한다' 고 보았다. 따라서 이들은 '성경해석자는 기록된 말씀 이면에 있는 말씀의 의도를 추구해야 하므로, 인간의 오류 가능한 성경의 말씀을 파고 들어가 하나님의 말씀에 대한 원래의 증거를 발견해야 한다' 고 주장하였다.

둘째, 성경의 가르침은 그 전체성(全體性)에 대한 고려에 의해 결정되므로 부분적인 본문에 대해 세련되지 못한 문자적 해석은 성경의 참된 의미를 드러내지 못하는 것으로 간주되었다.

셋째, 인간에게 주어진 하나님의 말씀은 예수 그리스도이므로 그리스도를 증거 하는 것만이 구속력이 있는 것이며, 교리들은 하나님의 말씀인 예수 그리스도와 관련된 것으로만 간주되었다. 이들의 견해에 따르면 하나님의 말씀인 예수 그리스도와 조화되지 않는 모든 것은 정당한 증거가 아니었다. 특히, 루이스(Louis)는 구약에서 하나님에 관한 것 가운데 그리스도인에게 구속력을 가지는 것은 아무것도 없다고 주장했으며, 브룬너(Brunner)는 기독론적 출발을 가지지 않는 교리(창조와 죄 등)는 기독교적 교리가 아니라고까지 주장하였다.

넷째, 성경은 '특별한 역사' 곧 구속의 역사로서 일부는 형태상 신화적이며 또 일부는 실제적 역사로 간주되었다. 그러므로 이들은 성경에 대하여 실존적 접근을 할 때 계시가 생겨날 수 있다고 주장하였다. 신정통주의자들의 관점에서, 성경은 역사를 포함하고 있지만 일차적으로는 역사가 아니며, 신학을 내포하고 있지만 근본적으로는 신학책은 아니었다. 그들의 실존적 해석 접근 방식으로서 보면, 성경은 가장 종합적으로 표현된 인간의 삶이었으며 하나님에 관한 책으로 간주되었다.

다섯째, 이들은 신화를 신학적 전달의 한 형태로 보았기 때문에 우주의 창조, 인간의 창조, 인간의 무죄성, 인간의 타락, 그리스도의 재림 등은 역사적 옷을 입힌 신화로 간주되었다. 이들은 정통주의의 문자적 해석이나 자유주의의 진지하지 못한 해석을 배제하고 그 중도(via media)로서의 신화적 해석이 바람직하다고 보았다. 그러나 이들은 성경의 신화가 인간의 상상력으로 공들여 만들어진 전승의 부산물인 이방의 신화나 고전에 나타나는 신화와는 전적으로 다르다는 것을 인정하였다. 이들의 관점에 따르면, 성경의 신화는 인간의 종교적 실존에 관한 초월적인 것과 역사적 형태를 통해 제시될 수 있는 것이었다. 그것은 비록 완전하지는 않지만 진지하고 의미있는 것으로 간주되었다.

여섯째, 하나님에 대한 진리는 변증적으로, 혹은 역설적으로 인간에게 나타나야 하는 것으로 간주되었다. 이들의 관점에서 보면, 어떠한 교리는 '주장' 과 '반대주장' 을 통해 변증적으로 정의되어야만 하므로 주장과 반대 주장은 인간에게 역설적으로 나타난다고 보았다. 이러한 논리는 헤겔과 키에르케고르로부터 왔다. 독일의 철학자 헤겔은 하나님의 내재성과 논리적 합리성의 사고체계를 구성했다. 그는 범신론자로서 자신의 논리에 대한 충만함의 확신으로 '범논리주의' 에 심취하였다. 키에르케고르는 '하나님의 초월성' 과 '논리적 역설' 을 제기하였다.[151)]

결론적으로 말씀하자면, 칼 바르트는 루터와 칼뱅의 중요성을 이해했고, 2천년이나 내려온 정통신앙의 가치도 깨달았다. 자유주의는 인간의 종교였고, 거기에는 아무런 구원도 있을 수 없었다. 그러나 정통신앙은 분명히 하나님과 인간의 차이를 보여주며 구원의 길도 열어준다. 이것이 자유주의에는 없었다. 자유주의는 인간의 현실에 대한 여러 가지 인간적인 이해만을 더해 줄 뿐이었다. 그러나 바르트는 위에서 말한 것처럼 성경은 인간이 기록 했기에 오류투성이의 문서라고 생각하고 영적 권위를 소홀히 여겼다. 그는 전통적 신앙을 인정했지만 이미 비판을 받았던 정통신학은 그대로 받을 수 없었다. 그래서 그는 새로운 정통신앙을 시작하게 되었다. 이것이 바로 신 정통신학이다. 축자영감을 인정하지 않는 정통신앙 그것이 바로 신 정통신학이다.

바르트는 '전적인 타자' 에 대한 경험, 즉 십자가와 부활을 통해서 나타나신 하나님에 대한 경험이 성경을 해석하는 핵심이라고 했다. 이 경험은 성경의 주제에 해당하는 것으로 예수 그리스도 혹은 복음을 말하는 것이라 할 수 있다. 바르트는 성경에는 주제가 있다고 하였다. 그는 은총과 신앙에 의해 성경의 주제를 경험할 때 성경의 해석이 시작되는 것이라고 생각하였다. 그는 성경 이해에 있어서 성경의 중심 메시지를 포착하면서 '성경으로 성경을 해석해야 한다' 는 루터의 성경해석의 원리를 따르고 있다.

바르트의 성경해석방법론, 즉 원초적 계시로서의 예수 그리스도(복음)를 가장 위에 두고 성경을 해석하는 것이 교회의 존재근거와 사회에 대한 변증적인 역할을 할 수 있지 않을까 생각한다. 이런 의미에서 루터와 칼뱅을 이어 바르트의 성경해석은 20세기가 저물어가는 오늘날에도 큰 의의를 가진다고 볼 수 있다.

2. 구속사학파의 성경해석

신정통주의가 성경해석의 신기원을 이룬 것으로 평가받은 이후 성경해석의 흐름을 주도한 것은 구속사학파다. 구속사학파는 고전적 정통주의와 19세기의 자유주의 사이에서 성경 신학의 새로운 종합을 찾고자 하였다. 이 학파의 기수로 인정받는 독일 에를랑겐(Erlangen) 출신의 요한 크리스천 콘라드 폰 호프만(J. C. K. Von Hoffmann)은 성경에 대한 체험적 신학을 추구하며 비판적 연구를 전개했던 슐라이어마허(Schleiermacher)의 통찰력과 루터의 신학을 결합시키고자 노력했다. 그는 종교적 권위를 중생의 체험, 교회와 역사의 실재, 성경의 토대 위에 세우고자 하였다.

성경해석학에 대한 그의 공헌은 성경을 거룩한 역사이자 '구속사' 의 개념으로 보았다는 것이다. 호프만의 구속사에 대한 통찰력은 역사를 영원한 절대자의 자기표현으로 보는 쉐링(Schelling)의 영향 아래서 이루어졌다. 쉐링은 계시에 대하여 과거를 돌이켜 미래로 나아가는 역사의 고등형태로 보는 한편, 예수 그리스도에 대하여는 하나님의 초자연적인 역사로서 형이상학적인 역사의 최고 내용으로 보았다. 이러한 쉐링의 영향 아래서 호프만은 역사적 사건을 과거의 뿌리, 현재의 의미, 미래에 대한 전조의 개념으로 바라보았다. 호프만의 성경에 대한 역사적 관점은 다음과 같이 정리될 수 있다.

첫째, 성경은 이스라엘의 역사이다. 둘째, 성경의 각 예언은 직접적인 역사적 문맥 속에 있다. 셋째, 성경은 하나님의 구속사적인 의도된 성취의 기록이다. 이것이 성경의 각 책을 거룩한 역사 즉, 구속사 안에 하나로 결속시키는 해석학의 업적이었으며, 성경에 대한 유기적 견해가 조직적인 방식으로 주해에까지 적용된 것이었다. 이 학파의 관점에서, 예수 그리스도는 역사의 중심이 된다. 하나님은 능동적 행위자이며, 하나님의 능동적 행위 안에서는 예수 그리스도의 구속이 중심이다. 호프만은 현시대가 또 다른 시대인 천년왕국을 예견할 수 있다고 보았는데, 그것은 19세기 루터파의 천년왕국주의자들의 입장을 취한 것이라 할 수 있다.

그러나 호프만은 성령이 성경을 영감할 뿐 아니라 교회를 인도한다는 관점에서 보았으므로, 해석자가 성경에 대한 자신의 해석을 양식화, 교리화, 정경화해서는 안 된다고 주장했다. 그는 성경해석이 정적인 것이 아니라 성령의 인도하심에 의한 역동적인 것이어야 하므로 성령의 가르침에 민감해야 한다고 가르쳤다. 이 같은 그의 성경해석 관점은 '성경은 역사적 사건에 영감된 해석이 더해진 것' 이라는 개념에서 기인된 것이었다. 그는 성경의 모든 구절이나 문장은 역사적 배경 속에서 주어진 것이며, 이러한 역사적 배경은 어떤 교리를 입증하려 할 때 그 구절에 대하여 참된 의미와 중요성을 제공해 준다고 주장했다.

이 학파에서 탁월했던 미국의 오토 파이퍼(Otto Piver)는 폰 호프만의 구속사적 원리에서 큰 도움을 받았다. 그는 자신을 신정통주의자, 자유주의자, 또는 근본주의자는 아니라고 밝히면서, 성경의 권위는 축자영감에 대한 주장에 있지 않다고 하였다. 축자영감설을 후기 종교개혁자들의 교조주의자(教條主義者)들에 대한 주장으로 인식한 파이퍼는 "성경을 어떤 고등한 형태의 지식 전달로 보는 것은 영지주의자들의 오류이므로 받아들일 수 없다" 고 하였다.

파이퍼는 자신의 저서 『나의 성경 연구 방법』(*How I study my Bible*)에서 다음과 같이 성경의 해석에 대한 비판적 취급을 수용하였다. "하나님께서는 성경을 통해 우리에게 말씀하신다. 성경의 일반적 진술은 내가 그것을 받아들일 때 나에게 하나님의 말씀이 된다" "우리가 다른 역사적 문헌에 적응하는 비평주의로부터 성경을 제외시키고자 하는 모든 시도는 고생물학의 발견에 대한 신학적 저항이 그랬던 것처럼 쓸 데 없는 것이다." [152)]

그리고 프랑스 태생인 오스카 쿨만(Oscar Cullmann)도 구속사를 무엇보다도 중요하게 생각하였다. 그의 이해로는 이 구속사가 일반 역사를 역사답게 하는 중추적인 역할을 하고 있다고 보고 있다. 그는 구속사 즉 그리스도의 역사는 예수께서 세상에 있을 때에만 국한되는 것이 아니고, 모든 역사를 관통하는 무한히 가는 선(線)으로 보고 있다. 이 일반 역사를 생명답고 의미 있게 하는 것은 바로 구속사, 구속선, 그리스도의 생명선을 가능케 한다는 말이다. 그러므로 일반 역사는 구속사 없이는 생각할 수도 없고 존재 불가능하다고 한다. 말하자면 구속사는 일반 역사의 존재 근거가 되고, 일반 역사는 구속사에 대한 인식의 근거가 된다고 말할 수 있을 것이다.

그러나 쿨만 교수는 『그리스도와 시간』이 나온 지 수십 년이 지나 구속사 일변도의 사상을 수정하기에 이르렀다. 즉 구속사는 자기 나름대로 일직선으로 달음질칠 수 없는 실재에 부딪치고 있다는 사실을 발견하게 된 것이다. 그래서 쿨만 교수는 일직선적으로 표상하던 구속사를 곡선 또는 파상선(波狀線)으로 생각하기에 이르렀다는 것을 최근의 그의 저서 『역사로서의 구속』에서 찾아볼 수 있다. 즉 구속사는 하나님의 뜻이라고 한다면, 일반 역사는 인간의 뜻과 결단이 관여하고 있기 때문에 하나님의 뜻과 인간의 뜻이 마주치는 곳에 자연 굴곡이 생기고 파상(波狀)이 생길 수밖에 없다는 것이다. 그러므로 쿨만은 후기 사상에 이르러서는 이 인간의 실존을 비로소 염두에 두게 되었으며, 인간 결단의 중요성과 동시에 윤리적 영역에 큰 비중을 두게 되었다는 것을 알 수 있다.

3. 불트만과 신해석학

당대의 주도적인 신구약 비평주의자들 밑에서 수학했던 독일의 신정통주의 신학자 루돌프 불트만(Rudolph Bultmann, 1884-1976)은 『신약』 문헌들에 대한 비평적 연구를 열정적으로 실행하였다. 그는 신약의 역사적 연구를 '비신화화'(非神話化)를 통하여 신학적 작업에 연결시키고자 하였다. 키에르케고르가 바르트의 신학 형성에 기여했듯이, 하이데거의 실존주의는 불트만의 신학 사상의 철학적인 기초를 형성했다.[153]

1) 불트만

루돌프 불트만은 독일의 개신교의 루터 파 신학자이다. 마르부르크 대학(the University of Marburg)의 신약학 교수로 30년 동안 재직했으며, 이미 앞에서 언급한 바와 같이 성경의 비신화화를 시도한 신학자로 평가받고 있다. 그는 비펠슈테데에서 태어났고, 루터 파 목사의 아들이었다. 올덴부르크에 있는 알테스 김나지움에서 아비투어(Abitur)를 획득한 뒤, 그는 튀빙겐에서 신학을 공부했다. 두 학기가 지난 후, 불트만은 몇 학기 동안 베를린 대학으로 가서 공부했고, 결국 마르부르크에서 학업을 마쳤다. 그는 자신의 학위를 1910년 마르부르크에서 사도 바울의 서신에 대한 논문으로 취득하였다. 2년의 훈련을 거친 후에, 그는 마르부르크에서 『신약성경』을 강의하게 되었다. 베를린과 기쎈에서 잠시 강사로 재직한 후, 그는 1921년 마르부르크로 돌아와서 정교수가 되었다. 그는 1951년 은퇴할 때까지 마르부르크에 머물렀다.

또한 불트만은 고백교회의 구성원이었으며, 국가 사회주의에 대해서 비판적이었다. 그는 유대인에 대한 학대와 과도한 민족주의, 그리고 아리안 인종이 아닌 기독교 성직자의 퇴출에 반대하는 발언을 했다. 그는 많은 저술을 남겼는데, 그 중에서도 그의 대표작으로서는 『공관복음서 전승사』(*Die Geschichte der synoptischen Tradition*, 1921), 『예수』(*Jesus*, 1926), 『신약성경과 신화』(*Neues Testament und Mythologie*, 1941), 그리고 『루돌프 불트만의 케리그마와 신화 그리고 다섯 가지 비평』(*Kerygma and Myth by Rudolf Bultmann and Five Critics*, 1953) 등을 들 수 있다. 『역사와 종말론』(*History and Eschatology: The Presence of Eternity*, 1954?55)도 유명하다.

불트만은 대학에서 강의를 많이 한 학자로서 그의 주된 관심은 성경해석학이었다. 성경해석의 역사라고 하는 관점에서 볼 때, 불트만은 두 가지의 독특한 해석 방법을 발전시켰다. 그 첫째가 양식비평 방식을 복음서 연구에 적용한 것이라 할 수 있다. 그는 복음서의 개개의 이야기들을 다양한 문학의 장르들로 분류하였으며, 이들 각각에 대해 본래적인 배경들을 제시했다.[154] 또한 불트만은 특정한 문학적 양식들의 역사적 진정성 문제를 이들의 배경에 의존해서 판단했다. 그는 특별히 자신의 생각에 기독교 공동체의 후기 신앙들에 의해 채색된 것 같아 보이는 문학양식들에 대해 의문을 제기하기도 하였다. 그런 의미에서 그의 양식비평은 복음서의 역사적 진정성까지 손상키는 일이 되고 말았다. 불트만은 실제적으로 이 땅에 살았던 역사적 예수와 기독교 복음 속에 나타나는 신앙의 그리스도를 구분했다.[155)]

두 번째로 불트만은 성경의 신화적 세계관 속에 놓여 있는 '케리그마' 혹은 '메시지'를 해석하기 위하여 성경의 비신화화를 시도했다. 바르트처럼 불트만도 성경이 현대인들의 필요에 대해 말하고 있다는 점에 관심을 기울였다. 그는 성경의 메시지를 그의 동시대인들이 이해할 수 있도록 그리고 이들에게 의미가 있는 것으로 말하고자 하였다. 그의 견해에 따르면, 널리 퍼져 있는 과학적인 세계관은 많은 지적인 그리스도인들의 믿음을 손상시켰다고 한다. 이들 그리스도인들은 소위 성경의 신화적인 언어들 때문에 성경을 믿는데 어려움을 겪고 있다. 이런 상황을 해결하는 방법은, 그리스도의 구원을 현대적이고 철학적이며 심리학적이고 과학적인 언어로 다시 쓰는 것이었다. 그럴 때에야 비로소 현대의 인간들은, 신화적인 용어가 더 이상 전달하지 못하는 진리를 확인할 수 있을 것이라고 여겼다.

그래서 불트만은 그의 신학적 저술에서 기독교 메시지의 신화적인 표현을, 새롭고 실존적인 해석으로 교체시키려고 시도하였다. 조직신학자 폴 틸리히도 '성경의 비신화화'(demythologization)를 요청하는 불트만의 메시지에 영향을 받았다. 1941년에 이루어진 그의 『신약성경』과 신화 강의애서는, 『신약성경』의 메시지를 비신화화 하는 문제를 다루었다. 비신화화의 문제는, 해석자들에게 전통적인 신학을 마르틴 하이데거(Martin Heidegger)와 불트만의 동료들이 지녔던 철학으로 대체하게 했다. 그것은 현대의 독자들이 예수가 가르친 메시지의 실재에 접근 가능하게 하려는 노력이었다.

불트만은 자신의 저서 『신약과 신화』에서 신화가 이야기하는 것을 결정하기 위해 앞에서도 말한 바와 같이 하이데거의 실존철학을 사용했는데, 그것은 『신약』의 기사들이 실존적 만남을 통해 생겨났으나 불행하게도 신화적 형태를 가지게 되었다고 믿었기 때문이었다. 그렇기 때문에 현대의 신학자들은 불트만의 관점에서 신화를 들어내고 신화의 본래적, 실존적 의미를 회복해야만 했다.

불트만은 성경해석을 위한 주해와 신학에 있어 하이데거의 실존철학의 개념을 최상의 연구모델로 수용하였다. 즉 불트만은 신약을 비신화화 하기 위하여 하이데거의 방법을 사용하였으나 결국은 그것을 내용으로 끌어드린 꼴이 되고 말았다. 이 사실에 대해서는 권성수 교수가 가장 적절하게 비판적인 결론을 잘 내렸으므로 권교수의 글을 인용하는 것으로 불트만에 대한 논의를 끝내겠다.

"불트만은 초기 하이데거의 '방법' (how)을 사용했으나, 결과적으로는 그것으로 그의 '내용' (what)을 삼았다. 다시 말해서, 그는 하이데거의 '다자인' (Dasein)의 현상학을 개념적 도구로 사용하고자 하였으나, 결국 그것이 『신약』의 케리그마를 재는 잣대가 되었다. 그의 해석은 하이데거의 사상을 『신약』속으로 이전시킨 '이석' (移釋, eisegesis)이지 『신약』을 밝히는 '주석' (exegesis)이 아니다. 그가 '신화' 라고 한 것은 사실상 인간의 역사 속에 실제로 일어났던 구속 사건들이다. 더욱이 그는 '신화' 와 '은유' , '상징' , 그리고 '유추' 를 혼동했다. 한 마디로 말해서, 불트만의 예수는 성경의 예수가 아니라, 우리 구주이신 예수 그리스도에 대한 현대화된 왜곡이다."[156)]

2) 신해석학

불트만으로부터 가르침을 받은 에른스트 폭스(Ernst Fuchs,

1903-)와 게하르트 에벨링(Gerhard Ebeling, 1912-2001)은 불트만의 회의주의를 극복하기 위하여 보다 긍정적인 해결책을 모색하였다. 불트만의 회의주의적 신학에 대하여 긍정적 해결책의 모델을 세우고자 노력한 학파를 일명 '신해석학파' (New Hermeneutics School)라 칭한다. 폭스와 에벨링이 2차 세계대전 직후 함께 말부르크 대학교에 있었을 때, 탁월한 우정 뿐 아니라, 지도력을 공유한 한 학파가 형성되었는데 그것이 바로 신해석학파다. 폭스가 신약 신학자로서 시작한 것을 에벨링은 교회사가로서 발전시켰다고 할 수 있다.

'신해석학파' 는 계몽주의의 영향에 그 근거를 두고 있다. 계몽주의(啓蒙主義)는 인간의 이성을 존중하므로 신학의 핵심으로 인간 자율적 원칙을 채용하게 된다. 계몽주의의 영향으로 인해 하나님의 절대권위는 신학에 있어서 크게 흔들리게 되었고, 하나님의 무오한 말씀인 성경은 유오한 인간이 저술한 책으로 전락하게 되었다. 계몽주의에 영향을 받은 신학은 하나님의 권한을 인간에게 부여하였을 뿐 아니라 인간이 자신과 역사에 대한 최종적 판단을 인간이 행할 수 있다는 논리적 기초를 세웠다. 계몽주의의 영향으로 말미암아 하나님 자신이 스스로 '해석하시는 자' 가 될 수가 없고, 인간이 스스로 '해석자' 가 된다는 주장으로써 해석자의 위치에 일대 변위를 일으켰다. 계몽주의의 영향으로 신학적 입장은 '성경이 어떻게 말하느냐' 가 중요한 것이 아니라 '성경의 말씀 중 나에게 어떤 것이 의미 있는가?' 가 더 중요하게 되었던 것이다.

신해석학파의 해석자들은 세상의 모든 현상은 시간의 영향에서 제외될 수 없다고 보았다. 다시 말하자면 성경의 내용도 시간의 경과로부터 오는 영향을 받을 수밖에 없으므로 시간의 경과로부터 오는 부패적인 영향에서 초월할 수 없다는 것이다. 그들은 성경내의 역사적 사실도 상대적인 것이므로, 성경은 모든 시대의 신앙과 행위를 규제할 수 없다고 하였다. 불트만의 제자로서 신해석학파에 속한 이 학자들은 인간의 자율성의 원칙을 고수하면서 시간적 상대성을 더욱 과격하게 적용시키려고 하였다. 이 학파는 성경본문이 시간적 상대성의 영향을 받는 것처럼 해석자 자신도 같은 영향에서 제외될 수 없다고 판단하였다.

이 학파의 관점에서 볼 때, 성경 본문은 역사의 흐름에 영향을 받으므로 해석자의 해석은 자신을 제외한 다른 사람에게는 아무런 의미가 없는 것이었다. 이들의 성경해석은 본문과 해석자 간의 대화적 상호작용을 통해 이해되는 것이었다. 그 결과 그것은 상대적인 본문과 상대적인 해석자 사이에서 발생하는 상대적인 것이 되는 것이다. 결국 그들의 성경해석은 객관적 확실성이 전혀 없으며 해석자에게 실존의 가능성만을 제시하는 것이라 할 수 있다. 나아가 이 학파는 성경의 교훈을 따르지 아니하며, 성경 본문의 의미도 고정된 것으로 보지 않았다.

전통적인 해석학과 비교할 때 신해석학파의 관심은 '헤르메네이아' (hermeneia)의 넓은 폭에로 해석학적으로 회귀하는 것이었다. 이러한 관심은 '이해' 자체가 어떻게 가능할 수 있는가의 문제를 제기했던 현대 해석학의 아버지라 할 수 있는 슐라이어마허로부터 시작된 것이다. 신해석학은 이와 같이 슐라이어마허로부터 시작되어 딜타이, 하이데거, 불트만을 거쳐 표현된 해석학적인 관심을 체계화하고자 하는 관심을 가지고 있었다고 말할 수 있다. 신해석학은 성경의 지평과 현대의 지평을 융합하려는 동기는 좋았지만, 결과적 산물에 있어서 신해석학은 성경을 실존주의적 주관주의로 재해석하고 말았다. 성경 본문의 부름을 조용하게 듣는다고 하면서 결국 실존주의 철학을 확인한 신해석학을 보면서, 성경을 이석하지 말고 주석하여야할 필요성과 그 객관적 기준을 논하여야 할 필요성을 더욱 실감하게 된다.[157]

4. 포스트모더니즘과 성경읽기

'포스트모더니즘' (postmodernism)은 '탈현대주의' 내지 '후기 근대주의' 라고 번역된다. 여기서 '포스트' (post)란 '이후' 또는 '후기' 라는 의미와 더불어 '반' (反) 또는 '탈' (脫)이라는 의미를 지니고 있다. 1960년 이후 과학과 이성을 기반으로 하는 '근대성' 혹은 '현대성' 에 종지부를 찍기 위해 일어난[158] 새로운 사상 문화 운동이 포스트모더니즘이다. 좀 더 구체적으로 말하면 포스트모더니즘의 가장 큰 특징은 근대성의 기반이 된 거대이념의 붕괴라 할 수 있다. 이것은 근대가 추구한 진리, 가치, 근대적 전통 이념에 대한 비판, 다시 말하자면 포스트모더니즘에 대한 이론화 작업을 시도한 사람들 중의 한 사람인 리오타르(Lyotard)에 따르면, '거대담론에 대한 불신' 을 의미한다. 또한 이것은 탈주체화, 탈이념화, 탈중심화, 탈정경화 등을 특징으로 하는 것으로서 하나의 모범이 없음을 표지한다. 리오타르는 계몽주의가 지향하는 총체성이나 통일성에 중심을 둔 사고는 마땅히 해체되어야 한다고 본다.[159]

본래 계몽주의의 기획은 보편의 실현, 즉 하버마스가 말하는 객관적 학문, 보편적 도덕, 자율적 예술이라는 이성의 체계를 통해서 인간을 성숙시키고 도덕의 진보를 가져오며 제도의 공정성과 인류의 행복을 증진시킬 수 있다는 낙관론을 제시한다.[160] 그러나 리오타르에 따르면 이것은 이성에 대한 과대평가에 근거한 신념에 불과하며, 이런 보편을 실현하려는 노력이 사실은 실패했다는 것이다. 즉 모더니즘이 주장하는 이성의 자율성에 근거한 절대 진리 혹은 진리의 보편성, 자아의 절대성을 실패한 거대담론으로 규정하고 그것을 해체하기 위하여 나온 것이 포스트모더니즘이라 할 수 있다.

이 포스트모더니즘이 등장하기 전까지는 영원불변의 진리, 선,

미와 같은 실체가 존재하고, 인간의 주체적 이성에 의해 참과 거짓, 옳고 그름, 아름다움과 추함을 구별할 수 있는 보편적 판단 규범이 존재한다고 믿었다. 그러나 데리다의 표현에 따르면 오늘날은 이런 이성중심주의가 해체되어야 마땅하다는 것이다. 포스트모더니즘은 결국 초월적이고 보편적인 규범이나 가치를 용인하지 않는다.[161] 그 결과 나타나는 현상은 극단적인 개인주의와 실용주의라 할 수 있다. 각자 알아서 자신이 세운 기준과 지침에 따라서 행동하는 이른 바 다원성이 선이 될 수 있는 시대로 점진적으로 나아가고 있다.

근대 이전의 성경해석의 주류는 역사적, 문법적인 문자해석이라 할 수 있다. 이 전통은 교부와 중세를 거쳐 종교개혁자들에게로 이어지는 정통적이고 고전적 성경해석의 본질이다. 중세의 성경 읽기가 잘못된 것은 교회의 권위를 성경해석의 열쇠로 여긴 것에서 비롯된다. 이를 바로 잡기 위하여 종교개혁자들은 '오직 성경' 을 성경해석의 기준으로 삼았다. 성경은 성경만으로 해석한다는 주장이다. 그러나 이 훌륭한 이상은 곧 구교와 신교, 신교도들 가운데도 루터파, 개혁파, 그리고 재세례파 등 분파가 들어나면서 성경해석상의 차이 역시 날로 첨예해졌다.

이런 상황 속에서 중세 내내 서구를 통합하던 모든 전통적 기준이 약화되었고 이성이 그 대안으로 부상하게 된다. 이성은 보편적이며 객관적인 진리의 기준을 제시할 수 있을 것이라는 생각이 대세를 이루었다. 성경 이해에 있어서도 이성적 방법을 따라 객관적인 의미를 도출할 수 있다고 보았다. 그런데 여기서 문제가 발생하기 시작했는데, 해석의 대상이 되는 텍스트가 과연 믿을만한가 하는 것이다. 이리하여 성경의 권위를 근본적으로 흔드는 이른 바 고등비평과 자유주의 신학이 대두되었다. 포스트모더니즘은 이성도 절대 진리도 믿지 않는 불신에서부터 출발하여 모든 지식이나 해

석이 권력이라고 생각하며 해체의 칼날을 갖다 대는 것이다.[162)]

포스트모던적인 성경해석의 가장 본질적인 문제는 성경 본래의 의미 또는 저자의 의미를 믿지 않는다는 것이다. 즉 텍스트가 어떤 사실을 지시하는 것을 통해서 저자의 의미를 전달한다는 전통적인 생각을 포스트모던적인 관점은 인정하지 않는다. 아니, 그들은 텍스트의 사실 조차도 절대적으로 존재하지 것이 아니라 다양한 의미의 언어로 구성된 텍스트로 본다. 텍스트는 사실을 지시하지 않기 때문에 해석 여하에 따라 의미가 좌우된다는 것이다. 이것은 텍스트 자체를 해석으로 여기는 태도이다. 이런 의미에서 포스트모던적인 성격해석은 말만 해석일 뿐이지 실제에 있어서는 해석이 아니라 오만한 독단이요 의미 해체 행위라 할 수 있다.

포스모더니스트들은 성경 텍스트가 갖고 있는 의미나 저자의 의도에는 전혀 관심 없고 그것이 나에게 어떤 의미가 있는가에만 관심을 둔다. 이런 자세는 절대적인 진리와 가치를 부정하고 모든 것을 상대적으로 생각하는 오만이라 할 수 있다. 결과적으로 포스트모던적인 해석은 하나님보다는 인간을, 성경의 권위보다는 인간의 이성과 생각을 우위에 두는 해석의 자유를 선언한다는 것이다.

1960년대 등장한 '포스트모더니즘' 학자들의 주장의 골자는 "저자는 독자에게 어떤 방식으로 텍스트를 이해하도록 강제할 수 없다"는 것이다. 때문에 독자들은 더 이상 저자가 뜻한 바를 알기 위해 애쓸 필요가 없고 원하는 방식으로 해석할 자유가 있다는 것이다. 이런 흐름의 뿌리는 '성경 권위의 부정'에 있다는 점을 간과해서는 안 된다. 이렇게 포스트모더니즘이 저자와 텍스트의 권위를 부정하고 독자의 의미를 재정립하려고 시도한 것은 하나님의 권위, 성경의 권위를 부정하는 일이기도 했다. '해석자들의 자유'를 강조함에 따라 그들은 저자의 권위를 부정하고 문단과 문장의 의미, 단어의 의미까지도 정해지지 않은 것으로 취급하는 경향을 성경 해석에까지 적용하였다. 포스트모던적인 해체주의는 오만을 버리고 소박한 사랑과 순종의 해석을 시도하여야 한다.[163)]

각주)-----------------

52) 벤자민 킬취 저, 『성경예표 · 환유 · 은유해설 대사전』, 김경선 역 (서울: 여운사, 1994), 8.

53) 박형용, 『성경해석의 원리』 (서울: 엠마오, 1994), 9.

54) 위 책, 9.

55) David Dockery, "Preaching and Hermeneutics," in *Handbook of Contemporary Preaching,* ed. Michael duduit (Nashville: Broadman and Holman Publighers, 1992), 142.

56) 월터 C. 카이저 · 모이세스 실바 공저, 『성경 해석학 개론』, 강창헌 번역 (서울: 도서출판 은성, 1996), 327.

57) 제임스 사이어 저, 『비뚤어진 성경해석』, 박우석 역 (서울: 생명의 말씀사, 1983), 34-35.

58) 정규철, "칼빈의 성경무오론," 『신학지남』2002년 여름호 271호 (서울: 신학지남사, 2002), 295.

59) 권성수 저, 『성경해석학 1』(서울: 총신대학출판부, 1991), 119에서 재인용.

60) 신충훈, 『유대인의 세계와 히브리어』(서울: 한국학술정보, 2008), 76.

61) 카이저 · 실바, 329.

62) 권성수, 124.

63) 위 책, 125.

64) 카이저 · 실바, 333.

65) 베르너 진론드 지음, 『신학적 해석학: 해석학의 역사와 특성』, 최덕성 옮김 (서울: 도서출판 영문, 2000), 37.

66) 권성수, 123.

67) 카이저 · 실바, 330-332.

68) 위 책, 332-333.

69) 김기홍 지음, 『이야기 교회사』(서울: 도서출판 두란노, 2004), 59.

70) 위 책, 60.

71) George Arthur Buttrick, ed., *The Interpreter's Dictionary of the Bible* (Nashville: Abingdon Press, 1962), vol1. 648.

72) 위 책, 648.

73) 부르스 M. 매츠거 저, 『신약정경형성사』, 이정근 역 (서울: 기독교문화사, 1993), 57.

74) Buttrick, 649.

75) 김기홍, 61에서 재인용.

76) Buttrick, vol. 2, 679.

77) 위 책, 679.

78) 위 책, 679.

79) 위 책, 679.

80) 위 책, 680.

81) 매츠거, 61.

82) Buttrick, vol 3, 840; 조신권, 『예수와 그 주변 사람들의 이야기』(서울: 아가페문화사, 2009), 572-577 참조바람.

83) Buttrick, vol 3, 839.

84) 위책, 849.

85) 매츠거, 79.

86) 위 책, 73.

87) Buttrick, vol. 1, 358.

88) 위 책, 358.

89) Buttrick, vol. 3, 648.

90) 매츠거, 69.

91) 위 책, 82.

92) 위 책, 80.

93) Buttrick, vol. 2, 583.

94) 김기홍, 63.

95) 위 책, 63-64.
96) 위 책, 64에서 재인용.
97) 위 책, 66에서 재인용.
98) 김기홍, 65-66.
99) 위 책, 66.
100) 김기홍, 66-67.
101) 권태경, 『하나님 마음에 합한 사람』(서울: 도서출판 그리심, 2002), 12.
102) 필립 샤프 지음,『교회사 전집 2: 니케아 이전의 기독교』, 이길상 옮김 (서울: 크리스챤 다이제스트, 2004), 673-674.
103) James I. Kugel/Rowan A. Greer, *Early Biblical Interpretation* (Philadelphia: Westminster Press, 1986), 80.
104) 위 책, 81.
105) 메츠거, 148.
106) 위 책, 148.
107) 몽학선생은 성경에 나오는 말인데, 헬라어로서는 파이다고고스(Paidagogos)라 한다. 원래 이 말은 6~16세의 아이들을 돌보고 예법을 가르치기도 하는 노예를 가리키는 용어다. 성경에서는 개인교사 또는 초등교사라는 뜻으로 사용되어 있다.
108) 아달베르 함만 지음, 『교부들의 길』, 이연학 옮김(서울: 성바오로, 2010), 103.
109) 파라, 680-681.
110) 권성수, 127.
111) 위책, 127-128.
112) 크리스토퍼 홀 지음, 『교부들과 함께 성경 읽기』, 이경직 · 우병훈 옮김 (서울: 살림출판사, 2008), 256에서 재인용.
113) Joseph F. Kelly, *The World of the Early Christians* (Minnesota: Liturgical Press, 1997), 119.
114) 함만, 106.
115) 함만, 213.
116) 홀, 213.

117) 제프리 행크스 지음, 『교회사를 빛낸 거인들』, 안보현 옮김 (서울: 생명의 말씀사, 2001), 35.
118) 권태경, 18.
119) 권태경, 23.
120) 홀, 48.
121) 진론드, 41.
122) 위 책, 37.
123) 위 책, 40-41.
124) 위 책, 41.
125) 함만, 222.
126) 조신권, 『명작속의 크리스천』(서울: 아가페문화사, 2007), 21-32 참조바람.
127) 권태경, 34-35.
128) 권성수, 133-134.
129) 진론드, 48.
130) 조신권, 『명작속의 크리스천』, 23를 참조바람.
131) A. B. Mickelsen, *Interpreting The Bible* (Grand Rapids: Eerdmans, 1963), 35. 권성수, 135에서 재인용.
132) 권성수, 136.
133) 위책, 136.
134) 권태경, 55-56.
135) 권성수, 137.
136) 권태경, 75.
137) 권성수, 138.
138) 권태경, 94-95.
139) 위 책, 99.
140) cafe.daum.net/ReformedAgit 참조.
141) 권성수, 139.
142) 위 책, 140-141.
143) cafe.daum.net/ReformedAgit.
144) 위의 인터넷 글 참조.

145) http://cafe232.daum.net/_c21_/bbs참조.

146) 권성수, 145.

147) 권성수, 145 참조.

148) 위 책, 145-146.

149) http://kcm.kr/dic_view.php?nid=38516.

150) 윌리엄 클라인, 크레그 블롬버그, 로버트 하버드 공저, 『성경해석학 총론』, 류호영 역 (서울: 생명의 말씀사, 2009), 115.

151) http://blog.daum.net/dw7055/11277725.

152) 위 인터넷의 글 참조.

153) 클라인, 블롬버그, 하버드, 116.

154) M. Dibelius, *From Tradition to Gospel* (New York: Charles Scribner' s Sons, 1965), 참조바람.

155) 클라인, 블롬버그, 하버드, 116.

156) 권성수, 315-16.

157) 위 책, 341 참조.

158) 장성민, "다원주의 시대의 기독교윤리 방향," 『개혁논총』(2009) 제12권, 153.

159) 위 글. 153-154.

160) J. Harbermas, "Modernity versus Postmodernity," in *New German Critique*, no. 22(1981), 9-19.

161) 장성민, 154.

162) http://blog.daum.net/printView.html?articlePrint_8400397. 케빈 벤후저 지음, 『이 텍스트에 의미가 있는가?』, 김재영 옮김 (서울: 한국기독학생회출판부, 2003), 727-747 참조.

163) 위 인터넷의 신국원 교수의 글 참조.

제3부 성경의 올바른 이해를 위한 접근방법 모색

일반적으로 '성경비평'은 '하나님의 말씀'을 난도질하여 성경의 권위와 영감성을 부정할 뿐 아니라 추락시킨다고 단정하는 경우가 많다. 이렇게 성경비평을 부정적으로 받아들이는 사람들은 성경을 비평학적으로 접근해서 연구하는 것이 성경의 의미나 교훈을 끌어내는 방법으로서는 적합하지가 않다고 생각한다. 이것은 '성경비평'이라는 말이 그들에게 생소하기 때문일 뿐만 아니라, '비평'이란 으레 어떤 대상을 부당하게 평가하거나 흠잡는 행위로만 이해하기 때문이다. 그래서 성경을 비평한다고 말하면 거부반응을 보인다. 그러나 성경비평은 의식적으로 성경의 오류를 찾아내서 그 가치와 권위를 추락시키는 작업이 아니다. 오히려 그것은 성경에 대한 올바른 이해를 위하여 성경에 더욱 심도 있게 접근해서 보완할 것은 보완하여 텍스트 본래적인 의미를 좀 더 깊게 찾아내려고 탐구하는 작업이라 할 수 있다. 만일 헐뜯고 깎아내리는 일만을 일삼는 비평이 있다면, 그것은 참다운 비평이라 할 수 없고 사이비 비평으로 지탄을 받아 마땅할 것이다.

성경에 접근하는 방법에는 여러 가지가 있는데, 여기서 먼저 말해두고 싶은 것은 다름 아니라 어떤 비평적 접근방법이든 단점과 장점을 다 가지고 있다는 것이다. 그러므로 모든 비평학적 성경해석의 기본과제를 수행하려는 해석자나 성경을 올바로 읽어내려는 진리 탐구자는 그 기본과제를 수행함에 있어서 우선 성실하게 임해야 하고 만족스러울 만큼 하나님의 뜻에 순복하는 자세로 진지해져야 하고, 자기의 구미에 맞는 한 방법만을 고집하거나 적용하려 하지 말고 성경해석의 단점과 부족한 점을 충분히 상호 보완할 수 있는 통합적 방법을 모색하여야 한다. 좀 더 자세하게 말하자면, 이런 일을 수행하려는 사람은 성경본문의 의미를 성경 자체의 배경 안에서 찾아내는 통시적인 연구 방법과 그 의미를 현대적 배경 안에서 표현하는 타당한 방식을 결정하는 공시적인 연구 방법을 융합해서 신학적 의미를 찾아내는 일을 충실하게 수행하여야 한다는 말이다. 또한 성경해석자들은 성경 그 자체가 갖고 있는 의미와 현대의 문화적 사고 사이에 벌어져 있는 간격을 통시적인 연구 방법과 공시적인 연구방법 등을 최대한 이용하여 보완하고 충실하고 밀도 있게 채워 넣어야 하고 성경 자체의 본래적인 의미를 발굴해내야 한다. 이런 의미에서 성경해석이란 모든 접근방법을 다 이용하고 적용해서 연구하는 총체적인 신학적 작업이라 할 수 있다. 이런 전제 아래서 성경해석학의 본래적 과제를 충실하게 탐구해 보겠다.

제1장 통시적 접근방법

성경을 올바로 읽고 이해하기 위해 접근하는 방법 중에는 앞에서도 말한 바와 같이 여러 가지가 있을 수 있는데, 그것을 크게 두 가지로 구분하면 통시적인 연구방법과 공시적인 연구방법으로 분류된다. 본문비평, 문서비평이나 양식비평, 전승사비평 같은 방법 등을 포함한 역사비평은 통시적인 연구 방법이라 할 수 있다. 이 종래의 역사비평은 성경을 역사적 산물로 보고, 역사를 꿰뚫어 과거에서 현재에까지 이르는 과정을 세분하여 분석하며 검토하고 해석하는 방법이다.

이런 방법의 특색은 그 초점이 역사적이라는 데 있다. 이 역사적 접근방법의 성격은 한 마디로 말한다면 '통시적'(通時的, dichronic)이라는 것이다. 즉 본문은 시간의 흐름 위에서 일어난 것이기 때문에 본문이 있기 전 앞의 일과 뒤의 일을 관련시켜서만 이해가 가능하다고 본다. 역사적 성경 접근방법은 '저자가 무엇을 의미하는가?'에 관한 연구로는 높이 살만하지만, '본문이 무엇을 의미하는가?'라는 문제에 대한 연구로는 큰 성과를 거두질 못했다. 오늘날의 성경해석학의 과제는 역사적 연구의 유산을 이어받으면서 그 한계를 극복하는 것이다.[164] 신학적인 접근방법은 공시적인 접근방법보다는 역시 통시적인 접근방법에 더 가깝기 때문에 이 장에 포함시켜서 먼저 살펴보겠다.

1. 신학적 접근방법

전통적인 통시적 접근방법 중의 가장 오래 된 것이 신학비평[165] (theological criticism)이다. 이 방법은 성경 속에 들어 있는 어떤 신학적인 주제나 종교적인 교리를 논리적으로 연구해 보는 것이다. 다시 말하면 하나님은 어떤 분이시며 그분의 창조와 섭리 및 예정과 구원, 창조된 인간의 모습과 인간의 타락 및 죄 등과 같은 신학적인 문제들을 살펴보는 것이 신학적인 연구의 근본적인 과제가 된다. 이와 같은 접근법은 중세기까지 거의 교회가 독점적으로 사용한 방법이었다.

이 신학적 접근은 성경의 오묘한 내용을 독자들에게 밝히는데 많은 공헌을 하였다. 신학적 접근을 통하여 우리는 하나님이 인간을 위하여 무엇을 하셨고 인간은 그에 대해 어떻게 반응하였는가를 알게 된다. 그러나 성경의 메시지를 하나님의 역사와 인간의 반응이라고 하는 교리의 틀 속에서만 읽으려고 하다 보니 자연히 순환주의의 한계를 벗어날 수가 없다. 가령 예를 들어, 「사사기」의 기사를 흔히 배교(하나님의 목전에서의 악을 행함)와 징계(노예생활), 간구(부르짖음)와 구원이라고 하는 '순환적 패턴' (cyclical pattern)으로 보는데 익숙한 나머지, 모든 사사들의 행위를 또 다른 하나의 순환적 패턴으로 보게 되는 것이다. 그러나 「사사기」에는 다양한 인물들이 등장하고 또한 그들이 사용하는 무기나 그들이 처한 상황이 매우 다양하다. 루이스(Gross Louis)는 사사들의 공통점이 "풍요로운 다양성"(rich diversity)이라고 지적하면서 "사사기는 경이로움, 등장인물과 상황의 다양성 그리고 예상의 반전에 기쁨이 있다"[166]고 강조하였다.

소위 말하는 비평학(해석학) 이전의 시대(pre-critical period)라고 칭하는 18세기 이전의 시대라면 몰라도, 비평학의 전성기라고 할 수 있는 현대에 우리가 해석의 순환주의에 머물러 있거나 교리의 감옥에 갇혀서 한 치도 앞으로 나아갈 수 없다면 더 이상 하나님의 구원 사역은 재해석이 불가능해지므로 그 빛을 잃고 말 것이다. 그러면 성경 해석학은 존재할 필요가 없어진다. 우리는 이런 한계점을 극복하고 신학적 해석을 확충하기 위해서 새로운 시도를 해야 할 것이다.

「사사기」 13-16장에 나오는 "삼손의 이야기"를 신학적으로 접근해서 그 의미를 파악해 보겠다. 삼손의 이야기는 오랫동안 소설가, 음악가, 미술가, 그리고 영화 제작자들의 재미있는 소재거리였다. 삼손을 소재로 한 소설이나 희곡으로는, 밀턴의 『투사 삼손』, 니콜라예비치(L. Nikolaevich)의 『사슬에 매인 삼손』, 페릭스살텐의 『삼손과 드릴라』 등이 있다. 미술로서는 렘브란트의 『삼손의 결혼』과 『장인을 위협하는 삼손』이 있고, 루커스 카르낙과 루벤스 등이 삼손을 주인공으로 한 그림을 남겼다. 음악가로는 헨델, 루빈 골드마크, 니콜라스 나보코프가 삼손을 주제로 한 곡을 썼다. 그 외에도 삼손은 영화, 연극, 뮤지컬, 발레 등 모든 예술 분야의 관심이 되어오고 있다.

삼손은 이만큼 잘 알려진 인물임에도 불구하고 삼손이 가지고 있는 신학적, 복음적 의미를 알고 있는 사람은 많지 못하다. 삼손을 신학적으로 제대로 해석해 놓은 책도 많지가 않다. 「사사기」 기자는 삼손 한 사람의 이야기를 다루기 위해 넉 장을 할애하였다. 그만큼 산손을 중요한 인물로 보았기 때문일 것이다. 다시 말씀드리면, 삼손의 사건을 통하여 하고 싶은 얘기, 보여줄 메시지가 많았기 때문이라는 뜻이다.

삼손은 포도도 먹지 말고, 시체 등 부정한 것도 만지지 말며, 머리도 깎지 말아야 하는데, 그것을 모조리 어기다가 망한 불한당 같은 호색한이라는 얘기를 하기 위해 「사사기」 기자가 무려 성경 넉 장을 할애 했을 리 만무하다. 분명 삼손은 끊임없이 실패의 삶을 반복하며, 하나님의 기대와 계획을 생각하지 않고 천방지축 제멋대로 살았던 인물이다. 우리가「사사기」를 공부할 때 인간의 영웅적인 기질을 보지 말고 하나님을 바라보는 것이 가장 적절한 방법이라 할 수 있다. 마찬가지로 인간의 실수와 실패에만 집중하지 말고 그 배후에서 역사하시는 하나님을 바라보아야 한다. 반복되는 실수와 실패에도 불구하고 기다려 주시고 인내하시며 언젠가는 승리하고 일어설 것을 믿어 주시고 바라봐 주시는 하나님의 사랑을 볼 수 있어야 한다.

그러므로 사사기의 진정한 주인공은 하나님이시다. 삼손과 드보라를 이끌어 가며 연출해가는 역사의 주인공은 하나님이시다. 삼손의 이야기는 힘 센 영웅의 실패담이 아니라 가장 큰 자가 쓰러질 때 넘어지는 소리도 크지만 그를 다시 일으켜 세우시는 하나님의 사랑도 얼마나 큰 것인가를 성경은 보여 주고 있다. 그래서 끝까지 인내하고 사사기를 읽는 독자들에게 마지막 죽음으로 원수의 신전을 무너뜨리고 그를 무찌르기 시작하는 삼손의 마지막 소명 수행을 보여준다.

이와 같은 구약적인 믿음의 영웅들을 열거하고 있는 『신약』의 책이 「히브리서」 11장이다. 거기 믿음의 전당에 오른 영웅들의 이름이 나오는데 당당히 삼손이 사무엘, 다윗, 기드온 등과 함께 어깨를 나란히 하고 그 반열에 올라 있다. 삼손은 나약한 한 인간이지만 그를 통하여 하나님께서는 스스로 역사하시는 것을 볼 수 있게 하시므로, 그는 하나님의 묵시적인 승리의 표상이 되었다.

이스라엘 백성이 여호와의 목전에서 악을 행하여 다른 이방 나라의 침범과 기나긴 동안의 압제와 폭압 아래 있을 때, 하나님께서는 삼손을 세워 이스라엘을 구원해 주시는 것으로 안식을 잃어버린 안식의 땅, 약속을 잃어버린 약속의 땅을 보여주신다. '마노아' 라는 이름의 뜻은 '안식 또는 휴식' 이다. 그럼에도 불구하고 전혀 안식 없는 안식의 땅인 '소라' 라는 곳에 '단' 지파의 가족 중 마노아라는 사람이 살고 있었는데, 그의 가정은 불임의 저주를 받은 상태였다. 이 사실은 곧 이스라엘이 하나님의 저주로 생명의 생산능력을 잃어버리고 희망이 없는 삶을 살고 있었다는 것을 시사해 준다.

그런 가정에 주의 사자가 나타나 "이제 임신하여 아들을 낳으리니라"(삿 13:3)는 수태고지를 하였다. 이것은 하나님의 강력한 간섭으로 이스라엘 땅에 기적의 역사가 시작되었음을 예고해 준 것이라 할 수 있다. 성경에서 수태고지, 즉 임신을 미리 알려주는 사건은 그렇게 흔한 일도, 간단한 사건도 아니다. 수태고지는 하나님의 백성이 영적으로 최악의 상태에 빠져 있을 때 하나님의 강권적인 간섭을 나타내는 사건으로 이해될 수가 있다. 수태고지는 불임의 여성에게 나타나는 하나님의 위로와 축복이다. 수태고지는 100% 하나님의 능력으로 너희를 구원한다는 선언으로 받아들여질 수 있다. 세례 요한의 어머니 엘리사벳이나 예수님의 육신의 어머니 마리아처럼 불임의 저주를 받은 이름도 알지 못하는 마노아의 아내가 임신하여 아들을 갖게 되리라는 수태고지를 받은 것이다. 이처럼 삼손은 성경적으로 볼 때 몇 안 되는 수태고지와 함께 이 땅에 태어난다. 또 주의 사자가 한 예고 가운데는 태어나는 아이가 하나님께 바쳐진 '나실인' 이 되리라는 말씀도 들어 있었다. '나실인' 이란 하나님이 특별히 쓰기 위해 '구별한 사람' 이란 뜻이다. 성경적으로 '나실인' 에겐 평생 지켜야 할 규정이 있었다. 나실인이란 온전히 하나님께 붙들려, 하나님의 다스림을 받도록 태어난 존재이기 때문에 앞에서 이미 언급한 것처럼 술을 가까이 해서도 안 되고 죽은 시체나 부정한 것을 가까이 할 수도 없으며, 머리도 깎지 못하도록 되어 있다. 삼손은 하나님께 붙잡혀 살아가는 '나실인' 으로 구별된 존재였다. 그러나 삼손은 단독적으로는 아무것도 할 수 없었다. 이스라엘이 하나님의 은혜로 평온한 나날을 보내다가 하나님을 잊어버리고 악을 행하는 것처럼, 삼손도 그 타령이었다. 삼손이 '나실인' 이었지만 범죄하고 이방인의 손에 묶여지고 하나님께 부르짖을 때 하나님께서는 그의 기도를 들으시고 실로 놀라운 비밀스러운 일을 미리 보여주신 대로 이루신다.

삼손이 수태고지를 받고 태어나기 전 불임의 가정에 찾아온 여호와의 사자에게 삼손의 아버지 마노아는 감격하여 염소새끼를 잡아 대접하겠다고 말하였다. 그때 여호와의 사자는 내가 그 음식을 먹지 아니하리라고 말하고 나서, 정히 번제 후 드리려면 오직 여호와께 드려야 할 것이라고 가르쳐 준다. 마노아가 염소 새끼와 소를 제물로 드렸더니 불꽃이 반석 제단에서 나와 제물을 사르고 여호와의 사자가 그 불꽃에 휩싸여 하늘로 올라가는 신비한 이적을 체험하였다. 이 과정에서 삼손의 아버지 마노아가 여호와의 사자에게 "당신의 이름이 무엇입니까?"(삿 13:17) 라고 물었다. '당신의 정체가 무엇이며, 무슨 일을 행하시려고 나를 찾아 오셨습니까?' 라는 질문이었다. 이때 여호와의 사자가 "내 이름은 기묘자"

(삿 13:18)라고 하였다. '기묘자' 란 히브리어로 '펠리' (phely)라 하는데, 공동번역에서는 '비밀' (secret)로 번역되어 있고, 영어 성경에는 '놀라운' (wonderful), '비밀스러운' (secret) 혹은 '이해할 수 없는' (beyond understanding)이라는 말로 번역되었으며, 우리말 개역성경에는 '기묘자' 라고 번역되어 있다. 도무지 이해할 수 없는 비밀스럽고 기묘한 역사가 삼손을 통해 이루어질 것이라는 사실을 그 이름을 통하여 예고해 주신 것이라 할 수 있다. 여기서 '기묘' 란 강력한 '능력의 신비' 라기보다는 강력한 하나님의 사랑, '은혜의 신비' 를 말한다. 버려야 할 백성들을 포기하지 않으시고 왜 그토록 끝까지 사랑하시는지 그것이 하나님 사랑의 비밀이요 기묘한 일이라는 것이다.

하나님의 그 엄청난 영이 범죄하고 타락한 삼손에게 임하여 함께 하시고 기어이 하나님의 계획과 삼손의 사명을 완수케 하시는데, 그것이 하나님의 섭리의 비밀이요 기묘다. "삼손의 이야기"는 힘센 영웅의 이야기도 약점과 실수로 쓰러진 한 사사의 이야기도 아니다. 그렇게도 허물 많고 실패를 반복하는 삼손이지만 그의 곁에서 그의 손을 잡고 동행해 주시고 기다리며 인내하시다 기어이 그가 성공하도록 도와주시는 하나님의 놀랍고 비밀스러운 은혜의 이야기다. "삼손의 이야기"는 이렇게 신학적으로 접근해 볼 때 매우 신비스럽고 기묘한 의미를 갖고 있음을 알 수 있다. 그래서 신학적인 접근이 필요한 것이다. 심도 있는 신학적인 해석은 하나님, 인간 자신, 그리고 이 세상 모든 존재의 신비에 대한 보다 적합한 이해와 미묘한 여호와 하나님의 섭리와 행하시는 길과 일을 파악하는 좋은 출발점이 될 것이다.

2. 모형적 접근방법

역사는 하나님의 주권적인 섭리 아래에 있고, 그 역사의 시작과 진행 및 종말도 모두 그분의 계획 아래서 작정되고 진행되고 있다는데, 『구약』과 『신약』이 상호 대응될 수 있는 개념적 근거가 있다. 『구약』에 나타나 있는 인물, 제도, 직분, 사건, 행위, 사물 등이 『신약』에서 상응되는 인물, 제도, 직분, 사건, 행위, 사물 등속에서 성취되는 구속사적인 사건을 모형론(模型論, Typology)이라 한다. 따라서 『신약』의 성취는 다분히 『구약』의 종말론적인 성취이면서 아직 완성되지 않은 미래 사건에 대한 예표가 되는 것이다.

'모형' 이라는 말은 헬라어 '튀포스' 에서 유래되었다. '튀포스' 란 말은 『신약』에서 16번 나타나는데, '못 자국' (요 20:25), '형상' (행 7:43), '표상' (롬 5:14), '모형' (히 8:5), '양식' (행 7:44), '본' (롬 6:17; 빌 3:17; 살전 1:7; 살후 3:9; 딤전 4:12; 딛 2:7; 벧전 5:3), '본보기' (거울 고전 10:6) 등으로 번역되었다. 용어 정의에 나타나 있듯이 모형은 원형의 그림자 역할을 하게 되는 것이다. 그리고 이 모형은 다음과 같은 세 가지 특성을 지니고 있다고 테리(M. S. Terry)는 말하였다.[167)]

첫째, 모형과 원형 사이에는 현저한 유사성이 있어야 한다는 것이다. 예를 들면, 사도 바울이 '아담' 을 '오실 자의 표상' (롬 5:14-19)이라고 하였을 때, 이 언표는 그 양자 사이에 일치되는 유사성이 있을 때에만 가능하다는 것이다. 그러면 아담과 그리스도 사이에는 어떤 유사성이 있을까? 그것은 아담과 예수가 공히 하나님의 형상을 지녔다는 것에서 찾을 수 있다. 그러므로 아담은 오실 그리스도의 모형이 될 수 있다.

둘째, 모형이 원형을 드러내기 위해서는 하나님에 의한 지지 표명과 증거가 있어야만 한다는 것이다. 예를 들면, 놋 뱀(민 21: 4-9)이 예수 그리스도의 모형임을 주장하기 위해서는 성경의 지지가 동반되어야 하는데, 그것이 『신약성경』「요한복음」 3장 14-15절이다. “모세가 광야에서 뱀을 든 것 같이 인자도 들려야 하리니 이는 그를 믿는 자마다 영생을 얻게 하려 하심이니라”라는 말씀이 그 증거가 되는 것이다. 그러므로 광야의 놋 뱀은 그리스도의 모형이 될 수 있다.

셋째, 모형은 미래의 어떤 것을 미리 상정하는 것이어야 한다. 즉, 『신약』에 있어서 실체는 『구약』에서보다 훨씬 더 분명하게 실현된 진리로 나타나야 한다는 것이다. 그러므로 『신약』의 실체는 『구약』의 모형을 시원 시키는 실형(實形)이 된다.

신성종 박사는 『모형론적 성경해석』이라는 책에서 모형론적인 해석을 할 때 해석자가 유의하여야 할 점에 대해서 세 가지 점을 말하였다. 첫째, 모형은 『구약』의 성도를 위하여 주신 영적인 그림자이다. 둘째, 모형은 『구약』에 있고 원형은 『신약』에 있다. 셋째, 모형은 『신약』에 있는 영적 실체를 보여주는 그림자다.[168]

이 시점에서 모형과 원형과의 관계를 생각해 보는 것이 좋겠다. 모형과 실체는 『구약』과 『신약』과의 관계를 정립해주는 해석법이 된다. 따라서 ‘『구약』은 『신약』에 열려져 있고 『신약』은 『구약』에 감추어져 있다’ 고 할 수 있다. 『구약』은 곧 모형, 『신약』은 곧 실체라는 등식에 입각하여 설명하면, 모형이자 그림자인 『구약』은 원형이자 실체인 『신약』에 열려져 있고, 원형이자 실체인 『신약』은 모형이자 그림자인 『구약』에 감추어져 있다는 것이다.

대체적으로 『구약』은 모형이요 그림자이며, 『신약』은 원형이요 실체라는 사실은 「히브리서」 기자의 고백, 곧 “율법은 장차 오는 좋은 일의 그림자요 참 형상이 아니므로 해마다 늘 드리는 바 같은 제사로는 나아오는 자들을 언제든지 온전케 할 수 없느니라”(히 10:1)는 말씀 속에 극명하게 표명되어 있다.

루이스 벌콥(L. Berkhof)은 『성경해석학』에서 구약의 모형과 『신약』의 실체적 관계에 대하여 “모형이 가리워진 형태로 진리를 드러낸 것이 『구약성경』이라면, 『신약성경』은 그 그림자 같은 내용을 들춰 내서 밝히 보여주고 그 진리가 선명하게 드러나도록 만들었다" [169]고 하였으며, 또 모형과 원형 사이에 본질적인 차이에 대해서는 "모형이 좀 더 낮은 상태에서 진리를 드러낸다면 원형은 좀 더 높은 상태에서 같은 진리를 드러낸다. 모형에서 원형으로 나아가는 것은 세속적인 것이 지배하는 곳에서 순수하게 영적인 것으로 올라가는 것을 의미하고, 외적인 것에서 내적인 것으로, 현재에서 미래로, 지상에서 천국으로 올라가는 것을 의미한다" [170]고 하였다.

모형과 원형의 관계는 동일한 진리를 드러낸다는 점에서는 일치되나, 그 해석상 원형의 의미를 해석하는 것이 모형의 의미를 해석하는 것보다 한 단계 높은 차원이라는 점에서는 다르다. 즉, 『구약』의 모형론은 원형을 찾는 작업이므로, 그것이 가르치는 진리를 바르게 볼 수가 없으나 『신약』의 원형을 해석할 때에는 그 실체를 확연히 발견할 수가 있다. 그러므로 『구약』은 모형으로서 그림자라면 『신약』은 원형으로서 실체다. 따라서 모형론적인 해석은 원형을 찾는 작업이 전제된다.[171]

모형론은 기계적인 해석법 중의 하나가 아니라 하나님은 『구약』에서 약속하신 것을 신약에서 반드시 이루시기 때문에 구약과 신약은 서로 대응될 수밖에 없다는 관점으로 보는 매우 포괄적이면서도, 하나님의 절대주권과 그분의 신실하심에 근거한 거시적인 구속사적 안목이라 할 수 있다. 모형론적 해석 방법의 일반적인 원리는 "『구약』 속에 『신약』이 숨겨져 있고, 『신약』 속에서 『구약』이 드러난다" [172]는 것이다. 즉 『구약』에서 일어나는 모든 것 또는 『구약』의 인물과 장소 및 사물이 『신약』 속에서 일어나는 모든 것과 인물과 장소 및 사물의 예형(豫型, type)이거나 그림자(adumbration)가 된다. 이를테면 「베드로전서」 3장 21절에 나오는 기독교의 세례는 노아의 홍수로부터 인류를 구원해 낸 사건의 예표(豫表, antitype)라는 것이다. 성경에서 구원의 역사를 통한 하나님의 사역 가운데 가장 두드러지게 나타나는 것이 모형이다. 그러므로 모형의 올바른 해석은 진리의 말씀을 확연하게 드러내는 놀라운 효과를 지니게 된다.

성경해석에서 가장 중요한 두 기둥은 상징과 모형일 것이다. 상징이 표징인 반면에 모형은 그 외의 다른 어떤 것의 모양(pattern)이거나 형상(image)이다. 상징은 과거, 현재, 미래에 있어서 어떤 것에 관련된 것이고 모형은 언제나 미래적인 어떤 실체를 예시하여 준다. 모형은 시간적으로 전후가 분명하나 상징은 그렇지 않다. 모형은 역사적으로 항상 원형을 앞서나, 상징은 앞서기도 하고 동시에 나타나기도 하며, 상징의 원형 뒤에 나타나기도 한다. 상징은 도덕적 진리를 가르치고 모형은 도덕적 진리를 가르칠 뿐 아니라 그 진리가 어느 정도 구체적으로 구현된 것을 예언하는 것이다.[173)]

상징은 그것이 지칭하고 있는 내용에 대한 표시라면 모형은 원형과 일치점을 보이고 있다. 상징은 무시간적인 개념이지만 모형은 시간적인 개념을 가지고 원형보다 반드시 앞서는 것이다. 예를 들면. 예수 그리스도를 상징하는 '사자' (lion)는 시간적인 개념에 관계없이 적용되지만, 광야에서 장대 끝에 매단 '놋 뱀' 은 장차 예수 그리스도께서 십자가에 매달리실 것을 예표하기 때문에 모형은 원형보다 앞서 오는 것이 필수적이다. 성경에 있어서 모형은 대체적으로 인물, 제도, 직분, 사건, 행위, 사물 등의 여섯 가지로 나타난다.

모형적인 의미로 '유월절' 을 볼 때 '유월절' 이라는 제도가 모형이 되며, 예수 그리스도로 말미암아 이루어질 구속역사를 예표 하는 것이 된다. 「출애굽기」 12장 2-7절에, "이 달을 너희에게 달의 시작 곧 해의 첫 달이 되게 하고 너희는 이스라엘 온 회중에게 말하여 이르라 이 달 열흘에 너희 각자가 어린 양을 잡을지니 각 가족대로 그 식구를 위하여 어린 양을 취하되 그 어린 양에 대하여 식구가 너무 적으면 그 집의 이웃과 함께 사람 수를 따라서 하나를 잡고 각 사람이 먹을 수 있는 분량에 따라서 너희 어린 양을 계산할 것이며 너희 어린 양은 흠 없고 일 년 된 수컷으로 하되 양이나 염소 중에서 취하고 이 달 열나흘 날까지 간직하였다가 해 질 때에 이스라엘 회중이 그 양을 잡고 그 피를 양을 먹을 집 좌우 문설주와 인방에 바르고" 라는 말씀이 있다.

어린 양을 바치는 제도를 통하여 예수 그리스도의 구속사적인 사역을 예표하고 있다. '어린 양' 은 세상 죄를 지고 가시는 하나님의 어린 양(요 1:29)이신 예수 그리스도를 예표 하는 모형이다. 유월절의 희생제물인 어린 양은 반드시 초태생(初胎生) 으로 드려야 하는데, 그것은 예수 그리스도로 말미암아 맏아들이 되게 하심을 예표 하는 것이다. 맏아들은 상속권을 받는 자요, 축복권을 받는 자인데, 이는 예수 그리스도를 통하여 하늘의 상속권과 축복권을 소유하게 될 것을 예표한다. 그리고 희생제물이 되는 어린 양은 흠 없고 티 없는 것이어야 한다. 즉 몸에 상처나 털에 흠이 있으면 제물로 드릴 수 없다. 이는 바로 죄가 없으신 예수 그리스도를 예표하는 것이다. 또한 유월절의 희생제물인 어린 양은 암컷으로 드릴 수가 없고 수컷으로 반드시 드려야 하는데, 이는 상속권이 남자에게 있음을 예표하여 예수 그리스도로 말미암아 맏아들을 삼으실 것을 예표한다.

유월절의 희생제물인 어린 양은 4일 동안 집에 간직하였다가 잡았는데, 이는 예수께서 예루살렘 입성 4일 후에 잡히사 십자가에 달리실 것을 모형적으로 예표하고 있다. 1월 14일에 어린 양을 잡은 것은 1월 13일에 빌라도의 심문을 받고(요 19:14, 16) 십자가에 못 박도록 넘겨지고 14일에 처형된 것을 모형적으로 예표 하는 것이다. 그리고 유월절 희생제물인 어린 양은 해질 때(오후 3시경)에 잡았는데, 그것은 예수 그리스도께서 십자가에 달려 운명하실 시간 곧 오후 3시 경(눅 23:44-46)을 모형적으로 보여주고 있다. 문 인방과 좌우 설주에 양의 피를 바른 후에 죽음의 사자가 지나가고 이스라엘 백성들이 해방되어 약속의 땅을 향하게 된 것은 그리스도께서 십자가에서 옆구리를 찔려 피 흘리심으로 말미암아 믿는 자는 구원을 받아 천국을 향한 구원의 여정이 시작되었음을 모형적으로 보여주는 것이다.

「룻기」를 모형론적인 해석 방법으로 풀이해 보겠다. 사사들이 이스라엘을 다스리던 때 베들레헴 마을에 엘리멜렉(Elimelech)이라는 사람과 그의 아내 나오미(Naomi)가 살고 있었다. 그들에게는 마흘론(Mahlon)과 길룐(Chilion)이라는 두 아들이 있었다. 엘리멜렉 일가는 유복하게 살았었으나 베들레헴 일대가 기근으로 시달리게 되었을 때 재산을 모두 잃게 되었다. 그리하여 그들은 고향을 떠나 모압(Moab) 땅으로 이사를 갔다.

모압 땅에서 그들은 열심히 일하며 행복하게 살았다. 그러나 얼마 지나지 않아 돌연 엘리멜렉이 젊은 나이에 죽었다. 그 뒤 두 아들은 모압 여자를 아내로 맞이하였는데, 그 하나는 오르바(Orpah)요, 다른 하나는 룻(Ruth)이었다. 오르바와 룻은 남편과 함께 10 년가량 열심히 살았으나 불행하게도 그녀들의 남편도 죽고 말았다.

그 무렵 유다 땅에는 다시 풍년이 들었다. 그 소식을 전해들은 나오미는 말도 잘 통하지 않는 이방 땅에서 사느니보다 고향으로 가서 사는 편이 낫겠다고 생각했다. 그러나 며느리들은 어떻게 해야 한단 말인가? 나오미는 며느리들을 진정으로 사랑했으나 모압 여자들을 무리하게 베들레헴으로 데리고 갈 마음은 없었다. 그래서 나오미는 두 며느리를 불러놓고 이렇게 말했다.

'너희는 각기 너희 어머니의 집으로 돌아가거라. 너희들과 헤어지는 것은 가슴 아픈 일이지만 너희들을 베들레헴으로 데리고 갈 수도 없는 노릇이니 이 곳에서 새 남편을 맞아 보금자리를 꾸미도록 하거라.' 그러자 기룐의 아내 오르바는 정든 고향을 떠나기 싫어 모압에 남기로 하여 떠나갔고, 마홀론의 아내 룻은 어디든지 시머어니를 따라 가겠다고 나섰다(룻 1:16-17). 룻은 시어미니 나오미를 모시고 베들레헴을 향하여 길을 떠났다. 그들은 긴 여행 끝에 보리갈이를 할 봄철에 베들레헴으로 돌아왔다.

룻은 생계를 이어가기 위해 밭에 나가 추수하는 일꾼들 틈에 섞여서 매일 이삭을 주웠는데, 공교롭게도 그 밭은 엘레멜렉의 친척뻘이 되는 보아스(Boaz)의 것이었다. 어느 날 보아스는 밭에서 일하는 룻을 보고 한 머슴에게 물었다. "저 젊은 여자는 뉘 댁인가?" "저 색시는 룻이라고 하는데 나오미의 며느리로서 미망인입니다."

보아스는 룻을 몹시 측은하고 귀엽게 여겨 룻에게 말하였다. "추수하고 있는 밭에서 한눈팔지 말고 아낙네들의 뒤를 따르며 이삭을 주워라. 머슴들이 너를 괴롭히지 못하도록 일러두겠다."

식사 때가 되자 보아스는 룻을 불러 함께 식사를 하자고 권했다. 추수하는 일꾼들 옆에 앉은 룻에게 보아스는 밀청대를 듬뿍 주었다. 룻은 배불리 먹고 남은 음식을 가지고 마을로 돌아왔다. 그날따라 룻이 주운 이삭은 보통 때 주운 1주일 분보다도 많았다. 그것은 보아스가 머슴들에게 명령하여 보릿단에서 이삭을 떼 내어 흘려주도록 했기 때문이었다.

룻은 이런 사실을 나오미에게 말했다. 나오미는 보아스가 룻에게 호감을 가지고 있음을 대단히 기뻐했다. 그래서 나오미는 보아스가 시키는 대로하라고 룻에게 일러 주었다. 룻은 보아스의 따뜻한 배려 밑에서 추수가 끝날 때까지 보아스 집안의 아낙네들과 어울려 다니며 이삭을 주워 시어니를 모시며 살았다.

보리 추수가 끝날 무렵 나오미는 룻에게 말했다. "아가, 이젠 너도 살 곳을 찾아서 새로운 살림을 차려야지. 내가 그것을 마련해 주마. 보아스는 너도 잘 알다시피 우리와는 친척이 아니냐? 오늘 밤 보아스는 타작마당에서 보리를 까부를 것이다. 그러니 너는 목욕을 하고 향수를 바른 다음 장옷을 입고 그 댁 타작마당에 내려가 보아라. 저녁 식사를 마치기까지는 눈치 채이지 않도록 하여라. 보아스가 잠자리에 들거든 그의 발치에 누워 있거라. 그 분이 잠에서 깨면 네가 할 일을 일러 줄 것이다"(3:1-4).

룻은 어머니가 이른 대로 타작마당에 숨어 있었다. 보아스는 실컷 먹고 마시고 나서 보리가리 옆에서 잠이 들었다. 나오미가 이른 대로 룻은 살며시 나와 보아스의 발치에 누웠다. 한밤중에 보아스는 한기를 느껴 잠에서 깨어 보니 웬 여자가 발치에 누워 있었다. "너는 웬 여자냐?" "당신의 여종 룻입니다"(3:9).

"하나님이 너를 축복해 주시기를 바란다. 너는, 젊은 사내든, 부자든, 가난뱅이든, 거들떠보지도 않았다. 그리고 시어머니와 같이 살면서 죽은 남편에게도 충실했다. 베들레헴의 사람들은 모두 네가 굳센 여자라는 것을 알고 있다. 오늘밤은 여기서 자거라. 내일 아침에 너의 장래에 대한 것을 마련해 주겠다"(3:10-13).

룻이 보아스의 발치에서 하루 밤을 보내고 아침에 일어나자 보아스는 말했다. "장옷을 가져와 펴도록 해라." 룻이 장옷을 가져오자 보아스는 보리 여섯 됫박을 퍼 담아 주었다. 룻은 그것을 가지고 나오미한 테로 돌아갔다. 나오미는 룻의 모든 이야기를 듣고 말했다. "조용히 기다려 보자. 오늘 안으로 결말이 날 것이다"(3:18).

그 날 보아스는 나오미와 가장 가까운 친척을 만나 마을 장로들이 모인 자리에서 이렇게 말했다. "우리의 동기 엘리멜렉의 소유지가 있지 않소? 그런데 나오미는 그 땅의 권리를 팔려고 내놓았소. 그 땅은 우리들의 가족의 것으로 만들기 위해서 당신이 사는 것이 어떻겠소? 만일 사기 싫다면 말하시오. 그러면 내가 사겠소. 만일 당신이 그 땅을 산다면 모압 여자 룻도 떠맡아야 하오"(4:1-6).

그러자 그 친척은, "그랬다가는 내 재산만 손해를 보게 되겠군. 그럴 수는 없소"하면서 땅을 사는 권리를 포기했다. 보아스는 그 자리에 모인 사람들을 둘러보며, "내가 오늘 그 땅을 모두 사겠소. 당신들은 이 일의 증인입니다. 그리고 룻도 유산과 함께 아내로 사겠습니다. 당신들은 이 일의 증인입니다"(4:9)라고 말했다. 그러자 모든 사람들은, "우리가 증인이 되어 드리지요. 하나님이 당신 집안을 축복할 것이며 베들레헴에서 권세와 이름을 떨치게 할 것입니다"(4:11)라고 찬동했다. 이렇게 보아스는 합리적으로 룻과 결혼할 수가 있었다. 룻은 보아스의 아내가 되어 아들을 낳아 그 이름을 오벳이라 했다. 이 오벳의 아들이 이새이고 이새의 아들이 다윗인데, 그의 혈통을 통하여 예수 그리스도가 탄생하게 되는 것이다(4:18-22).

「룻기」를 모형적으로 해석하지 아니하고 내러티브적으로만 해석하면 한낱 나이 지긋한 베들레헴의 유력자인 보아스와 젊은 과부 이방 여인 룻과의 로맨스로만 보게 된다. 그렇게 되면 「룻기」가 꼭 성경에 편입되어야 할 아무런 이유도 없게 된다. 그러나 『룻기』를 모형적으로 해석하면 기독교 구속사의 첫 페이지가 되는 중대한 의미를 갖게 된다.

지금까지는 「룻기」의 플롯을 따라 상세하게 그 내용을 살펴보았다. 이제는 룻의 이야기에 나오는 지명과 인물들과 그 상황이 어떻게 모형 강화를 해 가는 것인지를 고찰해 보겠다. 이 이야기는 사사시대(1:1)를 그 배경으로 하고 있다(주전 1240- 1030). 사사시대는 어떤 시대인가? 한 마디로 타락한(음란하고 패역한) 시대였다. 첫째 우상숭배가 성행했고, 둘째 혼합주의(이스라엘의 참 신앙과 이방 종교의 특색들이 서로 뒤섞여 있는 상태)의 시대요, 셋째 사회적 불의가 말로 할 수 없었고, 넷째 성적으로 부도덕하고 문란한 그런 시대였다. 그리하여 안으로는 흉년이 들고 밖으로는 이방민족이 침입해서 압제하곤 하였다. 사사시대는 이와 같이 역사의 악순환이 계속되는 암흑시대였다. 어둠이 짙어질수록 새벽이 가깝다는 것을 알 수 있듯이 이런 어두운 패역하고 음란한 시대를 배경으로 예수 그리스도가 오시는 것이다. 그러니까 어두운 시대는 예수 그리스도의 오심의 예표적인 징표가 되는 것이다. 이와는 정반대로 베들레헴만은 그런 때에도 경건함이 뛰어난 성읍이었다. 이 경건한 성읍 베들레헴은 죄 없으신 예수께서 우리 인류를 위하여 임마누엘이 되어서 베들레헴에서 태어날 것을 미리 보여주는 지리적인 예표가 된다.

룻 이야기의 무대는 베들레헴과 모압이 된다. 「룻기」는 베들레헴을 떠났다가 다시 돌아오는 구조를 갖는다. 베들레헴이라는 지명은 '떡집' (House of bread)이라는 뜻을 갖고 있다. 이곳은 예루살렘에서 남방으로 약 8킬로미터 떨어진 곳에 있는 고원지대다. 「신명기」 11장 10-12절에 의하면 이 땅은 산과 골짜기가 있어서 하늘에서 내리는 비를 흡수하는 땅이다. 그러므로 하나님이 권고하시면 축복이 임하고 그렇지 않으면 흉년이 드는 그런 곳이다. 「레위기」 26장 18-20절에 의하면 하나님의 말씀에 순종치 아니하면 땅은 그 산물을 내지 아니하고 땅의 나무는 열매를 맺지 아니한다고 하였다. 이는 곧 흉년이 든다는 뜻이다.

베들레헴의 전 이름은 '에브라다' 인데, 이는 '비옥' 이라는 뜻이다(창 35:16, 19). 곧 비옥한 산지와 골짜기로 유명한 곳이 '에브라다' 즉 베들레헴이다. 이곳은 야곱의 사랑하는 아내 라헬이 묻힌 곳이고(창 35:19) 다윗은 이곳에서 사무엘로부터 사울의 후계자로 기름부음을 받았다(삼상 16:1-18). 미가 선지는 이곳에서 메시아가 출생할 것을 예언했고(미가 5:2; 마 2;6), 그 예언대로 「누가복음」 2장 11절에 따르면 메시아는 다윗의 성 베들레헴에서 출생하였다.

베들레헴이 '떡집' 이듯이 예수는 바로 생명의 떡이 되신다. 따라서 베들레헴은 영적으로 하나님의 나라 또는 교회를 표상한다.

그런데 「룻기」 1장 1절에 보면 사사들이 치리 하던 때에 이 땅에 흉년이 들었다.이 흉년의 책임은 누구에게 있는가? 첫째는 예루살렘의 사람들에게 있고(삿 2:16-17), 둘째는 사사들에게 있었다(룻 1:1). 예루살렘의 사람들과 사사들은 첫째 사사들의 말을 청종치 아니한 죄를 지었고, 둘째 우상숭배, 셋째 성적 음란, 넷째 여호와의 명령에 순종치 않는 죄를 지었다(삿 2:16-17). 출애굽 하여 가나안을 점령하고 살면서 여호와의 제사를 멸시하고 남근의 상징인 태양신 바알과 음부의 상징인 여신 아사다롯을 풍년을 들게 하는 농사의 신으로 섬긴 것이다(민 22:41, 삿 2:13, 왕상 16:31-32). 이런 죄로 인하여 하나님은 이스라엘을 징계하셨다. 그 징계의 내용은 곧 흉년을 들게 한 것이었다. 그 결과 엘리멜렉의 가족은 모압으로 이주하게 되었다. 이것은 신자의 타락을 영적으로 의미하고 완전한 세속화를 표상한다.

모압이라는 지역은 '아버지를 말미암아' (perhaps of my father)라는 뜻을 가진 나라였다. 본디 이곳은 요단강 건너편 사해 동편에 있는 풍요한 땅이었다. 「창세기」 19장 36-38절에 따르면 롯의 큰 딸이 아버지 롯에게서 낳은 아들 모압이 세운 나라다. 작은 딸의 아들 벤암미는 암몬족의 조상이 되었다. 이 모압과 암몬은 음란의 씨로 구성된 나라들이다. 성경에 보면 이 나라는 매우 악한 세속적인 도시였다는 것을 알 수 있다.

첫째 우상숭배가 극심한 이방의 나라였다(민 25:29). 모압의 우상을 그모스(삿 11:24; 왕후 23:53)라 하였는데, 이는 암몬족의 민족신이었으며 어린 아이를 번제물로 받은 비윤리적인 신이었다. 둘째 선민을 괴롭게 한 백성이었다(민 22:1-25; 대상 19:1-6). 셋째 교만한 땅(사 16:6-7)이었고, 넷째 하나님과 관계가 없는 나라(신

23:3)요, 다섯째 멸망할 땅(렘 48:42; 겔 25:8-11)이었다.

이런 기록들을 미루어 볼 때 모압은 영적으로 이 세상과 이 세상의 것들을 표상하는 나라였다. 하나님의 선민을 표상하는 엘리멜렉이 베들레헴에서 모압으로 이주했다고 하는 것은 일시적인 괴로움을 빙자해서 축복의 땅을 버리고 이 세상으로 내려간 것을 뜻한다. 엘리멜렉의 가족은 타락한 신자들의 표상이고, 룻은 타락한 이방여자였으나 나중에는 구원에 이르는 구원받은 자의 모형이 된다. 타락의 결과 두 아들 말론과 기룐은 오래 살지 못하게 되었다. 세속화의 결과는 그 이름들이 뜻하는 허약함과 소모 및 죽음뿐인 것이다. 총체적으로 볼 때 모압으로 내려간 결과 첫째 호주 엘리멜렉의 죽음이 왔고, 둘째 모압의 두 여자를 자부로 얻는 세상과의 타협이 이루어졌으며(롬 12:2), 셋째 두 아들이 죽게(롬 6:23) 되었고, 넷째 나오미는 낭패와 실망을 당하게 되었다(사 51:12). 한마디로 말해서 욕심은 죄를 잉태하고 죄는 사망을 낳는다는 원형이 엘리멜렉 가족을 통하여 극명하게 예시되어 있는 것을 볼 수 있다.

「룻기」 서두에 설화된 시대와 공간은 서상한 바와 같이 타락한 인간과 세상이 무대가 되는 데, 이는 모형적으로 보면 구속사의 현장이 되는 것이다. 다음으로는 「룻기」에 나오는 등장인물들을 중심으로 그 모형들을 살펴보겠다. 「룻기」의 등장인물들은 엘리멜렉, 나오미, 말론, 길룐, 오르바, 룻, 보아스 등이다. 이 인물들 중에서도 가장 중요한 인물은 보아스와 룻이다. '우정' 을 뜻하는 이름이 '룻' (Ruth)이다. 모압 여인이었으나 여호와를 선택함으로써 자신만 구원 얻었을 뿐 아니라 다윗과 예수의 조상이 된 구원받은 백성의 모형이 된다.

보아스라는 이름의 뜻은 '그 안에 힘이 있다' 인데, 이런 이름은 훌륭한 사람에게 붙여주는 이름으로서 영적으로는 예수 그리스도의 모형이 된다. 그러면 보아스와 예수 그리스도 사이의 유사성은 무엇인가?

첫째 보아스는 많은 밭을 소유하고 있는 부자였다는 점에서 유력한 인사였다. 「고린도후서」 8장 9절에 보면 예수께서는 원래 부유한 자였으나 가난하게 된 것은 우리를 부유하게 하기 위한 것이라 하였다. 욥도 예수의 모형으로서 동방에서 가장 큰 부자였고 그를 가장 큰 자 곧 유력한 자라고 하였다. 그의 부유함에는 영적인 부유함까지도 포함된다.

둘째 보아스는 힘 있고 용맹한 군인이었다는 점에서 유력했다. 예수께서는 군대장이요 용사이시다(계 19:12-19). 「히브리서」 2장에 보면 주님은 마귀를 이기신 대장이었다.

셋째 보아스는 존경할만한 위인이었다는 점에서 유력했다. 예수께서도 만유(萬有) 위에 뛰어난 분이시었다(히 12; 빌 2:).

넷째 보아스는 예의 있는 사람(2:14)이었다. 그리고 택한 백성의 모형인 룻이 가서 이삭을 줍던 보아스의 보리밭은 주님의 교회를 상징하며 이삭은 복음(말씀)과 은혜를 비유한다.

「룻기」는 가난하고 남편을 잃은 불쌍한 여인 룻과 부유하고 유력한 보아스와의 사랑의 이야기다. 그러나 그것은 단순한 남녀의 사랑의 이야기가 아니라, 영적으로 우리의 구속자인 그리스도의 모형인 보아스와 그리스도의 신부인 교회요 선택받은 하나님의 백성의 모형인 룻이 하나 되는 것을 보여주는 참사랑의 모형인 것이다.

보아스는 아주 유력한 사람이므로 이런 복잡한 회의와 절차를 밟지 않고도 룻을 소유할 수가 있었을 것이다. 그러나 그는 그 절차를 밟았다. 그것은 첫째는 양심에 거리끼는 일을 하지 않겠다고 하는 확고한 결의를 표한 것이고, 둘째는 하나님의 말씀을 준수하는데 모범을 보인 것이다. 이런 점에서도 보아스와 예수 그리스도께서는 많은 유사성을 가지고 있었음을 알 수 있다. 이런 합법적인 절차를 밟아 보아스와 룻은 한 몸이 되었다. 그것이 결혼이고 다른 말로는 구속을 표상한다.

"여호와께서 이 소년 여자를 네게 후사로 주사 네 집으로 다말이 유다에게 낳아 준 베레스의 집과 같게 하시기를 원하노라"(룻 4:12). 베레스는 다말의 아들이다. 다말은 이방 여자이며 유다의 며느리다. 그는 불의 때문에 고난을 당했고 자기의 권리를 박탈당했다. 그러나 그는 룻과 같이 순결하고 은혜로운 방법을 택하지 않고 시부인 유다를 속여 베레스를 낳았다. 참으로 수치스럽고 부끄러운 일을 행한 여자다. 그러나 거기에는 이유가 있었다. 다말은 하나님께서 아브라함에게 허락하신 그리스도가 이 유다 지파에서 날 것을 믿었기 때문이었다(창 38). 보아스는 베레스의 후손이다. 베레스의 후손은 번성했고 예수 그리스도의 조상이 되었다. 룻은 베레스의 혈통을 통하여 예수 그리스도의 조상이 되는 예형적인 성취를 볼 수 있다. 이와 같이 룻의 이야기는 사사시대에 있어서 베들레헴 이외의 다른 도시들은 모두 우상숭배와 도덕적 문란으로 가득 차 있었지만, 베들레헴만은 여호와를 섬기며 그를 따르는 자들이 많이 있었다는 것을 보여 준다. 베들레헴은 그 당시 경건한 도성이었다. 이 성에서 예수가 탄생하신 것이다. 「룻기」의 설화들은 이렇게 많은 것들을 우리에게 가르쳐 주지만, 직접적으로 또는 명시적으로 한 것이 아니라 간접적으로 또한 암시적으로 특히 모형적인 방식으로 했다는데 의의가 있다.

3. 역사적 접근방법

성경에 대한 역사비평(historical criticism)은 전 세기 동안 내내 성경해석학의 주된 전통으로 자리를 잡아왔다. 이 역사적 접근은 성경에 언급된 어느 시대 또는 어느 왕조의 역사적 상황이나 역사적인 자료에 등장하는 인물과 사건을 탐색하는 방법이다. 이 같은 연구 방법은 성경을 역사적인 문헌으로 보고 어느 특정시대의 정치, 경제, 사회, 문화 일반에 대한 직접 또는 간접적인 시대정신이 어떻게 성경 문헌에 반영되었는가를 알아보는 것을 그 과제로 하고 있다.

또 다른 역사적 접근의 과제는 성경 텍스트가 어떻게 현재의 모습을 이루게 되었는가하는 역사적 질문에 대한 일종의 대답이라 할 수 있다. 역사적이라는 말은 최종 형태의 텍스트가 형성되는 과정을 통시적으로, 즉 연대별로, 세대별로, 단계별로 관찰한다는 뜻이다. 이 연구는 역사의 시공간 안에서 발생한 텍스트의 의도, 의미, 영향 등을 객관적으로 파악하고자 한다. 이때 중요한 것은 그 기록문서의 저작자를 발견해 내는 일이라 할 수 있다. 그것은 그 기사의 의미를 밝히는 데에 큰 도움이 되기 때문이다. 그래서 역사비평가들은 성경의 저자를 강조하여 그 의미를 찾는 데에도 상당한 관심을 기울인다.

20세기 초반까지에는, '각 권의 저자가 누구인가', '드러난 저자가 정말 그 저자인가', 그리고 '왜 그 저자가 그 성경을 기록 하였는가', '그 저자가 기록할 당시의 역사적인 상황은 어떠 하였는가', 이런 의문점들이 성경 읽기의 중심주제였다. 예컨대, 독일의 구약학자 폰. 라트(von Rad)는 일생 동안 오경의 저작권 문제를 갖고 씨름하였다. 그러니까 계몽주의 이후 20세기 초반까지는 성경의 역사적 접근이 가장 우세했다고 할 수 있다.

이러한 접근은 결국 성경을 전체로 보지 못하고, 수많은 파편 조각으로 찢어 놓은 결과를 가져왔다. 오경의 경우, 야웨 문서(J), 엘로힘문서(E), 신명기문서(D), 그리고 제사장문서(P)로 찢어졌다. 이사야의 경우, 1892년 베른하르트 덤(Bernhart Duhm)의 「이사야서」 주석이 출간된 후 「이사야서」는 독자적인 3권의 책으로 분할되었다. 이 제1, 제2, 제3 이사야설은 「이사야서」 연구에 엄청난 파장을 일으켰고, 그 이후의 학자들에게 준 영향은 실로 파괴적이었다. 결국 독자로 하여금 하나님의 말씀인 성경을 전체 형태로 보지 못하게 하는 결과를 가져왔다.

지금까지 서술한대로 역사비평의 공헌은 텍스트의 구절들을 그 역사적인 맥락에서 설명할 수 있게 하고, 텍스트의 어구에 대한 시대착오적인 해석을 피할 수 있게 하며, 텍스트의 편집과 정경화 작업에서 드러나지 않은 성경 전승의 성장경로에 대한 이해를 돕는 것이다.[174] 그러나 역사비평은 텍스트가 지닌 과거의 의미를 추적하는 일에 몰두하다가 오늘의 의미 파악하는 것을 간과하였고, 성경 텍스트를 분석하다가 텍스트를 분해하는 결과를 초래하였다.[175] 따라서 성경을 전체로 보지 못하고 파편화 시키는 동시에 공동체의 신앙과 유리되는 학문주의를 지향하는 한계를 드러냈다. 이 접근방법에는 다음과 같은 다양한 비평들이 포함된다.

1) 문서비평

문서비평(literary criticism)은 어느 시대의 누가, 무엇을, 어떻게, 왜 썼나 하는 것 등을 알아보는 방법이다. 저자가 어떤 상황에서 무슨 동기로 썼으며, 그것이 그 당시 청중이나 독자에게 무슨 의미를 주었는가 하는 것이 중요 관심사다. 이 같은 접근은 종교개혁 이후 성경이 교회의 매는 쇠사슬에서 해방되고, 문예부흥으로 인해 일반적 과학적인 연구 방법이 신학의 범주에서 벗어남으로써 비로소 시작되었다. 문서 비평은 『구약성경』 연구의 초기 단계로서 여러 가지 많은 문제를 제기하기는 했으나 문서 연구의 방법만으로는 만족스러운 대답을 줄 수가 없었다.[176]

전통적으로 모세가 저작했다고 알려진 모세 오경, 즉 「창세기」, 「출애굽기」, 「레위기」, 「민수기」, 「신명기」등 5권을 모세가 전부 썼다는 것을 믿을 수 없다는 그 의심이 문서 비평을 생기게 한 발단이 되었다. 그러나 이러한 문제 제기는 초대 교회 시절부터 끊임없이 제기되어 오던 부분이었지만, 모세와 성경의 권위를 실추시킬 수 있는 중대 사항이었기 때문에 교회 내에서 표면화 되어 나오기에는 상당한 어려움이 있었다.

오경 전체를 모세가 썼다고 하는 것을 믿지 못하는 사람들은 그 이유로 다음과 같은 사례들을 들고 있다. 우선 오경의 마지막 부분인 「신명기」 34장 5절 이하의 모세의 죽음과 장사에 대한 언급은 모세의 글이라고 보기 어렵다고 한다. 그것은 왜 모세 자신 저자인 '자기' 를 '나' 라는 1인칭으로 표현하지 않고 '모세' 라는 3인칭으로 표현하였는가 하는 것이다. 또한 아브라함의 용병들이 '단' 까지 그의 적들을 추적했다는 「창세기」 14장 14절의 기록은 「사사기」 18장 29절의 기록과 모순되는 데, 이는 '단' 이라는 지명은 모세시대가 훨씬 지난 후대에 와서야 생기게 된 이름이기 때문이라는 것이다. 이러한 의심은 중세를 거쳐 근대의 합리주의 시대에 이르러 과감히 표면화 되어 나타나기에 이르렀다. 이런 문제를 해결하기 위해 연구해서 내놓은 것이 소위 말하는 '문서설' 이다.

1910년경에 프랑스 루이 15세의 주치의였던 장 아스뜨뤼크(J. Astruc)는 「출애굽기」 3장에서 '야웨' 라는 하나님의 이름이 계시되기 이전인데도, 왜 「창세기」와 「출애굽기」 2장에서까지 하나님의 이름이 '야웨' 와 '엘로힘' 으로 불려지게 되었는가 하는 질문을 던졌다. 이런 질문이 나오면서 문서설에 대한 불이 붙기 시작하였다. 그는 결국 두 문서, 즉 하나님을 '엘로힘' 이라고 부르던 신앙공동체의 성경과 '야웨' 라고 부르던 신앙공동체의 문서가 합해져서 오늘날의 오경이 되었다고 보았다. 이것이 J(야훼)와 E(엘로힘)

문서라고 명명되는 기초가 되었다. 오랜 기간 동안 여러 학자들의 연구와 주장을 거치면서 수정 보완되어 최종적으로 이루어진 것이 소위 연대순으로 야웨 문서(J), 엘로힘문서(E), 신명기문서(D), 그리고 제사장문서(P)라는 자료라는 것이다. 이것이 『구약』의 문서설의 중심이 되는 부분이고 『신약』의 문서설의 중심은 공관복음의 저작연대의 선후 문제라 할 수 있다.

복음서의 문서 자료설이란 19세기 이전까지 지배적이었던 설로, 사도적 권위를 가졌던 성경기자들이 당시에 구전되던 예수의 말과 행적을 기록에 옮겼다는 이론이다. 그러나 그리스바흐(J. J. Griesbach)는 복음서들 간의 유사성은 문헌상의 실재적인 상호 의존을 통해서만 설명될 수 있다고 보아서 '상호 의존설' 을 주장하게 되었고, 아우구스티누스의 주장을 따라 마가가 마태를 축약했다고 보았다.

그러나 그 후 학자들은 마가의 약 90%가 마태에, 57%가 누가에 재현되고, 마가에는 없으나 마태와 누가에서 공통으로 발견되는 약 230절이 있다는 점에 주목하여, 후자의 자료를 독일어로 '기원' (Quelle)을 뜻하는 Q문서라고 명명하고, 공관복음서의 기본이 되는 자료는 마가와 Q 문서라는 이론을 제시하게 된다. 이 가설은 '네 문서설' 로 발전하는데, 이는 기존의 '두 문서설' 을 인정하면서 마태와 누가가 스스로의 독창적인 자료를 가졌음을 주장하는 것이다. 이 둘 또는 네 문서설을 따를 경우 복음서의 집필순서는 자연히 Q 문서와 마가가 우선이 된다.

이 문서 자료설 이후, 문서 이전의 구전단계와 복음서를 요청하게 된 공동체의 상황, 편집자들의 신학 등에 더 관심을 둔 '양식비평' 과 '편집비평' 이 소개되었으나, 문서 자료설은 여전히 복음서의 기원을 설명하는 기본이론으로 인정되고 있는 경향이다. 이런 문서 자료설을 주장하는 학자들은 전지전능하신 하나님을 믿지 않기 때문에 완전한 하나님의 말씀을 영감으로 기록된 것으로 인정하지 않는다. 그들의 주장처럼 모세가 여기저기서 자료를 주워 모아서 기록했다면, 현재 우리가 오경에서 보는 그런 내용들을 기록할 수 없었을 것이다. 가령 하나님께서 세상을 창조하신 사건, 에덴동산에서 뱀과 여자가 나눈 대화 등과 같은 사건을 그렇게 생생하고, 상세하게 묘사할 수가 없었을 것이라는 말이다. 또한 자기가 죽은 이후의 이야기를 어떻게 기록할 수 있었겠는가? 그것은 하나님께서 이 모든 말씀들(Words)을 영감으로 주셨기 때문에 가능한 것이었다.

『신약』의 문서 자료설도 불확실한 것을 사실처럼 받아들이려는 학문적인 도전이요 지적인 오만에 불과하다. 「마태복음」이나 「누가복음」이 다른 복음서와 여러 문서들을 수집하고 조합해서 만들었다는 주장은 현존하는 복음서들 자체를 최종적인 권위가 있는 문서로서 받아들이기보다는 그 복음서들 이전에 있던 '원 자료' 들을 더 중요하게 여기는 무모한 독단이라 할 수 있다. 사실 Q의 존재와 그 중요성에 대한 인정은 정경(正經)보다 더 어록집의 성격을 가진 「도마복음」의 중요성과 그 초기의 전승과 저작에 직접적인 힘을 더 실어주는 결과가 된다.

문서 자료설은 문서비평을 통해 순전히 합리주의적으로 성경의 기록과정을 추적해 보려는 시도일 뿐이다. 이런 시도에는 성령의 감동이라는 신앙적이고 초월적인 요소가 개입될 수가 없다. 사실상 예수의 생애에 관해 기록된 문서들은 실재했고, 그 문서들은 교회의 초기부터 회람되고 있었다. 이러한 사실은 「누가복음」의 서두를 읽어 볼 때 명확해진다. 누가는 예수행적의 실제 증인들이 전해준 내용을 기록에 남긴 사람들이 많았고 그 기록들을 잘 살핀 후 그의 글을 쓰고 있다고 증언하고 있다(눅 1:1-3). 그러나 그 복음서 기록의 과정을 현대 과학적 분석으로 완전히 규명될 것이라는 생각은 허상을 좇는 인간적 교만에 불과하다. 그 사고의 근저에는 불신앙의 위험성이 내재되어 있다.

사실 철저히 본문비평에 입각하여 복음서의 자료를 분석할 때, 마가의 공통자료 이론은 상대적으로 어느 정도 설득력이 있다. 이는 성경의 권위에도 큰 영향을 미치지 않는다. 그러나 아직까지 논란이 많은 비정경적 가상자료인 Q에 대해서 이미 입증된 자료인 것처럼 무조건 수용하는 태도는 잘못이다. 자료설은 여러 다른 가설들과 함께, 적절한 비평과 함께, 균형 있게 소개되어야 한다. 그 기자들이 복음서를 기록함에 있어서는 문서 기록에 사용되는 세 가지 일반적인 자료, 즉 구전, 문서, 본인의 기억이 다 사용되었을 것임을 인지해야 하고, 그 위에 사람의 지각을 열어주시는 성령의 감동이라는 신앙적인 요소까지 포함한 네 가지 요소가 균형 있게 고려되어야 한다. 그리고 그 자료들의 조직화에도 성령의 역사가 있었으며, 따라서 교회의 최종적인 권위는 오직 정경에 있다는 것도 다시 확인되어야 한다.

2) 본문비평

본문비평(textual criticism)도 넓게는 문서비평의 일부라 할 수가 있다. 본문비평은 어떤 문서 혹은 기록의 원문을 찾아내는 일, 즉 본문에 원래 사용된 용어나 형태를 찾아보는 일에 관심을 갖는다. 최초의 원본은 현재 존재하지 않기 때문에 현존하는 텍스트들은 모두 원문의 의도에서 벗어나갈 수 있을 것이라는 전제 아래 현존하는 텍스트들을 비교해 보면서, 가능한 한 원래의 문서를 다시 구성해 보려는 비평이라 할 수 있다.

고대 문서는 필사자에 의해 손으로 직접 기록되었기 때문에 필사자가 다른 문서를 앞에 놓고 보면서 복사하거나 또는 다른 사람이 읽어주는 것을 복사하다가 부지불식간 실수를 저지를 수 있다. 몇 가지 경우를 살펴보면, 첫째 비슷한 철자를 혼동하여 기록한 실수, 둘째 철자의 위치를 변동시킨 경우, 셋째 동일하거나 유사한 두 개의 철자나 단어 혹은 구가 이어지는 경우에 하나를 빠트리고 하나만 기록하는 경우, 넷째 비슷한 어미를 가진 단어들이 반복됨으로 말미암아 단어, 구, 절 등을 생략하는 경우, 다섯째 문장의 시작 부분에서 비슷한 단어들이 연속됨으로 말미암아 한 문장이나 문장 대부분을 생략하는 경우, 여섯째 비슷한 철자, 단어, 구 등을 중복하여 기록하는 경우, 일곱째 낱말이나 문장을 잘못 띄어 쓰는 경우와 잘못 붙여 쓰는 경우, 여덟째 비슷한 발음이 나는 단어를 혼동하여 기록하는 경우, 아홉 번째 모음역할을 하던 자음들이 남아있어 단어의 의미를 파악하기 어렵게 만드는 경우, 열 번째 모음을 잘못 붙인 경우가 이에 해당된다.

필사자들은 본문을 복사하다가 난해한 부분이나 문맥이 부드럽지 못한 부분에서는 의도적으로 첨가, 삭제, 고의적 수정을 가한 경우도 있을 수 있다. 이러한 고의적인 수정의 종류는 다음과 같다. 첫째 병행구절에서 단어나 구를 골라 뽑아서 융합시키는 경우, 둘째 인물의 성품을 나타내는 형용어귀 혹은 직접화법을 소개하는 어귀를 첨가하는 경우, 셋째 주어나 목적어가 되는 이름을 첨가시키는 경우, 넷째 발음이나 의미가 비슷한 문장끼리 융합시키는 경우, 다섯째 동의어를 대용한 경우, 여섯째 본문의 전후 상황과 조화를 위해 내용을 수정하는 경우, 일곱 번째 신학적이거나 교리적인 이유 때문에 본문을 변조하는 경우다.

본문비평의 발달은 그 비평의 선구자격이었던 벵겔(J. A. Bengel, 1752)에 의해서 설명될 수 있다. 벵겔이 독실한 대학생이었을 때 1707년에 발간된 존 밀(John Mill, 1645-1707)의 헬라어 『신약성경』의 가장 최근 판의 텍스트에 30,000여개의 서로 다른 부분이 있다는 사실에 의해 절대적인 성경의 영감설에 대한 그의 믿음이 흔들렸다. 그는 텍스트 번역 연구에 일생을 바치기로 작정하고 얻을 수 있는 모든 판본과 사본과 초기번역들을 모았다.

연구한 결과 그는 본문비평에서 압도적으로 우세했던 한 원리를 세웠는데, 그것은 어떤 말이 숫자적으로 많은지에 따라서가 아니라 계보별로 연구되어야한다는 것이었다. 이렇게 해서 그는 최초의 대량의 후기 사본들이 이루는 계보와 알렉산드리아 사본, 라틴어 텍스트가 이루는 계보를 구별하였다. 일생 동안의 연구를 통하여 그는 여러 판본에 수천 개의 다른 점이 있다는 것과 그것들이 복음주의 교리의 한 조항이라도 의문시되게 하지 않는다는 결론에 도달하였다.

오늘날의 경전이 되기까지 성경은 오랫동안 복잡한 본문 구성과정을 거친 결과로 완성된 것이다. 지금까지 남아 있는 성경의 원본은 하나도 없다. 더 나아가 알려진 바에 의하면 원본에 대한 제1차적 필사본이나 제2차적 필사본도 거의 없는 형편이다. 성경의 많은 필사본들과 번역본들이 서로 상당히 다르고 다양한 차이점이 있다는 사실도 발견된다. 히브리 성경 본문이 보존되어 오는 과정에서 생길 수 있었던 본문의 변조나 특히 기록상의 오류를 제거하여, 본문을 원형이나 원의미에 가깝게 재구성하고 그 결과로써 본문의 난해한 구절들을 바르게 이해하는 데 본문비평의 목적이 있다. 아울러 본문비평은 여러 필사본과 번역서의 비교 연구를 통해 가능한 한 원본에 가까운 가장 오래된 사본을 추정하는 것이며, 수세기 동안 변천된 본문의 역사(족보와 계열)를 추적하여 소개하는 것이다.

신학이 신앙을 전제로 하는 것이라면, 본문비평의 목적은 결론적으로 하나님의 말씀을 보다 명확하게 이해하고, 우리의 신앙과 생활에서 참된 기준이 되는 성경의 의미를 보다 바르게 인식하기 위한 학문적 노력인 것이다. 본문 비평적 시도는 본문에 대한 여러 가지 해석 작업 이전에 반드시 선행되어야 하기 때문에 그 중요성을 아무리 강조해도 지나치지 않다. 본문비평 없이는 성경의 참된 이해가 불가능하며 또한 참된 신학도 있을 수 없다.

3. 자료비평

자료비평(material criticism)은 서로 다른 성경 저작자들이 이끌어온 기록된 자료를 찾아내어 그것을 규명하는 일에 관심을 갖는데, 그것은 성경의 신빙성에 대하여 중요한 의미를 지니게 된다. 긴 기간 동안에 구전되어 내려온 이야기들은 처음부터 기록되어 내려온 것보다는 아무래도 정확도가 떨어질 가능성이 높다. 그래서 연구가들은 자료들을 비교 연구해서 얻어진 표준들을 사용하여 모세 오경이 모세에 의하여 쓰여졌다고 하는 전통적인 견해를 부정하고 「창세기」 안에는 두 가지의 서로 다른 하나님의 이름을 각각 다르게 사용한 두 가지의 문서자료가 결합되어 있다고 주장하게 되었다. 소위 말하는 오경연구의 '자료가설시대'를 열었다. 자료가설시대를 연 학자들은 리샤르 시몽(Richard Simon, 1638-1712)의 영감에 힘입은 비터(H. B. Witter, 1683-1715)와 아스뜨뤼크(Jean Astruc, 1684-1766) 등이다.

이런 본격적인 역사주의적 자료비평은 벨하우젠(J. Welhausen, 1844-1918)에 의해 이루어졌다고 할 수 있을 것이다. 벨하우젠 학파의 이러한 역사주의적 자료비평은 오경을 구성하고 있는 문서자료들을 진화론적 역사주의에 따라 분석 검토한 후 그 문서자료들에 대한 종전의 연대판단(P-E-J-D)을 수정하고 각 문서자료가 가진 사상, 제도 등의 그 발달 정도에 대한 주관적 판단에 기초하여 오경문서의 연대를 최종 확정짓는 대업을 이룩하였다. 즉 주전 10

세기 남 유대에서 기록된 여호와 문서(J), 주전 9세기 북이스라엘에서 기록된 엘로힘문서(E), 주전 7세기 남 유대에서 기록된 신명기문서(D), 그리고 주전 5세기 기록된 제사장문서(P) 순서로 기록 연대가 확정되었다.

이러한 역사주의적 자료비평은 적어도 네 자료들[177]을 구분해냈을 뿐만 아니라 예언서와 성문서에까지 파급되었다. 「시편」의 대부분(70%)을 포로 후기의 산물로 본 것이나 예언서의 경우 그 구원예언을 '후대의 첨가' 로 처리하는 것 등이 그런 예이다. 그러나 이렇게 역사주의적 해석원리에 따라서 「시편」의 70%를 포로후기의 산물로 본다든가 예언서에 나타나는 구원예언을 후대의 첨가물로 보는 것은 옳지 못하며 성경의 권위를 크게 손상시키는 일이라 할 수 있다.

자료비평은 『신약성경』의 기록 출처에 대한 논리적인 추론을 통하여 『신약성경』의 기록역사를 비교적 설득력 있게 제시할 수 있다는 점에서는 참고가 되지만, 원자료를 실제로 발견하지 못하는 이상 상당부분 가설과 추측에 의존할 수밖에 없기 때문에 완전한 사실을 제공해줄 수 없다는 것이 또한 단점이기도 하다.

자료비평은 문서적 자료가 그 문서적 자료들을 근거로 해서 형성된 후기의 저작들과 함께 보존되었을 때 비로소 가장 확실하게 수행될 수가 있는 것이다. 『구약성경』에서 이러한 가장 분명한 예가 「역대기서」라 할 수 있다. 「역대기서」 기자의 주요 자료는 「사무엘서」와 「열왕기」 등인데, 그 자료들이 현존하고 있기 때문에 「역대기서」 기자가 그것들을 이용한 것으로 비교적 확실하게 신빙할 수 있게 되는 것이다.

『신약성경』에서는 「마가복음」이 일반적으로 다른 두 공관복음서의 주요 자료가 되어 있으며, 그 자료가 그에 근거한 저작들과 함께 보존되어 있기 때문에 비로소 우리는 어렵지 않게 「마태복음」과 「누가복음」이 「마가복음」을 이용한 것으로 받아들일 수 있다. 반면에 자료들이 현존하지 않는 경우에는 자료비평은 훨씬 불분명하고 사변적인 일이 되고 말 것이다.

4) 전승비평

전승비평(tradition criticism)은 성경의 어떤 역사나 전승이 처음 언급된 때부터 그것이 기록된 때까지 그 내용의 발전 과정을 추적하는 일에 관심을 두며, 구전되는 가운데 변화된 부분들을 정확히 찾아내어 전승과정 전체를 설명하고자 노력하기도 한다. 폰 라트(G. von Rad, 1901-1971)와 노트(Martin Noth, 1902-1968)는 이 분야를 대표하는 학자들이다. 폰 라트는 "짧은 역사적 신앙고백들(short historical credos : 신6:20-24, 26:5-9, 수24:2-13)"이 원래 가나안 정착 초기에 길갈 성소에서 발생했으며, 이 신앙고백을 바탕으로 야웨기자 (J)는 다양한 전승들을 추가하여 J문서를 형성시켰다고, 그의 논문 "육경의 양식비평적 문제"에서 밝혔다. 그러나 폰 라트의 연구에 있어서 문제는 그 짧은 역사적 신앙고백들이 J연대보다 후대의 것으로 보여진다는 것이다. 그럼에도 폰 라트가 관심 두는 문제 즉 J가 어떤 목적으로 그러한 모든 것을 기록하였는가라는 물음과 기본적인 전승들이 어떻게 전달되어 왔는가에 대한 관심은 변하지 않고 그 중요도를 유지하고 있다.

노트(M. Noth)는 「신명기」를 제외한 「창세기」「출애굽기」「레위기」「민수기」를 4경이라 구분하여 여기에 담긴 자료의 전역사(prehistory), 즉 자료의 배경과 성장과정을 다루었다. 노트는 여러 다양한 전승들을 집합시키는 다섯 개의 주제들을 발견하였으며, 그것들은 족장들에게 주어진 약속 출애굽 광야사건 시내산 계시 가나안 정착 등이다.

이러한 전승사 연구는 특히 오경의 형성사를 밝히는데 결정적인 공헌을 했으며, 하나님께서 이스라엘 선조들을 통하여 이룩해 보이신 모범적인 구원사를 해석해 주었다고 볼 수 있다. 그러나 전승비평에는 공헌만 있는 것이 아니라 여러 가지 한계점도 있다는 것을 유의하여야 한다. 이 전승비평의 첫 번째 한계는 가설적인 전승사의 재구성만으로는 역사적 신빙성을 확보할 수 없다는 것이다. 두 번째 한계는 구두전승 전달이 주로 재구성되고 재창조되는 과정을 통하여 이루어지는 본문이나 시는 어떤 것이든 같은 사람의 입을 통해서도 달라질 수 있으므로, 시간이 흐르면서 전승의 불변성은 더 이상 생각할 수 없게 된다는 것이다. 세 번째 한계는 구두전달과 문서전달의 차이를 구성하는 요소들을 결정하기란 항상 쉽지 않다는 것이다.

일반적으로 전승비평의 관심은 전승들이 역사적으로 얼마나 정확한가에 대해서 평가하려는 데 있는 것이 아니라, 왜 이스라엘이 이 이야기를 그대로 기억했으며, 이 이야기가 어떻게 변화되었고 그 변화 속에 무슨 요소들이 들어 있었는가에 대해서 알아보려는 데 있는 것이다. 따라서 전승비평의 주요한 목표는 본문의 역사적 정확성을 구성하는 데 있는 것이라기보다는 그 전승사 안에 있는 여러 단계들을 회복하고 각 전승 단계마다 관련되는 전승의 전달자들, 장소, 전승의 사회학적 배경, 의미, 신학 사상, 교훈 등을 알아보는 데 있다.

전승비평을 통하여 이스라엘의 역사, 즉 이스라엘이 그들 자신의 역사를 어떻게 해석해 왔는가를 이해하게 되는데, 여기에는 큰 가치가 있다고 할 수 있다. 또한 이스라엘의 신학, 즉 이스라엘은 전승을 보존하므로 그들의 역사와 신학에 전승사적인 특성이 있는가를 이해하게 된다. 이와 같이, 전승비평은 이스라엘이 그들의 과거를 통해서 현재를 해석하고, 현재를 통해서 미래를 바라볼 수 있게 하는 역할을 한다.

5) 편집비평

편집비평(redaction criticism)은 성경의 편집자가 그의 자료들을 어떻게 활용하였으며, 무엇을 생략하고 무엇을 덧붙였고, 그의 특별한 선입관이 무엇이었는지를 규명하는데 집중한다. 다시 말해서 편집비평은 최종 편집자가 어떻게 그가 다루고 있는 자료나 전승에 마지막 손질을 가했는가를 살펴보는 것이라 할 수 있다.

이 비평은 1950년대에 본격적으로 개발된 성경비평방법으로 보른캄(G. Bornkamm, 1905-1990), 한스 콘젤만(Hans Conzelmann, 1915-1989)과 빌리 막센(Willie Marxsen, 1919-1993) 등의 신학자들에 의해 주도되었다. 편집비평의 몇몇 선구자들이 있는데, 윌리엄 브레데(William Wrede, 1859-1905)와 네드 스톤하우스(Ned B. Stonehouse, 1902-1962), 그리고 로버트 라이트푸트(Robert H. Lightfoot, 1883-1953) 등이다. 브레데의 "메시아의 비밀"(*The Messianic Secret*), 스톤하우스의 공관복음에 나타나는 그리스도론의 중요성 연구서라고 할 수 있는『그리스도에 대한 마태와 마가의 증언』, 『그리스도에 대한 누가의 증언』, 『공관복음의 기원』등과 라이트푸트가 1934년에 옥스퍼드 대학에서 행한 뱀턴(Bampton) 강좌 『역사와 복음서들 안에서의 해석』(*History and Interpretation in the Gospels*) 등은 편집비평의 선 자료들이 될 것이다.

이미 앞에서 말한 바와 같이, 이는 성경 기록자들이 성경을 기록할 때 어떤 편집 작업에 의해서 했음을 전제로 하고, 그들이 수집한 전승 자료들을 어떻게 활용하고 편집하여 성경을 이루었는지를 알고자 연구하는 것이다. 즉, 편집비평은 전승비평에 많이 의존한다고 할 수 있는데, 전승비평은 성경의 내용을 이루고 있는 어떤 역사나 전승이 처음 나타난 때부터 기록으로 될 때까지 어떻게 발전하여왔는지를 추적하는 과정으로서 양식비평과 편집비평의 전제가 되는 예비적 단계라고 할 수 있다.

전승비평, 양식비평, 편집비평은 모두 성경 기록자가 전승을 토대로 성경을 기록하였다고 보는 점에서 비슷하지만 비평을 통해 알아내고자 하는 관심에 있어서 분명한 차이점들이 있다. 전승비평은 구전이 여러 세대를 거치는 동안 어떻게 변화하면서 지금의 성경의 내용으로 재구성되었는지를 알고 싶어 하는 반면, 양식비평은 최종적으로 발전한 구전을 연구함으로써 성경 기록 당시의 삶의 정황을 밝히려는데 주력한다. 그런데 편집비평은 전승비평과 양식비평의 관점을 모두 가지고 있을 뿐 아니라, 성경 기록이 담고 있는 신학적인 메시지까지 발견하려고 노력한다. 즉, 편집비평은 성경 기록자의 신학적인 강조점에 많은 관심을 가지고 있음을 알 수있다.

이러한 편집비평은 주로 『신약』 복음서에 관하여 많은 연구가 행해지고 있는데, 그 구체적인 방법은 두 가지가 있다. 하나는 독립된 문단 단위로 개별적인 분석을 하는 것이며, 또 한 가지는 전체 복음서에 대하여 전반적인 분석을 하는 것이다. 문단 단위로 구체적이고 개별적으로 분석하는 편집비평은 어떤 표현이나 구절에서 병행, 강조, 순환, 반복 등의 문장적인 특징을 발견하고 이를 기초적인 자료로 해서 복음서에 나오는 사건이나 이야기 속에 나타난 성경 기록자의 신학적인 강조가 무엇인지를 알아내는 것이다. 그리고 전체적인 분석을 통한 비평방법은 복음서 각 권의 특징과 구조, 그리고 기록자의 기록 배경 등을 살피면서 연구하는 것이다.

6) 양식비평

양식비평(form criticism)은 문서자료 그 자체보다 그것의 전 단계에 더 관심을 두었다. 즉 각 문서자료는 어떤 구전의 단계를 거쳐 왔으며 그리고 그 문서자료도 또한 어떤 전승의 과정을 거쳐 왔는가 하는 데 관심을 두었다. 이러한 관심을 통하여 새롭게 인식된 것은 이러한 것이었다. 즉 『구약』의 문서자료들은 일정하게 고정되어 있는, 인습적이고도 전형적인 문학유형들로 구성되어 있으며 이러한 문학양식들은 자신을 배태 양육시킨 환경인 그들 고유의 '삶의 자리'(sitz-im-leben)를 갖고 있을 뿐 아니라 그러한 문학양식들은 또한 그 양식의 발전, 변형의 역사를 가지고 있다는 것이다. 궁켈(H. Gunkel, 1862-1932)은 이러한 관심을 가지고 「창세기」와 「시편」을 집중적으로 검토하였는데, 그의 방법론을 응용한 ?창세기? 연구에서는 「창세기」가 역사문헌이 아니고 여러 가지 민담(sagas)의 수집물이라는 결론을 내렸고, 그리고 이 민담 자료들은 주로 민속전승들로서 숙련된 민간 설화자들(narrators)이 정교하게 다듬은 것이라는 결론을 내리게 되었다.

물론 궁켈의 주요 공헌은 구약문학 양식들이 생성, 발전해간 그 '삶의 자리'를 규명하고 그 문학양식의 역사를 밝히는데 크게 기여했다는 데 있다고 하겠다. 그리하여 『구약성경문학』은 그에게 있어서 더 이상 단순한 문학 활동의 산물, 저자나 편집자의 문학작품이 아니라 '오랜 전승과정의 결실'로서 이해되었던 것이다. 이러한 그의 방법론의 총 결산은 그의 『시편개론서』에 잘 정리되어 있다. 즉 그는 「시편」 안에서부터 제도화된 관습이 산출해낸 인습적이고도 전형적인 문학유형들, 즉 찬양시, 대관식시, 민족탄원시, 제왕시, 개인탄원시, 개인 감사시 등을 분류해내는 작업을 하였고 그 문학유형들과 그것들의 삶의 자리 사이의 연결 관계를 철저히 규명해내었던 것이다.

이러한 궁켈의 「시편」 연구방법은 제의사적(cult-historical) 방법을 통하여 모빙켈(S. Mowinckel, 1884-1965)에게서 색다르게 계승되었는데, 그러나 궁켈의 관심은 주로 문학 자료에 대한 관심에서부터 그것을 생성한 제도에 대한 관심에로 나아간 반면에, 모빙켈은 주로 시의 삶의 자리로서의 '제의' (cult)에 더 관심을 두었다. 이와 같이, 양식비평은 궁켈과 모빙겔의 「시편」 연구로부터 활기를 띠기 시작하였다.

또한, 이러한 양식비평학적 『구약』 경전문학 연구는 「창세기」의 설화문학과 「시편」의 시문학 뿐 만 아니라, 법률자료와 예언문학 분야에도 크게 영향을 끼쳤다. 예컨대, 구약율법자료를 결의론적 법(casuistic law)과 단언적 법(apodictic law)으로 양식상의 구분을 하고 특히 단언적 법이 『구약』의 고유성을 반영한다고 주장하였던 알트(A. Alt)의 연구나, 『구약』의 계약조문양식과 고대 중동(헷 제국)의 종주 조약문 양식 사이의 평행점을 지적한 멘덴홀(G. E. Mendenhall)의 연구, 그리고 예언문학의 경우 예언자들의 신탁양식(神託樣式 : oracular / messenger formula)에 관하여 린트블롬(J. Lindblom), 쾰러(L. Koehler), 베그릿히(J. Begrich), 베스터만(C. Westermann) 등등의 양식비평적 연구는 특기할 만하다.

이러한 양식비평학은 문학사의 역사적인 면을 좀 더 조직적으로 취급하기 위하여 알트(A. Alt), 노트(M. Noth), 폰 · 라트(von Rad) 등을 그 대표로 하는 '전승사적' (traditio-historical), '편집사적' (redactio-historical) 비평학에로 발전하여 나아갔다. 이 전승사적 연구는 주로 '주제' (motif)에 관한 양식비평적 연구에서부터 발달한 것으로서 여러 개의 주제들의 덩어리(clusters of motifs)로 구성된 '전승' (tradition)이 문서의 최종형태에 이르기까지의 그 전승 과정 전체를 추적하는 연구이다. 이러한 전승사적 연구는 특히 오경 또는 육경의 형성역사를 밝히는 데 결정적인 공헌을 하였다고 하겠으며, 하나님께서 이스라엘 선조들을 통하여 이룩해 보이신

'모범적인 구원사 케리그마'를 해석하여 주는 데 크게 공헌하였다고 하겠다.

그러나 궁켈의 양식비평학은 『구약문학』의 배후 역사와 그 삶의 환경을 밝힘에 있어서 이룩하였던, 그 뛰어난 해석학적 공헌에도 불구하고, 문학양식의 인습적이고도 전형적인 요소를 과대평가하여 그 문학양식의 '공통된' 표현에만 관심가짐으로 그것의 '개체성'이 지닌 의미를 간과하였다는 점, 문학양식의 단위(unit)들을 성경 모든 구절에 적용할 수 없다고 하는 점, 그리고 문학단위의 형식과 내용이 언제나 일치하지는 않는다는 점 등의 어려움 때문에 해석학적 과제를 바르게 이행할 수 없었다는 비판을 받아왔다.

양식비평학의 약점 중 더욱 심각한 점은 성서문학의 문학단위들을 너무 작은 단위로 산산조각 쪼개어 내어 '세분화'함으로써, 통일성과 연속성을 갖춘 문학단위의 구조를 해체 또는 파괴하는 데 주력함에 따라, 양식비평학이 비록 일반적인 삶의 자리는 밝혀냈는지는 몰라도 그 문학단위들의 '텍스트의 자리'를 밝히는 일은 등한시하게 되는 결과를 낳게 되었고, 그 결과, 성경문학의 각 문학단위들이 갖고 있는 그 전하고자 하는 의미 또는 '케리그마'를 충분히 전달하지 못하거나 더 나아가서는 그것을 전혀 놓쳐버리는 오류를 범하게 되었다는 점이다. 양식비평학의 이러한 '파괴성'은 해석학적 차원에서 볼 때 반드시 극복되어야 하는데, 이의 극복을 위하여 나타난 것이, 이른바, 수사비평학(Rhetorical criticism)과 경전비평학(Canonical criticism)이다.

위에서 든 신학적 비평을 제외한 여러 종래의 전통적인 접근방법의 특색은 그 초점이 역사적이라는 데 있다. 이 역사적 접근방법의 성격은 한 마디로 말한다면 '통시적'(通時的, dichronic)이라는 것이다. 즉 본문은 시간의 흐름 위에서 일어난 것이기 때문에 본문이 있기 전 앞의 일과 뒤의 일을 관련시켜서만 이해가 가능하다고 본다. 역사적 성경 접근 방법은 '저자가 무엇을 의미하는가'에 관한 연구로는 높이 살만하지만, '본문이 무엇을 의미하는가'라는 문제에 대한 연구로는 큰 성과를 거두질 못했다. 오늘날의 성경해석학의 과제는 역사적 연구의 유산을 이어받으면서 그 한계를 극복해 가는 것이다.[178]

제2장 공시적 접근방법

성경해석이 우리 크리스천들에게 무엇보다 요긴한 이유는, 이 일이 계시된 성경말씀의 '원초적 의미'를 바르게 파악하게 하고, 그 파악된 의미를 현재의 실생활에 적용해서 바른 신앙생활을 해 나가도록 인도해 주는 길잡이가 되기 때문이다. 성경에 대한 접근 방식에는 크게 두 가지가 있는데, 이미 앞에서 언급한 바와 같은 통시적 접근방법과 앞으로 논할 공시적 접근방법으로 분류된다. 통시적 접근은 문헌의 역사적 발전과정을 추적하는 방식인 반면에, 공시적 접근은 완성된 문헌이 담고 있는 의미를 분석하는 방식이다. 과거에는 독일어권의 학자들을 중심으로 주로 통시적으로 성경본문을 다루었으나, 1970년대 이후부터는 영미권의 학자들을 중심으로 주로 공시적으로 성경본문을 분석하는 학자들이 늘어났다.

이러한 해석학에 있어서의 변화는, 본문에 대한 통시적 접근 방식이 너무 가설적이고 사실상 별로 생산적이지 못했던 반면, 공시적 접근방법은 오히려 본문을 공시적으로 대하면서 완성된 본문을 통하여 어떤 메시지를 얻어내고 더욱 나아가서는 그것이 오늘날 우리에게 어떤 의미를 주는지를 파악해낼 수 있었기 때문이다. 물론 최근에 들어와서는 이 두 가지를 통합하는 접근방식이 선호된다. 즉 먼저 본문을 공시적으로 보면서 본문의 의미를 찾고, 다음으로 본문의 발전과정을 통시적으로 파악하면서 저자의 의도를 발견하려고 시도하는 것이다. 이런 통전적인 해석방법이 바람직한 것은 두 말 할 것도 없다. 그러나 통시적인 해석방법과 공시적인 해석방법을 정확하게 알지 못하고서는 그것이 불가능하다. 이미 앞에서는 통시적인 해석방법에 대해서 살펴보았으므로, 여기서는 공시적인 해석방법에 대해서 고찰해 보겠다.

1. 사회과학적 접근방법

19세기 이후 성경 연구의 목적을 재조정하자는 목소리가 학계에서 높아졌고, 그 가운데서도 성경이 오늘날 우리에게 제공하는 다양한 기능과 효과를 연구하려는 시도가 활발해졌다. 고대 이스라엘 사회가 당면했던 사회 전반적인 문제들이 무엇인지 알고, 그것들을 하나님의 관점과 방법으로 해결하려 했던 하나님의 대변자들이 있었다. 그들의 메시지가 무엇이었는지 연구하며 그것을 오늘날 유사한 문제들에 직면한 우리의 사회에 적응해보려는 성경해석학적 시도가 대두 되었는데, 그것이 바로 사회과학적인 성경비평(sociological criticism)이다.

사회과학적인 성경연구는 사회경제적인 자료, 정치사적인 자료, 종교사적인 자료들을 두루 포함하고 있는 성경 안에서 과연, 어떤 사회구조와 어떤 사회적 과정들이 나타나고 있는가 하는 것을 살피는데 관심을 두었다. 이러한 연구에서 그들이 처음으로 집중한 것은 이스라엘의 기원에 관한 것이었는데, 여기서 '이스라엘' 민족은 팔레스타인 밖에서 안으로 침입 또는 점차적 이주를 해온 유목민 또는 반유목민이 아니라 팔레스타인 안에 살고 있었던 농민, 목축유목민, 사회적국외자들인 '아피루'(하비루)들이 도시국가들의 지배에 항거한 혁명연합체였다는, 새로운 가설을 제시하게 되었다. 이러한 사회과학적인 관심은 이스라엘의 역사와 종교라는 분야로 확대되었는데, 예언문학과 묵시문학의 사회적 성격을 사회심리학적인 방법으로 관찰하여 규명하려 하였다.

이러한 사회과학적인 성경연구는 근본적으로 성경 텍스트를 그 본래의 사회적 배경 속에 두고서 해석하려는 연구로서, 히브리 성경에 기록되고 전수된 이스라엘과 유대의 사회구조에 주로 관심을 두게 된다. 따라서 이 연구는, 성경에 대한 종교적이고 역사적인 관심 일변도의 역사비평에 대해 불만을 갖고 성경문헌들의 고유한 문학적 구조에 관심을 둔 신문학비평학적 성경해석과 같은 공통의 기반을 갖고 있다.

이런 흐름은 19세기에 대두한 현실적 측면을 보다 중시하는 문학적인 관점인 리얼리즘을 원류로 하여 형성되었으며, 이 범주에 속하는 서구 작가로는 발자크(Honore Balzac, 1799-1850)와 에밀 졸라(Emile Zola, 1840-1902)를 들 수 있다. 이러한 흐름이 낭만주의와 예술지상주의적 흐름 사이로 모습을 나타낼 수 있었던 배경의 주된 요인은 서구 전역에서 자본주의 발달로 낭만주의적 가치가 퇴색되기 시작한 시대상황과 2차 산업[179]을 주요 산업으로 한 근대적 도시의 발달, 임금노동자들의 대량도시 거주에 의해 형성된 이데올로기의 발달, 대중교육과 근대적 저널리즘의 발달 등 매우 복합적이다. 그리고 이 사회과학적 비평의 이론적 틀을 만든 사람은 생트 뵈브(Charles Augustin Sainte-Beuve, 1804-1868)와 이뽈릿 테느(Hippolyte Taine, 1828-93)이다.

테느는 문학은 모방이라고 하는 아리스토텔레스적인 관점을 비판하는 한편, 문학이 당대 현실의 재현이라고 주장한 사회학적 비평의 선구자였다. 그는 『영문학사』 서문에서 문학작품은 서로 침투하는 세 요소인 '인종, 환경, 시대' 의 소산물이라고 하여 문학의 사회성을 강조한 비평가였다. 또한 사회적 현실의 주요 요소들의 상호관계에 대한 분석을 통해 문학을 설명하려고 했던 테느의 관점은 이후 사회학적 비평의 발달에 중요한 계기가 되었다.

사회과학적 비평의 주류는 20세기로 들어오면서 점차 사회주의 리얼리즘으로 발전하게 되는데, 그 원류는 마르크스(Karl Marx, 1818-83)와 엥겔스(Ernst Engels, 1821-96)에게서 찾을 수 있으며, 고도로 발달된 사회과학적 비평은 루카치(Lucaci), 보레히트(Brehet), 골드만(Goldman), 바흐진(Bachgin) 등에 의해 이루어졌다.

사회과학적인 성경비평을 유물론적인 성경비평이라고도 하는 까닭이 여기에 있다. 유물론이라는 말의 사전적 의미는 영혼이나 정신 따위의 실재를 부정하고, 우주 만물의 궁극적 실재는 물질뿐이라고 보는 이론이다. '유물론적' 이라는 수식어가 성경해석 방법과 결합되었다는 사실부터가 순수한 종교적 · 신학적 범주로만 사고하던 대다수의 기독교인들에게 충격을 일으키기에 충분할 것이다. 한마디로 '유물론적 성경해석' 이란 마르크스주의자들의 역사적, 유물론적 분석방법과 문학적 구조주의로 성경의 사회상을 해석하려는 방법을 지칭하는 말이다. 최근에 들어와 사회학과 성경해석이 접목되면서 해방신학과 민중 신학이 관심을 모으고 있다. 해방신학과 민중 신학은 성경의 흐름을 마르크스주의적인 시각에서 보고 있는데, 이것은 사회학과 성경해석의 연계성을 보여주는 대표적인 경우이다.[180] 그러나 타락한 인간들이 그 관계를 곡해시킬 수도 있으므로 심각하게 고려하고 논의하여야 할 문제다.

성경은 인간이 정신적 존재임을 부인하지도 않으며, 동시에 일방적으로 절대화하지도 않는다. 다시 말하면 성경은 인간을 단순한 정신적 존재만으로 보지 않고, 역사와 사회적 삶의 관계 속에 있는 구체적 존재로 파악한다는 말이다. 따라서 유물론적 해석방법은 지금까지 해온 대로 성경을 단순한 문학적 산물로 보고 문헌학적인 관점에서만 보는데서 탈피하여, 사회사적인 관점에서 성경을 해석함으로써 당시의 실생활을 재건하고, 이로 인해 성경에 나타난 경험과 신앙, 희망 등을 보다 분명하게 실제적으로 파악하려고 하는 것이다. 다시 말하면 유물론적 성경해석이란 생산 관계 내지 권력관계를 결코 무시하지 않고, 상황을 분석함에 있어서 경제, 정치, 그리고 이데올로기라는 세 가지 측면에서 검토하는 해석을 말한다. 그리고 유물론적 성경해석은 실천이 결정적인 중요성을 지닌 것으로 보고 실천을 참된 인식론적 원리로 본다. 따라서 유물론적 성경해석은 중립적인 입장에 서기보다는 사회의 약한 자, 가난한 자, 억눌린 자 등 비 혜택계층의 편에 서서 성경을 해석하려는 경향을 띠고 있으며, 역사를 주로 피지배자의 입장에서 이해하는 것이다.

사회학적 연구 방법이 성경해석에 도입됨으로써 성경자료의 전승자들과 성경문서의 저자들 및 수신인들이 처해있던 사회적 정황을 전체적인 사회의 구도라는 시각에서 종합적으로 고찰할 수 있는 길이 열렸다. 예를 들면 종래의 양식비평은 양식이 생겨나게 된 삶의 자리를 순전히 종교적 삶의 영역에 국한하여 양식과 그 삶의 자리와의 관계를 밝히는 데에만 그쳤는데, 이제는 그 자리를 사회 전반으로까지 확대하여 고찰해야 한다는 인식에 도달했다. 성경의 사회학적 연구는 성경 시대의 사회학적 여러 현상들을 단순히 서술하는 것으로 끝나지 않고 이러한 사회적 현상들과 개개의 성경문서 성립 사이의 관계를 설명하는 데까지 나아간다.

2. 문학적 접근방법

성경해석학의 패러다임은 통시적 해석과 공시적 해석으로 나눌 수 있다. 통시적 해석은 텍스트 이전에 대하여 관심을 갖고서, 텍스트를 구성하는 요소들인 저자 및 배경에 관하여 역사적이고 분석적인 해석에 치중한다. 역사비평이 통시적인 해석을 표방한다면 문학비평은 공시적 해석에 속한다. 이처럼 역사적 영역으로부터 문학적 영역으로 바뀐 변화를 로버트슨(David Robertson)은 '틀의 전환' (a Paradigm shift)이라 하였다.[181] 그 틀의 전환이란 바로 통시적인 연구방법으로부터 공시적인 해석방법으로 옮겨진 것을 뜻한다.

로버트슨은 이 사실을 이렇게 강조하여 말하였다. "이제껏 현대의 모든 성경 연구를 실제로 지배해 온 틀은 '역사' 라고 말할 수 있겠다. 그래서 이 틀을 갖고 일하는 학자들은 성경 본문의 문학적 성격을 부수적인 것으로 간주해 버리거나 역사적 질문들을 해결할 목적으로 문학적 작업을 착수해 왔다."[182] 그러나 오늘날에는 이와 반대로 성경 해석가들을 이끌어 가는 패러다임 또는 지배적인 사상이 문학이라 할 수 있다.

제임스 뮬렌버그(James Muilenburg, 1896-1974)가 1968년에 행한 "양식비평과 그 넘어" (*Form Criticism and Beyond*)[183]라는 강연을 기점으로 성경해석은 통시적 해석에서 공시적 해석으로 넘어가게 된다. 공시적 해석은 성경을 문학 작품으로 인정하고 성경 텍스트에 접근하는 시도다.[184] 그러나 뮬렌버그는 문학적 접근방법 중의 하나인 수사비평이 양식비평을 대신하는 것으로 보지 않고, 보충하는 역할을 하는 것으로 보았다. 이와 같이 역사비평과 문학비평은 서로 배치되는 것이 아니라 상호 보충의 관계에 있다 할 수 있을 것이다. 새로운 성경연구 방법은 전통적인 성경해석방법에서 얻은 결실과 유산을 신앙공동체를 위한 해석에 적용할 수가 있다.[185] 예를 들면, 역사비평은 통시적 분석으로 고대의 문화와 문학적 관습을 이해하여 텍스트의 과거적인 의미를 파악하는 데 도움을 주고, 문학비평은 공시적 분석으로 통일된 텍스트가 주는 전체적인 메시지를 들을 수 있게 한다. 이런 점에서 두 성경 접근방법은 배타적인 것이 아니라 상호 상보적인 것이라 할 수 있다.

지금까지 시행된 성경 텍스트 해석에 대한 통시적(역사적)인 접근은 성경 이야기가 하나로 일관성 있게 읽혀질 수 있다는 문학적 성격을 간과하고 말았다. 따라서 문학비평은 텍스트를 세밀하게, 그리고 깊이 있게, 반복해서 읽으면서 성경 텍스트의 메시지를 파악하는 시도를 하는 것이다. 이러한 시도는 역사적 해석을 보완하고 비판하기 위해서 기도된 공시적(synchronic)인 시도다. 통시적 연구 방법이 어떤 현상을 시간의 연속성 또는 역사성 위에서 찾아보는 것이라면, 공시적 연구 방법은 시간을 꿰뚫고 수직적인 관점에서 관련되는 모든 사항들을 동시적으로 파악하는 것이라 할 수 있다.

이와 같이 성경을 문학 텍스트로 보고 이를 문학적으로 접근하는 것은 성경을 원래 목적에 부합되게 읽는 것이다. 성경은 원래 문학 텍스트로 인간에게 주어진 것이기 때문에 이를 문학적으로 인정하고 접근할 경우, 다른 어떤 방법론으로 접근했을 경우에도 해결하기 어려웠던 문제들을 해결할 수 있을 뿐 아니라, 그 성경이 전하고자 하는 메시지를 보다 정확하게 이해하는데 매우 도움이 된다. 따라서 성경에 대한 문학적 접근은 성경에 대한 정확한 이해와 실천에 있어서 필수적이다. 그러나 문학적 접근만이 성경을 이해하는 유일한 방법론이라고 주장하는 것은 크게 잘못된 일이다. 오히려 문학적 접근방법, 그 자체의 한계를 인식하고 유기적인 해석방법으로 성경에 접근하는 것이 가장 옳은 방법이라 할 수 있다.

성경문학비평에 대한 정의를 한 마디로 내리기는 매우 어렵지만, 굳이 한다면 이렇게 내릴 수 있을 것이다. 성경문학비평이란, "성경의 본문에 나타나는 문학 장르, 언어의 기교적인 사용, 사상의 전환, 이미지, 해설자의 관점, 등장인물, 줄거리, 주제, 비유적인 언어, 상징법 등을 다각적으로 연구함으로써 그 본문이 담고 있는 문학적 우수성, 영상적인 아름다움, 지적 또는 신학적인 교훈, 그리고 정서적 감동 등을 찾아내는 해석방법이다."[186]

문학비평은 그 명칭에 있어서 심미적 비평이나 수사비평보다 더 넓은 폭을 지니고 있다. 왜냐하면 그것은 단지 텍스트의 아름다움을 찾거나 사람들의 심미적인 반응에 관심을 국한시키지 않기 때문이다. 즉 그것은 단지 문체를 연구하는 것 정도가 아니고 저자와 텍스트와 독자의 삼중적 관계 사이에 있는 의미 전달을 연구하기 때문이다. 에브람스(M. A. Abrams)가 말한 것처럼 그것은 한 저자가 한 텍스트에서 어떻게 "예술적인 수단을 통해 독자나 청중에게 효과"를 미치는가를 찾아가는 것이라 할 수 있다.[187]

문학적인 성경 접근방법은 그 갈래가 다양하다. 그 다양한 갈래들을 모두 다 다룰 필요는 없기 때문에, 성경해석 상 가장 중요하고 요긴하다고 생각되는 방법들만을 선별하여 다루겠다.

1) 정경적 접근방법

사회과학적인 성경비평과 아울러 총체적인 문학적 해석의 한 형태가 나타났는데 그것이 바로 정경적인 접근방법이다. 과거에 복음주의적인 해석자들은 대부분 은연 중 정경적인 접근방법을 고수하였다. 그러나 오늘날 이 접근방법이 뚜렷하게 발전하게 된 것은 차일즈(Brevard S. Childs, 1923-2007)에 의해서이다. 우리는 그것을 흔히 정경비평(canonical criticism)이라 부른다. 지금까지 구미 성경 신학계를 지배해온 성경연구 방법론은 가블러(Gabler) 이래 주로 문서비평학, 양식비평학, 전승비평학, 편집비평학 등이었고 그것들은 주로 언어적 연구, 문학적 심미학, 고고학적 연구, 비교종교연구 등의 자극을 받아왔었다. 그러나 해석학적인 차원 또는 신학적 차원에서 말한다면, 지금까지의 구약해석학은 대체로 역사주의적 해석의 절대적 영향 아래 있었던 것으로 보인다. 이 경우에서 보면 소위 케리그마적 주석을 제창한 폰 라트(G. von Rad)의 구원사적 성경해석도 역사주의적 해석의 범주에서 완전히 벗어난 것은 아니다. 이러한 맥락에서 볼 때, 차일즈의 소위 경전적 해석학은 성경해석사에 있어서 새로운 전기를 마련해 주었다고 보아야 한다.[188)]

이 정경비평은 양식비평의 한계와 성경해석학의 위기를 극복하려는 한 시도에서 출발한다. 이 학풍을 대변하는 대표적인 학자는 이미 언급된 차일즈와 샌더즈(J. A. Sanders)이다. 차일즈는 재래의 통시적(diachronic) 연구방법이 강조한 텍스트의 역사성 규명지향성과 그리고 공동체의 신앙과는 유리되는 학문주의(scholaticism) 지향성을 성경신학의 한 위기라고 보고 이 둘을 극복하려는 강한 의지를 가지고 소위 말하는 공시적(synchronic) 연구방법론이라는 형태를 들고 나타났다. 이러한 공시적 연구방법은 성경 텍스트가 본래 의미하였던 바를 구명하여 재구성하려는 재래의 통시적 접근의 성향에 머물지 않고 여기서 더 나아가, 주로 텍스트의 최종 형태를 강조하여 그것의 현재적 의미를 규명하는데 주력하였다.

차일즈는 정경비평과 연관된 문제점은, "성경책은 '거룩한 말씀' 으로 읽어야 한다는 자세를 확고하게 취하는 일이라"[189)] 하였고, 또 다른 곳에서는 "어떻게 사람들이 성경책을 그 자체 안에서 이해할 수 있을 것인가, 즉 어떻게 하면 성경책을 교회의 성경 말씀으로 읽을 수 있을까?하는 것"[190)]이라고 하였다. 이와 같이 차일즈는 자유주의적인 비평 학자들과는 달리 성경 말씀을 '그 자체 안에서' 해석하려고 하였다. 그는 성경 텍스트가 그것을 쓴 저자와 반드시 관련되지 않고서도 스스로 그 자체로서 생명력을 가질 수도 있다고 보는 매우 특이한 입장을 취하였다.

위에서 말한 대로 신학적인 접근방법이 낡은 성경 신학이라면,

여기서 지금 말하는 정경적 접근방법은 새로운 성경 신학이라고 할 수 있을 것이다. 차일즈도 그의 저서 『성경 신학의 위기』라는 책에서 이미 '새로운 성경 신학의 필요성' 을 지적한 일이 있다.[191] 차일즈는 낡은 성경 신학의 약점은 성경 본문을 그 정경적 형태 그대로 진지하게 받아들이는데 실패했다는 점이라고 지적하면서, 새로운 성경 신학의 형태를 제안하였다. 즉 차일즈는 새로운 형태의 성경 신학이란 교회의 정경이 성경 신학을 하기 위한 가장 알맞은 맥락이라는 이론을 수호하는 것이라고 하였다.[192]

차일즈가 성경 해석의 맥락으로 정경을 선택하는 이유는 세 가지였다. 그 이유는 바로 정경이 규범적이고, 최종적 형태를 갖춘 문서이며, 현재와 연관성을 찾을 수 있는 채널이기 때문이었다. 그가 성경 해석의 맥락으로 역사나 성경 이전의 문서들보다 정경을 선택한 주요 이유는 정경만이 규범적이라는 데 있다. 정경이라는 맥락 안에서 성경 신학을 하는 것은 '성경' 이라는 전승의 규범적 성격을 인정하는 것이다. 정경을 성경 해석의 맥락으로 선택하는 또 다른 이유는 정경이 성경이라는 문서의 최종적 형태이므로, 정경만이 계시의 역사를 전체적으로 충분하게 증명해 주기 때문이다.

정경을 해석의 맥락으로 삼는 세 번째 이유는, 정경이 그 메시지를 현재의 우리에게로 직접 연결시켜 주는 채널의 기능을 하기 때문이다. "교회의 성경은 과거의 고문서가 아니라 교회를 계속되게 하는 생명의 채널로서 하나님께서는 이 채널을 통해 자신의 백성을 가르치시고 훈계하시는 것이다. 그리고 정경을 성경 해석의 맥락으로 사용한다는 것은, 곧 성경을 역사적 과거의 맥락 안에 가두어 놓으려는 방법을 거부하는 것을 의미한다."[193]

차일즈가 이처럼 새로운 형태의 성경 신학을 주창한 것은 현대의 많은 주석 책들을 볼 때, "생각을 자극시키는 것이 별로 없으며 마음을 감동시키는 것이 전혀 없기" 때문이었다.[194] 현대의 많은 주석들은 정경적 형태를 형성하고 있는 요소들 자체를 배제함으로 본래의 역사적 상황을 재구성해 보려고 하기 때문에 성경 텍스트를 비정경화 하는 경우가 아주 많다. 그래서 그는 새로운 형태의 성경 신학이 필요하다고 주장했다.

차일즈는 히브리어 텍스트(마소라 텍스트)를 경전으로 선호하고 그 경전의 최종적인 텍스트에 강조점을 둔다는 점에서, 헬라어 역본(셉튜아진타: LXX)을 경전으로서 더 선호하고 그것을 경전의 형성과정에 강조점을 두는 샌더즈와는 약간의 입장 차이를 갖고 있으나, 이들은 모두 신문학비평학과 함께, 성경문학의 최종형태 자체와 그리고 그것을 신앙적 규범서로 삼는 공동체 사이에 갖게 되는 현재적 관계를 특히 강조한다는 점에서 공통의 입장을 갖고 있다. 그는 이렇게 '새로운 성경신학과 해석학의 필요성'을 제창하면서도, 역사비평학적 방법의 여과를 철저히 거쳐서 성경의 신학적 해석에 대한 책임과 교회생활에 대한 책임을 모두 강조하는 태도를 취하기도 하였다. 그러나 이 비평학도 완전한 것은 아니다. 어떤 성경해석학도 한계가 없는 것은 하나도 없기 때문이다. 사회과학적 비평과 정경비평의 연구관심을 수용하면서, 성경의 문학적 성격을 중심으로 텍스트가 독자들에게 제공하는 다양한 감동과 효과를 연구하려는 해석학적인 시도가 문학적인 성경연구라고 하겠다.

성경이 정경으로 고대 이스라엘의 신앙 공동체에 삶의 기준을 제시해주었던 것처럼 오늘에 있어서도 성경은 새 이스라엘인 교회공동체의 삶에 규범을 제공하기에 충분하고 권위 있는 책으로 사용되어 오고 있다. 정경비평은 이러한 성경의 최종 형태의 본문이 가지고 있는 기능과 의미를 추구함으로 본문의 가치를 높여주었으며, 그 후 이 최종 형태의 본문에 더욱 관심을 갖게 하는 계기를 만들어 주었다. 또한 성경은 정경으로서의 그 의미를 찾으려 하기 때문에 『구약성경』과 『신약성경』 사이의 관계성을 이해하고 그 의미를 폭넓게 하는 데도 도움을 주었다.

그러나 정경적 성경연구는 다음과 같은 한계점도 갖고 있다. 그것은 본문의 원래배경 등에 대한 충분한 이해를 바탕으로 해야 하기 때문에 현재의 신학적 의미에 치중하는 주관적인 것으로 그칠 수 있다는 점이다. 또한 본문의 최종 형태가 반드시 이전의 형태보다 그 본문의 의미를 더욱 분명하게 전달한다고 할 수 없다는 점도 단점이라 할 수 있다. 그러므로 통시적인 접근방법과 공시적인 접근방법을 가장 적절하게 활용하고 서로 그 한계점들을 보충할 때 비로소 본문의 뜻을 충분히 드러낼 수 있다.

2) 수사적 접근방법

서양의 '레토릭'(rhetoric)이라는 말은 본래 모임에서 말하는 사람, 즉 청중을 앞에 둔 사람의 웅변술을 뜻했다. 웅변은 청중을 설득시키기 위한 말이다. 아테네의 공화정치 시대에는 각 시민이 모두 정치적 발언을 했고, 법적인 시비가 있을 때에는 그 자신의 변호사가 되었고(법정웅변) 어떤 인물의 업적에 대한 찬양, 또는 공격을 했기 때문에 자연히 말 잘하는 법을 각자가 다 잘 익혀야만 했다. 소피스트들 중의 일부는 말재간을 강조하여, 진리나 지식과 관계없이 말재간으로 상대방을 마음대로 조종할 수 있다는 말까지 하여, 소크라테스와 플라톤 같은 진리의 수호자들에게 공격을 받았다.

아테네의 공화정치가 파멸한 후에는 웅변술이 쇠퇴하고 말보다 글의 장식적 효과를 내는 방법이 집중적으로 추구되었다. 이리하여 웅변술은 수사학, 즉 작문법으로 위축된 느낌이 있다. 수사학은 말을 잘 쓰는 법 내지 문장을 아름답고 힘 있게 꾸미는 법이기 때문에 역시 좋은 글의 일종인 문학을 다루는 시학(또는 문학론)과 일치하는 부분이 있다. 소피스트 중에는 웅변이나 시나 결국 마찬가지라고 보는 사람도 많았다. 아리스토텔레스도 그 둘의 공통점을 인정하였다.

아리스토텔레스는 그의 『수사학』(웅변술)이라는 책에서 수사학을 "어떠한 상황에서 청중 또는 독자를 설득하기 위하여 사용하는 모든 말 또는 글의 수단"이라고 정의하였다. 그러므로 수사법이란 독자를 설득시키는 기술 즉 설득 언어 장치를 일컫는 것이라 할 수 있다. 성경을 수사학적으로 연구한다는 것은 성경의 설득력을 수사법이라는 렌즈를 통하여 밝혀보는 것을 의미한다. 성경 기자들은 독자를 설득시키기 위해 다양한 기법과 기교를 사용하였다. 이런 수사법은 내용이나 메시지와는 전혀 관계가 없는 장식적 요소이거나 형식적 요소만은 아니다. 내용과 형식은 일치시키는 것이 원칙이기 때문에 형식과 내용은 나누어 생각할 수 없다.

화자와 연설 그리고 청중 사이에서 일어나는 의사소통을 연구한 고전 수사학은 설득력 있는 연설을 준비하기 위하여 주제설정(창안, inventio=invention), 구조(정돈, dispositio=arrangement), 문체(elocutio=style), 기억(memoria=memory), 전달(연설솜씨, actio=delivery) 등 다섯 단계의 과정을 거칠 것을 제시하였다.[195] 주제의 설정 또는 창안은 자료를 조사하여 무엇을 말할지를 창안하고 발견하는 작업이다. 구조는 전달하는 말을 틀에 맞춰서 배열하고 조직하는 짜임새를 가리킨다. 문체는 이야기를 효과적으로 전달하기 위해서 어떤 단어를 선택해서 어떤 방법으로 전달해야 하는데 관심을 두는 것을 가리키며, 기억은 아무 기록 없이도 이야기를 전달할 수 있도록 화자가 갖추는 기억 장치이다. 전달 또는 연설솜씨는 말로 전달하는 기술을 지칭한다.

수사학적 성경해석이 관심하는 분야는 수사학의 다섯 영역 중

구조와 문체 및 수사적 장치라 할 수 있다. 트리블(Phyllis Trible)은 구조를 '구성의 예술' (art of composition)로, 문체를 '설득의 기술' (art of persuasion)로 설명하였다.[196] 이런 관점에서 오늘날 수사학적 성경해석이 방법론 상 크게 둘로 구분된다. 한 부류는 텍스트의 구조와 짜임새(구성의 예술)를 규명하는데 초점을 둔 수사학적 해석이고, 다른 한 부류는 문체와 표현, 전달과 효과(설득의 기술)를 파악하는데 역점을 둔 수사학적 해석이다. 문장과 문체의 미적 장식 쪽에서 수사학을 접근하는 자들이 주로 구성의 예술에 관심을 둔다면, 수사학을 토론과 논쟁의 기술 쪽에서 이해하는 학자들은 대개 설득의 기교에 관심을 둔다.

현대수사학의 아버지라 할 수 있는 뮬렌버그(James Muilenburg, 1896-1974)의 성경해석 방법론은 텍스트의 구성에 대한 수사학적 관심이라고 한 마디로 규정지을 수 있다. 뮬렌버그가 수사학적 해석을 이루기 위해서 제안한 방법론을 정리해 보면 다음과 같다. 첫째, 텍스트를 문학적 단위들(literary units)로 나눈다. 둘째, 텍스트를 구성하는 단위들이 모여서 이룬 텍스트의 구조를 파악한다. 텍스트의 구조가 어떤 모양으로 이루어져 있는지를 다양한 수사학적 장치를 활용하여 관찰하고, 동시에 저자의 생각이 발전되어 가는 과정 속에 깃들어 있는 단절과 변화를 파악한다. 셋째, 텍스트에서 저자의 생각이 한 단위에서 그 다음 단위로 어떻게 발전하는지를 도표로 나타낸다. 넷째, 지금까지 살핀 모든 결과들을 종합해서 저자의 의도가 무엇이었는지를, 또는 각 단위 속에 주어져 있는 의도가 무엇인지를 설명한다.

뮬렌버그가 수립한 수사학적 성경해석의 특징은 한편으로는 텍스트를 구성하는 문학단위를 구분하면서도, 다른 한편으로는 그 단위들이 텍스트 속에서 어떤 모습으로 서로 관련을 맺으면서 연결되는지를 규명하고, 그럼으로써 텍스트를 구성하는 문학 단위

위의 형태, 범위, 구조를 파악하게 된다는데 있다.

트리블은 뮬렌버그의 수사학적 성경해석 방법론을 계승하고 집대성하였다. 트리블은 수사학적 해석이 성경 텍스트에 대한 집중적인 연구라고 전제하고, 성경 텍스트의 '유기적인 통일성'(organic unity)을 규명한다.[197] 트리블은 뮬렌버그처럼 텍스트 해석의 단계를 크게 둘로 정리한다. 첫째는 수사학적 해석의 출발은 텍스트의 양식(form)과 내용(content)에 근거해서 텍스트를 이루는 문학적 단위를 찾는 일에 있다. 둘째는 이 텍스트 단위들이 서로 어떻게 연결되어 있으며 전체 구조 속에서 어떻게 이어지고 있는지를 파악한다. 트리블은 성경 텍스트를 수삭학적으로 해석하는데 다음과 같은 열 가지 지침(해석방법)을 제안했다.[198]

1. 수사학적 해석은 텍스트에서 시작한다. 먼저 텍스트를 읽고 또 읽는다. 히브리어 성경을 비롯하여 여러 가지 번역본들을 함께 읽는다.

2. 텍스트에 관련된 자율을 얻기 위하여 다양한 문학적인 글을 읽는다. 텍스트 해석의 문학적인 단서를 얻기 위해서는 많은 독서가 때로는 필요하다.

3. 텍스트의 해석과 관련된 배경적인 지식을 파악해둔다. 텍스트의 배경에 관한 정보는 텍스트 해석의 깊이와 관점을 제공해 준다.

4. 수사학적인 해석에 대한 지식, 방법, 용어 등을 미리 파악해둔다.

5. 텍스트의 생김새(features)를 세밀하게 관찰한다.

1) 텍스트의 시작과 끝을 점검 한다. 텍스트의 문학적인 단위들을 구분한다.

2) 단어, 구문, 문장의 반복에 주목한다. 반복은 텍스트의 구조와 의미를 파악하는 중추기능을 감당한다.

3) 담화(discourse)의 형태를 식별한다. 이야기와 이야기, 말과 말이 서로 어떻게 작용하는지를 파악한다.

4) 텍스트의 구조(structure)와 외부적인 형태(design)를 규명한다.

5) 이야기의 줄거리(plot)가 어떻게 시작하고 끝나는지를 추적한다. 이야기의 흐름 속에 무엇이, 언제, 어떻게, 어디서 변화하는지를 주목한다.

6) 등장인물의 묘사에 관심을 둔다. 등장인물들 사이에 벌어지는 일, 말, 행동을 주목한다. 그들의 성(性)과 민족, 계층을 확인하다.

7) 구문론(syntax)을 살핀다. 히브리어 문장이 정상적인 순서를 밟아 기술되고 있는지, 아닌지를 살핀다.

8) 히브리어의 불변화사의 사용에 주목한다. 문장과 문장을 연결하는 히브리어 불변화사는 글의 연결과 움직임, 강조와 구조를 파악하는 일에 중요한 역할을 한다.

6. 텍스트에 쓰인 단어, 텍스트에 나오는 '바로 그대로의 말' 을 그 순서대로 사용하여 텍스트의 구조를 나타낸다.

7. 히브리어 텍스트를 번역한다. 이 때 히브리어의 구문뿐만 아니라 원래 단어까지 직역을 시도한다. 히브리어 문장에서 진정한 구조를 볼 수 있기 때문이다.

8. 텍스트에 나타난 두드러진 현상들을 파악하기 위해서 일련의 부호(밑줄, 점선 등)를 사용하도록 한다. 즉 반복되어 나타나는 단어, 어구, 구절, 문장을 표시하기 위해서 일관성 있는 계통을 따라 고안된 부호들을 사용한다.

9. 수사학적 구조를 만들어서 표시하고, 그것을 문장으로 설명하고 풀이한다. 수사학적 구조가 무엇을 제시하고 있는지를 설명하고 그것을 해석한다.

10. 지금까지의 작업에서 발견한 결과들을 서로 연결하여 생각한다. 해석하고 있는 텍스트에 정당한 질문을 던지도록 하라. 글의 형식과 내용 그리고 의미 사이에 놓여져 있는 상호관계와 씨름해야 한다.

한 마디로 수사학적 성경해석을 요약한다면, 그것은 여러 단위들로 구성되어 있는 텍스트가 어떤 모습으로 짜여져 있는지를, 즉 구성과 구조를 수사학적 장치(문체와 표현 등)를 통해서 분석하고 해설하는 동시에 그것을 도표화해서 나타내는 해석 방법론이라 할 수 있다.

위에서 언급한 뮬렌버그의 분석 초점과 트리블의 해석 지침들을 유의하면서 여기서는 수사학적 해석학이 가장 관심을 갖고 추구하는 구조와 문체 및 설득의 기술로서의 표현기법에 초점을 맞추어 해석을 시도하겠다.

〈1〉 수사적 구조

서상한 것처럼 수사학적 성경해석에 있어서 우선되어야 할 것은 텍스트의 단위를 규정하는 일이다. 그 후에 그 규정된 텍스트를 가지고 그 텍스트가 어떤 양태로 구성되어 있는지를 살펴야 한다. 그것이 바로 수사적 구조를 고찰하는 것이다. 구조는 연구자의 관점에 따라 달리 구분할 수 있지만, 일반적으로 말하는 보편적 구조는 반복구조, 병렬구조, 포괄구조, 엑스형의 교차구조로 구분된다. 이런 구분에 따라서 수사적 구조 문제를 살펴보겠다.

(1) 반복구조

반복구조(repetition structure)는 히브리 이야기에서 즐겨 쓰는 장치이다. 그 사용 범위는 낱말의 반복으로부터 전체 담화(speech)의 반복까지 다양하다. 먼저 우리는 단어들이 반복되는 것을 찾아보겠는데, 예를 들면 '산상수훈' 의 팔복(八福)에서 아홉 번이나 되풀이되는 "복이 있나니"라는 말과 같은 것이다. 단어 말고 문구가 반복되는 경우도 있다. 「마태복음」 5장에서는 "…. 하였다는 것을 너희가 들었으나"라는 문구가 다섯 번(5:21, 27, 33, 38, 43) 반복되고, 「마태복음」 6장에서는 "은밀한 중에 보시는 네 아버지께서 갚으시리라"라는 문구가 세 번(6: 4, 6, 18) 되풀이된다.

말의 패턴이 되풀이되는 경우도 있는데, 그 예는 「마가복음」 8-10장에서 찾을 수 있다. 「마가복음」 8-10장을 유심히 살펴보면, 금방 눈에 띄는 말의 패턴을 찾아 낼 수 있다. 그것이 곧 "이르시되"와 "가라사대"라는 말이다. 이런 말의 패턴을 통하여 예수는 늘 선생의 위치에 서서 말하고 가르쳤다는 것을 알 수 있다.

강화(講話)의 되풀이도 나오는데, 그 예는 「요한복음」 6, 8, 10장에서 찾을 수 있다. 여기서 우리는 세 강화를 만나게 된다. 그 첫 번째 강화는 6장의 '참된 양식인(생명의 떡이신) 예수 이야기' (요 6:36-59)이고, 두 번째 강화는 8장의 '세상의 빛이신 예수' 이야기(요 8:12-20)이며, 세 번째는 10장의 '선한 목자 되시는 예수 이야기' (요 10:1-18)이다. 요한은 이런 강화의 되풀이를 통해서 예수가 이 세상의 구세주로서 여러 형태로 나타나고 있음을 보여주었다.

또한 우리는 장면의 되풀이도 볼 수 있는데, 예를 들자면, 베드로가 한 장면에서 예수님을 세 번 부인한 일(막 14:66-72), 연속되는 장면에서 예수께서 자신에게 닥칠 고난을 말씀하신 일(막 8:31; 9:31; 10:33-34), 예수께서 각기 다른 두 장면에서 무리들을 먹이신 일(막 6:30-52; 8:1-21), 같은 등장인물인 니고데모가 예수의 사역의 시작과 중간과 끝 부분의 핵심 장면에서 나타난 일(요 3, 7, 19) 등이다.

반복구조의 패턴은 AA이다. 물론 AAA의 경우도 있다. 이 반복기법은 다양한 기능들을 갖고 있다. 가장 뚜렷한 기능은 강조이다. 더구나 가장 강조해야 할 경우가 대개 마지막에 놓이는데, 그로써 강조를 위해 되풀이 기법을 사용된다는 것을 알 수 있다. 또한 되풀이 기법은 어떤 주제를 부각시키거나 발전시키는 기능도 한다. 독자와 관련하여 말하자면, 반복패턴은 유사점과 차이점 모두에 대한 인식을 높여준다. 또한 되풀이 기법은 기억을 돕는 장치로 쓰이기도 한다. 물론 되풀이는 병렬법, 포괄법, 엑스형 교차법 같은 더 복잡한 패턴들을 만드는 토대가 되기도 한다.

(2) 병렬 구조

병렬구조(Parallel structure)도 여러 가지 변형된 형태를 취할 수가 있다. 우선 동의적인 병행 구조일 경우 반복의 형식인 A B, A' B' 형을 갖는다. 그러나 병행이 정확히 동의적인 경우는 극히 드물다. 그 예로 「이사야」 1장 2절 상반 절을 들 수 있다.

하늘이여	들으라	A B
땅이여	귀를 기울이라.	A' B'

위에서 든 예문의 수사적 구조의 단위는 「이사야」 1장 1절-20절로 퍽 긴 행수로 구성되어 있다. 이 문학적 단위는 예언자 이사야가 활동하였던 시기(유다왕 웃시야와 요담과 아하스와 히스기야 시대)와 아모스의 아들 이사야가 유다와 예루살렘에 대하여 본 이상(異像)을 언급하는 것으로 시작된다. 이사야는 그 이상 중에서 여호와 하나님의 말씀이 들려오는 것을 듣고 그것을 예언의 말씀으로 선포하는 것이다. 그가 선포하는 예언의 내용은 곧 하나님이 들려주신 하나님의 말씀인 것이다. 그 말씀을 "하늘이여 땅이여 들으라"는 것이다. 병행되는 행은 앞에서 말한 내용을 단순히 반복하는 것이 아니라, 오히려 풍부하게 하게 하며 깊이 있게 하고, 신선한 뉘앙스와 새로운 요소들을 끌어들임으로써 앞의 내용을

변형시킬 뿐 아니라 더욱 구체적이고 생생하고 실감나게 만든다.[199] "하늘이여 들으라"는 선포는 하늘에 있는 존재들 즉 천사들을 향하여 하는 선포이고 "땅이여 귀를 기울이라"는 선포는 이 지구상의 존재들 인간들을 향하여 하는 선포이다. 그 선포의 내용인 즉 루시퍼 천사 무리들의 원초적인 반역과 인류의 조상 아담의 불순종을 상기시키면서 듣고 여호와의 말씀에 순종하면 축복을 누리게 되고 그렇지 않고 불순종하게 되면 멸망하게 된다는 것이다.

이런 반역은 과거에만 일어날 수 있는 것이 아니고 지금도 자행되고 있다는 것이다. 1장 2절 상반절의 병렬구조를 중심으로 하나님의 은총과 인간의 책임이 변증법적으로 엮어 짜여져 전개된다. 하나님의 은총은 부모가 자식을 양육하는 것으로(2절), 주인이 그의 가축을 돌보는 것으로(3절), 장군이 그의 군대를 지켜주시는 것으로(8-9절) 구체적이고 다양한 비유로 묘사하였다. 그럼에도 불구하고 나귀나 종보다도 못하게 유다와 예루살렘 거민들은 주인이신 아버지 하나님을 알지도 못하고(3절), 그를 "만홀히 여겨 멀리하고 물러갔다"(4절)는 것이다. 다시 말하면 하나님의 그 넓고 큰 은혜를 저버리고 배도에 이르렀으므로, 그 땅이 황폐해지고 파멸에 이르게 되었다는 것이다. 그런 하나님의 명령을 전하는 이사야의 안타까운 호소를 들으라는 것이다. 10절에서도 같은 병렬구조를 반복 사용하여 문학단위 편성의 폭을 넓히면서 그 의미를 강화시켰다.

너희 소돔의 관원들아 여호와의 말씀을 들을지어다 A B
너희 고모라의 백성들아 우리 하나님의 법에 귀를 기울일지어다 A' B'

이런 구조의 반복을 통하여 하나님의 법에 귀를 기울여 듣고 회개한 후 "순종하면 땅의 아름다운 소산을 먹을 것이지만(19절), 거절하여 배반하면 칼에 삼키우리라"(20절)라는 의미를 강화하고 증폭시켰다. 그리고 좀더 구체적인 설득의 기술들을 사용하여 간담을 서늘하게 한다. 즉 말 안 들으면 망하게 되는 데, 그저 망하는 것이 아니라 외적의 침탈을 받아 칼에 멸살하게 되리라는 것이다.

「시편」 6편을 병렬구조의 한 예로 더 들어 설명하겠다. 이 시편은 다윗의 정신적 육체적 고통 중에서 애통하며 울부짖는 개인의 기도요 간구이다. 이 시는 하나님의 이름을 "여호와여"라고 부르는 것으로 시작한다. 그리고 이 부름에 이어서 두 가지의 부정적인 요청이 바로 짝을 지어 뒤따르는 것을 볼 수 있다. 이것은 이 시의 형식 마지막 부분까지 계속 병행되고 있다.

주의 분으로 나를 견책하지 마옵시며　　　A　B
주의 진노로 나를 징계하지 마옵소서(6:1).　A'　B'

이미 말한 바와 같이, 위의 두 구절은 하나님께 대한 두 가지 다른 부정적인 요청을 드리는 부분이지만, 그 표현법만은 아주 비슷하다. 표현의 변화는 극히 적으며 그 요소도 상호 교환이 가능할 정도다. 이러한 방법으로 이 시는 메시지를 새로운 단어로 반복하고 있다. 말하자면, 똑같은 줄을 두 번 반복하면서 간청의 힘을 증폭시키고 있는 것이다. 즉 "제발, 제발 하지 마소서"라는 강한 간청을 병렬구조로 나타내었던 것이다. 그 다음 구절(2절)에서도 1절에서와 꼭 같이 강한 요청을 병렬구조로 표현하였다.

여호와여, 내가 수척하였사오니 긍휼히 여기소서.　A　B
여호와여, 나의 뼈가 떨리오니 나를 고치소서.　　A'　B'

다만 다음 3절에서는 간격이 생기면서 병렬 구절 사이가 열려지기 시작한다. 의심할 것도 없이 여기에서 시인은 자신과 하나님을 대조시키고 있다.

(그리고) 나의 영혼도 심히 떨리나이다.
여호와여, 어느 때까지니이까.

이러한 병렬 수단에 의해서 그는 자신의 하나님이 움직이지도 않고 행동하지도 않은 채 계신다고 한탄하는 것이다. 그리고 그는 이 구절 첫 부분에서 암시하고 있는 절망적인 환경에 대해서 적절한 반응이 있을 것이라고 하는 희망을 갖고 있다.

여호와여, 내 간구를 들으셨음이여, A B
여호와께서 내 기도를 받으시리로다(9절). A' B'

여호와께서 자기의 기도와 간구를 들으시고 모든 원수들을 부끄럽게 하실 것이라고 하는 희망을 피력하는 것이다. 이 시의 구조 형태는 A B, A' B' 이고, 이 구조로서 기록자가 표현하고자 한 근본적인 의도는 "신실한 기도는 하나님께서 들으시고 그 원수까지도 수치스럽게 하신다"는 것이다.

이런 반복적 병렬구조 패턴을 통하여 그 글의 중심적인 주제를 부각시키는 경우가 많다. 「창세기」 1장을 그 예로서 들겠다. 그 속에서 우리는 다음과 같은 유의미한 반복적 표현을 찾아낼 수가 있다. 즉 "하나님"은 30회, "하나님이 말씀하셨다"는 8회, "하나님이 보시기에 좋았더라"가 7회, "저녁이 되고 아침이 되었더라"가 7회 반복되어 있다. 이와 같은 반복적 표현을 통하여, 기록자는 하나님 중심적인 주제를 분명하게 부각시켰다. 그것이 곧 "절대 주권자 하나님께서는 만물을 창조하시되 좋게(아름답게) 창조하셨다"는 것이다.[200] 더욱이 기록자는 이러한 반복적 표현들을 서로 짝을 지어 놓음으로써, 다음과 같은 절묘한 병렬구조를 이루었다.

	6일	8가지 창조 사역	7번 언급된 "좋았다"
A	첫째날	빛	좋았다
B	둘째날	궁창	
C	셋째날	땅	좋았다
		채소	좋았다
A'	넷째날	해, 달, 별들	좋았다
B'	다섯째날	물고기, 새들	좋았다
C'	여섯째날	동물들	좋았다
		인간	좋았다

이와 같은 병렬구조에 따르면, 빛의 창조(첫째날)와 해, 달, 별들과 같은 발광체의 창조(넷째날)가 분명히 다르다는 사실을 알 수 있다. 또한 여기서는 "발광체들"의 창조를 채소와 물고기 창조 사이에 끼어 넣음으로써 채소나 물고기와 꼭 같은 해와 달(즉 이방신)에 대한 숭배는 헛된 것이라는 것을 드러내 보여주었다. 더군다나 이 구조에서는, 창조 사역이 첫째 날부터 셋째 날까지 그리고 넷째 날부터 여섯째 날까지로 점차적으로 진행 발전되었다는 것을 부각시켜 주었고, 하나의 주제에 초점을 맞추었다. 그것은 다름 아니라, "하나님께서 자신의 피조물을 질서가 잘 갖춰진 우주가 되도록 주권적으로 명령하셨고 그가 창조한 이 우주는 매우 좋다"라는 것이다.

또 다른 한 예로 「마태복음」 25장을 이 구조적인 방법으로 분해하면 거기에 들어 있는 세 비유의 뜻이 너무나 명확해진다. 세 비유 중에서 첫째는 열 처녀 비유이고, 둘째는 달란트 비유이며, 셋째는 염소와 양의 비유다. 이 세 비유가 25장의 전체 구조를 이루고 있다. 세 비유로 이루어진 이 구조는 집합체가 아니라 전체로서 서로 연관되어 있으며 유의미하게 구성되어 있다. 이런 병렬구조를 통하여 기록자는 "재림 때의 심판"이라는 중심적인 주제에 초점을 맞추었다.

A	슬기로운 다섯 처녀 등	미련한 다섯 처녀 등
B	기름 준비	기름준비 하지 않음
C	예수 영접	예수 영접 못함
D	잔치에 들어감	잔치에 들어가지 못함
A'	다섯(둘) 달란트	한 달란트
B'	장사	매장
C'	칭찬	질책
D'	영생	영벌
A''	양	염소
B''	오른 편	왼편
C''	복	저주
D''	천국	지옥

이 구조를 통하여 알 수 있는 것은 준비를 잘 갖춘 착하고 신실한 신자는 심판을 거쳐 하늘나라에 들어가지만 그렇지 못한 사람은 지옥에 들어가게 된다는 것이다.

(3) 포괄구조

포괄(inclusio)은 끝 부분에서 시작 부분을 되풀이함으로써 문학

단위의 범위와 경계를 긋는 기법이다. 때로 반지형의 구조라고도 한다. 그러나 우리가 주의해야 할 점은 단순히 이중적인 되풀이를 포괄로 분류해서는 안 된다는 사실이다. 포괄의 본보기들은 여러 곳에서 찾아 볼 수 있다. 이를테면 팔복은 "천국이 저희 것임이요" 라는 말씀으로 둘러싸여 있다(마 5:3, 10). 또한 포괄로 구성된 문학 단위로는「마태복음」15:11-20, 18:1-4, 19:13-15, 19:30-20:16 등을 그 예로 들 수 있다.

「마태복음」19장 13-15절은 안수 받기를 바라고 어린 아이들을 데리고 오는 것으로 시작해서 예수께서 저희들에게 안수하는 것으로 끝나는 문학 단위를 이루고 있다. 이처럼 포괄형의 구조는 비교적 작은 단위들의 경계를 구분 지을 뿐만 아니라 복음서 전체를 둘러싸기도 한다. 마태는 끝(마 28:20)에서, "내가 세상 끝날까지 너희와 항상 함께 있으리라"는 예수의 결론적인 말씀을 사용했는데, 이것을 보고 우리는, 마태가『구약성경』에 약속된 임마누엘에 대한 말씀을 처음 인용한 "하나님이 우리와 함께 계시다"(마 1:23) 라는 말씀을 생각하게 된다. 이런 포괄은, 다른 여러 문학적 장치들과 마찬가지로, 문학 단위를 마무리해 줄뿐 아니라 그 메시지를 부각시키기도 한다. 이 두 구절은 전략적으로 마태의 이야기의 처음과 마지막에 놓여서 이야기를 둘러싸고 있다. 두 구절이 결합하여, 마태의 이야기가 선포하는 메시지는, 메시아이시며 하나님의 아들이신 예수, 그분을 통하여 하나님께서 마지막 때에 자신의 백성 즉 교회와 함께 거하시려고 가까이 오셨으며 이로써 구원의 종말 시대가 시작된 것임을 계시하고 있다.

「마가복음」에서 우리는 이른바 ABA패턴이라고 할 수 있는, 좀 더 복잡한 형태의 포괄을 찾아볼 수 있다. 마가는 여러 번 어떠한 한 이야기를 다른 이야기의 중간에 샌드위치처럼 끼워넣는다. 이를테면 혈루증을 앓던 여인에 관한 이야기는 야이로의 딸에 관한 이야기의 중간에서 볼 수 있으며(막 5:21-43), 세례 요한의 참수(斬首)에 관한 이야기는 열두 제자의 전도 사역과 그들의 귀환에 관한 이야기 중간에 삽입되어 있다(막 6:7-31). 그리고 성전을 청결케 하는 이야기는 예수께서 무화과나무를 저주하신 이야기의 중간에 위치하고 있다(막 11:12-25). 「마가복음」의 이 독특한 구조와 연관하여 여전히 해결되지 않은 문제는 있지만, 확실한 것은 둘러싸고 있는 자료는 그 안에 들어 있는 자료를 해석하기 위해 의도되었다는 것이다. 따라서 저주받아 말라 버린 무화과나무가 분명히 보여주는 사실은, 성전이 계속하여 하나님을 예배하기에 더욱 알맞은 장소가 되게 하려고 성전을 청결케 하신 것이 아니었다는 점이다. 그 무화과나무가 열매를 맺으려면 사람이 가지치기를 해야 하는데, 그 나무는 오히려 말라 죽게 되었다. 이로써, 마가는 성전에서의 예수의 행동도 성전의 종말을 선포한 것으로 이해하여야 한다는 사실을 분명하게 드러낸 것이다.

이 포괄의 기법은 그 이야기의 끝을 알려주는 역할을 하며, 또한 청중이나 독자에게 처음에 한 말을 기억나게 함으로써 그 메시지를 부각시키고 오래 기억하게 만든다.

(4) 엑스형의 교차구조

히브리 시의 또 하나의 특징은 대칭구조를 이루고 있다는 것이다. 이는 대칭적 연결을 뜻하며 X 모양을 뜻하기도 하기 때문에 엑스형의 교차구조(chiasm)라고도 한다. 대칭 기법은 전체 구조에서 발견되기도 하고 일부에만 나타나기도 한다. 알덴(Robert L. Alden)은 「시편」 1-50편 연구에서 21개의 시가 이러한 구조로 되어 있다고 주장하고 「시편」 8편을 사례로 제시하였다.[201]

A 축복(1절)

B 하나님의 통치(2-3절)

C 인간의 연약함(4절)

C' 인간의 위대함(5절)

B' 인간의 통치(6-8절)

A' 축복(9절)

X 모양과 같이 양쪽 끝이 대칭을 이루고 있다면 중간 부분(C와 C')은 두 개의 선이 만나는 교차지점이라고 할 수 있다. 이곳은 양쪽의 공통된 내용을 담고 있으며, 따라서 저자는 이 부분에 초점을 맞춤으로 이것을 주체적 사상을 부각시키는 장소로 활용하였다. 본문의 경우 시인이 인간을 어떻게 보고 있는가(4절: "사람이 무엇이관대 주께서 저를 생각하시며 인자가 무엇이관대 주께서 저를 권고하시나이까")와 하나님께서 인간을 어떻게 보고 계신가(5절: "저를 천사보다 조금 못하게 하시고 영화와 존귀로 관을 씌우셨나이다)를 대조시켰다. 시를 한 절 한 절 읽다보면 이러한 구조를 놓치기 쉽다. 그러나 대칭구조는 하나의 분명하고 유효한 문학적 패턴 내지 사고방식으로 채용되었다. 이와 같은 구조를 통해 기록자는 가장 중심 되는 사상을 독자들에게 부각시켰다.

우리가 본문의 구조를 분석하는 가장 큰 목적은 계획(의도)과 절정 및 모형을 알아내는 것이라 할 수 있다.[202] 이 「시편」의 구조를 분석해 보았을 때 알 수 있는 계획은 "하나님의 이름이 온 땅에 아름답고 하늘 위에 그의 영광이 있다"(8:1, 17)라는 것이다.

게네스 베일리(Kenneth Bailey)라는 성경학자도 반복과 대구에 세심한 주의를 기울이면서, 교차법에 대해 특별한 관심을 쏟았다. 많은 예들 중에서 「누가복음」에 나오는 "길 잃은 양"의 비유를 들어 설명하겠다.

「누가복음」 15장 7절은 "내가 너희에게 이르노니 이와 같이 죄인 하나가 회개하면 하늘에서는 회개할 것 없는 의인 아흔 아홉을 인하여 기뻐하는 것보다 더하리라"로써 끝맺어진다. 이 끝맺음 말은 부차적인 첨가 내용이 아니라 4절 이야기를 여는 질문 "너희 중에 어느 사람이 양 일백 마리가 있는데 하나를 잃으면 아흔 아홉 마리를 들에 두고 그 잃은 것을 찾도록 찾아다니지 아니하느냐?"는 구절과 전적으로 조화를 이루는, 세심하게 구성된 교차법이라 할 수 있다. 두 절은 "너희"를 언급하면서 시작하였고 그런 후에 "하나"를 언급하고 "아흔 아홉"을 언급하면서 마쳤다. 4절과 7절 사이에 놓인 5-6절에서 "잃음"과 "찾음"이라는 상황을 끌어들이기 위해 "즐거워함"이라는 주제를 유도하였고 그런 후에 역순으로 그것을 반복하게 하였다. 이리하여 6절의 처음 부분 "집에 와서 그 벗과 이웃을 불러모으고"라는 이야기의 절정을 이루는 것으로 그 중심을 삼았다.

A. 너희 중에 어느 사람이
B. 하나
C. 아흔 아홉
 1. 잃은 것
  2. 찾다
   3. 즐거워하다
    4. 회복
   3'. 즐거워하다
  2'. 찾다
 1'. 잃은 양
A'. 내가 너희에게 이르노니
B'. 하나
C'. 아흔 아홉

하나님이 구속받지 못한 인생을 위하여 부지런히 찾으시듯 목자가 한 마리 잃어버린 양을 부지런히 찾을 수 있지만, 구원받은 죄인에 대한 천상의 기쁨은 의심할 나위 없이 흔히 목자가 길 잃은 양을 발견하고 근심을 더는 것보다 훨씬 뛰어나다는 것이다.[203] 이런 유형의 구조 분석은 분명 비유의 진실성을 더욱 증대시키며 그 의미를 더욱 잘 파악하게 만든다.

이처럼 엑스형 대구법은 포괄형의 구조와 마찬가지로, 문학 단위의 경계를 구분짓는 일뿐만 아니라 특히 그 단위의 중심점을 들어내어 그 메시지를 놓치지 않게 하는 역할을 한다.

〈2〉 문체와 수사

수사학에서 비중을 두어야 할 대목은 '문체' 다. '문체' 의 어원은 원래 라틴어 '스틸루스' (stilus)에서 유래한 말로, 은이나 그 밖의 금속, 상아, 골편(骨片) 등으로 만들어진 일종의 펜의 이름이었다. 그러므로 문체란 그 펜의 뾰족한 끝으로 납도판(蠟塗板, waxed board) 위에 문자를 쓰고 그 판판한 뒤끝으로 그 글씨를 지우고, 다시 초판을 뭉개어 판판하게 만들어 그 위에 다시 글씨를 쓰는 것을 가리켰다. 이와 같이, 스타일이란 말은 그 어원으로 미루어 글씨를 쓰는 도구에서 환유되어 문체란 뜻이 된 것이다. 그러나 이 '문체' 라는 말뜻은 수사학과 결부되면서 문장형태의 유형과 혼동되어 온 일이 많았다.

언어 표현 속에 들어 있는 보다 개별적인 것과 특수한 것 속에서 문체는 드러난다. 머리는 "문체란 작가 특유의 감정 · 사상 또는 그러한 체계를 정확하게 전하는 언어의 한 특질이다"[204]라고 정의하였다. 문체란 이와 같이 개인의 사고하는 방법, 감정이나 감각의 차이 같은 개별적인 특수성을, 독자적인 문자로 표현한 것이라 할 수 있다. 따라서 문체란 작가의 정신이나 이념보다 훨씬 실제적인 것이며, 감각적이고 육체적인 특성을 지니게 된다.

쉽게 말해서 문체란 글 쓰는 사람의 '글투', '글 버릇' 이라고 말할 수 있다. 그런데 여기서 '글투', '글 버릇' 의 의미는 단순한 습관이 아니라 '솜씨' 라는 의미로 받아들여야 한다. 즉 좋은 글은 글투가 있다는 말이 된다. 따라서 문체는 효과적인 문장 구성능력을 뜻하는 것으로 볼 수 있다.

문체는 표현하고자 하는 생각과 특유한 표현 솜씨를 지닌 작가의 개성이 결합됨으로써 만들어진다. 그러므로 어떤 글에서 낱말을 한 개 바꾸어 넣든지 순서를 바꾸든지, 문장의 형태를 조금 바꾸든지 하면 전체의 뜻이 조금이라도 달라지게 되는 것이다. 그래서 작가에 따라 개성적으로 나타나는 글 버릇, 시대에 따라 다르게 나타나는 글 버릇(고전소설의 글투, 근대시기의 글투), 혹은 글의 양식에 따라 다르게 나타나는 글 버릇(대중적인 글투, 보고서 글투), 목적에 따른 글 버릇(해학적인 글투, 풍자적인 글투) 등을 구분할 수 있다. 물론 일반적으로 거론되던 간결체, 장중체, 만연체, 건조체, 화려체, 해학체 등도 전통적인 문체 구분 방법으로 아직까지 다루어지고 있다.

(1) 문체의 간결성

성경문학은 어떤 고유한 글투를 특색으로 하고 있는가를 살펴보겠다. 성경에는 바울의 서신과 같이 다변적인 것도 있지만, 대체적으로 성경의 문체는 간결하고 고아하여 장중한 것이 그 특색이다.[205] 이런 강점이 『흠정역 성경』(*Authorized version*)에 그대로 전수되어 있다. 예일대학의 교수였던 쿡(A. S. Cook)은 흠정역성경의 간결한 문체를 예증하기 위해서 「시편」 8편과 『햄릿』의 유명한 구절을 비교한 일이 있다.[206]

"... 땅, 이 훌륭한 구조도 나에게는 그저 황망한 곶처럼 느껴질 뿐이고, 하늘이라고 하는 기막히게 아름다운 천개도, 보게나, 저 찬란한 창공도, 불타오르듯 황금 빛을 수놓은 장엄한 천장도, 아 내겐 다만 독기 서린 김 덩어리로밖에는 안 보이거든. 그리고 이 인간, 얼마나 절묘한 작품인가! 이성은 숭고하고, 능력은 무한하며, 자태와 거동은 뚜렷하고 훌륭하기 이를 데 없고, 행동은 흡사 천사 같고, 지혜는 신 그대로다. 세상의 정화, 만물의 영장은 바로 이를 두고 말함이 아니겠는가! 이런 인간이건만 내겐 쓰레기더미로밖에 보이지 않아. 인간의 꼴이 보기 싫단 말이야."

... this goodly frame, the earth, seems to me a sterile promontory, this most excellent canopy, the air, look you, this brave o' er hanging firmament, the majestical roof fretted with golden fire, why, it appears no other thing to me than a foul and pestilent congregation of vapours. What a piece of work is a man! how noble is reason! how infinite in faculty! in form and moving how express and admirable! in action how like an angel! in apprehension how like a god! the beauty of the world! the paragon of animals! And yet, to me, what is this quintessence of dust? man delights not me. -William Shakespeare, *Hamlet*, 2. 2. 310-21

이것은 셰익스피어가 산문을 가장 숭엄한 운문의 단계에까지 끌어올린 문체라 하여 크게 찬사를 돌리는 구절이지만, 그 결점은 너무나 수사적이라는 데 있다. 그러면 「시편」 8편 3-6절까지를 인용하고 셰익스피어의 그것과 비교하여 보겠다.

주의 손가락으로 만드신 주의 하늘과
주의 베풀어 두신 달과 별들을 내가 보오니
사람이 무엇이관대 주께서 저를 생각하시며
인자가 무엇이관대 주께서 저를 권고하시나이까?
저를 천사보다 조금 못하게 하시고
영화와 존귀로 관을 씌우셨나이다.
주의 손으로 만드신 것을 다스리게 하시고
만물을 그 발아래 두셨나이다.

When I consider thy heaven, thy work of thy fingers,
The moon and the stars, which thou hast ordained;
What is man, that thou art mindful of him?
And the son of man, that thou visitest him?
For thou hast made him a little lower than the angels,
And hast crowned him with glory and honour.
Thou madest him to have dominion over the works of thy hands;
Thou hast put all things under his feet. -*Psalms* 8:3-6

여기서 '달과 별들' (moon and stars)은 셰익스피어의 '황금 빛' (golden fire)에 못지않은 호소력을 갖고 있고, 『햄릿』의 '장엄한 천장' (majestical roof)은 다분히 수식적인 말이지만, 「시편」의 '하늘' (heavens)은 매우 간결한 단어로 호소력이 더 크다. 또한 「시편」의 '인간' (man)을 '천사보다 조금 못하게' (a little lower than the angels) 본 것은 셰익스피어가 '행동은 흡사 천사 같고' (in action how like an angel)라 한 것보다는 훨씬 간결하면서도 강력한 효과를 주고 있다.

성경의 문체가 간결체라면 셰익스피어의 문체는 만연체라 할 수 있다. 간결체와 만연체는 서로 상반된 형태의 문체라고 할 수 있다. 간결체는 짧고 간결한 문장으로 내용을 명쾌하게 표현하는 문체라면, 만연체는 많은 어구를 이용하여 반복, 부연, 수식, 설명함으로써 문장을 장황하게 표현하는 문체라 할 수 있다. 만연체는 정보를 충분히 전달할 수 있다는 장점은 있으나 문장의 긴밀성이 떨어진다는 흠이 있다. 셰익스피어의 문체도 장중한 맛이 없는 것은 아니지만 성경의 그것과 비교해 볼 때 상대적으로 간결체라기보다는 만연체라 할 수 있다. 간결한 문체의 예로 다른 성경의 구절을 들어 보겠다.

"닭이 곧 두 번째 울더라. 이에 베드로가 예수께서 자기에게 하신 말씀 곧 닭이 울기 전에 네가 세 번 나를 부인하리라 하심이 기억되어 생각하고 울었더라."

"And the second time the cock crew. And Peter called to mind the word that Jesus said unto him before the cock crew twice, thou shalt deny me thrice. And when he thought thereon, he wept." --*Mark* 14:72.

이것은 예수가 유다의 배신으로 말미암아 대제사장에게로 구속되어 갈 때, 멀리서 그 뒤를 좇던 베드로가 대제사장의 하녀로부터 재차 예수와의 관계를 지적 받고 나서 그것을 세 번씩이나 부정한 뒤의 장면이다. 예수의 절대적인 신뢰와 사랑을 받고도 이에 대응하지 못한 베드로의 인간적 비애를 표시하는 말로, '그는 울었다' (he wept)라는 단 두 마디의 말은 백 마디의 말로도 다 표현할 수 없는 절실한 감정과 깊은 여운을 느끼게 한다. 사실 감정이 너무나 극에 달하면 많은 말을 할 수 없다. 그러므로 '그는 울었다' 라는 표현은 베드로의 터질 것 같은 그 당시의 아픈 감정을 잘 드러내 주는 말이라 할 수 있다. 「마태복음」 26장 75절에서는 동일할 사건을 "그는 밖에 나가서 심히 통곡했다" (And he went out, and wept bitterly)라고 하였다. 이 말씀도 가슴 치고 쓰러져 죽어도 시원치 않을 베드로의 절통한 심정을 잘 표현해 준 말이다. '통곡했다' 는 말 이외의 무슨 다른 말이 필요했겠는가!

이와 비슷한 표현은 사랑하는 형제 나사로(Lazarus)의 죽음을 슬퍼하시는 예수에 대해서도 사용되었다.

"마리아가 예수 계신 곳에 와서 보이고 그 발 앞에 엎드리어 가로되 주께서 여기 계셨다면 내 오라비가 죽지 아니 하였겠나이다 하더라. 예수께서 그의 우는 것과 또 함께 온 유대인들의 우는 것을 보시고 심령에 통분히 여기시고 민망히 여기사 가라사대 그를 어디 두었느냐 가로되 주여 와서 보옵소서. 예수께서 눈물을 흘리시더라."

"Then when Mary was come where Jesus was, and saw him, she fell down at his feet, saying unto him, Lord, if thou hadst been here, my brother had not died. When Jesus therefore saw her weeping, and the Jews also weeping which came with her, he groaned in the spirit, and was troubled, and said, where have ye laid him? They said unto him, Lord come and see. Jesus wept." - *John* 11:32-35

'예수께서 우셨다' (Jesus wept)라는 구절은 성경 중에서도 가장 짧은 구절이지만, 이 구절 속에서 우리는 눈물의 미학(美學)을 발견할 수 있다. 성서를 살펴보면 예수는 세 번 우셨다. 한 번은 자기의 조국, 예루살렘이 멸망할 것을 아시고 우셨다(눅 19:42-44). 그때의 예수의 심정을 표현하여 「누가복음」 19장 41절에서는 "예수께서 우시며"(he wept over it)라고 간단하게 남겼다. 그러나 그 이상 그의 단장의 슬픔을 표현할 길은 없었다. 또 한 번은 인류의 구속을 위해 십자가를 짊어져야 하는 사명을 놓고 고민하며 우셨다(히 5:7). 마지막으로 친구 나사로의 죽음을 보시고 우셨다(요 11:35). 이 눈물은 감상적인 눈물이 아니라, 친구의 죽음과 조국의 멸망, 그리고 자신의 사명완수를 위해 흘리신 고결하고 아름다운 눈물이다. 그런데 그 아름다운 눈물을 덧입히고 수식하면 오히려 누추해지고 진실성이 감소된다. '예수께서 우셨다'는 이 단 한 마디는 그의 심정을 충분히 표현해 주는 가장 짧지만 가장 적절한 말이었다.

성경은 주로 히브리어로 기록된 『구약』과 헬라어로 기록된 『신약』으로 구성되어 있지만, 헬라어도 결국은 히브리어(아람어)의 영향을 다분히 받은 것이기 때문에, 성경에는 전체적으로 히브리어적인 표현법이 반영되어 있다고 해도 과언이 아니다. 히브리어의 문구조(文構造)는 헬라어나 라틴어에 비해 종속구문(從屬構文)보다는 대체로 등위구문(等位構文)을 많이 사용하고 있다. 단문이나 등위구문은 간결한 표현법에 적합하지만, 복잡한 사상은 복문(複文)을 요구한다. 그러므로 단순한 사상이나 간결한 문체는 문법적으로 단순한 구조를 취한다는 것을 알 수 있다. 그 현저한 예가 등위접속사로 이어지는 단문(單文)의 병렬, 이를테면 느슨한 문장(loose sentence)을 많이 사용한 것이다.

"야곱이 죽을 쑤었더니 에서가 들에서부터 돌아와서 심히 곤비하여 야곱에게 이르되 내가 곤비하니 그 붉은 것을 나로 먹게 하라 한지라. 그러므로 에서의 별명은 에돔이더라. 야곱이 가로되 형의 장자의 명분을 오늘날 나에게 팔라. 에서가 가로되 내가 죽게 되었으니 이 장자의 명분이 내게 무엇이 유익하리요. 야곱이 가로되 오늘 내게 맹세하라. 에서가 맹세하고 장자의 명분을 야곱에게 판지라. 야곱이 떡과 팥죽을 에서에게 주매 에서가 먹으며 마시고 일어나 갔으니 에서가 장자의 명분을 경홀히 여김이었더라."

"And Jacob sod pottage: and Esau came from the field, and he was faint: and Esau said to Jacob, Feed me, I pray thee, with that same red pottage; for I am faint: therefore was the his name called Edom. And Jacob said, Sell me this day thy birthright. And Esau said, Behold, I am at the point to die: and what profit shall this birthright do to me? And Jacob said, Swear to me this day; and he swear unto him: and he sold his birthright unto Jacob. Then Jacob gave Esau bread and pottage of lentiles; and he did eat and drink, and rose up, and his way; thus Esau despised his birthright." - *Genesis* 25: 29-34

이것은 에서가 일시적 이익을 위해 영구적 권익을 포기한 유명한 구절로, 단 한 번씩만 사용된 'for, therefore, then, thus' 를 빼놓으면 모두가 'and' 로 주도된 단문으로 구성되어 있다.

이러한 접속사의 많은 사용(多用)을 수사학상 '접속첩용'(接屬疊用, polysyndeton)이라고 하거니와, 'or' 를 반복하여 박력 있는 문장을 구성한 예도 있다.

"누가 우리를 그리스도의 사랑에서 끊으리요 환난이나 곤고나 핍박이나 기근이나 적신이나 위험이나 칼이랴. ... 내가 확신하노니 사망이나 생명이나 전사들이나 권세들이나 현재 일이나 장래 일이나 능력이나 높음이나 깊음이나 다른 아무 피조물이라도 우리를 우리 주 그리스도 예수 안에 있는 하나님의 사랑에서 끊을 수 없으리라."

"Who shall separate us from the love of Christ? shall tribulation, or distress, or famine, or nakedness, or sword. . . . For I am persuaded, that neither death, nor life, nor principalities, nor powers, nor things present, nor things to come, nor height, nor any other creature, shall be able to separate us from the love of God, which is in Christ Jesus our Lord." -*Roman* 8: 35, 38-39.

이와 반대로 성경에는 접속사를 생략한 '접속생략'(asyndeton)의 예도 볼 수 있다. 「출애굽기」 15장 9-12절 같은 것도 그런 예 중의 하나다. 문체가 중요한 것은 전달되는 메시지에 대해 독자의 이해를 도와주기 때문이다. 「빌립보」 4장 8-9절을 예로 들어보겠다.

"끝으로 형제들아 무엇에든지 참되며 무엇에든지 경건하며 무엇에든지 옳으며 무엇에든지 정결하며 무엇에든지 사랑을 받을 만하며 무엇에든지 칭찬 받을 만하며 무슨 덕이 있든지 무슨 기림이 있든지 이것들을 생각하라. 너희는 내게 배우고 받고 듣고 본 바를 행하라 그리하면 평강의 하나님이 너희와 함께 계시리라."

바울은 여기서 우리가 살아가면서 좋은 행동으로 훌륭한 일들을 행할 것을 반복하는 문체로써 강화해나가고 있다. 훌륭한 덕과 자질 곧 진실, 경건, 의, 정결, 사랑, 칭찬, 덕에 초점을 맞추도록 '무엇에든지' 라는 형용대명사로 이끄는 종속절을 반복하고 '이것들을 생각하라' 는 의미를 강화 부각시키는 절로 끝을 맺는다. 훌륭한 덕목들을 늘 생각하고 그런 덕 안에 거하면 하나님의 평강이 함께 하신다는 것을 문체적으로 강조하였다. 더욱 바울은 배우는 것, 받는 것, 듣는 것, 보는 것 사이에 '그리고'(and)라는 등위접속사를 반복 사용하였는데, 이런 연결을 통하여 우리는 중요한 것은 배우고 받고 듣고 보는 것이 아니라 그 다음에 이어지는 종결어, 즉 행하는 행위와 삶이라는 것을 분별해 낼 수가 있다. 그리고 '이것들을 생각하라'와 '이것들을 행하라'는 최종절의 평행으로 종결된다. 이런 반복 또는 평행 문체를 통하여 알 수 있는 것은 가장 중요한 것이 '생각'보다는 '행위'라는 것을 알게 된다. 이와 같이 문체 분석은 독자의 메시지 인식 이해를 돕는다. 뿐만 아니라 명석한 문체 분석은 독자의 하나님 인식 즉 행하는 산 믿음을 가진 자들에게 평강을 주시는 분이 하나님이시라는 것을 알도록 도와준다.

그리어슨은 간결한 문체(plain style), 수식적 문체(decorative style), 장중한 문체(grand style)를 문학적인 문체로 보았고, 제4의 문체인 과학적 문체(scientific style)는 문학적인 문체로 받아들이지 않고 거부하였다.[207] 문학 작품의 문체 중에서는 간결체가 과학체에 가장 가깝지만, 다만 소박한 문체라는 점에서만 유사할 뿐, 간결체는 과학체와는 달리 인간의 감정도 표현할 수 있다. 설화에는 대부분 이 문체가 사용되며, 역사적으로도 가장 먼저 발달되었던 문체이다. 반면 수식체는 고전어의 문체를 이입하여 발달된 것으로, 밀턴의 산문을 통하여 완성되었다고 할 수 있다. 그러나 소설의 문체가 발달하게 된 지반은 역시 간결체였다. 이 문체의 꾸밈없는 아름다움은 사람의 마음을 적나라하게 표출케 해 준다. 이런 문체의 발달에 절대적인 영향을 미친 것은 『흠정역 성경』이다.

(2) 구상성과 비유

히브리어의 표현은 합리적이라기보다는 상상적이고 추상적이요, 보편적이라기 보다는 구체적이고 특수적이라 할 수 있다. 이런 원전의 직접적인 영향 아래서 이루어진 『흠정역 성경』도 그 표현이 구상적인 색채가 농후하고 비유적인 표현이나 수사법적인 장치가 아주 많을 수밖에 없다. 그런 예를 『구약성경』에서 찾아보겠다.

"두 사람이 뜻이 같지 않은데 어찌 동행하겠으며 사자가 움킨 것이 없는데 어찌 수풀에서 부르짖겠으며 젊은 사자가 잡은 것이 없는데 어찌 굴에서 소리를 내겠느냐 덫을 땅에 놓지 않았는데 새가 어찌 거기 치이겠으며 잡힌 것이 없는데 덫이 어찌 땅에서 튀겠느냐 성읍에서 나팔이 울리는데 백성이 어찌 두려워하지 아니하겠으며 여호와의 행하심이 없는데 재앙이 어찌 성읍에 임하겠느냐" (암 3:3-6)

"Can two walk together, except they be agreed? Will a lion roar in the forest, when he hath no prey? will a young lion cry out of his den, if he have taken nothing? Can a bird fall in a snare upon the earth, where no gin is for him? shall one take up a snare from the earth, and have taken nothing at all? Shall a trumpet be blown in the city, and the people no be afraid? shall there be evil in a city, and the Lord hath not done it?—*Amos* 3:3-6

「아모스」 3장 3-6절은 7개의 질문 형식으로 되어 있다. 특별히 아모스는 간단한 비유나 비교를 사용한 질문을 모든 결과에는 원인이 있다는 아리스톨레스적인 진리와 자기의 외치는 말씀이 하나님의 뜻에 일치하며 자기 자신은 오직 하나님의 말씀을 증거 하는 도구임을 선포한다.[208] 여기서 '두 사람'은 여러 설이 있지만 하나님과 아모스 자신을 가리킨다고 본다. 하나님의 뜻에 합의하지 않는 한 어찌 같이 동행할 수 있겠느냐 하는 것이다. 즉 자기가 하나님과 동행하는 것은 하나님의 뜻에 합의하였기 때문이라는 것이었다. 어떤 결과도 원인 없이는 이루어지지 않는다는 진리를 간단한 비유와 비교를 통하여 구체적으로 표현하였다.

사자와 움킨 것의 관계와 덫과 새의 관계를 묘사함으로써 이스라엘에 대한 하나님의 심판에는 반드시 그에 상응하는 백성들의 구체적인 범과가 있다는 사실을 명시한다. 6절에 나오는 '나팔' 은 전쟁이 일어났을 때 알리는 신호이다(호 5:8). 열방의 심판에 있어서도 대부분 경우 전쟁이 하나님의 징계의 도구로 사용된다. 모든 재앙은 하나님께서 주시는 것이므로(사 45:7), 하나님을 의지하고 회개하면 재앙에서 벗어날 수 있다. 본 절에서도 하나님께서는 아모스를 통해 이스라엘의 회개를 촉구하고 있다. 그것을 수사적인 질문과 비유 및 비교를 통하여 역동적으로 표현하였다. 문학으로 종교적인 진실을 표현할 때는 문학의 속성상 그 표현 자체가 구체적이고 감각적일 수밖에 없기 때문에 진리에 대한 더 구체적이고 깊은 공감을 할 수 있을 것만은 틀림없다. 또한 사유방식만 보더라도 그리스인의 사유가 추상적이라면 히브리인의 사유는 구상적(concrete)이라 할 수 있다. 그러므로 히브리인들은 그런 사유의 언어를 아주 빈번하게 즐겨 사용하였다. 「이사야」 1장 18절만 보더라도 성경의 표현이 구체적이라는 것을 보여준다.

너희 죄 진홍 같을지라도
눈과 같이 희어질 것이요
진홍같이 붉을지라도
양털과 같이 희게 되리라.

우리 인간의 진홍 같은 죄를 상상케 한다. 이런 구체적인 표현을 통하여 우리는 아담 이후 우리 인간이 얼마나 죄로 인하여 참담해졌는가를 그려보게 된다. 그러나 인간이 죄로 참담해지기는 했지만, 그 죄를 회개하고 예수를 믿으면 "눈"이나 "양털"과 같이 희게 되리라는 것이다. 죄와 구원의 교리를 추상적인 논리로 진술하는 것이 아니라 "진홍색"의 이미지와 "눈"이나 "양털"과 같이 "희게" 되리라고 하는 직유를 사용했다. 이런 이미지와 직유 또는 은유들이 마음속에 구체적으로 죄와 구원의 상(像)을 떠오르게 한다.

성경에는 이 시가에서 보이는 것 같이 직유나 은유가 수없이 많이 사용되고 있다. 『신구약』에 나타난 직유를 수적으로 비교해 볼 때, 『구약』이 압도적으로 많고 『신약』에서는 「마태복음」과 「요한계시록」에 제일 많다고 한다. 히브리 문학의 특색 중의 하나가 구상적이다 했을 때, 그것은 직유나 은유와 교묘한 이미지들이 많다는 것을 뜻한다.

> 천국은 마치 사람이 자기 밭에
> 갖다 심은 겨자씨 한 알 같으니. (마 13:31)

> 천국은 마치 여자가 가루 서 말 속에
> 갖다 넣어 전부 부풀게 한 누룩과 같으니라. (마 13:33)

위에 인용한 성경 구절은 마태복음 13장에 나오는 천국 비유다. 천국은 마치 '겨자씨'와 같고 '누룩'과 같다는 예수님의 비유다. 겨자씨는 바늘귀만한 크기의 것으로 사람의 눈으로 볼 수 있는 것 중에서는 가장 작은 씨다(막 4:31). 그러나 이것은 자라나면 모든 재배식물 중에서 가장 큰 것이 되고, 큰 가지를 냄으로써 공중의 새들이 그 그늘에서 깃들일 수 있다. 또한 누룩도 아주 미미한 것으로 많은 밀가루에 비하면 정말 보잘 것 없는 적은 것이다. 그러나 그것을 밀가루에 섞어서 반죽을 개어 하룻밤 동안 그대로 두면 그 반죽은 모두 발효되고 만다. 결국 이 두 비유(직유)는 하늘나라는 아주 작은 것으로부터 시작되지만 마침내는 크나큰 나라로 확장된다는 것을 말해 주고 있다. 다시 말하면 평판도 없고 보기에도 가련한 소수의 무리가 예수를 따르지만, 예수는 그 소수의 무리들을 통해서 세상의 어느 제국보다 더 크고 강대한 나라를 세우신다는 것이다. 그 나라는 지상의 나라가 아니라 하늘에서 세워지는 하나님의 나라다. 하나님의 나라는 영계에 속하기 때문에 보이지가 않는다. 그러나 매우 오묘한 신비와 비밀을 갖춘 나라다. 그 진리를 구체적으로 이해하고 보도록 하기 위해서 히브리 시인들은 비유 즉 직유를 사용하였다.

실로 예수는 비유가 아니면 말씀하시지 아니 할 정도로(막 13:34) 많은 비유적 표현과 유추(analogy)를 사용했다. 그것은 "창세부터 감추인 것을 드러내기"(마 13:35) 위한 것, 즉 종교적 진리를 좀 더 구체적인 표현으로 제시하려는 데 있었다. 예수가 비유를 많이 사용한 것은 추상적이고 정신적인 진리를 구체적으로 묘사해서 당시의 어리석은 사람들에게 그것을 깨우쳐 주려는 목적 때문이었다.

성경의 많은 비유 가운데서 가장 애송되는 시를 하나 소개하겠다.

여호와는 나의 목자시니
내게 부족함이 없으리로다.
그가 나를 푸른 풀밭에 누이시며
쉴 만한 물 가로 인도하시는도다.
내 영혼을 소생시키시고
자기의 이름을 위하여 의의 길로 인도하시는도다.
내가 사망의 음침한 골짜기로 다닐지라도
해를 두려워하지 않을 것은 주께서 나와 함께 하심이라.

주의 지팡이와 막대기가 나를 안위하시나이다.
주께서 내 원수의 목전에서 내게 상을 차려주시고
기름을 내 머리에 바르셨으니
내 잔이 넘치나이다
내 평생에 선하심과 인자하심이 반드시 나를 따르리니
내가 여호와의 집에 영원히 살리로다. (시 23:1-6)

전체가 여섯 절로 구성된 이 짧은 시 속에 많은 은유가 나온다. 시인은 여호와를 '목자' 로, 축복의 땅을 '푸른 풀밭과 쉴만한 물가' 로, 정의의 생활을 '의의 길' 로, 슬픈 인생을 '사망의 음침한 골짜기' 로, 하나님의 돌보심을 '주의 지팡이와 막대기' 로, 주의 축복을 '기름과 잔' 으로, 불변의 신앙생활을 '여호와의 집에 영원히 살리로다' 로 은유하였다.

여호와가 나의 목자라는 비유는 이리나 늑대 같은 맹수들로부터 보호하고 기르시고 인도하시는 분이라는 것이다. 또한 여호와의 집에 영원히 살게 하며 의의 길로 인도하시는 분이라는 말이다. 「시편」 23편에서 볼 수 있는 은유들은 절묘해서 우리의 감각적 상상을 깊게 해주고 풍부한 암시성을 담고 있어서 생명력을 더해 준다.

이밖에 히브리인들은 "눈은 눈으로, 이는 이로, 손은 손으로, 발은 발로, 덴 것은 덴 것으로, 상하게 한 것은 상함으로, 때린 것은 때림으로 갚을지니라" (출 21:24-25)는 말로 보복을, "아버지가 신 포도를 먹었으므로 그의 아들의 이가 시다고 함은 어찌 됨이냐" (겔 18:2)라는 말로 유전을, "구스(이디오피아)인이 그 피부를, 표범이 그 반점을 변하게 할 수 있느냐" (렘 13:23)라는 말로 외모의 불변성을, "그 사람은 광풍을 피하는 곳, 폭우를 가리는 곳 같은 것이며 마른 땅에 냇물 같을 것이며 곤비한 땅에 큰 바위 그늘 같으리니" (사 32:2)라는 말로 위대한 인물을 표현한 일이 있다.

이상의 비유적인 표현과 더불어 시의 구상성을 이룩한 것은 의인화의 기법이었는데, 특히 『구약』에서 그 예를 많이 찾을 수 있다.

> 산들과 언덕들이 너희 앞에서 노래를 발하고
> 들의 모든 나무가 손뼉을 칠 것이며. (사 55:12)

산과 들의 나무를 의인화시켜서 사람이 마치 노래를 부르듯이 노래하게 하고 마치 사람처럼 손뼉을 치게 한다.

> 시온이여 깰지어다 깰지어다 네 힘을 낼지어다.
> 거룩한 성 예루살렘이여 네 아름다운 옷을 입을지어다. (사 52:1)

어떻게 생명이 없는 시온이 깨고 아름다운 옷을 입을 수가 있겠는가? 그러나 여기서는 시온성과 예루살렘을 의인화해서 사람이 자다가 깨는 것처럼 또는 아름다운 옷을 입는 것처럼 구상화한다.

> 인애와 진리가 같이 만나고
> 의와 화평이 서로 입 맞추었으며
> 진리는 땅에서 솟아나고
> 의는 하늘에서 굽어보도다. (시 85: 10-11)

「시편」 85편은 이스라엘을 향한 징계를 멈추시고 용서의 은혜를 베푸신 하나님에 대한 감사와 찬양의 시다. 여기서 인애와 진리가 같이 만나는 것이나 의와 화평이 서로 입맞춤하는 것, 또한 진리가 땅에서 솟아나고 의가 하늘에서 내려다보시는 것 모두가 의인화의 기법을 통해서만 가능하다.

이 모두가 히브리인의 문학적 구상성(具象性)을 보여주는 단적인 예들이다. 문학, 특히 시의 생명은 리듬과 비유적 표현에 있고, 상상을 자극하는 언어는 대체적으로 구체성이 풍부한 언어들이다. 아무리 추상적인 것을 전사(轉寫)하는 경우라 할지라도 시인은 가능한 한 구체성이 풍부한 언어와 비유를 사용하는 것이 보통이고, 그렇게 할 때 비로소 감동과 생생한 인상을 남길 수 있는 것이다. 아름다운 비유는 또한 즐거움과 기쁨을 가져다줄 뿐 아니라 자칫 메마르기 쉬운 글이나 말에 부드러운 정감을 더해주기도 한다. 이와 같이 비유는 여러 기능을 하는데, 그 중에서도 이미 앞에서 언급한 바와 같이 추상적인 관념을 생생하고 힘 있게 만드는 구실을 하는 것이 가장 기본적이고 중요한 기능이라 할 수 있다. 그 못지않게 이질적인 것에서 유사성을 찾아내어 무질서와 혼돈에 질서와 통일성을 부여해주는 기능도 무시할 수 없다. 만일 이런 구체성과 통일성이 결여된 문장이라면 무미건조한 설교나 훈계로 그치고 말 수 밖에 없다. 성서의 추상적인 진리와 교훈에도 불구하고 무미건조한 맛을 느끼지 않게 되는 것은 히브리 문학이 지닌 바로 이런 특색 때문이다.

(3) 반복과 병행법

히브리어 수사법 가운데서 가장 중요한 기교라 할 수 있는 반복(repetition)과 병행법(parallelism)을 중심으로 성경의 문체와 수사를 생각해 보겠다. 반복 기교는 히브리어에만 있는 유일한 특징이 아니다. 어느 언어에서나 반복에 의한 문체적 효과를 시도하고 있는 것을 볼 수 있기 대문이다. 그러나 어떤 문학에서보다 성경의 문체 중에서 가장 두드러진 기교가 반복이다.

반복법은 뜻이 같거나 비슷한 낱말 또는 어구나 문장을 되풀이하여 사용하는 수사법을 말한다. 반복법은 수사법 가운데에서 예로부터 가장 자주 그리고 널리 사용되어 왔다. 같거나 비슷한 것을 거듭 반복한다고 하는 것은 그 표현이 그만큼 중요하다는 것을 뜻한다. 그러나 반짝인다고 하여 모두 황금은 아닌 것처럼 같거나 비슷한 표현을 되풀이한다고 하여 모두 반복법이 되는 것은 아니다. 반복법 중 그 동안 너무 자주 사용된 나머지 비유로서의 기능을 거의 잃어버린 것들도 아주 많다. 예를 들어 '넓고 넓을 들판' 이니 '높고 높은 하늘' 이니 또는 '깊고 깊은 바다' 니 하는 표현에서 '넓고 넓은', '높고 높은', '깊고 깊은' 은 말하자면 죽은 수사법이라고 할 수 있다. 이런 죽은 수사법은 오히려 그 글의 의미를 더 생생하고 힘 있게 해주는 것이 아니라 오히려 따분하고 지루하게 만든다. 성경에도 수많은 반복법이 나오는데 그 수사들은 죽은 것이 아니라 의미를 강화해 주는 동시에 그 글의 내용을 중요하게 생각하게 해준다. 예수께서 언제나 중요한 것을 말씀하시고자 할 경우 반드시 반복법을 사용했다는 것은 많이들 아는 주지의 사실이다.

"진실로 진실로 너희에게 이르노니 하늘이 열리고 하나님의 사자들이 인자 위에 오르락 내리락 하는 것을 보리라" (Verily, verily, I say unto you, 'Hereafter ye shall see heaven open, and the angels of God ascending and descending upon the Son of man" (*John* 1:51). '진실로 진실로' 라는 반복적인 표현은 예수가 하나님의 아들이라는 것을 반복적인 표현의 최상급으로 강조한 것이다. 이렇게 반복적인 표현은 최상급으로 쓰이는 경우가 많다.

"거룩하다 거룩하다 거룩하다 만군의 여호와여 그의 영광이 온 땅에 충만하도다 하더라" (사 6:3). '거룩하다' 고 세 번 반복한 것은 삼위 일체 하나님의 속성을 말하는 것이고 만군의 주의 영광이 그가 만드신 삼라만상 가운데 넘친다는 것을 강조해서 표현하려는 것이다. "전도자가 이르되 헛되고 헛되며 헛되니 모든 것이 헛되도다" (전 1:2). "깰지어다 깰지어다 드보라여 깰지어다 깰지어다 너는 노래할지어다 일어날지어다"(삿 5:12) 등도 반복 기법을 사용한 유명한 예다. 이는 하나의 의미를 집중시키기 위해서 같은 말을 반복하거나 비슷한 단어를 반복하거나, 아니면 정반대의 용어들을 반복 대조시킴으로 집중 현상을 유발시켜 수사성을 높이는 방법이다.

얼 파머는 이런 반복적 기교를 병행법이라고 말하였다. "문학적 형태로서 히브리시의 가장 확실한 특징은 반복이다. 이런 문학적 기교를 병행법 혹은 대구법이라 부른다. 시가와 예언서에서 이런 문학적 기교를 자주 접하게 된다."[209] 이런 히브리인들의 고유한 구조적 원리인 운율구조의 수사성에 우리는 큰 관심을 갖는 경우가 많다. 그 중에서도 가장 두드러진 것이 이른바 병행법(또는 대구법, parallelism)이다. 히브리적 병행법은 세계 시상 고유한 리듬은 아니지만, 이는 반복과 대조를 통하여 유사성과 이질성을 조화있게 짜 넣어서 의미를 깊이 깨닫게 하는 동시에 잘 기억하게 하며 듣기도 편하고 율동감을 느끼게 한다. 편의상 다음과 같이 히브리시의 율동을 예로 들어 설명하겠다.

가) 병행법

병행법을 사고의 음율(thought rhythm) 또는 의미의 음율(rhythm of sense or idea)이라고 하는데, 이것은 히브리 시에서만 발견되는 것은 아니지만 가장 두드러지게 나타나는 것이 역시 히브리시다.

이 시법(詩法)은 문법구조의 반복 또는 단어의 반복 등에도 나타나지만, 중심적으로는 사상(또는 의미)의 반복을 말한다. 대구법이란 한 시행에 있어서 개별적인 하나의 용어나 사상의 단위가 다른 행에 같은 내용의 용어나 사상 단위가 나타나는 것을 말한다.

대구법의 가장 중요한 특징은 시의 귀절체(verse-members)인데, 그 귀절체의 기본적인 병행양식에 따라 일곱 가지의 기본 형태로 나누게 된다.

동의적 병행법

동의적 병행법(synonymous parallelism)은 둘 또는 그 이상의 유사한 개념들을 표현하기 위하여 단어는 다르지만 유사한 구문을 사용하여 그 의미를 강조하는 시법이다.

> 나의 대적이 어찌 그리 많은지요,
> 일어나 나를 치는 자가 많으니이다. (시 3:1)

첫 귀절체의 "대적"이라는 말과 둘재 귀절체의 "나를 치는 자"는 말이, 그리고 "많은지요"와 "많소이다"라는 말이 서로 동의적 평행을 이룬다. 그러면서 그 의미가 강화되고 읽는 사람의 머리에 오래 남게해 준다.

> 여호와여 주의 장막에 머무를 자 누구오며,
> 주의 성산에 사는 자 누구오니이까. (시 15:1)

여기서는 "장막"과 "성산"이, "머무를 자"와 "사는 자"가 병행되어 나왔다. 히브리 원어로 볼 때 유한다는 일시적인 체류를 뜻하고 거한다는 영구적인 체류를 뜻하지만 여호와의 전을 떠나지 않는다는 점에서는 공동이니까 그 뜻은 동일하다. 이렇게 같은 뜻이 병행되는 시를 동의적 병행법이라고 한다. 1:5, 19:1, 21:1, 90:3-4, 100:4, 105:23, 114:3도 동의적 병행법으로 이루어져 있는 예들이다.

반의적 병행법

반의적 병행법(antithetic parallelism)은 서로 상반되거나 대조되는 두 사상을 유사한 구문을 통해서 표현하는 경우와 같이 대립되거나 첫 귀절체는 긍정적으로 말하나 둘째 귀절체는 부정적으로 말하여 서로 사상이 반립 되는 시법이다.

> 의인들의 길은 여호와께서 인정하시나
> 악인들의 길은 망하리로다. (시 1:6)

여기서 첫 귀절체의 '의인들의 길' 과 둘재 귀절체의 '악인들의 길' 을, '인정한다' 와 '망한다' 를 대조시켜 한 가지 사상 이를테면 의인의 길은 영원하고 악인의 길은 망한다는 사상을 보다 선명하게 표현해 주고 있다. 여기서는 '의인은 흥한다' 는 의미를 뚜렷이 드러내는데 병렬구조가 효과적으로 사용되었다.

> 풀은 아침에 꽃이 피어 자라다가
> 저녁에는 시들어 마르나이다. (90:6)

꽃이 피어 자라는 것은 긍정적이지만 그것이 시들어 마르는 것은 부정적이다. 서로 반립 하는 사상을 대조시켜 인생의 덧없음을 부각시키는 동시에 그것을 통하여 영원을 사모하게 한다. 반의적 평행법의 다른 예는 20:8, 23:4, 27:10, 32:10, 34:20, 37:9, 17, 21, 22, 28, 38:12-13, 39:56, 71:7, 118:10-13 등이다.

종합적 병행법

종합적 병행법(synthetic parallelism)은 하나의 단위 사상을 유사한 다른 단위 사상으로 보완 확장하는 시법이다. 이 논리의 연속은 원인-결과 또는 결과-원인으로 나타난다.

여호와여 나는 가난하고 궁핍하오니
주의 귀를 기울여 내게 응답하소서. (시 86:1)

이 대구법은 첫 귀절체가 원인이 되고 둘째 귀절체가 결과가 된다. 이것은 엄밀한 의미의 사상적 병행을 이루고 있지 않으므로, 그레이 같은 학자는 『히브리시의 형태론』에서 형식적 병행법이라고 했다.

여호와여 일어나소서
나의 하나님이여 나를 구원하소서.
주께서 나의 모든 원수의 뺨을 치시며
악인의 이를 꺾으셨나이다. (시 3:7)

이 시는 네 개의 귀절체로 구성된 것인데, 첫째 둘째가 동의적이고 셋째 넷째가 또한 동의적이다. 첫 번째 그룹에서는 하나님의 구원이 임하기를 기구하는 반면에 두 번째 그룹에서는 원수의 멸망을 예고하고 있다. 따라서 후자는 전자의 반대되는 사상을 표시하고 있다. 이처럼 동의와 반의가 종합적인 병행을 이루어 하나님의 주권적 행사와 그 자혜를 보여 주고 있는 것이다.

내 의의 하나님이여 내가 부를 때에 응답하소서
곤란 중에 나를 너그럽게 하였사오니
내게 은혜를 베푸사 나의 기도를 들으소서. (시 4:1)

첫째 귀절체와 셋째 귀절체가 동의적이고 둘째 귀절체는 그 동의적 사상의 이유를 설명해 주고 있다. 이밖의 예로는 1:3, 4:7, 18:6, 27:3, 80:12, 91:5-6, 93:3-4 등을 들 수 있다.

상징적 병행법

상징적 병행법(emblematic parallelism)은 첫째 귀절체의 사상을 둘째 귀절체 안에서 비유적 표현 즉 직유나 은유에 의하여 충족, 종결시키거나 재현시키는 시법이다.

> 악인들은 그렇지 아니함이여
> 오직 바람에 나는 겨와 같도다. (시 1:4)

의인들은 시냇가에 심은 나무 같아서 계절을 따라 열매를 맺으며 시들지 않고 그 하는 모든 일이 형통하지만, 악인들은 그렇지 않아서 즉 바람에 나는 겨와 같아서 그 일이 모두 헛될 것이라는 것이다.

> 하나님이여 사슴이 시냇물을 찾기에 갈급함 같이
> 내 영혼이 주를 찾기에 갈급하나이다. (시 42:1)

주를 찾기에 목말라 하는 사람을 시냇물을 찾기에 갈급한 목마른 사슴에 비유하고 있다. 이외에도 103:11-13 같은 것이 있다.

계단적 병행법

계단적 병행법(stairlike parallelism)은 사상적 발전을 나타내기 위하여 단어들이나 그 상당어구들을 약간의 추가된 내용과 함께 반복하는 시법을 말한다. 이 유형의 병행법을 사닥다리, 또는 점층적 병행법이라고도 한다.

너희 권능 있는 자들아
영광과 능력을 여호와께 돌리고 돌릴지어다.
여호와께 그의 이름에 합당한 영광을 돌리며
거룩한 옷을 입고 여호와께 예배할지어다. (시 29:1-2)

첫 귀절체의 "영광과 능력을 여호와께 돌릴지어다"라는 사상은 그것으로 완결되지 않고 그 다음 귀절체의 사상 즉 '영광'으로 넘어가는 출발점 역할을 하고 있다. 그리고 그것은 한 시행에서 종결되지 않고 그 다음 시행으로 확장되어 '그의 이름에 합당한 영광'을 '거룩한 옷을 입고서' 돌려야 한다는 의미로 심화된다. 이렇게 어떤 사상이 점진적으로 발전해 나가는 시법을 단계적 평행법이라고 한다.

점층적 병행법은 표현의 강도를 조금씩 높여 나가면서 맨 마지막을 가장 강하고 중요한 어구로 끝맺는 수법을 말한다. 수량적인 면에서 적은 것에서 많은 것으로, 정도나 규모에서 작은 것에서 큰 것으로 점차 그 도를 높여나가는 수법이다. 이 수사법은 중요성이나 본질에서 덜 중요한 것이나 비본질적인 것에서 더 중요하거나 본질적인 것으로 발전해 나간다. 또한 감정에서는 그 강도가 덜한 것에서 더한 것으로 점차 상승해 나가기도 한다. 이 수사법은 설득력을 높이고 강한 호소력을 주는데 크게 이바지 한다. 이러한 예로는 2:6, 3:2-3, 25:1-7, 92:9, 93:3 등을 들 수 있다.

내성적 병행법

내성적 병행법(introverted parallelism)은 내성적인 문제를 병행적으로 나열하거나 4개의 구절체로 이루어지는 시문에서 제1귀절체과 제4귀절체, 제2귀절체와 제3귀절체의 구문이 서로 대응되는 시법을 말한다. 이 시법은 내측 전위적 병행법이라고도 한다.

> 악을 행하는 너희는 다 나를 떠나라
> 여호와께서 내 울음소리를 들으셨도다.
> 여호와께서 내 간구를 들으셨음이여,
> 여호와께서 내 기도를 받으시리로다. (시 6:8-9)

여기서 보면 "악을 행하는"이라고 하는 사상에다 초점을 모아 시인의 깊은 내적인 반성을 요구하고 있다.

나) 후렴운

후렴운(後斂韻, refrain)은 엄격히 말하면 시운의 하나로 볼 수는 없지만, 그 기능이 유사하기 때문에 여기서 취급해 둔다. 동일한 시행 또는 시구 또는 단어가 연의 끝 또는 중간의 일정한 장소에 되풀이해서 나타나는 현상을 후렴 또는 후렴운이라 한다. 히브리 시가에도 이런 후렴운을 가진 시들이 여러 있다.

> 여호와 우리 주여
> 주의 이름이 온 땅에 어찌 그리 아름다운지요.
> 주의 영광이 하늘을 덮었나이다.
> 주의 대적으로 말미암아
> 어린아이들과 젖먹이들의 입으로 권능을 세우심이여
> 이는 원수들과 보복자들을 잠잠하게 하려 하심이니이다.

....

여호와 우리 주여
주의 이름이 온 땅에 어찌 그리 아름다운지요. (시 8:1-2, 9)

이 시에 있어서 중심 사상은 '주의 이름이 온 땅에 아름다웁다'는 것이다. 이 사상을 강조하고, 보다 장엄한 기분을 돋구어주기 위해서 '여호와 우리 주여' 라는 후렴(반복)을 사용한 것이다.

여호와의 소리가 물 위에 있도다.
영광의 하나님이 우렛소리를 내시니
여호와는 많은 물 위에 계시도다.
여호와의 소리가 힘 있음이여
여호와의 소리가 위엄차도다.
여호와의 소리가 백향목을 꺾으심이여
여호와께서 레바논 백향목을 꺾어 부수도다.
그 나무를 송아지 같이 뛰게 하심이여
레바논과 시룐으로 들송아지 같이 뛰게 하시도다.
여호와의 소리가 화염을 가르시도다.
여호와의 소리가 광야를 진동하심이여
여호와께서 가데스 광야를 진동시키시도다.
여호와의 소리가 암사슴을 낙태하게 하시고
삼림을 말갛게 벗기시니
그의 성전에서 모든 것들이 말하기를 영광이라 하도다.
(시 29: 3-9)

여기서는 '여호와의 소리' 를 반복 사용하여 그 힘차고 위엄 가득하며 능력 있는 하나님을 기리고 있다. 시편 136편 같은 데서는

'그 인자하심이 영원함이로다' 라는 말을 26회나 반복하고 있다. 이와 같이 히브리 시가에서도 후렴은 그 시의 감정과 사상을 심리적으로 통합하고 또 구조적으로 종합하는 기능적 역할을 하고 있다.

〈3〉 수사법

수사학은 독자나 대중의 감동에 호소하여 설득 효과를 올리기 위해 말이나 문장의 표현 방법을 연구하는 것이라 할 수 있다. 수사의 본뜻은 글을 아름답게 꾸미는 것을 말하지만 아름답게 꾸민다고 하여 미사여구만을 늘어놓는 것은 바람직하지 못한 방법이다. 우리가 관찰, 지식, 감정 등을 글로 나타날 때는 보다 더 정확하고 참신하며 명료하게 효과적으로 표현해야 한다. 그러기 위하여 문장에 강한 힘을 담은 내용을 쓰기 위해서는 강조의 기법이 필요하고, 마음에 있는 바 그 대상을 표현하기 도저히 어려울 때 비유법을 쓰며, 문장의 단조로움을 피하고 서술에 보다 재미있고 변화를 주어 표현하고자 할 때 변화법이라는 수사를 사용하는데, 이러한 내용을 일컬어 수사법이라 한다. 즉 독자를 설득하기 위해 사용하는 다양한 기법과 기교를 흔히 수사법이라고 하는 것이다.

수사법이란 저자가 자신의 의도가 무엇인지를 알리기 위해 본문 가운데 깔아 놓은 의미의 단서라고 정의할 수도 있다.[210] 저자는 독자를 위해 대부분의 경우 직접적으로 교훈을 전달하지는 않는다. 물론 예외의 경우도 있기는 하지만, 저자는 독자들 스스로 본문 가운데 들어와 그 의미를 발견하고 스스로 판단을 내리도록 초대하는 전략을 쓰는데, 그것이 바로 수사법이라 할 수 있다.

이 수사학이라는 말에는 늘 비유법이라는 말이 그림자처럼 따라다닌다. 지금까지 일반 사람들은 말할 것도 없고 I. A. 리처즈 같은 이론가도 수사학과 비유라는 말을 구별하지 않고 사용하였다. 그러나 엄격히 말하자면 비유법은 수사학의 동의어가 아니라 수사학에 속하는 하부 개념이라 할 수 있다. '비유' 라고 하면 문자적이고 자연적인 의미가 아닌 어떤 다른 뜻을 전달하는 단어나 구를 말하기도 하고, 관념을 생생하게, 힘 있게 만드는 구실을 하는 단어나 구를 말하기도 한다. 이러한 비유들은 어떤 사실을 보다 선명하고 흥미 있게 나타내 준다. 우리들은 일상의 언어생활에서 비유적 표현을 듣고 그것이 문자적인 뜻인지 상징적인 뜻인지를 가리려고 애쓰지 않는다. 들으면 금방 자동적으로 그 뜻을 이해한다. 성경에 나오는 비유적 표현은 우리가 유의해서 살펴보아야 그 뜻을 알 수 있다. 성경에는 이런 여러 가지의 비유적 표현들과 수사법이 채용되었다.

(가) 의미 전이에 따른 수사법

수사법에서 가장 널리 사용되고 있는 것이 의미 전이에 따른 수사법이다. 흔히 비유법이라고 부르는 이 수사법은 주로 어휘 차원에서 이루어지지만 어휘 차원을 뛰어넘어 문장 차원에서 이루어지기도 한다. 어휘에 따른 수사법이라고 부르지 않고 굳이 의미 전이에 따른 수사법이라고 부른 까닭이 바로 여기에 있다. 수사법 가운데서 가장 핵심적인 위치를 차지하는 수사법은 하나같이 의미 전이에 따른 수사법이라 할 수 있다. 한 대상이나 개념을 다른 대상이나 개념의 관점에서 이해하고 경험하는 비유법이나 수사법은 모두 이 범주에 넣을 수 있다. 의미 전이에 따른 수사법으로서는 직유, 은유, 환유, 제유. 의인법, 반어법, 역설법, 상징법, 풍유법, 모순법 등이 있다.

직유법

직유법(simile)은 모든 비유법 가운데에서 그 역사가 가장 오래되었다. 옛날로부터 적지 않은 이론가들이 은유법을 흔히 직유법의 축약된 형태로 간주해 왔다. 가령 아리스토텔레스는 일찍이 은유법과 직유법 사이에는 차이가 없다고 밝혔다. 이렇게 은유법을 직유법의 축약형으로 보려는 것은 은유법과는 달리 직유법에서는 보조 수단을 사용하여 원관념과 매개관념을 연결하기 때문이다. 직유법에서는 '~같은' '~처럼' '~인 듯이' '~마냥' '~인양' '~보다' 등 보조수단을 반드시 사용하여야 한다. 또한 '~와(과) 비슷하다' '~와(과) 다르지 않다' '~에 지나지 않는다' '~와(과) 마찬가지이다' '을(를) 방불하게 한다' 등의 표현도 또한 직유법이라 할 수 있다. 가령 "세월은 유수와 같다." "인생은 초로(草露)와 같다" "황금 같은 시간이다." "꽃처럼 아름답다." "돈을 물 쓰듯 한다" 따위는 너무나 흔한 직유다. 그러므로 진부하게 느껴지고 신선미가 없다. 언제나 비유를 할 때 둘 이상의 관념 사이에는 유사성 뿐만이 아니라 이질성이 있다. 현대시에서는 유사성보다는 이질성이 더욱 강조된다. 왜냐하면 유사성이란 쉽게 발견되지만 이질성에는 때로 새로운 감각과 참신성이 잠재해 있을 수 있기 때문이다. 옛 사람이 흔히 쓰던 비유를 그대로 답습하거나 인용하여 쓴다면 아무런 효과가 없다. 성경에서 직유의 예를 몇 개만 들어 보겠다. 시 42편은 좋은 예이다.

> 하나님이여 사슴이 시냇물을 찾기에 갈급함 같이
> 내 영혼이 주를 찾기에 갈급 하나이다. (시 42:1)

이 직유는 어휘 차원에서 이루어지지 않고 어휘 차원을 뛰어넘어 문장 차원에서 이루어진 수사법이다. 이 직유법은 물을 찾는 목마른 사슴을 하나님 안에서 만족을 찾는 시인과 비교한 비유법이다. 물은 황무지(또는 사막)에서 목마른 사슴에게 있어서는 생명이다. 시인의 하나님에 대한 갈급함을 자기 생명을 보존하느라고 필사적으로 물을 찾아다니는 사슴에 비유하였다. 이 비교가 성립되는 것은 사슴에게는 물이 생명이듯이 시인의 영혼에는 생명수 되시는 여호와 하나님이 생명이 되기 때문이다. 그러나 '물' 이 언제나 생명의 상징인 것만은 아니다. 시 42편 7절에서 만나는 물은 곧 '죽음' 낙망을 상징하고 있다. 여기서 우리는 본문을 해석할 때 문맥을 무엇보다 중요하게 고려하여야 한다는 것을 알 수 있다.

가데스 바네아를 출발한 12명의 이스라엘 정탐꾼은 사십일 동안 가나안 땅을 정탐하고 돌아왔다. 그들 중에서 갈렙과 여호수아를 제외한 나머지 열 명의 정탐꾼들은 매우 두려운 반응을 보이며 이렇게 보고하였다.

이스라엘 자손 앞에서 그 정탐한 땅을 악평하여 이르되 우리가 두루 다니며 정탐한 땅은 그 거주민을 삼키는 땅이요 거기서 본 모든 백성은 신장이 장대한 자들이며 거기서 네피림 후손인 아낙 자손의 거인들을 보았나니 우리는 스스로 보기에도 메뚜기 같으니 그들의 보기에도 그와 같았을 것이니라(민 13:32-33).

이스라엘 정탐꾼 중 믿음이 약한 열 명은 자기들이 정탐한 땅을 악평하고 나서 그들의 적을 네피림의 후손, 신장이 장대한 거인으로 평가하고 있다. 그러나 자기 자신들을 너무나 과소평가 하여 "스스로 보기에도 메뚜기 같으니"라고 비유했다. 여기서 쓰인 '메뚜기' 라고 번역된 히브리어는 구약 성경에 주로 "별 볼일 없는 존재"[211]를 가리키는 용법으로 쓰이고 있다.

그는 땅 위 궁창에 앉으시나니 땅에 사는 사람들은 메뚜기 같으니라 그가 하늘을 차일 같이 펴셨으며 거주할 천막 같이 치셨고(사 40:22).

그 무엇과도 비교할 수 없는 하나님께서 땅위 궁창 즉 하늘에 앉아 계시기에 땅에 사는 사람들은 '메뚜기' 처럼 작은 존재, 즉 아무것도 아닌 그런 존재로 보임을 이사야는 지적하고 있다. 궁창 위 하늘에 앉아 계시는 하나님 앞에 서있는 인간의 모습은 마치 '메뚜기' 같이 보일 수도 있다. 그러나 사람들 앞에 서 있는 자기의 모습을 '메뚜기' 에 비유한 것은 어찌된 일인가? 그것은 아무리 적들이 장대하다 할지라도 자기들을 장대한 블레셋 사람들과 비교하면서 '메뚜기' 와 같다고 한 것은 그들의 불신과 그로 인한 극심한 공포를 나타낸 것으로 극도의 자기비하라 할 수 있다. 믿음이 없으면 사람 앞이지만 그 장대함에 눌려서 자기 자신의 존재가 별 볼일 없는 존재로 보일 수도 있다. 결국 그들은 가나안 점령이 불가능하다는 것을 역설하기 위하여 이런 비겁한 직유를 이용하여 상황을 과장시켜 표현했던 것이다.

「민수기」 14장 1절로 이어지는 내용을 보면 "온 회중이 소리를 높여 부르짖으며 백성이 밤새도록 통곡 하였더라" 라고 한 것을 보면 구체적인 직유의 힘이야말로 무섭다 하지 않을 수 없다. 이스라엘 사람들은 정탐꾼의 보고가 과장된 것이라는 것을 알면서도 사실상 자기들을 '메뚜기' 에 비유한 이 직유는 이스라엘 백성들의 마음에 공포를 불러일으키기에 충분했다. 그래서 그들은 두려워 떨며 밤새도록 통곡하는 것이다.

「욥기」 41장 24절 "그 마음이 돌같이 단단하니 그 단단함이 맷돌 아래짝 같구나" 라는 비유도 직유다. 여기서는 '돌' 이 '마음' 에 비유된다. 물론 사람은 마음이 굳을 수도 있고 몸이 단단할 수도 있다. 이 절에서는 굳은 마음 즉 고집이 세고 의지가 강경한 상태를 뚜렷이 강조해 준다.

직유에는 흔히 자연의 사물이 비교대상으로 사용된다. 때로는 두 개의 동일한 사물이 각각 좋게도 사용되고 나쁘게도 사용된다. 「호세아」 6장 4절의 "너희의 인애가 아침 구름이나 쉬 없어지는 이슬 같도다"라는 말은, 이슬의 짧은 수명을 인애에 비유하여 신실치 못한 사랑을 이야기하고 있다. 「호세아」 14장 5절에서 하나님은 "내가 이스라엘에게 이슬과 같으리니"라고 하셨다. 다음 몇 절을 더 읽어보면, 하나님은 여기서 이슬을 식물에게 생명과 성장을 주는 좋은 것으로 여겼음을 알 수 있다.

직유에 사용된 여러 가지 의미의 비둘기를 참조해 보면 매우 흥미 있고 깊은 뜻을 발견하게 된다. 「시편」 55편 6절 "나는 말하기를 만일 내게 비둘기같이 날개가 있으면 날아가서 편히 쉬리로다." 「시편」 55편은 일종의 비탄의 시다. 특히 다윗이 아들 압살롬과 자신의 모사였던 아히도벨의 반역(삼하 15:1-18) 앞에서 느낀 쓰디쓴 배신감과 뼈아픈 절망감이 절절히 배어나오고 있다. 여기서도 비둘기처럼 날개가 있다면 멀리 어디론가 날아가 편히 쉬고 싶다는 절망적인 기도를 드리고 있다. 다윗 자신이 비둘기가 될 수 없는 사람인데 비둘기처럼 날개가 있을 때를 가정하는 것은 비탄의 절정을 표현한 것이다.

다음 직유들도 감정을 비둘기의 특성과 비교한 것들이다. 「이사야」 59장 11절 "우리가 곰같이 부르짖으며 비둘기 같이 슬피 울며 정의를 바라나 없고 구원을 바라나 우리에게서 멀도다." 「예레미야」 48장 28절 "모압 주민들아 너희는 성읍을 떠나 바위 사이에 살지어다 출입문 어귀 가장자리에 깃들이는 비둘기같이 할지어다." 「호세아」 7장 11절 "에브라임은 어리석은 비둘기 같이 지혜가 없어서 애굽을 향하여 부르짖으며 앗수르로 가는도다."

직유에는 질을 말하는 것도 있지만 행동을 뜻하는 것도 있다. 다음 성경을 살펴보기를 바란다. 「사사기」 7장 12절 "미디안과 아말렉과 동방의 모든 사람이 골짜기에 누웠는데 메뚜기의 많은 수와 같고 그들의 낙타의 수가 많아 해변의 모래가 많음과 같은지라." 기드온은 하나님의 명령에 따라 정예 300명의 용사를 선발하였다. 하나님은 미디안에 대한 공격 명령을 내리시기 전 또 다른 승리의 계시를 주시려고 기드온에게 적진을 정탐케 하였다. 그리하여 정탐 도중 적병들이 주고받는 그들의 불길한 꿈 이야기를 통해 승리의 확신을 갖는다. 적군들의 꿈 이야기를 들으면 미디안들이 골짜기에 메뚜기 떼처럼 무수하게, 바다의 모래처럼 수다하게 죽게 되리라는 것이다. 이런 꿈 이야기를 하면서 무서워 떠는 적군의 동정을 살피면서 기드온은 승리의 확신을 갖는다.

「시편」 59편 6절 "그들이 저물어 돌아와서 개처럼 울며 성으로 두루 다니고"라며 울부짖는 이 시도 비탄의 시 가운데 하나이다. 다윗의 비탄의 시 중 가장 먼저 씌여진 시인 것 같다. 이 시는 「사무엘상」 19장 8-14절을 배경으로 한다. 이 성경 구절에 따르면 다윗은 간사한 '악인'을 '개'에 비유하고 있다. 저희란 바로 간사한 열방 즉 악인을 가리킨다. 그들이 먹이를 찾아 울부짖으며 성으로 돌아다니고 있다는 것이다.

「시편」 92편 12절 "의인은 종려나무 같이 번성하며 레바논의 백향목 같이 성장하리로다." 「시편」 133편 2-3절 "머리에 있는 보배로운 기름이 수염 곧 아론의 수염에 흘러서 그 옷깃까지 내림 같고, 헐몬의 이슬이 시온의 산들에 내림 같도다 거기서 여호와께서 복을 명하셨나니 곧 영생이로다." 영적으로 하나 된 공동체의 연합이 갖는 아름다움과 복됨을 비유한 것이다.

「시편」 1편의 저자가 의인과 악인의 특징을 추적하면서 그들의 삶의 일반적 특징을 제시하고자 할 때, 그는 이 양자를 우리 눈앞에 선명하고 쉽게 기억할 수 있도록 보장된 방법을 선택하였다. 의인은 "시냇가에 심은 나무와 같고" 그 반면에 악인은 "바람에 나는 겨와 같다." '겨'는 농업에 관련된 대화나 글의 맥락에서 사용된다. 그러나 「시편」 1편에서는 새로운 맥락에서 사용되어 인간의 행동과 관련된 교훈적인 것이 된다. 인간이 '나무'나 '겨'가 아니라는 사실은 너무나 명백하지만, 이런 진술이 단순히 거짓이 아니라고 말할 수 있는 것은 '어떤 의미에서' 그것이 진실이라는 점이다.

「잠언」 10장 26절 "게으른 자는 그 부리는 사람에게 마치 이에 식초 같고 눈에 연기 같으니라." 게으른 자는 그 부리는 주인에게 있어서 썩은 이에 식초처럼 시고 눈에 연기 같이 눈을 못 뜨게 하는 아픔을 준다는 것이다.

「이사야」 9장 8-19절, 「예레미야」 17장 6절, 「마태복음」 17장 20절, 25장 32-33절, 「누가복음」 17장 24절, 「베드로전서」 2장 2절도 참고하기 바란다. 「베드로전서」 2장 2절 "갓난아기들 같이 순전하고 신령한 젖을 사모하라 이는 그로 말미암아 너희로 구원에 이르도록 자라게 하려 함이라." 갓난아기들에게 어머니의 젖이 없이는 살수가 없다. 그와 마찬가지로 믿는 사람은 신령한 젖 즉 도의 젖(말씀)을 사모하라는 것이다.

은유법

은유(metaphor)는 서로 성격이 다른 두 개의 사물이나 관념을 간접적으로 은근히 빗대어 말하는 수사법을 말한다. 아리스토텔레스는 일찍이 은유법을 잘 구사하는 능력이야말로 남에게서 배울 수 없는 능력으로 '천재의 징표'와 다름없다고 하였다. 은유법이란 직관을 통하여 서로 이질적인 것에서 비슷하거나 같은 것을 파악하는 능력이라 하였다. 은유법에서 의미의 전이는 어디까지나 서로 다른 두 개념 영역이나 의미 영역 안에서 일어난다. 은유법은 서로 다른 개념이나 의미 층위에서 유사성이나 차별성을 찾아내는 비유법이다. 그런데 유사성이나 차별성을 찾아내기 위해서는 개념이나 의미는 반드시 서로 다른 영역 안에 놓여 있지 않으면 안 된다. 사랑을 한 떨기 장미꽃에 빗댈 수 있는 것은 사랑과 장미꽃이 서로 다른 의미나 개념 영역에 속해 있기 때문이다. 그러나 개와 늑대로는 은유가 성립되지 않는다. 둘 다 비슷한 동물이기 때문이다.

은유법은 품사에 따라 명사 은유법, 형용사 은유법, 부사 은유법, 그리고 동사 은유법으로 나뉜다. 명사 은유법은 '황금의 팔' 이라는 표현처럼 두 명사를 결합하여 만드는 은유법을 말한다. "가의 나" 와 같은 것이 명사 은유법이다. 예를 들면, "구원의 잔" (시 116:13)이 바로 그런 비유다. 이 은유는 구원을 잔으로 표현한 것이다. "불의의 떡" (잠 4:17)과 같은 표현이 명사 은유법이다.

「아가서」 2장 1절 "나는 샤론의 수선화요 골짜기의 백합화로다" 에서 '샤론의 수선화' 와 '골짜기의 백합화' 라는 표현이 명사 은유법이다. 솔로몬과 술라미 여인은 백양목이 우뚝 우뚝 솟아 있고 잣나무들이 우거진 숲 속의 잔디와 꽃 침상에 앉아서, 사방에 펼쳐져 있는 향기롭고 아름다운 각양각색의 꽃들을 바라보며 서로의 아름다움을 칭찬하고 있다. 주님의 모형인 솔로몬은 그녀의 모습을 화창(和暢)한 날씨와 같이 온화하고 평온하며 해맑다고 찬미한다. 바로 술람미 여인은 솔로몬의 말을 받아서 나를 '어여쁘고 화창하다' 고 하지만, 사실상 '어여쁘고 화창한 것' 은 내가 아니고 당신이며, 단지 나는 샤론의 들에서 흔히 볼 수 있는 하나의 들꽃, 즉 키도 작고 냄새조차 없는 '샤론의 수선화' 아니면 '골짜기의 백합화' 에 불과하다고 말한다.

샤론은 지중해 해안에 위치한 갈멜의 남쪽에 있는데 매우 비옥한 땅이다. 이곳에서는 색깔이 밝은 꽃들이 많이 자란다. 아랍인들은 그런 화초들을 백합화라고 부른다고 한다. 그리고 그 산골짜기에서는 향기가 아주 강한 수선화도 많이 볼 수 있다. 수선화는 평범한 꽃으로 잎이 없는 초원의 들꽃이다. 또한 여기서 말하는 백합화는 화분에 심어놓은 꽃이 아니라 사람의 눈에 잘 띄지도 않게 골짜기에 외롭게 펴 있는 꽃을 가리킨다. 술람미 여인은 겸손하게 자기 자신을 이런 들이나 골짜기에 핀 보잘 것 없는 들꽃에 불과하다고 말한다.

그러나 주님의 모형인 솔로몬은, 누구 한 사람 보아주지 않아도 홀로 피어서 외롭게 향기를 내뿜고 있는 그 수수한 꽃을 사랑한다. 비록 그 꽃이 눈에 잘 띄지 않는 들꽃이긴 하지만, 그는 그녀를 가리켜 '가시나무 가운데 백합화 같도다' 라는 의미심장한 직유법을 사용해서 말하였다.

성경에 있어서 '가시나무' 는 교회나 믿는 사람들을 핍박하는 악한 세력들(창 3:18; 삿 9:15; 마 13:7; 히 6:8)을 흔히 표상하고, '백합화' 는 참된 신자나 또는 교회를 가리킬 때 사용된다. 「마태복음」 6장 28-30절에서는 "들의 백합화가 어떻게 자라는가 생각하여 보라. 수고도 아니 하고 길쌈도 아니 하느니라. 그러나 내가 너희에게 말하노니 솔로몬의 모든 영광으로도 입은 것이 이 꽃 하나만 같지 못하였느니라. 오늘 있다가 내일 아궁이에 던져지는 들풀도 하나님이 이렇게 입히시거든 하물며 너희일까보냐 믿음이 작은 자들아" 라 하였다. 이 말씀에 따르면 '백합화' 는 솔로몬의 영광보다도 더 화려하고 아름답고 향기로운 꽃이라는 것을 알 수 있다.

이는 술람미 여인은 악한 세상에 둘러 싸여서 죄 많은 삶을 살아가고 있는 백합화와 같은 존재이지만 가시나무 가운데 있는 '백합화' 가 그 가시에 찔려 상처와 아픔을 크게 당하면 더욱 그 향기를 발하듯이 환난과 박해의 바람이 불 때 더욱 믿음의 아름다움과 향기를 더 멀리 퍼뜨리는 그런 성도라는 것이다.

다시 말해서 환란을 당할 때 참된 신자는 믿음의 향기를 더욱 짙게 내뿜을 수가 있으며, '백합화' 가 '가시나무' 보다 월등하듯이 그녀의 영적인 아름다움도 또한 다른 여자들의 아름다움보다 뛰어나다는 말이다. 환난을 당할 때 더욱 그리스도의 향기를 널리 퍼뜨리는 성도를 일컬어 '가시나무 가운데 백합화' 같다고 할 수 있다.

또 다른 형태로는 '창백한 죽음' 과 같은 형용사 은유법이 있다. 성경에서 쉽게 찾을 수 있는 형용사 은유로는 "이 죽은 개가" (삼하 16:9)와 같은 형태가 있다. 다윗의 왕권이 압살롬의 반역에 의해 흔들리게 되자, 이런 기회를 이용하여 자기의 배를 채우려는 자가 있었다. 그가 바로 므비보셋의 사환 시바였다(삼하 16:1-4). 그는 많은 선물을 가지고 황급히 도피하는 다윗을 찾아왔다. 다윗은 이러한 시바를 사려 깊은 자로 생각 했을 것이다. 시바는 이를 노리고 므비보셋에 대해 묻는 다윗에게 거짓말을 했다. 시바가 말하기를 "이스라엘 족속이 오늘 내 아버지의 나라를 내게 돌리리라 하나이다" (삼하 16:3)라고 하였다. 므비보셋이 배은망덕하게 이 혼란을 틈타 왕위에 오르려 한다는 것이다. 다윗은 이 중상모략을 믿고 조사도 해보지 않은 채 그의 재산을 시바에게 주었다. 다윗이 바후림에 이르게 되었을 때 사울 족속 가운데 한 사람인 게라의 아들 시므이가 나와 터무니없는 저주를 다윗에게 퍼붓는다(삼하 16:5-8). 그때 스루야의 아들 아비새가 나서며 다윗을 저주하는 시므이를 죽이겠다고 나선다. 그러면서 시므이를 가리켜 '죽은 개' 라고 부른다(삼하 16:9). 아비새가 "이 죽은 개가 어찌 내 주 왕을 저주하리이까" 라고 다윗에게 시므이를 죽이려는 동의를 구하며 한 말이다. 그러나 다윗은 아비새의 요청에 동의하지 않고 오히려

"저가 저주하는 것은 여호와께서 그에게 다윗을 저주하라 하심이니"(삼하 16:10)라며 그것을 하나님으로부터 오는 징계로 받아들인다. 아비새가 시므이를 '죽은 개'로 비유한 것은 경멸과 조롱을 담고 있다. 이 은유는 말하는 사람의 정서적 태도를 보여 줄 뿐 아니라 듣는 다윗에게도 동일한 감정을 환기시켜 시므이를 죽이라는 허락을 받아내려는 데 그 목적이 있다.

다윗은 이 은유법을 스스로에게 적용한 일이 있다. 「사무엘 상」 24장 14절에서 "이스라엘 왕이 누구를 따라 나왔으며 누구를 쫓나이까 죽은 개나 벼룩을 쫓음이니이다"라 하였다. 다윗이 자기 자신을 개나 벼룩에 비유한 것은 자신이 별 볼일 없는 하찮은 존재라는 점을 강조함으로써 사울의 추격을 단념시키려는 데 그 목적이 있다.

사람을 개에게 비유한 예는 많이 있지만 그 중에서도 가장 모욕적이고 경멸적으로 사용한 것은 「마가복음」 7장 24-30절까지에서 나오는 비유법이다. 예수께서 두로 지방에 이르렀을 때 더러운 귀신들린 어린 딸을 둔 한 여자가 예수께서 오셨다는 소문을 듣고 그를 찾아와 그 발아래 엎드려 딸의 귀신을 쫓아주기를 간청하였다. 이 여인은 헬라인으로 수로보니게 사람이었다. 이 여인을 향하여 예수께서는 "자녀의 떡을 취하여 개들에게 던짐이 마땅치 아니하니라"고 하셨다. 그녀의 자녀와 개와의 대조는 보통 여인이라면 도저히 참을 수 없는 아주 모욕적이고 경멸적인 말이었다. 그러나 그녀는 예수께 "상아래 개들도 아이들이 먹던 부스러기를 먹나이다"고 대답하였다. 실로 이 여인의 믿음은 모욕적인 언사가 누를 수 없는, 태산을 옮길만한 것이었다. 이 여인은 예수께서 사용하신 개의 은유를 확장시켜 그녀가 가지고 나왔던 아주 절박한 문제, 즉 딸의 병(귀신을 내쫓는 일)을 고침 받는 목적을 달성하였다. 가장 경멸적인 동물에게도 자녀들의 먹던 부스러기를 던져 주는 주인의 최소한의 연민의 정서에 호소한 것이 적중되었던 것이다. "예수께서 이르시되 이 말을 하였으니 돌아가라. 귀신이 네 딸에게서 나갔느니라"(막 7:29). 예수의 말씀에 순종해서 돌아와 보니 이 여인의 딸은 침상에 누워 있었으나 귀신은 그 딸에게서 나가 있었다.

부사 은유법도 있다. 부사 은유는 동사와 부사, 형용사와 부사가 한데 어우러져 만들어내는 은유를 말한다. 형용사 은유보다는 그렇게 자주 쓰이는 편이 아니지만 이 바유 또한 그 나름대로 중요한 구실을 하기도 한다. 그런데 부사 은유는 때로 모순 어법을 통하여 역설을 불러일으키기도 한다. 백석의 "삼천포"라는 시에서 이런 부사 은유를 찾아볼 수 있다. "졸레졸레 도야지 새끼들이 간다/귀밑이 재릿재릿하니 볕이 따사로운 거리다/아, 모도들 따사로이 가난하니. …" 이 작품에서는 '졸레졸레' 니 '담북' 이니 '따사로이' 니 하는 부사가 유난히 많이 쓰여 있다. 마지막 행의 "아. 모도들 따사로이 가난하니" 에서 '따사로이' 는 은유적 표현이다. '찢어지게' 가난하다느니 '무섭게' 가난하다느니 하는 말은 써도 '따사로이' 가난하다는 말은 좀처럼 쓰지 않는 것이 우리말의 관습이다. '남행시초(南行詩抄)' 라는 부제 그대로 남해안 지방을 여행하면서 쓴 일련의 작품 가운데 하나인 이 작품에서 백석은 따사로운 햇살이 내리쬐는 시골의 봄날 풍경을 읊고 있다. 돼지나 소 같은 짐승은 짐승대로, '볏집같이 누우란 사람들' 은 사람들대로 하나같이 평화롭기 그지없다. 누추한 삶일망정 그 누추함조차도 마치 초봄의 햇볕처럼 따사롭고 정겹다. 물질적으로 풍요롭지만 마음이 을씨년스러운 것보다는 차라리 '따사로이 가난한' 것이 더 큰 축복일 것이다.

「아가서」 5장 16절에 "입은 심히 달콤하니 그 전체가 사랑스럽구나. 예루살렘의 딸들아 이는 내 사랑하는 자요 나의 친구로다" 라는 구절이 있는데, 그 중에서도 "입은 심히 달콤하니"라는 표현은 은유적인 비유라 할 수 있다. 이 비유는 「아가서」 4장 11절 "내 신부야 네 입술에서는 꿀방울이 떨어지고 네 혀 밑에는 꿀과 젖이 있고"를 배경으로 풀어야 한다. "네 입술에서는 꿀방울이 떨어지고"라 하였는데, '꿀' 은 하나님의 말씀을 가리킨다(시 19:10). 하나님의 말씀은 꿀과 송이 꿀보다 더 달다. 성도의 입술에는 언제나 하나님의 말씀이 묻어 있어서 꿀방울같이 달아야 한다는 것이다. 혀 밑에도 꿀 과 젖과 같이 단 하나님의 말씀이 있어야 한다는 뜻이다. 술람미 여자는 언제나 꿀보다 더 달고 꿀송이보다 더 단맛을 느끼게 하는 하나님의 말씀을 입으로 표현하였으므로 그 입은 꿀송이보다 더 달콤했다. 그래서 "입은 심히 달콤하니"라 하였다. 그 입을 통하여 나오는 말씀이 어찌나 단지 술람미 처녀의 모든 것이 사랑스럽다는 것이다. '심히' 리고 하는 부사가 '달콤한' 이라는 형용사와 합쳐져서 한 여인을 온통 사랑하도록 만들게 하는 '하나님의 말씀' 의 감미로움을 강조하여 표현한 비유라 할 수 있다. '심히' 달다는 말은 '포도주' 로 표상되는 세상적인 것들 중에서 단 것들보다도 더 단 '하나님의 말씀' 혹은 '영적인 사랑의 단 맛' 이 술람미 여인의 입술에 넘친다는 것이다. 여기서 이 은유를 통하여 얻는 메시지는 그런 세상적인 '쾌락' 보다 심히 단 것이 '하나님의 말씀' 이요 '영적인 사랑' 이라는 것이다.

은유 가운데는 무엇보다 동작으로 표현하는 동사은유가 가장 많다. 「시편」 30편 11절 "주께서 나의 슬픔을 변하여 내게 춤이 되게 하시며 나의 베옷을 벗기고 기쁨으로 띠를 띠우셨나이다"고 하였다. 이 비유에서 "기쁨은 나의 띠"라고 하지 않고 동적으로 표현하였다. 모든 은유는 두 가지 사이에서 기본적인 것은 같지 않으면서도 한 가지 점에서 유사성을 암시하는 수사법이다. 그러나 기쁨이 어떻게 띠가 될 수 있는가? 그렇지만 띠가 하는 일은 무엇인가「」옷을 붙들어 매어 주어서 사람으로 하여금 활동할 수 있게 해준다.

그 띠 안에는 힘과 안전함이 있는 것과 마찬가지로 기쁨도 우리의 영에 힘과 안전함을 제공해 준다는 것이다. 사실상 하나님께서 주시는 기쁨만큼 이 곤고한 세상에서 좌절하고 불안할 때 힘이 되고 안전함을 주는 것은 없다. 따라서 그 '띠'는 다름 아닌 우리의 요새가 되시고 은혜의 방패가 되셔서 보호하고 위험을 막아주시는 '하나님'을 보이는 물질로 비유한 것이라 할 수 있다. 아모스 선지는 여호와의 계시의 음성을 사자의 부르짖음(포효)에 비유하고 있다. "여호와께서 시온에서부터 부르짖으시며 예루살렘에서부터 소리를 내시리니 목자의 초장이 마르고 갈멜 산꼭대기가 마르리로다."(암 1:2). 「아모스」 3장 8절에서는 "사자가 부르짖은즉 누가 두려워하지 아니하겠느냐 주 여호와께서 말씀하신즉 누가 예언하지 아니하겠느냐"라고 하였다. 아모스 선지자는 여호와를 울부짖는 사자에 계속 비유하고 있음을 알 수 있다. 여호와는 영이시기 때문에 은유로 밖에 표현될 수밖에 없다. 은유란 일종의 우리가 보기를 원하는 것을 보게 하는 렌즈 같은 것이다.[212] 사자가 부르짖으면 다른 동물들을 쫓아버릴 수가 있다. 그래서 양을 보호하는 것이다.

사자는 아무 때나 부르짖지 않는다고 한다.[213] 아모스는 전직이 목자였기 때문에 그 사실을 너무나 잘 알고 있었다. 사자는 공격하기 전에는 부르짖지 않는다. 만일 그렇게 하면 짐승들이 놀라 다 달아날 것이다. 여호와께서 시온에서 부르짖으셨다는 것은 이미 여호와의 사냥이 시작되었음을 알리고 있다. 그의 입에 사냥의 목표물이 물려 있거나, 목표 짐승이 치명적인 상처를 입고 쓰러졌음을 보여준다. 이제 목자가 사자의 입에서 양을 건져 낸다 하더라도 남은 것은 '두 다리나 귀 조각'에 불과할 것이다. 그래서 「아모스」 3장 12절에서는 "목자가 사자 입에서 양의 두 다리나 귀 조각을 건져냄과 같이 사마리아에서 침상 모퉁이에나 걸상의 방석에 앉은 이스라엘 자손도 건져냄을 입으리라" 고 하였다.

이 아모스의 선포는 결국 이스라엘이 사마리아라고 하는 사자에게 찢겨 죽음을 당하고 두 다리나 귀 조각만을 남긴 불쌍한 양의 신세가 될 것이라는 것인데, 이는 이스라엘 중에 남은 사람보다는 전멸될 사람들이 거의 대부분이라는 것을 알려주는 내용이다. 이제까지 예로 든 은유들을 통하여 알 수 있는 바와 같이, 우리는 추상적인 개념이 특정적이며 구체적인 것들에 의하여 지속적으로 반복되며 대체된다는 것과 독자들이 체득하는 일상적 경험이 의미를 끌어내는 원천제공의 역할을 하게 된다는 사실을 알 수 있다.

성경의 은유는 위에서도 예를 들었지만 「시편」에 가장 잘 나와 있다. 「시편」기자에 의하면 여호와는 '압박 받는 자의 산성' (9:9), '바위' (28:1), '방패' (3:3), '요새' (18:2), '빛' (27:1), '목자' (23:1)이다. 그는 우리를 "(그의) 날개의 그림자 밑에" (57:1) 피할 수 있게 한다. 정직한 자는 "항상 그의 얼굴을 볼 것이다" (11:7). 하지만 그의 "얼굴은 악을 행하는 자를 향하여 드실 것이다" (34:16). 그의 "오른 손은 승리할 것이며" (118:15), 그의 말씀은 발걸음을 인도하는 '등불' (119:105)이며, 그의 약속은 "흙 도가니에 일곱 번 단련한 은" (12:6)과 같다. 인간의 삶은 "바람이 한 번 부는 것과 같고" (144:4), '먼지' 나 '들꽃' 103:14-15) 같으며 우리의 날은 "지나가는 그림자 같다" (144:4). 하나님의 대적자는 '연기' 나 '밀' (68:2) 같고, '검불' 이나 '지푸라기' (83:13)이다. 의인은 "죄인들의 길에 서지 않고" (1:1), "자신의 걸음이 주의 길을 굳게 지키고 실족하지 않을 것" (17:5)이라고 확신한다. 이에 반해 악인은 "사자가 자기의 굴에 엎드림 같이 은밀한 곳에 엎드려 가련한 자를 잡으려고 기다리며" (10:9), "이웃에게 거짓을 말하고", "아첨하는 입술과 두 마음으로 말한다" (12:2). 그의 말이 "우유 기름보다 미끄러우나", "그의 마음은 전쟁이요 그의 말은 기름보다 유하나 실상은 뽑힌 칼이다”(55:21). 또한 “저주하기를 옷 입듯하고”(109:18), ‘올무’ 와 ‘덫’(141:9)을 놓는다. 하지만 그는 “자기 수치를 겉옷 같이 입게 될 것이다”(109:29).

위의 예를 통하여 독자들은 반복해서 어떻게 한 추상적인 개념이 구체적이고 특정한 무엇에 의해 대체되며, 독자의 일상의 경험이 어떻게 그 의미가 추론된 원천을 제공하는지 알 수 있다. 다음 구절들을 찾아보고 이러한 은유의 의미를 생각해 보기를 바란다. 「여호수아」 1:8, 「열왕기하」 7:2, 「욥기」 13:25, 41:14, 「시편」 109:29, 「이사야」 1:31, 7:4, 「마태」 26:26, 「누가」 11:39, 「고린도후서」 5:1-4, 「에베소서」 1:18.

환유법

대유법(代喩法)이라고도 하는 환유법(換喩法, metonymy)은 한 사물이나 개념을 그것과 깊이 연관되어 있는 속성을 빌려 말하는 수법을 말한다. 은유법이 유추의 작용을 통하여 유사성을 찾아내는 수사법이라면 환유법은 인접성에 따른 수사법이다. 인접성은 비단 공간적인 인접성과 시간적인 인접성에 그치지 않고 원인과 결과 같이 좀 더 논리적인 인접성도 포함된다.

일찍이 『변술론 교본』을 써서 수사학을 굳건한 발판에 올려놓은 로마의 웅변가요 수사학자인 퀸틸리아누스는 환유를 다섯 가지 종류로 나누었다. 즉 용기로써 내용물을, 행위자로써 행위나 물건을, 원인으로써 결과를, 시간이나 장소로써 그 특성이나 생산품을, 그리고 연상된 대상으로써 그 소유자나 사용자를 나타내는 환유가 바로 그것이다. 조지 레이코프와 마크 존슨은 『비유로 산다』라는 책에서 퀸틸리아누스의 분류에 두 가지를 더하여 모두 일곱 가지 관점에서 환유를 살피고 있다. 즉 장소로써 기관을, 장소로써 사건을, 부분으로써 전체를, 제조자로써 제품을, 제품으로써 사용자를, 통제자로써 피통제자를, 그리고 기관으로써 책임자를 가리키는 방법이 그것이다.[214] 그러나 이 가운데서 부분으로써 전체를 나타내는 환유는 정확히 말하자면 환유라기보다는 오히려 제유에 속한다고 보아야 한다.

환유법 가운데 가장 널리 쓰이는 것은 바로 공간적 인접성에 따른 환유법이다. 두 대상이나 개념이 공간적으로 서로 가까이 있거나 서로 깊은 관련을 맺고 있을 때 환유법이 생겨난다. 가령 '오늘 오후 청와대에서 중대 발표가 있을 예정이다' 라는 문장에서 '청와대' 는 환유법이다. 청와대란 본디 지붕에 푸른 기와를 얹어 지은 건물을 가리킨다. 그러나 여기서 이 말은 푸른 기와와는 전혀 무관하고 한국의 권력핵심부를 가리키는 비유법으로 쓰인다.

성경에서도 장소로써 기관이나 사건을 나타내는 수사법을 많이 찾을 수 있다. 이를테면 「시편」 129편 5-6절에 "무릇 시온을 미워하는 자는 수치를 당하여 물러갈지어다. 저희는 지붕의 풀과 같을지어다. 그것은 자라기 전에 마르는 것이라" 는 말씀이 있는데, 여기서 '시온' 이 환유법적으로 사용된 것이다. 시온을 미워하는 자는 반드시 수치를 당하여 마른 풀과 같이 자라기 전에 말라 버릴 것이라고 한 것이다.

본디 시온은 예루살렘 성지의 언덕을 가리킨다. 다윗이 이곳을 수도로 삼고, 법궤를 이곳으로 옮겨 정치적 · 종교적인 중심지로 삼았다. 후에 다윗의 아들인 솔로몬이 여호와 성전과 거대한 궁전을 건설하여 유대 민족의 생활과 신앙의 중심지로 번영하였다. 그 후 시온은 예루살렘뿐만 아니라, 전 이스라엘을 상징하는 것이 되었고, 시오니즘과 같은 한 주의가 생기게 되었다. 『신약성경』에서는 '시온' 이 하늘에 계신 하나님의 도성의 상징적인 용어로 사용되기도 하였다(요한 14:1). 그 위치에 대해서는 예루살렘의 남동쪽 또는 남서쪽이라고 하지만 분명하지 않다.

그런데 앞에서 인용한 성경 구절에 따르면 시온을 미워하는 자는 반드시 수치를 당하여 마른 풀과 같이 자라기 전에 말라 버릴 것이라 하였다. 예루살렘에 있는 언덕을 미워한다고 해서 수치를 당하거나 마른 풀과 같이 자라기 전에 말라버릴 수는 없다. 그러니까 여기서 말하는 '시온'은 예루살렘 성지의 한 장소인 언덕과는 전혀 무관하고 예루살렘 성전과 왕궁이 있는 고대 이스라엘 나라의 종교적 신앙과 정치적 권력의 핵심부를 가리키는 비유법이라 할 수 있다. 여호와 하나님께서 임재해 계시는 '시온'을 미워하고 핍박하는 행위는 곧 하나님을 미워하고 핍박하는 것과도 같다. 시온은 바로 사람을 창조하시고 생명과 호흡을 친히 주신 하나님께서 건설하시고 백성들에게 모여 예배하라고 명령하신 곳이다. 시온을 미워하는 것은 곧 영생의 약속을 확증해 주신 하나님께 대적하는 것이다. 그러므로 시온에 대적하는 자는 수치와 멸망을 당하게 된다.

성경에 "단에서 브엘세바까지"(삿 20:1; 상상 3:20; 삼하 24:2; 왕상 4:25)라는 표현이 자주 나온다. 여기서 단은 솔로몬 이후 통일국가였던 이스라엘이 북이스라엘과 남유다로 갈라진 후 예루살렘 성전에 버금가는 금송아지 성전을 건축했던 북쪽 도시인 단을 단순히 가리키지 않듯이, 브엘세바 또한 예루살렘에서 남서쪽으로 약 85km 떨어진 지점에 있는 성경 상 유서 깊은 남쪽 도시를 가리키지 않는다. 여기서 단은 사람이 거주해 살고 있던 이스라엘의 최북단 도시이고, 브엘세바는 최남단 도시를 가리킨다. 그러므로 단과 브엘세바는 지명을 이용한 환유라 할 수 있다. 이 지명들이 환유로 사용될 때 '단에서 브엘세바까지'는 최북단에서 최남단에 이르는 이스라엘 전체의 영역을 가리킨다. 그래서 '단에서 브엘세바까지'를 일주한다는 것은 이스라엘 전역을 순례한다는 뜻이다.

위에서 보는 바와 같이 인접성 하면 자칫 공간만을 생각하기 쉽지만 시간도 공간에 못지않게 아주 중요하다. 환유법에서는 시간적 인접성도 공간적 인접성이나 지리적 인접성처럼 중요한 몫을 한다. 「창세기」 1장 1절에 "태초에 하나님이 천지를 창조하시니라"라는 말씀이 있다. 여기서 '태초'(in the beginning)는 단순히 시간과 역사의 시작을 뜻한다기보다는 천지창조 이전(영원 전)부터 세우신 하나님의 창조섭리를 가리키는 환유법이라 할 수 있다.

환유법은 공간적, 시간적 인접성뿐만 아니라 논리적 인접성에 의해서도 이루어진다. 여기에서 논리적 인접성이란 사건의 인과관계에 따른 결과를 말한다. 「창세기」 1장을 보면 "하나님 보시기에 좋았더라"라는 말이 8번 나온다(창 1: 4, 9, 12, 18, 21, 25, 31). 이렇게 8번씩이나 '좋다'라고 감탄을 발하는 것은 너무 지나친 과잉감정이라고 비난할 수도 있다. 그러나 하나님께서는 그 자신이 만들기는 하였지만, 하늘과 땅과 바다를 각 종류대로 충만하게 창조하신 이후 자기를 닮은 인간을 창조하시고 바라볼 때, 우주 전체가 질서정연하게 아름답고 유기적인 관계를 맺고 보존되어가는 것을 느끼게 되었다. 이때 절로 '좋다'라는 감탄사가 샘솟듯이 터져 나오는 감정을 표현한 수법을 환유법이라 한다.

그릇이나 용기로 그 안에 담길 내용물을 가리키는 환유법도 있다. 「마태복음」 26장 39절에 "내 아버지여 만일 할 만하시거든 이 잔을 내게서 지나가게 하옵소서"라는 구절이 나온다. 이는 제자들과 함께 겟세마네라는 곳에서 얼마 후에 당할 그의 수난과 십자가의 죽으심을 앞에 놓고 눈물을 흘리면서 기도한 내용에 나오는 구절이다. 여기서 '잔'은 물이나 술 또는 액체를 담는 '용기' 또는 '그릇'이다. 여기서 이 '잔'은 단순한 그릇을 나타내기 위한 기술이 아니고 앞으로 당할 고통과 죽음을 가리키는 환유법이다.

환유의 목적은 한 부분에 의해서 나머지 전체를 이해하려는데 목적이 있다. 「창세기」에서 한 예를 들어 보겠다. "땅은 너로 말미암아 저주를 받고 너는 종신토록 수고하여야 땅(그 소산)을 먹으리라" (창 3:17). 인류의 첫 부부인 아담과 하와가 선악을 알게 하는 금단의 열매를 따먹은 대가로 아담이 받은 저주(심판)는 일생 동안 이마에 땀을 흘려야 먹고 살 수 있다는 것이다. "종일토록 수고하여야 땅을 먹으리라" 하였다. 원문에서는 개역 성경(그 소산으로 번역됨)에서와는 달리 그 '땅' 을 먹으리라로 되어있다고 한다.[215)]

그러나 사람이 어떻게 땅을 먹을 수가 있겠는가? 먹는다면 땅의 소산을 먹을 수가 있는 것이다. 그러니까 '땅을 먹는다' 는 말은 곧 소재나 재료로 제품을 가리키는 환유법인 것이다. 여기서 '땅' 은 재료이고 땅을 먹는다고 하는 것은 그 땅에서 생산되는 제품인 소산을 먹는다는 뜻이다. '땅' 을 가지고 그 땅의 소산과 대치할 수 있다. 그런데 이런 사실을 모르면 땅을 먹는다는 말은 틀렸다고 할 것이다.

소아시아의 일곱 교회 가운데 하나가 빌라델비아 교회다. 빌라델비아 교회는 서머나 교회와 주님의 책망을 받지 않고 칭찬만 받은 교회다. 고난 중에서도 하나님의 말씀을 순종하며 실천한 것이 칭찬 받을 만한 일이었던 것이다. 「요한계시록」 3장 7절에 보면 "빌라델비아 교회의 사자에게 편지하라 거룩하고 진실하사 다윗의 열쇠를 가지신 이 곧 열면 닫을 사람이 없고 닫으면 열 사람이 없는 그가 이르시되" 라는 말씀이 있다.

여기서 "다윗의 열쇠"가 곧 환유다. "열쇠" 는 권위를 대신하고 있다. 열쇠는 다 아는 바와 같이 문을 여는 기능을 갖고 있다. 굳게 닫힌 문을 여는 것은 대단한 힘이요 권위라 할 수 있다. 이처럼 '다윗의 열쇠' 라는 말로 그리스도의 권위를 대신하고 있다. 천국의 문을 열수 있는 존재는 예수밖에 없다(구원의 열쇠). 여기서 다윗의 열쇠는 곧 예수 그리스도를 가리킨다고 할 수 있다. 또한 사망과 음부의 열쇠를 가지고 계신이도 그리스도시이다(계 1:18). 본문에 소개된 말씀은 히스기야의 신하, 서기관 엘리야김에게 주었던 약속의 말씀을 그대로 인용한 것이다. "내가 또 다윗 집의 열쇠를 그의 어깨에 두리니 그가 열면 닫을 자가 없겠고 닫으면 열 자가 없으리라" (사 22:22).

이 예언은 셉나를 대신하여 엘리야김을 서기관의 자리에 앉히는 사건과 관련되어 있다. 그때 엘리야김은 멸망 일로에 있는 조국을 안전하게 보호하고 백성에게 소망을 불어넣는 일을 잘 행할 것으로 기대되었다. 이와 비슷하게 이 편지 가운데 주 예수 그리스도는 빌라델비아 교회의 보호자로서의 모습으로 부각된다.

사울은 놉에 있는 제사장들이 다윗을 도운 것을 알고는 이들을 죽이라고 부하들에게 지시한다. "여호와의 제사장들을 죽이라. 그들도 다윗과 합력하였고 또 그들이 다윗의 도망한 것을 알고도 내게 고발치 아니하였음이니라 하나 왕의 신하들이 손을 들어 여호와의 제사장들을 죽이기를 싫어한지라" (삼상 22:17).

여기서 손은 문자적인 손이 아니라 손으로 한 행동을 가리킨다. 놉에 있는 제사장 아히멜렉은 다윗과 그 부하들에게 먹을 떡과 골리앗의 칼을 주었다. 그리고 사울에게 이런 사실을 고해바치지 않았다. 이런 식으로 다윗을 도운 것을 사울은 "그들의 손이 다윗과 함께하였다" 는 환유적 이미지로 지칭하고 있다. 사울은 이 환유를 가지고 부하들의 생각과 행동에 영향을 미치려고 하였다. 그러나 사울의 신하들은 제사장을 손을 들어 죽이기를 싫어하였다. 이런 손의 환유를 통하여 알 수 있는 것은 놉의 제사장들은 물론이요 사울의 부하들도 암시적으로 다윗을 지지하고 있음을 알 수 있다.

더 연구할 다른 예로서는 「창세기」 49:10, 「여호수아」 10:21, 「잠언」 10:21, 「예레미야」 21:7, 10, 「호세아」 1:2, 「사도행전」 6:7,

11:23, 「고린도전서」 10:21, 「갈라디아서」 2:9(할례자), 3:13(나무), 3:19(씨), 6;12(그리스도의 십자가)와 같은 것들이 이에 속한다.

제유법

제유법(堤喩法 synecdoche)은 환유법처럼 인접성이나 논리적 관련성에 기초를 두되 부분과 전체의 관계를 나타내는 수법을 말한다. 또 넓은 의미에서는 특수한 것으로 일반적인 것을 나타내는 것과 이와는 반대로 일반적인 것으로 특수한 것을 나타내는 수법을 환유법이라 한다. 은유법을 말할 때 직유법이 그림자처럼 따라다니듯이 환유법을 말할 때에도 제유법이 늘 약방의 감초처럼 따라다닌다. 그러나 은유법과 직유법의 관계와 환유법과 제유법의 관계는 사뭇 다르다. 은유법과 직유법을 동의어로 사용하는 사람은 없어도 환유법과 제유법을 동의어로 사용하는 사람은 적지 않다. 지금까지 많은 이론가들이 제유법을 환유법에 포섭되는 하부유형으로 생각해 왔다. 은유법과 직유법에서 원관념과 매개 관념, 축어적 관념과 비유적 관념은 결코 같은 의미의 영역과 개념 영역에 속하지는 않는다. 그러나 인접성이나 관련성에 뿌리를 두고 있는 환유법과 제유법의 의미 전이는 어디까지나 같은 의미 영역이나 개념 영역 안에서 이루어지게 마련이다.

"금테가 짚신을 깔본다"에서 금테는 신사를, 짚신은 촌놈을 뜻하는 제유다. "간판은 번듯하다"에서 간판은 얼굴을 대신하는 것이다. 성경에서 예를 들어 보겠다.

> 오만한 자가 주의 목전에 서지 못하리이다.
> 주는 모든 행악자를 미워하시며
> 거짓말하는 자를 멸시하시리이다

여호와께서는 피 흘리기를 즐기는 자와
속이는 자를 싫어하시나이다(시 5: 5-6).

여기서 '목전'(目前)은 '눈앞'이라는 뜻이다. 눈으로써 주 여호와 하나님을 가리키는 비유법이다. 오만한 자와 행악자 또는 피 흘리기를 좋아하는 자와 거짓말하는 자들이 어떻게 하나님 앞에 온전히 설 수 있고, 어떻게 하나님의 사랑을 받을 수 있으며, 어떻게 하나님의 인정과 대접을 받을 수 있겠는가? 그 사실을 이렇게 제유법으로 표현하였다. 「사사기」 2장 1절에도 "이스라엘 자손이 여호와의 목전에 악을 행하여"라는 말씀이 있는데, 이를 보더라도 '목전'은 '하나님 앞'을 뜻하는 제유라는 것을 확실하게 알 수 있다. 「사사기」에서는 하나님 앞에서 우상 섬기는 악을 행할 때마다 걸출한 사사들을 세워서 그 백성을 다스리게 하셨다. 그때 '하나님 앞'이라 하질 않고 '눈앞'이라고 말하였다. '눈'이라는 부분을 가지고 전체를 지칭한 제유법이다.

그를 하나님보다 조금 못하게 하시고
영화와 존귀로 관을 씌우셨나이다.
주의 손으로 만드신 것을 다스리게 하시고
만물을 그 발아래 두셨으니(시 8:5-6).

손과 발은 신체의 일부이다. 그 일부는 전체를 뜻한다. 인간을 하나님보다 조금 못하게 하시고 하나님께서 만드신 모든 것을 그로 하여금 다스리게 하시며 만물을 그의 발아래 두어서 지배하게 하셨다. 하나님의 크나큰 은총 중의 하나가 만물을 지배하고 다스릴 권리를 우리 인간에게 주셨다는 것이다. 그러므로 인간은 외적인 하나님의 형상 중의 하나다. 또 한편으로 인간은 하나님으로부터 막중한 의무와 책임을 요구받게 되었다.

「창세기」 42장 38절에도 제유법이 나온다. "그의 형은 죽고 그만 남았음이라. 만일 너희가 가는 길에서 재난이 그에게 미치면 너희가 내 흰머리를 스올로 내려가게 함이 되리라." 이 말씀은 식량 구입 차 이집트로 내려갔던 야곱의 열 아들들이 돌아와서 베냐민과 같이 오지 아니하면 식량을 주지 않겠다는 전갈을 가지고 온 아들들이 간곡하게 아버지 야곱에게 베냐민과 함께 가게 해달라는 요청을 받고 하는 말이다. 야곱은 요셉이 죽은 줄로만 알고 있었기 때문에 베냐민까지 이집트로 내려 보냈다가 그 몸에 재난이라도 일어나면 자기를 '스올' 곧 '무덤' (음부)으로 내려 보내는 일이 된다는 말이다. 여기서 제유는 '흰 머리' 라는 비유인데, 신체의 일부인 흰머리를 통해 늙어 머리가 흰 노인인 야곱을 가리키고 있다. 또 '스올' 이라고 하는 특수한 단어로 '무덤' 이라고 하는 일반적인 단어를 비유하였다.

하나님께서 선악과를 따먹은 아담과 하와에게 형벌을 가하였다. "네 얼굴에 땀을 흘려야 먹을 것을 먹으리니 네가 그것에서 취함을 입었음이라 너는 흙이니 흙으로 돌아갈 것이니라 하시니라" (창 3:19). 여기서 제유는 '얼굴' 이다. 얼굴에 땀이 나면 자연히 얼굴만 아니라 온 몸에 땀이 흐리기 마련이다. 그러므로 땀 흘리는 '얼굴' 은 전체적으로 땀을 흘리는 그 사람을 가리킨다. 단지 얼굴만이 노출되어 땀을 흘리는 것이 보이게 되므로, 얼굴만 언급하고 있는 것이다. 그렇다면 여기서도 얼굴은 한 사람 전체를 가리키는 제유법이라 할 수 있다.

얼굴은 한 사람의 육체적 모습을 드러내는 특징으로 묘사되기도 하지만 더 빈번하게 그의 행동의 패턴이나 성품을 드러내는 수단으로 쓰이기도 한다. 얼굴을 통해 그의 감정, 태도, 느낌, 경향이 드러나기 때문이다. '굳은 얼굴' 은 '반항' (렘 5:3), '부끄러움을 모르는 철면피함' (잠 7:13), '무자비' (신 28:50)를 나타내며, '부끄러운 얼굴' 은 패배와 낙망과 수치를 나타낸다(삼하 19:5).

「시편」 24편 7-8절에 "문들아 머리를 들지어다 영원한 문들아 들릴지어다 영광의 왕이 들어가시리로다. 영광의 왕이 뉘시뇨 강하고 능한 여호와시오 전쟁에 능한 여호와시로다"라는 말씀이 있다. 어떻게 무생물인 문들이 머리를 들 수 있겠는가? 여기서 '문' 은 제유로 직접적으로는 언약궤를 메고 들어가는 성전 문을 열라는 뜻이지만 좀 더 넓은 의미에서 이 '문' 은 이 세상을 지배하는 사탄과 싸우고 개선하여 돌아오는 승리자, 만군의 주 예수 그리스도를 개선문과 같은 하늘 도성의 영원한 문을 활짝 열고 맞으라는 주문인 것이다. 이스라엘 사람들의 삶에서 문이 차지하는 위치는 매우 중요하다. 이스라엘에서 성문은 백성들의 삶의 중심이었다. 법적, 행정적, 사회적, 경제적 행위들이 주로 성문에서 이루어졌다. 성문 앞의 넓은 타작마당은 백성들이 회집하기 좋은 장소를 제공해 준다. 선지자들이 이곳에서 하나님의 메시지를 백성들에게 전달했을 뿐 아니라(왕하 7;1, 렘 17:19-20, 36:10) 에스라가 율법을 읽고 백성들에게 설명한 곳도 바로 성문 앞 타작마당이었다(느 8:1, 3). 시장의 역할을 한 것도 이 곳이다(왕하 7:1). 또한 성문은 왕과 신하들이 앉아서 재판을 베푸는 곳이기도 하였다. 그러므로 '문' 이란 한 도시나 마을을 대표하는 제유적 용법으로 쓰인 것임을 알 수 있다.

「히브리서」 13장 8절 "예수 그리스도는 어제나 오늘이나 영원토록 동일하시니라" 에서 '어제' 나 '오늘' 은 '과거' 와 '현재' 를 가리키는 제유법이다. '내일' 이나 '어제' 나 '오늘' 은 축어적으로는 단 하루 동안의 시간을 가리키는 말이지만 비유적으로는 각각 내일과 모래를 포함한 미래, 어제와 그저께를 포함한 과거, 그리고 오늘을 포함한 현재를 나타낸다.

「예레미야」 33장 6절 "보라 내가 이 성읍을 치료하며 고쳐 낫게 하고 평안과 진실이 풍성함을 그들에게 나타내실 것이며" 에서 '성읍' 이 제유다. 아무리 능력이 많으신 여호와 하나님이시더라도 무생물인 성읍을 고쳐 낫게 할 수 있겠는가? 성읍은 병들 수도 없고 병든 성읍은 고칠 수도 없다. 그러므로 여기서 '성읍' 은 그 성에 사는 성민들을 가리키는 제유라 할 수 있다. 성경에서 이런 용례는 얼마든지 찾을 수가 있다.

넓은 의미에서 제유법은 특수한 것으로 일반적인 것을 나타내는 것이다. 유대인들은 남자 아이를 낳으면 8일 만에 포피(包皮, the flesh of foreskin)를 잘라 낸다. 「창세기」 17장 10-13절에 따르면 유대인들 중 남자는 다 할례를 받아야 했는데, 이것이 여호와 하나님과 이스라엘 후손 사이에 지킬 언약이었다. 할례를 받지 않은 남자 곧 그 포피를 베지 아니한 자는 백성 중에서 끊어질 것이라 하였다. 그것은 그 포피를 베지 않은 자는 하나님의 언약을 배반한 것이기 때문이다. 유대인에게 할례(circumcision)는 단순한 의례(儀禮)가 아니라, 하나님과 맺은 언약(covenant)의 표징(token) 이요, 이를 어기는 것은 그 언약(言約)을 배반하는 행위였다. '할례' 라는 이 특수한 관념은 유대인 또는 이스라엘인을 가리키고 있으므로 제유법이 된다. 이번에는 일반적인 것으로 특수한 것을 나타낼 때도 제유법을 사용한다. 잠언 5장 15-19절이 그것의 가장 좋은 예이다.

"너는 네 우물에서 물을 마시며 네 샘에서 흐르는 물을 마시라. 어찌하여 네 샘물을 집 밖으로 넘치게 하며 네 도랑물을 거리로 흘러가게 하겠느냐? 그 물이 네게만 있게 하고 타인과 더불어 그것을 나누지 말라. 네 샘으로 복되게 하라. 네가 젊어서 취한 아내를 즐거워하라. 그는 사랑스러운 암사슴 같고 아름다운 암노루 같으니 너는 그의 품을 항상 족하게 여기며 그의 사랑을 항상 연모하라."

여기서 '우물'과 '샘'이라는 일반적인 것으로 '아내'라는 특수한 뜻을 나타내고 있으며 '물을 마신다'는 행위로 건전한 성생활을 통하여 성적 욕구의 충족을 비유적으로 표현하였다. "어찌하여 네 샘물을 집 밖으로 넘치게 하며 네 도랑물을 거리로 흘러가게 하겠느냐"하였는데, 이것은 제유로서 샘물(아내)에 성적으로 충실하지 못하고 성생활이 문란하면 아내도 집 밖으로 넘쳐서 거리로 흐르게 된다는 것이다. '도랑물'로 나타내는 부정한 성관계를 일삼지 말고 정당한 성관계를 가장 소중히 여기라는 제유법적인 표현이다. '암사슴', '암노루'는 여성의 매력과 교태(嬌態)가 넘치는 아름다움을 상징하는 짐승으로서 이 역시 특수한 소재를 가지고 일반적인 개념을 비유하는 제유법이라 할 수 있다.

의인법

의인법(擬人法 personification)은 생명이 없는 무생물이나 동식물 또는 자연 현상이나 추상적인 개념에 사람의 생명과 속성을 부여하는 수사법을 말한다. 의인법에서 사물이나 동식물 또는 자연 현상 따위는 마치 사람처럼 말하고 행동할 뿐 아니라 사람처럼 생각하고 판단한다. 그 동안 동양에서나 서양에서나 의인법은 동화, 우화, 전설 또는 민담 같은 작품에서 많이 쓰여 왔다. 이솝우화는 의인법을 널리 가장 효과적으로 사용한 작품으로 첫손가락에 꼽힌다. 의인법은 비단 언어를 매체로 하는 예술에 그치지 않고 그림이나 조각품 같은 공간 매체를 사용하는 예술에서도 널리 쓰이고 있다.

의인법은 수사적으로 뿐 아니라 심리적으로도 큰 의미를 지닌다. 과학이 발달하지 않은 고대시대에 살던 사람들은 화산 폭발과 같은 천재지변이나 폭풍우와 천둥 번개 같은 자연 현상을 몹시 두려워하였다. 그들은 그러한 현상에 인격을 부여함으로써 그 힘을 제어하고 통제하려고 하였다.

의인법은 은유법과 마찬가지로 여러 가지 방법으로 이루어진다. 문법의 품사에 따라 형용사나 부사를 사용하는 의인법, 명사나 대명사를 사용하는 의인법, 그리고 동사를 사용하는 의인법 등 크게 세 갈래로 나눌 수 있다. 「시편」 98편 8절을 보면 물이 박수치고 산이 노래하는 것을 볼 수 있는데 이는 자연 현상에 사람의 생명과 속성을 부여하지 않는 한 이루어질 수 없다. 물론 물에는 손이 없다. 또한 산악에는 입이 없다. 그러나 이 같은 표현을 통해 자연도 하나님의 임재로 축복을 받는다는 사실을 아름답고 실감나게 수식해 준다.

하늘이 하나님의 영광을 선포하고
궁창이 그의 손으로 하신 일을 나타내는도다.
날은 날에게 말하고 밤은 밤에게 지식을 전하니
언어도 없고 말씀도 없으며
들리는 소리도 없으나
그의 소리가 온 땅에 통하고
그의 말씀이 세상 끝까지 이르도다
하나님이 해를 위하여 하늘에 장막을 베푸셨도다.
해는 그 방에서 나오는 신랑과 같고
그 길을 달리기 기뻐하는 장사 같아서
하늘 이 끝에서 나와서 하늘 저 끝까지 운행함이여
그 열기에서 피할 자가 없도다.(시 19:1-6)

이 시 8편의 주제는 자연(1-6절)과 율법(7-14절)으로 구별되어 있다. 여기서는 첫째 부분에 나오는 자연에 대해 살펴보겠다. 여기

시인이 말하는 자연은 8편이나 104편의 시인과 같이 자연의 다양성을 언급하지 아니하고, 다만 '하늘' '창공'(궁창), '해' 그리고 이 세 마디의 관계성에서 만들어지는 시간의 분간인 밤과 낮을 말하는 것으로 그치고 있다. 그리고 이 '밤'과 '낮'이 나누는 대화의 신비적 언어와 교감, 이 언어를 들으며 창공을 달리는 '해'의 웅장하고 아름다운 질서정연한 모습을 노래하고 있다. 하늘 아래 있는 모든 만물은 그의 열기에 의한 혜택을 받지 않는 것이 없다고 한다. 이런 유기적이고 역동적이면서도 조화와 질서를 이루며 서로 교감하고 밀어를 주고받는 경이로움과 신비로운 아름다움을 직조하는 것은 베 짜는 아가씨나 또는 조각품을 만들어 내는 예술가로 의인화함으로써 비로소 가능해지는 것이다. 더더욱 조물주 하나님께서 하늘에 해를 위하여 장막을 쳐놓았는데, 그것은 구름을 나타내는 것으로 신부의 방이 된다. 인격체가 아닌 해를 인격체인 신랑이나 장사에 비유하는 의인법을 쓰고 있다. 해를 신랑에다 비유해서 의인화하였기 때문에 신부의 방에서 나오는 모습으로 그리고 있다. 신부의 방에서 나오는 신랑은 활기차고 생기가 넘치며 빛나 보이는 것이다. 그는 힘이 넘치기 때문에 달리기를 기뻐하는 장사와 같다고 비유가 확대된다. 다시 말하면 해의 운동력과 그 빛의 열기가 온 누리에 넘치는 모습을 이렇게 묘사하였다. 자연의 삼라만상이 하나님의 영광과 그 솜씨를 드러내 보여준다고 찬미한다. 그러나 시인은 범신론자도, 단순한 자연 찬양론자도 아니다.

추상적인 관념에 사람의 생명과 속성을 부여해서 의인법을 만들기도 한다. 「잠언」 1장 20절을 보면 "지혜가 길거리에서 부르며 광장에서 소리를 높이며" 「고린도전서」 13장 4절을 보면 "사랑은 오래 참고 사랑은 온유하며 시기하지 아니하며 사랑은 교만하지 아니하며"라고 한다. 「고린도전서」 15장 55절에서 "사망아 너의 승리가 어디 있느냐 사망아 네가 쏘는 것이 어디 있느냐"고 하였다.

가장 고귀한 추상적 관념들에게 사람의 생명과 속성을 주지 않으면 그것들은 말할 수도 없고 오래 참을 수도 없으며 사망이 궁사처럼 화살을 쏠 수도 없다. 지혜, 사랑, 믿음, 자유 등과 같은 추상적인 관념을 의인화하면 놀라운 힘을 발휘할 수가 있다.

의인법은 돈호법과 섞여서 사용될 때가 많다. 가령 「신명기」 32장 1절에서 "하늘이여 귀를 기울이라 내가 말하리라 땅은 내 입의 말을 들을지어다"라 했는데, 이 표현은 돈호법과 의인법을 멋지게 섞어서 쓴 것이다. "하늘이여"라고 부른 것은 돈호법이고 하늘이라는 비인격체에다 귀를 갖게 한 것은 의인법이다. 「이사야」 44장 23절 "하늘아 노래할지어다"도 마찬가지로 돈호법과 의인법을 잘 섞어서 쓴 예이다. 이런 경우에는 문자적인 의미가 불가능하므로 그 비유가 어렵지만, 어떤 것은 문맥을 보아야 그 뜻이 분명해지는 것도 있다. 그 예로서, 「시편」 19편 2절을 들 수 있다. "날은 날에게 말하고"란 뜻은 무엇인가? '날'은 사실상 말할 수 없다. 그러므로 문자적인 의미로만 보면 모순되고 그 뜻이 분명하지 않다. 그러나 19편 1절의 '선포하고' '나타낸다'는 두 동사가 평행절이 되어서 전체 구절이 '자연'(自然)이 하나님과 그의 일을 계시한다는 내용이 된다. 즉 문맥이 의미를 명백하게 해주고 있다.

카인(얻었다는 뜻)과 아벨(허무하다는 뜻)의 이야기는 「창세기」 4장 1절에서 16절에 나온다. 카인과 아벨은 아담의 아들들인데, 형인 카인은 밭일을 하기 좋아하여 농사꾼의 조상이 되었고, 동생인 아벨은 양을 길러서 양치기의 조상이 되었다.

어느 날 카인과 아벨은 제단을 쌓고 하나님께 제물을 바쳤는데, 하나님께서는 아벨이 바친 양의 첫 새끼는 받으시고 카인이 바친 땅에서 수확한 생산물은 받지를 않으셨다. 카인은 그것을 보고 하나님이 아벨만을 사랑하는 것으로 생각하고 실망과 낙담으로 안색이 변했다. 그러자 주께서 카인에게 이렇게 말씀하셨다. "네가

분하여 함은 어찜이며 안색이 변함은 어찜이뇨. 네가 선을 행하면 어찌 낯을 들지 못하겠느냐 선을 행하지 아니하면 죄가 문에 엎드리느니라 죄의 소원은 네게 있으나 너는 죄를 다스릴지니라”(창4:6-7).

하나님은 이렇게 나무랐으나 마음이 비뚤어진 카인은 점점 하나님을 원망하고 동생인 아벨을 미워했다. 어느 날 동생을 들로 꾀어내어 돌로 쳐죽였다. 그것을 본 하나님은 카인을 불러 물으셨다. “네 아우 아벨은 어디 있느냐”(창4:9). 그러나 카인은 시치미를 떼고 “내가 아우를 지키는 자니이까”라고 하였다. 하나님은 이렇게 대답하는 카인에게 저주를 내리셨다.

“네가 무엇을 하였느냐 네 아우의 핏 소리가 땅에서부터 내게 호소하느니라 땅이 그 입을 벌려 네 손에서부터 네 아우의 피를 받았은즉 네가 땅에서 저주를 받으리니 네가 밭을 갈아도 땅이 다시는 그 효력을 네게 주지 아니할 것이요 너는 땅에서 피하며 유리하는 자가 되리라”(창4:10-12).

하나님께서 핏 소리를 들으시는 것으로 묘사되었으나 피에 소리가 있을리 없다. 그러므로 이것은 의인화의 기법으로 억울하게 죽은 아벨의 도움의 절규를 하나님께서 들으시는 것으로 해석할 수 있다. 위에서 인용된 구절 속에서 보듯이 죄에게 무슨 몸이 있어서 문에 엎드릴 수가 있겠는가? 그러나 의인화된 대상은 말도 하고 엎드리기도 하며, 우리와 더불어 마음을 주고받을 수 있는 존재가 된다. 여호와께서 핏 소리를 들으셨다는 것은 그만큼 아벨의 죽음에 대해 큰 관심을 가지고 계시다는 것을 표현한 것이다. 이처럼 억울한 피해자에 대한 깊은 관심과 동정을 “핏 소리의 외침”이라는 의인법으로 구체화한 것이다. 또한 “땅이 입을 네 아우의 피를 받았은즉 네가 땅에서 저주를 받으리라"는 것도 의인법인 것이다. 그렇지 않고서야 어떻게 땅이 입을 벌려 아벨의 피를 받을 수 있겠는가? 의인화는 이렇게 무생물인 땅과 생물인 사람 사이에 교감이 있을 수 있고 억울한 피해를 강조하는 좋은 기법이 된다.

다음 구절들을 참고하기 바란다. 「여호수아」 24:27, 「시편」 77:16, 114:3, 「잠언」 1:20, 6:22, 「예레미야」 14:7, 46:10, 「마태복음」 6:34, 「야고보서」 1:15.

반어법

반어법(Irony)이란 말하는 사람의 실제적인 의도와는 다르게 표현하는 수사법을 말한다. 외견과 실재, 이상과 현실, 기대와 결과 등의 차이나 괴리에 그 뿌리를 두고 있는 반어법은 그 역사가 꽤 오래되었다. 옛 그리스 시대에 크게 유행하였던 비극에는 '아이론' 이라는 등장인물이 대개는 나온다. 아이론은 늘 자기 생각을 분명하게 드러내지 않고 일부러 숨기거나 바보처럼 행세하면서 등장인물인 '알라존' 을 골탕 먹이는 역할을 맡는다. '아이러니' 라는 영어나 '이로니' 라는 프랑스어는 바로 이 아이론이라는 등장인물의 명칭에서 갈라져 나온 말이다.

이렇듯 반어법은 실제 사실을 드러내지 않고 짐짓 시치미 떼며 말하는 수사법을 가리킨다. 반어법의 역사를 거슬러 올라가다 보면 저 그리스의 철학자 소크라테스를 만나게 된다. 그는 자신이 무지하다는 사실을 가장하여 상대방의 무지를 폭로하였고 그렇게 함으로 지식을 추구하는 발판을 삼았던 것이다. 이것이 바로 그 유명한 소크라테스식 반어법이다. 수사학에서 사용하는 반어법도 단순히 남을 속이는 거짓말과는 다르다. 자신의 의도를 숨기되 남을 속이거나 골탕 먹이기 위하여 숨기는 것이 아니라 어디까지나 독자의 관심과 흥미를 끌기 위한 즉 수사적 효과를 노리기 위하여 숨기는 것이다.

퀸틸리안은 반어법이 겉으로 드러나는 의미와 다른 의미가 깔려 있다는 점에서 특이하게도 풍유법의 일종으로 보고 있다.[216] 이 어법은 풍자하거나 조롱하기 위하여 역어(逆語) 즉 도리에 어긋나고 반대되는 말을 써서, 상대방에게 정면으로 향하여 날카롭게 공격하거나 조소의 효과를 노리기도 한다. 이 기법이 표하는 바는 사물의 의미를 강조하기 위해서 그 논리를 짐짓 반대로 나타냄으로써 상대를 반박함에 있다.

반어법은 크게 언어적 반어법, 극적 반어법, 그리고 상황의 반어법 세 갈래로 나눈다. 극적 반어법은 연극에서 주로 사용하는 방법으로 여러 형태가 있다. 가령 청중은 뻔히 알고 있는데 등장인물은 잘 모르고 있다든지, 등장인물이 전혀 엉뚱한 방향으로 행동한다든지 할 때 극적 반어법이 일어난다. 성경에는 이런 극적 반어법이 많다. 앞에서도 이미 언급한 바와 같이, 극적 반어법은 결과가 예상되는 것 혹은 알맞게 보이는 것과 다른 상황으로 되는 수사법이다. 이것은 언어상의 아이러니와는 달리 상황과 관련된 것이어서 상황의 반어법(irony of situation), 혹은 비극에서 흔히 볼 수 있다고 하여 비극의 반어법(tragic irony), 혹은 소포클레스가 비극에서 자주 썼다고 해서 소포클레스의 반어법(Sphoclean irony)라고도 한다. 극적 반어법은 한 인물이 예상하거나 계획하는 것과 실제로 일어난 것과의 괴리를 수반한다. 이와 같은 반어법의 목적은 우선 놀라게 만드는 것이 아니라 인간 경험의 모순과 복잡성을 만들어 내는 것이다. 극적 반어법에서는 관객이나 독자가 문제된 인물은 모르고 있는 지식을 작가와 나누게 된다. 그러니까 어떤 말의 의미나 행해진 일의 진정한 의의는 관객이나 독자만이 알 수 있는 것이다. 비극적인 효과를 내는 극적 반어법은 주인공의 선의가 어떤 상황의 작용에 의해서 불행한 결과를 낼 때 생긴다. 주인공은 실제적 상황에 지극히 부적절하게 행동하거나 이미 불가피하게 초래되는 결과의 반대를 예상한다. 관객들이 이미 잘 아는 전설들을 작품화하는 희랍 비극 작가들은 이러한 극적 아이러니를 많이 썼다.

욥이라는 인물을 예로 들어 설명하겠다. 우스라는 땅에 욥이라는 의인이 살고 있었다. 욥은 수천 마리의 염소, 약대, 소와 나귀 등 막대한 재산을 소유하고 있었고, 자녀의 축복(남 7, 여 3)도 많이 받은 실로 부유하고 행복한 사막의 귀족이었다. 그러나 그는 일시에 그의 소유 일체와 종을 약탈과 천재(天災)에 의해 잃었다. 그의 생활의 모든 평화와 행복이 하루아침에 사라진 것이다(욥 1:13-19). 어디 그 뿐인가? 그는 이어 그의 집과 사랑하는 자녀들까지도 모두 잃었다(욥 1:18-19). 이러한 참담한 불행은 가히 상상할 수조차 없었다. 그런데 이런 불행이 욥에게 밀어닥친 것이다. 욥이 일어나 겉옷을 찢고 머리털을 밀었다고 하는 표현으로 미루어 그의 고통이 얼마나 극심했던가를 알 수 있다. 사실 이런 고통은 관객이나 독자는 다 알고 있지만 주인공 욥 자신은 알지 못했다. 그래서 더욱 괴로워한다. 이것이 극적인 아이러니다. 욥 자신은 자기가 하나님 앞에서 그리고 사람 앞에서 아무런 잘못이 없다고 생각한다. 그러나 그는 고통을 당하게 되는 것이다. 그러나 욥은 그 이유가 무엇인지를 알 수가 없다. 그래서 하나님을 원망하며 괴로워하는 것이다. 이 사실이 우리 독자들을 놀라게 하고 모순을 강하게 느끼도록 만든다.

「창세기」 31장은 야곱이 오랫동안 봉사해 온 자신의 장인 라반으로부터의 탈출을 다루고 있다. 야곱이 아내와 아이들, 그리고 가져갈 수 있는 재산을 갖고 비밀리에 떠날 때 라헬은 아버지의 가족 우상인 '드라빔' 을 훔치는데 야곱은 이 사실을 알지 못한다. 하지만 야곱의 행렬이 10일 후 라반에게 발각되고 라반은 말도 하지 않고 떠난 사실과 우상을 훔친 사실 때문에 야곱을 책망한다. 그러나 라헬의 속임수를 알지 못한 야곱은 우상 건에 대해서 부인한다. 이에 라반은 야곱의 장막을 수색하고, 마침내 라헬의 장막까지 오게 된다. 두 사람이 진실을 발견하기 직전, 라헬은 영리하게도 그 물건을 낙타 주머니에 넣고 그 위에 앉음으로 상황을 모면한다. 라헬은 자신이 생리중이어서 일어날 수 없다고 변명한다. 결국 낙타 주머니는 검색할 수 없게 되고, 우상은 찾을 수 없었다. 두 사람은 다시 헤어졌지만 야곱은 무고를 당했다는 사실에 매우 분개한다.

이 에피소드의 핵심은 우상 숭배의 관습을 조롱하는 것과 관련이 있을 수 있다. 그리고 야곱이 그 가족 내에서 유일한 사기꾼이 아니라는 사실을 보여준다. 이 에피소드는 극적 반어법이라 할 수 있다. 왜냐하면 처음부터 우리는 라헬이 그 물건을 훔쳤다는 것을 알고 있어서 말 그대로 위에서 지켜보듯 그 과정을 관찰할 수 있는데 반해, 두 남자는 사실상 확실하게 알지 못하고 있기 때문이다. 이와 같이 청중 또는 독자는 다 알고 있는데 반해 등장인물들은 알지 못할 때 반어법이 이루어진다. 이런 반어법을 극적인 반어법이라 한다.

반어법의 진정한 맛을 「에스더」에서 맛볼 수 있다. 하만이 자심의 적인 유대인 모르드개를 75피트나 되는 교수대에 매달아 죽이려는 음모를 꾸몄다는 사실을, 독자인 우리는 안다. 아하수에로 왕은 우연히 모르드개가 한때 어떤 역적으로부터 자신의 목숨을 구했으나 부주의로 인해 이 공로에 대한 보상이 주어지지 않았음을 알게 된다. 그때 마침 하만이 모르드개를 죽이려는 계획에 대한 왕의 인가를 받으려고 아하수에로 왕의 침실로 들어온다. 그러나 하만이 이 문제를 꺼내기도 전에 왕은 "왕이 존귀하게 하기를 원하는 사람에게 어떻게 하여야 하겠느냐?"(에 6:6)고 묻는다. 왕이 분명히 자신을 두고 하는 말이라고 착각한 하만은 왕실의 은택을 대중적으로 보여줄 것을 제안한다. 그러자 왕은 하만에게 "너는 네 말대로 ... 유다 사람 모르드개에게 행하되 무릇 네가 말한 것에서 조금도 빠짐없이 하라"(에 6:10)고 명령한다. 하만은 자신의 계획을 왕에게 꺼내보지도 못하였기에 그의 허영은 수포로 돌아갔고, 모르드개에 대한 증오감은 더욱 크게 타올랐다. 그러나 그는 축하 퍼레이드에 모르드개의 수종을 직접 들 수밖에 없었다. 우리는 독자적 우월한 관점에서 한 사람이 악의와 무지로 어떻게 파멸했는지를 지켜보았다. 왕이 자신도 모른 채 자신의 충복 하만에게 고통을 안겨주었다는 것이 바로 반어법이다.

성경에는 극적 반어법 말고도 언어적 반어법(verbal irony)이 자주 나온다. 언어적 반어법이란 말하는 사람(화자)이 의도하는 함축적인 의미가 그가 겉으로 주장하고 있는 것과 다른 진술을 의미한다. 이스라엘 통일왕국의 두 번째 임금인 다윗은 시온 산성(山城)을 빼앗아 다윗 성이라 이름 하였다. 그는 거기 거하면서 밀로에서부터 안으로 성을 둘러쌓았다(삼하 5:9). 만군의 하나님께서 그와 함께 하였기 때문에 다윗은 날로 강성(强盛)해졌다. 다윗은 블레셋을 쳐 정복하고 정치적으로 확실하게 안정 기반을 만들었다. 그래서 이제 그는 종교적인 안정을 위하여 예루살렘으로 언약궤를 서둘러 옮기고자 하였다. 그러나 운반 도중 운반 책임자인 웃사가 법궤에 손을 대 즉사함으로써 그의 운반 계획은 실패하고 만다. 다윗은 일차 예루살렘으로 옮기려던 언약궤를 가드 사람 오벧에돔의 집으로 메어가게 하였다.

여호와 하나님께서 언약궤를 모신 오벧에돔과 그 온 집에 복을 주었다는 소문을 들은(삼하 6:11) 다윗은 제이차적으로 운반을 시도하여 예루살렘으로 언약궤를 무사히 옮겨온다. 다윗이 번제와 화목제를 드리고 가족에게 축복하며 돌아오는 것을 본 사울의 딸이요 다윗의 아내인 미갈은 이렇게 말한다. "이스라엘 왕이 오늘날 이렇게 영화로운신지 방탕한 자가 염치없이 자기의 몸을 드러내는 것처럼 오늘날 그 신복의 계집종의 눈앞에서 몸을 드러내셨도다." (삼하 6:20). 오벧에돔의 집으로부터 다윗 성으로 법궤를 옮겨오면서 춤추며 뛰는 다윗을 보고 미갈은 마음속으로 업신여겼다. 그 이유는 잘 알 수가 없다. 아버지 사울에 의해 발디엘에게 아내로 주어졌을 때 다윗이 그 동안 자신에게 무관심했던 것에 대한 분노 때문인지, 다른 아내들을 얻고 그들을 사랑하는 데 대한 질투심 때문인지, 양자 모두인지 확실치는 않다. 그러나 성적인 것이 그 이유의 일부인 것만은 틀림없다. "이스라엘 왕이 오늘날 어떻게 영화로운신지 방탕한 자가 자기의 몸을 드러내는 것처럼 오늘날 그 신복의 계집종의 눈앞에서 몸을 드러내셨도다"라고 한 것을 보아 알 수 있다.

다윗에 대한 미갈의 냉소적인 태도는 다윗을 부르는 호칭 가운데 드러난다. 미갈은 다윗을 '당신' 이라고 부르지 않고 이스라엘 왕이라는 공식 호칭을 부른다. 여기서 "이스라엘 왕이 오늘날 어떻게(참으로) 영화로우신지"라는 말은 정말 그렇다는 뜻이 아니다. 오히려 정반대로 "낮게 보였다"는 것을 "영화로우시다"라는 반어법을 사용해서 말한 것이다. 즉 말의 겉 뜻과 속뜻이 완전히 다르게 사용되었다. 이것은 미갈이 "방탕한 자가 자기의 몸을 드러내는 것처럼 오늘날 그 신복의 계집종의 눈앞에서 드러내셨도다"로 이어지는 말속에서 더욱 분명해진다. 더욱이 화자는 미갈이 다윗을 심중에 업신여겼다고 분명히 밝히고 있다(삼하 6:16). 미갈은 이러한 반어법을 사용해서 직설법의 경멸보다 더 강도 높은 경멸을 표하고 있다.

다윗이 미갈이 사용한 반어법의 반전을 눈치 채지 못할 리 없다. 그래서 그는 "내가 이보다 더 낮아져 스스로 천하게 보일지라도 네가 말한 네 계집종에게는 내가 높임을 받으리라" (삼하 6:22)라고 하였다. 미갈이 사용한 "영화롭다"고 한 말에는 낮아짐으로의 반전이 있음을 다윗은 알아차렸다. 이에 비록 미갈의 눈에는 낮아진다 하더라도 미갈이 언급한 계집종의 눈에는 높임을 받을 것이라고 되받아 친다. 아이러니가 담고 있는 반전을 완전히 역이용한 놀라운 반전의 반전인 것이다.

아합 왕(주전 876-854) 때 역사에 나타났다가 아하시야 왕(주전 850-849) 때 홀연히 그 웅자를 감춘 이스라엘의 선지자가 엘리야(Elijah)다. 그는 가장 강력한 이스라엘의 종교 지도자들 중의 하나였다. 엘리야는 티스베 사람으로 그 시대의 역사를 형성했으며, 그 후 여러 세기 동안 히브리 사상을 지배했다. 그의 험상한 모양과 탈속한 옷차림, 비호같은 걸음, 기근도 걱정 아니 할 정도의 건강한 몸, 굴에서도 살 수 있는 억센 습관은 그만이 가졌던 특색이었다.

그는 약 4세기 전 모세에게 율법을 주신 여호와 하나님을 뵈오려고 사막을 건너 호렙 산으로 올라가 그의 명령을 받았다. 여호와는 크고 강한 바람 속에도 불 가운데도 나타나질 않고 "조용하고 여린 소리"(왕상 19:12) 가운데 나타나 명령을 하셨다.

그때 두 개로 나누어진 이스라엘 민족의 북쪽 나라를 다스리고 있던 왕은 아합이었다. 아합은 왕비로 이세벨을 맞이했는데, 그녀는 바알신을 섬기고 있었다. 뿐만 아니라 아합은 바알 신전을 세우고 바알 숭배를 장려했다. 어느 날 헌 누더기가 된 낙타털로 만든 겉옷을 걸치고 머리를 삭발한 사나이가 별안간 아합 왕 앞에 나타나 당신의 신이 참신인가 내가 섬기는 여호와 하나님이 참신인가를 가르는 대결을 하자고 제의하였다. 그래서 엘리야와 바알 선지자 450명이 가멜산에서 대결을 벌이게 되었다

바알 선지자들이 먼저 송아지를 잡아 나무 위에 올려놓고 불의 응답을 바알에게 빌고 있었다. 아침나절 내내 바알 신의 이름을 부

르면서 응답해 달라고 빌어도 아무 응답이 없자 엘리야는 정오쯤에 이들을 조롱하기 시작하였다. "큰 소리로 부르라. 저는 신인즉 묵상하고 있는지 혹 잠깐 나갔는지 혹 길을 행하는지 혹 잠이 들어서 깨워야 할 것인지. …" (왕상 18:27).

450명의 바알 선지자들이 오전 내내 외쳤음에도 불구하고 응답이 없다면 바알신은 참신이 아닌 것이 틀림없다. 그럼에도 불구하고 엘레야는 그런 내색을 드러내지 않고 "당신의 신은 지금 묵상하고 있는지 혹 잠깐 나갔는지 혹 길을 행하는지 혹 잠이 들어서 깨워야 할 것인지" 하고 반어법으로 조롱을 가한다. 물론 바알의 선지자들은 자기들을 비판하는 엘리야가 얄밉기 짝이 없을 것이다. 그러나 엘리야가 시침을 떼고 있으므로 반격을 할 수가 없다. 이것이 반어법의 매력이요 또한 위력인 것이다. 이에 바알 선지자들이 광란에 가까운 반응을 보인 것은 어쩌면 너무도 당연한 반응이 아니었는가 한다. 「열왕기상」 18장 28절을 보면 "이에 저희가 큰 소리로 부르고 그 규례를 따라 피가 흐르기까지 칼과 창으로 그 몸을 상하게 하니라" 한 것을 보면 알 수 있다. 또한 이 소식을 전해 들은 이세벨이 크게 노하여 곧 엘리야를 잡아 죽이라고 한 반응을 보아도 엘리야의 시침떼기 수법이 얼마나 큰 위력을 발휘했는가를 알게 한다.

『신약성경』에는 참으로 많은 예수 그리스도의 반어법이 나온다. 우리가 아는 한에서 그리스도가 소크라테스와 다른 것은, 그리스도는 탐구하는 입장 자체가 비논리적이며 내용에 불합리한 점이 있음을 알 때까지 사람들을 이끌어 간 점이다. 더우기 그리스도는 가끔 아이러닉한 질문을 하여 그러한 것을 자연히 알게 하였다.

복음서의 반어법 중에서 가장 익살스러운 것은 아마 보상에 관해 말씀하는 내용일 것이다. 예수는 신앙심이나 자신을 다른 사람에게 광고하기를 바라는 사람들의 잘 알려진 행실에 관해서 말씀하여, 이것은 인간으로서 전혀 값없는 일이라고 부정하고 있다.

"사람에게 보이려고 그들 앞에서 너희 의를 행치 않도록 주의하라"(마 6:1)고 그리스도는 말씀하셨다. 자신 관해서 그리스도는 "구제할 때에 외식하는 자가 사람에게 영광을 얻으려고 회당과 거리에서 하는 것 같이 너희 앞에 나팔을 불지 말라"(마 6:2)고 하셨다. 이것은 명료 솔직하기 때문에 실제로는 우스꽝스럽지가 않다. 이러한 높은 기준에서 자신의 행실을 살펴 볼 때 누구나 너무 가소롭고 슬퍼서 웃을 수가 없다. 여기서 논의는 끝나는 것처럼 보이지만 그렇지가 않고 거기에는 익살스러운 비꼼이 있다. 한방 얻어맞은 것은 다음에 덧붙인 한 구절이다. "저희는 자기 상을 이미 받았느니라"(마6:2). 여기에는 큰 뜻이 있으며 매우 재미있는 점이 들어 있다. 여기서 그리스도가 하는 아이러니는 너희가 바라는 것을 조심하라는 것이다. 자기선전에 흥미를 느끼는 사람은 성공하기 쉽다. 그러나 비극은 바로 이 사람들의 성공에 있다. 너희는 지위를 바라는가? 그렇다면 그 목적을 달성하는 일은 그리 어렵지가 않다. 그래서 그들은 받을 상을 벌써 받았다. 이것은 놀림조로 하시는 말씀이다.

반어의 가장 좋은 예는 세례 요한에 관한 것이다. 이 이야기를 할 때 특히 예수는 분명히 듣고 있는 사람들을 놀리고 있다. 예수 비판가들은 예수가 향연을 베풀거나 요한이 금식하는 것을 좋아하지 않았다. 이 일이 있기 바로 조금 전에 그리스도는 농담조로 도대체 사람들이 기대하는 것이 무엇이냐고 물으셨다(눅 24:26). 너희는 그의 엄격함과 금욕적인 가르침을 반대하는가? 아니면 너희는 무엇을 기대했던가? 헤롯과 같은 사람을 만나리라고 기대했던가? 화려한 옷을 입고 사치스럽게 사는 사람을 광야에서 만나리라고 생각했던가? 그리스도의 질문을 바꿔 말한다면 이러한 것이다. 이 질문에서 그리스도는 자신들의 비평이 터무니없는 것으로 느껴지기를 바랬던 것이다. 철두철미 진지하고 직설적인 방식으로 해결하기보다는 놀림조와 반어적인 질문으로 하는 편이 보다 효과적인 것이다.

시몬과 안드레라는 두 사람은 어부 형제다. 그리스도께서는 그들의 직업에 관해서 여러가지로 기지가 넘치는 말씀을 하시면서 접근하였다. "나를 따라오라. 내가 너희를 사람을 낚는 어부가 되게 하리라"(막 1:17)고 그리스께서 말씀하셨을 때 두 사람은 분명 웃었을 것이다. "사람을 낚는 어부"라는 말이 지금은 일반화되어서 우습지 않지만 그때는 인상적인 말이었음에 틀림없다. 이것은 반어이지만 매우 약한 반어다. 그리스도께서 사용한 반어의 예로써 가장 뚜렷한 것은 가이사랴 빌립보 지방에서 "주는 그리스도요 살아계신 하나님의 아들이라고" 고 고백한 베드로에게 "바위"(게바)라는 별명을 지어 준 것이다. 이것은 분명 익살스러운 역설로서 시몬은 바위로 된 자처럼 공고하고 인내력이 있는 데가 없었기 때문이다. 베드로는 사실 많이 흔들리고 변하기 쉬운 존재였다. 그러나 미래의 구원 사역에 있어서 그는 공고한 위치를 차지하게 되는 것이다. 그러므로 이것은 농담 이상인 것이다. 농담을 통하여 미래의 일을 통찰, 예시한 것이다. 이런 아이러니는 「복음서」에 매우 많다.

역설법

역설(Paradox)은 언뜻 보아서는 모순되거나 상충되는 것 같지만 좀 더 따져보면 근거나 본질에서 그 나름대로 어떤 사실이나 진실을 담고 있는 수사법을 말한다. 또한 사상이나 감정을 정면으로 말하지 않고 짐짓 거꾸로 말하여 시의 흥을 돋구어가는 방법이기도 하다. 모리스 쉬위트카인드는 이렇게 역설법을 정의하고 있다.

"역설이란 표면상으로는 모순인 것 같이 보이나 실제에 있어서는 진리인 진술이다"[217] 역설법은 반어법과 마찬가지로 그 역사가 꽤 길지만 일반적인 상식이나 통념에서 크게 벗어난다는 점에서 반어법보다는 그 효과가 훨씬 더 크다. 겉으로는 얼토당토않게 보이는 진술이지만 때로는 바로 그러한 특징 때문에 오히려 청자나 독자의 관심을 불러일으키고 의표를 찔러 화자의 의도를 더욱 효과적으로 전달 할 수 있다. "펜은 검보다 강하다"(The pen is mightier than the sword)라는 진술은 매우 역설적이다. 칼로 무장한 적군과 싸우는데 이용되는 펜은 결코 칼보다는 강하지 않다. 그러나 펜은 사람의 사상을 기록하는 도구이다. 그리고 사상은 칼보다 역사상 더 영향력이 있고 더 강하다. "좋은 것은 작은 포장(소포)으로 온다"(good things come in small packages"는 진술도 역설이다. 텔레비전 세트나 자동차, 아름다운 집 같은 좋은 물품은 일반적으로 소포로 오지는 않는다. 그러나 다이아몬드 약혼반지나 거액의 수표는 소포로 온다.

성경에는 이런 역설들이 많다. 「마태복음」 16장 25절에 "누구든지 제 목숨을 구원하고자 하면 잃을 것이요 누구든지 나를 위하여 제 목숨을 잃으면 찾으리라"는 말씀, 20장 16절에서 "나중 된 자로서 먼저 되고 먼저 된 자로서 나중 되리라"는 말씀, 또 20장 26-28절 "너희 중에 누구든지 크고자 하는 자는 너희를 섬기는 자가 되고 너희 중에 누구든지 으뜸이 되고자 하는 너희의 종이 되어야 하리라 인자가 온 것은 섬김을 받으려 함이 아니라 도리어 섬기려하고 자기 목숨을 많은 사람의 대속물로 주려 함이니라" 한 것은 모두가 다 역설이다. 이 모든 역설은 곧 예수 그리스도 자신을 따르는 자는 자기가 그런 것처럼 마땅히 겸손과 섬기는 자세를 가져야 높아지고 산다는 것이다.

그리스도의 멍에에 관한 유명한 비유는 참으로 인상적이다. 우선 그것은 우리에게 친숙해 있는 모든 연상을 뒤엎는 것이었다. 그리스도께서는 "내 멍에를 메라"고 말씀하셨다. 이사야나 예레미야가 가증스러운 것(사 58:6-9; 렘 28:10-14)으로 본 그 도구를 그리스도께서는 대담하게 받아들이셨다. 멍에는 잘 알려져 있었으나 그리스도 이전에는 일반적으로 피해야 하는 것으로만 간주되어 왔다. 그리스도에 의해서 비유의 의미로 일어난 변화는 너무나 혁명적이어서 그것을 피하기는커녕 초대의 그리스도인들은 그것을 받아들여 함께 멍에를 멘 협력자(빌 4:3)라고 서로를 불렀다. 눈먼 자가 눈먼 자를 인도한다(눅 6:39)는 역설은 어리석은 짓이지만 그것은 있을 수 있는 어리석음을 전하고 있다. 그리스도께서 사용한 역설은 감각이 예리한 자에게는 재미있게 느껴지겠으나 유머가 없는 자나 상상력이 부족한 사람들에게는 오히려 어리벙벙해질 수도 있을 것이다.

모순법

모순법(*矛盾法*, Oxymoron)은 역설법을 짧게 줄여 놓은 수사법을 말한다. 언뜻 보면 모순법은 서로 모순되고 상충되는 두 개념을 결합한다는 점에서 역설법과 이렇다 할 만 한 차이가 없는 것 같다. 실제로 지금까지 서로 혼동하여 써 오기도 하였다. 역설법이 흔히 문장 단위나 그 이상의 단위에서 이루어지는 반면, 모순법은 어디까지나 구나 절의 단위에서 일어난다. 또한 낱말이 서로 나란히 이어져 있다는 점에서도 모순법은 역설법과 다르다. 문법적으로 말하자면 반대어를 나란히 결합해 놓은 것이 바로 모순법이라고 할 수 있다. 그런가 하면 모순법은 모순되고 상충되는 두 개념 사이에 제3의 새로운 의미를 만들어낸다는 점에서도 역설법과는 차이가 난다. 서로 반대되는 뜻을 단일한 표현 속에 응축하여 표현하기 때문에 모순법은 역설법보다 훨씬 더 강렬한 효과를 자아낸다.

기독교 복음을 말할 때 흔히 쓰는 용어가 펠릭스 쿨파(Felix Culpa)라는 말이다. 이를 번역하면 '행복한 타락' 이라는 뜻인데, '행복' 과 '타락' 이라는 서로 상충되는 개념이 결합되어 보다 강렬한 신학적 효과를 가져다준다. 이 표현은 모순어법적인 역설이다. 실제에 있어서 타락은 행복이 아니라 불행이다. 아담이 타락함으로 이 세상에는 죄와 죽음과 고통 및 불행이 들어오게 되었고 기쁨도 상실되었다. 그런데 그것이 무슨 행복이라는 말인가? 그러나 하나님이신 예수께서 인간으로 오셔서 십자가에 달려 죽으시고 죽을 영혼들을 살리셨고 그를 믿는 자들에게 영생을 약속하셨다. 그러므로 타락이 행복이라 할 수 있다.

> 이것은 소리 없는 아우성
> 저 해원(海原)을 향하여 흔드는
> 영원한 노스텔지어의 손수건. -유치환, "깃발" 의 일연

첫 행의 '소리 없는 아우성' 은 모순법이다. 아우성이란 소리를 크게 지르는 것인데 소리가 없다고 말하는 것은 모순이 아닐 수 없다. 그러나 시인이 공중에 나부끼고 있는 깃발을 가리키고 있다는 사실을 깨닫게 될 때 이 모순법은 그 나름대로 진리를 드러낸다. 깃발은 비록 소리를 내지 않지만 아우성을 치는 것과 다르지 않기 때문이다.

「아가서」 1장 5절 "내가 비록 검으나 아름다우니 게달의 장막 같을지라도 솔로몬의 휘장과도 같구나" 라는 구절에서 '검으나 아름다우니' 라는 표현이 모순법이다. 죽음을 상징하는 검은 색깔과 아름다움은 서로 상충되고 모순된다. 여기서 술람미 여자가 얼굴은

검지만 예수의 사랑을 받고 있는 입장에서는 아름다운 것이다. 그가 얼굴이 검게 된 원인은 일광에 쬐었기 때문이다(6절). 일광에 쬐어서 얼굴이 검어졌다는 것은 세파와 주변사람들의 성화에 시달려 얼굴이 보잘것없게 되었다는 뜻이다. 술람미 여자는 믿음을 지키며 예수님을 바로 따라가기 위해서 여러 가지 환난과 핍박을 받는 동안에 겉모습이 보잘것없이 되었다. 이와 같이, 그는 예수님을 사모하는 나머지 들로 산으로 헤매어 다니느라고 얼굴이 검어졌다. 그런 술람미 여인의 외모는 검고 보잘 것이 없지만 그녀의 중심과 속사람은 실로 아름답다는 것이다.

겉은 보잘 것 없으나 속은 아름답다는 것을 "게달의 장막 같을지라도 솔로몬의 휘장과도 같구나"라는 직유적 수사법으로 비교하였다. '게달'은 아브라함의 아들 이스마엘의 둘째 아들인데 그 족속은 검은 염소 털로 만든 장막을 치고 유목생활을 하였다(창 25:13; 사 21:17). 그러므로 게달의 장막 같다는 것은 염소 털같이 검고 너저분하여 아무 모양이나 광채나 볼 만한 것이 없는 것을 가리킨다. 술람미 여자가 외모로는 아무 보잘 것 없으나 예수님 보시기에는 솔로몬의 휘장과 같이 호화찬란하다는 것이다. 믿음 지키기 위해서 환난 받는 성도가 비록 외모는 이렇게 게달의 장막같이 변변치 못하고 보잘 것이 없으나 예수님께서는 솔로몬의 휘장과 같이 아주 호화롭고 아름답게 보아주신다. 이와 반대로 외모를 아무리 아름답게 단장하고 호화로이 꾸몄을지라도 믿음을 잘 지키지 못하는 성도는 예수님의 눈에 게달의 장막과 같이 추하게 보여진다. 우리는 외모를 꾸미지 말고 속사람을 단장하여 그리스도의 형상을 많이 닮아가는 것이 중요하고, 신령한 침궁(세계)까지 들어가 예수님과 교통하는 생활을 하는 것이 중요하다.

"이에 총독의 군병들이 예수를 데리고 관정 안으로 들어가서 온 군대를 그에게로 모으고 그의 옷을 벗기고 홍포를 입히며 가시관을 엮어 그 머리에 씌우고 갈대를 그 오른 손에 들리고 그 앞에서 무릎을 꿇고 희롱하여 이르되 유대인의 왕이여 평안할지어다 하며 그에게 침 뱉고 갈대를 빼앗아 그의 머리를 치더라 희롱을 다 한 후 홍포를 벗기고 도로 그의 옷을 입혀 십자가에 못 박으려고 끌고 나가니라" (마 27:27-31).

이 장면은 총독의 군병들이 십자가에 예수를 못 박아 죽이기 위해 끌고 가기 전에 유대인의 왕이 입는 홍포를 입히고 머리에는 가시관을 씌우고 갈대 홀을 들게 하고 침을 뱉으며 예수를 희화화 하면서 조롱하는 장면이다. 여기서 '가시관' 또는 '가시 면류관' (the crown of thorn) 이 모순법이다. 본디 왕이 쓰거나 승리자들에게 씌우 주는 승리의 면류관으로서 금이나 또는 월계수 따위로 엮어서 만드는 것이 보통인데 악인, 황폐, 저주, 이스라엘의 적을 표상하는 가시나무의 가시로 만든 가시관을 예수에게는 씌워졌던 것이다. 가시와 면류관은 모순되고 서로 상충되는 말들이다.

예수는 유대인의 왕이니까 면류관을 씌워 주기는 했는데 그것이 찬란한 금 면류관이 아니라 흉측한 가시로 엮어서 만든 가시관을 씌워주었던 것이다. 그러나 역설적으로 고통과 수난을 당하신 후 죽임을 당하는 평화의 왕이라는 것을 보여주고 있다. 그것은 예수님은 눈썹 한 번 치켜 올리시면 가시 면류관을 엮는 군병의 손을 마비시킬 수 있으셨는데, 눈썹 하나 치켜뜨는 따위의 일을 하시지 않았다는데서 찾을 수 있다. 별들로 구슬치기라도 하실 수 있는 분이 자신의 무한성을 포기하신 것도 놀랍지만 그보다 더 놀라운 사실이 있다. 그것은 예수님과 가장 가깝다는 친구들이 그를 배반하고 달아날 때도 그는 끝까지 침착함을 잃지 않으셨다는 사실이다. 아담 이후에 모든 인류의 온갖 죄를 대신 뒤집어쓰면서도 한 마디의 말씀도 하시지 않으셨고 자기변호도 거부하셨다. 그는 어두운 무덤에서 사흘을 보내신 후 환한 웃음으로 부활의 아침을 당당히 걸어 나오시며, 그가 진정한 생명의 왕이요 평화의 왕이라는 사실을 입증해 주셨다. 천국의 면류관을 버리고 가시 면류관을 쓰신 이유가 바로 여기에 있다. 여기서 이 가시관은 조롱과 모욕의 대명사인 동시에 인류 구원을 이루는 승리의 월계관이기도 하다. 그런 의미에서 이 가시관은 모순어법이 되는 것이다.

상징법

상징법(symbol)은 어떤 것으로 실제보다 더 많은 것을 나타내는 수사법을 말한다. 좀 더 구체적으로 말해서 한 대상, 인물, 상황, 행위 따위가 유사성이나 암시나 연상을 통하여 그 이상의 어떤 의미를 보여주는 수사법이다.[218] 그러므로 해석자는 성경의 본문에서 표현하고 있는 상징의 의미를 바르게 해석할 수 있는 분별력을 키워야 한다. 그렇다면 해석자는 상징의 이해를 위하여 그것이 지니고 있는 특징을 알아야 하는데, 이에 대하여 마이클센(Micklesen)은 다음의 세 가지로 설명하고 있다.

"첫째, 상징 자체는 문자적인 물체다. 그것이 끓는 가마가 될 수도 있고, 수양이 될 수도 있으며, 말 위에 탄 자가 될 수도 있다. 둘째, 상징은 어떤 교훈이나 진리를 전달하기 위해 사용된다. 두 바구니의 좋고 나쁜 무화과(렘 24:1-3)는 유다에 있는 두 그룹의 사람을 상징한다. 좋은 무화과의 바구니는 바벨론으로 포로로 잡혀온 사람들을 가리키고(렘 24:4-7), 악한 무화과의 바구니는 예루살렘에 남아 있는 시드기야 왕(Zedekiah)과 다른 남아 있는 자를 가리킨다(렘 24:8-10). 셋째, 상징으로 사용한 물체와 물체를 통해 가르치고자 하는 교훈 사이의 관계는 우리가 상징을 사용한 사람의 의도를 알 때에 더 명백해진다. 상징의 의도가 알려지면 상징은 스스로 해석되어진다. 그러므로 해석자는 상징이 본래적으로 무슨 교훈을 가르치도록 의도되었는지를 찾아야 한다."[219]

상징의 해석이란 성경의 텍스트에 나타난 상징적 표현을 수사법으로 해석하는 한 방법이라 할 수 있다. 인간의 언어는 본질상 상징적이다. 따라서 성경에 기록된 말씀도 인간의 언어적인 표현으로 되었기 때문에 언어의 상징적 의미에 담긴 내용을 바르게 해석할 때, 그 텍스트의 내용을 성경 저자의 의도대로 바르게 이해할 수가 있다.

상징이란, 보편적인 의미에 추가된 어떤 의미를 암시하거나 대표하는 일체의 것들을 가리킨다. 그것은 비둘기 같은 자연적인 것일 수도 있고, 십자가 같은 인공적인 것일 수도 있다. 우리는 일상생활에서도 상징을 사용하고 있다. 사람들은 자기 단체나 공적을 나타내기 위하여 배지나 마크를 단다. 이것도 상징들이다.

성경에서도 상징이 사용되고 있다. 어떤 것은 자연적인 것들이고, 또 어떤 것은 기적적인 것이므로, 실로 상징의 종류는 다양하다. 상징은 진리를 나타내거나 혹은 감추기 위해서 사용된다. 상징적인 의미를 이해하지 못하고 자연적인 것만 보면 상징 속에 담긴 진리는 감추어지게 된다. 성경의 상징은 흔히 독자로 하여금 그것을 찾도록 한다. 그러므로 상징인지 아닌지를 잘 살피면서 공부하지 않으면 안 된다. 상징은 진리를 표현하는 수단이 된다. 그러나 이 상징을 인식하지 못하면 중대한 실수를 하게 된다.

성경의 은유는 대개 상징을 사용한 것이 많다. 예를 들면, "이것이 내 몸이니라…나의 피, 곧 언약의 피니라"(막 14:22, 24)에서 우리는 은유를 쉽게 알아볼 수 있다. 그리고 떡은 그리스도의 몸을, 포도주는 그의 피를 상징한다는 사실도 금방 알 수 있다. 문맥을 보면 기본적인 의미는 분명한데, 그것은 그리스도의 몸이 실제로 상함을 받아 피를 쏟고 죽었기 때문이다. 우리가 떡을 떼고 포도주를 마시는 것은 이 죽음을 기념하고 상징하기 위한 것이지만, 여기에는 다른 의미도 있다. 우리는 왜 먹고 마시는가? 「요한복음」 6장 32-35절, 48-63절, 7장 37-39절 같은 많은 구절들은 이러한 의식이 상징적인 행위임을 설명해 주고 있다. 그러면 무엇에 대한 상징인가? 만일 예수님의 말씀을 문자 그대로 이해하여 그의 살과 피를 먹고 마시는 것으로 받아들인다면(요 6 l 53), 예수께서는 우리에게 사람을 잡아먹는 행위, 곧 죄로 온통 물든 타락된 행위를 요구하시는 파렴치한이 되시는 것이다. 그러나 피와 살이 그의 죽음을 상징하는 말이라는 것을 알면, 이런 어처구니없는 결론은 내리지 않게 된다.

상징은 동일한 주제를 가지고 두 가지를 표현하기도 한다. 가령 붉은 색은 일반적으로 그리스도의 피를 상징하고 그의 대속을 뜻하는 것으로 생각되고 있다. 그러나 이 말과 동의어인 주홍색이나 진홍색이 사용된 구절들을 보면 전혀 다른 뜻으로 나타난 것을 알고 놀라게 된다. 예를 들면, 「이사야」 63장 2절에서는 그 색깔이 '심판' 으로, 「사사기」 1장 18절에서는 '죄' 로, 「잠언」 23장 31절에서는 '포도주' 로, 「마태복음」 16장 2절에서는 '하늘' 로, 그리고 「나훔」 2장 3절에서는 '용사들의 방패' 로, 각각 상이하게 상징되고 있다. 여기서 보면 어떤 구절도 붉은 색이 그리스도의 죽음을 상징한다고 분명하게 말한 곳은 없다.

하와의 유혹에 빠져 금단의 나무 열매를 먹은 아담에게 하나님은 땅을 저주하는 말씀을 하셨다. "너는 종신토록 수고하여야 그 소산을 먹으리라. 땅이 네게 가시덤불과 엉겅퀴를 낼 것이라"(창 3:17-18). 광야에서 자라는 '가시나무' 는 '죄에 대한 벌' 의 상징이다. 하나님의 저주는 포도밭의 비유의 형태를 취해 율법을 어긴 이스라엘 민족에게 내려진다. "내가 좋은 포도 맺기를 기다렸거늘 들포도를 맺음은 어찌 됨인고 . . . 내가 그것으로 황폐하게 하리니 . . . 찔레와 가시가 날 것이라"(사 5:4-6). 이스라엘 백성들이 이방신들을 위한 제단을 쌓았을 때 여호와께서는 가시덤불과 찔레를 그 제단 위에 자라게 하겠다고 위협하셨다(호 10:8). 마음이 악한 사람들의 재산은 가시덤불처럼 불살라 재가 될 것이며(미 7:4), 또 파멸에 이른 민족들은 "불에 굽는 횟돌 같겠고 잘라서 불에 사르는 가시나무 같으리로다"(사 33:12). 다윗은 최후의 말을 하면서 하나님을 경외하지 않는 악인들을 잘라서 불태워 버릴 가시나무에 비유하면서 불이 그들을 사를 것이라고 말했다(삼하 23:6-7). 모세가 호렙 산에서 본 불타는 가시나무는 죄가 많고, 죄가 많기 때문에 고민하는 인류 혹은 이스라엘 민족의 상징으로서, 떨기나무가 불이 붙었음에도 불구하고 불에 타지 아니하였던 것은 하나님의 자비를 나타낸다(출 3:2-3).

사도 바울은 「히브리서」 6장 8절에서 타락한 자들을 가시와 엉겅퀴를 내는 밭으로 비유한다. 예수께서 말씀하신 씨 뿌리는 사람의 비유에서 가시덤불은 좋은 씨앗이 싹트는 것을 방해한다. "가시떨기에 떨어졌다고 하는 것은 말씀을 들은 자이나 지내는 중 이생의 염려와 재물과 향락에 기운이 막혀 온전히 결실하지 못하는 자요"(눅 8:14).

광야(황무지, 사막)는 종교적 언어로는 생(生)과 적대관계에 있는 땅, 죽음의 땅을 의미하며 하나님이 본래 의도했던 풍요의 반대 형태로 간주된다. 그것은 수많은 위험, 곧 기아와 갈증, 모래 바람과 뱀 등이 호시탐탐 기다리고 있는 지대이기도 하다. 이집트의 풍요의 신, 오시리스와 광야의 신 세토는 영원한 적으로 대치되고 있다.

유프라테스와 나일 강 사이를 방랑하였던 이스라엘 백성은 광야에서 칼의 위협을 당했다(애 5:9). 이스라엘 민족은 "크고 두려운 광야"(신 1:19)를 통과한 뒤 겨우 젖과 꿀이 흐르는 땅으로 들어갔다. 광야 여행(출 15:22-19:2)은 시련과 정화의 상징이 된다. 호세아는 광야 여행을 윤리적 정화의 수단으로 본다. 즉 배신한 신부 이스라엘을 회심시키기 위해 하나님은 그녀를 광야로 이끌어 가신 것이다(호 2:14). 어떤 땅이 광야로 변하는 것은 원초의 혼돈 상태로 되돌아가는 것을 의미한다(렘 4:23-26). 그 때문에 여호와는 말씀하신다. "여호와께서 이와 같이 말씀하시길 온 땅이 황폐할 것이나 내가 진멸하지는 아니할 것이며"(렘 4:27). 하나님으로부터 버림을 받은 장소로 하나님에 의해 파괴되고 황폐화된 대지에는 각종 사악한 짐승이 자리 잡는다. "타조가 거기 깃들이며 들양이 거기서 뛸 것이요"(사 13:21). 속죄의 염소는 악마적 존재인 아사셀이 사는 광야로 보내졌다(레 16:10). 하나님은 원하기만 하면 광야를 비옥한 풍요의 땅으로 바꿀 수 있다. "광야와 메마른 땅이 기뻐하며 사막이 백합화 같이 피어 즐거워하며 . . . 뜨거운 사막이 변하여 못이 될 것이며 메마른 땅이 변하여 원천이 될 것이라"(사 35:1, 7).

광야는 속인들은 쉽게 접근하기 어려운 곳이기 때문에 세상에 숨겨진 곳, 세상을 초월한 장소가 되기도 한다. '광야에서 외치는 자' 의 도래를 예언한 이사야의 말은(사 40:3) 세례 요한에게서 현실화되었다. 요한은 광야에서 그리스도를 위한 길을 준비하였다(막 1:3). 예수께서 사탄에게 시험을 받으신 광야는 악의 처소를 나타낸다(마 4:1). 예수께서 사십일 동안 광야에서 머무르신 일의 의의는 단식 등과 같은 금욕에 있다기보다는 하나님을 배반한 자와의 싸움에서 하나님의 진실을 실증하기 위한 시련에 있다(눅 4:1-13). 사람에게서 나간 더러운 귀신은 "물 없는 곳으로 다니며 쉬기를 구하되 쉴 곳을 얻지 못하고"(마 12:43). 바울에 의하면 하나님이 자기 백성의 다수를 광야에서 죽음에 이르도록 하신 것은 그들이 하나님의 마음에 적합하지 않았기 때문이다. "그러나 그들의 다수를 하나님이 기뻐하지 아니 하셨으므로 그들이 광야에서 멸망을 받았느니라 이러한 일은 우리의 본보기가 되어 우리로 하여금 그들이 악을 즐겨한 것 같이 즐겨 하는 자가 되지 않게 하려 함이니" (고전 10:5-6). 성인들은 광야를 전혀 두려워하지 않는다. 그들은 오히려 광야에서 생활하면서 전심으로 기도와 사색에 몰두하며 정화의 길을 갔던 것이다.

비언어적인 행위 예언에서 다른 형태의 상징법을 찾을 수 있다. 예를 들어, 「열왕기상」 11장 30-31절에 따르면, 아히야는 자신의 옷을 12개로 찢어, 그 중 10조각을 여로보암에게 주는데, 이것은 이스라엘이 곧 분열될 것을 상징하는 것이다. 또 호세아는 여호와의 지시를 받고 창녀와 결혼하는데, 이는 여호와를 배신하는 이스라엘과의 관계를 상징하는 것이다. 이런 상징법은 「다니엘서」나 「요한계시록」에 많이 나온다.

풍유법

알레고리(allegory)란 우리말로 풍유법(諷諭法)이라고 부르는데, 이는 비유법 중에서도 가장 진보된 방법이다. 알레고리란 '다른 것을 말한다' 는 뜻의 헬라어인 '알레고레오' (allegoreo)에서 나온 말이다. 또 알레고리를 우화 또는 우의법이라고도 하는 데, 여기서 우화란 운문체 또는 산문체로 된 짤막한 윤리적 설화를 뜻하며, 주로 동물이나 새, 또는 식물이나 무생물을 통해 인간의 생활과 행동을 묘사하는 수사법이다. 따라서 우화의 특성은 교훈성과 풍자성에 있다 해도 과언이 아니다.

예를 들면 '하룻강아지 범 무서운 줄 모른다' '도마에 오른 고기,' '뱁새가 황새 못따라간다,' '지렁이도 밟으면 꿈틀 한다,' '빈 수레가 요란하다,' '원숭이도 나무에서 떨어진다,' '밤 말은 쥐가 듣고 낮말은 새가 듣는다,' '소 잃고 외양간 고친다,' '하늘이 무너져도 솟아날 구멍 있다' '쥐구멍에도 볕들날 있다' '음지가 양지 된다' '숭어가 뛰니까 망둥이도 뛴다' 등이 그런 것이다. 알레고리를 우화라고 하는 것은 그것이 문자적인 의미 이외의 다른 제2의 의미층을 갖기 때문이다. 김지찬 교수도 "속뜻을 감추고 다른 사물을 내세워 그것으로 하여금 감추어진 속뜻을 말하게 하는 표현 장치를 알레고리라 한다. 원 개념을 감추고 보조 개념만 내세운 은유라는 점에서 상징과 비슷하다. 그러나 상징은 일대다의 세계를 지시하여 다의성이 있는데 반해, 알레고리는 일대일의 세계를 지시하여 단순하다"[220]고 하였다. 이러한 예를 성경에서 찾아보겠다.

「사사기」 9장 7-15에 나오는 요담의 우화가 가장 대표적인 것이다. "사람들이 요담에게 그 일을 알리매 요담이 그리심 산 꼭대기로 가서 서서 그의 목소리를 높여 그들에게 외쳐 이르되 세겜 사람들아 나를 들으라 그리하여야 하나님이 너희의 말을 들으시리라 하루는 나무들이 나가서 기름을 부어 자신들 위에 왕을 삼으려 하여 감람나무에게 이르되 너는 우리 위에 왕이 되라 하매 감람나무가 그들에게 이르되 내게 있는 나의 기름은 하나님과 사람을 영화롭게 하나니 내가 어찌 그것을 버리고 가서 나무들 위에 우쭐 대리요 한지라 나무들이 또 무화과나무에게 이르되 너는 와서 우리 위에 왕이 되라 하매 무화과나무가 그들에게 이르되 나의 단 것과 나의 아름다운 열매를 내가 어찌 버리고 가서 나무들 위에 우쭐 대리요 한지라 나무들이 또 포도나무에게 이르되 너는 와서 우리 위에 왕이 되라 하매 포도나무가 그들에게 이르되 하나님과 사람을 기쁘게 하는 내 포도주를 내가 어찌 버리고 가서 나무들 위에 우쭐 대리요 한지라 이에 모든 나무가 가시나무에게 이르되 너는 와서 우리 위에 왕이 되라 하매 가시나무가 나무들에게 이르되 너희가 참으로 내게 기름을 부어 너희 위에 왕으로 삼겠거든 와서 내 그늘에 피하라 그리하지 아니하면 불이 가시나무에서 나와서 레바논의 백향목을 사를 것이니라 하였느니라"(삿 9:7-15).

사사 기드온이 죽은 후 세겜에 있는 기드온의 첩이 나은 아들인 아비멜렉이 세겜 사람들을 현혹하여 이들의 마음을 샀다. 그리고는 기드온의 아들 70인을 죽이고 스스로 세겜의 왕이 되었다. 이때 기드온의 아들 가운데 오직 요담만이 무사히 피신할 수 있었다. 요담이 형제들을 죽이고 아비멜렉이 세겜의 왕이 된 것을 듣고는 세겜 사람들에게 이와 같은 우화로 그들의 결정의 어리석음을 풍자하였다. 요담의 우화는 일종의 장편 교훈시로서 나무들이 왕을 선택하는 비유인데, 착한 백성들은 왕의 통치를 순수하게 받아드리려 하지만, 무가치하고 위험히며 악한 사람들은 오히려 자신이 군주가 되려고 한다는 교훈을 극화한 시라 할 수 있다.

여기 감람나무, 무화과나무, 포도나무는 선민(善民)의 표본이고, 가시나무는 악인의 표본이다. 전자는 왕이 되기를 사양하나 후자는 그것을 흔쾌히 승낙 하고, 만일 자기에게 충성치 않으면 곧 멸망할 것이라고 한다. 나무들은 자기들을 다스릴 왕을 찾고 있었다. 감람나무와 무화과나무와 포도나무는 왕으로 추대를 받았음에도 이를 사양하였으나 열매도 맺지를 못하는 아무런 쓸모없는 가시나무가 '보호'와 '약속'을 내세워 자기에게로 오라고 한다. 요담은 이 우화를 통해 가시나무의 제안의 어리석음을 풍자하고 있다.

이 우화는 사실상 백성들이 왕으로 세운 아비멜렉을 통렬히 비판한 것으로, 군왕시대 이전의 이스라엘인들의 자유로운 여론을 꼬집은 것이다. 아보트 교수는 "이 우화에는 여러 소설적 특질이 있고, 교훈의 수단으로 이야기를 창안해 냈다고 생각하는 것이 더 합리적이다"라 하여 이 우화를 시로 보지 않고 소설로 보려하였다.[221]

우화란 앞서도 말한 바와 같이 동물이나 식물, 심지어는 무생물을 인간적인 동기나 열정을 지닌 존재로 등장시켜 도덕적 명제나 인간 행동의 원리를 예증하는 짧은 이야기를 가리킨다. 또한 「열왕기하」 14장 9절에 나오는 요아스의 우화가 그런 예이다.

"이스라엘 왕 요아스가 유다의 왕 아마샤에게 보내어 이르되 레바논 가시나무가 레바논 백향목에게 전갈을 보내어 이르기를 네 딸을 내 아들에게 주어 아내를 삼게하라 하였더니 레바논 들짐승이 지나가다가 그 가시나무를 짓밟았느니라" (왕하 14:9).

유다의 왕 아마샤(Amaziah)가 이스라엘 왕 요아스(Joash)에게 사자를 보내어 서로 대면하자는 요청을 했다. 이 소식을 듣고 요아스는 이런 우화적 비유로 답변하였다. 즉 요아스는 아마샤를 레바논의 가시나무에 비유하면서 에돔을 쳐서 교만해진 그의 주제넘은 태도를 책망하는 동시에 무서운 줄 모르고 날뛰다가 스스로 멸망을 초래하지 말라고 비꼬며 꼬집었다. 그러나 아마샤가 그의 충고를 듣지 아니하므로 요아스는 하는 수 없이 그의 군사를 이끌고 나가 벧세메스(Bethshemesh)에서 싸움을 벌였다. 마침내 아마샤는 패하여 도망하니 요아스는 그를 추격하여 사로잡고 예루살렘으로 진격하여 성벽을 헐고 성전과 왕실 금고에 있는 금은과 세간을 탈취한 후, 많은 사람을 볼모로 잡아 사마리아로 돌아 왔다. 요아스가 죽은 뒤에도 아마샤는 15년을 더 생존하였으나 결국은 예루살렘의 무리가 모반하여 라기스(Lachish)에서 그를 죽였다(왕하 14:19). 이런 역사적 사건에 비추어 볼 때 이 우화는 더욱 깊은 뜻을 갖게 된다. 보잘 것 없는 무가치한 자들이 정권을 잡고 우쭐 대지만 스스로 멸망을 자초할 뿐이라는 것이다.

뿐만 아니라 작품 전체의 서술이 그 자체의 표면적 의미를 가질 때 그것은 직접적 서술이 되지만, 그것이 그 밖의 다른 속뜻을 가질 때 그것은 풍유나 상징이 된다. 표면적 의미 이외의 다른 속뜻을 갖는다는 점에서 풍유법과 심볼은 공통되지만, 그 작용이 단순하고 추상적인 것을 논리화하는 면에 가까울 때 풍유법이 되고, 그 작용이 복잡하고 다의적(多義的)일 때 그것은 심볼이 된다. 「갈라디아서」 4장 21-31절이 좋은 예다.

"내게 말하라 율법 아래에 있고자 하는 자들아 율법을 듣지 못하였느냐 기록된 바 아브라함에게 두 아들이 있으니 하나는 여종에게서, 하나는 자유 있는 여자에게서 났다 하였으며 여종에게서는 육체를 따라 났고 자유 있는 여자에게서는 약속으로 말미암았느니라 이것은 비유니 이 여자들은 두 언약이라 하나는 시내 산으로부터 종을 낳은 자니 곧 하갈이라 이 하갈은 아라비아에 있는 시내 산으로서 지금 있는 예루살렘과 같은 곳이니 그가 그 자녀들로 더불어 종노릇하고 오직 위에 있는 예루살렘은 자유자니 곧 우리 어미니라 기록된 바 잉태하지 못한 자여 즐거워하라 산고를 모르는 자여 소리 질러 외치라 이는 홀로 사는 자의 자녀가 남편 있는 자의 자녀보다 많음이라 하였으니 형제들아 너희는 이삭과 같이 약속의 자녀라 그러나 그 때에 육체를 따라 난 자가 성령을 따라 난 자를 핍박한 것같이 이제도 그러하도다."(갈 4:21-29).

아브라함의 자손이 되려면 율법을 지켜야 한다는 유대주의 거짓 교사들의 주장에 대해 바울은 아브라함의 아내 사라와 하갈의 비유를 통해 율법과 복음(은혜)을 구체적으로 비교 설명한다. 율법은 근본적으로 사람들을 죄와 사망에 종속되게 하는 반면 복음은 구원과 영생을 주는 참된 자유의 삶으로, 믿음과 은혜의 결과로 이르게 된다는 것이다. 4장 27절은 「이사야」 54장 1절의 인용문으로 율법을 따르는 유대교인들에 비해 그리스도를 믿는 그리스도인 공동체의 수가 훨씬 많아질 것을 예견한 것이다. '잉태하지 못한 자', '산고를 모르는 자', '홀로 사는 자'는 모두 같은 뜻으로 90세까지 자식을 낳지 못한 아브라함의 아내 사라를 가리킨다(창 17:17). '남편 있는 자'는 아브라함의 첩으로서 이스마엘을 낳은 하갈을 가리킨다. 따라서 '홀로 사는 자의 자녀' 는 직접적으로 이삭을 가리키며, 그리스도인을 예표한다. 반면 '남편 있는 자의 자녀' 는 율법에 예속되어 있는 유대인을 풍유한다. 이런 풍유법을 우리는 예표적인 풍유법이라 말한다. 『구약』에 나오는 사건이나 인물을 역사적 사실로 보는 동시에 복음과 그리스도를 예표 하는 것으로 이해하는 수사법을 일컫는다. 여기서 보는 바와 같이, 바울은 분명히 그리스도교는 모세의 율법을 받아들여야 할 필요가 없다고 믿었던 것 같다. 왜냐하면 자유의 법은 모세의 율법을 완성하고 그것을 초월하기 때문이다. 이미 언급한 바대로, 그는 이 사실을 아브라함의 두 아들 이스마엘과 이삭의 이야기로 설명했다. 이스마엘은 여종 하갈의 아들이었고 이삭은 본 부인 사라의 몸에서 태어난 약속의 아들이었다. 두 여자는 두 계약을 가리키고 있다. 하갈은 시나이 산의 표상인데, 시나이 산은 모세가 옛 율법을 받은 곳이다. 동시에 바울은 이것을 예루살렘의 예표로 생각했다. 예루살렘은 유대교의 성전이 있는 곳이며, 유대인과 유대교의 중심지였기 때문이다. 반면 아브라함의 아내 사라는 하늘의 새 예루살렘을 표상하며, 기적적인 이삭의 탄생은 처녀 마리아에 의한 그리스도의 탄생을 예표 한다. 위에서 말한 대로 바울은 이 해석을 이사야가 전한 하나님의 말씀 「이사야」 54장 1절로 다시 예증하고 있다.

「마태복음」 12장 40-41절에 요나에 대한 비유가 나온다. 이 비유도 예표적인 풍유법인 것이다. "요나가 밤낮 사흘 동안 큰 물고기 뱃속에 있었던 것같이 인자도 밤낮 사흘 동안 땅 속에 있으리라 심판 때에 니느웨 사람들이 일어나 이 세대 사람을 정죄하리니 이는 그들이 요나의 전도를 듣고 회개하였음이거니와 요나보다 더 큰 이가 여기 있으며".

이 풍유법은 예수 그리스도의 죽으심과 부활을 미리 보여준다는 점에서 역시 예표적인 풍유법이라 할 수 있다. 요나는 삼일 동안 큰 물고기 배속에 갇혀 있다가 나왔는데 이는 죽음의 세력 아래 예수께서 삼일 동안 수난 당하신 것을 예표한 것이다. 여기 예수의 부활에 대한 예언은 41-42절에서 심판의 예언으로 이어진다. 니느웨 사람은 가장 큰 선지자 예수에 비하면 극히 작은 요나의 전도에도 회개하였다. 그리고 솔로몬에 비하면 달과 태양 이상으로 차이가 나는 예수의 가르침을 듣고도 깨우치지 못하는 유대인과는 달리 남방 여왕은 제 발로 찾아와 진리의 도를 깨닫고자 했다. 따라서 이들은 교만과 허영에 찬 유대인들이 심판받게 될 때 그 증인이 될 것이라는 예언적인 선포의 말씀이다.

이런 예표적인 풍유법 말고도 정적 혹은 수직적 풍유법도 있다. 이런 풍유법들을 살펴보면 텍스트에 나오는 이미지들은 수반되는 어떤 행동 없이 단지 가만히 있는 것만으로도 의미를 지니게 된다. 「에베소」 6장에서이러한 예를 찾을 수 있다. 「에베소」 6장 13절의 저자가 독자들에게 악령들의 세력에 대항하여 "하나님의 전신갑주를 취하라" 고 권유했을 때, 이 비유는 은유에 머물러 있다. 그러나 그는 계속해서 그것의 함축성을 끄집어냄으로써 은유를 풍유화하고 있다. 갑주는 띠, 호심경, 신, 방패, 투구, 검으로 분리되고, 각각 그 이미지들에는 예견된 전쟁에 알맞은 기능이 부여된다. 진리, 의, 평안, 믿음, 구원, 성령(말씀) 등과 같은 도구로 무장하고 영적인 전쟁을 힘써 싸우라는 것이다. 이러한 전신갑주는 인간의 능력에 의한 것이 아니라 하나님이 주시는 영적 무기로서, 이는 하나님의 신성한 능력을 의지하여야 함을 강조하는 말이다. '하나님의 전신갑주' 라는 은유가 분석되어 구성 부품이 되고, 그 부품들이 일련의 일대일 관계 속에서 재결합되면서 풍유가 된다. 이런 풍유법에는 행동이 따르지 않고 다만 그 이미지들로서 의미를 갖게 됨으로 정적 또는 수직적인 풍유법이라고도 한다. 그러나 풍유에는 행동의 잠재력을 갖는 것이 보통이라 할 수 있다. 「사무엘하」 12장의 다윗에 대한 나단의 알레고리나 「에스겔」 17장의 놀라운 역사적 알레고리가 그런 것들이다.

(2) 감정에 호소하는 수사법

넓은 의미에서 수사법이란 하나같이 감정에 호소하거나 정감을 토로하기 위하여 언어를 효과적으로 사용하는 방법이다. 그러나 감정에 호소하고 정감을 토로하는 수사법이라도 그 방법과 강도는 각기 다르다. 파토스 쪽보다는 로고스 쪽에 호소하는 수사법이 있는가 하면, 이와는 반대로 로고스 쪽보다는 파토스 쪽에 호소하는 수사법이 있다. 파토스 쪽에 호소하는 수사법이 로고스 쪽에 호소하는 수사법보다 더 깊은 감정에 호소하고 정감을 토로하기에 더 효과적이며 그 강도도 훨씬 강렬함은 두 말할 나위가 없을 것이다. 물론 지나치게 감정에 호소하다 보면 자칫 그 효과를 떨어뜨릴 위험성도 없지 않다. 감정에 호소하는 수사법으로서는 영탄법, 돈호법, 설의법, 의문법, 과장법, 완서법 등이 있다.

영탄법

영탄법(詠嘆法)이란 가슴에서 터져 나오는 격정의 표현이다. 상대방에게 호소력 있도록 간절한 느낌이나 정감을 감탄사를 써서 드러내는 수사법을 말한다. 북받치는 감정을 직접 토로하거나 상대방에게 자신의 감정을 하소연하기 위한 수사법이다. 격한 감정을 호소하는 나머지 영탄법은 자칫 감정을 헤프게 늘어놓을 위험성을 지닌다. 강렬한 감정을 토로하는 만큼 때로는 감탄사를 사용하거나 호칭어를 사용하거나 명령이나 권유의 형식을 취하기도 한다. 영탄법은 비록 그 형식에서는 문법에서 말하는 감탄문과 같거나 비슷할지 모르지만 표현적 효과는 그보다 훨씬 크다. 영탄법은 흔히 돈호법이나 의인법 같은 다른 수사법과 함께 쓰인다.

여호와여 복수하시는 하나님이여
빛을 비추어 주소서
세계를 심판하시는 주여 일어나사
교만한 자들에게 마땅한 벌을 주소서
여호와여 악인이 언제까지, 악인이 언제까지
개가를 부르리이까. (시 94: 1-3)

"여호와여, 복수하시는 하나님이여/ 빛을 비추어 주소서"라는 말씀이 영탄인 것이다. 아무리 교만하고 과부와 나그네와 고아를 괴롭히는 흉악한 악인이라 할지라도 사람이 직접 그들에게 보복할 수 없는 것이다. 그래서 「시편」의 기자는 "여호와여! 복수하시는 하나님이여!"라고 부글부글 끓어 오르는 분노의 감정을 누르며 하나님께 호소하는 것이다.

"여호와여, 돌아오소서. 언제까지니이까 주의 종들을 불쌍히 여기소서"(시 90:13) 라고 영탄하며, 여호와 하나님의 긍휼을 요청하는 것이다. 예루살렘 멸망이라는 민족적인 가장 큰 사변에 대한 민족 전체의 반응을 시적으로 표현한 작품이 「예레미야 애가」이다. 이 「애가」에는 민족적 비애의 감정을 영탄법으로 노래한 곳이 많이 있다.

「애가」는 다섯 개의 슬픈 노래로 구성된 일종의 애가집(哀歌集)으로, 그 일관된 기조는 "각성의 결과 흘리는 회개의 눈물"이라 할 수 있다. 지난날의 타락과 방종한 생활을 뉘우치며 흘리는 민족적 눈물의 결정체가 본 「애가」인 것이다. 예루살렘 멸망을 계기로 해서 대오 각성하고 죄악과 타락과 배신을 바로 '나의 일' 로 생각하며 회개의 눈물을 흘리는 데 가치가 있고, 그로 해서 그 애조(哀調)는 한층 심각한 빛을 띠게 되는 것이다. 조국의 멸망도, 예루살렘의 함락도, 모두 우리들의 죄의 결과라는 것이다(애 3:39-40).

제1장에서는 한때는 그렇게도 화려했던 수도 거룩한 도성, 예루살렘이 얼마나 비참하게 되었는가를 애조어린 가락으로 노래하고 있다. "슬프다 이 성이여 전에는 사람들이 많더니 이제는 어찌 그리 적막히 앉았는고 전에는 열국 중에 크던 자가 이제는 과부 같이 되었고 전에는 열방 중에 공주였던 자가 이제는 강제노동을 하는 자가 되었도다" (애 1:1). 그렇게도 붐비던 도성은 쓸쓸해졌고, 길에는 사람들의 발길이 끊기고, 성문은 돌 더미로 주저앉고(애 1:4), 처녀 같던 시온의 모든 영광은 이제 다 떠나갔다(애 1:6)고 한탄한다. 그 처절하고 애달픈 비애의 감정을 "슬프다 이 성이여" 라는 영탄법으로 더욱 애달프게 표현하고 있다. 그러나 이런 황폐함은 우리 죄의 결과이므로(애 5:16) 회개하고 하나님의 이름을 부른다. "여호와여 내가 심히 깊은 구덩이에서 주의 이름을 불렀나이다(애 3:55). 「애가」 5장 1절에서는 "여호와여" 하고 부르짖으며 "우리가 당한 것을 기억하시고 우리가 받은 치욕을 살펴보옵소서" 라고 눈물의 기도를 여호와 하나님께 드리는 것이다. 그러면서 옛날의 영광을 되찾게 해달라고 기도한다. 이것도 영탄법으로 된 기도문이다. "여호와여 우리를 주께로 돌이키소서 그리하시면 우리가 주께로 돌아가겠사오니 우리의 날들을 다시 새롭게 하사 옛적 같게 하옵소서" (5:21) 한다. 이스라엘의 수도 예루살렘의 멸망을 바라보며 애타하는 민족적 설움의 격정이 영탄법으로 한층 더욱 애절하게 전달된다.

돈호법

돈호법(頓呼法 apostrophe)은 지금 자리에 없거나 죽은 사람을 마치 눈앞에 있는 것처럼 부르거나 인간이 아닌 무생물이나 동식물 또는 추상적 관념을 마치 살아 있는 것처럼 친근하게 부르는 수사법을 말한다. 그래서 말하는 동안은 잠시나마 사물을 인격화한다. 따라서 때로는 돈호법과 의인법을 서로 구분하기가 그렇게 쉽지 않다. 인간이 아닌 대상에 생명을 불어넣고 언어에 직접성을 가져다준다는 점에서 이 두 수사법은 공통점을 지니기 때문이다. 가령 바람에 나부끼는 억새풀을 두고 '그대 울부짖는가'라고 말한다면 식물인 억새풀에 인간의 속성을 부여하는 의인법이 되면서 동시에 돈호법이 된다.

돈호법에서는 흔히 호칭을 사용하지만 호칭을 사용한다고 하여 모두가 돈호법이 되는 것은 아니다. 호칭을 사용하되 반드시 말하는 사람의 감정이 표현되어야 한다. 돈호법은 무엇보다도 사람을 대상으로 삼는 경우에 가장 많이 쓴다. 물론 감정을 토로하거나 하소연하는 강도는 작품에 따라 조금씩 다르다.

예를 들면 「시편」 68편 16절 같은 것이다. "너희 높은 산들아 어찌하여 하나님이 계시려 하는 산을 시기하여 보느냐 진실로 여호와께서 이 산에 영영히 계시리로다." 여기서 「시편」 기자는 마치 산들이 듣고 생각할 수 있는 것처럼 말한다. 그러나 실상은 산은 듣고 생각할 수 없다. 그러나 「시편」의 기자는 그럴 수 없는 사물을 잠간동안 인격화한다. 또 다른 예는 「이사야」 54장 1절 "잉태치 못하며 출산하지 못한 너는 노래할지어다"는 일종의 돈호법이다. 여기서 우리는 문맥을 살펴볼 때 주님께서는 "잉태치 못한 너는" 여자가 아닌 한 국가에 대해 말씀하고 있음을 알 수 있다. 돈호법은 문장에 박력과 생기를 주는 극적인 수사법이다. 대개의 경우 그것이 문자적 표현이 아니고 돈호적 표현임을 알 수 있는 길은 그 문맥에서 쉽게 파악할 수 있다. 그래서 해석상의 별다른 어려움은 주지 않는다.

다음 구절들을 참고하면 크게 도움이 될 것이다. 「사무엘하」 18:33, 「열왕기상」 13:2, 「이사야」 14:12, 「예레미야」 22:29, 47:6, 「에스겔」 37:4 등 수없이 많다. 「사무엘하」 18장 33절 "왕의 마음이 심히 아파 문 위층으로 올라가서 우니라. 그가 올라갈 때에 말하기를 내 아들 압살롬아 내 아들 압살롬아 차라리 내가 너를 대신하여 죽었다면, 압살롬 내 아들아 내 아들아 하였더라." 이 말씀은 다윗이 압살롬이 죽었다는 소식을 듣고 너무나 슬퍼서 산에 올라가 하는 말이다. '내 아들 압살롬아, 압살롬 내 아들아' 이는 마치 죽은 아들이 자기 앞에나 있는 것처럼 아비로서 대신 죽고 싶은 심정을 토로한다.

솔로몬 왕의 집권 후 이스라엘은 두 나라로 갈라진다. 남을 유다 왕국이라 하고 북을 이스라엘 왕국이라 한다. 남북 분열시대가 도래하는 것이다. 남 유다의 초대 왕은 르보호암이요 북 이스라엘의 초대 왕은 여로보암이다. 여로보암은 왕이 된 후 세 가지 악한 정책을 폈다. 그것의 첫째는 벧엘과 단이라는 곳에 두 금송아지를 만들어 놓고 섬기게 한 것이다. 둘째는 레위지파가 아닌 사람들을 제사장으로 임명한 것이고, 셋째는 절기의 달을 7월에서 8월로 옮긴 것이다. 이 세 가지 정책은 북 왕국 사람들이 남 왕국으로 넘어가는 것을 막기 위한 정책이었다. 그러나 이것들이 하나님의 율법에 어긋나는 정책이기 때문에 이로 인하여 결국은 큰 징벌을 받는다. 「열왕기상」 13장을 보면 하나님께서는 한 선지자를 보내어 여로보암에게 경고하셨다. 그 선지자가 누구인지는 알 수 없다. 이 익명의 선지자가 전한 메시지의 핵심은 금송아지 산당이 저주를 받아 장차 태어날 요시아 왕에 의해 모두 훼파되리라는 것이었다. 그 경고의 내용을 돈호법을 써서 이렇게 전한다.

"하나님의 사람이 단을 향하여 여호와의 말씀으로 외쳐 이르되 제단아 제단아 여호와께서 이와 같이 말씀하시기를 다윗의 집에 요시아라 이름하는 아들을 낳으리니 그가 네 위에 분향하는 산당 제사장을 네 위에서 제물로 바칠 것이요 또 사람의 뼈를 네 위에서 사르리라 하셨느니라 하고"(왕상 13:2).

여로보암은 제사장의 고유한 직무에 해당하는 분향을 제멋대로 하고 하나님의 경고를 전하는 선지자를 해하려고 하였다. 그의 이러한 행위들은 명백히 큰 죄악이었다. 결국 그의 이러한 죄악이 그뿐 아니라 북이스라엘을 멸망케 한 것이다. 여기서 특히 돈호법을 써서 경고한 것이 인상적이다. '제단아 제단아' 하고 돈호하는데, 제단은 듣고 생각할 수도 없고 뉘우칠 수도 없다. 그러나 제단을 의인화해서 그렇게 말하는데 그 제단은 제사 드리는 분향 단을 가리킨다. 어떤 것이든 여로보암의 행위는 율법을 어기는 그릇된 행위이기 때문에 결국 제단은 훼파되고 그릇된 제사 행위를 집행하는 자들도 모조리 멸망하리라는 무서운 경고인 것이다. 여기서 '제단아 제단아' 라고 부르면서 경고함으로써 표현에 박력과 생기를 준다.

「이사야」 14장 12절에도 돈호법이 나온다. "너 아침의 아들 계명성이여 어찌 그리 하늘에서 떨어졌으며 너 열국을 엎은 자여 어찌 그리 땅에 찍혔는고"라 하였다. '너 아침의 아들 계명성(啓明星)이여' 하고 돈호하는데, 여기서 계명성은 직접적으로 바벨론 왕을 지칭한다. '어찌 하늘에서 떨어졌는고' 라는 표현은 바벨론 왕이 그 막강한 자리에서 떨어져 멸망한 것을 말한다. 바벨론 왕은 어찌하여 하늘에서 떨어졌는가? 그것은 한 마디로 말해서 그의 교만 때문이었다. 교만은 패망의 앞잡이다. 후에 바벨론 왕은 종말에 나타날 '짐승' (계 13:4, 17:3)을 가리키는 말로도 사용되었다. 바벨론 왕은 자기를 하나님과 동등하게 여겼다. 이는 사탄의 방식을 좇아 자신을 신성시하는 것이요 적그리스도의 선구자로 자처하는 것이다(단 11:36). 그런 의미에서 아침의 아들 계명성은 찬란한 대천사였던 루시퍼의 타락과 지옥으로의 떨어짐을 말하는 것으로 볼 수도 있다(눅 10:18).

앞서도 다른 예언의 말씀들을 제시한 것처럼 선지자들은 이 돈호적 표현법을 많이 사용한다. 그래서 문장에 박력과 생기를 불어넣는다.

설의법

설의법(設疑法, rhetorical question)이란 보통 쉽사리 결론을 내릴 수 있는 것을 일부러 의문문의 형식을 통해 독자로 하여금 충분한 판단과 생각할 수 있는 여유를 주어 독자 스스로 결론을 내리도록 유도하는 수사법이다. 이 질문은 그 대답이 하나밖에 없는 특수한 의문형으로 수사적 의문문이라고도 한다. 문법에서 말하는 의문문과는 달리 이 수사법에서는 물음에 대한 대답을 요구하지 않는다. 그 물음 속에 이미 그 답이 들어 있기 때문에 비록 형식은 의문문으로 되어 있지만 그 내용은 의문문이 아니다. 설의법은 상대방의 주의를 끌어 호소하고 판단을 촉구하는 데 효과적일 뿐 아니라, 화자의 의도를 정감 있게 표현하는 데에도 효과적이다. 형식은 비록 의문문으로 되어 있지만 그 내용은 오히려 감탄문에 가깝다고 할 수 있다.

'아닌 땐 굴뚝에 연기 날까' '공든 탑이 무너지랴' '첫 숟가락에 배부를까' 와 같은 의문문들이 다 설의법이다. 가령 「예레미야」 32장 27절을 보면 이런 의문형이 나온다. "나는 여호와요 모든 육체의 하나님이라. 내게 능치 못할 일이 있겠느냐?" 이러한 질문은 변론을 위한 것이 아니다. 이 질문에는 오로지 "없다"라고 하는 대답밖에는 없다. 「예레미야」 32장 17절에서 "주에게는 능치 못할 일이 없으시니이다"라고 한 말을 의문형으로 반복한 것에 불과하다. 하나님께서는 이 의문문을 평서문으로 말씀하실 수도 있었겠지만, 의문형을 통해 그 뜻이 더욱 강조되게 하셨다. 즉 독자가 스스로 답함으로써 마음에 확신을 갖게 하는 표현법이다. 이같은 물음은 반어법에서 많이 사용되고 있다.

의문문은 여러 가지 목적으로 사용될 수 있다. 때로는 어떤 사물에 관심을 집중케 하고, 때로는 어떤 주제를 소개하기도 한다. 그 예로서, 「시편」 8장 4절 "사람이 무엇이기에 주께서 그를 생각하시며"와 「예레미야」 23장 29절 "내 말이 불같지 아니하냐"를 들 수 있다. 이 의문문의 표현은 해석상 그리 큰 문제가 되지 않는다. 다음절들을 참고하면 도움이 될 것이다.

「욥기」 21장 22절 "그러나 하나님께서는 높은 자들을 심판하시나니 누가 능히 하나님께 지식을 가르치겠느냐"고 질문을 던지는데, 여기서 독자는 대답할 필요가 없다. 왜냐하면 대답은 이미 '능히 하나님께 지식을 가르칠 수 없기' 때문이다. 「마태복음」 7장 16절 "그들의 열매로 그들을 알지니 가시나무에서 포도를, 또는 엉겅퀴에서 무화과를 따겠느냐"에서 그 대답은 이미 제시되어 있다. 도저히 가시나무에서 포도를, 또한 엉겅퀴에서 어떻게 무화과를 얻을 수가 있겠는가? 너무나 자명한 대답이 나올 수밖에 없다. 그러나 독자 자신의 대답을 통해 그 뜻을 강조하고 있다.

그리고 함축적인 뜻을 전달하기 위해 그 수단으로 자주 수사적인 질문을 사용하기도 한다(전 1:3, 3:9, 5:6, 16-17, 6:8, 12, 12:1). 「전도서」 3장 9절에서 "일하는 자가 그 수고로 말미암아 무슨 이익이 있으랴"는 질문은 무슨 변론을 위한 것이 아니다. 그러므로 이 질문에 대해 "그럴 수도 있고 안 그럴 수도 있다"고 대답할 필요가 없다. 유일한 대답은 '없다' 일뿐이지만, 그 속에는 깊은 함축적인 의미가 내포되어 있다고 생각한다.

이런 수사적 의문문의 표현은 성경 해석상 큰 문제가 되지는 않지만, 그 뜻을 강화하거나 독자 스스로 그 의문을 풀어가도록 설득하는 데는 큰 효과를 주는 표현법이다. 「예레미야」 2:11, 13:23, 30:6, 「아모스」 3:3-4, 「오바댜」 1:5, 「고린도전서」 10:22, 「로마서」 6:1, 10:19. 11:1, 11:34-35, 「고린도전서」 1:10, 2:16, 4:7 등을 참조해 보면 많은 유익이 되리라 믿는다.

과장법

과장법(誇張法 hyperbole)은 실제 사물이나 사실보다 부풀려 말하는 수사법을 말한다. 사물의 모습, 크기, 특징, 정도 등을 실제보다 좋고 크고 강하고 무거운 방향으로 확대하여 표현하는 수법이다. 과장법에서 말하는 내용은 실제 현실에서는 좀처럼 이룰 수 없거나 불가능한 것들이 거의 대부분이다. 다른 수사법과 마찬가지로 과장법도 해학적이거나 진지하거나 기상천외하거나 범상하다거나 신빙성을 준다거나 좀처럼 믿어지지 않게 하는 등 그 효과는 다양하게 나타난다. 어떤 효과를 자아내든 과장법은 남을 속이거나 골탕 먹이기 위해서가 아니라 어디까지나 화자의 의도를 좀 더 효과적으로 전달하기 위해서 쓰는 수사법임은 두말할 나위 없다.

위에서 이미 언급한 바와 같이, 과장법은 어떤 사실이나 사상을 실제보다 과장하여 더욱 크게, 반대로 더욱 작게 표현하는 수사법이다. 실제보다 더욱 크게 묘사하는 '백발삼천장', '인산인해', '일일 여삼추'(一日 如三秋)같은 표현들은 과장이다. 과소과장의 예로는 '간이 콩알만 해진다', '새 발의 피', '쥐꼬리만한 봉급', '간에 기별도 안 간다' 등이 있다. 이 표현법에서는 필자나 독자가 모두 과장이라는 것을 의식적으로 인정하고 본문을 읽어야 한다. 그렇지 않으면 필자의 진실성을 의심하거나 진리를 소홀히 다룬다고 오해하게 된다.

예를 들어, 「열왕기상」 1장 40절에서 우리는 새롭게 임명된 솔로몬이 "... 피리를 불며 크게 즐거워하므로 땅이 그들의 소리로 말미암아 갈라질 듯하니"라는 묘사로 행렬을 이루어 왕궁으로 복귀하는 광경을 보게 된다. 물론 땅은 갈라지지 않았다. 그런 일로 인해 지각변동이 일어나지도 않았고, 일어날 수도 없다. 이 구절을 액면 그대로 받아들이면 이 진술은 거짓이 된다. 성경을 문자 그대로 읽는 독자조차도 이 진술의 진실성을 의심하지 않을 것이다. 왜냐하면 우리 모두가 아는 바 같이 그도 자기가 말하려는 바가 기쁨과 소리로 매우 대단했다는 것임을 알기 때문이다. 따라서 독자는 이런 효과를 전달하기 위해 저자가 이런 방식으로 과장해야 했다는 사실을 이해한다.

또 「시편」 119편 136절에서 "내 눈물이 시냇물 같이 흐르나이다"라고 했을 때, 「시편」 기자는 이를 문자적인 뜻으로 쓴 것이 아니다. 아무리 울어도 눈물이 결코 시냇물처럼 흐를 수는 없다. 백성들이 주님의 법도를 지키지 않아서 마음이 무척 상하였다는 것을 강조한 것이다. 그러므로 과장법은 일종의 강조법의 하나라 할 수 있다. 예수께서 "어찌하여 형제의 눈 속에 있는 티는 보고 네 눈 속에 있는 들보는 깨닫지 못하느냐"(마 7:3)고 말씀하신 적이 있다. 어찌 눈 속에 들보가 들어갈 수가 있는가? 이것은 불가능한 일이다. 그러나 이것이 과장법이라는 것을 안다면 자기 허물은 보지 못하고 남의 허물만 보려하는 인간의 고약한 잘못을 책하기 위한 것이라는 것을 알 수 있게 된다. 때로는 진지한 목적을 위하여, 때로는 희극적 효과를 내기 위해서 지나치게 과장하는 표현법을 과장법이라고 한다.

가장 유명한 과장법은 아브라함의 후손에 관한 언약에 등장한다. 아브라함의 후손들은 "땅의 티끌 같고"(창 13:16) 혹은 "하늘의 별과 같고 바닷가의 모래와 같게"(창 22:17) 되리라고 한다. 그런 구절이 전통적인 장치였다는 것은 이 구절이 다른 문맥에서, 가령 「창세기」 41장 49절, 「여호수아」 11장 4절, 「사무엘상」 13장 5절, 「사무엘하」 17장 11절에서도 나타나는 것을 보면 알 수 있다.

공관복음서에 보면 다음과 같은 섬뜩한 말씀이 있다. "만일 네 손이 너를 범죄하게 하거든 찍어버리라. 장애인으로 영생에 들어가는 것이 두 손을 가지고 지옥 곧 꺼지지 않는 불에 들어가는 것보다 나으니라"(막 9:43).

이 말씀은 주님이 하신 말씀이다. 주님의 말씀의 요지는 분명하다. 신체의 일부분이 범죄 하면 그곳을 잘라내라는 것이다. 그러나 주님의 말씀대로 실제로 손과 발을 잘라내거나 눈을 빼어내는 사람은 없다. 또한 사랑의 주님께서 실제로 그런 말씀을 하셨을리 만무하다. 주님은 특정 어떤 목적을 위하여 과장법을 쓰신 것이다. 즉 손발을 잘라낼 만큼 죄를 버리기 위해 결사각오로 하라는 뜻으로 하신 말씀이라 할 수 있다. 과장법이란 단순한 형식의 문제도 장식도 아니다. 또한 그것은 허구나 허풍도 아니다. 과정법이란 독자들이나 청중들에게 저자나 화자의 의도를 정확히 전달하여 그들의 공감(동의)을 얻으려는 일종의 설득의 장치인 것이다. 그러면 여기서 주님이 전달하려는 메시지는 무엇인가? 먼저 주님께서는 죄가 우리를 얼마나 강하게 붙잡고 있는지 알리기 위해 몸의 이미지를 썼다. 눈이나 손이 우리 몸에 달려 있는 것처럼 죄도 우리의 일부분이 되어 있다는 것을 강조하고 있다. 따라서 죄에서 떠나는 것은 그저 마음으로 결단해서 되는 일이 아니라는 것이다. 실제로 죄에서 떠나는 것은 몸의 일부를 절단하는 것만큼이나 고통이 따르는 일이며 시로 소름끼치는 일이라 아니 할 수 없다. 이런 의도를 주님께서 전달하려고 할 때 그것은 과장법이 아니고서는 도저히 불가능한 일이었을 것이다. 그래서 과장법을 사용하신 것이다.

"낙타가 바늘귀로 나가는 것이 부자가 하나님의 나라에 들어가는 것보다 쉬우니라."(마 19:24, 막 10:25). 이 말씀도 주님의 말씀이다. 문자적으로만 본다면 어떻게 낙타가 바늘귀로 들어갈 수가 있겠는가? 따라서 이것이 과장법이라는 것을 알지 못하면 허풍이거나 진실치 못한 이야기라고 말할 수 있을 것이다. 그러나 이 말씀은 허구도 아니고 허풍도 아니다. 주님은 낙타가 바늘귀로 들어가기가 어려운 만큼 부자도 하나님의 나라에 들어가는 것이 어렵다는 것을 강조하기 위해서 과장법을 사용하셨다.

시에서도 과장법은 중요한 역할을 한다. 강렬하고 격한 감정을 표현하기 위해서 이 과장법을 자주 사용한다. 「욥기」 6장 26절에서 욥은 친구들에게 이렇게 호소하였다. "실망한 자의 말은 바람에 날아가느니라." 바람은 있는 것 같지만 잡을 수 없는 것을 비유할 때 보통 쓰인다. 소망이 없다는 것은 허무하다는 것을 나타내기 위하여 과장법을 써서 그 감정을 표현하였다. 「욥기」 16장 12-13절에서는 더 격렬하게 과장된 표현을 사용하였다. "그가 나를 꺾으시며 내 목을 잡아 나를 부숴뜨리시며. . . 내 쓸개를 땅에 흘러나오게 하시는구나." 「시편」, 「애가」, 「예레미야서」에는 이런 표현들이 많이 있다.

「시편」의 다음 구절들을 찾아보기 바란다. 「시편」 58:6-11, 59:5, 13, 69:22-23, 109:6-15, 137:8-9, 139:19-22, 143:12.

"그들의 눈이 어두워 보지 못하게 하시며 그 허리가 항상 떨리게 하소서"(시 69:23), "하나님이여 그들의 입에서 이를 꺾으소서"(시 58:6), "의인이 ...그의 발을 악인의 피에 씻으리로다"(58:10),

"네 어린 것들을 바위에 메어치는 자는 복이 있으리로다"(137:9) 같은 구절들은 문자적으로 해석한다면 무리일 것이다. 「시편」의 기자들은 하나님에 대한 그들의 사랑과 하나님의 진리, 명예, 거룩을 짓밟는 무리들에 대한 불같은 격정을 표현하였다. 격렬한 감정은 거친 말을 가져오며 좀 더 과장해서 표현된다.

우리가 쉽게 기대할 수 있는 것은 군사적 행위에 관련된 이야기가 특히 과장법을 많이 사용했다는 점이다. 예를 들어, 기드온 시대에 이스라엘을 침략했던 미디안인들은 "... 그들의 짐승과 장막을 가지고 올라와 메뚜기 떼 같이 많이 들어오니 그 사람과 낙타가 무수함이라"(삿 6:5)고 진술한다. 길르앗 고원지대에서 다윗과 압살롬이 이끄는 반란군 간의 전투에서 하루에 20,000명이 전사했다고 하는데, "그 날에 수풀에서 죽은 자가 칼에 죽은 자보다 많았더라"(삼하 18:8)고 기록하고 있다. 또한 베냐민 지파의 징벌을 위해 이스라엘 나머지 지파에서 400,000명의 훈련된 보병이 미스바에 모였다고 기록되어 있다(삿 20:1-2). 이곳과 다른 곳에 나와 있는 통계는 너무 진지하게 받아들여서는 안 된다. 이 진술 뒤에는 인구조사원의 통계 숫자가 아닌, 작가의 상상력이 놓여 있다. 우리가 인식해야 하는 것은 이런 숫자들 이면에 무엇이 놓여 있든지 간에 이 숫자들은 그 주제의 중대성에 관해 독자를 감동시키려는 의도를 갖고 있었다는 것이다.

완서법

완서법(緩徐法, litoes)은 한 사물이 중요성이나 규모에서 실제보다 작다는 것을 보여주기 위하여 적게 말하는 수사법을 말한다. 실제 의도하는 것보다 적게 말하거나 의도하는 바를 말하되 실제 상황에 걸맞지 않게 낮추어 말하는 것도 이 수사법에 속한다. 말하자면 과장법과 반대되는 수사법이 바로 완서법이다. 비록 실제보다 적게 말하거나 낮춰서 말하지만 오히려 이 수사법이 노리는 것은 과장법과 마찬가지로 의미의 강조나 호소력이다. 화자의 의도를 강하게 표현하기 위하여 주로 사용하지만 때로는 반어적 효과를 자아내기 위하여 사용하기도 한다.

가령 그 반대를 부정하는 것으로 '가깝다' 라고 말하는 대신 '멀지 않다' 라는 식의 표현으로 말한다. 「시편」 51편 17절을 보면, "멸시하지 아니하리라" 는 말은 "받아 주시리라" 는 뜻이다. 또 「사무엘상」 26장 8절에서 "내가 그를 두 번 찌를 것이 없으리이다" 라는 말은 "단번에 죽이겠다" 는 뜻이라 할 수 있다.

똑같은 사물이나 형상이라도 어떻게 표현하느냐에 따라 과장법이 될 수도 있고 완서법이 될 수도 있다. 예를 들어 누군가가 눈물을 흘릴 때 '눈물이 비 오듯 줄줄 쏟아진다' 라고 하거나 '눈물이 폭포처럼 떨어진다' 라고 하면 과장법이 되지만, '눈가에 이슬이 맺혔다' 라고 하거나 '눈가가 젖었다' 라고 하면 완서법이 된다.

더러는
옥토에 떨어지는 작은 생명이고저 . . . .

흠도 티도
금가지 않은
나의 전체는 오직 이뿐!

더욱 값진 것으로
드리라 하올 제
나의 가장 나아종 지니인 것도 오직 이뿐!

아름다운 나무의 꽃이 시듦을 보시고
열매를 맺게 하신 당신은
나의 웃음을 만드신 후에
새로이 나의 눈물을 지어 주시다

- 김현승의 "눈물" 의 전문

어린 아들을 잃은 슬픔을 기독교 신앙으로 승화시킨 시로 평가받는 작품이다. 첫 두 행 "더러는/옥토에 떨어지는 작은 생명이고저... "는 완서법으로 볼 수 있다. 옥토에 떨어지는 것이 일찍 세상을 떠난 어린 아들인지, 그 아들 때문에 흘리는 눈물인지 분명하지 않다. 그러나 분명한 것은 옥토에 떨어지는 그것이 살아 숨쉬는 '생명' 이 되기를 화자가 간절히 바란다는 것이다. 여기에서 '작은 생명' 은 '큰 생명' 이나 '소중한 생명' 을 나타내는 완서법으로 보아 크게 틀리지 않는다. 다만 초월적 존재자인 하나님 앞에서 자신을 낮추어 겸손하게 말하고 있을 따름이다. 그러고 보니 '더러는' 이라는 첫 구절도 그 뜻이 예사롭지 않다. 이 말 또한 '작은 생명' 과 마찬가지로 완서법과 무관한하지 않다.

완서법은 이 작품의 끝부분에서도 잘 드러난다. 이 시의 화자 '나' 는 아들을 얻고 무척 기뻐하였지만 그 기쁨도 얼마 가지 않아 그 아들이 세상을 떠나자 깊은 슬픔과 실망에 빠진다. 둘째 행 "흠도 티도/금가지 않은/나의 전체는 오직 이뿐" 이라는 구절에서도 잘 드러나듯이 '나' 에게 그 어린 아들은 흠잡을 데 없이 완전한 '전체' 요 알파와 오메가와 같은 존재였던 것이다. 그렇기 때문에 그를 잃어버린 슬픔과 절망은 더더욱 클 것이다. '나' 는 아들을 얻은 기쁨 다음에 오는 슬픔을 두고 하나님이 "나의 웃음을 만드신 후에/새로이 나의 눈물을 지어 주시다" 라는 말로 완곡하게 표현한다. 여기에서 '눈물을 지어' 라는 말은 눈물을 흘린다는 뜻에 못지 않게 '옷을 짓다' 나 '집을 짓다' 라고 할 때처럼 눈물을 만든다는 뜻으로도 받아들일 수 있을 것이다.

어린 자식을 잃은 슬픔과 절망이 무척 크지만 '나' 는 감정을 억누른 채 이렇게 차분하게 말하고 있다. 그 밑바닥에는 어린 아들을 자신에게 주신 것도 하나님이요 그를 거두어 가는 것도 하나님이라는 기독교의 신앙이 깔려 있다. 하나밖에 없는 사랑하는 아들을 기꺼이 제물을 바치려고 한 아브라함의 믿음을 볼 수 있다. 한 알의 밀알이 땅에 떨어져 죽지 아니하면 싹을 트게 할 수 없다는 예수 그리스도의 가르침을 떠올리게 하는 시다.

넓은 의미에서 완서법의 한 갈래로 볼 수 있는 수사법이 있는데, 그것이 바로 곡언법(曲言法)이다. 곡언법은 말하고 싶은 내용을 부정함으로써 오히려 강하게 긍정하는 수사법을 말한다. 곡언법은 흔히 그 의도에서 긍정적이라는 점에서 완서법과는 다르다. 완서법은 때로 부정적인 의도를 드러내기 위하여 사용하기도 한다. 앞의 진술을 부정한다는 점에서는 곡언법은 부정법과 비슷하지만, 부정법과는 달리 그 진술 다음에 다른 말을 덧붙이지 않는다. 이는 부정 그 자체로서 하나의 수사법이 되는 것이다. 예를 들어 '좋다' 라고 말할 것을 '과히 나쁘지 않다' 라고 말하거나 '많다' 라는 말을 '적지 않다' 라고 말하거나 또는 '크지 않다' 라고 말할 것을 짐짓 '작지 않다' 라고 말하는 것이 곡언법이다. '좋아한다' 라고 말하거나 '사랑한다' 라고 말할 것을 짐짓 '싫어하지 않는다' 라고 말 하는 것도 곡언법에 속한다. 이렇게 곡언법에서는 반드시 부정법을 사용하지 않으면 안 된다. 곡언법은 흔히 무엇인가를 긍정적으로 말할 때나 누구에게 칭찬하거나 경의를 표할 때 쓰인다.

완곡법

완곡법(婉曲法, euphemism)은 어감이 지나치게 강하거나 듣는 이가 불쾌한 감정을 갖게 할지도 모르는 어휘나 표현을 피하여 부드럽게 표현하는 수사법을 말한다. 말하기 거북스런 내용을 말할 때, 상대방의 감정을 건드리지 않으려고 할 때, 또는 평범한 것을 피하고 격식을 차려 고상하게 말하려고 할 때 주로 쓰는 수사법이 바로 완곡법이다. 이 수사법은 실제보다 상황을 적게 말하거나 약화사켜서 말한다는 점에서는 완서법과 비슷하지만, 상대방의 기분을 상하지 않게 하기 위해서 부드럽게 간접적으로 말한다는 점에서는 완서법과 조금 다르다. 본디 완곡법은 금기어를 피하기 위하여 사용하였다.

예로부터 중국에서는 도둑을 '양상군자'(梁上君子)라고 점잖게 부른다. 들보 위에 올라가 있는 군자라는 뜻이다. 남의 물건을 훔치는 도둑일망정 군자로 대접해주는 표현이라 할 수 있다. 이 말은 인간의 재물을 훔치는 쥐를 비유하여 이르는 말이기도 하다. 「사도행전」 7장 60절에서 '죽었다'는 말 대신에 '자니라'고 표현한 것은 일종의 완곡법이라 할 수 있다. 물론 한잠 자고 나면 영원한 생명 세계에서 깨어나게 된다는 기독교적 생사관이 반영되어 있는 표현이기도 하다. 「사사기」 19장 22절에서 '동성애'란 말 대신에 '상관' 또는 '관계'란 말을 쓴 것은 완곡어법의 좋은 예라 할 수 있다.

이 완곡법과 정반대로 일부러 불쾌하거나 혐오스럽게 말하는 수사법을 위악어법(僞惡語法)이라 한다. 완곡법이 상대방의 체면을 살려주고 고상하게 말하려는 데 목적이 있다면, 위악어법은 이와는 반대로 오히려 의도적으로 상대방에게 불쾌감을 주려고 하는 데 그 목적이 있다. 완곡법과 마찬가지로 위악어법은 인간의 기본적인 삶과 관련하여 말할 때 많이 쓰인다.

췌언법

췌언법(贅言法, pleonasm)은 용언법(冗言法)이라고도 하는데, 이것은 같은 뜻을 지닌 낱말이나 구 또는 문장을 되풀이하여 사용하는 수사법을 말한다. 이 수사법에서는 똑 같은 어구를 되풀이하여 사용할 때도 있고, 비슷한 의미를 지닌 어구를 덧붙여 사용할 때도 있다. 의미를 강조하거나 희극적 효과를 유발하기 위해서도 자주 쓴다. 췌언법은 수사적 효과를 노리기 위한 경우 말고도 여러 이유에서 사용한다. 가령 부주의나 실수로 사용하는 때도 있고, 잘못된 표현을 관습적으로 사용하는 때도 있으며, 상대방이 알지 못하는 어구를 설명하기 위하여 사용하는 때도 있다. 그런가 하면 운율을 맞추기 위하여 사용하는 경우도 있다. '역전앞' 이니 '처갓집' 이니 '새신랑' 이니 하는 일상어는 관습적으로 사용하는 췌언법이다. 성경에는 '듣는다' 라는 표현에 '귀로' 라는 말을 덧붙인다던지, '본다' 는 말에 '눈으로' 라는 말을 덧붙이는 경우가 바로 췌언법을 보이는 수사법이라 할 수 있다. 「사무엘하」 7장 22절에서 "우리 귀로 들었다" 거나 「신명기」 3장 27절에서 "네 눈으로 그 땅을 보라" 하는 따위의 표현을 일컫는다.

「시편」 123편 2절에 이런 표현이 있다. "상전의 손을 바라보는 종들의 눈과 같이, 여주인의 손을 바라보는 여종의 눈 같이 우리의 눈이 여호와 우리 하나님을 바라보며 우리에게 은혜 베풀어 주시기를 기다리나이다." 여기서 췌언법은 "우리의 눈이 여호와 우리 하나님을 바라보며" 라는 표현이다. "우리가 여호와 우리 하나님을 바라보며" 라고만 표현해도 모자람이 없는데, 여기에다 '우리의 눈이' 라는 어구를 덧붙였다. 이런 표현을 통해서 하나님께 의지하고 도우심을 애타게 기다리는 모습을 확연하게 엿볼 수가 있다. 이런 도우심와 기다림의 상태를 "상전의 손을 바라보는 종들의 눈과 같이, 여주인의 손을 바라보는 여종의 눈 같이"라고 직유를 써서 비유하였다. 당시 종의 생명은 전적으로 주인의 손에 달려 있었다. 마찬가지로 시인은 여기서 그의 생명과 당면한 상황을 하나님께 전적으로 의탁하고 있다는 표현을 이렇게 췌언법을 써서 말하였다. 그저 바라보는 것과 눈을 똑바로 향하고 보는 것과는 천지차이다. 그저 건성으로 듣는 것과 귀를 기울여 듣는 것과는 들음의 차이에 있어서나 상대방의 호감과 관심을 갖게 하는데 있어서 현저하게 다르다.

유머

성경에서 사용한 또 다른 수사적인 방법은 유머(humor)다. 사전에 따르면 마음을 즐겁게 하거나 웃음을 일으키는 의사소통, 익살, 농담, 해학이라고도 한다. 본래, 고대 그리스 이후 서유럽의 고전의학 용어로서 '체액'(體液)을 뜻하는 '후모르'(humor)라는 라틴어에서 유래되었다. 예로부터 사람 몸속에는 혈액, 점액, 황당즙(黃糖汁), 흑담즙(黑膽汁) 등 4가지 체액이 흐르고 있으며, 이들이 혼합된 비율에 따라 그 사람의 성질이나 체질이 정해진다고 생각해왔다. 근대에 들어와서 점차 기질, 기분, 특히 익살이나 농담성이 있는 기질의 의미로 쓰이면서 현재의 의미가 생겼다.

유머는 그 대상이 되는 사람에 대해 행동이나 연민을 품은 정적, 관용적 성격을 지닌다는 점에서 풍자의 공격성과는 대조적이다. 유머는 일종의 익살스러운 표현이며 누군가를 즐겁게 하고 웃음을 일으키는 우습고 재미있으며 기분 좋은 태도, 동작, 표정, 말씨 등을 말한다. 또한 유머는 동료 인간에 대하여 선의를 가지고 그

약점, 실수, 부족을 같이 즐겁게 시인하는 공감적인 태도이다. 웃음이란 인간의 정신 또는 육체 활동에 수반하는 감정반응이다.

유머의 본질에 대해서 칸트는 “무엇인가 중대한 것을 기대하고 긴장해 있을 때, 예상 밖의 결과가 나타나서 갑자기 긴장이 풀려 우스꽝스럽게 느껴지는 긴장의 표현”이라 하였고, 홉스는 “돌연히 나타나는 승리의 감정”라 하였으며, 베인은 “타인의 권위와 체면이 상실 되었을 때 느끼는 쾌감”이라 하였다. 마크 트웨인은 “유머는 슬픔에서 나오는 것이지 기쁨에서 나오는 것이 아니다”라고 말하며 불합리한 사회의 부조리와 인간성의 비애에 대한 동정심과 이해심이 유머의 근본적인 발현 동기임을 말하였다.[222] 그러나 유머란 한 마디로 정의하기 어려운 복잡하고 미묘한 감정의 표현이다. 인간은 자신의 감정을 언어 또는 비언어적 방법으로 표현한다. 감정을 말이나 글로 나타내는 것은 언어적 표현 방법이고, 표정, 몸, 몸짓, 웃음, 울음으로 나타내는 것은 비언어적 표현 방식이다.

성경의 유머는 「잠언」에서 많이 찾을 수 있다. 어떤 잠언들은 노골적으로 웃기며, 과장으로 수사적인 효과를 성취하고 있다. 그렇게 함으로써, 삶의 어리석음에 대하여서 독자로 하여금 웃도록 만든다. 「잠언」 25장 19절은 좋은 예다.

> 어려울 때 신용 없는 사람을 믿는 것은
> 부러진 이빨이나 위골된 다리를 믿는 격이다. (25:19)

음식을 먹을 때 우리는 이빨에 의존하지만 그것이 부러지면 씹을 때마다 고통을 느끼게 된다. 걸을 때 우리는 다리를 의존하지만 그것이 위골 되면 걸을 때마다 절름거리게 된다. 마찬가지로 우리는 어려울 때 친구를 믿지만, 그 때 그가 신용이 없다면 그것은 부러진 이빨이나 위골된 다리를 믿는 격이어서 오히려 아픔이 될 뿐이라는 것이다.

> 길을 지나가다가 자기와 상관도 없는 싸움에 끼어드는 자는 지나가는 개의 귀를 잡는 자와 같다. (26:17)

무척 익살스러운 표현이다. 왜 그런가? 그것은 일단 사나운 개의 귀를 잡았다면 놓아 줄 수가 없기 때문이다.

> 바가지를 긁는 아내는
> 장마철에 이어 떨어지는 물방울과 같다.
> 그런 여자를 다스리는 것은 바람을 잡는 격이요,
> 오른 손으로 기름을 움켜잡는 격이다. (27:15-16)

바가지를 긁는 아내를 멈추게 할 수는 없다. 그렇게 하려고 애쓴다 할지라도 그 아내는 슬쩍 빠져나가 다시 시작하기 때문이다. 지금까지는 「잠언」에 나타나는 유머를 살펴보았다. 「요나서」에는 호라티우스적인 부드러운 풍자가 넘치지만 그에 못지않게 유머성도 발견할 수 있다. 「요나서」에 나타나는 유머는 주로 해학형성의 불일치론에 근거한다.[223)]

「요나서」 1장 2-3절에 보면, "너는 일어나 저 큰 성읍 니느웨로 가서 그것을 향하여 외치라 그 악독이 내 앞에 상달되었음이니라 그러나 요나가 여호와의 얼굴을 피하려고 일어나 다시스로 도망하려 하여 욥바로 내려갔더니 마침 다시스로 가는 배를 만난지라 여호와의 얼굴을 피하여 그들과 함께 다시스로 가려고 배삯을 주고 배에 올랐더라"는 말씀이 나온다.

요나는 '진리' 또는 '충성' 의 뜻을 갖는 아밋대의 아들로서 니느웨의 멸망을 선포하라는 소명을 받은 선지자다. 그는 이런 엄숙한 소명에도 불구하고 하나님의 말씀에 충성하기보다는 자기의 민족적 이상이라고 하는 사상에 더 집착하여 니느웨로 가지 아니하고 다시스로 가기 위해 욥바를 내려가서 배삯을 주고 다시스로 가는 배를 탔으나 풍랑으로 추적하시는 하나님의 저지에 부닥쳐 그만 제비뽑기를 통하여 배 밑창에서 잠만 자다가 깊은 바다에 던져진다(욘 1:15). 깊은 바다에 던져진 요나는 하나님께서 예비하신 큰 물고기에게 삼켜진다. 요나는 밤 낮 삼일을 물고기 뱃속에 있으면서 여호와께 기도를 올린다(욘 2장).

여기까지만 보더라도 해학을 형성하는 중요한 요소인 중대한 불일치를 볼 수 있다. 독자는 여호와 하나님께서 불러 명하신 소명을 받은 선지자 요나에게 큰 기대를 갖고 긴장해 있었는데, 예상 밖으로 도망가기에 바쁘고 도망가다가 하나님의 권능에 부닥쳐 깊은 바다에 던져지고 큰 물고기 뱃속에 들어가서 삼일 간이나 그 어두운 뱃속에서 기도하는 모습을 보게 되면서 갑자기 긴장이 풀려 우스꽝스럽게 느껴지게 된다. 그 감정 표현이 곧 유머다. 사실은 「요나서」전체가 풍자와 유머, 패러디와 아이러니로 짜여진 최고의 해학이라 할 수 있다.

골개

우리말로 골개(parody)라고도 하는 패러디도 익살을 뜻한다. 원래 패러디(parody)란 말은 '대응노래' (counter-song), '파생적인 노래' 라는 뜻의 고대 헬라어 '파로디아' (parodia)에 그 어원을 두고 있다. 이때 접두어 '파라' (para)에는 '대응하는' (counter), '반하는' (against), '이외에' (besides)의 뜻이 있다. 이 단어는 아리스토텔레스의 『시학』에 등장할 정도로 기원이 오래된 용어이다. 고대 그리스의 풍자시인 히포낙스가 그 시조라고 한다.

기성 작품의 내용이나 문체를 교묘히 모방하여 과장이나 풍자로 재창조하는 것을 말한다. 때로는 원작에 편승하여 자신의 의도를 효과적으로 표현하기 위해 이를 이용하기도 한다. 어떤 저명 작가의 시의 문체나 운율을 모방하여 그것을 풍자적 또는 조롱삼아 꾸민 익살 시문을 일컫는 말이기도 하다. 어떤 인기 작품의 자구를 변경시키거나 과장하여 익살 또는 풍자의 효과를 노린 경우가 많다.

옥스퍼드 사전에서는 "남의 작품을 우스꽝스럽게 보이도록, 특히 골개로 부적당한 주제에 적용함으로써 기괴하고 익살스럽게 모방하는 한 작가의 어구 표현과 사고의 특징적 경향의 작법" 이라고 풀이하고 있다. 따라서 어떤 이들은 '골개' 를 풍자적 우스개라고 부르기도 한다. 남의 작품의 시구나 문체를 따와서 내용이 전혀 다른 것을 표현하여 외형과 내용의 부조화를 통해 어떤 메시지를 전하려는 기법이라고 할 수 있다.[224] 또한 매우 심각한 주제를 우스꽝스러운 방식으로 모방한 작품을 패러디라고 할 수도 있다.

성경에서 우리가 찾을 수 있는 패러디 중에서 가장 유명한 것은 산헤립의 패러디이다. 산헤립은 앗수르 왕(주전 704-68)이다. 히스기야 왕(주전 715-687)은 사르곤 2세의 뒤를 이어 산헤립이 왕위에 오르자 앗수르에 대한 조공을 거부하고(왕하 18:7) 독립을 추진하였다. 이로 인해 히스기야는 산헤립의 공격을 받게 되었다. 「열왕기하」 18장 17절로부터 19장 37절까지에 언급되어 있는 공격이다. 이 사건은 주전 701년의 공격이 아니라 688년의 공격인 것으로 보인다. 산헤립은 해안 평야에 나타나서 유다의 국경 요새들을 항복시키고, 히스기야를 다시 한 번 예루살렘에 봉쇄해 놓았다. 그러나 이집트의 디르하가(Tirhakah)가 히스기야를 도우려 진격해 왔다. 산헤립은 바로와 대결하기 전에 유다 문제를 해결하길 원하였으나, 공격으로는 오랜 시간이 걸릴 것을 알았다. 그래서 그는 총사

령관인 랍사게를 보내 항복을 권유했다. 「열왕기하」 18장 32절은 랍사게가 항복을 권유하는 가운데 나오는 문장이다.

"내가 장차 와서 너희를 한 지방으로 옮기리니 그곳은 너희 본토와 같은 지방 곧 곡식과 포도주가 있는 지방이요 떡과 포도원이 있는 지방이요 기름 나는 감람과 꿀이 있는 지방이라. 너희가 살고 죽지 아니하리라. 히스기야가 너희를 설득하여 이르기를 여호와께서 우리를 건지시리라 하여도 히스기야에게 듣지 말라"(왕하 18:32).

산헤립은 여호와 하나님만이 주실 수 있는 것을 주겠다고 약속한다. 그런데 이 표현은 「신명기」 8장 7-9절을 생각나게 한다. "네 하나님 여호와께서 너로 아름다운 땅에 이르게 하시나니 그 곳은 골짜기든지 산지든지 시내와 분천과 샘이 흐르고 밀과 보리의 소산지요 포도와 무화과와 석류와 감람나무와 꿀의 소산지라. 네가 먹을 것에 모자람이 없고 네게 아무 부족함이 없는 땅이며 그 땅의 들은 철이요 산에서는 동을 캘 것이라."

이렇게 보면 「열왕기하」 18장 32절은 「신명기」 8장 7절로부터 9절까지의 패러디라 할 수 있다. 랍사게가 주겠다고 약속한 것은 사실상 하나님만이 주실 수 있는 것이다. 포도나무와 무화과의 결실이 보장하는 안전, 좋은 것들로 가득 찬 땅, 생명은 인간이 보장할 수 없는 것들이다. 그런데도 산헤립은 자기가 이것들을 주겠다고 큰 소리 친다. 그런데 이것이 「신명기」의 한 구절의 패러디라는 것이 중요하다.

이 패러디는 산헤립의 주장이 얼마나 엄청나게 교만한 것인가 하는 것을 보여주는 효능을 갖는다. 산헤립의 말을 신명기의 하나님의 말씀에 대한 패러디로 만듦으로써 성경의 기자는 산헤립의 교만을 강하게 부각시켰다. 패러디는 이런 효과를 갖는다.

「요나서」의 주인공 요나는 하나님의 거듭되는 명령을 받들어 니느웨를 향하여 그들이 회개하지 아니하면 멸망할 것이라고 경고한다. 경고를 들은 후 니느웨의 백성들로부터 왕에 이르기까지 심지어 짐승까지 죄에서 돌이켜 회개한다. 하나님께서는 예정하신 심판을 취소하셨다. 요나는 가장 성공적인 선지자가 되었다. 그러나 그는 죽기를 자처하며 투정을 부린다. 사람이 죽기를 원하는 배경으로는 「열왕기상」 19장에 나오는 엘리야가 로뎀나무 아래서 죽기를 자청했던 내용을 들 수 있다. 요나는 로뎀나무 대신에 박넝쿨 아래에서 절망했지만 그의 말은 엘리야와 비슷하였다. 요나는 오직 주님이 그의 오두막을 덮어주신 박 넝쿨에 의해 위로를 받았지만, 주님이 그 식물을 죽이기 위해 벌레를 보냈을 때 다시 절망에 빠지게 되고 죽기를 원한다. 이는 엘리야도 하나님의 불의 은총으로 바알 선지자들과의 싸움에서 승리하였으나 이세벨의 공격을 받고 죽기를 원하는(왕상 19:4) 장면과 비슷하였다. 요나가 죽기를 바라는 소원은 엘리야가 죽기를 바라던 소원을 패러디한 것임을 알 수 있다. 여기서 이 패러디는 위대한 선지자들이 여호와 하나님을 철저하게 믿지 않는 배신행위와 나약한 성품을 부각시키고 있다.

위에서 장황하게 설명들인 수사법은 우리 몸의 맹장과 같이 있어도 그만 없어도 그만인 존재가 아니라 심장처럼 꼭 있어야 하는 것이다. 우리가 일상생활에서 무심코 사용하는 말도 찬찬히 뜯어보면 하나같이 수사법에 지나지 않지만, 문학은 특히 단순한 정보나 지식을 주는 말이나 글과는 달라서 될 수 있는 대로 적절한 언어와 어법을 살려야 묘미가 살아난다. 말과 글로써 남을 설득시키는 기술을 수사법이라 하는데, 그것은 마치 여인들의 화장과 같아서 적절하게 하면 그 아름다움이 돋보이지만 지나치면 그 아름다움에 해가 되고 위해할 수도 있다. 또한 수사법은 전쟁터에서 싸울 때 사용하는 칼과 같다고 할 수 있다. 때가 끼고 녹이 슬어 빛을 잃어서는 안 되지만 그렇다고 불필요하게 번쩍거려서도 안 된다. 적의 간담을 서늘하게 할 정도로 빛을 내는 것으로 충분하다. 비유법이나 수사법을 전혀 사용하지 않는 글이나 말이 마치 오아시스도 없는 사하라 사막처럼 메마르다면, 또는 비유법이나 수사법을 지나치게 사용하는 것도 지나치게 화장을 하는 것처럼 오히려 뜻을 그르칠 수 있다.

그런데 성경에서 사용된 비유법이나 수사법은 얼굴에 적절한 화장을 한 여인과 같아서 아름다움을 줄 뿐 아니라 추상적인 하늘나라의 진리나 관념을 생생하게 표현해주어 구체적으로 직접 피부에 와 닿는 생동감과 진실감을 느끼게 해준다. 또한 수사학은 이 세계를 전과는 전혀 다른 방법으로 바라보도록 해준다. 일상어로는 좀처럼 느끼고 깨달을 수 없는 것을 비유법을 구사함으로써 새롭게 느끼고 깨달을 수 있게 한다. 인간의 감각이 그러하듯이 사물을 바라보는 인식방법도 쉽게 무디어져 버린다. 이렇게 무딜 대로 무디어진 인식방법을 깨뜨려 사물을 새롭게 보도록 해주는 것이 바로 비유법이요 수사법이다. 그래서 성경을 많이 읽는 것이 요청되고 성경을 읽되 올바른 해석방법에 따라 정독하는 것이 필요하다. 그렇게만 된다면 새로운 인식방법을 터득할 수 있어 삶의 질도 진리와 가치로 충만해 질 수 있다.

3) 형식주의적 접근방법

형식주의 비평은 역사주의가 기울어지면서 번성하기 시작했다. 1920년대에 일어나서 1930년대에 세가 불어났으며 1940년대부터 1950년대 초까지가 절정기였다. 근본적으로는 문예작품의 형식, 구조, 스타일 및 심리적 영향을 강조한 아리스토텔레스의 문학이론에서 유래되었고, 직접적인 영향을 끼친 인물로는 칸트, 콜리지,

크로체, T. S. 엘리엇, I. A. 리처즈 등이었다.

형식주의자들은 신비평가들과 마찬가지로 작품 자체와 문학으로서의 문학의 본질적 연구에 초점을 두고 출발했다. 이들 러시아 형식주의자들은 과학적인 개념을 가지고 문학의 보편적 특성을 연구하였다. 그 결과 형식이 다르면 의미가 달라야 한다는 것이 철칙으로 여겨지게 되었다. 형식주의 비평이란 작가의 사상이나 감정, 작품에 다루어진 사회상, 작품이 사회에 미치는 영향 등을 세밀히 분석하고 평가하는 문학론과는 달리 작품 자체의 형식적인 요소들을 분석 평가하는 문학론을 일컫는다. 형식주의 비평은 통일된 단일 이론이 아닌, 이론들의 복합체라 할 수 있다. 그러나 많은 분파에도 불구하고 근본적인 원리가 있었는데, 그것은 문예작품 자체의 우위성을 인정하는 것이었다.

이와 같이, 형식주의는 텍스트 자체 내에서 문학성을 탐구하는 것이 목표였으므로 무엇보다 형식을 중시하였다. 그들에게 있어서 인간정신은 그 자체가 문학적 의미를 가진 것이 아니라, 문학적인 장치의 기능을 위한 콘텍스트(context), 곧 문맥이나 배경 또는 상황을 마련해 주는 정도로 생각되었다.

실제적으로 형식주의 비평가들은 작품의 내용 곧 의미와 형식이 어떤 원리 때문에 불가분의 관계를 갖게 되며, 그 효과는 어떻게 나타나는가를 찾아내는 것에 주력하였다. 이들에 의하면 그 원리는 언어와 상상력, 이미지와 이미저리, 낯설게 하기와 내세우기(전경화), 토운과 연의 유형 및 운율, 모티프와 플롯 등의 총체적 구조로 작품을 읽어야 한다는 것이다. 뿐만 아니라 작품 속에 나타나는 아이러니, 애매성, 역설, 과장법과 같은 수사법과 화자(speaker)의 특성, 개성 등을 찾아내야 한다고 하였다.

이러한 형식주의 비평은 작품 특히 시의 복잡한 구조를 찾아내는 데는 크게 도움이 되었지만, 작품의 의미에 중요한 통찰을 마련하는 역사적, 전기적 상황을 빈번히 무시하는 것이 단점이었다. 다시 말해서 시와 소설을 막론하고 비교적 짧은 작품, 특히 서정시에 있어서는 성공적이었으나 소설에 있어서는 그 성과가 미미했다. 앞에서도 언급한 바와 같이, 역사적 안목이 짧으며, 문학사와 작가의 존재를 너무 무시했으며, 미학적 근거도 충분히 개발되지 않았고, 문체론적 분석법과 현대 언어학과 접목하는데 있어서도 실패했다. 이런 것들이 형식주의 비평의 단점이라 할 수 있다. 그들이 내세웠던 기본개념들을 살펴보면서 이에 따르는 형식주의적인 성경해석을 시도해 보겠다.

(1) 언어와 체험

형식주의자들은 무엇보다 시의 언어와 시적인 체험에 대해 관심을 갖는다. 형식주의자들은 문학이란 언어를 특이하게 사용하여 지시적이고 합리적인 지향을 주종으로 일상 언어와 다르게 만드는데 그 본질이 있다고 보았다. 말하자면 문학 언어는 의사전달의 기능은 거의 없고 사물을 낯설게 보이게 하는데 중요한 역할이 있다고 본 것이다. 이런 견해가 전적으로 옳다고 생각하는 것은 아니지만, 문학의 언어가 일상의 언어와는 근본적으로 다르다고 하는 생각은 신중하게 받아드릴 필요가 있다.

형식주의자들은 문학 언어와 일상 언어가 구별되는 것은 그 구조적 특성 때문이라고 본다. 즉 말은 음의 결합으로 구성되어 있기 때문에 그들은 문학에서는 의미가 아무런 비중을 차지하지 못하고 리듬, 운율 등이 중요한 역할을 담당한다고 생각하였다. 그래서 그들은 특히 시를 중요한 문학 장르로 간주하며, 문학적 장치와 기교에 관심을 쏟았던 것이다.

언어

다른 문학의 경우도 언어를 표현수단으로 하는 것이 사실이지만, 시의 경우처럼 언어가 절대적인 비중을 차지하는 것은 없다. 그것은, 시를 제외한 다른 문학 즉 소설이나 희곡은 의미의 전달, 말하자면 사상의 표현에다 그 역점을 두기 때문이다. 그러나 시에 있어서 가장 근원이 되는 자료는 언어라 할 수 있다. 시의 언어는 우리가 일상적으로 쓰는 언어와는 달라야 한다. 이 점에 있어서는 형식주의자들도 동의하지만, 언어가 의미 전달 수단이 된다는 데는 별반 동의하지 않는다. 그러나 나는 형식주의자들과는 달리 시의 언어를 다루는 입장이므로 일반적인 문학언어에 초점을 두고 다루겠다.

1) 함축적인 언어

언어란 음 또는 음의 조합이라는 데는 이견이 있을 수 없다. 이 음 또는 음의 조합인 언어가 무엇인가를 지시해 주게 되는데, 그것은 일반인의 동의에 의해서만이 가능하다. 하여튼 그 언어가 지시하는 것 즉 지시물(指示物)이 의미가 되는 곧 사전적인 의미를 흔히 외연(denotation)이라 하고, 그 언어가 풍기는 분위기나 연상 또는 상징적인 의미를 포함하고 있을 때 우리는 그것을 내포(connotation)라 한다. 가령 '붉은' (red)의 사전적인 의미는 '붉은 색' 을 뜻하지만, 그것의 함축적 의미는 '피' '혁명' '위험' '정지' '분노' , 그리고 기독교에서는 '보혈' (寶血) 같은 여러 가지 뜻을 내포하게 된다. 소설이나 희곡의 경우에도 마찬가지겠지만, 더욱 시의 경우 그 언어는 외연적인 언어가 아니라 함축적 언어여야만 한다. 「아가서」에서 한 예만 들어 보겠다.

"내가 잘지라도 마음은 깨었는데 나의 사랑하는 자의 소리가 들리는구나. 문을 두드려 이르기를 나의 누이, 나의 사랑, 나의 비둘기, 나의 완전한 자야, 문 열어다오. 내 머리에는 이슬이, 내 머리털에는 밤이슬이 가득하였다 하는구나. 내가 옷을 벗었으니 어찌 다시 입겠으며 내가 발을 씻었으니 어찌 다시 더럽히랴마는 내 사랑하는 자가 문틈으로 손을 들이밀매 내 마음이 움직여서, 일어나 내 사랑하는 자를 위하여 문을 열 때 몰약이 내 손에서, 몰약의 즙이 내 손가락에서 문빗장에 떨어지는구나." (아 5:2-5)

이 구절은 신부가 어떻게 신랑을 잃어버리게 되었는가를 노래형식으로 표현한 부분인데, 아름답고 우아하게 묘사되기는 하였지만, 겉에 드러나는 문자적인 의미와는 달리 그 속에는 매우 깊고 함축적인 의미가 들어 있다. 형식주의자들은 의미를 추구하는 것을 싫어하지만 본 저자는 그것은 옳지 않다고 보기 때문에 문학의 언어를 중시하는 그들의 개념만 취하고 그 언어들 속에 함축되어 있는 의미를 추구하겠다. 신부가 신랑을 잃어버린 이유를 세 가지로 묘사하였는데, 그 첫째는 '내가 잘지라도 마음은 깨었는데' 라는 표현 속에 함축되어 있다. 여기서 '잔다' 고 하는 것은 '밤에 쉬거나 피곤해서 자는 잠' 을 가리키는 것이 아니라, 신부의 '영적인 무기력과 방심상태' 를 지시한 말이다.

여기서 '잠잔다' 는 말은 육신의 잠만 말하는 것이 아니라, 그녀의 영적인 피곤함과 어두움의 상황 및 방심의 상태를 나타내 주는 함축적인 언어다. 잠자는 상태는 무의미, 무의식, 무감각, 무활동, 무생산, 곧 마음으로는 그렇지 않으면서도 육신에 끌려서 그 생활이 잠자는 듯이 영적으로 무기력해진 것을 뜻한다. 성도가 영적으로 방심하는 때, 바로 그러한 밤에 사탄은 역사한다(마 13:25). 믿는 이의 영적 수면은 방심에서 연유된다. 이런 영적 무기력에 사로잡히게 되면 성도는 긴장을 잃게 되고 주님과의 영적인 교통은 일시적이지만 끊어지게 된다.

둘째는 "내가 옷을 벗었으니"라는 말 속에 신랑 상실의 이유가 함축되어 있다. 그것은 실제적으로 입고 있던 옷을 벗은 것을 의미하는 것이 아니라, 여인의 무사 안일주의를 가리키는 함축적인 언어다. 여기서 옷을 벗었다고 했는데 그것은 특히 속옷을 말한다. 이처럼 속옷을 벗었다고 하는 것은 직무를 벗어던지고 안일한 상태로 지내는 것을 뜻한다. 신랑이 밤에 오더라도 옷을 입고 기다리다 맞이하여야 할 터인데 옷을 다 벗었다는 것은 너무 안일한 태도이다.

「요한계시록」 16장 15절에 보면, "보라 내가 도둑 같이 오리니 누구든지 깨어 자기 옷을 지켜 벌거벗고 다니지 아니하며 자기의 부끄러움을 보이지 아니하는 자는 복이 있도다" 하였다. 여기서 "자기 옷을 지켜 벌거벗고 다니지 아니하며"라는 말은 인격을 세우는 일에나 그 직무에 충실 하라는 것을 뜻한다. 믿는 이가 그 자신의 본분을 벗어던지고 벌거벗은 채 안일하게 살아가는 것은 죄이다.

또한 "내가 발을 씻었으니 어찌 다시 더럽히랴"라고 한 말도 무사 안일주의를 단적으로 표현한 말이다. 발을 벗고 누워 있다는 것은 일을 계속할 의욕이 없는 상태의 표현이요, 또한 신랑의 외로움이나 고통 따위에는 전혀 관심이 없는 자세의 표현인 것이다. 이런 무관심과 무사주의가 곧 하늘 문을 닫아버리게 하는 무서운 독균이 되기도 한다.

셋째는 "일어나서 사랑하는 자 위하여 문을 열 때 몰약이 이 내 손에서 몰약의 즙이 이 내 손가락에서 문빗장에 떨어지는구나"라는 말 속에 신랑상실의 이유가 함축되어 있다. 여기서 '몰약의 즙이 문빗장에 떨어지는구나' 라는 표현은 그녀의 향락적인 생활의 단면을 잘 말해 주고 있다. 유대 나라에서 안일한 생활을 하는 여자들이 밤에 잘 때에 흔히 값비싼 고급 향료인 몰약을 침상에 뿌리기도 하고(잠 7:17) 또 그 몸과 손에 바르고 자기도 하였는데, 그녀도 보통 향락적인 유대 여인들처럼 그렇게 했던 것 같다.

주님은 밖에서 고난을 당하고 계시면서도 우리 영혼을 구원하기를 열망하시는데, 믿는 이는 제 몸만을 가꾸고 사치스럽고 향락적인 생활을 할 때가 많이 있다. 그렇기 때문에 주님께서 문밖에 서서 문 두드리는 소리를 듣고서도 제때에 문을 열지 못하는 것이다. 이처럼 향수를 많이 사용한 것은 주님의 찾아오심을 환영한다는 것을 보인 것이라고 해석하는 경우도 있지만, 문맥을 잘 살펴보면 그것은 세상적인 향락에 취해 사는 생활의 감각적 표현이라고 보는 것이 더 옳을 것 같다. 이렇게 영적으로 잠이 들거나 무사 안일에 빠져 향락만을 즐기다가 문을 열면 이미 때는 늦게 된다. 이와 같이 문학 언어는 함축적이어야 한다.

2) 구체적이고 감각적인 언어

철학은 추상적인 개념어가 요구되지만 문학의 언어는 가능한 한 구체적이고 감각적이어야 한다. 그래야만 좀 더 생생하고 살아서 다가오는 감격과 감동을 맛볼 수가 있다. 특히 「아가서」에는 구체적이고 감각적인 언어를 써서 믿는 이의 영적인 아름다움을 고취하는 말들이 아주 많이 나온다. 한 예만 들어보겠다.

"내 사랑 너는 어여쁘고도 어여쁘다 너울 속에 있는 네 눈이 비둘기 같고 네 머리털은 길르앗에 누운 염소 떼 같구나. 네 이는 목욕장에어 나온 털 깍인 암양 곧 새끼 없는 것은 하나도 없이 각각 쌍태를 낳은 양 같구나. 네 입술은 홍색실 같고 네 입은 어여쁘고 너울 속의 네 뺨은 석류 한 쪽 같구나. 네 목은 무기를 두려고 건축한 다윗의 망대 곧 방패 천 개, 용사의 모든 방패가 달린 망대 같고. 네 두 유방은 백합화 가운데서 꼴을 먹는 쌍태 어린 사슴 같구나" (아 4:1-5).

예수님의 모형인 솔로몬이 술람미 여자에게 하는 찬사의 말이다. 예수께서는 성도들을 사랑의 대상자로 삼고 그들을 지극히 사랑하신다. 예수께서는 믿음 지키는 성도들을 보실 때 참으로 어여쁘고 어여쁘게 보신다. '너울 속' 에 있다는 것은 성도의 겸손을 가리킨다. 여기서 솔로몬은 술람미 여인의 아름다움을 신체적인 언어, 즉 눈, 머리털, 이, 입술, 입, 뺨, 목, 유방과 같은 신체의 부분들을 통해 감각적이면서도 구체적으로 노래하고 있다.

눈은 성도의 신령한 눈을 가리킨다. 겸손히 하나님을 경외하면서 신령한 눈으로 예수님을 바라보는 것은 비둘기같이 순결하고 깨끗하여 하나님께서 받으시기를 원하시는 부분이라 할 수 있다. 하나님은 교만한 자를 물리치시고 겸손한 자에게 은혜를 주신다 (벧전 5:5).

'머리털' 은 권세에 대한 복종을 가리킨다. 「고린도전서」 11장 10절에 "이러므로 여자는 천사들을 인하여 권세 아래 있는 표를 그 머리 위에 둘지니라" 고 하였다. 하나님이 세워 놓은 권세를 인정하고 순종하는 성도의 생활은 예수님이 보시기에 아름답다. 성도는 하나님의 권세에 복종해야 된다. 성도는 하나님이 세워 놓은 이 세상 권세에 복종해야 한다. 예를 들면 국가의 권세, 단체, 직장 상사의 권세, 선생의 권세, 지도자의 권세, 부모의 권세, 남편의 권세 등에 복종해야 된다. 모든 권세는 하나님께로 나온 것이다(롬 13:1). 그러므로 그 권세에 복종하지 않는 것은 하나님께 복종하지 않는 것이며 질서를 파괴하는 것이 된다. 뿐만 아니라 그 권세를 통해서 주시는 하나님의 은혜를 받지 못하면 징벌이 온다.

'길르앗 산기슭에 누운 무리 염소 같구나' 하나님이 주신 권세에 복종하는 것은 예수님 보시기에 길르앗 산기슭에 누운 무리 염소같이 아름답게 보신다. 길르앗 산기슭에는 무성한 초장이 있고 그 초장에 염소 떼가 무리지어 누워 있는 모습은 평화스럽고 아름답다고 한다. 하나님을 경외하며, 잘 복종하고, 하나님이 세워 놓은 세상 권세를 잘 복종하는 성도는 예수님 보시기에 이처럼 아름다운 것이다.

'네 이는 목욕장에어 나온 털 깍인 암양 곧 새끼 없는 것은 하나도 없이 각각 쌍태를 낳은 양 같구나.' 술람미 여자의 이는 희어서 목욕장에서 나온 흰 양과 같이 순결하고 깨끗하다는 것이다. '각각 쌍태를 낳은 양 같구나' 이것은 윗니와 아랫니가 잘 맞추어져 있음을 말한다. 이것은 술람미 여자가 하나님의 말씀을 생명으로 받아들이고 그 말씀을 잘 씹어서 새김질하고 잘 소화하는 상태를 가리킨다. 하나님께서는 이렇게 하나님의 말씀을 새김질하는 성도를 아름답게 보신다.

새김질이란 무엇인가? 그것은 읽고 들은 하나님 말씀을 재삼 되새기며 기도하는 생활을 가리킨다. 예를 들면 「아가서」2장 2절의 '가시나무 가운데 백합화' 에 대한 말씀을 들었으면, 그 말씀을 가지고 기도하기를 '내가 비록 가시나무 같은 환난과 고통이 많은 세상에 살지라도 더욱더 믿음의 향기를 날리는 성도가 되게 하여 주옵소서, 가시가 찌를수록 더욱 많은 그리스도의 향기를 발하게 하여 주옵소서' 라고 기도하는 것이 새김질하는 것이다.

새김질 할 때는 그 말씀대로 되지 못한 것을 회개하고, 그 말씀대로 되게 하여 달라고 기도하며, 그 말씀대로 순종할 힘을 달라고 기도해야 한다. 그리하면 그 심령이 힘을 얻어 살아나고 점점 자라나서 좋은 성도가 되어 나간다. 새김질 잘 하는 성도가 되어야 주님이 보시기에 아름다운 성도가 된다.

'네 입술은 홍색실 같고 네 입은 어여쁘고 너울 속의 네 뺨은 석류 한 쪽 같구나' 성도의 입술과 입과 뺨이 아름답다는 것이다. 입술은 '홍색실 같고 네 입은 어여쁘고' 이것은 그리스도의 구속의 피에 대하여 증거하고 감사하며 찬송하는 입술과 입이 아름답다는 것이다. 히브리서 13: 15에 "이러므로 우리가 예수로 말미암아 항상 찬미의 제사를 하나님께 드리자 이는 그 이름을 증거하는 입술의 열매니라"고 했다. 그리스도의 보혈의 은혜에 감격해서 입술로 찬송하며 증거하는 성도는 예수님께서 아름답게 보신다.

'너울 속의 네 뺨은 석류 한 쪽 같구나' '너울 속'에 있다는 것은 이미 앞에서 언급한 바와 같이, 하나님을 경외하는 겸손한 태도를 가리킨다. '석류 한 쪽'은 붉은 빛을 띠고 있는데 이것은 성도의 얼굴에 그리스도의 보혈의 은혜가 넘치는 것을 가리킨다. 하나님을 경외하며 겸손한 자리에서 구속의 은혜가 얼굴에 넘치는 성도가 주님 보시기에 이같이 아름답다. 구속의 은혜에 감격하며 영적 생활을 하는 사람은 심령이 평안하고 그 얼굴이 천사의 얼굴같이 광채가 난다.

'네 목은 무기를 두려고 건축한 다윗의 망대 곧 방패 천 개, 용사의 모든 방패가 달린 망대 같고.' 술람미 여자의 목은 망대 같다고 하였다. 망대(望臺) 중에서도 원수를 이긴 다윗의 망대, 곧 일천 방패가 달린 견고한 망대와 같다는 것이다. 목이 망대와 같다는 것은 진리를 어기는 일에 목을 굽히지 아니한 것을 의미하고 또 진리의 말씀을 굳게 세워 나간 것을 말한다. 끝까지 선한 싸움을 싸우며 진리를 세워 나가는 견고한 성도의 목은 일천 방패가 달린 다윗의 망대와 같다. 사드락, 메삭, 아벳느고의 목은 우상에게 굽히지 않고 풀무 앞에서도 굽히지 않은 견고한 목이다. 이런 목이 예수님 보시기에 견고한 망대같이 보인다.

육신의 목은 꺾여도 심령의 목은 굽히지 않아야 한다. 진리가 아닌줄 알면서 목을 굽히고 진리를 양보하는 것은 개의 목과 같다. 「이사야」 66장 3절에 "소를 잡아 드리는 것은 살인함과 다름이 없이 하고 어린 양으로 제사 드리는 것은 개의 목을 꺾음과 다름이 없이 하며 드리는 예물은 돼지의 피와 다름이 없이 하고 분향하는 것은 우상을 찬송함과 다름이 없이 행하는 그들은 자기의 길을 택하며 그들의 마음은 가증한 것을 기뻐한즉" 이라고 하였다. 불의한 일에 머리를 숙이고 진리와 신앙 양심을 양보하는 것은 꺾여진 개의 목과 같이 하나님 앞에 가증하다. 하나님께서는 술람미 여자와 같은 목을 가진 사람을 통하여 교회를 지키시며 세워 나가신다.

또한 술람미 여자의 목은 멍에를 메는 목이다. 「마태복음」 11장 29절에 "나는 마음이 온유하고 겸손하니 나의 멍에를 메고 내게 배우라 그러면 너희 마음이 쉼을 얻으리니" 라고 하였다. 예수님께서 메워 주신 멍에를 잘 견디는 목은 아름다운 목이다. 원수에 대해서는 굽히지 않고 일천 방패와 같이 견고하게 나가며 한편으로는 하나님이 메워준 멍에를 잘 메고 십자가를 지고 순종해 나가야 한다. 이와 같은 목은 예수님이 보시기에 아름답다.

'네 두 유방은 백합화 가운데서 꼴을 먹는 쌍태 어린 사슴 같구나.' 두 유방에 대해서는 두 가지 해석이 있다. 첫째, 성도의 믿음과 사랑을 상징한다는 해석이다(살전 5:8). 둘째, 성도가 신령한 젖(하나님의 말씀)을 다른 성도에게 나누어 주는 일을 가리킨다는 해석이다. 「마태복음」 13장 52절에 "예수께서 가라사대 그러므로 천국의 제자된 서기관마다 마치 새것과 옛것을 그 곳간에서 내어오는 집주인과 같으니라" 고 했고, 「마태복음」 24장 45-46절에 "충성되고 지혜 있는 종이 되어 주인에게 그 집 사람들을 맡아 때를 따라 양식을 나눠 줄 자가 누구뇨 주인이 올 때에 그 종의 이렇게 하는 것을 보면 그 종이 복이 있으리로다" 라고 하였다.

신령한 젖은 곧 말씀이다. 그러므로 우리는 하나님의 집 사람들을 맡아서 때를 따라 신령한 양식을 잘 나눠 주는 사람이 되어야 한다. 하나님의 말씀(신령한 젖)을 먼저 자기가 먹고 새김질을 하여 자기의 살과 영양이 되게 하고 신령한 세계에 들어가서 그 말씀을 순종하면 젖이 풍성해진다.「요한복음」 10장 9절에 "내가 문이니 누구든지 나로 말미암아 들어가면 구원을 얻고 또는 들어가며 나오며 꼴 을 얻으리라"고 했다. 젖이 많아지면 타인에게 신령한 젖을 나눠주려고 힘을 쓰게 된다. 가르쳐 줄 사람을 찾게 되고 전도하려고 애를 쓰게 되고 젖을 잘 나눠 먹이는 사람이 된다.

'쌍태 어린 사슴' 성도가 신령한 젖이 풍성하여 여러 사람에게 나눠주는 것을 예수님이 보실 때에 쌍태 어린 사슴과 같이 아름답게 봐 주신다는 것이다. 「아가서」 4장 1-5절에서 보는 바와 같이 구체적이고 감각적인 언어는 시의 내용과 아름다움을 풍성하게 해 준다는 사실을 알 수 있다.

3) 비유적인 언어

사실은 일상적이고 문자적인 의미보다는 함축적이고 비유적인 의미가 더 중요하다.「아가서」와 「복음서」에는 수많은 비유들이 있다. 이러한 비유적인 언어로 된

비사들을 잘 푸는 것이 복음 진리에 이르는 첩경이 된다.「아가서」에서 한 예만 들어보겠다.

"나의 누이, 나의 신부는 잠근 동산이요 덮은 우물이요 봉한 샘이로구나. 네게서 나는 것은 석류나무와 각종 아름다운 과수와 고벨화와 나도풀과 나도와 번홍화와 창포와 계수와 각종 유향목과 몰약과 침향과 모든 귀한 향품이요. 너는 동산의 샘이요 생수의 우물이요 레바논에서부터 흐르는 시내로구나."(아 4:12-15)

이 목가적인 노래는 신랑과 그가 '누이'[225]라고 부르는 신부와 함께 신혼 여행길에 주고 받은 화답의 노래라 할 수 있다. 이는 신랑이 이제 그의 신부가 된 술람미 여인에게 향하여 부른 노래다.

여기서 그는 그녀를 동산으로 비유하고 있다(4:16). 극치(極致)의 사랑을 표현할 때 대부분 '동산'[226](garden)의 이미지를 사용한다.

그가 말하는 동산은 '잠근동산' 으로서, '덮은 우물' 과 '봉한 샘' 이 있는 즉 아무도 함부로 드나들 수 없는 깨끗한 비원(secret garden)이다. '잠근동산' 이란 그 둘레에 울타리가 쳐 있고 그 문에 자물쇠를 달아 잠가 놓아두는 것이 그 특색이다. 그것은 울타리를 치지 않고 그냥 내버려 두면, 들짐승이나 거지들이 와서 해치고 더럽힐 우려가 있기 때문이다. 비원은 아무나 무상으로 출입할 수 있는 곳이 아니라 관계자만이 출입할 수 있는 곳이다. 그런 면에서 그 다음에 이어지는 '덮은 우물' 이나 '봉한 샘' 도 마찬가지다. '덮은 우물' 이란 자물쇠로 채워 간수한 깨끗한 우물로 특수한 사람만이 사용할 수 있다. '봉한 샘' 은 활천(活泉)으로서 넘쳐 흐르지만 덮어 놓아 깨끗이 보존한 물이다. 한 마디로 '잠근 동산' , '덮은 우물' , '봉한 샘' 은 깨끗하다는 것이다. 그리고 깨끗하다는 것은 아직 터뜨리지 않은 향주머니처럼 오직 주님 홀로 사용하실 수 있도록 예비해 두었던 그녀의 순결성을 극찬하신 것이라 할 수 있다.

어떤 학자는 '덮은 우물' 과 '봉한 샘' 이 있는 '잠근 동산' 을 '여성의 질' 로 보았고, "레바논에서 흐르는 시내물" 을 질 속에 촉촉하게 젖어드는 유액을 상징한다고 하였지만, 사실상 이 '동산' 은 주님을 위해 죄 많은 이 세상의 오염으로부터 떨어져 있는 순결한 성도를 가리킨다.

이 '동산' 의 샘물은 특수한 사람만이 마실 수 있다. 샘이 봉하여졌듯이 성도의 영혼은 이 세상에 대해서는 그 문이 닫혀 있는 사랑의 샘이라 할 수 있다. 이 샘은 오직 자기 피로 우리를 구속하신 그분, 성령으로 인을 치신 그분의 기쁨을 위해서만 있을 뿐이다. 그러니까 주님만이 그 동산에 홀로 들어와서 그 맑고 깨끗한 물을 마시며 만족하고 그것을 누리실 수가 있다. 그 청정한 생수는 곧 영혼 안에 계시는 성령이요(요 4:14, 7:38) 진리의 말씀이요 소망인 것이다. 그것을 간직한 마음과 더불어 주님은 만족해하며 그것을 마음껏 누리신다.

또한 이 동산은 새싹들이 움돋아나는 풍요로운 동산이다. 솔로몬은 그의 신부를 정원의 향기로운 식물들에 비유했다. 사랑을 식물, 꽃, 열매 등에 비유해서 말하는 것은 성경에서 흔히 볼 수 있는 비유법이다. 이것은 또한 인류의 공통된 사상이기도 하다. 주님의 모형인 솔로몬의 신부 술람미 여인은 이젠 움돋아나는 동산이 된다. 거기서 움돋아나는 것이 무엇인가?

맨 먼저 거기서 움돋아 나오는 것은 '석류나무'[227]다. 특히 석류는 알맹이 즉 씨가 많아 풍성하기 때문에 풍부한 결실과 생명의 활력과 삶의 소망을 상징한다. 즉 신부의 마음에서 맨 처음 움돋아 나오는 것은 소망이라는 말이다.

그 다음에 움돋아 나오는 것이 각종 아름다운 '과수(열매)' 다. 이 열매는 사랑과 희락과 화평과 오래 참음과 자비와 양선과 충성과 온유와 절제 등과 같은 성령의 열매(갈 5:22)다. 매우 고귀한 열매들이 생산되는 동산이라고 한다.

'고벨화'[228]의 적황색의 꽃은 매우 아름답고 향기가 매우 좋다. 이것은 평화와 사랑을 상징한다. 이는 신부의 마음에서 사랑과 평화가 움돋아 나고 있다는 것을 말한다. '나도' 는 좋은 향기를 풍기는 아주 값진 향료다(요 12:1-3; 막 14:3-5; 눅 7:36-50). 이것은 믿는 이들의 고귀한 감사와 헌신 및 선행을 상징한다.

'번홍화'[229]의 노란 꽃으로 만든 향수는 고귀한 것으로 화목을 상징한다. 그리스도의 신부인 교회는 화목이 생산되는 곳이라는 말이다. '창포'[230]는 값진 제사용 향유로서(출 30: 23-29) 사용되는데, 그것은 성별을 상징한다. 교회는 성별이 움돋아 나는 정원이다. '계수'[231]는 벌레나 잡충이 잘 침입치 못하는 강한 향목이다.

그래서 그것은 내구력을 상징한다. '각종 유향목'[232]이란 원래 백색이라는 뜻으로, 주님의 보혈로 죄 씻음 받은 신자의 순결 또는 성결을 상징한다. 교회는 성결의 무리가 모인 곳이라는 뜻이다.

'몰약'[233]은 부인들의 화장용으로 쓰였을 뿐 아니라 또한 방부제로도 사용되었다(요 19:39). 이것은 주로 부패를 막는 것이기 때문에 불멸의 신앙을 상징한다. '침향'[234]은 십자가의 고난에 동참하는 고난 신앙을 상징한다. '모든 귀한 향품' 이란 가장 으뜸가는 향품이라는 뜻이다. 향품 중에서 가장 으뜸가는 향품은 아가페적인 사랑이다.

여기에 열거된 각종 실과나무와 꽃과 향품은 믿는 이들의 심령에 있어야 할 거룩한 은혜를 비유한 것들이라 할 수 있다. 주님의 모형인 솔로몬의 신부 술람미 여인의 마음에 이와 같은 아름다운 것들이 움돋고 있었다. 그것은 우리 주께서 파종하여 주신 것이다. 믿는 이들은 우리 주님과 함께 하면 믿는 이들의 상징인 술람미 여인처럼 영적으로 크게 성장하여 향기를 풍길 수 있다.

솔로몬은 그의 신부를 일컬어 "너는 동산의 샘이요 생수의 우물이요 레바논에서부터 흐르는 시내로구나"(아 4:15) 하였다. 이는 생수가 흐르는 동산이라는 말이다. '동산의 샘' 이란 동산의 수목들에게 수분을 공급하는 샘을 말하고, '생수의 우물' 이란 마르지 않고 끊임없이 뿜어내는 신선한 수천(水泉)을 말한다. 이런 성령의 생수가 있기 때문에 동산의 모든 잔디와 꽃과 나무들이 성장하는 것이다. 솔로몬은 매우 감각적인 비유를 사용해서 신부를 아주 신선하고 풍요롭게 묘사하였다.

4) 상상적인 언어

상상력은 주로 많은 요소들을 통일하는 통일력으로 작용하며 개념에 잘 어울리는 심상들을 찾아서 그림을 그르듯이 그려나가는 형성력 또는 묘사력으로 작용한다. 「아가서」에서 한 예를 들어보겠다.

"북풍아 일어나라. 남풍아 오라. 나의 동산에 불어서 향기를 날리라. 나의 사랑하는 자가 그 동산에 들어가서 그 아름다운 실과 먹기를 원하노라. 나의 누이 나의 신부야 내가 내 동산에 들어와서 나의 몰약과 향 재료를 거두고 나의 꿀송이와 꿀을 먹고 내 포도주와 내 젖을 마셨으니 나의 친구들아 먹으라. 나의 사랑하는 사람들아 마시고 많이 마시라"(아 4:16-5:1).

주님의 사랑으로 성숙된 신부(성도)는 "북풍아 일어나라 남풍아 오라. 나의 동산에 불어서 향기를 날리라. 나의 사랑하는 자가 그 동산에 들어가서 그 아름다운 실과 먹기를 원하노라"(아 4:16)는 말로써 신랑(주님)을 초대한다. 팔레스타인 땅에는 "북풍"이 불면 차갑고 "남풍"이 불면 뜨겁다. 이 차가운 북풍과 뜨거운 남풍이 알맞게 때 맞추어 불면 식물이 잘 성장한다. 따뜻한 기운을 몰고 오는 남풍은 순경(順境)을 뜻하고 북풍의 찬 바람은 역경을 뜻한다. 하나님은 여름에 남풍으로 자연계의 식물들을 자라게 하고 가을에 싸늘한 북풍으로 성장한 열매들을 여물게 한다. 하나님은 순경과 역경을 골고루 섞어가면서 그것을 통해 인생 특히 성도들을 성도답게 다듬어 가신다.

이와 같이, 신부는 자신의 동산으로 신랑을 초대하는데, 이 초대에 응하여 신랑이 오시는 경우라면 북풍이 불던 남풍이 불던 두려울 것이 없으며 아무 상관이 없다는 것이다. 오히려 이 바람에 의해 그녀의 향기가 더욱 멀리, 그리고 더욱 널리 퍼져나가게 될 것이라고 믿었다. 이처럼 그녀는 모든 일에 자족하는 자립적인 성도의 모습을 보여주고 있다. 바람은 늘 성령의 상징으로 쓰인다. 성령의 충만한 은혜 속에서는 어떠한 환경도 겁날 것이 없다는 뜻으로 풀이할 수도 있다. 그녀의 첫 소원은 이런 성령의 바람이 불어와 자신의 동산에서 생명과 성장과 결실이 증대되기를 바라는 것이다.

그녀의 두번째 소원은 사랑하는 자가 '나의 동산' 에 들어와서 '아름다운 실과' 먹기를 바라는 것이다. '그 동산' 이란 바로 그녀 자신을 가리키는 것이므로, 이것은 그가 '사랑하는 자' 곧 솔로몬의 소유임을 은유하고 있다. '그 아름다운 실과 먹기를 원하노라' 는 말은, 어떤 학자들이 말하는 것처럼 '성적인 즐거움' 을 가리키는 것이 아니라 가장 친밀한 교제(코이노니아)의 세계에 들어가기를 바라는 소원을 표현한 것이다.

사랑에는 응답이 있기 마련이다. 응답이 없는 세계는 죽음의 세계이다. 그녀의 동산에 맺힌 열매는 주님의 모형인 솔로몬 곧 그의 것이다. 만일 과수원에서 그 주인의 추수가 없다면 그것은 과수원일 수 없다. 그녀는 사랑하는 자가 그 동산에 와서 추수할 수 있는 온갖 열매가 있다 하였고, 그는 그녀를 '내 동산' 이라 인정하고, 그 동산을 찾아 와 먹고 마시겠다고 화답한다. '먹고 마시는 것' 은 곧 깊은 친교의 즐거운 체험의 표현인 것이다.

이는 마치 제물이 열납되기를 원하는 제사장처럼 그 열매를 드리고자 하는 열망이라 할 수 있다. 이에 대해 신랑은 "나의 누이 나의 신부야 내가 내 동산에 들어가서 나의 몰약과 향재료를 거두고 나의 꿀송이와 꿀을 먹고 내 포도주와 내 젖을 마셨으니" (5:1)라고 화답한다. 신랑도 신부를 동산으로 인정하고 거기서 나는 온갖 향기 즉 미덕을 받아 누리겠다는 것이다. 정녕 그분은 거기에서 무엇을 누리셨는가?

첫째로 그가 누리신 것은 '몰약과 향 재료' 이다. '몰약' 은 '생명' 을 상징하는데, 성도에게 있어서 생명은 기도이다. 그러므로 '향' 은 성도의 기도를 상징하고, '향 재료' 는 신부의 아름다운 덕행을 상징한다. 주님은 성도의 기도와 덕행을 만족해하시며 그것을 누리신다는 것이다.

다음으로 그가 누리신 것은 '꿀과 젖' 이다. 이것은 말씀과 그 말씀대로 맺는 열매를 가리킨다. 주님은 그 믿는 이에게 특히 말씀의 열매가 있을 때 매우 좋아 하시며 그것을 받아 누리신다는 것이다(시 19:9-10, 119:103; 잠 16:24).

또한 그가 누리신 것은 '포도주와 젖' 이다. '포도주' 는 '기쁨' 의 상징이고, '젖' 은 '쾌미' 의 상징이다. 이는 풍성하고 실로 감미로운 기쁨과 위로와 달콤한 맛을 주시는 보혜사 성령의 사역을 말한다. 주님은 우리 마음과 교회에 이러한 성령의 풍성한 기쁨이 충만할 때 제일 기뻐하신다. 그래서 교회를 희락의 동산, 온갖 향기를 발하는 꽃동산이라고 한다. 또한 각종 열매를 맺는 과수의 동산이라고도 한다.

그녀는 이렇게 기도와 말씀과 성령을 갖추어 놓고 솔로몬을 초대했다. 솔로몬은 이에 화답하여 외치기를 '나의 친구들아 먹으라. 나의 사랑하는 사람들아 마시고 많이 마시라' 고 하였다. 여기서 '먹고 마시다' 라는 말이 반복되는데, 이는 충족함을 나타내는 말로서 주님께서 우리 마음의 동산에 들어오셔서 만족하고 계심을 나타낸 것이라 할 수 있다.

'나의 친구들아' 라고 그들을 부르신 것은 그 친교의 기쁨을 함께 누리자는 간청이라 할 수 있다. 주님과 우리와의 사랑의 관계는 밀폐된 형태로는 만족이 있을 수 없다. 이 사랑의 궁극적 목적은 타인들에게 그 사랑을 알리는 것일 뿐 아니라 친구들도 이 연회석에 초대되어 우리와 똑같은 주님의 사랑에 연결하라는 것이다.

이와 같이, 「아가서」의 저자 솔로몬은 여기서 북풍, 남풍, 동산, 향기, 실과, 몰약, 꿀, 젖, 포도주와 같은 여러 이미지들을 통합적인 상상력을 가지고 모아서 잘 직조하여 '친교의 기쁨' 또는 '영교의 환희' 를 형상화 하였다.

시적인 체험

인생체험은 고감(five senses) 없이는 이루어질 수가 없다. 우리가 일상적으로 만지고 냄새 맡고 보고 듣고 먹는 행위를 통해 이루어지는 느낌과 생각 따위를 체험이라 한다. 그러니까 삶 자체가 체험이라 할 수 있다. 그러나 시인의 체험과 일반 사람의 체험은 다르다. 어떻게 다른가? 시인의 체험은 일반 사람의 체험과는 달리 가치 있는 상상력으로 채질한 체험이다.「전도서」의 기록자 솔로몬의 기록을 들어 설명하겠다.

"전도자가 이르되 헛되고 헛되며 헛되고 헛되니 모든 것이 헛되도다. 해 아래에서 수고하는 모든 수고가 사람에게 무엇이 유익한가. 한 세대는 가고 한 세대는 오되 땅은 영원히 있도다. 해는 뜨고 해는 지되 그 떴던 곳으로 빨리 돌아가고 바람은 남으로 불다가 북으로 돌아가며 이리 돌며 저리 돌아 바람은 그 불던 곳으로 돌아가고 모든 강물은 다 바다로 흐르되 바다를 채우지 못하며 강물은 어느 곳으로 흐르든지 그리로 연하여 흐르느니라. 모든 만물이 피곤하다는 것을 사람이 말로 다 말할 수 없나니 눈은 보아도 족함이 없고 귀는 들어도 가득차지 아니하도다." (전 1:2-8).

솔로몬이 추구한 세계는 기계적인 세계는 아니었다. 기계는 규칙과 질서는 있지만 생명은 없다. 생명이 없으면 감동이 없고 흥분도 일어나질 않는다. 생명이 있으면 약동감과 생동감이 넘치게 된다. 그러나 살아 있기는 하지만 마치 기계처럼 그저 돌아가기만 하면 따분하고 권태로울 수밖에 없다. 그런데 여기서 솔로몬이 관찰한 세상은 바로 그런 기계적으로 순환되는 부조리한 세상이었다. 「전도서」의 변증법적인 구조로 볼 때 솔로몬이 체험한 세계는 그가 탈출하고자 하는 그런 기계적인 세상이었다.

솔로몬이 체험한 세상은 '해 위에 있는 세상' 이 아니라 '해 아래 세상' 이었다. 우주는 '해 위 세상' 과 '해 아래 세상' 으로 크게 구분할 수가 있다. '해 위 세상' 이 '하늘나라' 를 가리키는 것이라면 '해 아래' 세상은 어디를 가리키는가? 그것은 한 마디로 말해서 이 '세상' 을 가리키는 말이다. 이것을 밤을 기준으로 한다면 아마도 '달 아래 세상' 이라고 하였을 것이다. 아무튼 해 아래 세상은 현재 우리가 숨 쉬며 서로 사랑하고 싸우며 살아가는 한계적인 세상을 가리킨다. 이 세상은 우리들의 감각적인 체험이 이루어지는 유한한 현실세계요 악과 선이 공존하며 영적인 전투가 벌어지고 있는 현장이다. 또한 해 아래에 있는 것들은 모두가 불투명하고 불확실하다. 즉 이 세상은 시시각각 닥치는 눈앞의 문제들이 어떻게 풀릴지도 모르며 또 미래가 어떻게 진행될지조차 전혀 모르는 불확실한 곳이다. 솔로몬이 체험한 이런 해 아래 세상은 「전도서」에 나타난 대로 세 가지 특징으로 규정지을 수가 있다.

첫째, 아무것도 유익한 것이 없는 세상이라는 것이다. 이 세상에서 솔로몬만큼 하고 싶은 일을 마음대로 다 해본 사람도 드물 것이다. 그러나 그도 노년에 이르러서 이렇게 고백하였다. 인생의 모든 것에 대하여 "헛되고 헛되며 헛되고 헛되니 모든 것이 헛되도다" 라는 것이었다. 여기서 솔로몬이 말한 "헛되다" 라는 말을 히브리어로 '헤벨' (hevel)이라고 하는데, 그것은 '기운, 바람, 안개, 증기' (vapor, 잠 21:6; 사 57:13) 또는 '숨' (breath)을 지칭하는 데 사용되는 말이다. 이 말은 전도서 전체에서 38번이나 사용되었고, 다른 몇 곳에서는 "바람을 잡으려는 것" (전 1:14, 2:11, 17, 26, 4:4, 16, 6:9), " ~보다 뛰어남이 없음" (전 3:19, 5:11, 6:8), " ~가 무익한 것" (전 2:11, 2:22, 3:9, 5:16, 6:11) 등으로 표현되었다.

그러므로 '헤벨' 이라는 단어는 '실제적이 아니거나 실질적인 가치가 없는 것' 을 은유적으로 나타낸 말이다. 경우에 따라서는 바람이나 안개의 특성을 지닌 어떤 것, 즉 '덧없는 것' 이나 '일시적인 것' (전 6:12, 3:19, 7:15, 9:9, 11:10), 수수께끼처럼 '불가해한 것' (전 6:2, 8:10,14) 또는 '보이지 않고 희미한 것' (전 11:8) 등을 의미하기도 한다. 한 마디로 말하자면, 그것은 우리가 추운 겨울에 숨을 내쉴 때 금방 보였다가 없어지는 입김과 같은 어떤 것을 가리킨다. 또 '헤벨' 은 비눗방울을 터뜨리고 난 후의 상태를 일컫는 말이기도 하다. 그래서 키드너는 '헛되다' 는 말의 뜻을 "손으로 잡을 수 없고 거의 없는 것이나 다름없는 한 가닥 연기, 한 차례 부는 바람, 가느다란 숨 같은 것이다"라고 하였다.

그러나 여기서 전도자가 사용한 말은 '삶은 쓸모없고 전적으로 공허한 것' 이라는 염세적인 의미로 쓰인 것이라기보다는 특히 '무엇이 유익한가' 라고 하는 3절과 연결 지어 볼 때, 오히려 이 지상의 것들이 얼마나 덧없는 것인지, 얼마나 빨리 지나가 버리는 것인지, 그리고 사람이 세상 것을 소유하고 있는 동안에 그것들이 그에게 제공하는 것이 얼마나 작은 것인지를 강조하고 있는 말이라 할 수 있다. 그 강조는 특히 "헛되고 헛되니"(vanity of vanities)라는 최상급의 표현 속에 나타난다. 그런 의미에서 화자의 참 말뜻을 되씹어 보면 '이 세상 모든 것은 참으로 일순간' 이라는 것이다. 곧 아침의 안개 같고 한 순간의 호흡 같고 베틀의 북과 같다는 뜻이다. 달리 말하자면 제행무상(諸行無常)이라는 말로 표현할 수 있을 것 같다.

전도자는 이 허무한 기분을 "해 아래서 수고하는 모든 수고가 사람에게 무엇이 유익한고"(전 1:3)라고 표현하였다. 여기 '해 아래서' 라는 말은 우주를 언급한 것이라기보다는 "여기 낮은 땅" 즉 이 세상을 지칭하는 말이다. 이 말도 다시 2절과 연관 지어 정리해 보면 어떤 사람이 땅의 가치에만 정신이 팔려 살게 되면 결국 그가 마지막에 얻는 것은 실질적으로 아무 유익이 없다는 것이다. '유익' 이란 말의 히브리어 '이트론' (yitron)은 상업적인 용어인데, 문자적으로는 '남은 것' 을, 혹은 은유적으로는 '우월하거나 이로운 것' 을 지칭한다. 순전히 지상적인 것은 일시적이요 끊임없이 변천하므로 덧없으며 이로운 것이 전혀 없다는 뜻이다. 사람들은 더 살기 좋은 곳으로 만들려고 애를 쓰거나 수고를 아끼지 않는다. 더욱 태어나서 무엇인가 남겨 주고자 온갖 수고를 다 한다. 그러나 하루살이처럼 또는 물거품처럼 잠깐 있다가 사라지는 인생으로서 무엇인가를 남겨놓으려고 애를 쓰고 수고하는 그 수고가 무슨 유익과 이득이 있는가 하는 것이다.

인생을 영원성 앞에 조명하여 보면 잠깐 보이다 없어지는 '안개' 같고 '하루살이' 같으며 '풀의 꽃' 과 같고 '그림자' 와 같다. 「욥기」 9장 25절-26절에서는 "나의 날이 경주자보다 빨리 사라져 버리니 복을 볼 수 없구나. 그 지나가는 것이 빠른 배 같고 먹이에 날아 내리는 독수리와도 같구나"라 하였다. 여기서 사용된 '보인다' 는 헬라어로 '잠깐 빛난다' 는 것이다. 인생은 잠시 반짝이다 사라지는 것이다. 어느 그리스의 철인이 사랑하는 제자에게 질문을 받았다. "선생님, 인간은 도대체 왜 이 짧고 허무한 세상에 태어났을까요?" 그러자 철인은 "그것은 영원의 가치를 알기 위해서다" 라고 말하였다고 한다. 우리는 시간의 허무를 통해서 비로소 영원의 의미를 배우게 되는 것이다. 이런 배움과 깨달음으로 기계적인 세계관을 극복하여야 한다.

수고하여 얻는데 남는 것이 없다고 하는 이유가 무엇인가? 첫째로, 인생이 유한하기 때문이다. 사람들은 수고하여 땅을 넓히고 부와 업적과 명성을 쌓으려고 애를 쓴다. 사람과 싸워서 권력과 영화를 얻기도 한다. 하지만 사람은 반드시 죽는다. 죽으면 아무 것도 남는 것이 없게 되는 것이다. 죽음과 함께 수고하여 얻은 것을 놓아야 한다. 생전에 쌓아놓은 것은 다른 사람의 손으로 넘어가고, 모두 다 사라지고 만다.

둘째, 세상은 변하지 않기 때문이다. 사람들이 수고할 때는 변화를 기대한다. 변화를 기대하면서 무력을 사용하고 글을 쓰고 말을 하며, 역사를 연구하고 지혜를 찾는다. 사람의 수고로 세상은 움직이고 변화하는 것 같지만, 가만히 보면 실상은 본질적인 변화나 발전이 전혀 없다(전 1: 5-8). 사람의 본성이나 삶도 변화하지 않고 역사는 반복될 뿐이다. 이미 있던 것이 후에 다시 있고 이미 한 일은 후에 다시 한다. 새 것이라고 하지만, 그것은 옛 것을 포장한 것에 불과하고, 주기적인 반복일 뿐이다. 해 아래에는 새 것이 없다. 이 것이 세상과 역사의 본질이며, 해 아래에서 살아가는 인생의 한계이다.

헛된 세상에 소망을 두고 살아가는 것은 어리석고 부질없는 일이다. 세상의 헛됨을 부인하거나 외면하면서 스스로 어떤 의미와 가치를 부여하며 애쓴다고 해서 그의 삶이 의미 있게 되는 것도 아니다. 스스로 부여한 의미와 가치는 결국에는 허망한 것으로 드러나게 된다. 사람이 세상의 헛됨과 인간의 한계를 알 때 겸손해질 수가 있다. 그때 비로소 그의 눈을 영원한 하나님의 천성을 향해 들 수 있게 된다. 영원하신 하나님 안에서만 참된 의미와 가치를 발견할 수 있다. 영원하신 하나님 안에서 나를 발견하고, 내 모든 수고를 재정의 할 때 내 삶은 허망하지 않다.

셋째, 솔로몬이 체험한 이 세상은 끝없는 순환과 변함이 없는 세상이라는 것이었다. 사람은 누구나 끝없는 반복과 순환 속에서 자신의 삶을 영위해 나간다. 전도서 기자는 이것을 다음과 같이 말한다. "해는 뜨고 해는 지되 그 떴던 곳으로 빨리 돌아가고 바람은 남으로 불다가 북으로 돌아가며 이리 돌며 저리 돌아 바람은 그 불던 곳으로 돌아가고 모든 강물은 다 바다로 흐르되 바다를 채우지 못하며 강물은 어느 곳으로 흐르든지 그리로 연하여 흐르느니라"(전 1:5-7).

다양한 민족과 문화 속에서 살아왔던, 지혜를 지닌 사람들은 대부분 인간의 삶을 '순환'과 반복으로 파악하려고 하였다. 마찬가지로 솔로몬도 시간(역사)과 인생, 그리고 자연을 순환과 반복으로 보았다. 삶의 역사가 순환과 반복이라는 것을, 솔로몬은 "한 세대는 가고 한 세대는 오되 땅은 영원히 있도다"(전 1:4)라고 표현하였다. 여기서 솔로몬은 과학자의 입장에서, '자연의 순환 바퀴'를 조사하고 있다. 즉 우주의 4대 원소인 땅, 해, 바람, 물[235]에 대해 조사하고 있다. 그는 사람의 세대는 가고 오나, 자연은 그대로 있다는 사실과 대면하게 되었다. 주위의 모든 것이 변화하는 것 같으나 실제로는 변화하지 않는다. 즉 변화(change)와 순환(circle)은 구분되어야 한다는 것이다. 모든 것은 '자연의 순환 바퀴'에 따라 돌아갈 뿐이고 다만 사람의 삶은 단조로움만 더한다고 한다. 솔로몬은 실제로 아무것도 변하지 않는다는 것을 증명하기 위해 네 가지 요소를 제시하고 있다.

첫 번째 요소는 '땅'(earth, 전 1:4)이다. 인간의 견지에서 볼 때 우리가 살고 있는 이 땅보다도 더 영속적이고 지속적인 것은 없다. 자연은 영원하나 인간은 잠시 동안 머물다 갈 뿐이며 번개처럼 번쩍 치고 사라지는 찰나적인 존재로서 땅의 순례자에 불과할 뿐이다. 잠시 동안의 순례가 끝나면 그는 땅으로 돌아가야 한다. 개인과 가족이 왔다가 가고 민족과 제국도 흥왕성쇠 한다. 그러나 아무것도 변하지 않는다. 세상은 여전히 동일하기 때문이다.

두 번째 요소는 해(sun)이다. 전도서 기자는 "태양은 또다시 떠오른다"(전 1:5)라고 하였다. 자연의 삼라만상은 오늘도 내일도 여전히 유전(流轉)하며 회귀(回歸)의 법칙에 의하여 생명을 보존하는 것이다. "해는 뜨고 해는 지되 그 떴던 곳으로 빨리 돌아가고"

라는 말에서도 보이듯이 태양도 온전히 회귀의 법칙에 지배를 받는다는 것을 알 수 있다. 코헬렛은 해가 동쪽에서 솟아올라 하늘을 가로질러 서쪽 지평선으로 사라지는 광경을 그리고 있다. 세상은 변화하지 않는다는 말은 곧 낮과 밤의 움직임이 변화하지 않고 계속된다는 뜻이다. 이렇게 변화 없이 기계적으로 반복되는 해의 순환을 신앙 없이 바라다보며 코헬렛은 덧없음을 느낀다. 해는 그 경로를 따라 떠오르고 진다. 그 과정에서 마라톤의 장거리를 주행하다 힘들어서 헐떡거리는 주자처럼 해도 '헐떡이는 것' 처럼 보인다. 왜냐하면 가야할 길이 심히 먼 것처럼 보이기 때문이다. 이러한 동작의 반복은 해가 비치는 영역의 만물의 존재 형식을 나타내는 것이다. 해가 끊임없이 몸부림치는 동작을 기계적으로 반복하듯이 인간의 생활도 그러하다는 것이다. 이렇게만 보면 우리의 달리고 또 달리는 수고가 얼마나 무익하고 무의미하게 보이는지 알 수 없다. 그러나 이런 순환 운동이 한 치의 오차도 없이 이루어지고 있기 때문에 질서가 유지되고 생명이 존속, 보존 되는 것이 아닌가?

세 번째 요소는 바람(wind)이다. "바람은 남으로 불다가 북으로 돌이키며 이리 돌며 저리 돌아 바람은 그 불던 곳으로 돌아가고" (전 1:6)라는 표현도 같은 사상을 표현한 것이다. 바람은 끊임없이 불고 방향도 쉼 없이 변하지만 그것은 여전히 바람이다. 또한 여기 단지 남쪽과 북쪽만이 언급되고 있지만, 나침반이 그 중간 지점들 곧 동쪽과 서쪽을 내포하고 있듯이, 바람도 항상 그 순회 경로로 돌아가거나 그것을 위해 계획되어 있는 경로를 빙빙 돈다는 것이다. 바람은 늘 돈이 도는 것처럼 이리 돌고 저리 돈다. 그러나 이러한 과정은 변함이 없는 것이다. 이러한 지루한 반복은 지상의 모든 존재의 양식을 대표하고 상징하고 있다. 해는 동에서 서로 돌아가고 인생은 세상에 태어났다가 다시 하나님께로 돌아가는 것 같이,

바람도 세상 모든 곳 사방팔방(四方八方)으로 불어 돌아다니다가 한 곳으로 돌아가는 것이다. 그러나 바람이 한 곳에만 머물지 않고 이리 저리 돌아다니기 때문에 만물의 썩음(부패)와 퇴락의 현상이 방지되고 생명의 파멸을 막는 것이 아닌가? 사람들은 오고 가지만 바람은 변함없이 영원히 분다. 만물의 동력적인 반복원리가 단순 논리나 기계적인 순환 논리로 보면 모든 것이 헛되고 헛되다.

네 번째 요소는 바다(sea, 전 1:7)이다. 솔로몬은 이 땅의 삶에 꼭 필요한 물의 순환에 대해 설명한다. 해와 바람의 공동 작용에 의해서 습기의 증발과 이동이 가능하게 되고 늘 물 의 순환이 유지된다. 그러나 바다는 변하지 않는다. 강과 비가 바다에 물을 쏟아 부어도 바다는 변함없이 동일하다.

따라서 우리들이 땅과 하늘, 바람과 물의 현상을 지켜보며 내릴 수 있는 결론이 있다면, 그것은 다름 아닌 자연은 변하지 않는다는 것이다. 순환적 움직임이 있을 뿐이지 변화가 있는 것은 아니다. 이런 자연의 반복적인 순환도 지루하고 따분하지만 미래 역사의 불확실성도 한없이 불안한 것이다. 그래서 야고보 사도는 「야고보서」 4장 14절에서 "내일 일을 저희가 알지 못하는도다 너희 생명이 무엇이냐 너희는 잠깐 보이다가 없어지는 안개니라"라 하였다. 또한 「잠언」 기자는 "너는 내일 일을 자랑하지 말라 하루 동안에 무슨 일이 날는지 네가 알 수 없음이니라"(잠 27:1)고 하였다. 내일 일을 예측할 수 없기 때문에 인생은 근본적으로 불안하고 허무한 것이다.

만일 하나님을 배제한 채 단순히 "해 아래 있는" 삶을 살펴본다면 「전도서」의 기자가 관찰한 이 모든 것은 사실이다. 그리하여 세상에는 일정하고 예측가능하며 전혀 변화 없는 닫힌 체계(closed system)와 질서의 고착화만 있게 된다. 그렇게 되면 삶의 신비도 신바람도 다 사라지고 만다. 똑같은 삶이라도 그것을 어떻게 보느냐에 따라 삶의 내용이 달라진다. 이를테면 반복과 순환을 한없이 권태롭고 지루한 것으로 여기는 사람과 그 반대로 반복과 순환을 날마다 새로운 것으로 받아들이는 사람의 경우가 그러하다. 전자(前者)의 경우 삶은 정말이지 도무지 살맛이 안 날 것이다. 만사가 귀찮고 헛될 뿐이다. 자신도 모르게 허무주의와 염세주의에 빠져들게 된다. 이러한 삶에는 발전이 있을 수 없다. 기껏해야 제자리걸음이요, 못하면 뒷걸음질만 있을 따름이다.

그러나 매번 똑같이 반복되는 삶에서도 흥미와 감동을 느끼면서 사는 사람은 다르다. 그는 날마다 새로워지는(日新又日新) 사람이다. 그에게는 항상 새로운 깨달음이 있고 남이 알지 못하는 즐거움이 있다. 남들은 똑같은 일 속에서 권태로움을 느끼는 데도, 그는 반복과 끝없는 순환 속에서 늘 새롭게 세상을 바라본다. 남들이 지치고 피곤해 있을 때에도 그는 지치지 않고 열심히 신바람 나는 삶을 누린다. 그에게 있어 삶은 정말 살맛이 나는 것이 다.

셋째 솔로몬이 체험한 이 세상은 아무런 새것이 없는 세상이라는 것이었다. 만일 아무것도 변하지 않는다면 추론적으로 이 세상 안에 새로운 것은 아무것도 없다는 결론을 내릴 수 있을 것이다. 그래서 코헬렛은 '해 아래' 는 새것이 없으므로(전 1:9), 이미 있었던 것이 다시 있을 뿐이라고 한다(전 1:10). 새로운 어떤 것이 있다면 그것은 옛 것을 재결합한 것일 뿐이다. 인간은 창조주가 아니라 피조물이므로 새로운 것을 창조해 낼 수 없다.

엄격하게 말하자면 해 아래 세상엔 새로운 것이 전혀 있을 수가 없다. 그런데도 왜 우리는 새로운 것이 있다고 생각하게 되는가? 그것은 다만 사람들이 행한 이전의 활동이나 사건 혹은 성취한 일을 기억하지 못하기 때문이다(전 1:11, 2:16, 4:16, 9:5 참조). 고대인들도 우리가 지금 하고 있는 생각들을 이미 했었고, 이것은 실망스럽지만 사실이라는 것이다.

우리가 거듭나지 못한 신앙 없는 사람의 시선으로 보면 해 아래에는 새로운 것이 없다. 그러나 해도 이 자연의 만상을 성장시키고 존속시키면서 그의 선을 나타내고 있다는 생각을 하면 모든 것이 또한 새로운 의미로 다가 올 수 있다. 인생도 그러한 것이다. 창조의 질서는 영원하기 때문이다.

해 아래 세상에는 새 것도 없고 전진도 없다. 해도, 바람도, 강물도 계속 변하는 것 같지만 늘 제자리걸음뿐이고, 삶의 방향도 예측할 수 없고 목적도 발견할 수 없어 늘 헤매는 것이 인생이다. 큰 야심을 가진 사람이 자신의 인생을 자랑해보지만 순환하는 자연계의 진행과(전 1: 5-7) 반복되는 역사의 흐름(전 1: 9-10) 가운데서 한 세대 밖에 못사는 것이 인생이다. 만물 안에 있는 모든 것은 서로에게 의미나 행로를 제시하지 못하고 잊혀 질 뿐이다(전 1: 11). 그런데도 나는 이 세상에서 영원히 살 것처럼 욕심 가운데 살고(전 1: 8), 또 이름이나 업적을 남기려고 애를 쓴다(전 1: 11). 새 것이 없는 이 세상은 소망이 없다. 그러나 사람이 신앙을 가지면 새로운 의미의 세계와 소망의 문이 열린다. 전도자는 이 지혜를 알기에 먼저, 해 아래 세상의 헛됨을 외치면서도 소망 중에 하나님을 바라보는 것이다. 세상을 기계적으로만 바라다보면 따분할 뿐이므로, 허무와 무상함을 넘어서려면 바라다보는 시각과 생각부터 신앙적으로 바꾸어야만 한다. 그때 새로운 전망이 열릴 것이다.

새로운 열린 전망은 모든 것이 변하고 무상한 세상이지만 절대로 변하지 않는 것이 있는데, 영원하신 하나님이시라는 것이다. 이 하나님을 경외하고 그의 계명을 지키고 사는 것이 인생의 본분이라는 체험적 세계관을, 솔로몬은 「전도서」의 주제로 하여 작품의 골격으로 삼았다. 시적인 체험이 형식을 규정하는 경우가 많다.

(2) 이미지와 이미저리

이미지와 이미저리를 혼동해서 같은 뜻으로 쓰는 경우가 많은데, 이 두 용어는 그 뜻이 비슷하기는 해도 전적으로 동일한 것은 아니다. 단적으로 구분해서 말하자면 이미지보다는 이미저리가 훨씬 포괄적인 개념이라 할 수 있다. 그러면 이미지와 이미저리가 무엇인가부터 살펴보겠다.

프랑스의 시인 발레리는 현대시의 80%가 이미지로 되어 있다고 말했다. 그만큼 이미지는 시에 있어서 운율과 함께 아주 중요한 목숨과 같은 존재라 할 수 있다. '이미지' 란 그렇게 중요한 만큼 골치 아프고 복잡한 존재이기도 하다. 한 마디로 단정적으로 정의하기가 그리 쉽지 않은 개념이다. 그러나 위험을 무릅쓰고서 정의를 내려 본다면 이렇게 규명할 수 있을 것이다. '이미지란 어떤 대상이나 사물에 대한 지각, 기억, 상상, 환상, 느낌 등이 영화의 화면처럼 재생되어 마음속에 떠오르는 것(상)이다.' 이런 이미지를 생산해 내고 그 이미지들을 결합화여 새로운 이미지를 만들어 내는 작용을 하는 것이 상상력이다.

다시 말해서 상상력이란 사물의 정신적이고 내면적인 것을 결합시키고, 이미지를 결합하여 새로운 이미지를 만들어내는 정신능력이며, 대상의 본질을 마음의 눈으로 조용히 관찰하여 나타나는 사상과 정서로 체험 전체를 통일시키는 힘이라 할 수 있다. 즉 상상력은 형상화 하는 힘이요 잡다한 요소를 통일해서 새로운 것을 만들어내는 창조력이라 할 수 있다. 실제로 성경의 시들을 살펴보면서 이미지에 대해 생각해보겠다.

이미지

위에서 이미 정의한 대로 '이미지' 란 우리말로 '심상' 이라고 번역하는 데, 그것은 어떤 대상이나 사물을 대할 때 마음속에 떠오르는 그림(mental picture)을 말한다. 시편 113편을 읽어보자. 어떤 그림이 우리의 마음속에 형성되는가를 유의해 보면 좋겠다.

> 할렐루야 여호와의 종들아 찬양하라 여호와의 이름을 찬양하라.
> 이제부터 영원까지 여호와의 이름을 찬송할지로다.
> 해 돋는 데서부터 해 지는 데까지 여호와의 이름이 찬양을 받으시리로다
> 여호와는 모든 나라 위에 높으시며 그 영광은 하늘 위에 높으시도다.
> 여호와 우리 하나님과 같은 자 누구리요「」높은 위에 앉으셨으나
> 스스로 낮추사 천지를 살피시고
> 가난한 자를 진토에서 일으키시고 궁핍한 자를 거름 무더기에서 드셔서
> 방백들 곧 그 백성의 방백들과 함께 세우시며
> 또 잉태하지 못하던 여자로 집에 거하게 하사 자녀의 즐거운 어미가
> 되게 하시는도다. 할렐루야.

시 113편은 9행으로 이루어진 시공을 초월하여 계시는 분인 동시에 사람의 역사 속에 오셔서 소외되고 고통 받는 자들을 도우시는 하나님을 찬양하고 있는 일종의 할렐루야 시이다. 1-3행에서는 하나님의 이름을 찬양하라는 개념을 시간과 공간 너머로 점진적으로 확대하여 가는 계단적 평행법을 써서 시공을 초월해 계시는 하나님의 모습을 부각시키고 있다. 4행 이후부터 9행까지를 보면

하나님께서 왕으로서 장엄한 보좌 위에 앉아 계시며 모든 나라 뿐 아니라 천지까지 내려다보시는 모습과 사람들에게 인애와 측은지심 및 긍휼지심을 베푸시는 자애로운 어머니와 같은 모습을 가지신 분으로 묘사하고 있다. 하나님은 정말로 높은 곳에서 찬양을 받으시지만, 그 분은 또한 몸을 굽히셔서 가난하고 궁핍한 자들을 돌보시는 모습을 떠올리게 한다. 특히 6-7행에서 가난한 자들을 일으키시고 그들을 왕좌로 인도하시는 인자하신 어머니와 같은 모습을 그려볼 수 있다. 하나님은 영이시므로 형체가 없다. 그러므로 그려볼 수가 없다. 그러나 이런 시적인 형상화를 통하여 구체적으로 역사하시는 모습을 마음으로 그려볼 수가 있고 정서적으로 느끼고 심중에 깊숙하게 품을 수가 있다. 이와 같이, 우리는 이 「시편」 113편을 통하여 한편으로는 하늘 왕좌 높은 곳에 앉아 계신 하나님을 보며, 또 다른 한편으로는 가난한 자들을 도우시는 하나님을 그려보게 된다. 이런 예는 너무나 많아서 일일이 매거할 필요성도 느끼질 못한다.

사물의 현상을 관찰하여 그 인상을 감각적으로 그리는 서술의 한 양식을 묘사라 한다. 특히 배경의 사물과 상황 등의 특징을 지배적 인상으로 감각적으로 느끼고 생각하도록 보여주는 서술 양식을 묘사라 할 수 있다. 묘사가 완전한 것이 되기 위해서는, 그 장면의 지배적 인상이 분명하게 나타나도록 해야 하며, 묘사 내용의 역할이 무엇인가를 분명하게 인식하여야 한다. 사물 현상에 대한 감각적인 서술, 곧 묘사도 이미지에 속한다. 묘사 중에는 배경묘사와 인물묘사가 가장 중요하다 할 수 있을 것이다. 그 예를 「민수기」 13장 27-33절애서 찾을 수 있다.

"당신이 우리를 보낸 땅에 간즉 과연 그 땅에 젖과 꿀이 흐르는데 이것은 그 땅의 과일이니이다. 그러나 그 땅 거주민은 강하고 성읍은 견고하고 심히 클 뿐 아니라 거기서 아낙 자손을 보았으며 아말렉인은 남방 땅에 거주하고 헷인과 여부스인과 아모리인은 산지에 거주하고 가나안인은 해변과 요단 가에 거주하더이다. 갈렙이 모세 앞에서 백성을 조용하게 하고 이르되 우리가 곧 올라가서 그 땅을 취하자 능히 이기리라 하나 그와 함께 올라갔던 사람들은 이르되 우리는 능히 올라가서 그 백성을 치지 못하리라 그들은 우리보다 강하니라 하고 이스라엘 자손 앞에서 그 정탐한 땅을 악평하여 이르되 우리가 두루 다니며 정탐한 땅은 그 거주민을 삼키는 땅이요 거기서 본 모든 백성은 신장이 장대한 자들이며 거기서 네피림 후손인 아낙 자손의 거인들을 보았나니 우리는 스스로 보기에도 메뚜기 같으니 그들이 보기에도 그와 같았을 것이니라"

「민수기」에는 이스라엘 백성들이 가나안 땅에 들어가기 전에 정탐꾼을 보내는 장면이 나온다. 모세가 각 지파 중에서 한 사람씩을 택하여 12명의 정탐꾼을 바란광야에서 가나안 땅으로 보내어 40일 동안 젖과 꿀이 흐르는 약속의 땅을 정탐하게 하였다. 40일이 지난 후 정탐꾼들이 돌아왔다. 정탐임무를 성공적으로 마치고 돌아온 정탐꾼들은 모세를 비롯한 이스라엘 백성들 앞에서 각기 다른 보고를 하였다.

먼저 10명의 정탐꾼들은 공포와 두려움에 사로잡혀서 아주 부정적인 보고를 하였고, 갈렙과 여호수아는 하나님께서 가나안 땅을 이스라엘 백성들에게 주신다는 확신을 갖고서 가나안 땅의 정복 가능성을 주장하였다. 정탐꾼들의 보고에 대한 백성들의 반응도 성경에 잘 묘사되어 있다. 즉 그들은 다수를 차지한 10명의 정탐꾼들의 보고만을 믿고서 지도자에게 원망을 하는 것을 볼 수 있다.

"온 회중이 소리를 높여 부르짖으며 백성이 밤새도록 통곡하였더라. 이스라엘 자손이 다 모세와 아론을 원망하며 온 회중이 그들에게 이르되 우리가 애굽 땅에서 죽었거나 이 광야에서 죽었으면 좋았을 것을."(민 14:1-2).

동일한 사물을 관찰하고도 관점과 느낌이나 인상에 따라서 그 결과는 얼마든지 달라질 수가 있다. 가나안 땅은 12명의 정탐꾼에게 동일하였다. 그러나 보는 관점이 다르기 때문에 10명은 부정적인 견해를 내놓고 2명은 신앙의 관점에서 보기 때문에 긍정적이고 희망적인 견해를 내놓는다. 관점이나 느낌 또는 인상은 사람마다 다를 수밖에 없다. 중요한 것은 우리의 주관적인 관점과 감정이나 생각이다. 관점에 따라 묘사는 다르게 나타나지만 지배적인 인상에 대한 감각적인 묘사의 위력이 얼마나 큰 가를 알 수 있는 것은 10명의 정탐꾼이 과장된 묘사로 듣고 소리를 높여 부르짖으며 밤새도록 통곡하며 지도자들에게 원망을 쏟아 내는 것을 보면 알 수가 있다.

설명문이 대상에 대한 정보나 지식을 일반적 개념으로 말하여 이해를 도와주는 글이라면, 묘사문은 배경이 되는 사물과 상황 등 대상의 특징을 지배적인 인상으로 직감적으로 느끼고 생각하도록 보여주는 글이다. 그러므로 묘사의 효력도 매우 크다고 할 수밖에 없다.

이미저리

서상한 바와 같이, 지각이나 기억, 상상, 꿈, 환상, 느낌 등에 의하여 마음속에 생산된 것이 이미지라면 이미저리는 한 개의 이미지가 아니라 이미지군을 가리킨다. 간단히 말하자면 '이미저리는 상상적 언어에 의하여 마음속에 생산된 이미지군(心象群)을 가리킨다.' 다른 말로 말하면 '이미저리란 이미지의 집합체 즉 이미지와 이미지가 모여서 된 이미지 뭉치 또는 상상적인 형상화를 가리킨다.' 이런 이미저리는 의미를 전달하는 기능을 수행하는데, 개개의 독립된 형태로서의 이미지나 또는 유기적으로 전후 상호 관계를 맺고 있는 형태로서의 이미지군을 깊이 숙고하는 것으로써 주제를 추적할 수 있다. 이미저리는 다른 시적 요소들과 적절히 통합되면서, 시 속의 화자가 말하는 제재를 제시하는 등, 시의 해석에 무엇보다 도움을 주는 장치로 기능을 한다.

이미저리는 세 가지 양상으로 전개되는데, 첫째, 감각적 이미저리로 직접 감각적 경험을 수반시키면서 빚어지는 것이고, 둘째, 비유적 이미저리로서 직유나 은유 같은 수사법으로 나타나는 것이며, 마지막으로 상징적 이미저리로 이미지 유형의 기능에 관심을 갖게 해주는 것이다.

1) 감각적 이미저리

인간이 사람이나 세상과 교감을 주고받는 신체적 기관은 감각이라고 할 수 있다. 인간이 지닌 오감과 그 외 다른 신체적 활동에 의해 느껴지고 생각되는 세상을 시인은 상상적인 언어로 보여주는 것이다. 이런 감각에 의해 감지되는 의미들은 시인의 정신에 의해 새로운 의미를 갖게 되고 그것을 독자에게 언어로 전달해 주는 것이다.

이렇게 육체적으로 느껴지는 감각에 의해 써지기 때문에 보다 쉽게 접근할 수 있는 표현법이기도 하다. 그러나 쉽게 접근할 수 있다는 측면에서 볼 때, 그것은 잘 못 표현되면 저속하거나 경박스러운 표현이 될 수도 있다. 더 많은 경험과 더 깊은 사색에 의해 새로운 차원으로 끌어 올려 주는 감각적 이미저리가 요구되는 것도 그때문이다.

감각적 이미저리는 한 마디로 말해서 인간의 정신에 작용하는 감각적 경험에 일어나는 상을 강조한다. 육체를 통해서 느껴지는 정신의 작용 그것은 오감 즉 시각, 청각, 후각, 미각, 촉각과 그 외기관, 근육감각 등에 의해 일어나는 의미들일 것이다.

"겨울도 지나고 비도 그쳤고 지면에는 꽃이 피고 새가 노래하는 때가 이르렀는데 비둘기의 소리가 우리 땅에 들리는구나 무화과나무[236]에는 푸른 열매가 익었고 포도나무는 꽃을 피워 향기를 토하는구나 나의 사랑, 나의 어여쁜 자야 일어나서 함께 가자 바위 틈 낭떠러지 은밀한 곳에 있는 나의 비둘기야 내가 네 얼굴을 보게 하라 네 소리를 듣게 하라 네 소리는 부드럽고 네 얼굴은 아름답구나" (아 2:11-14). 찬바람이 몰아치던 겨울[237]은 화창한 봄으로 바뀌었고 지루하게 나리든 비도 어느새 그쳤으니[238] 꽃이 피고 새들이 노래하는 봄 동산으로 가자는 것이다.

기후가 차고 흐리며 비 오는 겨울철이란 주님과의 사이에 틈이 생긴 상태를 표현한 것이다. 그런데 이젠 주님 십자가의 죽으심을 상징한다고도 할 수 있는 그런 시련의 때는 지나가고 '지면에는 꽃이 피게' 되었으니, 빨리 일어나 봄 동산으로 함께 가자고 하는 것이다. '꽃이 피게 되었으니' 함께 가자고 하는 것은 하나님의 풍성한 부활의 은혜를 함께 누리기 위해 교회로 가자는 것이다.

봄꽃들이 만발하게 피여서 향기를 발하고 있는 봄 동산을 교회로 비유한다면, 주님은 지금도 우리와 함께 교회라고 하는 영적 영역에서 교제하기를 원하신다. 이 세상에서 가장 아름답고 향기가 드높은 곳에서 말씀을 통하여 신령한 교제를 나누기를 원하시고 계신다는 말이다.

주님은 온갖 감각적 이미지에 호소하며 그녀를 봄 동산으로 인도하고자 한다. 그래서 지면에 핀 꽃은 눈으로 보고, 새[239]의 노래 즉 평화를 상징하는 산비둘기(반구)의 소리는 귀로 듣고, 익은 무화과나무의 푸른 열매[240]는 입으로 맛보며, 꽃이 핀 포도나무의 향기는 코로 맡으면서 봄 동산 즉 부드러운 생명의 동산으로 가자고 한다(아 2:12-13). 새 생명이 싹트는 부활의 봄 동산으로 주님은 조금이라도 더 빨리 우리를 초대하고자 가능한 모든 방법 곧 시각, 청각, 미각, 후각, 촉각을 다 동원하신다. 「아가서」 저자는 주님을 만나기 위한 최선의 방법으로 우리의 오감(五感)을 여는 것이라는 것을 감각적 이미지로 표현하였다.

이 사랑의 초대를 받은 자는 누구인가? 그 사람은 "바위 틈 낭떠러지 은밀한 곳에 있는 나의 비둘기" (아 2:14) 즉 술람미 여인이다. 주님의 모형인 솔로몬은 술람미 여인을 '비둘기' 에 비유한다. '비둘기' 는 순결하고(마 10:16), 또 두려움이 많은(호 11:11) 새인데, 여기서는 순결하게 살아야 되며(마 5:8) 하나님을 두려워해야 할 신자를 비유하고 있다.

그리고 '바위 틈 낭떠러지 은밀한 곳' 은 고산지대에 자리 잡은 그녀의 집을 비유적으로 일컬은 말이다. 그녀의 집은 세상으로부터 멀리 떨어진 산 중에 있었던 것 같다. '바위 틈' 은 비둘기가 둥지 트는 곳이기도 하며(렘 48:28), 독수리 같은 큰 새들을 피하여 숨는 피난처이기도 하다. 또한 '바위 틈' 은 영적으로 믿는 자들의 피난처 곧 그리스도를 상징한다(시 11:1 참조).[241]

실제로 산비둘기는 사람의 손에 닿지 못하는 바위틈이나 절벽 사이에 둥지를 만든다고 한다.[242] 산비둘기가 지상으로부터 멀리 떨어져 높은 바위틈에 둥지를 틀어 자기를 보호하듯이, 우리는 세속적인 생활을 멀리하고 은밀한 기도생활을 통하여 주님과 더욱 가까워질 수 있고 또 그의 보호를 받을 수도 있다. 그러나 여기서 우리가 배워야할 것은 우리가 주님을 너무나 사랑하는 나머지, 세상과 인연을 끊은 채 산 속 깊은 곳에 머무는 산비둘기처럼 그렇게 살아가는 것은, 처녀다운 소박함과 순결을 지킬 수 있는 한 길이 될는지는 몰라도, 주님께서 원하시는 길은 아니라는 것이다. 그래서 「아가서」 2장 14절에서는 이렇게 말하였다. "내가 네 얼굴을 보게 하라 네 목소리를 듣게 하라 네 소리는 부드럽고 네 얼굴은 아름답구나."

벽안에서 주님만 사랑하고 그와 더불어 기쁨을 누리며 그의 보호를 받으려는 마음을 전적으로 나무랄 수는 없지만, 그 바위 틈 은밀한 곳에서 나와서 얼굴을 보이며 그 기쁨을 나누는 것이 더욱 바람직하고 성숙된 모습이라 할 수 있다. 주님의 모형인 솔로몬은 그녀에게 이제는 더 이상 바위 틈 벼랑에 숨어 있지 말고 어서 나와서 그 부드러운 소리를 듣게 하고 아름다운 얼굴[243)]을 보게 하라고 한다.

영적인 사랑의 체험을 촉구하는 그 심정을 이처럼 절절하게 생생하게 묘사한 대목을 참으로 보기 드물다. 이것은 감각적인 이미저리를 적절하게 잘 썼기 때문이다.

2) 비유적 이미저리

아름다운 여인을 표현할 때도 '백합 같은 여인' '장미 같은 여인' '달맞이꽃 같은 여인' '코스모스 같은 여인' '박꽃 같은 여인' 등 수많은 비유를 할 수 있겠다. 말로써 설명하려 한다면 그것을 완벽하게 말 할 수 없는 것이다. 그래서 필요한 방법이 그 원관념을 잘 드러내 주는 보조관념을 차용해 오는 것이다.

'하얀 피부의 여인' 이 원관념이라면 '백합' 은 보조관념이 된다. 보조관념이 가지고 있는 특징적인 모습으로 얼굴 하얀 여인의 모습을 보여주는 것이 더 빠른 전달을 가져 올 수 있다는 것이다.

성경에서 가장 많이 이용되고 있는 이미저리는 비유적 이미저리다. 이는 어떤 유파의 시에서도 공통적으로 사용되고 있는 기법인 것이다. 비유에 의해 형성되는 이미지들이 바로 그것이다. 이미 위에서 수사적 접근방법을 논하면서 자세하게 비유적 이미저리에 대해서는 논했으므로 여기서는 한 예만 들고 줄이겠다. 비유법이 서로 다른 두 사물(대상)을 병치함으로써 시가 과학적 인식으로는 거의 불가능한 세계의 진리를 통찰할 수가 있다.

"그는 시냇가에 심은 나무가 철을 따라 열매를 맺으며 그 잎사귀가 마르지 아니함 같으니 그가 하는 모든 일이 다 형통하리로다"(시 1:3). 「시편」 1편은 '행복' 이라는 말로 시작해서 '멸망' 이라는 말로 끝이 난다. 사람에게는 언제나 그 앞에 두 길이 있기 마련이다. '길' 은 원리 · 계획 · 태도 · 방법 따위를 표상하는 이미지(image)다. 우리 앞에는 행복의 길과 불행의 길, 생명의 길과 멸망의 길, 의인의 길과 악인의 길 등이 놓여 있는데, 반드시 그 중에서 어느 한 길을 선택하여야만 한다. 바른 선택은 생명과 행복이지만, 잘못된 선택은 사망과 불행으로 떨어지게 한다. 시인에 따르면, 주님과 깊은 사귐을 가지면서 의인의 길로 나가는 사람은 '늘 푸른 나무' 곧 '상록수'(常綠樹)와 같다는 직유를 사용하였다. 그것도 사막에서 시냇가로 옮겨 심겨진 나무와 같다. '사막' 은 곧 생명의 물이 없는 이 '세상' 을 상징한다. 예수님과의 사귐이 없을 때는 사막에 서 있는 나무와 같지만, 주님과 사귐을 갖기 시작한 사람은 '시냇가' 로 표상되는 영적인 세계로 옮겨진다. 시냇가로 옮겨진 사람은 '물' 로 표상되는 '말씀' 을 즐거이 묵상하고 '성령' 과 깊이 교제하는 가운데 그 원천으로부터 생명수를 풍부하게 공급받게 되므로, 신앙의 뿌리를 깊이 박고 크게 자라게 된다. 뿌리가 깊으면 바람이 아무리 세게 불어도 흔들리지 않고 좋은 꽃과 열매를 많이 맺는다. 그런 나무는 가뭄에도 그 품격이 늘 청청하며 물이 마르지 않기 때문에 생명력이 넘쳐서 번성한다. 반대로 악인들의 길을 따르면 바람에 날리는 '겨' 처럼 멸망당하는 쓸모없는 존재가 되고 만다. 「시편」 1편은 '늘 푸른 나무' 와 '겨' 라는 비유적 이미저리로 전체를 아우르면서 인생의 복된 길을 제시하고 있다.

비유적 이미저리 가운데서 제일 많이 사용되는 은유는 어떤 사물을 비유 또는 설명하는 경우에 본래의 뜻은 숨기고, 겉으로는 다만 비유하는 형상만을 내어놓는 비유법인 것이다. 다시 말하면 분리시키는 것과는 반대로 두 낱의 사물을 한 데 포함하는 방법인 것이다. 하나의 의미를 다른 의미 안으로 끌어들이는 것이다.

> 여호와는 나의 목자시니
> 내가 부족함이 없으리로다. (23:1)

여호와는 나의 목자이고 나는 그의 양이라는 것이다. 동부 지방의 목자는 그의 양떼와 아주 독특한 관계에 있었다. 목자와 그가 돌보고 있는 말 못하는 양들 사이에는 사람들 사이에서는 찾아보기 어려운 우정이 솟아났다.

온 종일 그는 먹이를 구하기 위해 으르렁대는 짐승들이나 약탈자의 무리들이 양떼들을 해치지 못하도록 주의 깊게 지킨다. 그는 양떼들이 급류로 인해 놀라지 않도록 잔잔한 물가로 인도하여 물을 먹인다. 그리고 밤에는 그들을 안전한 우리로 몰고 온다 일년 중 어떤 계절에는, 그는 자기 집이나 사람들이 자주 다니는 곳에서 더 멀리 떨어진 곳으로 양떼를 인도한다. 거기에서 그는 낮에는 더위에 그슬리고 밤에는 이슬로 흠뻑 젖으면서 그들과 함께 살아간다. 만일 양 한 마리가 다른 양떼를 따라 오지 못하면 그는 그 양을 가슴에 안고 걷는다. 그의 양떼 중 하나가 길을 잃으면 그는 찔레와 가시덤불에 남겨 놓은 털 뭉치에 의해 그 양의 뒤를 밟아서 찾을 때까지 탐색한다. 위험이 엄습하면 생명을 버릴 각오를 해야 한다. 이와 같이 은유를 통하여 목자(여호와)와 양(신자)은 분리되는 것이 아니라 하나로 포함되는 관계로 묘사된다.

3) 상징적 이미저리

우리는 '꽃' 이라는 말을 들었을 때 우선 떠오르는 생각은 '아름답다' 라든가, '화려하다' 든가, '행복하다' 든가 하는 의미들이다. 왜 그런 의미가 꽃에 내포되어 있을까? 소박하게 말하자면 그것은 물질세계가 연상의 힘에 의하여 불가시의 세계, 곧 정신세계와 일치하게 되는 표현양식이라 할 수 있다. 그런 생각들이 바로 꽃이라는 사물이 가진 상징성일 것이다.

여기에서 어떤 시인이 꽃을 아름다움의 상징으로 사용하였는데 다른 어떤 시인은 꽃을 슬픔의 상징으로 사용할 수도 있다는 것이다. 그것이 보편적인 공감대를 획득할 수 있다면 그것은 훌륭한 상징적 이미저리가 되는 것이다.

상징이란, 보편적인 의미에 추가된 어떤 의미를 암시하거나 대표하는 일체의 것들을 가리킨다. 그것은 비둘기 같은 자연적인 것일 수도 있고, 십자가 같은 인공적인 것일 수도 있다. 우리는 일상생활에서도 상징을 사용하고 있다. 사람들은 자기 단체나 공적을 나타내기 위하여 배지나 마크를 단다. 이것도 상징들이다. 예를 들면, "이것이 내 몸이니라 ... 나의 피, 곧 언약의 피니라"(막 14:22, 24)에서 은유를 쉽게 알아볼 수 있다. 그리고 떡은 그리스도의 몸을, 포도주는 그의 피를 상징한다는 사실도 금방 알 수 있다. 문맥을 보면 기본적인 의미는 분명하다. 왜냐하면 그리스도의 몸이 실제로 상함을 받아 피를 쏟고 죽었기 때문이다. 우리가 떡을 떼고 포도주를 마시는 것은 이 죽음을 기념하고 상징하기 위한 것이다.

"그의 아들에게 입맞추라 그렇지 아니하면 진노하심으로 너희가 길에서 망하리니 그의 진노가 급하심이라 여호와께 피하는 모든 사람은 복이 있도다"(시 2:12). 「시편」 2편은 '분노' 라는 말로 시작하여 '진노' 라는 말로 끝이 난다. 하나님의 아들 예수 그리스도는 우리들의 사랑하는 임이다. 우리가 임을 사랑한다면 늘 가까이 다가가 그에게 사랑의 입맞춤을 하지 않으면 안 된다. 첫사랑이 식어지면 입 맞추는 일도 신물이 나서 서먹해진다. 그때부터 사람들은 다른데서 대체적인 쾌락을 찾기 시작한다. 그런 틈을 타서, 「시편」 2편에서 '이방나라들과 민족들, 군왕과 통치자들 및 악인들' 이라 지칭한 악의 세력들이 온갖 달콤함과 그럴듯하게 포장된 진실을 가지고 접근해온다. 첫사랑을 잃어버린 우리는 쉽사리 이런 악과 더불어 사귀며 입 맞추고 즐기게 된다. 하나님께서는 이를 보시고 '웃으시는데' , 그것은 사람들이 행하는 어처구니없는 어리석음을 비웃는 '냉소' (冷笑)로서 진노와 직결된다. 이런 하나님의 진노의 심판을 피하지 못하면 멸망한다(perish). 깨지기 쉬운 질그릇 같은 연약한 우리들이 임의 철장(쇠몽둥이)을 맞아 깨지지 않으려면, 그에게 나가 '거룩한 입맞춤' 으로써 주를 사랑한다는 표징을 보이며 늘 사귐의 줄을 붙들고 살아야만 한다. 그의 권위 앞에 무릎을 꿇고 그 '입맞춤하는 것' 은 절대적인 복종과 연합하고자 하는 애정과 전적인 신뢰심의 나타내는 상징적 이미저리다. 이런 거룩한 입맞춤 즉 그리스도와의 연합 없이는, 이 세상의 수많은 적들과 싸워 이길 수가 없고 유혹도 물리칠 수가 없다. 그 사람은 멸망하고 만다. 이처럼 상징적 이미저리는 잘만 구사하면 상상을 초월하는 효과를 줄 것이다.

(3) 낯설게 하기

낯익음 혹은 친숙함이란 동일한 사물에 대한 우리의 지각이 반복되어 습관화되었을 때 조성되는 상태이다. 지각이 자동적, 무의식적으로 되었을 때 습관은 완전해 진다. 바꾸어 말하면 완전한 친숙성은 완전한 자동성을 수반한다. 일상성과 친숙성이 반복됨에 따라 언어를 하나의 기호로 만들어 버린다. 이런 말을 기호적으로 쓰기 원하는 경향이 비문학적인 산문을 생산한다.

예술은 바로 일상의 낯익음의 껍질을 벗기고 그것을 다시 낯설게 하여 지각의 신선함을 되살리는 행위라 할 수 있다. 즉 예술은 실생활의 정확한 재현이 아니라 도리어 생활의 모습을 일그러뜨려 낯설게 만들고 우리의 관심을 불러일으킬 뿐 아니라 생생한 감각을 할 수 있는 우리의 잃어버린 능력을 새롭게 해준다. 이런 낯설게 하기는 친숙한 행동들을 지연시키거나 길게 연장하거나 혹은 중단함으로써 이루어질 수도 있고 고어나 외래어 표현 또는 토속어 및 사투리 같은 것을 써서 낯설게 할 수도 있다. 시의 함축적인 언어 사용도 실상은 무미건조한 생활언어의 의미를 일그러뜨려 우리의 습관화된 감각과 능력을 자극하는 수단이라 할 수 있다. 운율(rhythm)도 실상은 무미건조한 생활언어의 억양을 일그러뜨려 우리의 습관화된 청각을 자극하는 수단이라는 할 수 있다. 이것이 바로 낯설게 하기(defamiliarization 生疎化) 기법 중의 하나다.

아래에서 드는 예는 기이하고 함축적인 언어를 사용해서 매우 많은 들은 사랑의 표현을 지양하고 새로운 사랑의 감정을 불러일으킬 뿐 아니라 그들로 생각해보게 하는 것이다. "내 사랑아 내가 너를 바로의 병거의 준마에 비하였구나. 네 두 뺨은 땋은 머리털로, 네 목은 구슬꿰미로 아름답구나. 우리가 너를 위하여 금 사슬에 은을 박아 만들리라"(1:9-12). 이 기이한 표현 속에서 볼 수 있듯이, 주님의 모형인 솔로몬은 술람미 여인을 윤기가 흐르고 아주 힘이 센 뛰어난 말에 비유하였다. 바로 왕의 준마(駿馬)는 애굽 왕궁에서 전용되었던 왕의 승마다.

당시 애굽은 병마(兵馬) 산지로 유명했고 솔로몬 왕은 애굽과 교역을 하고 있었을 뿐 아니라 말들을 특히 사랑했기 때문에 거기서 말들을 쉽게 구입할 수가 있었다. 고대에는 물론 현대에도 나귀나

소는 짐을 운반하는데 사용되었으나 모든 면에서 말은 가장 아름답고 가치가 있으며 위풍당당하고 매력 있는 동물로 평가되고 있다.[244] 이와 마찬가지로 당시 동양에서는 지치지 않는 활력과 모든 나쁜 조건을 잘 견뎌내는 힘이 넘치는(시 33:17, 147:10) 우아하고 품위 있는 애인을 '말' 에다 비유하였다.

여기서 신령한 성도의 모형인 술람미 여인을 '말' 에다 비교한 것은 이런 전통을 따른 것이다. 특히 그녀를 '바로의 병거를 끄는 준마' 에 비교한 것에 주목할 필요가 있다. 여기서 애굽 왕 '바로' 는 이 세상의 힘을 상징한다. 이처럼 그녀를 '바로의 병거를 끄는 준마' 에 비교한 것은 그녀가 솔로몬의 말이 되었으면서도 주님의 모형인 솔로몬의 병거를 끄는 것이 아니라 힘센 바로의 병거를 끌고 다닌다는 말이다. 다시 말하자면, 그녀는 주님을 사랑하면서도 자주 세상을 바라보며 그것에 집착하여 그것들을 끌고 다니는 것이다.

장식도 고대에는 전차(병거)를 끌거나 경기를 하는 말들이 그저 타고 다니는 말들보다 더욱 화려하게 꾸며졌다고 한다. 그래서 싸움 말 또는 경기 말의 머리 위에서는 깃털 장식이 흔들거렸고, 기발한 깃 장식들이 나붓거렸다. 목은 화려한 술이나 종(bell)이 달린 수놓은 목도리 비슷한 것으로 장식되었고, 고삐와 말 옷의 많은 장식들은 물론 재갈까지도 금과 귀금속으로 되어 있었다고 한다.

여기서 "네 두 뺨은 땋은 머리털로, 네 목은 구슬꿰미로 아름답구나" 라고 한 묘사는 바로 술람미 여인의 아름다운 머리 장식을 가리키는 말이다. 동양 작가들은 대체적으로 왕의 신부가 될 여인의 모습을 묘사할 때 주로 진주 꿰미 같은 것으로써 머리와 목을 장식하고 있는 것으로 표현하였다고 한다. 이와 같이, 솔로몬은 보석 꿰미 또는 사슬로 단장한 그녀의 아름다움을 보고 감동하여 그녀의 머리에 은이 박힌 금 면류관을 씌워 주겠다는 사랑의 약속을 하는 것이다.

「시편」 21편 3절에서는 "주의 아름다운 복으로 저를 영접하시고 순금 관을 그의 머리에 씌우셨나이다"라 하였다. 이 말에 따르면 주님께서는 모든 성도들을 위해 의의 면류관을 예비하고 계신다는 것을 알 수 있다. 그것은 주께서 그 날에 신령한 성도들에게 주실 것이지만, 아름다운 순종과 행위의 미덕으로 내면의 세계를 장식하지 않는 한 그것을 받아 누릴 수가 없다.

우리가 주님을 영접하고 그를 사랑한다고 하지만 주님의 병거보다는 세상 권세의 상징인 애굽 왕 바로의 병거를 끌고 다닐 때가 많다. 다시 말하면 믿기는 믿으면서도 세상적인 어떤 것에 끌려 다니는 경우가 많다는 말이다. 그것이 반드시 악한 것은 아니라할지라도 바로에게 속한 것은 역시 세상적인 것일 뿐이다. 때로는 그것들이 아주 품위 있고 고귀한 것일 수도 있지만, 그것이 아무리 품위 있고 고귀한 것이라 할지라도 세상에서 나온 것은 어차피 세속적일 수밖에 없다. 주님을 사랑하지만 여전히 세상적인 것을 끌고 다닌다면 바로의 병거를 끄는 준마에 불과하다. 애인을 말에 비유함으로써 일상적인 모습을 낯설게 만들어 독자의 감각을 새롭게 해 준다.

(4) 내세우기

작품에 따라서 의도적으로 부각시킨 부분 곧 어떤 것을 가장 뚜렷하게 보이는 위치에 내놓는 것을 내세우기(foregrounding) 또는 전경화(前景化)라 한다. 「창세기」 1-2장에서는 창조를 부각시켰고,「욥기」 28장에서는 의도적으로 하나님의 지혜를 부각시켰으며, 「고린도 전서」 13장에서는 '사랑' 을 뚜렷하게 앞에 내세운다. 그리고 「고린도 후서」 15장에서는 기독교의 가장 중요한 교리인

'부활' 을 네세웠고, 「히브리서」 11장에서는 '믿음' 을 전경화 하였다. 이런 전경화의 수법을 통하여 그 작품에서 강조하고 부각시키고 싶은 부분을 뚜렷하게 만들어서 문맥을 선명하게 해준다. 「시편」 8편 같은 데서는 하나님의 창조 속에 그의 영광과 아름다움이 나타난다는 것을 강조하고 부각시키고 있다.

"여호와 우리 주여 주의 이름이 온 땅에 어찌 그리 아름다운지요 주의 영광이 하늘을 덮었나이다. 주의 대적으로 말미암아 어린 아이들과 젖먹이들의 입으로 권능을 세우심이여 이는 원수들과 보복자들을 잠잠하게 하려 하심이라. 주의 손가락으로 만드신 주의 하늘과 주께서 베풀어 두신 달과 별들을 내가 보오니 사람이 무엇이기에 주께서 그를 생각하시며 인자가 무엇이기에 주께서 그를 돌보시나이까 그를 하나님보다 조금 못하게 하시고 영화와 존귀로 관을 씌우셨나이다. 주의 손으로 만드신 것을 다스리게 하시고 만물을 그의 발아래 두셨으니 곧 모든 소와 양과 들짐승이며 공중의 새와 바다의 물고기와 바닷길에 다니는 것이니이다. 여호와 우리 주여 주의 이름이 온 땅에 어찌 그리 아름다운지요" (시 8:1-9)

위의 인용문에서 보는 바와 같이, 「시편」 8편은 "주의 이름이 온 땅에 어찌 그리 아름다운지요"라는 말로 시작해서 같은 말로 끝을 맺는다. 이 시는 하나님이 마치 조각가처럼 손수 정성을 기울여 손가락으로 만드신 밤하늘의 달과 별들을 바라보거나 모든 우양(牛羊)과 들짐승, 공중의 새와 바다의 어족과 해로(海路)로 다니는 것들, 특히 존엄한 인간을 살펴볼 때 각기 다른 것들이지만 충돌하지 않고 질서정연하게 운행되고 있고, 조화의 화음을 자아내며, 어느 한 곳 빈 곳이 없이 가득 찬 것을 보거나 어느 하나 모자라는 것이 없이 완성된 것을 볼 때 너무 영광스럽고 아름답다는 것이다. 그것을 모두와 종결 부분에 배치하여 주의 아름다움과 영광을 부각시켰다. 그 나머지는 그것을 부각시키는데 도움을 주는 보조적인 역할을 하고 있다. 하나님께서 만드신 만물의 아름다움은 만물의 위계 및 운행질서와 그가 창조하신 다양한 것들의 유기적인 조화, 그리고 창조된 모든 것들의 완성(completion)과 빈틈이 없으신 그 충만함(fullness) 속에 표현된다. 무엇이나 완성을 하지 않고 그대로 방치해 두거나 텅 빈 상태로 놔두면 결코 아름답지가 않다. 모든 인간들이 눈을 가리고 귀를 틀어막는다 해도, 주의 아름다움은 변함없이 언제나 남아 있고, 그 영광은 하늘과 땅에 덮어질 것이다. 이처럼 주께서 지으신 자연은 아름답다는 것이다.

요나단 에드워즈(Jonathan Edwards)는 『진정한 가치의 본질』이라는 글에서 하나님 자신을 모든 아름다움의 원천으로 보고 있다. "하나님은 무한히 위대하신 존재인 만큼 그는 가장 아름답고 뛰어난 분이실 수밖에 없다. 그리고 모든 창조를 통해서 발견되는 모든 아름다움은 무한한 충만함과 밝음, 영광을 지니신 존재의 확산(擴散)된 빛의 반영(反映)에 불과하다. 하나님은 ... 모든 존재와 모든 아름다움의 근원이며 원천이시다." 하나님은 만물(萬物)을 아름답게 창조하신 분이시다.

미의 근원이 되시는 하나님께서는 그 창조 행위가 완성된 후에 그 "지은신 것을 보시니 보시기에 심히 좋았더라"(창 1:31)고 했다. 하나님은 만물을 창조했을 뿐 아니라, 그 창조의 완전함과 아름다움을 보시며 즐거움과 만족을 체험하고 있는 분이라는 것을 알 수 있다. 아브라함 카이퍼는 『칼빈이즘』이라는 글에서 이렇게 논평했다. "창조하신 후에 하나님은 만물이 좋다는 사실을 아셨다. 비록 모든 인간들이 눈을 가리고 귀를 틀어막는다 하더라도 아름다운 것은 변함없이 그대로 남아 있을 것이고, 하나님은 그것을 보시고 또 그것을 들으실 것이다." 하나님은 아름다움의 원천인 동시에 하나님의 속성 자체가 아름다움이기도 하다. 이런 엄청난 경이로운 진리를 '주의 이름이 아름답다'는 구절을 전체적으로,

특히 종경 부분에 배치해서 아주 선명하게 부각시켰다. 이런 내세우기 용법은 성경에 매우 많이 나오므로 이 정도로 줄이겠다.

(5) 구조

형식주의 비평가들은 구조를 아주 중시한다. 구조는 건축물의 뼈대와 같은 것인 데, 다른 말로는 체계, 조직 또는 틀이라고도 한다. 구조는 표층구조(surface structure)와 심층구조(deep structure)로 구분된다. 표층구조는 겉에 드러나는 겉 구조고 심층구조는 보이지 않는 속 구조다. 대개 형식주의 비평에서는 표층구조를 다루고 구조주의 비평에서는 심층구조를 다룬다. 그러나 표층구조만 이해하는 것으로서는 개괄적인 것밖에 알 수가 없다. 그러므로 심층구조를 분석해 내는 것이 중요하다. 여기서는 형식주의 비평과 관계되는 「전도서」의 표층구조를 분석하면서 그 뜻을 총체적으로 이해하기 위해서는 심층구조를 살피는 것이 중요하다는 것을 강조하려고 한다.

「전도서」는 총 12장으로 이루어진 일종의 설교집이라 할 수 있다. 이 설교집은 짧은 서론(1:1-11)으로 시작된다. 이 서론의 주된 요점은 "모든 것이 헛되도다"라는 것인데, 이것은 코헬레드의 인간적 관점에서 본 진술인 것이다. 이 허무적인 사상은 「전도서」의 종결부인 결론의 문턱에 이를 때까지 계속되는 것을 볼 수 있다(12:8).

서론 다음으로는 본론(1:12-12:7)이 나오는데, 네 개의 설교로 이루어져 있다. 첫 번째 설교는 1:12-3:15이고, 두 번째 설교는 3:16-5:20이며, 세 번째 설교는 6:1-8:13이고, 네 번째 설교는 8:14-12:7이다. 각 설교마다 삶의 허무와 소망이라는 두 개의 주제가 반복해서 강조되고 있다. 마지막은 결론 부분(12:8-14)으로 서론과 마찬가지로 아주 짧다. 이 결론 부분은 지금까지 진술한 것들의 요약이라 할 수 있다. 그러나 이런 표층구조만 분석해 가지고서는「전도서」에서 저자가 말하고자 하는 진정한 의미를 알 수 없다. 그러므로 내용 구성과 심층구조를 고찰해보는 것이 필요하다.

내용 구성을 보면 변증법적인 성격이 매우 짙다는 것을 알 수 있다. 젊음과 늙음, 지혜와 어리석음, 기대와 실망, 고생과 즐거움, 하늘과 땅, 변화와 영속성 등이 이 작품의 조직에서 일어나는 긴장 또는 갈등 및 상충의 본보기가 된다. 이렇게 인생은 긍정적인 것과 부정적인 것이 서로 긴장하고 부딪히고 갈등하면서 진리의 통합을 이루게 된다. 「전도서」의 저자가 추구하는 것은 '허무' 가 아니라 이 세상 삶의 '무의미성' 을 깨닫고 하나님을 경외하며 하나님 중심의 삶을 살아가는 것이 인생의 본분이라는 것이다. 대조법을 통하여 이 진리를 변증법적으로 이끌어가며 작품에 통일성을 준다.

표층구조만 보면「전도서」의 주제는 '허무' 다. 그러나 솔로몬과 같은 지혜의 대가가 '허무' 만을 노래하는 것을 용인할 수 있었겠는가? 특히 하나님을 경외하는 마음이 누구보다 강했던 솔로몬이라면 신앙이 바탕이 되어 있지 않은 '허무' 만을 노래하지는 않았을 것이다. 그런데 12장 9절에 이하를 보면 하나님을 경외하고 그의 계명을 지키는 것이 인생의 본분이며 그것이 허무를 극복하고 행복에 이르는 길임을 천명하고 있다. 이로 볼 때「전도서」의 저자는 허무를 통하여 변증적으로 영원한 섭리와 의미를 찾아나가는 총체적인 전진구조를 취했다는 것을 알 수 있다. 허무를 중심으로 맴도는 순환구조를 탈피하는 길은 관찰의 패러다임을 전환시키는 것이다. 그는 땅과 변화와 죽음의 차원에서 하늘과 영속성과 생명의 차원으로 눈을 돌리는 것이다. 이로써「전도서」는 '허무' 의 노래가 아니라 새 '생명' 과 '소망' 을 노래하는 거룩한 노래로 전환되는 것이다.

형식주의적인 접근방법으로 성경을 분석해 보면 성경에는 위에서 말한 전진 구조말고도 대조 또는 반복 구조가 많다는 것을 알 수 있다. 모든 행위에는 적합한 때가 있다는 사실을 「전도서」의 기자는 다음과 같이 노래하였다.

> 날 때가 있고 죽을 때가 있으며
> 심을 때가 있고 심은 것을 뽑을 때가 있으며
> 죽일 때가 있고 치료할 때가 있으며
> 헐 때가 있고 세울 때가 있으며
> 울 때가 있고 웃을 때가 있으며
> 슬퍼할 때가 있고 춤출 때가 있으며
> 돌을 던져 버릴 때가 있고 돌을 거둘 때가 있으며
> 안을 때가 있고 안는 일을 멀리 할 때가 있으며
> 찾을 때가 있고 잃을 때가 있으며
> 지킬 때가 있고 버릴 때가 있으며
> 찢을 때가 있고 꿰맬 때가 있으며
> 잠잠할 때가 있고 말할 때가 있으며
> 사랑할 때가 있고 미워할 때가 있으며
> 전쟁할 때가 있고 평화할 때가 있느니라. (전 3:2-8)

이 말씀에서 전도자는 우리 인간들의 삶에 하나님께서 정하신 때와 기한이 있다는 것을 알려주고 있다. 그런데 이러한 내용을 알려주기 위하여 이 말씀 속에서 사용하는 언어적인 방법과 구조는 대립되는 표현과 구조를 사용하고 있다. 즉 날때와 죽을 때, 사랑할 때와 미워할 때, 울 때와 웃을 때, 전쟁할 때와 평화할 때 등과 같은 대비되는 표현을 계속 사용하여 저자는 범사에 때가 있다는 의미를 극대화하고 있다. 또 한 예를 「전도서」에서 찾아보겠다.

"좋은 이름이 좋은 기름보다 낫고 죽는 날이 출생하는 날보다 나으며 초상집에 가는 것이 잔칫집에 가는 것보다 나으니 모든 사람의 끝이 이와 같이 됨이라. 산 자는 이것을 그의 마음에 둘지어다. 슬픔이 웃음보다 나음은 얼굴에 근심하는 것이 마음에 유익하기 때문이니라. 지혜자의 마음은 초상집에 있으되 우매한 자의 마음은 혼인집에 있느니라" (전 7:1-4)

여기서 죽는 날과 출생하는 날, 초상집과 잔칫집, 슬픔과 웃음, 지혜자와 우매자 등과 같은 대비되는 낱말들을 충실하게 사용하여, 전도자가 전하고자 하는 의도와 의미를 극대화 하였다.

대조구조 말고도 성경에서 많이 사용되는 구조는 반복이다. 반복(repetition)은 히브리 이야기에서 즐겨 쓰는 장치이다. 그 사용 범위는 낱말(단어)의 반복으로부터 전체 담화(speech)의 반복까지 다양하다.

이 반복(되풀이) 기법은 다양한 기능들을 갖고 있다. 가장 뚜렷한 기능은 강조이다. 더구나 가장 강조해야 할 경우가 대개 마지막에 놓이는데, 그로써 강조를 위해 되풀이 기법이 사용된다는 것을 알 수 있다. 또한 되풀이 기법은 어떤 주제를 부각시키거나 발전시키는 기능도 한다. 독자와 관련하여 말하자면, 되풀이(반복) 패턴은 유사점과 차이점 모두에 대한 인식을 높여준다. 또한 되풀이 기법은 기억을 돕는 장치로 쓰이기도 한다. 이미 여러 곳에서 예를 들어 언급했으므로 여기서는 용례를 생략하겠다.

(6) 모티프

플롯의 가장 작은 구성요소로 모티프(motif)라는 것이 있다. 모티프는 '한정된 모티프' (bound motif)와 '자유로운 모티프' (free motif)로 나뉜다. 한정 모티프는 스토리에서 필요로 하는 반면에, 자유 모티프는 스토리 전개 과정에선 별로 중요하지 않다. 그러나 문학적인 관점에서는 자유 모티프가 예술의 주요 초점이다. 가령 라파엘이 고안한, 하늘나라의 전쟁에 관한 이야기는 자유 모티프이다. 작품 내의 이야기 전개 과정에서 일어난 스토리 문제의 일부가 아니기 때문이다. 그렇지만 밀턴은 그가 고안한 모든 플롯에다 하늘나라의 전쟁 이야기를 예술적으로 삽입하였기 때문에, 그 장치는 전쟁 그 자체의 이야기보다 형식적으로 훨씬 중요하다.

모티프는 '동기' 라는 말로도 쓰이지만, '화소' 라는 말로 쓰이기도 한다. '화소' 라는 것은 '이야기의 요소' 라는 뜻이다. 이야기를 아주 작은 요소들로 나누어 보는 것을 말한다. 문법에서도 형태소를 나누듯이, 이야기도 화소로 나눌 수 있다. 예를 들어 "신데렐라" 이야기를 화소로 분석해 보면, '계모, 이복누이, 구박, 이상적 남자와의 결혼, 초현실적 존재의 도움, 해피엔딩' 으로 이루어져 있다. 여기에 적어 놓은 하나하나, 즉 '계모' , '이복누이' 이런 것들이 화소다. 이야기를 만들 때에는 이런 작은 것에서 시작해 하나하나 살을 붙여 나가게 된다. 예를 들어 '나는 힘들게 살던 고아가 대통령이 되는 이야기를 쓰겠다' 라고 생각했다면, '고아, 고난, 성공' 이라는 화소를 가지고 시작하는 셈이다. 물론 이야기가 진행되면서 여기에 하나하나 살이 붙게 되지만, 처음에 가졌던 생각이 가장 중요한 기본 틀이 될 것이다. 따라서 이것이 작가의 중심 사상이 되고 작품 전체를 창작하게 되는 동기로 작용하게 된다.

바리새인 중에 니고데모라 이름 하는 사람이 있었다. 니고데모는 권세 있고 고귀한 몇 안 되는 유대인 관원 중의 한 사람이었다. 그는 바리새인 중에서도 보기 드문 그런 사람이었다. 또한 그는 학문으로 크게 훈육을 받은 학자였다. 그는 유대인으로서 산헤드린 공회의 회원이었다. 그리스도를 따라 다녔던 사람들이라 해서 모두 배우지 못하고 무식한 사람들만은 아니었다. 이런 학식 높고 벼슬도 높은 니고데모이지만, 새로운 진리를 대중들에게 강론하는 예수님을 보고 그와 은밀하게 독대하여 이야기를 나누고 싶어졌다. 그래서 그는 아무도 모르게 밤중에 예수님을 찾아갔다. 그 이유는 예수님의 대중적인 공개 강연을 듣고 그것으로 만족할 수가 없어서 자유롭게 대화를 나누기 위한 것이었다. 그런데 왜 낮에 찾아오지 않고 밤에 찾아왔을까? 이에 대해 말이 많지만 그것은 사람들의 눈을 피하기 위한 비겁한 행위라기보다는 매우 신중하고 사려 깊은 행동이었다고 생각한다.

사실상 그리스도께서는 매일 공식 사역에 매여 계셨으므로 낮에 단독으로 그와 만난다고 하는 것은 거의 불가능한 일이었다. 그래서 니고데모는 그리스도의 시간 일정을 잘 살펴서 쉬는 시간을 가려서 왔을 것이다. 또한 그리스도께서는 많은 대적을 갖고 계셨으므로 니고데모는 특히 그리스도께 대하여 적개심을 많이 품고 있는 대제사장들의 눈에 띄지 않게 밤에 그리스도께로 왔을 수도 있다. 이는 참으로 신중하고 조심스러운 태도가 아닐 수 없다.

또한 그의 행동은 대단히 열심 있는 행동이었다고 생각한다. 낮에는 일하고 저녁 시간이나 밤 시간의 일부를 그리스도와 대화하는데 이용함으로써 니고데모는 그리스도와 대화하지 않는 사람들보다 더 많은 시간을 벌었다. 그것은 진리에 목말라하는 열심 있는 행동이었다. 그 진리에 대한 갈망과 열정을 가상하게 여긴 예수님께서는 밤 시간이었지만 그것에 구애받지 아니하고 매우 뜻 깊은 가르침을 주셨다.

예수님께서는 니고데모가 하나님에 대해 잘 이해하지 못하는 걸 보시고, 그에게 이렇게 말씀하셨다.

“사람이 거듭나지 아니하면 하나님의 나라를 볼 수 없느니라“(요 3:3).

니고데모는 다시 태어나지 아니하면 하늘나라를 볼 수 없다는 말씀을 듣고 너무나 의아해서 이렇게 다시 물었다.

“사람이 늙으면 어떻게 날 수 있겠사옵나이까. 두 번째 모태에 들어갔다가 날 수 있사옵나이까”(요 3:4).

예수께서는 다시 니고데모에게 “물과 성령으로 나지 아니하면 하나님 나라에 들어갈 수 없느니라”(요 3:5)고 하셨다. 이는 곧 하나님의 말씀과 성령으로 변화되지 아니하면 하나님 나라에 들어갈 수 없다는 말씀이다.

후일 그는 예수를 진실로 따르게 되었고 바리새인들과 대제사장들이 그리스도를 잡아 판결하려 할 때 그들의 판결의 부당성을 주장한 일이 있다(요 7:45-52). 그리고 그는 예수께서 십자가에서 운명하신 후 아리마대 사람 요셉은 빌라도의 허락을 받아 예수의 시체를 다른 곳으로 옮겼다. 그때 니고데모는 몰약과 침향 섞은 것을 백 근쯤 가지고 와서 유대인들의 법대로 향품과 함께 세마포로 싸서 십자가에 못박히신 곳에 있는 동산의 무덤에 두었다(요 19:38-42). 요셉은 부동산(무덤)을 바쳐 그리스도를 섬겼지만, 니고데모는 돈(향료)을 바쳐 그를 공개적으로 섬겼다. 니고데모는 밤에 찾아가 예수를 만나 가르침을 받은 이후 변하여 예수의 은밀한 친구가 되었다. 그 시체에 값비싼 향료를 준비하여 바른 것을 보면 정말 누구보다도 그리스도를 사랑하고 있었다는 것을 알 수 있다.

니고데모가 예수님을 밤에 찾아 간 이야기는 매우 단순한 이야기지만 실로 많은 모티프로 이루어져 있다고 할 수 있다. ‘낮과 밤, 유대인의 선생, 자유스러운 대화, 신중한 행동, 예수의 공식 사역, 열심, 진리에 대한 목마름, 거듭남, 하나님의 나라, 다시 태어남, 모태, 성령, 말씀, 향품, 세마포’ 등이 니고데모 이야기의 플롯을 이루는 모티프들이다. 성경은 꾸며낸 이야기 아니라 진지 전달의 언어적 장치이므로 모티프에 살을 부쳐서 꾸미지를 안했다. 그래서 단순하다. 그러나 심오하다.

"노아의 홍수 이야기"의 화소는 다음과 같다. '인간의 타락, 신의 진노, 구원받은 가족, 살 방도와 배 마련, 식량 준비, 물로 징벌, 물로 세상 파멸, 인간 시조의 구원, 동물 시조의 구원, 산 위에 착륙, 새를 내보냄, 예배드림, 신의 축복, 인간 존속 방법의 등장, '무지개 언약' 등이 이야기를 이루는 화소가 된다. 이야기의 '화소'를 찾아보면 확실하게 그 이야기의 주제와 플롯을 알 수가 있다.

지금까지 형식주의적 접근방법으로 성경을 풀어보려는 시도를 해보았다. 이미 서두에서 언급한 대로 역사적 안목이 짧고, 문학사와 작가의 존재를 너무 무시하는 형식주의 비평의 본질적 한계 때문에 필자로서 모험적인 시도는 해보았지만, 어설픈 시도로 끝을 맺었다. 좀 더 미학적 근거를 개발하고 문체론적 분석법과 현대 언어학과의 접촉점을 찾는다면 성경의 서정시들을 분석하는 방법으로서는 유용할 것이다. 뜻 있는 후학이 이 비평방법을 좀 더 발전시켜 주었으면 좋겠다.

4) 구조주의적 접근방법

1960년대부터 역사 비평적 성경해석방법이 텍스트의 다양한 의미들을 이해하는데 크게 도움이 되지 못한다는 인식이 일기 시작하였다. 로저슨(J. W. Rogerson)은 역사 비평적 연구가 각 책의 개별적 요소들을 소개해줄 수는 있지만, 전반적인 이해를 가능하게 해주지는 못한다고 주장하였고, 보봉(Franics Bovon)은 역사주의적 성경해석의 단점을 지적하면서 그 단점을 극복하고 성경의 공시적 진리를 회복시켜주는 것이 구조주의 비평이라고 말하였다.

이런 성경학자들의 견해에 따르면, 전통적인 역사 비평적 성경해석의 한계성이 여러 성경학자들, 특히 프랑스의 성경학자들로 하여금 구조주의적 비평을 시도하도록 자극했다고 할 수 있겠다. 이들은 텍스트의 독립성과 해석자의 주관성에 대한 인정을 바탕으로 성경 텍스트의 구조를 관찰하여 성경 텍스트 자체가 표면적으로 나타내는 신학적 의미를 찾고자 노력하기 시작하였다.[245)]

구조주의 비평은 성경을 하나의 완성된 문학 작품으로 보고서 성경을 문학적으로 분석하려는 성격을 갖는다. 또한 구조주의비평은 사회과학비평이나 수사비평과 마찬가지로 일반 학문 분야의 이론들과 방법들을 성경연구에 적용한 대표적인 예에 속한다. 이 성경해석 방법을 구조주의비평이라 부르는 이유는 그것이 언어학이나 인류학, 철학, 수학, 문학 등의 분야에서 생겨난 구조주의 사상을 성경해석에 적용하고 있기 때문이다.

구조주의 시각에서 성경 본문을 읽을 경우에 주목해야 할 것은 겉으로 드러나는 본문의 구조가 아니라 다양한 구성 요소들을 하나로 묶어주는 내적인 구조 또는 무의식의 구조다. 이것은 구조주의비평이 기존의 역사적인 주석이 추구하던 것, 곧 저자의 의도와 관련된 본문의 의미보다는 본문 자체 또는 본문을 구성하는 언어 자체의 내적인 구조, 저자의 의도와는 무관한 구조에 초점을 맞추는 방법론임을 의미한다. 이 점에서 본다면 구조주의비평은 그러한 내적인 구조 내지는 본문을 구성하는 다양한 특징들 사이의 상호 관계 내지는 상호 관련성을 통하여 본문의 메시지를 찾아내고자 하는 방법을 일컫는다고 할 수 있다.

구조주의 비평은 20세기의 인류학과 언어학에서 시작된 구조주의적 발상이 문학에 적용되면서 발전을 보게 된 비평양식이다. 문학 작품의 핵심이 의미에 있는 것이 아니라, 일정한 대칭적인 구조를 가지고 있으며, 대칭구조 안에서 서로 소통되고 있다는 점을 밝히는 작업이다. 작가의 개성이나 작품의 개별적 내용, 주제 등에 대하여는 관심을 가지지 않는 점이 러시아의 형식주의와 비슷하다. 다만 다른 점은 작품의 밑바탕에 깔려 있는 구조적 원리의 해명에 모든 힘을 집중한다는 점이다.

오늘날 구조주의자들은 심층구조를 연구하면서, 프롭이 발견해낸 것과 같은 단순히 일직선적인 구조배열을 검색하는 데에만 연구를 국한시키지 않는다. 그들은 구조의 이러한 순차적이고 연속적인 조합뿐 만 아니고, 병렬적인 차원, 즉 텍스트의 여러 부분들에 나타나는 관계성을 찾는다. 텍스트 안에서 발견되어지는 가장 공통적인 관계성 가운데 하나는 내적인 구조를 만들어 주는 대조의 조합, 즉 선과 악, 삶과 죽음, 부자와 빈자 등의 관계성이다. 이러한 대조의 조합들 안에서 발견된 텍스트를 구조주의자들은 내재하는 한 층의 구조 위에 다른 구조 층이 덧씌워진 의미들의 총체로 생각한다. 일반적으로 말하면 구조주의자들은 텍스트의 심층구조를 밝혀내는 것을 연구의 목표로 삼는다. 이것은 심층구조(deep structure)가 저자의 의도적인 생각들을 초월하는 텍스트 자체의 신념체계를 잘 보여주기 때문이다.

이 구조주의는 다음과 같은 네 가지의 사상적 계보를 지니고 있다. 첫째는 러시아 형식주의(Russian formalism), 둘째는 구조언어학(structural linguistics), 셋째는 구조인류학(structural anthropology)이며, 넷째는 역사주의적 방법론(historical methodology)에 대한 반기이다. 그러나 구조주의의 사상적 배경과 계보를 상술하는 것은 너무나 전문적이고 장황해서 성경해석자들에게 오히려 혼란만을 가져다 줄 수가 있다. 그래서 그런 번거로운 작업은 피하고 다만 구조주의적 성경해석을 시도하는데 도움이 될 만한 것만 살펴보겠다.

스위스의 언어학자 프르디난드 드 소쉬르(Fridinand de

Saussure)는 그의 책『일반언어학 강의』(Course in General Linguistics)에서 구조적 언어학과 관련된 네 가지 중요한 요소들[246]을 소개하면서 공시적 언어 연구를 강조했다. 통시적 언어 연구는 텍스트에 대한 역사 비평적 연구를 시도하는 것이고, 공시적 언어 연구는 텍스트의 체계적인 면을 연구하는 시도로서 구조언어학의 중심이 된다고 보았다. 소쉬르가 공시적 언어 연구를 강조한 점은 19세기 중반 이후의 성경해석자들로 하여금 전통적인 해석방법들을 지양하게 하는데 크게 이바지하였으며 구조주의적 비평에 많은 영향을 끼쳤다.

구조주의를 인류학에 적용시킨 레비-스토로스(Claude Levi-Strauss)는 소쉬르의 구조언어학적 개념들을 받아드리는 동시에 로만 야콥슨(Roman Jacobson)이 주장한 음운론의 '이원적 대립'(binary oppositions) 체계를 수용했다. 그의 방법은 단적으로 말해서 하나의 문화적 현상이나 언어적 현상에 대하여 이원적 대립구조들을 찾아내고 그것들의 관계성을 연구하는 것으로 볼 수 있겠다. 이것은 야콥슨이 중심이 된 음성학에서 사물을 이원적 대조 원리에 의하여 분리된다는 점과 구조언어학에서 인간의 언어구조가 서로 교환될 수 있는 체계를 형성하고 있다는 점을 적용시킨 것이다.[247]

특히 레비-스토로스의 신화 연구는 중요한 가치가 있는데, 그 이유는 그가 전래적 신화 이해와는 달리 그것에 대한 언어학적 접근을 첨가했기 때문이다. 즉, 하나의 신화에 내재하는 요소들의 관계를 통한 심층구조를 종합적으로 연구했을 때 비로소 그 신화의 전반적 의미를 간파할 수 있다는 것이다.

소쉬르를 중심으로 한 구조언어학, 레비-스토로스를 중심으로 한 구조인류학, 그리고 프롭이 중심이 된 구조적 이야기 연구들이 독자적으로 성경연구에 적용됨으로써 성경의 구조주의적 비평에 기여했다. 그 외에도 성경 구조주의적 비평에 크게 영향을 끼친 그레마스의 기호학, 롤랑 바르트(Roland Barthes)의 구조적 문학비평도 도외시할 수 없다. 구조주의 비평은 이러한 배경 아래서 형성되었다.

이런 구조주의의 이론이 성경해석에 구체적으로 접목된 시기는 1970년대이다.[248] 구조주의적 성격해석은 성경 텍스트를 하나의 직물로 여기고 최종형태의 텍스트를 해석의 텍스트로 삼는다. 이런 점에서 20세기 후반에 대두된 공시적 성경해석과 그 궤를 같이 한다. 구조주의적 접근자들은 개개의 요소는 분리되어 관찰되는 것이 아니라 전체 연관성 아래 관찰되어야 한다는 데 초점을 맞춘다.

(1) 부분과 전체의 관련성

구조주의적 접근방법 중 가장 기본적인 것은 부분과 전체의 관련성을 연구하는 것이다. 부분은 형식적 부분과 비형식적 부분으로 구분된다. 형식적 부분은 소리, 낱말, 문장 등이고 비형식적 부분은 주제, 소재, 이야기 줄거리, 저자의 관점 또는 태도 등이다.

하나의 작품을 놓고 그 소리의 배열과 낱말의 조직 등을 알아보는 것은 형식적 구조를 알아보는 것이고, 그 작품의 주제나 작가의 인생관 등이 어떻게 표현되었는가를 알아보는 것은 비형식적 구조를 알아보는 것이다. 그러나 작품은 전체가 형식적 또는 비형식적 부분들을 모두 포괄하고 있는 것이므로, 그것들을 전체와의 관계에서 즉 체계내의 위치에 따라 검토하여, 그 작품이 어떤 메시지를 전하려는가를 알아보는 것이 구조주의적 접근방법 중의 하나이다.「고린도후서」 6장 14절-7장 1절을 예로 들어서 부분과 전체의 관련성을 고찰해 보겠다.

"너희는 믿지 않는 자와 멍에를 함께 메지 말라 의와 불법이 어찌 함께 하며 빛과 어둠이 어찌 사귀며 그리스도와 벨리알이 어찌 조화되며 믿는 자와 믿지 않는 자가 어찌 상관하며 하나님의 성전과 우상이 어찌 일치가 되리요 우리는 살아계신 하나님의 성전이라 이와 같이 하나님께서 이르시되 내가 그들 가운데 거하며 두루 행하여 나는 그들의 하나님이 되고 그들은 나의 백성이 되리라 그러므로 너희는 그들 중에서 나와 따로 있고 부정한 것을 만지지 말라 내가 너희를 영접하여 너희에게 아버지가 되고 너희는 내게 자녀가 되리라 전능하신 주의 말씀이니라 하셨느니라 그런즉 사랑하는 자들아 이 약속을 가진 우리는 하나님을 두려워하는 가운데서 거룩함을 온전히 이루어 육과 영의 온갖 더러운 것에서 자신을 깨끗하게 하자."

성도와 불신자는 본질적으로 멍에를 같이 메고 갈 수 없다. '빛과 어둠, 그리스도와 벨리알, 믿는 자와 믿지 않는 자, 하나님의 성전과 사당의 우상' 이 어찌 사귀며 상관하고 어찌 일치할 수 있으며 어찌 멍에를 같이 멜 수 있겠느냐는 것이다. 이것은 해도 되고 안 해도 되는 그런 수식과 선택의 문제가 아니라, 배중률의 법칙으로써 강요하는 절대적인 명령이라 할 수 있다. 잘 아시다시피 배중률이란 형식논리학 용어로서 어느 것에 대해서 긍정과 부정이 있는 경우, 하나가 참(眞)이면 다른 하나는 거짓이어야지, 이것도 아니고 저것도 아닌 중간적 제3자를 인정해서는 안 된다는 논리법칙이다. 저자 바울은 이런 주제를 '멍에' 라는 수사법과 병치된 단어들을 통하여 설득력 있게 논리적으로 표현하였는데, 특히 배중률의 원리에 맞도록 성도들에게 위의 본문 가운데 병립되어 있는 두 개의 모순 개념들 중 전자를 선택해서 '의와 빛' 의 삶을 살도록 요구하고 있다.

이미 앞에서 언급한대로 성도는 믿지 않는 자와 멍에를 같이 메서는 안 된다는 것이 절대적인 철칙이다. 다시 말해서, 이는 본문에 병립되어 있는 상반되고 모순되는 두 개의 모순 개념들 중 전자가 참된 진리이므로 그 개념들이 지시하는 대로 순종하고 살라는 행동의 지표를 제시해 주고 있다. 하나님을 섬기는 자는 성전에서 하나님만 섬겨야지 사당의 우상을 섬기는 것은 음탕한 간음처럼 더러운 죄라는 것이다. 즉 하나님이면 하나님이지 하나님을 섬기면서 동시에 벨리알을 섬길 수 없다는 말이다. 형식적 구조가 비형식적인 구조의 내용 또는 메시지를 밝혀내 주는 상보적 관련 기능을 한다고 할 수 있다. 다시 말해서 저자는 부분이 전체를 밀접하게 직조하여 성도란 기필코 '의와 빛' 으로서 가야 하지, 어정쩡한 양 다리 걸치기를 해서는 안 된다는 것을 명시한 것이다. 하나님을 사랑하는 자는 하나님을 두려워하는 가운데서 거룩함을 온전히 이루어 육과 영의 온갖 더러운 것에서 자신을 깨끗하게 하여야 한다는 말이다. 그렇게 살면 하나님은 우리 안에 거하며 우리의 하나님이 되시고 우리는 그의 백성이 된다는 것이다. 그러므로 신자는 신자로서 빛 된 삶을 살면서도 동시에 어둠의 삶을 살 수 있다는 생각은 합당하지 않다. 그런 모순된 삶은 하나님의 빛에서 떨어져 나와 어둠 가운데 사는 것과 매한가지라고 본다. 여기서 우리는 병치된 낱말들과 비유들 모두가 본문의 메시지와 잘 섞여 짜져 있는 직조물이라는 것을 알 수 있다. 이러한 직조물의 관련성을 밝혀서 저자가 본문에서 전달하고자 하는 메시지를 바로 알아내는 것이 소위 구조주의적인 접근 방법 중의 하나라 할 수 있다.

(2) 작품과 장르의 관련성

구조주의는 부분과 전체의 관련성을 연구하는 데 머물지 않고, 한 편의 작품은 그 보다는 더 궁극적인 장르만이 갖고 있는 독자적인 규칙들이 어떻게 운용되는 가를 알 때 비로소 그 작품이 무슨 말을 하고 있는가를 알아내려는 시도를 한다.

「누가복음」에 나오는 "잃어버린 양의 비유"는 목가적 전통을 따르고 있는 일종의 전원문학이라 할 수 있다. "잃어버린 양의 비유"를 좀 더 깊게 이해하고 그 메시지를 알기 위해서는 '전원시' 라고 하는 장르의 전통성과 규칙들을 알아야 한다는 것이다. 먼저 「누가복음」 15장 4-7절에 나오는 "잃어버린 양의 비유"를 인용하겠다.

"너희 중에 어떤 사람이 양 백 마리가 있는데 그 중의 하나를 잃으면 아흔 아홉 마리를 들에 두고 그 잃은 것을 찾도록 찾아내기까지 찾아다니지 아니 하겠느냐. 또 찾은즉 즐거워 어깨에 메고 집에 와서 그 벗과 이웃을 불러 모으고 말하되 나와 함께 즐기자 나의 잃은 양을 찾아내었노라 하리라. 내가 너희에게 이르노니 이와 같이 죄인 하나가 회개하면 하늘에서는 회개할 것 없는 의인 아흔 아홉으로 말미암아 기뻐하는 것보다 더하리라." (눅 15:4-7)

한 마리 잃어버린 양을 찾는 선한 목자에 대한 묘사는 매우 간단하고 짧지만 수많은 인간들의 상상력을 불러 일으켜 왔다. 그 이미지는 기독교적 복음을 요약해 보여주고 있다. 구조주의자들은 이런 결론적인 메시지를 끌어내기 위해서는 '전원시' 라고 하는 장르에 대해 생각해 보아야 한다고 강조한다.

'전원시' 란 시골의 전원지대를 배경으로 해서 양치기들이나 시골 사람들이 등장해서 사건을 전개해 나가는 문학 양식을 일컫는다. 전원문학에서 양치기는 이상적인 인물의 상징으로 흔히 사용되었고, 또한 문명 생활의 해를 받지 않는 도덕적으로 완벽함의 모델이었다. 「창세기」 2장 4절에서 우리는 "아벨이 양치는 자" 였음을 알게 되며, 그는 하나님이 인정한, 영적으로 완전무결한 사람의 상징으로 묘사되어 있다. 다윗은 히브리 문학에서 "여호와의 마음에 맞는 사람"(삼상 13:14; 행 13:22)이라 불리는 양치기였다. 예수의 탄생은 비천한 양치기들에게 먼저 알려졌는데, 이는 양치기들을 더욱 이상화한 것이다.

더 나아가서 양치기가 양떼들에게 지도력을 행사하는 것처럼 성경문학의 양치기들은 영적 지도력을 갖춘 사람을 나타낼 때 흔히 사용되었다. 「시편」 78편 52절에서는 "자기 백성은 양같이 인도하여 내시고 광야에서 양떼같이 지도하셨도다"라 하였고,「시편」 100편 3절에서는 "우리는 그의 것이니 그의 백성이요 그의 기르시는 양이로다"라 하였다. 예레미야는 다음과 같은 말로 부패한 종교지도자들을 훈계하였다. "여호와의 말씀이니라. 내 목장의 양떼를 멸하며 흩어지게 하는 목자에게 화 있으리라 . . . . 내가 그들을 기르는 목자들을 그들 위에 세우리니 그들이 다시는 두려워 하거나 놀라거나 잃어버리지 아니하리라"(렘 23:1, 4). 이사야는 오실 메시아에 대해 이렇게 예언하였다. "그는 목자 같이 양 떼를 먹이시며 어린 양을 그 팔로 모아 품에 안으시며 젖먹이는 암컷들을 온순히 인도하시리로다"(사 40:11). 예수께서는 "나는 이스라엘 집의 잃어버린 양 외에는 다른 데로 보내심을 받지 아니하였노라"(마 15:24)고 자신의 사역에 대해서 말하였으며, 베드로에게 사역의 임무를 언급하면서 "내 어린 양을 먹이라"(요 21:15), "내 양을 치라"(요 21:16), "내 양을 먹이라"(요 21:17)고 말하였다.

마지막으로 고전문학에서는 양치기는 시인 즉 노래를 짓는 자를 가리키기도 하였다. 그 주요한 예가 문자 그대로 양치기(목자)-시인이었던 이스라엘의 대표적인 시인 다윗과 양치기와 시인의 역할을 조화시켰던 「아가서」의 솔로몬이라 할 수 있다. 요컨대 전원문학에 있어서 양치기는 이상적인 인물의 상징이었고, 도덕적으로 완벽함의 모델이었으며, 종교지도자, 때로는 시인이기도 하였다.

때로 전원문학에서는 이상적인 사랑 특히 양치기와 양치기소녀의 이상적인 사랑의 공간으로서 전원지대가 제공되는 경우가 많다.「아가서」에 보면 사랑하는 사람이 자기 애인을 목가적 세계에 어울리는 말로 이상적인 삶 곧 서로 사랑하고 성취하는 삶으로 초대하는 경우를 본다.

세 번째는 시골 이미지와 은유를 사용해서 사랑의 기쁨을 단순히 묘사하는 것이다. 그 예로서는「아가서」1:14, 16-17, 2:3, 16, 4:16, 5:12-13, 6:2-3 등을 들수 있다. 그 중에서 1장 16-17절만 인용해 두겠다.

> 내 사랑하는 자는 내게 속하였고
> 나는 그에게 속하였도다.
> 그가 백합화 가운데에서 양 떼를 먹이는구나.
> 내 사랑하는 자야 날이 저물고
> 그림자가 사라지기 전에 돌아와서
> 베데르 산에서의 노루와 어린 사슴 같을지라. (아 2:16-17)

두 사랑하는 사람의 연합과 그 연합을 통하여 누리는 기쁨을 여러 전원적 이미지를 가지고 표현하였다. 전원 환경은 낭만적 사랑의 감정을 위한 이상적인 환경이기 때문에 오랜 세월 동안 전원시를 사랑에 관해 쓰는 수단으로 사용되었다. 자연환경에 대한 긍정적 성격은 사랑의 아름다움을 더 한층 강화해주며, 자연의 감각적 즐거움은 낭만적 감정으로 바뀔 수도 있다.

전원문학의 또 다른 경향은 전원시를 선한 삶 곧 이상적인 삶의 찬양으로 이용하는 것이다. 그 대표적인 것이「시편」23편이다.「시편」23편은 너무나 유명하고 많이 이용되는 것이므로 여기서는 생략하고 「호세아」 14장 4-7절을 예로 들겠다.

> 내가 그들의 반역을 고치고
> 기쁘게 그들을 사랑하리니
> 나의 진노가 그에게서 떠났음이니라
> 내가 이스라엘에게 이슬과 같으리니
> 그가 백합화 같이 피겠고
> 레바논 백향목 같이 뿌리가 박힐 것이라.
> 그의 가지는 퍼지며
> 그의 아름다움은 감람나무와 같고
> 그의 향기는 레바논 백향목 같으리니
> 그 그늘 아래에 거주하는 자가 돌아올지라.
> 그들은 곡식 같이 풍성할 것이며
> 포도나무 같이 꽃이 필 것이며
> 그 향기는 레바논 포도주 같이 되리라.

미래에 하나님의 사랑과 축복이 회복되는 모습이 목가적인 이미지로 그려져 있다. 하나님의 축복을 상징하는 데에 사용된 이러한 푸른 초원의 원형을 전형적으로 보여주는 좋은 예다.

마찬가지로 「이사야」 41장 18-19절은 자연의 이미지들을 사용하여 하나님께서 자신의 백성을 구원하신다는 사실을 묘사해주고 있는데, 그 이미지들은 이스라엘 백성의 시골이나 전원 배경에서 나온 것이다.

> 내가 헐벗은 산에 강을 내며
> 골짜기 가운데에 샘이 나게 하며
> 광야가 못이 되게 하며

마른 땅이 샘 근원이 되게 할 것이며
내가 광야에는 백향목과
싯딤나무와 화석류와 들감람나무를 심고
사막에는 잣나무와
소나무와 황양목을 함께 두리니.

전원의 언어로 그려지는 이런 식의 미래적인 황금시대는 성경문학의 독특한 특징이다. 대조적으로 이교의 문학에서는 앞으로 도래할 행복한 천년왕국 같은 것에 대한 언급은 전혀 없이 황금시대란 먼 과거에 존재했던 것으로만 그리고 있다.

이러한 목가적 전통의 운용방식들에 비추어 「누가복음」에 나오는 "잃어버린 양의 비유"도 구조주의적으로 접근해 볼 때 일종의 전원문학이라 할 수 있다. 팔레스타인에서 목초지는 아주 귀할 뿐 아니라 그 중 대부분이 팔레스타인 남북을 잇는 중앙 고원지대에 형성되어 있다. 그런데 그 고지는 해발 평균 500m 되기 때문에 일단 양이 목자를 떠나 길을 잃어버리면 사고를 당하기 다반사다. 그러므로 팔레스타인에서는 대개 서너 명의 목자가 한 조를 이루어 마을 공동 소유의 양들을 치는 방식을 취하는데, 만일 양떼를 이탈해 돌아오지 않는 양이 있으면, 여러 목자 중 한 명이 끝까지 양을 찾아 그 시체라도 가져오도록 되어 있다고 한다. 따라서 양을 찾아 길을 떠난 목자가 있으면 마을 사람들은 그가 무사히 돌아오기를 학수고대하는데, 이때 목자가 잃어버렸던 양과 함께 돌아오면 모두가 크게 기뻐하곤 하였다. 본 비유는 바로 이와 같은 유대인들의 목양 양식을 소재로 하여 목가시의 전통을 따라서 쓴 목가시다.

본문에서 잃어버린 양을 찾아 들판을 샅샅이 뒤지는 목자는 예수를 가리키고, 아흔아홉 마리 양은 하나님 곁에 안연히 거하고 있는 성도들을 가리키며, 잃은 양 하나는 죄악 세상 가운데서 방황하고 있는 죄인들을 의미한다. 여기서 보여주는 것은 하나님께서는 성도든 죄인이든 그 한 사람 한 사람을 그 자체로서 절대적으로 사랑하고 계신다는 것이다. 하나님께서 집에 편안히 있는 양보다 길 잃고 헤매는 양에게 우선적으로 긍휼을 베푸시는 것은 백번 마땅한데, 이는 예수께서 이 땅에 오신 것도 의인을 부르러 온 것이 아니라 죄인을 부르러(마 9:13) 오셨기 때문이다. 잃었던 양을 찾아가지고 어깨에 메고 오면 동네 사람들을 모아 잔치를 베풀고 같이 기뻐한다고 한다.

전원문학에 있어서 양치기는 이상적인 인물의 상징이었고, 도덕적으로 완벽함의 모델이었으며, 종교지도자, 때로는 시인이기도 하였듯이, "잃어버린 양의 비유"에 있어서도 역시 목자에 비유되는 예수께서는 끝까지 포기하지 아니하시고 위험에 처한 양을 찾아 구하시는 가장 이상적인 구원자요, 도덕적으로도 완벽한 스승이시며, 자연을 사랑하시고 동물들을 지켜주시는 목자요 시인적인 기질을 가진 인물이다.

또한 본문은 전원시의 양식과 전통을 따라서 목자와 양과의 이상적인 관계를 사랑으로 묘사하였고, 잃어버린 양을 누구보다 더 지극하게 사랑하여 목숨까지 내놓으신 목자로 그리고 있다. 집에 있는 아흔아홉 마리의 양보다 한 마리 잃어버린 양을 상대적으로 더 긍휼히 여기시고, 그 한 마리가 회개하고 돌아올 때 하늘에서는 기쁨의 잔치를 벌이시는 분이시라는 것이다.

(3) 텍스트와 텍스트와의 상호 관련성

구조주의에서는 텍스트와 텍스트와의 상호 관계를 분석하려 한다. 한 텍스트는 그 내부적 구조만을 갖는 것이 아니고 다른 텍스트와 상호 영향관계가 있는 것으로 보는 것이다. 구조주의적인 성경해석은 성경 텍스트에 내재한 다양한 관계들의 배면에 있는 근원적인 관계들을 탐구하는 작업을 우선적으로 시도한다. 텍스트가 읽히는 과정을 문맥 또는 상황(컨텍스트)이라고 볼 수 있으며, 텍스트의 의미는 그 문맥 속에서 또는 다른 텍스트와 견주어 볼 때 확실하게 밝혀진다고 보는 것이다.[249) 「사사기」 4장의 산문적인 기술과 5장의 시적인 묘사를 구조적으로 비교 대조해 보면 "드보라의 노래"가 말하는 메시지를 명확하게 알 수 있을 것이다.

"드보라의 노래"는 사사기 5장에 나온다. 이 "드보라의 노래"는 히브리시 중에서도 가장 훌륭한 걸작이고, 지금까지 기록된 전승가 중에서도 최고의 위치에 놓을 수 있는 지극히 높은 수준의 시라 할 수 있다.[250) 그래서 모울튼 교수는 "성서의 노래 가운데서는 가장 정교하고 후대의 시에 끼친 영향도 막대하다"[251)라 했고, 췌이스 여사는 "히브리시 중에서 가장 위대하고 단순한 걸작이며, 지금까지 언어로 기록된 훌륭한 노래들 중의 하나다"[252)라 했다. 또한 비워도 "세계 문학사상 가장 훌륭한 시요, 이스라엘의 후기 전쟁시 중의 어떤 것보다도 시적인 힘이 우월하다"[253)고 했다.

한 마디로 말해서 이 전승가는 시스라의 패배와 죽음, 그리고 드보라의 승리를 찬양한 송가다. 드보라가 이 시의 작자는 아니지만, 요원의 불길처럼 타오르는 그녀의 애국심[254)은 곧 이 시를 쓰게 한 원동력이 되었던 것이다. 작자는 미상이지만 시스라에게 승리한 후 기록한 것이 분명하므로 저작연대는 대충 주전 1150-1100년경일 것이라고 추정한다.

이 시의 여주인공 드보라에 대해서는 아는 바가 그리 많지 않다. 다만 알 수 있는 것은 이스라엘의 훌륭한 여사사였다는 것과 소위 '드보라의 나무'로 알려진 종려나무(palm tree) 밑에 거했던 여선지자라는 것뿐이다(삿 4:5). 여기서 종려나무는 하나님이 임재하시는 성소(sanctuary)의 상징으로 사용되었다. 기드온은 상수리나무 밑에서 밀 이삭을 떨다가, 미디안의 손에서 이스라엘을 구원하라는 사명을 받았고(삿 6:11-24), 모세는 불꽃이 이는 가시나무 떨기 속에서 하나님을 만나 "너는 가서 내 백성 이스라엘 자손을 애굽에서 건져 내라"라는 명령을 받았으며(출 3:1-12), 엘리아는 로뎀나무 아래서 잠을 자다가 천사의 도움을 받았고(왕상 19:1-8), 나다나엘은 무화나무 아래서 명상을 하다가 그리스도를 만났다(요 1:47-51). 이런 모든 사실로 미루어 볼 때, 드보라의 종려나무는 하나님이 그녀를 불러 선지자의 사명을 준 성소였고, 이스라엘의 여사사로서 백성들의 송사를 처리해 주었던 재판소이기도 했다.

아무튼 "드보라의 노래"는 이런 그녀의 종교적 열정과 열렬한 애국심을 담은 정교한 종교시지만, 이밖에도 이 시를 가치 있게 만드는 다른 조건이 하나 있다. 그것은 곧 다른 서정시와는 달리 설화성이 강하다는 것과 그 설화되는 스토리가 산문적 형태로 바로 앞 장(삿 4장)에서 취급되었다는 것이다. 때문에 사사기 4장과 5장을 주의 깊게 비교해 보면 설화적 서정시와 역사적 형태의 산문 사이에 현저한 차이가 있음을 발견하게 될 것이다.

아마도 구약의 여러 노래들 중에서 "드보라의 노래"만큼 친숙한 것도 드물겠지만, 이 스토리 안에는 일반적으로 이해하지 못하는 중요한 몇 가지 요소가 들어 있다. 그 중요한 몇 가지 요소란 무엇인가? 첫째는 가정적 요소다. 사사기 4장에서 취급한 역사는 이스라엘이 가나안의 왕 야빈(Jabin)의 지배 하에서 20년 동안 잔인한 억압을 받아온 장면으로부터 시작된다. 이런 서두의 장면을 통하여 느끼게 되는 것은 야빈의 압제야말로 사상 유래 없는 것이 아니었던가 하는 것이다. "이십 년 동안 이스라엘 자손을 심히 학대했으므로 이스라엘 자손이 여호와께 부르짖었더라"(삿 4:3)는 역사적 기술 속에서 우리는 그런 가설의 근거를 찾을 수 있다. 일단 그런 가설 위에서 볼 때, "대로가 비었고 길의 행인들은 오솔길로 다녔도다. 이스라엘에 마을사람들(관원)이 그쳤으니 …." (삿 5:6-7)라는 구절의 의미는 새롭게 풀릴 수 있을 것이다. 다시 말해서 그것은 "이스라엘의 어머니" (삿 5:7) 드보라가 일어나 이스라엘 백성들을 일으켜 줄 때까지는 그저 넘어진 채 야빈의 발에 무참히도 밟히고 있었다는 사실을 밝혀 주는 것이 된다. 이렇게도 잔인하고 강력했던 압제 기구가 한 여성의 손에 의해 쉽사리 무너질 수 있었다는데 놀라운 섭리가 있고, 그것은 『사사기』 5장 6절에서 바로 확인된다.

두 번째는 야엘(Jael)의 남편, 켄 사람(the Kenite) 헤벨(Heber)의 이야기와 관련되어 있다. 우리가 다 아는 바와 같이 켄 족속은 광야에서 이스라엘과 합류한 종족으로, 적어도 한 가지 점만 제외하고 나면 모든 면에서 이스라엘 민족과 다를 바가 없었다. 그 한 가지란, 이스라엘 민족은 촌락이나 도시에 정주했는데 반해 켄 족속은 여전히 장막생활을 계속하고 있었다는 점이다. 그런데 「사사기」 4장 17절을 보면 압제자 야빈과 켄 사람 헤벨과는 서로 화친했던 것을 알 수 있다. 그리고 4장 11절을 다시 보면 헤벨이 자기 족속을 떠나 "케데스에 가까운 사아난님(Zaanaim) 상수리나무 곁에 이르러 장막을 쳤더라" 고 했다. 바로 이곳은 바락(Barak)의 병력이 집결되어 있는 근접지였다. 또 4장 12절을 보면 "아비노암(Abinoam)의 아들 바락이 다볼산(mount Tabor)에 오른 것을" 시스라(Sisera)에게 고했다고 기록되어 있다. 이상의 몇 구절들을 종합해 볼 때, 지극히 평범한 것 같은 사실 속에서 깊은 의미를 찾을 수 있다. 즉 켄 사람 헤벨은 야빈과 시스라에게 매수된 스파이였다는 것이다. 그래서 그는 이스라엘 병력의 이동을 감시하기 위해서 그의 천막을 수시로 옮겨 쳤던 것이다. 그러나 헤벨의 천막에는 이스라엘의 어머니와 심정이 통하는 사람이 있었는데, 그가 다름 아닌 헤벨의 아내 야엘이었다. 마침 시스라가 도피해 왔을 때 평시에 남편의 계획을 알고 있었던 야엘은 이불 속에 숨겨 놓은 시스라를 천막 말뚝으로 박아 죽였던 것이다. 이는 남편의 스파이 행동을 막아 보고자 하는 신앙적 행위였다.

다음으로는 군사적 상황을 개관할 필요가 있다. 사사기 4장 3절을 보면 야빈은 철병거가 구백 대였다. 이에 비하면 이스라엘의 보병은 반수도 채 안 되었다. 그들의 유일한 희망은 기습전이었지만 그것마저 헤벨의 밀고로 탐지되었던 것이다. 이런 여러 점을 고려해 볼 때 이스라엘이 싸워 이길 승산은 전혀 없었다.

그러나 보라, 별들이 하늘에서 시스라와 싸우고(삿 5:20), 땅이 진동하고 비가 쏟아져 삽시간에 기손 강이 범람하고 평원이 홍수의 바다가 되니 시스라의 군대는 그만 놀라 달아났다(삿 5:22). 이렇게 해서 단 하루 만에 기적적으로 시스라의 군대는 패퇴케 되었고, 이스라엘은 승산이 전혀 없는 싸움에서 승리할 수 있었다. "드보라의 노래"는 바로 이런 하나님의 놀라운 은총을 찬미한 노래였다.

지금까지는 구조주의적으로 접근해서 이 노래의 주제를 살펴봤지만, 다음으로는 역사적 설화와 서정시 사이에 어떠한 형식적 차이가 있는가를 살펴보겠다. 우선 4장의 역사적 기술을 보면, 야빈의 압제, 드보라의 출현, 민족적 항거, 사령관 바락의 선택, 케데스로의 집결, 헤벨의 반역, 양군의 전투 등 모든 사건이 처음부터 끝까지 연속적으로 취급되어 있다. 그러나 5장의 노래를 보면, 설화의 연속성은 전혀 없고 다만 중요한 몇 부분만을 선정해서 집중적으로 읊고 있다. 이로 보아서 역사적 서술의 특색은 연속성에서 찾을 수 있고, 서정시적 기교는 집중(concentration)에 있다는 것을 알 수 있다. 가령 야빈의 압제를 "대로가 비었고 행인들은 소로로 다녔도다. 이스라엘에 관원이 그치고 그쳤더니"(삿 5: 6-7)는 단 두 줄의 회화적 필법으로 표현한 것이나, 드보라와 바락의 협상과정

같은 것은 생략한 채 카데스의 집결로 초점을 옮긴 것 등이 그것을 입증해 주고 있다.

시스라의 군대가 무서워 주저하는 족속들과 생명을 내걸 정도로 애국적 열정을 띤 족속들, 그리고 마음을 돌린 변심한 족속들을 열거하면서 카데스의 집결을 끝맺은 시인은 다른 서술은 일체 생략한 채 바로 전투 장면으로 옮겨 간다. 열왕들의 전투 참가, 별들의 싸움, 홍수가 난 평원을 내닫는 말 등을 집중적으로 노래하고 있지만, 전투 준비 과정 같은 것은 전혀 언급하지 않고 있다는 것이 특색이라 할 수 있다. 시스라의 암살 사건만 보아도 역사에는 전사의 도착, 살해 준비, 시스라의 수면, 야엘의 살해 등 논리적 연속성이 있다. 그러나 서정시에서는 바로 말뚝과 망치를 가지고 야엘이 시스라를 죽이는 장면으로 집중된다. 역사에서 보는 것 같은 설명은 없지만 그 장면 묘사가 하도 생생해서 우리는 야엘의 강타나 시스라의 몸부림 등은 눈으로 직접 보는 듯 그려 볼 수가 있다. 이와 같이 서정시는 역사의 서술방법처럼 일어난 사건을 연속적으로 기술하는 것이 아니라 중요한 몇 부분만을 골라서 집중적으로 생생하게 묘사해 주기 때문에, 다소 비약이 있긴 하지만 상상력에 호소하는 힘이나 감동력은 훨씬 더 크다.

두 번째의 서정시적 기교로 들어야 할 것은 후렴과 돈호법에 의해서 설화가 자주 중단되거나 지연된다는 것이다. 즉 넉 줄의 서곡, 석 줄의 후렴, 여호와 하나님께 대한 긴 돈호가 설화 이전에 삽입된다는 것이다. 야빈의 압제 아래 있는 성읍의 황폐를 노래하는 때도 후렴에 의해 휴지(休止)가 생기고, 각 족속들의 집결 장면에서도 단 한 줄 뒤에 그들의 임무를 노래하는 4행연이 나온다. 그러나 적절한 후렴과 돈호법은 설화의 활력소가 될 수 있고 의미의 보강제가 되며 독자의 공감력을 돋구어 줄 수 있다. 아무튼 서정시적 기교의 하나는 중단(interruption)이라 할 수 있다.

셋째로 "드보라의 노래"가 갖는 가창(歌唱)의 구조에서 그 특색을 찾을 수 있다. 사사기 5장 1절에 "이날에 드보라와 아비노암의 아들 바락이 노래하여 가로되"라고 명시된 것을 보아, 이 노래는 교창(交唱)의 성격을 띠고 있다는 것을 알 수 있다. 더욱 이 교창은 두 사람이 주고받은 것이 아니라 드보라가 지휘하는 여성 합창단과 바락이 지휘하는 남성 합창단이 교창한 것이다.

6절에서는 비가조의 리듬으로 야빈의 압제를 남성들이 노래했고, 7절에서는 드보라의 여성들이 "나 드보라가 일어났고"라고 답창했다. 승리의 소식을 전하는 장면에서도 보면, 우선 남성들이

> 흰 나귀를 탄 자들
> 양탄자에 앉은 자들,
> 길에 행하는 자들아 전파할지어다(삿 5:10).

라고 노래하고, 그 다음으로는 여성들이

> 멀리 떨어진 물 긷는 곳에서도
> 여호와의 공의로우신 일을 전하라.
> 이스라엘에서 마을 사람들을 위한 의로우신 일을 노래하라(삿 5:11).

라고 노래했다. 남성들이 나귀를 타고 가거나 걸어가는 사람 또는 비싼 양탄자를 깔고 사는 지체 높은 관리들에게 그 소식을 전했을 것이라고 하는 것은 너무나 자연스러운 일이다. 동시에 여성들이 일상적으로 모여 하찮은 이야기까지도 주고받을 수 있는 우물 가로 나가 승리의 소식을 여성들이 전한다고 하는 것도 자연스러운 일이다. 그러므로 10절은 남성들의 노래고 11절은 여성들의 노래

라 할 수 있다. 다음으로는 넉 줄의 돈호가 나오는데, 처음 두 줄,

> 깰지어다 깰지어다 드보라여
> 깰지어다 깰지어다 너는 노래할지어다(삿 5:12).

는 남성들이 드보라를 향하여 성원한 것이고, 그 다음 두 줄,

> 일어날지어다 바락이여
> 아비노암의 아들이여, 네 사로잡은 끌고 갈지어다(삿 5:12)

는 여성들이 바락을 성원한 것이다. 13절로부터 18절까지 계속되는 부족들의 칭호는 한 줄 한 줄 구분된다. 첫줄은 여성들에게 할애되어 드보라의 지역인 에브라임이 언급되고, 그 다음 두 줄 건너서는 바락의 지파인 스불론(Zebulun)이 언급된다. 15절의 첫 행은 여성들의 합창으로 드보라와 잇사갈(Issachar)이 연결되고, 두 번째 행은 남성들의 합창으로 바락과 잇사갈이 연결된다. 마지막 클라이맥스에서 남성들은 시스라의 실제적인 사실을 세밀하게 노래했고(5:24), 여성들은 시스라의 어머니와 용사들의 귀환을 기다리는 부녀자들의 마음을 여성적인 토운으로 노래하고 있다. 이렇게 노래는 두 합창단의 교창으로 전개되다가 마지막에는 코러스로 끝 맺혀 진다.

> 여호와여 주의 원수들은 다 이와 같이 망하게 하시고
> 주를 사랑하는 자들은
> 해가 힘 있게 돋음 같게 하시옵소서(삿 5:31).

이런 교창의 예술적 효과를 일일이 설명할 필요는 없지만, 다만

한 가지 지적해 둘 것은 두 합창단의 총 합창(Tutti)에 의해 다양한 효과가 나타날 수 있다는 것이다. 그 중에서도 마지막 절의 총 합창은 매우 강력한 효과를 나타내고 있다.

"히브리 문학에서, 이른 시대건 늦은 시대건, 이 노래보다 자연스런 문학성을 보여주는 시는 찾아볼 수 없다. 드보라의 강열한 애국심과 열렬한 신앙의 열정이 매 시행마다 훨훨 타올라 극적인 정점을 향하여 계속 비상한다. 이것은 이스라엘의 하나님을 찬양하는 감사송이며 동시에 제왕 뿐 아니라 하늘의 별들도 그리고 물이 불은 성스러운 강도 함께 싸우는 빼어난 전투내용이기도 하다. 이것보다 전쟁문학사에서 더 탁월한 시는 없으며, 그 이후에 나온 이스라엘의 어떤 전쟁시도 상상력과 표현에서 이것을 앞지를 수 있는 것을 찾아볼 수 없다."[255)]

이 노래 시는 형식주의나 역사주의적으로만 접근하면 이 노래의 형식적 및 비형식적인 메시지를 충분히 이해할 수가 없다. 그것은 텍스트간의 상호 관련성을 살펴볼 때 비로소 가능한 것이다. 이런 점에서 구조주의적 접근방법이 폐단이 되고 해가 되는 경우도 있을 수 있지만, 잘만 활용하면 유익한 부분도 있다.

(4) 내러티브의 구조분석 모델

구조주의 비평(structural criticism)은 저자가 무엇을 의도했건 그것과는 상관없이 텍스트의 구조를 찾아보고자 하는 접근법이라 할 수 있다. 언어의 구조를 찾는 과정에서 텍스트의 의미를 발견하게 되며, 텍스트 구조의 상호 관계 속에서 내러티브가 가진 의미도 찾게 된다. 구조주의에 있어서 텍스트의 심층구조는 관계의 사실이기 때문에, 구조주의적 성경해석에 있어서 가장 중요한 것은 텍스트의 심층에 있는 관계의 사실들을 찾아내는 것이다. 팟테는 설화를 어떤 모델이든 그 모델을 통하여 분석하는 목적을 다음과 같이 말하였다. "첫째는 이 모델의 정당성을 입증하는 것이고, 둘째는 특정 내러티브들이 그 구조를 어떤 방식으로 실현하고 있는지를 연구하는 것이다."[256] 분석 모델은 학자마다 다르고 의견도 분분하지만, 그 중에서도 가장 대표적인 것 몇 가지만을 골라 제시하면서 이 모델에 맞추어 텍스트를 분석해보겠다.

그레마스의 사각형 모델

구조주의적 성경해석에 있어서 가장 유명한 모델은 그레마스(A. J. Greimas)의 모델이다.[257] 그레마스는 그의 『구조적 의미론』(1966)이라는 책에서 기호학적 사각형을 제시한다. 이것은 이분법적 대립의 관계에서 출발한 모델이다. 이 모델을 착상한 그레마스는 텍스트에는 표면구조와는 별개의 심층구조가 깔려 있다고 본다. 그것은 상호 관계의 논리구조다. 다시 말해서 텍스트의 심층구조는 보편적이며 논리적인 상호 관계 안에 존재한다는 것이다.[258]

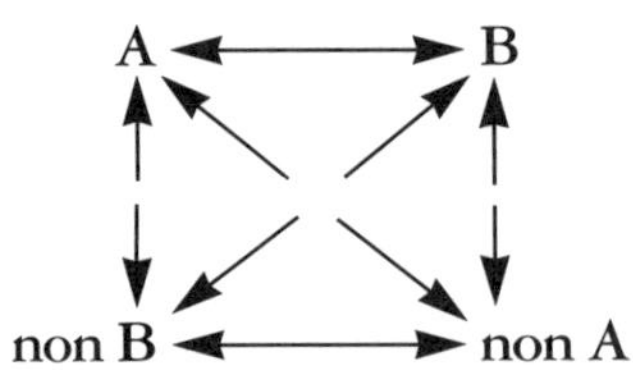

우선 A와 B, non A와 non B 사이는 대립의 관계다. A와 non A, B와 non B의 관계는 모순관계다. 여기에서 non A는 B와, non B는 A와 함축관계이다.[259] 「창세기」 6-10장 텍스트에는 '홍수이야기'가 기록되어 있다. 여기에서 우리는 그레마스의 모델을 이 이야기에 적용해서 살펴볼 수가 있다.

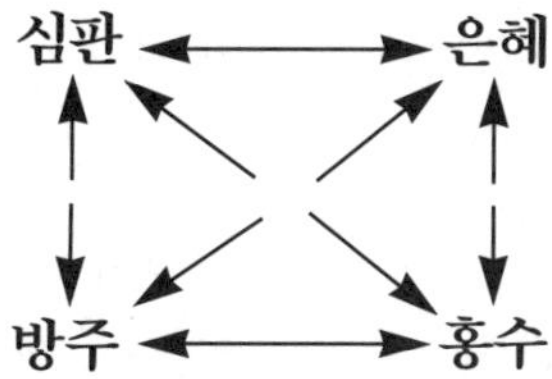

우선 은혜와 심판 사이는 대립의 관계고, 방주와 홍수 사이도 대립의 관계다. 그리고 은혜와 홍수는 모순관계고, 심판과 방주도 모순관계이다. 그런데 방주는 은혜를 함축하고, 동시에 홍수는 심판을 함축한다. 여기에서는 방주와 홍수라는 대립이 궁극적으로 은혜와 심판이라는 넓은 구조를 반영하고 있음을 알 수 있다.

「열왕기상」 17장 7-16절까지를 그레마스의 모델에 비추어 해석해 보겠다. 본 텍스트에는 이스라엘 땅과 이방 땅에 가뭄과 기근이 닥친다. 텍스트 전반부에서 엘리야와 과부는 생명의 위협을 받는다. 하지만 후반부에서는 엘리야와 과부가 음식과 물을 풍부하게 소유하게 된다.

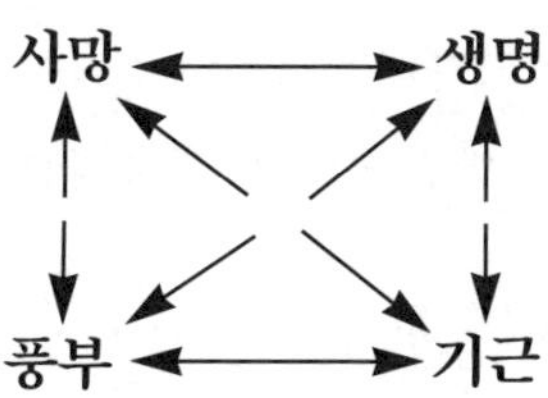

우선 생명과 사망 사이는 대립의 관계고, 풍부와 기근 사이도 대립의 관계다. 그리고 생명과 기근은 모순관계고, 사망과 풍부도 모순관계이다. 그런데 풍부는 생명을 함축하고 기근은 사망을 함축한다. 여기에서는 풍부와 기근이라는 대립은 궁극적으로 생명과 사망이라는 넓은 구조를 반영하고 있음을 알 수 있다. 특히 알렌은 풍부/기근의 근본구조를 넘어서서 여자(과부)와 남자(엘리야), 이스라엘(정결함)과 이방인(불결함) 사이의 관계적 구조도 파악하여야 한다고 강조한다.[260]

이러한 작업은 갈랑(Corina Galland)에 의하면 이런 모델을 통하여 "본문 구조적 요소들(단어, 구, 문장들)이 상이성이나 대조나 암시성의 관계를 통하여 부정, 확언, 예상, 암시 등의 의미 가운데 어떤 것을 더욱 지배적으로 강조하는지"[261] 알 수 있다고 한다. 또한 우리가 위에서 보았듯이 방주와 홍수가 은혜와 심판의 근본적인 대립으로 밝혀지고, 풍부와 기근이 생명과 사망의 근본적인 대립으로 밝혀지고 있음을 알 수 있다.

그레마스의 행위자 모델

내러티브(narrative)란 일종의 전달(communication)이라 할 수 있다. 화자는 그의 여러 가지 표현방법을 통해서 이야기의 내용을 상대방에게 전달한다. 이야기의 내용을 분석하기 위해서는 활동인물과 사건 진행의 관계, 즉 화자가 하는 그 말의 역할을 살펴보아야 할 것이다. 프랑스의 그레마스(Gremas)는 내러티브 속의 행위자를 여섯 개의 대표적인 행위체로 아래와 같이 제시했다.

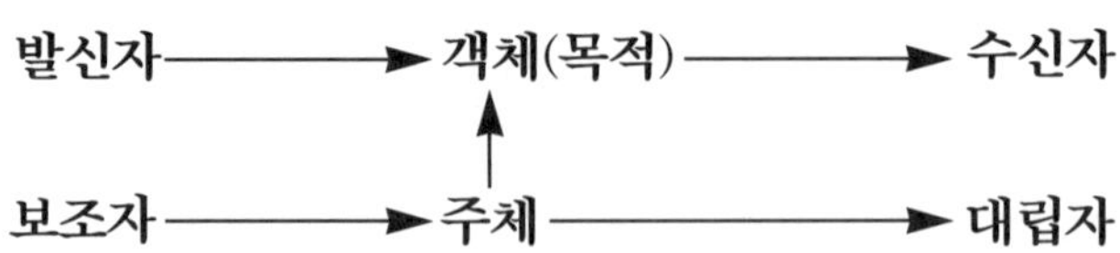

발신자는 내러티브에 발동을 거는 행역자(行役者)를 일컫는다. 그는 어떤 것(객체)을 어떤 사람(수신자)에게 전달하려고 하는 자다. 여기서 객체란 잃어버린 것 곧 찾아와야 하는 대상을 말한다. 주체 곧 영웅이나 주인공은 다양한 행위를 통해 전달을 방해하는 장애물을 제어함으로써 전달을 촉진시킨다. 또한 그는 발신자의 호소에 응답할 뿐 아니라 그와 협약을 맺고 지금 없는 객체를 찾아오려고 나서는 자를 가리킨다. 대립자는 탐색 행위에 방해를 놓는 부정적인 힘을 가리키고, 보조자는 탐색을 쉽게 하도록 도와주는 자를 가리킨다. 보조자는 인물이 될 수도 있고, 자질, 능력, 지혜, 정보, 자연물 등이 될 수도 있다. 그리고 수신자는 이야기의 끝에 가서 탐색의 객체를 선물로 받는 자이다. 그 예로 「누가복음」 10장 30-35절을 들겠다.

"어떤 사람이 예루살렘에서 여리고로 내려가다가 강도를 만나매 강도들이 그 옷을 벗기고 때려 거의 죽은 것을 버리고 갔더라. 마침 한 제사장이 그 길로 내려가다가 그를 보고 피하여 지나가고 또 이와 같이 한 레위인도 그곳에 이르러 그를 보고 피하여 지나가되 어떤 사마리아 사람은 여행하는 중 거기 이르러 그를 보고 불쌍히 여겨 가까이 가서 기름과 포도주를 그 상처에 붓고 싸매고 자기 짐승에 태워 주막으로 데리고 가서 돌보아 주니라 그 이튿날 그가 주막 주인에게 데나리온 둘을 내어 주며 이르되 이 사람을 돌보아 주라 비용이 더 들면 내가 돌아올 때에 갚으리라 하였으니"(눅 10:30-35).

이 선한 사마리아 사람의 비유를 그레마스의 행위체로 풀어보면, 주체는 선한 사마리아 사람이고, 그의 목적은 건강을 돌보는 것이다. 그리고 발신자는 나타나 있지 않고, 수신자는 강도 만나 부상당한 사람, 보조자는 기름, 술, 당나귀, 돈, 여관 주인이며, 대립자는 강도들이다. 여기서 발신자는 뚜렷이 나타나 있지 않지만 성령 하나님이라고 생각한다. 성령 하나님 즉 발신자는 선한 사마리아 사람(주체)에게 강도 만나 부상당한 사람을 구해 주라는 임무를 은밀히 부여하는 것이다. 만일 그렇지 않았다면 선한 사마리아인도 제사장이나 레위인처럼 못 본체하고 지나가고 말았을 것이다. 주체 즉 선한 사마리아 사람은 성령의 명령을 받아들이고, 보조자 즉 기름, 술, 당나귀, 돈, 여관 주인의 힘을 빌어서 대립자(강도들)와 대결을 벌여 수신자 즉 강도 만난 사람을 구해준다. 이를 구조화하면 다음과 같다.

발신자	객체	수신자
?	건강	부상당한 사람

보조자	주체	대립자
기름,포도주,짐승,돈,여관주인	사마리아인	강도들

이렇게 풀이할 때 선한 사람의 목적은 강도 만난 사람의 건강을 돌보는 일이라 할 수 있다. 그런데 그 임무를 수행하도록 명하고 즉시 행하게 한 것은 자신의 의지가 아니라 성령 하나님이신 것이다. 아무리 사람이 선하다고 해도 성령의 역사가 없으면 남을 돌보는 일을 할 수가 없다. 강도 만난 사람의 이웃이 되게 한 것은 선한 사마리아 사람의 선의가 아니라 성령 하나님의 강권적 역사였다.

또한 우리는 이 비유에 대한 문학적인 접근을 통하여 배우는 것이 있다. "누가 내 이웃입니까?"라고 묻는 청년 율법사의 질문에 예수님께서는 '내 이웃'이 누구인지를 직접 설명하지 않고 한 비유를 들려 주셨는데, 그것이 바로 우리가 잘 아는 선한 사마리아인의 비유다. 이 이야기는 그 자체가 '이웃'에 대한 일종의 문학적 정의가 된다. 문학적 정의는 설명적인 정의보다는 구체적이다. 즉 이웃에 대한 정의를 내려 주는 것이 아니라 이웃됨에 대한 체험을 제공해 주는 것이다.

율법사는 선한 사마리아 사람의 비유를 통해 자신이 바로 여리고 길의 강도 만난 자임을 깨닫게 된다. "그러면 내 이웃이 누구오니까?"라는 율법사의 질문에 대해 "누가 강도 만난 자의 이웃이냐?"고 주님께서 되물으신 그 질문에는 율법사를 강도 만난 사람과 은연중 동일시하는 예수님의 시각이 들어 있다. 즉 율법사로 하여금 강도 만난 사람의 비유를 통하여 자기 자신이 바로 강도 만난 사람과 동일하다는 체험을 하게 하시려는 것이었다. 다시 말하면 강도 만난 사람에게 있어서 선한 사마리아 사람이 이웃이듯이 율법이라고 하는 사슬에 매여 자유롭지 못한 한 청년 율법사의 이웃은 선한 사마리아 사람에 비유되는 예수라는 것을 암암리에 가르쳐 준 것이라 할 수 있다.

컬리의 문제/기적/해결 모델

구조주의적 해석을 시도한 학자로는 그레마스 이외에 컬리라는 학자가 있다. 그는 구약 성경에 나오는 몇 개의 기적 내러티브들 사이에 나타나는 공통된 구조를 발견하였다.[262] 그것은 곧 어느 특수 인물이나 사건이 아니라 그들의 역할, 즉 내러티브 속에서의 그들의 기능이 유사함을 발견한 것이다. 이들의 기능을 추상적으로 일반화시키면 문제/문제해결이라는 구조가 나타난다. 컬리는 좀 더 보편적인 술어로는 위기/위기해소로 볼 수 있다고 제안하였다.[263] 컬리는 위와 같은 입장에서 『구약성경』에 나오는 몇 개의 기적 이야기들을 분석하였다.

가) 좋지 못한 물을 엘리사가 고친 기적이 「열왕기하」 2장 19-22절에 나온다. "그 성읍 사람들이 엘리사에게 말하되 우리 주인께서 보시는 바와 같이 이 성읍의 위치는 좋으나 물이 나쁘므로 토산이 익지 못하고 떨어지나이다. 엘리사가 이르되 새 그릇에 소금을

담아 내게로 가져오라 하매 곧 가져온지라. 엘리사가 물 근원으로 나아가서 소금을 그 가운데 던지며 이르되 여호와의 말씀이 내가 이 물을 고쳤으니 이로부터 다시는 죽음이나 열매 맺지 못함이 없을지니라 하셨느니라 하니 그 물이 엘리사의 한 말과 같이 고쳐져서 오늘에 이르렀더라." 이 이야기의 주인공은 둘이다. 하나는 여리고 사람들이고, 다른 하나는 예언자 엘리사이다. 여리고 도시의 사람들이 예언자 엘리사에게 문제를 제시하며 해결해 주기를 요구하였다. 예언자는 어떤 물건 즉 "새 그릇에 소금을 담아 내게로 가져 오라"(왕하 2:20)고 명하였다. "여호와의 말씀이 내가 이물을 고쳤으니"(왕하 2:21)라는 엘리야의 말씀 선포가 있은 뒤 물을 다시 마실 수 있게 고쳤으므로 "토산(土産)이 익지 못하고 떨어짐이"(왕하 2:21) 없게 되는 문제의 해결이 이루어지게 된다.

나)「열왕기하」 4장 38-41절은 엘리사가 독이 든 국을 고친 기적 이야기다. "엘리사가 다시 길갈에 이르니 그 땅에 흉년이 들었는데 선지자의 제자들이 엘리사의 앞에 앉은지라. 엘리사가 자기 사환에게 이르되 큰 솥을 걸고 선지자의 제자들을 위하여 국을 끓이라 하매 한 사람이 채소를 캐러 들에 나가 들포도덩굴을 만나 그것에서 들 호박을 따서 옷자락에 채워가지고 돌아와 썰어 국 끓이는 솥에 넣되 그들은 무엇인지 알지 못한지라. 이에 퍼다가 무리에게 주어 먹게 하였더니 무리가 국을 먹다가 그들이 외쳐 이르되 하나님의 사람이여 솥에 죽음의 독이 있나이다 하고 능히 먹지 못하는지라. 엘리사가 이르되 그러면 가루를 가져오라 하여 솥에 던지고 이르되 퍼다가 무리에게 주어 먹게 하라 하매 이에 솥 가운데 독이 없어지니라." 이 기적을 보면 한 사람이 들에 나가 야등 덩굴에서 들 외를 따서 옷자락에 채워 가지고 돌아와서 썰어 국 끓이는 솥에 넣은 그것이 문제였다. 그 문제를 발견한 사람들이 예언자에게 "솥에 죽음의 독이 있나이다"하고 알려 주었다. 선지자는 그들에게 어떤 물건 즉 "가루"(왕하 4:41)를 가져오라고 지시하였다. 그것을 솥에 던지고 말하기를 "무리에게 주어 먹게 하라"(왕하 4:41)고 명한다. 그렇게 하자 그 솥의 독이 없어졌다. 이렇게 해서 문제는 해결되는 것이다.

다) 「출애굽기」 15장 22-27절에 쓴 물을 모세가 달게 한 기적 이야기가 나온다. 모세가 이스라엘을 인도하여 수르 광야의 마라에 이르렀을 때 사람들은 물을 마실 수 없다는 것을 알고 이 사실을 모세에게 고하였다. 모세는 여호와 하나님께 간구하고 여호와 하나님께서는 모세에게 물건 "한 나무"(출 15:25)를 지시하였다. 그가 그것을 물에 던지매 물이 달아졌다. 그 결과는 기적적으로 문제는 해소된다.

라) 「열왕기하」 6장 1-7절에 나오는 설화는 물에 빠진 도끼를 엘리사가 건져주는 이야기다. 어떤 사람이 나무를 베다가 빌려온 도끼를 물에 빠뜨리는 어려운 처지에 이르게 된다. 그는 이 사실을 엘리사에게 알렸다. 예언자는 그 말을 듣고 나무 가지를 집어 물에 던지게 하였다. 그 결과 기적적으로 문제는 해소된다.

마) 「출애굽기」 17장 1-7절을 보면 모세가 바위에서 물을 나오게 한 이야기가 나온다. 이스라엘 백성이 모세의 인도를 받아 르비딤에 이르러 장막을 쳤으나 마실 물이 없었다. 그 사실을 모세에게 백성들이 알리고 불평하였다. 모세는 여호와 하나님께 부르짖었다. 여호와께서는 어떤 도구(지팡이)를 사용해서 바위를 치라고 하셨다. 그 지시대로 한 결과 기적이 일어나 문제는 해소된다.

바) 「열왕기상」 17장 17-24절에 죽은 아들을 엘리사가 살린 이야기가 나온다. 어머니는 아들이 죽은 것을 알고 선지자 엘리사에게 하소연하였다. 선지자 엘리야는 "아들을 달라 하여 그를 그 여인의 품에서 취하여 안고 자기의 거처 다락에 올라가서" 그 아들을 위해 여호와께 부르짖어 기도하였다. 이 실화에서는 기적을 수행

하기 위한 도구가 사용되지 않았다. 결과적으로 아이는 살아나서 어머니에게로 다시 돌아가게 되었다.

사) 「열왕기하」 4장 1-7절을 보면 빚진 과부를 엘리사가 도와 준 이야기가 나온다. 선지자 엘리사의 생도의 아내 중에 한 여인(남편은 죽음)이 자신의 난처한 문제 즉 "채주가 나의 두 아이를 취하여 그의 종으로 삼고자한다"(왕하 4:1)는 것을 그에게 알렸다. 예언자는 그 여인에게 어떻게 할 것을 지시하였다. 즉 그녀에게 나가 이웃에가 그릇을 많이 빌어 가지고 와서 문을 닫고 그 모든 그릇에다가 그녀의 집에 남아 있는 한 병 기름을 부으라고 지시하였다. 기름은 붓고 부어도 다함이 없었다. 그래서 그것을 가지고 가 팔아 빚을 갚고 남은 것으로 그녀와 두 아들은 안전하게 생활을 할 수가 있었다. 이처럼 기적으로 문제 해결은 이루어졌다.

컬리는 이상의 예를 아래와 같은 도표로 요약해 놓았다.[264)]

(1) 문　　제	A가 B에게 알림	
가) 좋지 못한 물	여리고 사람들이 엘리사에게 알림	
나) 독이 든 국	선지생도들이 엘리사에게 알림	
다) 쓴 물	백성들이 모세에게 불평함	
	모세가 여호와께 호소함	
라) 물에 빠진 도끼	사람들이 엘리사에게 알림	
마) 물이 없음	백성들이 모세에게 불평함	
	모세가 여호와께 호소함	
바) 소년의 죽음	여인이 엘리사에게 알림	
사) 빚쟁이의 협박	과부가 엘리사에게 알림	

(2) 반 응	재 료	행 동
가) 엘리사가 재료를 가지고 오라고 지시함	소 금	던지다 여호와의 말씀
나) 엘리사가 재료를 가지고 오라고 지시함	가 루	던지다
다) 여호와가 모세에게 재료를 보여줌	막대기	던지다
라) 엘리사가 질문함	막대기	단지다
마) 여호와가 모세에게 지시함	지팡이	바위를 침 여호와가 물이 나오리라 말함
바) 엘리야가 소년을 데려오라고 함		소년 위에 누움. 고치기 위해 기도함
사) 엘리사가 질문함		무엇 하라 지시함

(3) 기적적인 결과	문제해결
가) 물이 고쳐짐	
나) 국을 다시 따라 주라 함	국에 독이 없어짐
다) 물이 달게 됨	
라) 도끼가 물에 뜸	
마) 모세가 여호와의 지시대로 행함	
바) 소년이 살아남	엘리야가소년을어머니에게돌려 줌
사) 기름이 그릇에 차고 넘침	엘리사가 기름을 달라고 지시함

위의 도표는 세 가지 요소로 구성되었다. 그 세 요소들을 살펴볼 때, 문제를 가진 주인공이 기적적인 도움을 줄 수 있는 다른 주인공에게 문제의 사실을 알렸고, 도움을 줄 수 있는 주인공은 문제해결을 위해 반응을 보이고 그 결과 기적이 일어나 문제가 해소되는 것을 알 수 있었다. 컬리는 위와 같은 유사한 이야기들을 서로 비교하면서 공통적인 모형 내지 구조를 찾아보려고 애썼다. 이것은 주로 주인공의 역할 내지 기능을 중심으로 찾아본 것이었다. 이

러한 성경 연구에 대한 문학적 접근은 어디까지나 텍스트 그 자체와 텍스트의 언어 구조와 형태에 초점을 둔다. 여기서 찾을 수 있는 구조는 문제제기/ 반응/ 문제해결(기적을 통하여)이라고 하는 공통된 틀이다.[265] 이것을 도식화하면 다음과 같다.

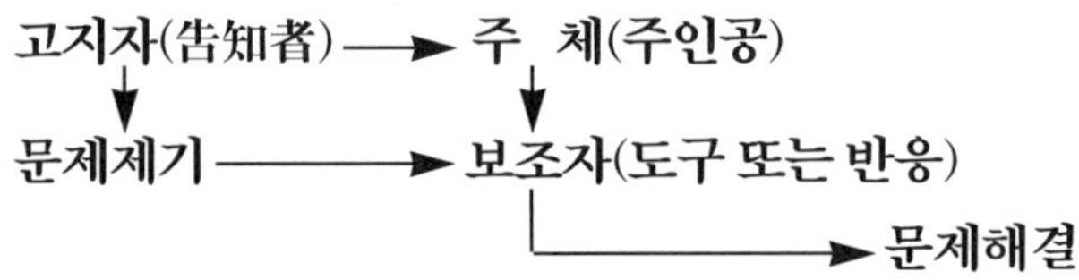

구조 비평은 양식 비평이나 전승 비평과 같이 텍스트의 형태나 전승의 역사 또는 텍스트를 구성하게 된 삶의 정황에 관심을 두지 않고 텍스트 그 자체와 그 구조에 초점을 둔다.

컬리의 문제/기만/해결 모델

컬리 교수는 또한 여러 개의 내러티브에서 공통되는 주제나 모형을 찾아내려 하였다. 그 한 예로 아브라함의 수모 사건을 들었다. 아브라함의 수모 사건은 「창세기」 12장 10-20절, 20장, 26장 1-13절에 기록되어 있다. 이 이야기를 비교해 보면 아래와 같다.

아래 도표에서 주인공들의 상황과 행동을 비교해 보면 유사한 점이 많이 있음을 알 수 있다. 세 이야기의 주인공이 같은 것은 아니다. 아브라함과 사라가 두 번 나오고, 한 번은 이삭과 리브가가 나온다. 통치자는 한 곳은 바로고, 두 곳은 아비멜렉이다. 주인공들의 이름은 달라도 행동은 너무나 유사하다. 즉 아브라함과 이삭이 아름다운 부인을 대동하고 이방 땅에 들어갔지만 자기의 어여쁜 부인 때문에 목숨을 잃을까 두려워(문제제시) 부인을 누이라고

창 12장 10~20절	창 20장	창 26장 1~13절
아브라함과 사라	아브라함과 사라	이삭과 리브가
기근		기근
이집트	그랄	그랄
목숨의 공포	기만	기만
부인 때문에		목숨의 공포
기만		부인 때문에
바로가 부인을 취함	아비멜렉이 부인을 취함	부인을 빼앗기지 않음
여호와 개입	엘로힘이 꿈에 부인을	아비멜렉이 우연히
	돌려보내라고 명함	사실을 발견함
바로가 아브라함	아비멜렉이 아브라함	아비멜렉이 이삭
책망함	책망함	책망함
	아브라함이 속인 이유	
	밝힘	
아브라함 내보냄	아비멜렉이 선물과	아비멜렉의 이삭 보호
	부인을 돌려 줌	
	아브라함이 기도함	
	엘로힘이 고쳐줌	

속인다(기만). 아브라함과 이삭은 부인은 빼앗겼으나 목숨은 구했다(문제해결). 그러나 이것으로 문제가 완전히 해결된 것은 아니다(새 문제 제시). 그 속인 사실이 주로 하나님의 개입으로(신의 개입) 밝혀진 다음 그 땅의 통치자는 두 족장을 불러 책망하고 부인을 돌려준다(문제해결). 위의 세 이야기를 보면 유사성은 물론 약간의 차이점들도 발견할 수 있다. 그러므로 이것은 구두 전승으로 전해 내려온 같은 이야기의 세 가지 변형이라고 보는 견해가 지배적이다.[266]

이 이야기의 공통적인 구조는 문제제시/기만/문제해결의 패턴을 취한다는 것이다. 그러나 그것으로 완전하게 문제가 해결된 것은 아니었다. 그래서 새 문제(재앙 당함)가 제기되고 그 제기된 새 문제는 하나님의 개입으로써 마침내 해결된다(아내 다시 찾음).

대립 선택의 모델

내러티브의 구조를 논할 때 또 한 가지 우리가 발견하는 것은 대립적 구조가 많다는 것이다. 예컨대 갈등이 선과 악, 본향인과 이방인, 자연적인 것과 초자연적인 것, 늙은이와 젊은이, 부모와 자식 등으로 양분되어 나타난다. 그 예를 「누가복음」 10장 38-42절에서 찾을 수 있다.

"그들이 길 갈 때에 예수께서 한 마을에 들어가시매 마르다라 이름하는 한 여자가 자기 집으로 영접하더라 그에게 마리아라 하는 동생이 있어 주의 발치에 앉아 그의 말씀을 듣더니 마르다는 준비하는 일이 많아 마음이 분주한지라 예수께 나아가 이르되 주여 내 동생이 나 혼자 일하게 두는 것을 생각지 아니하시나이까 그를 명하사 나를 도와주라 하소서 주께서 대답하여 이르시되 마르다야 마르다야 네가 많은 일로 염려하고 근심하나 그러나 몇 가지만 하든지 혹 한 가지만이라도 족하니라 마리아는 이 좋은 편을 택하였으니 빼앗기지 아니하리라 하시니라" (눅 10:38-42).

텍스트는 두 자매의 행동을 대조시켜 한 폭의 그림을 제공해 주고 있다. 두 자매의 이름은 베다니에 살았던 마르다와 마리아다. 마르다와 예수님의 관계는 동등한 사람들 사이에서 이루어지는 그런 관계다. 그것은 마르다는 손님을 맞이하는 집안의 안주인으로, 예수님은 대접을 받는 손님의 입장으로 취급되기 때문이다. 그러나 주님의 발치에 다소곳이 앉아 말씀을 듣는 마리아와 예수님의 관계는 스승(상급자)에게 제자(하급자)가 취하는 그런 자세로 이루어진 관계다. 마리아는 다소곳이 주님의 가르침을 듣고 있다. 이 이야기에서 마르다는 예수님을 영접하고 있지만, 마리아는 그분의 말씀을 듣고 있다. 역시 마르다와 마리아의 기능은 행동의 차원에서 대립되었다. 마르다는 많은 봉사활동 때문에 갈피를 잡지 못할 정도로 분주하고 분심(分心)하였지만, 마리아는 주님의 가르침을 듣는 한 가지 일에만 온 정성을 쏟고 있었기 때문에 대조가 된다. 그분께 봉사한다는 것과 말씀을 듣는다는 것은 행동의 기능 면으로 볼 때는 확연히 대립된다.

마 르 다		마 리 아
↓		↓
봉사활동	↔	**말씀 경청**
↓		↓
영 접	↔	**경 청**
↓		↓
많은 일	↔	**한 가지 일**
↓		↓
다가오다	↔	**앉아 있다**

이 두 자매의 상반된 태도가 알력과 갈등을 불러 일으켜서, 두 자매 사이의 조화는 깨어질 지경에까지 이르게 된다. 예수에게로 다가오는 마르다와 예수 앞에 차분히 앉아 있는 마리아가 교묘하게 한 번 더 대조를 이룬다. 마리아의 태도는 복종하는 자세이고 마르다의 자세는 공격적이다. 마리아는 주님의 말씀을 듣고 있는데 반해서 마르다는 자기가 말하고 있는 것이다. 마침내 마르다는 화를 내며 주님께 명령조로 동생더러 도와주게 하소서 하고 질책한다. 주님의 말씀을 듣고 있는 마리아의 태도와는 판이하게 다르다.

그러나 주님은 마르다가 취하는 행동보다는 마리아의 말씀을 듣는 행위를 더 좋은 것으로 취하셨다. 주님은 '마르다야 마르다야' 라고 두 번 부르는데, 그것은 일종의 경고의 신호라 할 수 있다. 여기서 한 가지 더 대립을 이루는데, 그것은 '많은 일' 과 '한 가지의 일' 이다. 마르다는 많은 일로 해서 걱정하고 안달하게 됨으로써 오히려 그녀에게 꼭 필요한 한 가지의 일을 소홀하게 취하는 우를 범하였다. 그러나 마리아는 한 가지 것에만 집중함으로써 더 좋은 것을 선택하게 되었던 것이다.

마리아의 자세는 저절로 발생하는 행운이 아니라 더 좋은 것을 찾으려는 선택행위에서 유래되었다. 마리아의 말씀을 듣는 것은 봉사활동보다 더 좋은 것이었다. 두 자매 사이의 갈등은 주님의 현명한 판단에 의해 해결된다. 마리아는 말씀 경청을 선택함으로써 행복한 결말을 갖게 되지만, 마르다는 봉사활동을 선택함으로써 행복하지 못한 결말을 갖게 된다. 여기서 무엇을 선택하느냐 하는 것이 문제가 아니라 주님의 기본의지가 무엇이냐 하는 것이고 그 의지에 합의한 선택을 하는 것이 무엇보다 중요하다. 이 대립 선택의 구조를 도식화하면 다음과 같다.

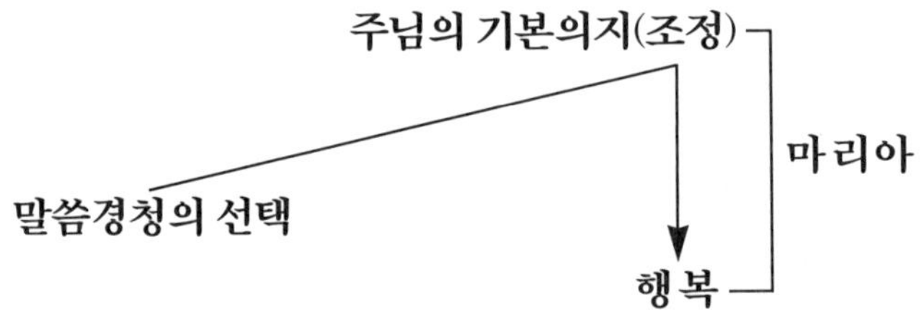

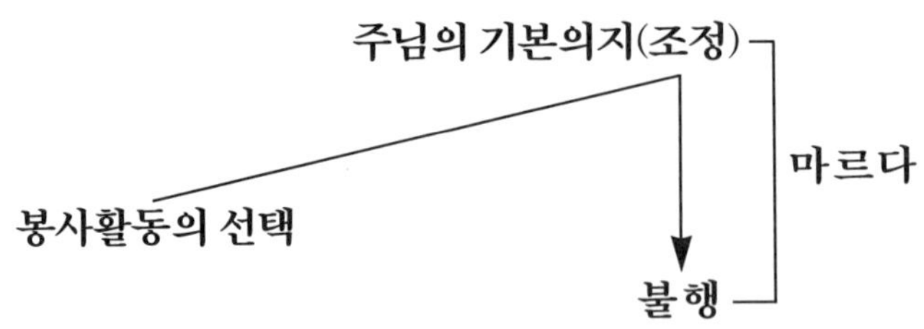

내러티브를 다룰 때 단순히 이야기로서 재미있게 읽는 것보다 구조를 따져서 읽으면 훨씬 그 내용이 선명해지고 아주 중요한 신앙적 교훈을 얻을 수 있다.

5) 서사적 접근방법

일반적으로 우리는 스토리(story)와 내러티브(narrative)를 '이야기' 라는 똑같은 용어로 번역한다. 우리나라 말로는 다르게 번역할 표현이 없기 때문이다. 그러나 엄격히 말하면 스토리와 내러티브는 상당히 다른 뉘앙스를 지니는 용어들이다. 그러므로 본 저자는 '스토리' 를 '이야기' 로, '내러티브' 를 '서사이야기' 로 구분해서 사용하겠다.

먼저 '이야기' 라는 단어 자체를 살펴보면, 이 말이 우리가 일반적으로 생각하는 것보다 훨씬 더 풍부한 의미를 가진 단어라는 것을 알 수 있다. '이야기' 라는 단어는 '역사' (history)라는 단어와 같은 어원에서 나왔고, 과거 한때는 정확하게 동일한 의미로도 사용되기도 했다.[267] 웹스터 사전에서는 스토리(이야기)를 "행사나 사건에 관한 기술—문제의 상황과 관련이 있는 사실에 관련된 진술" 이라고 정의하였다. 이 정의만을 보아도 이야기는 역사 즉 사실과 관련된 진술이라는 것을 알 수 있다.

일반적으로 처음에는 이야기를 가리키는 용어로서 스토리라는 말이 사용되다가 점차 내러티브로 옮겨지게 되게 되었다. 다시 말해서 이야기란 "아주 제한적으로 사용되는 용어로서, 수많은 문학적 양식들—신화, 비유, 무용담 등에서 나온 이야기(tale)를 말한다. 반면 서사이야기란 '담론' (discourse)[268]이 될 수 있는 특별한 형태를 의미한다."[269] 즉 서사이야기란 사건을 중심으로 기술된 담론형식의 이야기를 말하는 것이다. 이와 같이, 서사이야기란 본문의 내용인 이야기와 그것이 전달되는 담론이 합쳐진 것을 의미하므로, 서사비평은 먼저 서사이야기의 내용인 사건과 인물과 배경과 그것들의 상호 작용인 플롯으로 이루어진 이야기를 탐구하고, 그 다음으로는 그 이야기가 어떻게 독자들에게 전달되었는가 하는 서사이야기의 수사를 다루는 작업을 하게 된다.[270)]

유진 로우리는 서사이야기를 이렇게 설명한다. "내가 의미하는 이야기 형식의 설교는 특정한 시간에 일어나는 사건이다. 그 사건은 불안정 상태 또는 충돌에서 계속적인 갈등과 혼란이 지나가고 극적 반전으로, 그리고 대단원의 끝으로 이어가는 이동이다."[271)] 이렇게 보면 로우리 교수가 말하는 서사이야기는 사건 자체의 이야기에 해석자의 의견이 곁들여진 것을 의미한다고 볼 수 있다. 그래서 그는 이야기(story)와 서사이야기를 구별하기 위하여 '메디슨' (medicine)이란 영어 단어를 사용한다.

'메디슨' 이란 단어는 단순하게 말하면 이미 제조된 병 안에 들어 있는 '약 자체' 를 의미하기도 하지만, 다른 면에서는 '의사의 처방과 제조' 까지를 포함하는 의미로의 약을 의미하기도 한다. 약 자체를 스토리라고 한다면, 처방과 제조까지 포함하는 것을 서사이야기라고 설명한다.[272)] 그러므로 서사이야기는 이야기 자체에 자기의 해석과 경험을 함께 엮는 것이라고 정의 할 수 있다.

성경에는 수많은 서사이야기들이 있다. 즉 전쟁 이야기들, 배신 이야기들, 유혹과 왕실 안에서 일어난 변절 이야기들, 농부들이나 어리석은 사람들에 관한 이야기들, 병 고치는 이야기들, 폭력적인 이야기들, 웃기거나 슬픈 이야기들, 죽음과 부활에 관한 이야기 등 수없이 많은 이야기들이 있다.[273)] 성경은 이야기 책(story book)이라고 해도 과언이 아니다. 구약의 40%가 서사이야기다. 복음서 역시 그 대부분이 사람들과 사건들에 대한 단순한 이야기들로 되어 있으며, 이야기 형태를 통해서 메시지를 전하고 있다. 복음서의

1/10이 교리에 대한 것이라면 9/10는 서사이야기로 되어있다고 할 수 있다.

이렇게 성경에는 서사이야기가 많기 때문에 서사적 접근방법으로 다가가서 해석하는 것이 너무나 당연하다. 서사적 접근방법은 성경 본문 자체에 초점을 맞춘다. 많은 사람들에게 이 방법이 크게 관심을 끄는 이유는 그것이 본문 중심적이며, 다른 것에 근거하기보다는 성경을 그 자체적으로 이해하려고 한다는 사실 때문이다. 하지만 서사적 접근방법을 효율적으로 사용하려면, 서사이야기가 반영하는 사회적이고 역사적인 상황들에 대한 지식도 갖추어야 한다. 서사적 접근법이 성경외적인 것들을 배워야 하는 필요성으로부터 벗어나기 위해서 나온 대안은 아니지만, 서사적 해석과정이 텍스트의 세계에 깊이 몰입하는 것을 의미하는 것만은 사실이다. 이런 의미에서, 서사적 접근방법으로 성경을 바르게 이해하려는 사람들은 구체적으로 다음과 같은 관점과 요소들을 주목해야 한다.

(1) 텍스트와 콘텍스트

텍스트(text)는 '본문' 또는 '원문'으로 번역되는 말이다. 그러나 좀 더 광의적으로 생각해 보면, 텍스트는 글 자체, 정보, 단락, 문장, 문서, 문헌, 책, 요컨대 주석과 번역 및 석의와 같은 해석이 이루어지기 이전의 '글 전체'를 일컫는다. 콘텍스트(context)는 사전적인 의미로는 '문맥', '맥락', '행간', 즉 문장의 전후관계를 일컫는다. 그러나 넓은 의미의 콘텍스트는 어떤 사물이 처한 상황이나 환경 또는 그 배경이 되는 요소들 간의 관계 및 수용자의 인식 정도까지 다 포함한다. 성경 가운데서 한 예를 들어 텍스트와 콘텍스트의 관계를 살펴보겠다.

「마태복음」 26장 17-30절(막 14: 12-26; 눅 22: 7-23; 요 13:21-30; 고전 11: 23-25)에 무교절 첫날에 예수께서 제자들과 성만찬을 갖는 내용이 나온다. 이 「마태복음」 26장 17-30절의 내용이 텍스트다. 이 텍스트를 읽고 어떤 사람이 성만찬은 '부활에 동참한다는 고백' 이라고 한다면, 그것은 텍스트에 대한 해석이라고 할 수 있다. '성만찬' 이라고 하는 텍스트를 바르게 해석하는 데는 문자적 접근도 중요하지만 그에 못지않게 그 본문의 내용을 이루고 있는 콘텍스트를 아는 것도 매우 중요하다. 앞에서 예로 든 「마태복음」 26장 17-30절까지의 본문을 이루는 콘텍스트는 십자가의 죽음과 인류의 속죄라는 상황이다. 해석은 해석자에 따라 달라질 수가 있지만, '콘텍스트' 를 보다 넓게 생각해 보면 '성만찬' 은 '유월절 어린양' 이라는 성경 전체의 콘텍스트에 직결되어 있다는 것을 알 수 있다. 이렇게 보면, "세상 죄를 지고 가는 하나님의 어린 양이로다"(요 1:29)라고 말한 세례 요한의 선포도 연결된다. 예수님께서는 성만찬을 제자들과 함께 가질 당시에, "이것은 죄 사함을 얻게 하려고 많은 사람을 위하여 흘리는 바 나의 피 곧 새 언약의 피니라"(마 26:26)하셨다. "새 언약과 성만찬은 어떤 내용인가?" 하는 것이 여기서는 핵심이 된다.「요한복음」은 성만찬에 대해 기록하지는 않았지만 그 대신 포도나무 이야기를 전하고 있다(요 15장). 또한 「요한복음」 17장 21절에서는 "아버지여, 아버지께서 내 안에, 내가 아버지 안에 있는 것 같이 그들도 다 하나가 되어 우리 안에 있게 하사 세상으로 아버지께서 나를 보내신 것을 믿게 하옵소서" 라 하였다. 그리고 「요한복음」 13장에서는 예수께서 제자들의 발을 씻어주는 세족식과 가룟 유다가 자기를 팔 것을 이야기하셨다. 이것이 제자들과 함께 '성만찬' 을 가질 당시와 가장 가까운 콘텍스트라 할 수 있다. 이런 의미에서 '세족식' 과 '성만찬' 은 비유와 실체의 관계에 있다고 말할 수 있다. '목욕' 은 '세례' 에 비유되고

'성만찬' 은 '세족' 에 비유된다. '세례' (목욕)는 한번이면 족하지만 '성만찬' (세족)은 자주 행해야 한다. '성만찬' 을 '세족' 과 연결시키면서, 예수님께서는 "내가 너를 씻어 주지 아니하면 네가 나와 상관이 없느니라" (요 13: 8)하셨다. 이 말씀은 '성만찬을 통해 내가 너희들의 죄를 자주 씻기지 아니하면 너희가 나와 아무런 상관이 없다' 는 뜻으로 해석할 수 있다. 그래서 '성만찬' 은 '주님과의 관계 지속' 이라는 의미와 '죄 씻음' 이라는 의미를 지니고 있다고 말할 수 있다.

그래도 그 텍스트의 상황을 너무 넓히면 그 상황 자체에 충실하지 못하고 엉뚱한 이야기를 하기 쉽다. 예를 들자면, "내가 생명의 떡이라" (요 6:48) 말씀하셨을 때에, 앞뒤의 상황은 5병2어의 이적을 행하신 이후의 일이라는 것을 알아야 한다. 그리고 그 대상도 5병2어의 이적으로 저녁식사를 해결한 사람들이었다. 예수께서는 이런 그들에게 5병2어와 같은 썩을 양식을 위하여 일하지 말고 영원한 양식을 위하여 일하라는 말씀으로 하신 것이다.

말하자면 예수님을 참되게 믿고 따르면서 참된 생명을 얻으라는 뜻이다. 경우에 따라서는 훨씬 넓은 범위에서 보아야만 하는 경우도 있다.「욥기」에 보면 "네 시작은 미약하였으나 네 나중은 심히 창대하리라" (욥 8:7)는 말씀이 있다. 이 말씀은 욥의 친구가 욥에게 교훈한 말이다. 하지만 마지막에 보면 하나님께서는 욥을 인정하고, 친구들을 책망하신다. 친구들의 교훈이 욥을 위한 마음에서 시작되기는 하였지만,「욥기」 전체의 맥락을 보면 오히려 욥이 그들을 가르쳐야만 한다. "네 시작은 미약하였으나 네 나중은 심히 창대하리라" 는 말씀은 그 말씀이 선포된 상황에서 보면 좋은 이야기이지만,「욥기」전체를 보는 입장에서 보면 결국은 책망 받을 친구들의 이야기다. 결국은 윤리적인 이야기는 될 수 있을지언정 하나님의 말씀은 아니라는 결론을 얻게 된다.

(2) 텍스트와 코-텍스트

서사비평은 하나의 본문을 배추포기처럼 속이 꽉 들어찬 구조물로서 포기 통 채로 읽기를 권한다. 실제로 스토리 줄거리를 갖춘 서사이야기를 통 채로 읽는 것은 너무나 당연하다. 어떤 독자들이 재미있는 스토리를 띄엄띄엄 읽겠는가? 그 스토리의 전개가 궁금해서라도 그럴 수 없을 것이다. 마찬가지로 성경의 서사이야기를 읽는 사람은 누구나 예외 없이 대충 읽지 말고 연속적으로 이어서 읽어야 할 것이다.

코-텍스트(co-text)는 서사이야기의 연속적인 읽기라는 점에서 의미가 있다. 코-텍스트란 누가 문서를 꾸밀 때처럼 하나의 의도를 가지고 연속적으로 기록한 텍스트들이 본문의 의미를 만들어 낸다는 것을 가리킨다. 다시 말해서, 「사도행전」은 「누가복음」과 함께 읽어야 하고 「누가복음」은 「사도행전」을 다 읽고 나서야 그 의미가 비로소 명백해진다는 의미이다. 코-텍스트는 작은 단위의 스토리부터 더 확장된 서사이야기까지 텍스트가 놓인 맥락에서 의미 해석의 단서를 찾도록 유도한다. 그러므로 코-텍스트는 자연적으로 어떤 본문을 읽을 때 앞에 나오는 요소에 관심을 갖도록 한다. 즉, 독자가 현재의 본문을 놓고 바로 앞에서 들었거나 읽은 것들이 서사이야기의 의미를 파악하는데 결정적인 역할을 수행한다는 것이다. 실제로 코-텍스트는 주어진 본문의 앞부분뿐만 아니라 그 뒷부분까지 더 광범위하게 관심을 갖게 한다.

하나의 본문을 벗어나 연속성을 갖는 다른 본문과의 연계성 속에서 본문의 의미를 찾는다고 하는 차원에서, 「누가복음」에 기록된 사건은 「사도행전」에서 언급될 이야기를 미리 암시하는 기능을 하게 된다. 그 가운데서도 특히 「누가복음」 2장 25-35절에 나오는 시므온은, 구원이 어린 예수 안에서 이방을 비추는 빛으로 경험될 것을 예시한다. 그러나 「누가복음」에 있어서 예수는 비유대인들과는 거의 관계를 맺지 않는다.[274] 「누가복음」의 독자들은 이방선교가 어떻게 시작되고 합법화되며 하나님의 명령이 구체화되고 성령에 의해 인도되고 충만함을 입는지를 보기 위해서는 「사도행전」까지 기다려야 한다.[275] 다시 말해서, 누가-행전의 서사이야기를 전체적으로 연속해서 읽어보면 모든 사람을 위한 하나님의 구원이 이 책들의 기록목적이라는 것을 알 수 있다.

이 외에도 누가는 다양한 방식으로 「사도행전」에 등장하는 예수의 사도와 제자들이 「누가복음」에서 행한 예수의 사역을 지속하고 있음을 나타내면서 문학적인 평행을 이루고 있다. 이처럼 코-텍스트 읽기는 통일성을 가지고 있는 문서와 책들 사이에 존재하는 문학적 평행 및 암시들을 기초로 성경을 연속성 속에서 해석해 가도록 독자들을 이끌어간다. 또한 「누가복음」을 코-텍스트로 「사도행전」을 읽는 방식은 이 책을 다른 복음서와 비교함으로써 본문 해석에 대한 오류에 빠질 수 있는 함정을 미연에 방지할 수가 있게 한다.[276]

또 한 가지 예로 「사도행전」 3장 1-10절도 코-텍스트적인 연관성 속에서 읽을 때 그 의미를 바로 파악할 수가 있다는 것을 말해두고 싶다. 이 본문은 유대교의 성전을 배경으로 해서 그곳에서 배제된 장애인과 예수의 제자들인 베드로와 요한의 만남을 발단으로 전개되는 이야기를 다루는데, 여기서 핵심적인 주제는 예수의 이름으로 베풀어지는 치유와 회복, 그리고 성전을 중심으로 한 종교적이고 사회적인 경계선에 대한 파괴라 할 수 있다. 이 본문은 「사도행전」 1, 2장의 내용과는 전적으로 다르며 전개 자체도 상당히 격정적이다. 더욱 「사도행전」의 서사이야기가 거의 초반부에 속하므로 독자들은 이 본문 속에 함축된 종교적이고 사회적인 의미를 전체 주제와 관련하여 파악하는 데 어려움을 겪게 된다. 그러나 이미 앞에서 언급한 바대로 「사도행전」을 「누가복음」과의 연속성 속에서 읽게 된다면, 본문 속에 함축된 종교적이고 사회적인 요소들을 쉽게 발견할 수 있을 것이다. 본문의 이해를 돕는 코-텍스트는「누가복음」 18장 9-14절과 19장 45-48절 등이다.

우선 「누가복음」 18장 9-14절을 통해서 독자들은 유대인들의 종교적 지도자들로서 강자인 바리새인들의 종교적 열심에 대한 예수의 비판의 목소리를 듣게 된다. 여기서 바리새인들은 사회적이고 종교적인 약자들과 자신들을 구별하여 그들의 경건생활을 그들 스스로를 높이는 수단으로 사용하고 있다. 이에 대해 예수는 그들이 공동체의 가난한 사람들을 돌봐야 할 계약의 의무를 가지고 있음에도 불구하고 이를 뻔뻔하게 무시하는 것을 비판하고 바리새인들이 무시하고 경멸한 세리의 기도를 인정해 준다. 이러한 「누가복음」의 사상은 「사도행전」에서 성전이라고 하는 유대교의 종교적 상징물을 비판하는 논조로 이어진다. 성전 공동체의 도움을 절실히 필요로 하는 장애인이 성전 미문 앞에 방치되어 있는 모습은 그러한 사상을 자연스럽게 반영한다.

다음으로 「누가복음」 19장 45-48절은 예수의 성전정화 사건을 다루는 것으로, 여기서 예수는 다소 공격적이고 파괴적인 모습을 드러내며 성전의 온전한 회복을 향한 의지를 보여준다. 성전은 기도하는 집이어야 하고 가난한 자들과 힘없는 자들의 필요를 돌아보아야 한다. 그러나 당시의 성전은 강도의 굴혈이 되어 있었다. 따라서 성전을 정화하는 예수의 행동은 예루살렘 성전이 다시 회복되어야 하고 또한 회복될 것임을 암시한다. 이러한 코-텍스트적 읽기를 통해 독자들은 성전 미문의 장애인을 향한 베드로와 요한의 치유 행동은 이런 예수의 상징적인 행동과 일치하는 것으로 판단할 수 있게 된다.

(3) 텍스트와 통전성

서사적 접근방법으로 성경을 해석하는데 있어서 가장 중요한 것은 텍스트의 통전성(integrity) 또는 총체성(wholeness)에 대한 이해라 할 수 있다. 통전성이란 다양한 요소가 한 원리 아래 통합 또는 일치되는 것을 의미한다. 즉 성경의 텍스트는 총체적인 구조와 뼈대를 가지고 있다고 강조하는 것이 서사적 접근방법의 주된 임무라 할 수 있다. 이러한 입장이 확보되지 않을 경우 역사적인 사실로서의 성경이 지닌 내용에 대해 치명적으로 부실해질 수밖에 없다. 그런 까닭에 역사적인 분석을 통한 검토가 요구되는 바이지만, 그렇다고 해서 성경의 본문이 간직하고 있는 통전성도 결코 간과해서는 안 될 것이다.

본 저자는 성경해석의 최고의 목적을 성경의 본문이 드러내고자 하는 그 본의를 그대로 이해하는 것, 다시 말하면 성경에 기록된 내용을 그대로 이해하는 것이라고 생각한다. 그러므로 텍스트가 제공하는 총체적인 내용을 그대로 깊이 이해하고 해석하는 것이 중요하다고 믿는다. 이렇게 통전성의 관점에서 성경을 해석하는 것이 서사적 접근방법 중의 가장 기본 되는 요체라 할 수 있다.

이런 통전성의 관점에서 성경읽기를 할 때 제일 먼저 부상되는 기본 원리는 구원이라는 명제다. 기독교의 기본 원리로서 구원의 메시지를 바르게 찾아내기 위해서 가장 먼저 해야 할 과제는 역사 속에서 문학적인 저작으로 구성된 본문이 갖는 통전성이라고 본다. 즉 성경의 각 책들을 쓴 저자들이 텍스트를 기록할 때 항상 주목한 메시지는 하나님의 구원이었다. 『신약성경』은 그 구원이 바로 하나님의 아들인 예수 그리스도를 통해서 확인되었음을 극명하게 보여준다.[277] 그러므로 우리가 이 구원이라는 망으로 짜인 텍스트의 세계를 총체적인 그물로 이해하거나 수용하지 않는다면 텍스트에 대한 바른 이해의 가능성은 그만큼 멀어지게 될 것이다.

통전성의 관점에서 성경을 읽는 것이 매우 중요하다는 것을 입증하기 위해서, 예수께서 부활하신 이후 제자들을 불러 명령하신 서사이야기를 예로 들어 설명해 보겠다. 부활하신 주님께서 승천하시기 전 마지막으로 주신 지상명령은 "모든 족속으로 제자를 삼으라"는 것이다. "모든 사람들을 예수님의 제자로 만들라"는 것이 부활하신 예수님께서 우리에게 주신 마지막 분부의 핵심내용이며 이것이 예수님 자신에 의한 선교에 대한 성경적인 정의와 배경이 된다. "그러므로 너희는 가서 모든 족속으로 제자를 삼아 아버지와 아들과 성령의 이름으로 세례를 베풀고 내가 너희에게 분부한 모든 것을 가르쳐 지키게 하라. 볼지어다 내가 세상 끝 날까지 너희와 항상 함께 있으리라 하시니라"(마28:19-20)에서 '제자를 삼으라'는 말이 주동사다. 제자를 삼는 것이 부활하신 예수께서 분부한 지상명령이요 사명이었다. 그 목적을 이루기 위하여 '가서', '세례를 주고', '가르쳐 지키게 하라'고 하셨다. 여기 사용된 분사구문은 제자 삼는 그 목적을 달성하기 위한 방법으로 주어진 말씀인 것을 알 수가 있다. 다시 말하면 '제자 삼는' 그 일을 당성하기 위하여 '가고', '세례를 주고', '분부한 모든 것을 가르쳐 지키게 하라'는 말씀이다. 『신약』에서는 다섯 군데나 선교명령이 나타나 있다. 이 선교명령은 각각 그 강조점을 달리하고 있으나 통전적으로 볼 때 십자가에 죽으시고 부활하신 예수 그리스도를 통해서만 사죄를 받으며 모든 족속을 주의 제자로 삼아 신앙 공동체인 교회를 이룬다는 본질은 동일하다.

세례를 준다는 것은 '주님의 사람으로 인을 쳐라, 주님의 사람으로 만들라, 주님의 소유가 되게 하라'는 의미이다. 또 어떤 학자는 '세례란 죄 사함을 받고(막16:16), 메시아의 언약 공동체의 일원이 되며, 메시아의 주권에 굴복하겠다는 서약의 표(sign)'라고 하였다. 세례는 성부와 성자와 성령과 이미 하나가 되어졌다는 것을 나타내 보여주는 외적 표식이라는 뜻이다. "그러므로 우리가 그의 죽으심과 합하여 세례를 받음으로 그와 함께 장사되었나니 이는 아버지의 영광으로 말미암아 그리스도를 죽은 자 가운데서 살리심과 같이 우리도 또한 새 생명 가운데서 행하게 하려 함이니라" (롬 6:4). 이렇게 볼 때, 선교명령의 문맥 속에서의 세례는 구원과 동일한 의미로 나타난다.

세례를 주는 것은 아버지, 아들, 성령의 이름으로 행해지며, 메시아 왕국에 대항하는 죄, 죽음과 마귀의 권세를 묶어 버리는 것을 의미한다. 세례를 준다는 말은 지위의 변화를 의미한다. 죄의 노예가 세례를 받음으로 자유인이 되고 하나님의 자녀가 되는 것이다. 성삼위의 이름으로 세례를 받는 것은 죄와 죽음과 마귀의 노예로 살던 영역에서 메시아 왕국의 영역으로 옮겨진 것을 확인하는 의미다.

'가르쳐 지키게 하라' 는 말은 순종의 사람, 충성의 사람, 섬김의 사람이 되도록 가르치고 양육해야 한다는 것이다. 전도만 하고 거기에서 끝나면 안 된다는 것을 암시하며, 믿음의 장성한 분량에 이르도록, 성숙한 성도가 될 수 있도록 양육의 사역이 뒤따라야 함을 보여준다. 가르쳐 지키게 하기 위해서는 내가 먼저 순종의 사람이 되어야 한다. 잘 가르침을 받고 잘 순종하는 사람이 다른 사람을 참으로 잘 가르칠 수 있는 사람이다. 가르치는 것은 단순히 정보를 뿌리는 것이 아니라 예수의 십자가와 부활에 완전히 참여하게 하는 것이다. 선교사역에서 가르치고 지키는 사역은 아주 중요한 위치를 차지한다. 선교의 성패가 여기 달려 있다고 해도 과언이 아닐 정도로 중요하다. 최종 목표가 제자를 삼는 것이라면 이 가르치고 지키게 하는 사역은 필수적인 사역이 될 수 있다.

'모든 족속' 이란 말은 모든 언어종족을 지칭하는 전문 용어이다. 「마태복음」 24장 14절에 "이 천국 복음이 모든 민족에게 증언되기 위하여 온 세상에 전파되리니 그제야 끝이 오리라" 고 말씀하셨고, 「마태복음」 28장 20절에서도 "너희는 가서 모든 족속으로 제자를 삼고" 라고 말씀하셨는데, 여기에 모든 '민족' 혹은 '족속' 이라는 말은 언어 종족의 개념을 지니고 있는 단어이다. 다시 말하면, 국가나 민족의 개념이 아니라 언어 종족 개념으로 이해되어져야 한다는 것이다. 그런데 오늘날 전 세계적으로 약 25,000 언어종족이 현존하고 있다고 한다. 이들 중 현재 13,000 언어들이 복음에 노출되어 있기 때문에 이제는 나머지 12,000 언어그룹들에 선교사를 파송하면 지구상의 모든 민족 혹은 모든 족속에게 복음이 빠짐없이 전파 되는 실질적인 결과를 가져오게 된다고 한다.

제자라고 하는 말에는 5가지 의미가 있다. 첫 번째로 제자는 '믿는 자' 라는 뜻이다. 이것은 오순절 날 사도 베드로의 복음 메시지를 받고 예수님을 메시아로 구주로 믿고 세례를 받은 사람을 즉시 '제자' 라고 불렀던 사실로 알 수 있다. 우리는 주님께서 예수님의 부활을 의심했던 도마에게 나타나셔서 손가락으로 자기를 확인해 보고 믿음 있는 자가 되라고 말씀하셨던 것을 볼 수 있다. 예수님의 부활을 믿는 자가 되고, 예수님만이 나의 구주가 되고 내 인생의 주인이 되신다는 사실을 믿는 자가 될 때만이 예수님의 참 제자가 될 수 있고, 예수님의 증인이 될 수 있기 때문이다.

두 번째 제자의 의미는 '배우는 자' 이다. 오순절 날 예수님을 구주로 영접하고 세례를 받았던 3천명이나 되는 수많은 사람들은 즉시 사도들의 가르침을 받는, 배우는 자로서의 모습을 가졌던 것을, 성경은 말씀하고 있다. '제자' 라고 하는 말의 원뜻이 '배우는 자' 라는 뜻이다. 그래서 주님께서는 자신의 멍에를 메고 자신에게서 계속해서 배우라고 말씀하셨다.

세 번째 제자의 의미는 '따르는 자' 이다. 주님은 늘 주님을 따르는 자가 자기 제자인데 주님을 따르는 자는 마땅히 각자의 인간적인 생각과 욕심을 부인하고, 각자의 십자가를 지고 주님을 좇아야 할 것을 말씀하셨다. 따라서 주님의 말씀에 거하는 자는 그 말씀에 전적으로 다스림을 받고 그 말씀에 순종하는 삶을 살아가는 사람이다. 또한 주님을 따르는 자는 주님을 섬기는 자이고 주님 때문에 다른 사람들을 섬기는 자이다.

네 번째로 제자는 '사랑하는 자' 를 의미하는 말이다. 이는 사랑을 삶 속에서 실천하는 사람이 주님의 제자라는 뜻이다. 주님이 우리에게 요구하시는 사랑의 본질이 어떠한 것인지는 「고린도전서」 13장이 우리에게 잘 보여주고 있다. 사도 바울은 "방언을 하고, 천사의 말을 한다고 할지라도 사랑이 없으면 소리 나는 구리와 울리는 꽹과리가 되고, 산을 옮길만한 모든 믿음이 있을지라도 사랑이 없으면 내가 아무것도 아니요, 또 내 몸을 불사르게 내어 줄지라도 사랑이 없으면 내게 아무 유익이 없느니라" (고전13:1-3)고 말씀하였다.

다섯 번째로 제자는 '주님을 닮은 자' 이다. 하나님께서 창세전에 성도를 예정하시고, 하나님의 백성으로 선택하시고, 때가 되니 불러 주셔서 하나님의 자녀 삼아주신, 예정과 선택의 목적은 예수 그리스도의 형상을 본받게 하기 위함이다. 「고린도후서」 3장 18절에서는 우리가 예수님과 같은 형상으로 변화된다고 말씀하고 있다. 「마태복음」 10장 24절과 25절에 "제자가 그 선생보다, 또는 종이 그 상전보다 높지 못하나니 제자가 그 선생 같고, 종이 그 상전 같으면 족하도다" 이렇게 제자가 주님을 닮은 자가 되기를 주님이 원하신다는 것을 볼 수 있다.

"볼지어다, 내가 세상 끝 날까지 너희와 항상 함께 있으리라" (마 28:20). 여기에 '볼지어다' 라는 말은 『신약성경』에서 특별히 어떤 중요한 어떤 것에 주의를 집중시키도록 하기 위하여 자주 사용 되는 감탄사이다. '항상' 이라는 말은 문자적으로 '모든 날의 전체, 우리가 살고 있는 각각의 날들 모두' 를 의미한다. 성도들에 대해서는 '그의 생애의 모든 날들' 을 의미하고, 광의적으로 교회에 대해서는 '종말의 때까지' 를 의미한다. 즉, '주님께서 세상을 심판하시고 그의 왕국을 완성하시고 통치하시기 위하여 재림하시는 그날까지' 즉, '세상 역사의 종말의 순간까지' 를 뜻하는 말이다. 함께 있으리라는 주님의 약속은 제자들이 선교사역을 위해서 언제 어디로 어떻게 가든 담대하게 하나님의 일을 감당할 수 있는 능력의 삶에 대한 약속이며 성령으로 충만하게 해주시겠다는 약속이다. 따라서 사명자들에게 주는 약속은 바로 성령을 부어주심에 대한 약속인 것이다(행1:8). 모든 제자들이 이 약속을 붙잡고 땅 끝까지 복음을 들고 나가는 것이다.

(4) 스토리와 담론

서사이야기에 있어서 무엇보다 중요한 것은 스토리와 담론이라 할 수 있다. '스토리' 가 행위와 내용이 포함된 사건에 대한 서술, 즉 이야기 하는 행위에 의해서 진술되는 내용이라면, '담론' 은 '이야기하는 행위', 즉 스토리의 내용을 전달해 주는 서술적인 표현과 수사를 가리킨다.

'스토리' 는 사건으로 구성되는데, 사건의 변화과정, 즉 한 사건에서 다른 사건으로의 변형을 시퀀스(연결고리, sequence)라고 할 수 있다. 스토리를 구성하는 사건들은 독립되어 있지 않고 시퀀스에 연속되어 있다. 사건들이 통합된 것이 시퀀스이고 시퀀스의 통합이 스토리라 할 수 있다. 이 스토리를 재미있게 전개하기 위해서 동원되는 풍자, 해학, 역설, 반어, 대구, 대조, 말장난, 너스레 떨기, 시치미 떼기, 야유, 조롱 등과 같은 수사법과 각종 표현 기법을 담론이라 한다.

「출애굽기」 1장-24장과 「신명기」 32장-34장에 나오는 "모세 이야기"를 전후 관계를 연결고리로 이어서 먼저 소개한 후 스토리와 담론에 대해 살펴보겠다. 이 스토리의 역사적 배경은 요셉이 총리가 되었던 때로부터 시작된다. 이집트의 총리였던 요셉의 배려로 야곱과 그 일족(一族)은 이집트로 옮겨와 고센 땅에 자리 잡고 오랜 세월 동안 거기서 살았다. 세월은 흐르고, "요셉을 알지 못하는 새 왕"이(출 1: 8) 나라를 다스리게 되면서, 그는 점점 늘어나는 이스라엘의 세력을 두려워하게 되었다. 드디어 그 왕은 이스라엘 사람들을 노예로 만들어 큰 궁전과 신전, 제방 만드는 일 같은 많은 노역(勞役)을 시키며 잔인하게 학대했다. 그러나 많이 일을 시키면 시킬수록 이스라엘 사람들은 더욱 강인해졌다.

이스라엘 사람들의 증가를 두려워한 이 애굽 왕 바로는 히브리 산파 십브라와 부아를 불러 놓고, "너희는 히브리 여인을 위하여 조산할 때에 살펴서 남자여든 죽이고 여자여든 그는 살게 두라"(출 1:16)는 무서운 명령을 내렸다. 이것은 이스라엘의 씨를 말리려고 계획한, 매우 잔혹한 술책이었다. 그 무렵 나일 강 가까이에 아므람이란 이스라엘 사람이 살고 있었다. 아므람은 제사를 대행하는 레위 집안 출신으로 그의 아내 요게벳 사이에 아론이라는 아들과 미리암이라는 딸을 두었고, 또 세 번째로 아들을 갖게 되었다.

주인공 모세를 중심으로 해서 일어난 사건 배열을 따라가며 이야기의 전후 관계와 갈등구조 등을 살피며 이야기의 줄거리를 살펴보겠다. 모세의 양친 아므람과 요게벳은 이 아이의 생명을 구하려고 석 달 동안이나 이집트 관리들의 눈에 띄지 않도록 집 안에 숨겨 두었으나 더 이상은 숨겨 둘 수가 없게 되었다. 그래서 어머니 요게벳은 나무진(역청)을 칠하여 물이 스며들지 않도록 만든 갈대 바구니에 아이를 담아 강기슭의 우거진 갈대숲 속에 숨겨 두었다. 그로부터 얼마 지난 후, 바로의 딸인 공주가 목욕하려고 시녀들과 함께 하수(河水)로 나왔다가 갈대숲의 바구니를 발견하고 시녀들에게 가져오라고 하였다. 그 속에는 아주 귀여운 사내아이가 들어 있었다. 공주가 구한 유모는 바로 그 아이의 친어머니 요게벳이었다. 요게벳은 공주의 청탁을 받고 그 아이를 잘 키웠다.

드디어 아이가 성장하자 유모는 그 아이를 공주에게 돌려주었고, 공주는 그 아이를 모세라 불렀다(출 2:1). 모세는 공주의 보살핌 가운데 바로의 궁정에서 훌륭한 애굽식 교육을 받고 자랐다. 그러나 그의 혈관에는 히브리인의 피가 흐르고 있었고 그의 마음에 자기는 히브리인이라는 의식이 강하게 자리 잡고 있었다. 그것은 친어머니 유모 요게벳의 가르침 때문이었을 것이다. 성년이 된 어느 날 모세는 자기 나라 사람들이 잔인하게 학대받는 것을 보고 그만 격분하여 그 학대한 이집트인 감독을 살해하였다. 이 사건이 일어난 것이 모세의 나이 40세가 되는 해였다. 그는 이집트에서 궁정식 교육을 받았으나 혈관에는 히브리인의 피가 흐르는, 민족애가 끓고 있는 청년이었다.

바로가 이 사건을 알게 되었을 때, 그는 곧 궁전을 떠나 이집트와 가나안 사이에 있는 미디안 땅으로 도망칠 수밖에 없었다. 거기서 모세는 미디안의 제사장 이드로(Jethro)의 딸 시뽀라(Zipporah)와 결혼하였고(출 2:21), 그 이후 40년 동안 거기서 장인의 양 무리를 치면서 광야 생활을 하였다. 이 기간 동안 모세는 목자로서 시내 반도의 광야에 대해 익숙하게 되었고, 황폐한 땅에서 겪는 그 고된 삶과 양들을 인도하는 일에 관해서 많은 것을 알게 되었다. 여기서 배운 기술은 모세로 하여금 후일 이스라엘 사람들을 이집트로부터 이끌어내어 시내 반도의 광야를 지나 가나안으로 인도해 가는 데 큰 도움을 주었다. 미디안 광야에서 40년 동안이나 양을 치며 신체적인 단련과 모진 고통도 견뎌내는 인내심과 절제를 익힌 사람이 되었다.

어느 날 양떼를 몰고 있을 때 근처의 떨기나무에 불이 타오르고 있었다. 그러나 그 떨기나무는 전혀 타지 않았다. 모세는 어째서 덤불이 타지 않는지 이상해서 가까이 가 보았다. 그 때 떨기 가운데서 하나님의 음성이 들려왔다. "모세야 모세야 ... 이리로 가까이 하지 말라. 너의 선 곳은 거룩한 땅이니 네 발에서 신을 벗으라 .... 이제 내가 너를 바로에게 보내어 너로 내 백성 이스라엘 자손을 애굽에서 인도하여 내게 하리라"(출 3: 4-10). 이와 같이 모세는 불붙은 떨기나무 사이에서 극적인 민족 구출의 사명을 부여받았다. 그러나 모세는 그 소명 감당하는 것이 두려워 여러 차례 사양했다. 하나님께서는 여러 가지 이적(출 4:1-9)을 통하여 능력으로 그가 모세와 함께 하신다는 증거를 들어내 보여 주었다. 그런데도 모세는 더욱 사양하면서, "주여 나는 본래 말에 능치 못한 자라. 주께서 주의 종에게 명하신 후에도 그러하니 나는 입이 뻣뻣하고 혀가 둔한 자니이다"(출 4:10)라고 말하였다. 그러자 하나님께서는 노를 발하시며(출 4:14) 말 잘하는 네 형 아론과 함께 "지팡이를 손에 잡고"(출 4:17) 가라고 하였다. 소명과 함께 지팡이를 통해 하나님의 권능을 주었다. 하나님의 이런 말씀을 듣고서야 용기를 얻어, 모세는 형 아론과 함께 바로 왕에게로 달려갔다. 그러나 마음이 굳은 왕은 모세의 요구를 거절하였다(출 5:1-2). 그 때문에 모세는 하나님의 능력을 입증하기 위하여 열 가지 재앙을 내렸다. 물을 피로 만들기도 하고, 개구리 소동을 일으키기도 하고, 티끌을 이로 만들기도 하고, 파리 떼의 소동을 일으키기도 하고, 생축(牲畜)을 심한 악질로 죽이기도 하고, 온 땅의 티끌이 재가 되어 독종(毒腫)으로 나타나게 하기도 하고, 우박을 퍼붓기도 하고, 메뚜기 소동을 일으키기도 하고, 온 땅을 흑암으로 덮기도 하였지만, 끝내 왕은 고집을 부렸다. 하는 수 없이 하나님의 지시대로 마지막 재앙으로 초태생(初胎生)을 죽이는 재앙을 내렸다.

그러나 하나님의 말씀대로 어린양의 피(벧전 1:19 참조)를 문설주에 칠한 이스라엘 사람들은 그 재앙에서 벗어날 수 있었다. 죽음의 천사는 약속대로 피의 표증이 있는 집 앞은 피하여 지나갔기 때문에, 이스라엘 사람들은 이 재앙에서 면제된 그날을 기념하여 유월절(Passover)을 지키게 되었다. 그날 밤 이스라엘 사람들은 모세와 아론을 선두로 하여 일제히 홍해 바다 건너편에 있는 광야를 향해 출발했다. 하나님께서는 모세의 일행이 길을 잃지 않도록 낮에는 구름 기둥으로, 밤에는 불기둥으로 인도해 주셨다(출 7:14-12:51).

이집트 왕 바로는 이스라엘 사람들이 이집트를 떠났다는 말을 듣자 마음이 변했다. 군대를 동원하여 그들의 뒤를 쫓아 이스라엘 백성을 잡아오라고 명하였다. 모세의 일행이 홍해에까지 왔을 때 이집트의 대군이 전차를 앞세우고 뒤쫓아 왔다. 앞에는 바다, 뒤에는 적의 대군이 쫓아오니 앞으로 나갈 수도 없고 물러설 수도 없고 정말 진퇴양난(進退兩難)이었다. 하나님의 명령대로 모세는 손에 든 지팡이를 바다 위로 내밀었다(출 14:16). 그러자 바다는 둘로 갈라지고 길이 트였다. 이렇게 해서 모세의 일행은 한 사람의 희생자도 내지 않고 바다를 건너갈 수가 있었다. 그러나 애굽 군대가 뒤따라 바다를 건너려고 하자 갑자기 바닷물이 밀려와서 그들은 높은 파도에 휘말려 장군도 병사도 전차도 모두 바다 속에 가라앉고 말았다. 그때서야 비로소 이스라엘 사람들은 하나님의 전능한 힘을 알게 되었고 마음속으로 모세의 지시에 따르게 되었다. 그리고 그들은 소리 높여 주를 찬양하였다(출 15:1-2).

40년 동안 모세가 이스라엘 사람들을 시내 산을 향해서 인도해 간 기나긴 광야 여행 중, 그들은 자유에 대한 모진 시련에 대해 불평을 털어놓았다. 그때마다 손에 잡은 지팡이로 기적을 행하여 어려운 문제들을 풀어 주었고, 또한 재덕이 겸전(兼全)한 돕는 자들을 세워서 처리하게도 하고 재판도 하게 하였다(출 18:13-20: 7). 이후 모세는 가데스의 오아시스로 백성을 인도했다. 모세는 이곳에서 정탐꾼을 가나안으로 파견했다. 이 중 열 명은 백성들을 두려워 떨게 하는 이야기를 가지고 돌아왔다(민 13:1-25). 이에 백성은 하나님의 능력을 잊어버리고 아우성쳤고 모세에게 대적했다. 이들은 하나님을 거부했기 때문에 죽을 때까지 광야에서 방황하게 되는 저주를 받았다.

하나님의 기적적인 도움을 받으며 이집트를 떠나 광야에 나온 이스라엘 사람들은 40년의 세월이 흐른 다음에야 겨우 가나안에 들어갈 수 있게 된다. 그때 모세의 나이는 120세였다. 그래서 그는 이스라엘 사람들을 모아 놓고 여호수아의 지시에 따를 것을 부탁한 후 그들을 떠나 홀로 사해 동쪽 기슭에 있는 비스가(Pishah) 산으로 올라갔다. 비스가 산꼭대기에 올라서니 아름다운 가나안의 평야가 멀리 눈앞에 펼쳐져 보였다. 40년이나 방황하는 동안 끊임없이 꿈에 그리던 동경의 땅이었다. 모세는 그처럼 그리던 땅을 밟지 못한 채 비스가 산꼭대기에서 가나안을 바라다보며 눈을 감고 말았다(신 3:27).

·이 스토리는 이집트의 총리였던 요셉이 죽은 후 새로운 왕이 통치하면서 인구가 계속 늘어났고 그 세력이 무시할 수 없을 정도로 커져 이스라엘을 백성을 노예로 삼고 사내아이의 출생을 무조건 금하고 있을 때를 배경으로 이루어진다. 이 이야기의 주제는 이스라엘의 해방자로 부르심 받아 그의 백성을 구원하라는 명령을 받은 모세의 인도로 이루어진 영광스러운 출애굽 곧 이집트 탈출이라 할 수 있다. 이 스토리는 모세가 죽은 후 여호수아의 인도로 이스라엘 백성들이 가나안에 들어갔을 때 완성된다. 이스라엘의 해

방자로 세움을 받은 모세는 이스라엘 역사 상 가장 위대한 민족의 지도자(사 63:12)로, 믿음의 용사(히 23-31)로, 위대한 기도의 사람(시 99:6)으로, 그리고 율법의 시여자(施與子)로, 성막의 설계도를 받은 인물(출 20:1-17)로서 묘사되어 있다. 모세는 이스라엘 민족을 이끌고 약속의 땅으로 들어가기 위해 기나긴 여행을 하는데, 그 동안 그는 자연 환경과 적대적인 종족 및 여행 집단의 반역과 불평불만 같은 장애물을 극복해 나가지 않으면 안 되었다. 이 일을 행함에 있어서 가장 중요한 구실을 한 것은 하나님의 능력을 힘입은 기적행위다. 기적 행위가 서술되지 않고 여러 가지 상징과 비유로 전개된다. 그 중요한 것들만 들면, 불타는 가시떨기 나무, 열 가지 재앙, 어린 양의 피, 불기둥과 구름기둥, 만나와 메추라기, 요단강 도하와 신통한 지팡이 등이다. 이런 여러 가지 비유와 상징 같은 수사법이 동원되었는데, 이것이 곧 담론인 것이다.

특별히 모세의 지팡이는 주제를 전개하는데 있어서 위기상황 때마다 그 상황을 푸는 역할을 한다. 그것은 하나님께서 모세에게 주신 권능의 지팡이였다. 하나님은 모세에게 이스라엘 백성들을 이집트에서 해방하라는 명령을 내리실 때 '손에 지팡이'를 들고 가라고 하였고, '(그 지팡이로) 이적을 행하라'(출 4:17)고 하셨다. 모세는 이스라엘 백성에게 유월절에 식사를 할 때에는 허리에 띠를 띠고 발에 신을 신고 지팡이를 손에 잡고 먹어야 한다고 명령했다(출 12:11). 이처럼 '지팡이'는 유랑 생활의 상징인 동시에 여호와 하나님의 능력과 보호와 인도의 상징이 되었다. 모세는 아내와 아이들과 함께 "하나님의 지팡이를 손에 잡고"(출 4:20) 이집트로 돌아갔다. 모세와 아론은 하나님의 능력이 가득 찬 지팡이로 수많은 기적을 행한다. 예를 들면 물을 피로 변하게 하고 우박을 내리고 번개를 치게 했다(출 7: 17-21, 9:22-25). 이 지팡이에 의해서 홍해는 둘로 갈라지고 맛사와 므리바라는 곳에서는 바위로부터 물이 솟아 나온다(출 14:16-31, 17:1-7). 이런 기적의 지팡이가 이스라엘의 자녀들이 가는 광야 여행의 행정(行程)을 따라서 간다.

이 이야기의 전체적 틀을 이루는 것은 죽음과 재생의 원형이라 할 수 있다. 하나님은 불신(不信)의 이스라엘 민족을 40년간 광야로 내몰아 방황하게 하였다(민 14: 26-35). 그러나 우리는 그런 시련이 있을 때마다 하나님이 지팡이나 또는 구름기둥과 불기둥, 만나와 메추라기 등의 기적으로 이스라엘 백성들을 인도하며, 과거의 죄된 생활에 젖어 있던 사람들이 죽음으로부터 정화의 단계를 거쳐 약속의 땅에 들어갈 만한 영적인 자격을 갖추었을 때 새로운 나라가 세워지게 된다는 사실을 배우게 된다.

(5) 시점과 토운

시점은 보는 관점을 말한다. 우리가 주먹을 위에서 보는 것과 왼쪽에서 보는 것이 다르다. 그것은 바로 시점이 다르기 때문이다. 서사이야기는 작가가 사물을 보는 어떤 관점을 채택하고 누군가의 목소리를 내세워 이야기를 독자에게 전달하는 간접적인 의사소통 방식이라 할 수 있다. 따라서 시점의 채택은 매우 중요한 서사의 전략인데 어떻게 그것을 설정하느냐에 따라 효과가 달라지기 때문이다. 시점과 관련하여 한 가지 덧붙이고 싶은 것은 토운(tone)의 문제라 할 수 있다. 같은 문장이라도 화자의 토운에 따라서 정반대의 메시지를 전할 수 있기 때문이다. 화자가 어떤 인물을 칭찬하는 말을 늘어놓으면서 매우 비아냥거리는 토운으로 말한다면 그것은 칭찬이 아니라 욕이라는 것을 독자는 금새 알아차리게 된다.「욥기」를 예를 들어 시점과 토운의 문제를 생각해보겠다.「욥기」의 주제는 의인의 고통문제다. 고통을 보는 시점이 다르기 때문에 고통에 대한 해석도 다르다.

욥의 세 친구들은 욥의 고통을 죄의 대가로 보았다. 구약 시대 때부터 고통을 인간의 죄악과 잘못의 결과로 보는 것이 전통이었다. 고통을 보는 욥의 세 친구들의 태도와 눈이 그러했다. 이것이 전통적인 고통에 대한 해석 방법이다. 「창세기」 2장 17절 "선악을 알게 하는 나무의 실과는 먹지 말라. 네가 먹는 날에는 반드시 죽으리라 하시니라" 했고, 「야고보서」 1장 15절 "욕심이 잉태한즉 죄를 낳고 죄가 장성한즉 사망을 낳느니라" 했다. 욕심 즉 죄의 결과는 사망과 슬픔 곧 불행뿐이라는 것이다. 하와의 고통스럽고 수치스런 삶이 하나님에 대한 죄의 결과였다. 고통은 그들의 죄의 대가요 형벌이었다. 노아시대에 죄가 너무 많아서 물로 심판을 받았고, 소돔과 고모라도 너무 썩어 불로 심판을 받았다. 한 개인이나 국가도 죄가 꽉 차면 망하게 된다. "의인에게는 어떤 재앙도 임하지 아니하려니와 악인에게는 앙화가 가득하리라"(잠 12:21) 하였고, "재앙은 죄인을 따르고 선한 보응은 의인에게 이르느니라"(잠 13:21)는 말이 있으며, "악을 뿌리는 자는 재앙을 거두리라"(잠 22:8) 하였다. 고통의 원인을 인간의 잘못과 죄악에서 찾으려는 태도는 여러 선지자들의 사상 속에 깊이 배어있다. 그래서 고통을 당할 때마다 죄악을 깨닫고 회개하도록 촉구하는 것이 선지자들의 보편적 과업이다. 랍비 암미(Ammi)는 이런 생각을 표어화 하여 다음과 같이 말하였다. "죄 없는 곳에 사랑도 없고, 죄 없는 곳에 고통도 없다"[278] "죄가 없으면 고통도 없다"(There is no suffering without sin)는 것이다. 물론 일면의 진리인 것은 틀림없다. 그러나 모든 고통이 다 죄의 대가만은 아니다.

둘째는 욥 자신이 고통을 보는 시점이다. 욥은 고통을 시련과 시험으로 보았다. 시험이라는 말은 히브리어로 '마싸', 헬라어로 '페이라스모수' 또는 '페이라조'라 하는데 크게 두 가지로 나눌 수 있다. 하나는 긍정적인 의미로서 영적인 선을 창조하기 위하여 하나님으로부터 비롯되는 것이고, 다른 하나는 부정적인 의미로서 악을 저지르게 하기 위한 사탄의 유혹을 말한다.

긍정적인 의미의 시험을 좀 더 구체적으로 살펴보면, 첫째는 교육을 위함이고(벧전 1:6-7), 둘째는 사랑하시기 때문이고(히 12:5-13), 셋째는 성숙과 지혜를 위함이고(히 5:8-10), 넷째는 장차 줄 영광을 위함이다(롬 5:15, 약 1:12). 시련의 결국은 예수 그리스도의 인격을 닮게 만드는 것이라 한다. 「욥기」 23장 10절은 욥의 고난의 관점을 극명하게 보여주는 말씀이다. "내가 가는 길을 그가 아시나니 그가 나를 단련하신 후에는 내가 순금같이 되어 나오리라." 욥은 죄를 범한 사람이 아니다. 그는 하나님을 두려워하고 악을 피한 사람으로 완전하고 진실하며 최악의 불행가운데서도 주저하거나 하나님을 향해 항의하지 않았다. 그런데도 그는 극렬한 고통을 체험하게 되는데, 그것은 죄악의 대가가 아니었다. 욥의 제4의 친구인 엘리후가 본 것처럼 욥의 고통은 죄악의 형벌이 아니라 그를 순금처럼 만들기 위한 단련이요 시련이었다. 아브라함에게 그의 소중한 아들 이삭을 제물로 바치라고 한 하나님의 명령(창 22:1-19)도 그런 패러다임의 하나라 할 수 있다. 토머스 아 켐피스는 "그리스도인은 모든 시험과 역경을 통하여 영적 생활의 겸손과 순수성을 시험받고 그 시험에 대한 보상으로 영적으로 더욱 진보하고 보다 정화된 영혼과 미덕을 갖추게 된다"고 하였는데, 이 발언도 결국은 고난을 교육으로 보는 것이라 할 수 있다. 고통은 죄의 대가로 오는 인과응보일 수도 있지만, 하나님께서 사랑하는 자를 더욱 존귀하게 쓰시기 위하여 단련시키는 교육의 과정이기도 하다.

셋째는 이사야의 관점으로, 그리스도가 당할 고난을 의의 종으로서 받는 고통으로 보았다. 그리스도는 하나님의 아들이시므로 아무런 죄가 없으시다. 그러나 인간의 죄를 대신 짊어지시고 십자가에 달려 돌아가셨다. 그리스도가 당한 고난은 대속적 고통이다. 바울이 당한 고난은 그의 죄 값이 아니라 예수를 위한 핍박받음이요 매요 굶음이요 옥에 갇힘이었다. 의를 위하여 핍박을 받는 자는 복이 있다고 하였다. 오늘날도 나의 죄 때문이 아니라 예수 때문에 고통을 겪는 경우도 있다. 악인들이 당할 고통을 대신 받는 고통(Burden of others)이라고 할 수 있다. 예수는 우리가 짊어져야 할 죄의 짐을 대신 짊어지시고 수치와 고통을 받으셨다. 예수는 이사야 선지자가 말하는 '고난의 종' 인 것이다. "그는 실로 우리의 질고를 지고 우리의 슬픔을 당하였거늘 우리는 생각하기를 그는 징벌을 받아 하나님께 맞으며 고난을 당한다 하였노라. 그가 찔림은 우리의 허물 때문이요 그가 상함은 우리의 죄악 때문이라. 그가 징계를 받음으로 우리는 평화를 누리고 그가 채찍에 맞음으로 우리는 나음을 받았도다."(사 53:4-5). 여기에 나타난 고난의 종은 죄나 잘못 때문이 아니요 다른 사람의 죄를 대신 지고 고통을 받는(vicarious suffering) 자이다. 내가 고통을 당함으로써 다른 사람의 고통을 덜게 된다. 내가 채찍과 징벌을 받음으로써 다른 사람의 벌을 덜어준다는 생각은 신학적으로 깊은 의미를 가진 통찰인 것이다. 정의를 이루기 위한 고통, 앞으로 오는 세대가 행복을 누리기 위해서 먼저 간 세대가 당하는 고통, 선각자나 지도자들이 대중들을 대신해서 당하는 고통 등은 모두 이러한 범주에 속하는 고통들이다. 예수의 고통과 죽음은 모든 인간의 죄 때문에 희생의 제물로 바쳐진 것이다(막 10:45; 요 1:29; 롬 3:25). 예수의 일회적 죽음과 고통은 모든 인간의 구원을 가능케 했다.

욥이 당한 고통은 그를 단련시켜 순금으로 만들어 쓰시고자 하는 하나님의 의도적 교육이었다. 이와 같이, 서사이야기에 있어서 시점은 매우 중요하다. 또한 화자의 토운(자세, 태도, 어법)에 따라 정반대되는 말이 되는 것을 볼 수 있다. 사실상 욥의 세 친구는 욥이 당하는 고통을 위로해주기 위해 온 친구들이었지만 그들이 고통을 보는 시점과 말하는 어조나 자세로 보아 위로의 친구가 아니라 위로해주는 척 하는 거짓된 친구라는 것이 들어난다. 나중에는 하나님으로부터 질책을 받고 욥과 화해한다.

욥의 세 친구 중 가장 연장자였던 엘리바스는 이런 말을 하였다. "올무들이 너를 둘러 있고, 두려움이 갑자기 너를 엄습하며 어두움이 너로 하여금 보지 못하게 하고 홍수가 너를 덮느니라"(욥 22:10-11). 이 말의 어조를 살피면 결국 죄인은 멸망하고 큰 고통을 당하게 된다는 뜻으로 욥의 고통은 죄의 대가라고 비꼬는 자세의 표명인 것이다.

빌닷도 욥의 고통을 죄의 대가로 보고 있다. "왕골이 진펄이 아닌 데서 크게 자라겠으며 갈대가 물 없는 데서 크게 자라겠느냐. 이런 것은 새순이 돋아 아직 뜯을 때가 되기 전에 다른 풀보다 일찍이 마르느니라. 하나님을 잊어버리는 자의 길은 다 이와 같고 저속한 자의 희망은 무너지리니"(욥 8:11-13)라고 하며 욥의 신앙을 나무란다. 왕골과 갈대는 못이나 늪지에서 자라는 식물로서 물이 빠지면, 얼마 되지 않아 곧 시들어 버리는 덧없는 식물로서 저속한 자를 비유하고 있다. 이 말도 욥을 나무라고 비꼰 말이다.

소발도 마찬가지였다. 그는 "악한 자들은 눈이 어두워서 도망할 곳을 찾지 못하리니 그들의 희망은 숨을 거두는 것이니라"(욥 11:20)고 하였다. 이는 욥을 눈먼 장님에 비유한 것으로, 눈이 어두워서 도망할 곳을 찾지 못하리라고 비꼬는 것이다. 친구가 아프고 고통을 당할 때 찾아와서 약 올리고 비꼬기만 한다면 진정한 친구라 할 수 없다. 그들의 토운으로 볼 때 그들은 참다운 위로하고 문상하기 위해 찾아온 친구들이 아니었다.

(6) 서사이야기의 구조와 요소

서사이야기는 인물(character), 사건(event)과 플롯(plot), 배경(atmosphere) 등과 같은 요소로 구성된다. 아주 짧은 서사이야기든 웅대한 규모의 장편 소설이든 글의 양은 다르더라도 이와 같은 모든 서사 작품들이 이 세 요소를 갖추고 있다. 이 세 요소를 살피면서 구체적으로 성경해석에 적용해 보겠다.

인물

모든 서사이야기는 행동의 주체가 되는 인물을 필요로 한다. 등장인물은 이야기에서 행위자(actor)인데, 플롯을 이루는 여러 가지 행동들을 수행하는 자다. 우리는 등장인물하면 사람을 떠올리지만, 어떤 문학작품에서는 동물, 로봇, 그리고 이 밖에도 사람이 아닌 것들이 등장하기도 한다. 「창세기」 3장에서는 뱀이 주인공으로 나타나며, 「사사기」 9장 8-15절에서는 나무들이 등장인물의 역할을 하고 있다. 복음서에서는 천사나 귀신과 같은, 인간 이외의 등장인물들이 나타나기도 한다.

그리고 한 무리의 사람들이 단일인물로 행동하는 것도 가능하기 때문에, 등장인물을 개인에 국한시킬 필요는 없다. 복음서에는 예수를 따르는 사람들과 그의 제자들, 종교지도자들이 단일인물로 등장한다. 해설자가 예수의 제자들이 어떤 일을 했다거나 어떤 것을 말했다고 보고할 때, 독자는 이 12명이 실제로 일제히 행동하거나 말했다고는 생각하지 않는다. 이러한 상투적인 표현은 수많은 등장인물이 하나의 역할을 하도록 하는 관례적인 문학기법이다.

어떤 인물을 설정하는가에 따라 작품 전체의 성격과 방향이 달라지므로 인물의 중요성은 아주 크다. 작중 인물이 반드시 사람이어야 할 필요는 없다. 우화(Fable)는 흔히 동물들을 빌어 인물을 설정하며, 식물이나 무생물을 의인화해서 이야기를 엮어내는 경우도 있다. 그러나 사람 아닌 존재를 등장시키더라도 그들을 통해 표현되는 것은 사람의 체험과 행동 및 의식이다. 그런 뜻에서 내러티브는 언제나 사람살이의 문제를 다룬다고 할 수 있다.

인물의 유형은 여러 가지 방식으로 분류되는데, 우선 성격의 변화 정도에 따라 평면적 성격(flat character)과 입체적 성격(round character)으로 나눌 수 있다. 전자는 성격이 일정하게 고정되어서 사건 진행에 따른 변화가 없는 예측 가능한 유형이고, 후자는 경험의 전개와 축적에 따라 성격이 달라지는 다양한 성격을 소유한 유형이다.[279] 대체로 보면 고대, 중세의 서사문학에는 행동 양식과 도덕적 품성이 고정된 평면적 성격의 인물들이 많고, 근대 이후의 소설에서는 장점과 단점, 미덕과 악덕을 함께 지니고 움직이며 변화하는 입체적 성격의 인물들이 더 중시된다. 아브람스는 여기에다 일시적 등장인물(stock chracter)을 첨가하는데, 이 유형의 인물은 어떤 이야기에서 일시적인 역할을 하는 인물로 한 가지 특징만을 지니고 있다.[280] 이를테면 셰익스피어 작품에 자주 등장하는 익살꾼 같은 인물이다.

「누가복음」 21장 1-4절에서 예수가 칭찬한 가난한 과부는 일시적 유형의 인물이다. 그 이야기에서 그 과부가 맡은 유일한 역할은 '희생하는 것' 이 무엇을 의미하는 지를 보여주는 것이다. 대다수의 종교지도자들은 아마 평면형의 인물로 분류될 수 있을 것이다. 그것은 그들에게 부여된 성격들 즉 '사랑이 없는 자,' '위선자,' '스스로 의롭다하는 자' 등이 일관성을 갖기 때문이다. 이와는 반대로 「누가복음」에 등장하는 예수의 제자들은 입체적 유형의 가장 좋은 예가 된다. 그들은 겸손하고(눅 5:8), 자기를 부정하고(눅 5:11), 충성스럽다(눅 22:28). 그런 반면 그들은 교만하고(눅 22:33), 자리에 연연하며(눅 22:24), 겁쟁이들이다(눅 22:54-62). 그들은 또한 상황과 경험의 전개에 따라 달라지는 유형의 인물들이다.

예수는 일관되게 긍정적으로 묘사되지만 그에게 부여된 성격들이 다양하여, 때로는 놀람을 금치 못한다. 그는 자신의 적들에게 비판적이기도 하지만(눅 11:37-52), 때로는 회유적이기도 하다(눅 23:34). 예수는 자신을 따르기를 원하는 사람들을 쉽게 받아들이기도 하고(눅 9:11), 경계하기도 한다(눅 9:57-62; 14:25-33). 그는 하나님의 계시를 받은 사람들을 보면 아주 기뻐하지만(눅 10:21-22), 그렇지 못한 사람들을 보면 비통해 한다(눅 19:41-44). 그래서 예수께서는 제자들이나 마찬가지로 입체적 유형의 인물이라 할 수 있다.

작품 안에서의 역할 비중에 따라서는 중심적 인물과 부차적 인물의 구별도 가능하다. 작가와 독자의 주된 관심사는 우선 중심적 인물에 기울어지지만, 부차적 인물들의 역할과 의지 또한 가벼이 여길 수는 없다. 중심적 인물들의 행위, 성격, 운명은 작중의 상황과 부차적 인물들에 부딪히면서 드러나기 때문이다. 작품의 규모가 클수록, 그리고 근대 소설 쪽으로 내려올수록 이 주변 인물들의 소설적 중요성은 확대되는 경향을 보인다.

인물을 나누는 또 하나의 기준은 보통 사람들과 견주어 볼 때 그의 지혜와 능력이 뚜렷하게 우월한가, 비슷한가, 아니면 무척 낮은가 하는 점이다. 이 순서대로 본다면 영웅적 인물, 범상한 인물, 열등한 인물이라는 세 가지 모형이 설정될 수 있다. 모든 인물들을 셋 중의 어느 하나로 명확하게 분류하기는 어렵지만, 어떤 서사 양식이나 작품이 이 가운데서 어떤 인물형을 중심인물로 삼고 있는지를 살피면 이해에 커다란 도움을 얻을 수 있다.

어떤 문학이론가들은 기본적인 인물유형이 서사 전개과정에서 변화하는가, 그렇지 않는가에 따라서 등장인물들을 정적인(static) 유형과 역동적(dynamic)인 유형으로 분류하려고 한다. 이러한 분류에 의하면 예수는 비록 육체적으로 성장하고 지혜가 충족해졌다(눅 2:40, 52)고 해도, 그의 인물특징과 평가관점[281]이 동일한 채로 남아있기 때문에 「누가복음」에서는 정적인 인물로 분류될 수 있을 것이다. 「누가복음」과 특히 「사도행전」에서 예수의 제자들은 역동적인 유형에 속하는 인물로 등장한다.

인물의 성격을 드러내는 방법으로 작자의 설명, 묘사, 논평에 의한 직접적 방식과, 인물 자신의 말과 행동, 생각과 신념에 의해 독자가 성격을 짐작하게 하는 간접적 방식도 있다. 이 두 가지는 대부분의 서사 작품에 함께 쓰이지만, 현대 소설 쪽으로 내려올수록 후자의 비중이 커지는 경향이 있다.

복음서에는 작자가 '말해주는'(telling) 방식이 많이 사용되고 있다. 마태는 요셉이 "의로운 사람"이었으며(마 1:19), 요한은 "선지자 이사야로 말씀하신 자"라고 말한다(마 3:3). 누가는 스가랴와 엘리사벳이 "하나님 앞에서 의인"이며, "흠이 없이 행하는" 사람들이라고 알려준다(눅 1:6). 하지만 복음서에서도 등장인물들의 성격묘사를 하는 데 '보여줌'(showing)의 기술을 채택하기도 한다. 보여줌의 기술은 들려줌의 기술보다는 복잡하지만 매우 흥미롭다. 독자는 등장인물에 대한 저자의 견해를 밝히기 위하여 여러 텍스트들로부터 자료를 모으고 그것들을 평가하는 작업을 열심히 해야 한다. 특히 등장인물의 신뢰성 여부에 주의를 기울여야 하는데 여기에서 그들의 관점이 드러나기 때문이다.

세례 요한이 종교지도자들을 "독사의 자식들"(마 3:7)이라고 부를 때, 저자는 독자로 하여금 종교지도자들을 독사의 자식으로 여기게 하려는 의도를 갖고 있는가? 요한은 "선지자 이사야로 말씀하신 자"라고 본문에 직접적으로 묘사되고 있기 때문에 그의 관점은 신뢰할 만한 것으로 보인다. 그리고 이야기의 후반부에서 완전히 신뢰할 수 있는 인물로 입증된 예수가 요한을 선지자로 인정하고 사실 "선지자보다 더 나은 자"(마 11:9)라고 말할 때, 요한의 신뢰성은 확증된 것으로 보인다. 설혹 종교지도자들에 대한 세례요한의 평가가 과연 정확한가 하는 의문이 남아 있다고 해도, 예수가 그들을 "독사의 자식들"로 부르는 장면(마 12:34; 대조 마 23:24)에서 그런 의문은 깨끗이 사라진다.

'보여줌'의 기술은 독자로 하여금 등장인물에 대한 텍스트의 다양한 증거들을 서로 비교하고 평가하게 한다. 헤롯은 어법적인 측면에서는 예수께 경배하려는 사람으로 나타나지만(마 2:8), 공간적 · 시간적 측면에서는 그를 죽이려는 인물로 묘사된다(마 2:16). 마태는 그의 서사의 처음 부분에서 이러한 딜레마를 독자에게 제시함으로써 「마태복음」의 중요한 주제, 즉 행위가 말보다 더 많은 것을 드러낸다(대조 마 7:21; 23:2-3)는 사실을 아주 기술적으로 제시한다.

등장인물의 성격묘사는 텍스트 속에서 형용사들을 보고 쉽게 알 수도 있지만 '들려줌'보다는 '보여줌'을 통해서 등장인물의 성격이 묘사되는 경우가 더 많기 때문에, 등장인물의 성격은 때로 추론되어야 한다. 예를 들어, 「누가복음」의 해설자는 스가랴와 엘리사벳이 "의롭고 흠이 없다"(눅 1:6)는 말에서 우리는 스가랴와 엘리사벳의 성격을 금 새 알아 낼 수가 있다. 그러나 「누가복음」 16장 14절에서 독자는 종교지도자들이 "돈을 좋아하는 자들"이라는 사실을 명백히 듣는데, 그 바로 옆에 나오는 구절에서는 예수께서 "하나님과 돈을 다 섬기려고 하는 사람은 혹 이를 중히 여기고 저를 경히 여길 것임이니라"고 말씀하시는 것을 듣게 된다. 따라서 「누가복음」 16장 14절에서 종교지도자들에게 명백히 묘사된 성격(돈을 사랑하는 자)은 다른 성격(하나님을 미워하는 자)을 함축한다는 것을 추론으로 알아야 한다.

사건 및 구성(플롯)

사건 없이 이야기가 꾸며질 수 없지만, 우리는 사건을 너무 협소하게, 즉 육체적인 행동이라는 제한된 의미로만 생각하지 않도록 주의하여야 한다. 채트맨은 사건이 말, 생각, 그리고 느낌이나 감정도 포함한다는 것을 강조하였다.[282] 따라서 복음서에 기록된 예수의 연설과 말씀들은 그 자체가 하나의 사건이며, 당연히 서사이야기의 한 부분으로 간주되어야 한다.[283]

사건이란 여러 작은 일들이 인과관계(因果關係)를 맺으면서 시간의 흐름에 따라 진행되는 것인 만큼 대부분의 서사 양식에서 서술의 순서는 사건 진행의 순서와 일치한다. 사건의 시간적 순서를 때때로 뒤바꾸어 제시하는 '서술의 역전' 기법이 본격적으로 활용된 것은 근대 소설 이후의 일이다.

때때로 이야기의 해설자는 독자들에게 앞으로 어떤 일이 일어날 것인지를 미리 알려주기 위해서 시간적으로 앞으로 나가기도 하고, 이미 일어난 사건을 알려주기 위해서 과거로 거슬러가기도 한다. 예를 들어, 「마태복음」을 읽는 독자는 14장 1-2절까지는 세례요한의 죽음에 대해서 알지 못하다가 갑자기 헤롯이 예수가 다시 살아난 요한이 아닌지 궁금해 하는 장면에 이르러서야 비로소 해설자는 그 이전에 헤롯이 요한을 어떻게 처형했는지를 자세하게 묘사해준다. 독자는 이 사건이 연속적인 사건 발생순서와는 다르게 기록되었으며, 이야기 진행순서에서는 그 사건이 과거에 일어났음을 알 수 있다. 물론 저자는 정확한 연대기적인 순서에 따라서 모든 사건을 보고하게 하여야 하지만, 그렇게 하는 것은 별로 흥미가 없으며, 궁극적으로는 충분한 효과를 거두지 못한다. 사건들이 보고되어지는 순서는 담론, 즉 이야기가 진행되는 방식에서 중요한 위치를 차지한다. 이야기 진행순서와 담론 진행순서의 사건배열에 나타나는 불일치를 순서변경이라고 한다.

순서변경은 사건이 뒤늦게 보고되는 회고와 사건이 미리 이야기되어지는 예고로 구별되는 것이 일반적이다. 「마태복음」 14장에 나오는 요한의 죽음에 대한 기사는 회고적이다. 엄격한 의미에서 예고, 즉 사건들이 실제로 일어나기 이전에 미리 이야기되어지는 경우는 복음서에는 나타나지 않는다. 하지만 성경학자들은 예고를 앞으로 일어날 사건들에 관한 예측과 예견을 포함하는 넓은 의미로 사용하기도 한다.

회고와 예고는 이야기의 시간적인 틀 안에 있는지에 따라서 내적인 것과 외적인 것으로 나누어진다. 예를 들어, 「마태복음」 14장의 해설자는 예수의 죽음으로 시작해서 그의 부활로 끝나는 이야기를 하고 있는데, 여기에 나오는 요한의 죽음은 전체 이야기를 포함하는 시간 내에서 일어난 것으로 보이기 때문에 내적인 회고이다. 다른 예를 들면, 마태가 고대 예언자들의 말을 인용하는 것은 예수에 관한 이야기들이 시작되기 전에 일어난 사건들을 회상시키기 때문에 외적인 회고라 할 수 있다. 예고를 예언으로 생각하려는 학자들은 「마태복음」에 나오는 예수의 죽음과 부활에 대한 예언을 내적인 예고로, 그리고 그의 재림을 외적인 예고로 구분하는데, 그것은 예수의 죽음과 부활사건이 그 이야기 속에서 이루어지기 때문이다. 그래서 「마태복음」의 이야기가 예수의 탄생에서 부활에 이르는 연속적인 사건을 다루고 있다고 해도, 이 이야기는 창조에까지 거슬러 올라가고(마 19:4, 8; 24:21; 25:34), 또 종말까지 나아가는(마 13:49; 24:3; 28:20) 다양한 사건적인 과정에서 이야기되고 있음을 알 수 있다.

서사이야기의 플롯을 이해하기 위해서는 사건들을 서로 이어주는 인과관계(causation)의 요소들을 확인하는 작업이 또한 중요하다. 포스터는 인과관계가 플롯의 결정적인 특징이라고 주장했다.[284] "예수가 죽고 그 다음에 베드로도 죽었다"라는 문장이 있다고 가정하자. 이 문장은 전혀 관련이 없는 두 개의 사건을 보고하고 있고, 그것은 발생한 순서만을 말하고 있기 때문에 플롯을 이루지 못한다. 이야기가 플롯을 갖기 위해서는 사건들이 의미 있는 형태로 서로 연결되어야만 한다. 항상 그런 것은 아니지만 대체로 이것은 인과관계의 요소를 사용함으로써 가능해진다. 포스터에 의하면, "예수가 죽고 베드로는 그 죽은 예수를 전파하다가 핍박을 받아 죽었다"라는 문장은 두 사건 사이에 인과관계가 형성되기 때문에 플롯이 된다.

채트맨은 포스터의 주장을 한 걸음 더 진전시켰다.[285] 채트맨은 인과관계의 원칙은 문학에서 매우 강력해서 독자는 그것이 진술된 것으로 기대하며, 실제로 인과관계가 진술되지 않을 때라도 그것을 추론해 낼 수 있다고 한다. 다른 언급이 없다고 해도 "예수가 죽고 그 다음에 베드로도 죽었다"라는 문장을 대하는 독자는 두 사건이 관련되어 있으며, 예수의 죽음이 어떤 방식으로든 베드로의 죽음을 예기케 한다고 생각할 것이다. 방금 인용한 문장은 인과적인 연결이 보여주는 명확성의 정도에서 다를 뿐이다. 두 문장은 다 인과관계의 요소를 갖고 있으며, 또 갖고 있는 것으로 생각되어질 것이다.

「마태복음」 12장 9-14절에서 우리는 예수께서 안식일에 회당에 들어가셔서 한쪽 손 마른 사람을 만났다는 이야기를 읽는다. 몇몇 바리새인들이 예수를 주의 깊게 관찰하다가, 예수에게 "안식일에 병자를 치료하는 것이 합법적이냐"고 물으면서 그를 비난했다. 예수께서는 그들의 질문에 대답을 하시면서 "안식일에 선행을 하는 것이 합법적이고, 그래서 그 사람을 치유했다"고 말씀하셨다. 해설자는 바리새인들이 나가서 예수를 모함하고 어떻게 하면 그를 없앨 것인지를 모의했다고 기록하면서 그 에피소드를 마친다. 해설자는 바리새인들이 회당에서 방금 일어난 사건으로 인해서 그러한 모의를 했다고 말하지 않지만, 독자는 어떤 인과적인 연결을 확실하게 찾을 수 있을 것이다. 그래서 「마태복음」에서 이 구절이 갖는 중요성은 안식일법과 자비를 베푸는 것 가운데 어느 것이 더 높은 윤리적 가치를 갖고 있는지에 대해서 그 구절이 보여주는 통찰에 국한되지 않는다. 오히려 이 구절은 예수를 죽이기 위한 계획, 즉 앞으로 이야기 전개과정에서 중요한 관심사가 될 이 플롯을 도입하기 위한 즉각적인 동기유발을 제공해 주기 때문에, 서사이야기를 전체적으로 이해하는 것이 중요하다.

「마태복음」에 익숙해 있는 독자는 이야기가 전개되면서 손 마른 사람에 관한 사건이 다시 언급되지 않기 때문에, 작품분석을 계속해가면서 상당히 놀라게 될 것이다. 예수가 마침내 재판을 받게 될 때 그는 안식일에 사람을 치료했다는 죄목으로 사형선고를 받은 것이 아니고, 신적인 권위를 갖고 있다고 선포했다는 불경죄로 인해서 사형선고를 받았다. 하지만 이러한 명백한 모순은 「마태복음」 12장 9-14절이 그 다음에 오는 에피소드들과 인과적으로 연결되어진다는 사실을 알게 되면 풀리게 된다. 「마태복음」 12장의 처음 여덟 절은 앞에서 일어난 예수와 바리새인들 사이의 사건, 즉 안식일 법에 관한 사건을 반복한 것이다. 예수는 그의 제자들이 안식일에 이삭을 줍도록 내버려두었다는 것으로 인해 비난을 당했으며, 이 때 예수는 자신, 즉 인자가 안식일의 주인이라고 말씀하시면서 그들에게 답하셨다. 그 날 늦게 예수께서 회당에 들어가셨을 때 바리새인들이 예수를 주의 깊게 살핀 것은 바로 이 말씀 때문이었다. 그것은 또한 문제가 되는 환자 치료사건이 일어나기 전이라고 해도, 바리새인들은 얼마든지 예수를 고소할 준비가 되어 있었다는 사실을 설명해 준다. 사실 손 마른 사람으로 인해서 일어난 사건은 바리새인들에게는 시험사례에 불과했는데, 그들은 그 사건을 통해서 예수가 이전 사건에서 말한 바가 실제로 무엇을 의미하는지를 알아내고자 했다. 따라서 예수를 죽이려는 플롯이 안식일에 사람을 치유한 것과 즉각적으로 연결이 된다고 해도 이 사건은 보다 본질적인 것, 다시 말해서, 자신이 안식일 이상의 권위를 갖고 있다고 선언한 것과 연결되어 있는 것이다. 이러한 주장은 종교지도자들에 의해서 불경죄로 해석될 수 있다.

복음서의 에피소드들이 서로 인과관계를 갖고 있다는 생각은 새로운 성경연구 방법인 서사비평이 갖고 있는 특징이다. 역사비평이 주도적일 때에는 복음서가 내적으로 서로 관계가 없는 다양하고 개별적인 관점들의 수집으로 연구되었다.

아울러 사건을 갈등분석의 측면에서 이해하는 것이 중요하다. 로렌스 페린은 갈등을 '행동, 사상, 욕망, 또는 의지의 불일치' 라고 폭넓게 정의한다.[286] 이러한 불일치는 서사이야기에서 필수적인 것으로 보이는데, 그것은 갈등의 요소를 갖지 않는 이야기를 상상하기가 어렵기 때문이다. 서사비평가는 이러한 갈등을 밝혀내고 갈등이 전개되고 해결되는 방식을 확인하는데 관심을 기울인다.

갈등은 다양한 차원에서 일어난다. 대부분의 경우 갈등은 등장인물 사이에서 일어나는데, 그것은 관점의 불일치나 등장인물의 서로 다른 성격적인 특징으로 인해서 야기된다. 페린은 갈등이 등장인물과 배경 사이, 즉 사람과 그들의 환경 사이에서도 일어날 수 있음을 발견해냈다. 등장인물들은 자연과 사회, 그리고 운명과 갈등을 일으키는 것으로 묘사되기도 한다. 그러한 문제들에 있어서 등장인물들은 자신과 갈등을 빚기도 한다.[287]

복음서를 대충 읽기만 해도 복음서 이야기에 갈등의 주제가 얼마나 많이 들어 있는지를 알게 될 것이다. 예수는 이스라엘의 종교지도자들 뿐만 아니라 자신의 제자들로부터도 반대를 받았다. 어떤 때는 사탄의 세력을 물리쳐야 하고, 질병과 죽음의 세력을 물리쳐야만 했다. 그는 자연과도 전투를 치러야 했는데, 파도를 잔잔케 하고 물 위를 걷기도 하였다. 그는 자신의 앞날에 대해서 내면적으로 괴로워했으며 내적인 갈등을 겪었다. 그리고 네 가지 복음서의 모든 이야기들은 진리와 거짓, 하나님의 것과 사람의 것 사이의 지속적인 갈등을 그 배후에 깔고 있다.

이야기를 구성하는 개별적인 사건들은 그것들이 서사이야기 전체에 나타나는 갈등의 전개와 해소에 어떻게 기여하는가에 따라서 연구되어진다. 갈등의 성격은 각 사건들(파벌들)이 상대편에게 행하는 위협의 측면에서 이해될 수도 있다. 서사이야기에서는 갈등이 전개되면서 그 성격이 변화되기도 한다. 또 새로운 위협이 첨가되기도 하고 기존의 갈등이 사라지기도 한다. 어떤 경우에는 갈등의 본질은 동일하게 남아 있고 그 강도만 변하기도 한다.

「마태복음」 12장 1-8절(안식일에 이삭 줍는 사건)과 12장 9-14절(한쪽 손 마른 사람을 치유한 사건)에서 묘사하고 있는 사건들은 「마태복음」에 나타나는 예수와 종교지도자들 사이의 갈등을 이해하는 데 도움을 준다. 종교지도자들은 예수가 율법, 특히(이 경우에는) 안식일 법의 권위와 거룩함에 도전을 한다고 생각했기 때문에 예수를 반대했다. 이것은 예수와 종교지도자들 사이의 갈등에 새로운 진전의 전기를 마련해 준다. 이제까지 예수에 대한 종교지도자들의 반대는 율법에 대한 위협의 측면에서는 정의되지 않았다. 그래서 이 동일한 에피소드에서 예수의 생명에 대한 종교지도자들의 위협이 처음으로 이야기에 들어오게 된다는 것이 특기할 만하다.

이러한 위협에 대한 언급은 그것이 적용되지 않는 것으로 보이는 경우들도 분명히 있기 때문에, 갈등의 규명에 너무 얽매이지 않는 것이 좋다. 예수와 그의 제자들은 네 가지 복음서에서 서로 갈등을 빚고 있지만, 그들이 서로에게 위협을 가했다고는 생각할 수 없다. 그럼에도 불구하고 이러한 위협이 있을 때, 그것들이 어떻게 나타나느냐에 따라서 갈등의 해소를 묘사하는 것이 가능할 것이다. 위협이 사실로 나타나기도 하고, 아무런 일 없이 소멸되기도 할 것이다. 갈등은 또한 이야기 내에서 해소되지 않은 채 남아 있을 수도 있다.

문학 작품 속에서 갈등이 해소되지 않은 채 남겨지는 가장 좋은 예들 가운데 하나를 「누가복음」 15장 11-32절(탕자 이야기)에서 발견할 수 있다. 이 고전적인 이야기는 형에게 그의 교만을 버리고, 동생을 위해서 마련한 즐거운 잔치에 참여하도록 권하는 것으로 끝난다. 하지만 이 이야기는 형이 그 권유를 받아들였는지에 대해서 아무런 언급도 하지 않는다.

배경

작중의 사건이 전개되는 시간적, 공간적 환경을 배경이라 한다. 모든 행위는 일정한 상황 속에서 벌어지는 것이므로 배경의 이해 또한 작품을 바르게 감상하는데 긴요하다.

서사문학 전체를 살펴보면 극히 단순하고 막연한 상황 설정에서부터 생활 현실의 치밀한 제시에 이르기까지, 그리고 아주 환상적인 것으로부터 꼼꼼히 그려진 사실적 장면에 이르기까지 배경의 모습은 참으로 다양하다. 일반적으로 말해서, 배경은 신비로운 일이나 이상화된 주제를 다루는 서사양식에서 막연하거나 비현실적인 방식으로 처리되는 일이 많다. 대부분의 내러티브가 그러하고, 우리나라 고전 소설과 서구의 중세 기사담 같은 로맨스 양식에도 그런 예가 흔하다. 반대로, 근대 소설부터는 실생활의 모습과 부합되는 구체적인 배경이 중시되었다.

배경은 사건이 전개되는 환경일 뿐 아니라 작품 전체의 분위기를 규정하며, 때로는 의미 있는 깊은 상징성을 띠기도 한다. 또 배경은 등장인물의 모습을 보여 주고, 갈등을 해소시키며, 이야기의 틀을 마련해 주는 일도 한다. 아브람스는 배경을 장소, 시간, 그리고 사회적 상황으로 정의한다.[288] 따라서 우리는 세 가지 유형의 배경들, 즉 공간적, 시간적, 그리고 사회적인 배경을 고려해야만 한다.

장소와 공간적인 배경은 등장인물이 생활하는 물리적인 환경, 즉 의상, 운송수단 등과 아울러 그 환경을 구성하는 장소나 가구 등을 가리킨다. 실내 배경과 실외 배경도 고려되어야 한다. 실내 배경은 때로 보호와 안전함을 의미하기도 한다. 그러나 그것은 또한 감금의 의미도 갖고 있다. 이와 마찬가지로 실외 공간은 어떤 이야기에서는 위험을 의미하고 다른 이야기에서는 자유를 의미하기도 한다. 이렇듯 다른 의미를 가짐으로 패러독스를 가능케 하고, 많은 이야기들은 안전과 감금, 그리고 위험과 자유를 대조시키는 언급들로 채워진다. 이와 동일한 대조의 유형은 시골과 도시, 고독과 사교, 그리고 육지와 바다의 대조에서 찾아볼 수 있다.

특히 경계선이 대조된 장소들을 이어 주는 특별한 역할을 한다는 사실을 알 수가 있다. 예를 들어, 문은 안과 밖을 이어주는 역할을 한다. 소설 『로빈슨 크루소』에서 섬은 육지와 바다를 자연스럽게 이어준다. 섬은 겉으로 보기에는 감금의 장소이지만 주인공에게는 자유의 장소가 된다. 경계선의 중요성은 「마가복음」 에서도 찾아볼 수 있는데, 예수께서 갈릴리 해변에서 사람들을 가르치시는 모습을 여러 번 발견하게 된다. 단 한 번이지만 마가는 예수께서 배에서 가르치는 모습을 묘사한다(막 4:1). 그래서 예수는 바다에 있고, 군중들은 육지에 있는 것으로 이야기된다. 여기서 바다와 육지를 이어주는 경계선은 배다. 배는 겉으로 보기에는 감금과 위험의 장소이지만 예수에게 있어서는 자유와 안전의 장소가 된다.

몇몇 문학작품에서는 장소 묘사 그 자체가 목적이 되기도 한다. 이야기는 때로 이야기 자체에서는 요구되지 않는 주변 환경을 자세하게 묘사하는 데 상당히 많은 부분을 할애하는 경우도 본다. 그러나 복음서 이야기에서는 장소묘사가 극도로 제한되어 있다. 공간적인 배경은 예루살렘, 산, 성전 등으로 간략하게 언급되어 있어서, 독자는 플롯에 직접적으로 관련이 있는 장소들에 대해서 아무런 정보도 받지 못한다. 복음서의 공간적인 배경묘사는 극적이고 유용한 효과를 주는 데에 국한되어 있다. 장면은 그것이 등장인물의 구체화된 행동에 영향을 미치는 한에서만 중요하다. 이것은 한편으로는 독자들이 이야기 세계를 나름대로 경험하는 것에 전혀 제약을 받지 않으며, 다른 독자들은 그 이야기를 또 다른 방식으로 경험할 수 있다는 사실을 의미한다. 마지막으로, 이 이야기들에서 공간적인 배경에 대한 구체적인 묘사가 결여되어 있다는 사실은 부자의 진홍 옷(눅 16:19), 베데스다 연못의 다섯 기둥(요 5:2), 강력한 돌풍의 소리(행 2:2)와 같이 배경이 자세히 묘사될 때 이러한 정보에 특별한 주의를 기울일 것을 요구한다. 독자는 이러한 자연묘사들이 어떤 의미를 갖고 있을 것으로 기대하게 된다.

시간적 배경에 대한 언급들에는 최소한 두 가지 유형이 있다. 하나는 연대기적인 것이고, 다른 하나는 유형론적인(typological) 것이다. 연대기적인 유형은 정지된 것(locative)과 지속적인 것(durative)으로 더 세분되어진다. 정지된 시간유형은 어떤 행동이 일어난 특정한 시각을 밝히는 것이다. 이러한 시각은 길수도 있고(1년이나 1세기) 짧을 수도 있다(하루나 한 시간). 「누가복음」은 구레뇨가 시리아의 총독일 때 가이사 아우구스도가 선포한 유명한 칙령을 언급하고 있다(눅 2:1-2). 이와 비슷하게 「마가복음」의 수난 이야기에서는 예수가 십자가에 못 박힌 시각이 3시였다고 기록하고 있다(막 15:25).

연대기적인 시간유형의 또 다른 요소인 지속적인 유형은 기간을 의미한다. 「요한복음」에서 예수의 반대자들은 예수에게 예루살렘 성전이 46년 넘게 건축되고 있다고 말한다(요 2:20). 이와 비슷하게 「마가복음」에서 예수가 고쳐 주신 여인은 12년 동안 혈루병을 앓았다고 기록되어 있다(막 5:25).

마지막으로 유형론적인 시간 배경은 어떤 행동이 일어나는 시간의 상징적인 의미를 말한다. 「요한복음」에서 해설자가 니고데모가 밤에 예수를 찾아왔다고 말할 때(요 3:2), 그는 그 만남이 실제로 밤에 이루어졌다는 것을 말하기보다는 그 당시의 시대적인 상황이 밤과 같았음을 우리에게 알려 주려고 한 것이다. 이러한 언급들은 대개 대조기법을 사용한다. 그들은 어떤 시간 유형(밤이 아닌 낮)을 다른 시간 유형(낮이 아닌 밤)과 대조시킴으로써 이를 구체화 시킨다. 「마가복음」 13장 18절에서 예수는 그의 제자들에게 닥쳐올 대환난이(여름과 대조되는) 겨울에 일어나지 않도록 기도하라고 말한다. 겨울철은 여름철보다는 견디기 어려운 때로 여겨지며, 그래서 묵시적인 환난에 대한 적합한 비유로 사용된다.

사회적인 배경은 한 작품에서 영향을 미치는 것으로 보이는 정치제도, 계층구조, 경제체제, 사회관습, 그리고 일반적인 문화적 상황을 포함한다. 사회적인 배경을 밝혀내는 작업은 특별히 고대문학 작품연구에서 중요하다. 「누가복음」 7장 36-50절의 사회적 배경은 식사의 상황이다. 그러나 식사의 상황은 현대 독자들이 즐기는 식사장면과는 다르다. 예수는 그 집주인이 그의 발을 씻기지 않고 입맞춤도 하지 않고 그의 머리에 기름을 바르지 않았다고 책망하신다. 독자는 이러한 환대의 결여가 바로 사랑의 결여를 의미한다는 사실을 이해할 것으로 기대된다. 식사를 하는 중에 한 여인이 방으로 들어와서 예수의 발 앞에 엎드려 울면서 그녀의 머리칼로 예수의 발을 닦는다. 현대 독자는 1세기의 사회관습들에 대한 지식이 없다면, 본문에서 이 행위가 야기시키는 상황의 급변을 이해할 수 없을 것이다. 그래서 사회적인 배경을 아는 것이 매우 중요하다.

한 마디로 말해서 서사비평의 가장 중요한 요소는 텍스트의 통전성 또는 총체성(wholeness)을 이해하는 것이다. 『구약성경』과 『신약성경』은 각기 다른 시대와 문화 속에서 생성된 책들의 결합이기 때문에 서사비평은 역사적인 배경이 불확실한 성경본문을 깊이 이해할 수 있게 해준다. 지난 세기에는, 『신약성경』 각 책들의 저자, 저작연대, 장소, 자료들을 밝혀내는 데 엄청난 연구가 진행되었다. 그럼에도 불구하고 그 연구들이 어떤 합의에 도달한 적은 거의 없었다. 서사비평의 장점은 학자들로 하여금 이 끈질기고 아마도 끝내 해결할 수 없을 것 같은 문제들에 매달려 있게 하지 않고, 책들이 갖는 의미와 효과에 대해서 더 많이 알도록 해준다.

또한 서사비평은 전통적인 방법들을 검증하고 균형 잡아주는 역할도 한다. 문학적인 독서결과가 어떤 특정한 역사적 해석과 근본적으로 일치 한다면, 그것이 역사적 해석의 정확성을 보증해주게 되고, 이와 달리, 텍스트의 문학적인 의미가 전통적인 해석과 근본적으로 다를 때는, 이 두 분야의 학자들은 그들이 여러 증거들을 근거로 해서 내린 평가를 재고하게 한다.

그리고 서사비평은 학자들과 비전문적인 성경독자들을 긴밀하게 묶어주는 경향이 있다. 사람들은 역사비평방법이 성경을 일반독자들의 손에서 빼앗아 학자들의 전횡적인 보호 아래 두었다고 말한다. 역사비평가들은 성경의 기원과 전수과정, 그리고 그 내용의 편집적인 개정작업에 대한 전문적인 지식이 없이는 성경을 제대로 이해할 수 없다는 전제 하에 연구를 하지만, 서사비평은 역사비평가들과는 달리 독자들의 시각에서 본문을 해석하려고 한다는 점에서 높은 평가를 받는다.

6) 독자 반응적 접근방법

문학이 의사소통 행위라면 발화자는 저자를 지칭한다. 전달되는 메시지는 텍스트 또는 문학작품이라 할 수 있으며, 수화자는 독자, 비평가 또는 관객을 가리킨다. 성경을 해석하는 데에는 3개의 축이 있는데, 그것이 '저자, 본문, 독자' 다. 전통적인 역사비평은 저자와 메시지 사이의 관계에 집중하고, 구조주의는 본문 자체에 집중하는 반면에, 독자반응비평(reader-response criticism)은 주로 본문과 독자들 사이의 역동적인 상호관계에 관심을 기울인다. 이렇게 볼 때, 독자반응비평에서 있어서 가장 중요한 것은 독자가 본문의 의미를 결정한다는 것이다. 따라서 독자반응비평에 있어서 본문의 의미는 저자가 본문에 표현했거나 본문의 표현 속에 있는 것이 아니라, 독자가 본문을 읽는 동안에 본문과 독자 사이에 이루어지는 의사소통을 통하여 생겨나게 된다고 할 수 있다.

이와 같이 문학이 일종의 의사소통의 행위라면, 일단 의미는 저자의 의도 속에 존재하게 된다고 할 수 있다. 저자는 독자를 위해 메시지를 코드화 또는 문자화하므로, 해석은 글 속에 담겨진 저자의 의도를 찾거나 읽어 내는 것을 그 목표로 삼게 된다. 따라서 우리는 저자나 편집자가 자료들을 어떻게 사용했으며 무슨 목적으로 사용했는지에 관심을 갖게 된다. 동시에 궁극적인 저자는 하나님이시므로 성경의 최종 의미는 하나님의 의도에 있다는 것을 알아야 한다. 하나님은 자신의 메시지를 인간 저자에게 밝히셨지만 그렇다고 해서 하나님의 의도를 인간 저자와 동일시하는 것은 잘못이다. 왜냐하면 신 · 구약 성경의 적용문제는 인간 저자가 의도한 의미를 능가하는 경우가 허다하기 때문이다.

또한 저자는 텍스트를 통해 메시지를 보낸다. 저자의 의도는 직접 알 수 없는 것이므로 텍스트와의 상호작용을 통한 가정의 기반에서 재구성된다. 이렇게 재구성된 저자를 내포저자(implied author)라고 부른다. 전통적 해석은 원 독자에게 관심을 두지만, 신비평에 있어서는 내포독자(implied reader)와의 의사소통과 독자의 의미 반응에 관심을 더 집중한다. 문제는 성경의 원저자인 성령의 역할은 온데간데없이 사라져 버리고, 오직 독자만이 본문을 읽어가면서 '되돌아봄'(회고, retrospection)과 '내다봄'(예기, anticipation)을 통해서 모호한 의미의 간격(gap)을 메워 온전한 의미를 찾아낼 수 있다고 믿는 데 있다.

역사비평학자들은 이 모호한 의미의 간격을 채우기 위해서 구전과 기록된 여러 자료의 짜깁기로 이해하려고 했지만, 독자반응비평에 있어서는 독자가 저자의 글을 읽어가면서 접하게 되는 불명확한 구절을 해결할 때까지 읽어 온 글을 되돌아 새겨보고 동시에 앞으로 어떻게 전개 될 것인지를 미리 내다보는 추론 과정을 거쳐서 모호한 의미의 간격을 메우는데 힘을 기울인다.

이런 '회고'와 '예기'는 계시사적 해석을 할 때 특별히 『구약』 인물 안에서 효과적으로 나타난다. 예를 들어, 가장 강력한 왕국을 이룬 다윗은 하나님 나라를 가리키는 가나안 땅을 정복한 여호수아를 회고하도록 하는 인물인 동시에, 예수님을 예기하는 인물이다. 다윗은 여호수아의 실체라면, 예수님은 다윗의 실체이시다. 물론 예수님은 여호수아의 실체도 되신다. 『구약』의 후기 시대의 인물은 이전 시대의 인물보다 더 분명한 방식으로 예수님의 그림자로 자리매김한다. 이런 의미에서 다윗이 여호수아보다 더 분명한 그림자라고 할 수 있다. 그림자를 성취하는 실체에는 단순한 대체가 아니라 더 큰 영광과 변혁을 수반함을 고려해야 한다. 예수님 안에서 발견되는 구원의 역사는 여호수아는 물론 다윗에게서 볼 수 없는 더 큰 '영광과 변혁'을 가진다.

인물뿐 아니라 사물을 해석할 때에도 회고와 예기 운동은 적용될 수가 있다. 예를 들어, 에덴동산은 성막-성전의 그림자이고, 성막-성전은 예수님과 『신약』의 성령의 전이된 교회의 그림자이다. 그러므로 솔로몬의 성전을 잘 살펴보면 옛 적의 에덴동산이 보이고 장차 도래할 예수 그리스도와 그 분의 영광스럽고 변혁될 교회의 청사진이 투영된다. 이런 의미에서 결국 성경 해석은 직선적인 것이 아니라, 나선형적인 반복 운동이며, 교차본문적인 운동(intertextual movement)이라고 할 수 있다. 이런 나선형적이고 교차본문적인 운동을 통하여 본문의 풍성한 계시가 드러나도록 지혜와 계시의 성령께서 역사하시기를 간구한다.[289)]

위에서 언급한 바와 같이, 독자는 각자 하나의 텍스트에 기록되지 않은 부분, 즉 간격이나 미결정 영역을 자기 자신의 방법으로 채워 넣어야 한다. 이런 독자의 창조적인 활동에 의해서 결과적으로 드러나게 되는 해석의 영역은 텍스트에 내포되어 있는 의미와 마찬가지로 다수일 수가 있다. 그러나 이러한 해석의 주관성에 따를 수 있는 오류를 조심해야 한다.

독자반응비평이 범하기 쉬운 주관적 해석의 오류를 극복하기 위해서 독자는 적어도 복잡한 것을 다 제쳐두고서라도, 무엇보다 성령께서 하시는 말씀, 아니 적어도 양심이 호소하는 소리를 들을 수 있어야 한다. 그 들을 수 있는 귀는 부드러운 영을 가진 자만이 소유할 수가 있다. 의도적으로 사건과 시간적 범주의 오류를 조장하거나, 자기 합리화와 인간의 꾀를 부리는 부정직한 사람에게는 그런 부드러운 영은 쉽게 나타나질 않는다. 지적 유희를 넘어서는 올바른 성경 해석과 읽기는 하나님 나라를 위한 것이어야 하고, 주님의 영광을 목적으로 하여 성화를 수반하는 작업이어야 한다.

「아모스」 7장 10-17절을 독자반응비평적인 방법으로 해석해 보겠다. "때에 벧엘의 제사장 아마샤가 이스라엘의 왕 여로보암에게 보내어 이르되 이스라엘 족속 중에 아모스가 왕을 모반하나니 그 모든 말을 이 땅이 견딜 수 없나이다. 아모스가 말하기를 여로보암은 칼에 죽겠고 이스라엘은 반드시 사로 잡혀 그 땅에서 떠나겠다 하나이다. 아마샤가 또 아모스에게 이르되 선견자야 너는 유다 땅으로 도망하여 가서 거기에서나 떡을 먹으며 거기에서나 예언하고 다시는 벧엘에서 예언하지 말라 이는 왕의 성소요 나라의 궁궐임이니라. 아모스가 아마샤에게 대답하여 이르되 나는 선지자가 아니며 선지자의 아들도 아니라 나는 목자요 뽕나무를 재배하는 자로서 양 떼를 따를 때에 여호와께서 나를 데려다가 여호와께서 내게 이르기를 가서 내 백성 이스라엘에게 예언하라 하셨나니 이제 너는 여호와의 말씀을 들을지니라. 네가 이르기를 이스라엘에 대하여 예언하지 말며 이삭의 집을 향하여 경고하지 말라 하므로 여호와께서 이와 같이 말씀하시기를 네 아내는 성읍 가운데서 창녀가 될 것이요 네 자녀들은 칼에 엎드러지며 네 땅은 측량하여 나누어질 것이며 너는 더러운 땅에서 죽을 것이요 이스라엘은 반드시 사로잡혀 그의 땅에서 떠나리라 하셨나느니라" (암 7:10-17).

이모스가 이스라엘이 멸망할 것을 경고했던 예언을 선포할 당시 벧엘의 제사장은 아마샤였다. 그런데 벧엘의 제사장 아마샤는 선지자의 경고를 정치적 전복을 꾀하는 모반이라고 이스라엘의 왕 여로보암에게 모함하였다. 그러나 아마샤는 이스라엘을 향한 그의 멸망 선언만 부각하고 그 이유는 언급하지 않았다. 회개를 촉구하고 살 길을 알려준 것(암 5:4)과 두 번이나 이스라엘의 용서를 간구한 것에는 침묵한 채, '여로보암의 집을 치리라' (암 7:9)는 말을 '여로보암은 칼에 죽을 것' 이라는 자극적인 말로 바꿔서 분노를 자아내게 하였다. 하나님의 명령은 가혹한 것으로 과장하고 불순종이 낳는 형벌은 축소했던 에덴의 뱀처럼(창 3장), 사탄은 늘 진리를 곡해하여 의심과 불신을 조장한다. 이 대목에서 독자는 에덴동산에서 옛날에 일어났던 사건 즉 여호와 하나님께 불순종하였던 사탄의 음모와 거짓, 그리고 아담과 하와의 불신행위를 돌이켜 보게 되고 그들이 에덴에서 쫓겨나 방황하다가 죽었듯이 아마샤와 여로보암의 길을 따르는 모든 사람들의 운명도 그러할 것을 내다보며 모호한 의미의 간격을 채워보아야 한다.

아마샤는 왕의 신임과 종교권력을 이용하여 아모스의 예언을 중단시키고 유다로 돌아가라고 협박한다. 아모스가 생계와 출세를 위해서 이스라엘까지 와서 예언을 한다고 매도하였다. 하지만 이것은 정치권력과 결탁하여 정치적인 불의를 종교적으로 정당화해 주고 그 권력에 기생하는 자신의 모습을 투사한 것일 뿐이다. 에덴동산에서 타락한 천사가 자기를 진리로 위장하고 거짓과 가장된 불의를 일삼는 사탄을 돌이켜 보게 되고 거짓은 반드시 노출되며 멸망한다는 것을 내다보게 된다. 정직하지 못한 지도자가 유난히 정직을 강조하는 것과 같은 것도 생각해 보게 된다. 그는 스스로 자신의 왕은 '하나님'이 아니라 '여로보암'이라고 인정하고 있는 것이다. 나의 못된 모습을 회개하기보다 다른 사람의 순수성을 의심하거나 내 수준으로 끌어내리려는 마음이라 할 수 있다(암 7:12-13). 이렇게 본문의 의미를 채워 넣어 생각해 볼 수 있다.

아모스는 자신의 선지자로서의 자질을 변명하지 않았다. 원래부터 선지자가 아니라 목자이고 농부였지만, 여호와께 부름 받아 말씀을 전하는 것뿐이라고 말한다. 절대 '떡'(생계)을 위해 한 일이 아니었다. 그는 왕이 세운 제사장인 아마샤와 달리 하나님이 세우셨다. 그러니 예언을 중단할 수 있는 분도 하나님뿐이고, 예언할 말을 바꾸실 분도 하나님뿐이시다. 우리 지도자들이 이력 쌓기에 골몰하지 않고, 소명을 확신하고 말씀의 능력을 믿으며, 가라 하신 곳에서 전하라고 하신 말씀에 충실할 수 있어야 한다(암 7:14-15). 여기서는 하나님의 마음에 맞는 인물이었던 다윗을 생각하게 된다. 여러보암의 길이 아니라 다윗의 길을 걸어가는 아모스처럼 하나님의 뜻에 맞는 삶을 사는 사람들의 영생과 상급을 생각하게 된다.

반면에 자기 귀를 막고 선지자의 입을 막은 채 약속의 땅을 부정하게 만든 아마샤와 이스라엘은 그 땅에서 토해져서 더러운 땅에서 죽게 될 것이다. 아마샤는 겉으로는 하나님을 섬기는 제사장이었지만, 눈에 보이는 인간 왕에게 잘 보이기 위해 진짜 왕이신 하나님 말씀에 불순종했다. 하나님의 예언을 전하는 아모스에게 이제는 예언하지 말고 남쪽 유다로 돌아가라고 협박을 했다. 이처럼 아마샤는 돈과 명예를 위해서 하나님의 생각과는 정반대로 행동했다. 하나님은 이런 타락한 제사장인 아마샤를 벌하시고 약속의 땅에서 쫓아내겠다고 말씀하셨다. 하나님은 말씀을 전하는 지도자들이 바르게 말씀을 전하길 원하신다. 따라서 우리는 말씀을 전하는 지도자들을 위해 기도해야 한다(암 7:16-17).

위의 기록을 읽으며 독자반응비평의 견지에서 다음과 같은 의미와 메시지를 발견할 수 있다. 아모스는 하나님이 선지자로서 아무런 자격 없는 자, 즉 뽕나무를 배양하던 자를 부르시고 하나님의 심판의 메시지를 전하게 하시는데도, 자기의 삶과 생업을 과감하게 던지고 하나님의 말씀을 전하는 선지자의 모습에서 깊은 감동을 받는다. 하나님의 말씀이 너희를 이렇게 잘살게 해주고 앞으로 더 큰 축복을 해줄 것이다. 이런 말씀이라면 유쾌하게 노래하며 여기 저기 다니면서 큰 소리 치며 전할 텐데, 그와는 정 반대로 축복이 아닌 심판의 메시지를, 그것도 높은 지위와(왕) 권력을(기득권) 가진 자 뿐만 아니라 전 하나님의 백성들을 향해서 한마디도 가감없이 그대로 전하고, 세상과 사람을 보지 않고, 사람의 의견, 소리 듣지 않고, 오직 하나님의 음성에 귀 기울이고 자기의 생명, 유익 구하지 않고 하나님의 말씀을 전하는 참 선지자의 모습을 본다.

아마샤는 위대하고 거룩한 선지자의 직분인 하나님의 메시지를 전하는 것이 그의 삶의 전부가 되어야 하는 나실인으로서의 거룩하고 구별된 삶을 살아야 하는데, 하나님의 말씀을 전하는 다른 선지자의 소리에는 귀를 막고 듣지 않을 뿐만 아니라 들은 말씀도 자기 생각대로 해석하며, 하나님의 말씀을 바르게 전하는 선지자를 사람 앞에 찾아가 고발하는 일을 하고 있는 모습에 정말 귀가 막힌다. 듣기 좋은 말만 전하는 선지자만 선호하는 왕과 백성들, 자기 자신들의 치부를 들춰내는 하나님의 말씀에서 그들의 반응은 왕과 백성들을 교란 시킨다는 말로 듣는 저들을 보면서 많은 생각을 하게 된다.

독자반응비평은 일반 문학에 대한 연구 방법론을 성경 해석에 적용시켜서 성경 본문을 역사, 사회학, 심리학과 같은 분야의 지배에서 벗어나게 하므로 성경 본문과 진지한 상호 작용을 촉진시켜 준다. 또한 독자들 스스로 자유롭게 본문의 뜻을 이해할 수 있게 한다. 이 독자반응비평은 더욱 전통적인 성경 연구와 문학 연구의 방법들을 수용할 수 있고 이용 할 수 있지만, 비평의 주관성을 극복하기 위하여 반드시 영성을 갖추고 해석의 객관성을 유지하려고 노력하여야 한다. 본문을 다양하게 읽는 것은 좋으나 뒤틀리게 읽는 일은 없어야 한다.

독자반응비평은 저자의 의도에 대한 관심이 부족하다는 역사비평가들의 지적은 타당하다. 그러므로 독자반응비평은 확실한 근거에서 본문을 조절하고 그 의미를 찾으려는 '현대의' 독자들에게 매우 불안정하고 당황스러운 방법이라 아니 할 수 없다. 역사비평은 저자 중심, 문학비평은 본문 중심, 그리고 독자반응비평은 독자 중심이므로 비평 방법론 사이의 상호 보안 유지가 필요하다.

7) 장르적 접근방법

장르(유형)는 서술법(敍述法), 내용, 구조 및 어법이 유사한 일군의 본문들을 지칭하는 것이다. 다른 말로 정의한다면 장르란 '서로 공통적인 한 가지 이상의 특징을 공유하는 텍스트군'이라 할 수 있다. 장르는 독자의 기대감 속에서 인식될 수 있을 뿐 아니라, 텍스트를 하나하나 구성해가고 있는 저자를 안내해 주기도 한다. 장르는 저자의 글쓰기 방식을 정해주거나 강요하여 저자의 작품이 독자에게 이해되고 소통되도록 해준다.

한 텍스트의 장르를 올바로 확인하는 유일한 방법은 다른 문학과의 관계에서 그 텍스트를 읽고 유사성을 판별해 내는 것이다. 그러므로 장르분류는 특정 텍스트와 장르라는 일반화 사이의 끊임없는 상호작용을 수반한다는 점에서 해석학적 순환의 한 형태라 할 수 있다. 즉 개별 텍스트는 전체적인 지식을 통해서만 이해되며 또한 장르는 오직 텍스트들 자체로부터 밝혀진다. 이러한 장르 확인 문제는 독자에게 기대감을 유발시키며 전체적인 독서 전략을 세우도록 해주며, 잘못된 기대감이나 판단기준을 배제시켜줌으로써 텍스트의 의미로 들어가는 출입문 역할을 해주기도 한다.

문학 장르 또는 유형은 성경 해석에 있어서 이와 같이 결정적인 역할을 한다. 하나님께서는 그 자신의 메시지를 전달하시기 위해 영감을 통해 많은 문학 유형을 동원하셨다. 제일 많이 사용된 문학 유형은 『신약』에 더 많이 보이는 강론 형식이다. 강론이라 함은 객관적 진리에 대한 직접적인 논리의 전개나 설명을 의미한다. 바울의 서신들이 이 강론적인 형태의 대표적인 것들이다. 다음으로는 내러티브와 전기의 형태가 많다. 『구약』의 상당 부분과 사복음서가 이야기 즉 내러티브의 형태를 취하고 있다. 그리고 가장 눈에 뜨이는 문학 형태는 시다. 「시편」을 비롯해서 많은 예언서와 지혜서들이 시의 형태를 갖추고 있다. 또한 연설, 비유, 풍자, 비극, 지혜문학, 예언문학 등의 형태도 찾을 수 있다. 물론 더 많은 문학 유형이 있고, 또 더 상세하게 구분될 수도 있지만, 이 중 많은 것들이 중첩되기도 한다. 성경 문학을 갈래에 따라서 분류하고 그 장르에 따라서 접근하여 읽는 것이 무엇보다 중요하다.

우리는 어떤 글을 읽을 때, 그 글을 쓴 사람과 동일한 의도로 읽어야 한다. 만일 글을 쓴 사람이 편지를 쓴 것이라면, 우리는 그것을 편지로서 읽어야 한다. 그것이 시라면 시로서, 연대기라면 연대기로서, 비유는 비유로서, 그리고 예언이면 예언으로서, 내러티브라면 내러티브로서 읽어야만 한다. 다시 말씀드리면, 각 문학의 양식은 반드시 쓰여진 목적에 따라 해석되어야 한다는 것이다. 성경에 가장 많이 사용된 시와 산문 곧 내러티브 장르에 대해서만 조금만 더 자세하게 어떻게 읽는 것이 바른 읽기인가를 살펴보겠다. 우선 시에 대해서 생각해 보겠다.

시 읽기

시는 일상 언어와는 달리 시인 자신의 의도에 따라 구조화된 언어를 구사한다. 그러므로 시는 표현된 내용(What)에 대해서 뿐만 아니라 사물이 표현되는 방법(How)에 대해 보다 많은 관심을 두고 있다는 점에서 자기 지시적(self-referring)이라 할 수 있다. 이 점에서 시는 산문보다 높은 수준의 문학적 기교를 구사하게 된다는 특징을 지닌다.

시를 해석할 때 시답게 해석하기 위해서는 다음과 같은 시의 주요 특징들을 먼저 알아두는 것이 필요하다. 첫째 시의 특징은 간결하다는 것이다. 특히 히브리 시의 시행들은 짧고 명료한 간결성의 특징을 가지고 있다. 또한 시의 간결성을 위한 장치로 생략을 많이 사용한다는 것도 주지하여야 한다. 둘째 시의 특징은 평행법(Parallelism)이라는 리듬을 많이 사용하고 있다는 것이다. 평행법은 시를 결정하는 특징은 아니라 하더라도 적어도 시의 주요 장식 장치 중의 하나인 것만은 분명하다. 셋째 시의 특징은 이미지(Image)에 있다. 문학적 이미지란 텍스트의 언어가 독자의 마음에 불러일으키는 지각을 의미한다. 여기서 말하는 이미지의 중요한 구분은 유사성(similarity)을 근거로 하는 것과 연상(association) 또는 인접(contiguity)을 근거로 기능하는 것으로 구분할 수 있다. 이미지의 여러 유형들은 유사성의 원리(의인화, 풍유, 상징)에 근거를 두고 있으나, 그 중에서 가장 일반적인 것은 은유(metaphor)와 명백한 상관물을 가질 때의 직유(simile)이다. 또한 유사성과 대조되는 것으로서 연상원리에 근거한 비유는 환유(metonymy)와 제유(synecdoche)인데, 환유는 밀접하게 연관된 다른 단어로 대체하는 것이고, 제유는 한 부분으로 전체를 대신하는 것을 말한다. 예수님이 사용하신 비유는 이러한 은유의 확장된 표현이라 할 수 있다.[290]

예를 들어 예언서인 「이사야서」에서 시의 형식으로 된 본문인 "산들과 언덕들이 너희 앞에서 노래를 발하고 들의 모든 나무가 손뼉을 칠 것이며"(사 55:12)라는 구절을 읽을 때, 진짜 산과 언덕들이 노래하고 나무들이 가지들을 흔들며 음악에 따라 박자를 맞추기를 기대해서는 안 된다. 시가 가진 전형적인 특징은 그 의미를 생생한 그림(이미지)으로 표현하고 묘사한다는 것이다. 하나의 예를 더 들어보겠다.「아가서」의 저자는 그의 사랑하는 자의 배꼽을 "섞은 포도주를 가득히 부은 둥근 잔"(아 7:2)으로 묘사하고 있다. 시가 어떤 기능을 하는지 이해하는 해석자는 이 본문을 문자적으로 해석해서 '이 여인은 가득히 술을 부어서 거품이 이는 둥근 술잔과 같이 부풀어 오른 복부를 갖고 있다' 고 해석하지는 않을 것이다. 그렇게 해석하는 사람이 있다면 참으로 문제가 아닐 수 없다. 여기서 '배꼽' 은 제유로서 부분을 가지고 전체를 나타내는 비유법이다. 그러니까 배꼽의 아름다움을 노래한 것이 아니라 사랑하는 자의 전신의 아름다움을 비유적으로 노래한 것이다. 그가 사랑하는 자의 아름다움은 술잔에 가득히 부은 포도주 같아서 언제나 그 미에 흠뻑 취하도록 이끌어간다고 해석하여야 바른 해석이 될 것이다.

내러티브 읽기

성경에는 내러티브가 상당히 많은데 내러티브를 내러티브답게 해석하지 않으면 그 의미를 바로 이해할 수가 없다. 내러티브의 역동성을 먼저 살펴볼 필요가 있다. 내러티브에 관심을 가진 비평가들은 중요하고도 유용한 구분을 시도하였는데, 저자와 독자(청중) 사이를 다음과 같이 여섯 개의 항목으로 나누어 기술한다. 저자 -〉 내포저자 -〉 화자 -〉 피화자 -〉 내포독자 -〉 독자. 먼저 이런 저자와 독자 사이의 관계와 그 역할을 숙지하는 것이 내러티브 해석에 도움이 될 것이다.

첫째, 저자와 독자와의 관계를 살펴보아야 한다. 저자는 텍스트를 실제로 작성한 사람을 지칭하며, 독자는 그 텍스트를 실제로 읽는 사람을 가리킨다. 문학적 의사소통 행위의 여섯 부분 중에서 저자와 독자는 서사 자체 외부에 존재하는 유일한 존재들이다. 여기에서 저자라고 하는 것은 단일의 저자라고 해야 하는지, 아니면 복수의 저자라고 해야 하는 지, 그것도 아니면 편집자라고 해야 하는지의 문제가 남아있다. 또한 독자의 문제에 있어서도 원 독자와 현대독자를 구별해서 생각할 필요가 있다. 현대독자의 목적은 고대 문학관습으로 성경본문을 이해하려고 하는 동시에 현재의 사회적, 문화적 상황을 가지고 본문에 접근하기도 하는 것이다.

둘째, 내포저자와 내포독자와의 관계를 살펴보아야 한다. 내포저자(implied author)는 실제저자의 텍스트상의 표명이라 할 수 있다. 대부분 문학 비평가들은 '내포저자는 작품 전체의 지배적 의식이며 작품 속에 구체화되어 있는 규범들의 근원' 이라고 설명한다. 즉 내포저자는 텍스트로부터의 추론에 근거하여 집성된 저자이다. 그리고 내포독자(implied reader)도 또한 실제인물이 아니라 상상의 인물이다. 대체적으로 내포독자에 대해 '내포독자란 방에 앉아서 독서하고 있는 혈육을 가진 실제적인 존재가 아니라, 서사 그 자체로부터 추정되는 청중이다' 라고 설명할 수 있다.

셋째, 화자와 피화자와의 관계를 살펴보아야 한다. 서사분석에서 가장 유용한 한 쌍의 구분은 화자(Narrator)와 피화자(Narratee)다. 화자와 피화자는 모두 수사적 장치이며 경우에 따라서는 텍스트에서 분명하게 드러나기도 한다. 일반적으로 말해서 화자는 텍스트 속에서 이야기를 하는 사람을 가리키며, 피화자는 텍스트 속에서 화자의 이야기를 듣는 사람을 말 한다. 서사에서 화자가 하는 역할은 독서 중인 본문에 대한 독자의 반응을 구체화하는데 중추적 역할을 한다. 화자는 독자에게 어떤 정보를 제공하거나 또는 숨기거나 하는 것에서부터 명시적인 논평에 이르기까지 다양한 방법을 통해 독자의 반응을 이끌어낸다.

서사는 크게 일인칭 서사와 삼인칭 서사로 나뉠 수 있는데, 일인칭 서사에서는 화자가 주로 서사 속의 작중인물인 경우가 많고, 반면 삼인칭 서사에서는 화자가 전지전능한 관점을 취할 수 있다. 성경에 나타난 대부분의 서사는 삼인칭 전지적 서사인데, 서사 속에서 이러한 화자의 목소리는 독자들의 분석방향과 또 사건과 인물에 대한 반응을 제시하는 권위적인 지침이 된다. 독자가 삼인칭 전지적 화자에 대해 무의식적으로 동의한다는 것은 일반적으로 지적되어온 사실이다.

넷째, 시점에 대해 살펴보아야 한다. 시점이란 서술의 초점으로 이야기를 구성하고 있는 인물 · 행위 · 배경 · 사건 등을 독자에게 제시하는 방법이다. 즉 화자(話者)가 이야기를 하기 위해 자리 잡은 시선의 각도, 서술의 발화점, 관점을 뜻한다. 조건으로는 인칭, 인지(認知)의 범위, 의식의 형태 등이 있지만 통상적으로 작가와 독자 사이, 발화자(發話者)와 수화자(受話者) 사이의 관계에 긴밀한 연관을 갖고 있다. 플롯(plot)의 기본이 되며, 작품의 효과 및 독자에 대한 호소력에 큰 영향을 미친다. 시점의 문제는 일찍이 소설가들에게 큰 관심사로 존재해왔는데, 19세기 이전의 여러 비평문에서 시점에 대한 관심을 엿볼 수 있다. 아리스토텔레스는 작가 호메로스가 작품 속에 개입하는 일 없이 이야기를 진행한 것이 값지다고 믿었는데, 이것은 오늘날 이야기에 대한 서로 대립되는 2가지 개념이 이미 고대에도 있었음을 뜻한다. 즉 하나는 화자가 속과 겉, 부재하는 것과 존재하는 것 모두를 알고 있는 상태에서 설교하거나 판단하고 이야기의 한 부분을 요약하여 설명하는 등 이야기 속에 마음대로 끼어드는 경우이고, 다른 하나는 화자가 자신의 모습을 나타내지 않으려고 애를 쓰면서 지금 들려주는 것은 허구(虛構)라는 사실을 느끼지 못하게 노력하는 경우이다. 전자는 화자가 이야기를 들려주는 경우이고, 후자는 그냥 보여주는 경우이다. 오늘날의 개념으로 말하자면 전자는 '설명하기' (telling)이고, 후자는 '보여주기' (showing)이다. 19세기말에 헨리 제임스는 '극화(劇化)하는' 것이 좋다는 규칙을 세웠는데, 이 역시 아리스토텔레스의 개념을 이어받은 것이다.

다섯째, 인물에 대해서 살펴보아야 한다. 문학적 비평가들은 인물을 입체적 인물(round character), 단면적 인물(flat character), 동작자(agent)로 구별한다. 입체적 인물은 많은 특성을 지닌다. 그의 심리는 복잡하여 예측하기가 어려우며, 따라서 더 사실적이다. 반면 단면적 인물은 단지 하나의 특성을 지니며 일차원적이다. 동작자는 뚜렷한 개성이 없이 단지 스토리를 진행시키는 역할만을 수행한다.

여섯째, 플롯에 대해 살펴보아야 한다. 플롯에 대한 최초의 정의는 아리스토텔레스(Aristotle)의 단순한 정의이다. 그는 플롯을 시작과 중간, 그리고 종결이 있는 것으로 정의하였다. 대체로 플롯은 갈등에 의해 추진된다. 따라서 갈등은 당연히 결말에 대한 관심을 야기 시킨다. 그래서 스토리의 시작은 갈등의 소개와 더불어 중간단계를 거쳐 갈등이 해결되는 종결로 나아가도록 독자들을 재촉한다.

일곱 번째, 배경에 대해서 살펴보아야 한다. 배경 역시 플롯 및 인물과 밀접하게 연관되어 있다. 인물은 작품상황을 설정하는 배경과 더불어 살고 행동한다. 또 배경은 행동이 일어나는 물리적 장소를 제공하고, 분위기를 설정하며, 때로는 특정구절의 메시지 전달을 지원하기도 한다.[291)]

내러티브를 강론이나 시처럼 해석해서는 성경의 재미와 교훈을 손실하고 말 것이다. 「창세기」 37장에서부터 시작하여 마지막 장인 50장까지에 걸쳐서 나오는 요셉의 이야기를 들어서 내러티브 읽기에 대한 시범으로 삼겠다. 요셉의 이야기는 비교적 규모가 큰 내러티브로 고통 받는 종의 모티브를 다루고 있다. 이런 모티브를 전개하는 이야기에 있어서 주인공은 늘 당치않은 고통을 당하게 되고 그런 고통을 거쳐 그는 다른 사람들에게 큰 유익을 주게 된다. 요셉은 인류의 구세주가 되는 죄 없는 수난자(受難者)의 모형이라 할 수 있다.

고난 받는 종(suffering servant)의 이야기에 나타나는 가장 중요한 주제는 인간의 고통을 뜻 깊게 보는 이념인 것이다. 왜 그것이 의미 있느냐 하면 하나님은 악과 인간의 고통을 이용하여 보다 큰 유익을 주기 때문이다. 요셉 자신이 그의 고난의 체험을 겪고 난 후 이런 사실을 두 번이나 강조하고 있는 것을 볼 수 있다.

"당신들이 나를 이곳에 팔았으므로 근심하지 마소서. 한탄하지 마소서. 하나님이 생명을 구원하시려고 나를 당신들 앞서 보내셨나이다. 하나님이 큰 구원으로 당신들의 생명을 보존하고 당신들의 후손을 세상에 두시려고 나를 당신들 앞서 보내셨나니 그런즉 나를 이리로 보낸 자는 당신들이 아니요 하나님이시라. 하나님이 나로 바로의 아비를 삼으시며 그 온 집의 주를 삼으시며 애굽 온 땅의 치리자를 삼으셨나이다" (창 45:5, 7-8).

이것은 요셉이 자기 정체를 형들에게 밝히면서 인생의 비극을 하나님은 역이용, 선한 길로 인도하신다는 것을 개진한 것이다. 그리고 야곱이 죽은 후 과거에 저지른 잘못으로 어떤 보응이라도 받을까 해서 형들이 두려워하고 있을 때, 요셉은 다시 다음처럼 말한다.

"당신들은 나를 해하려 하였으나 하나님은 그것을 선으로 바꾸사 오늘과 같이 만민의 생명을 구원하게 하시며 하셨나이다" (창 50:20). 이런 깊은 뜻이 담겨 있는 수난에 비추어 볼 때, 요셉의 생애는 가히 운명적이라 할 수 있다. 요컨대 요셉은 인류에 대한 하나님의 구속적 목적에 따라 일생을 살았고, 그것은 미래를 예고해 주는 그의 꿈에서 지각할 수가 있다.

요셉의 내러티브만큼 내용과 형식, 주제와 구조가 아주 교묘하게 서로 유기적으로 얽혀 짜진 이야기도 찾아보기 드물다. 요셉은 네 차례에 걸쳐 각기 다른 상황에서 지배적인 위치에 오르게 된다. 즉 그가 어렸을 적, 본가에서는 형들보다 우월한 입장에 있게 되고 (창 37장), 보디발의 집에서는 그의 종들을 다스리는 위치에 있게 되며(창 39:4-6), 감옥에서는 동료 죄수들을 그리고 그 후에는 이집트의 땅을 관리하고 다스리는 위치에 오르게 된다(창 39:21-23, 41:39-41).

이런 단계 변화에 있어서 중요한 상징적 구실을 하는 것은 요셉의 옷(garment)이라 할 수 있다. 형들은 요셉을 구덩이에 처넣기 전에 그의 옷을 벗겼고(창 37:23), 보디발의 아내는 유혹에 실패하자 그의 옷을 붙잡고 늘어져 그것을 이용하여 그를 고발했으며(창 39:12-18), 감옥에서 나와 파라오를 만날 때 요셉은 그의 옷을 갈아입었고(창 41:14), 이집트의 총리대신이 되어 나라를 다스릴 때는 고운 모시 옷을 차려 입었다(창 41:42). 여기서 그의 옷은 지배(dominance)와 변이(transition)의 상징이며, 그리고 각 단계의 변이가 있을 때마다 요셉은 박해와 보존을 상징하는 구덩이, 감옥 및 이집트의 땅에 감금된다. 이것은 하나의 역설(paradox)로써 죄없는 수난자가 당하는 고투의 과정을 묵시적으로 보여준다.

요셉의 이야기를 해설하는데 있어서 또 다른 중요한 요소는 꿈(dream)이라 할 수 있다. 이 이야기에 나오는 많은 꿈들은 요셉과 형들 사이에 벌어지는 갈등을 더욱 강렬하게 해주는가 하면, 요셉이 궁극적으로 성취할 성공을 예형적으로 예시해 주면서 요셉의 생이 처음부터 운명적이라는 것을 보여주고 있다. 이런 꿈의 기능으로 보아 요셉은 처음부터 하나님의 예언적 묵시 가운데서 살아가고 있음을 알 수 있다.

요셉의 초기 생활은 그의 아버지 야곱의 생활과 흡사하다. 형제간의 불화와 질투는 구덩이에 던져 넣었다가 이집트의 노예로 팔아버리는 대목에 이르러 절정에 이른다. 이집트에 팔려간 요셉은 보디발의 아내의 유혹과 무고로 죄 없이 감옥에 갇혔다가 마침내는 이집트의 총리대신까지 되어 나라를 잘 다스리므로 국민들의 사랑을 받게 된다.

이것만 보더라도 요셉의 이야기는 U형태의 구조 즉 상승-하락-

상승의 구조를 갖는다. 고난 받는 종의 원형으로서의 요셉은 하락 과정에서 위험스런 여행을 거치게 되고 그 과정을 거쳐 그는 정신적 및 사회적 성년에 입문하게 되는 것이다. 이미 위에서 시도한 대로, '요셉의 이야기'는 내러티브니까 내러티브를 구성하는 요소들, 즉 배경, 인물, 사건과 플롯 및 구조 등을 분석하는 문학적 능력을 발휘해서 해석하여야 한다. 다른 유형의 글들은 쓰여진 목적에 맞게 해석하여야 그 의미가 분명해진다.

각주)-----------------

164) 왕대일, 『새로운 구약주석』 (서울: 성서연구사, 2000), 156-57.

165) 성경해석에 보편적으로 적용되는 단어가 '비평'이라는 말이다. '비평'이라는 말은 성경이 초자연적으로 영감을 받은 하나님의 말씀이라는 주장을 배격하거나 성경을 판단하는 자리에 있음을 나타낼 때 사용되기도 하지만, 여기서 사용한 '비평'이라는 말은 '접근'(approach) 또는 '해석'(interpretation)과 동일한 의미다. Simon J. Kistemaker, *The Gospel in Current Study* (Grand Rapids: Baker Book House, 1972), 35.

166) Gros Louis. R. R. Kenneth, "The Book of Judges," *Literary Interpretation of Biblical Narratives*, ed. K. Gros Louis er al. 2 vols (Nachville: Abingdon, 1974), 160.

167) 이광복, 『해석학의 실제』(서울: 흰돌선교회, 2000), 261-62 참조.

168) 위 책, 262.

169) 위 책, 264에서 재인용.

170) 위 책, 264에서 재인용.

171) 위 책, 265.

172) Northrop Frye, The Great Code: *The Bible and Literature* (New York: Harcourt Brace Jovanovich, Publishers, 1981), 79.

173) 이광복, 266.

174) Jon D. Levenson, "Theological Consensus or Historical Evasion?", in *Hebrew Bible or Old Testament?: Studying the Bible in Judaism and Christianity,* eds. R. Brooks and J. J. Collions (Norte Dame: U of Norte Dame P, 1990), 134.

175) *Ibid.*, 132, 134.

176) 문서 비평에 관한 연구를 위해서는 다음 책을 참고하기 바란다. Norman Habel, *Literary Criticism of the Old Testament, Guides to Biblical Shcolarship, Old Testament series* (Philadelphia: Fortress Press, 1971).

177) 네 자료들을 통상 J(Jehovah). E(Elohim). D(Deuteronomy). P(Priestly)문서라 칭한다.

178) 왕대일, 156-57.

179) 대개 20세기 초까지의 산업을 제1차 산업, 제2차 산업으로 나누어 말한다. 제1차 산업은 농업, 입업, 수산업 같은 직접 자연을 대상으로 일하는 산업을 말하고, 제2차 산업은 각 산업 가운데서, 자연물을 뽑아내는 광업과 광산물 및 농림수산물 따위를 이차적으로 가공하는 공업 등을 지칭한다.

180) 이 부분에 대한 참고서적에 대해서는 왕대일, 148에 소개된 책들을 읽어보시기 바란다.

181) 시드니 그레이다누스 지음, 『성경 해석과 성경적 설교 상』, 김영철 옮김 (서울: 여수룬, 1992), 106.

182) 위 책, 106에서 재인용.

183) James Muilenburg, "Form Criticism and Beyond," *JBL* 88(1969), 1-18.

184) 박철우, 『구약성서의 구조와 신학』 (천안: 한국신학연구소, 1994), 8.

185) 현경식, 이성호, 『수사학적 성경해석의 이론과 실제』 (서울: 성서연구사, 2000), 9.

186) 이형원, "실존적 문제에 대한 성경적 대답(문학적 해석으로)", 『목회와 신학』(서울: 두란노 서원) 제91호(1996. 3), 97.

187) M. A, Abrams, *A Glossary of Literary Terms* (New York: Holt, Rinehart, & Winston, 1993), 160.

188) http//blog.naver.com.

189) Brevard S. Childs, *Interpretation* 52 (1978), 54.

190) Brevard S. Childs, *Concordia Theological Monthly* 43 (1972), 711.

191) 그레이다누스, 148.

192) 위 책, 148.

193) Brevard S. Childs, *Biblical Theology in Crisis* (Philadelphia: Westminster, 1970), 99-100.

194) Childs, *Concordia Theological Monthly* 43 (1972), 710.

195) 벌턴 L. 맥 지음, 『수사학과 신약성서』, 유태엽 옮김 (서울: 도서출판 나단, 1993), 48-52; 현경식, 이성호, 『수사학적 성경해석의 이론과 실제』, 71-77.

196) Phyllis Trible, *Rhetorical Criticism: Context, Method, and the Book of Jonah* (Minneapolis: Fortress, 1994), 32-40, 41-48 참조.

197) *Ibid.*, 91-95.

198) *Ibid.*, 101-106.

199) 그레이다누스, 127.

200) 위 책, 131.

201) C. Hassell Bullock 지음, 『시편 총론-문학 및 신학적 개론』, 류근상 옮김 (서울: 크리스천 출판사, 2003), 42.

202) 위 책. 89.

203) 크레그 블롬버그 지음, 『비유해석학』, 김지찬 옮김 (서울: 생명의 말씀사, 1996), 196.

204) J. Middleton Murry, *The Problem of Style* (London: Cambridge University Press, 1960) 참조.

205) Mary Ellen Chase, *Life and Language in The Old Testament* (New York, 1995), 120.

206) A. S. Cook, "The Authorized Version of the Bible and its Influence," in *Cambridge History of English Literature* (London: Cambridge University Press, 1909), 44.

207) H. J. C. Grierson, *Rhetoric and English Composition* (New York: Oliver Boyd, 1945), 44.

208) R. H. Pfeiffer, *Introduction to the Old Testament* (London, 1952), 18.

209) Earl F. Palmer, *The Humor of Jesus: Source of Laughter in The Bible* (California: Regent College Publishing, 2001), 47.

210) 김지찬, 『언어의 직공이 되라』(서울: 생명의 말씀사, 1996), 264.

211) 위 책, 116.

212) G. B. Caird, *The Language and Imagery of the Bible* (Philadelphia: Westerminster, 1980), 224.

213) 김지찬, 152.

214) George Lakoff and Mark Johnson, *Metaphors We Live By* (Chicago: U of Chicago P, 1980), 35-40 참조.

215) 김지찬, 180.

216) 이일환, 『알레고리와 아이러니 사이』(서울: 한신문화사, 1999), 45.

217) Morris Sweetkind, *Teaching Poetry in the High School* (New York: The Macmillan Company, 1964), 108.

218) 이광복, 『성경해석학』 (서울: 도서출판 흰돌, 초판 1995) 참조.

219) 위 책, 133.

220) 김지찬, 242.

221) Layman Abbot, *The Life and Literature of the Ancient Hebrews* (New York: Houghton, MIfflin and Company, 1902), 171.

222) 용혜원, 『유머의 법칙』(서울: 도서출판 정우, 2004), 22.

223) 문연철, "요나에 나타난 유머성의 수사적 기능" 『신학지남』2011년 제78권 1집(통권 제306호), 224-256 참조.

224) 김지찬, 330.

225) 위 책, 151. 성경에 따르면 '누이'는 하나님의 뜻대로 행하는 자(막 3:35) 또는 주님의 마음에 드는 자를 가리킨다. '신부'를 애굽에서는 흔히 '누이'라고 부른다고 한다. 그리고 '신부'라는 호칭은 가장 성숙된 사랑의 대상을 부를 때 사용된다.

226) 동산은 동양적인 정원 특히 페르시아 풍의 정원을 말한다. 그 정원은 아름답고 꽃들이 만발하여 매우 향기롭고 샘물과 강물이 늘 흐르고 있어 식물들이 잘 자라며 각종 열매들이 생산되는 풍요로운 곳이므로 낙원(paradise)의 원형이 된다. 여기서는 "과수원"(orchard--4:13)으로 표현되었다.

227) 석류나무는 도금양(myrtle)과에 속하는 과일나무 또는 관목이다. 꽃은 깔대기 모양으로 아주 아름다우며 선홍색이다. 열매는 익으면 터져서 빨간 속을 들어내 보이는데 그 색깔은 홍색이다. 꽃받침은 왕관처럼 쓰고 있어 아주 우아하다. 석류는 알맹이 즉 씨가 많아 풍성한 것이 특색이다.

228) 고벨화는 인도와 애굽 등지에서 생산되는 것으로서 크기 2-3m 정도인 관목이다. '고벨'이라는 이름은 뿌리가 희거나 연노랑인 데서 붙여진 것 같다. 고벨화는 봉선화류의 꽃으로 처녀들이 손톱과 발톱에 물들이는 꽃이다. 그 빛은 적황색으로 보기가 아름답고 향기가 많다. 붉은 부분의 꽃색은 사랑을, 누른 부분의 꽃색은 평화를, 화려함은 영광의 부활을, 향기로움은 복음을 상징한다.

229) 번홍화는 인도가 원산지로 둥근 뿌리에서 솔잎 모양의 잎이 핀다. 늦 가을이 되면 잎사귀 옆에 아름다운 보라빛 꽃이 피고 향기를 날린다. 꽃줄기는 그늘에 말려서 귀한 약재로 쓴다. 꽃은 음식물의 염료 또는 맛을 돋구는데 쓰인다.

230) 창포는 아라비아가 원산지로 값진 제사용 향유이다(출 30:23-29). 후에는 갈릴리 호반에도 생장하였던 향속 식물이다(렘 6:20; 사 43:24; 겔 27:19). 「출애굽기」 30장 23-29절에 보면 이는 상등 향품으로, 하나님은 모세에게 지시하시기를 "너는 그것으로 회막과 하나님의 증거궤에 바르고 상과 모든 기구며 등대와 그 기구며 분향단과 번제단과 그 모든 기구와 물두멍과 그 받침에 발라 그것들을 지성물로 구별하라. 무릇 이것들에 접촉하는 것이 거룩하리라"하였다.

231) 계수의 본래 뜻은 '갈대' 혹은 '말렸다'는 것이다. 향나무의 껍질을 종이처럼 말렸다는 것에서 유래된 듯하다. 이 역시 강한 향속이다.

232) 유향목이란 원래는 '백색' 이라는 뜻이다. 그 나무의 씨가 백색 투명한데서 유래된 듯하다.

233) 몰약은 아라비아의 향료나무에서 추출해낸 수지로 악취를 제거해 주는 향료로 쓰였다(시 45:8; 잠 7:7). 수사성의 궁녀들은 여섯 달 동안 몰약으로 몸을 다듬고 나머지 여섯 달은 부인용 향수와 화장수로 몸을 닦은 뒤에 비로소 아하스에로스 왕 앞에 나가게 되어 있었다(에 2:12). 이로 보아 몰약은 부인들의 화장용으로도 쓰였고 방부제로도 사용되었던 것을 알 수 있다.

234) 침향은 아프리카의 희망봉이 원산지다. 백합과에 속하는 다년생 초본으로 높이는 12-13m가 된다. 피침형(披針形)의 잎이 있으며 꽃은 흰 빛이다. 이 재목은 향내 좋기로 유명하다(민 24:6; 요 19:39). 그래서 의복 등에 향료로 사용되었고(시 45:8; 잠 7:7), 향료를 저장하는데도 사용되었다. 니고데모는 이 향유를 부어 주님의 고난받은 성체 위에 발랐다(요 19:39-40).

235) 이것은 달 밑 세상을 구성하고 있는 네 원소, 땅, 공기, 불, 물을 연상시킨다.

236) 유동근 저, 『아가서에 묘사된 영적 체험의 단계』(서울: 해외선교센터, 1999), 25. "무화과나무는 겨울을 통과해서 익는 열매다. 포도나무 꽃은 보기가 힘들다. 포도나무에 꽃이 피었다는 것은 반드시 포도가 열린다는 뜻이다. 이것은 주님의 십자가의 죽음 이후에 반드시 부활이 있다는 것을 뜻한다."

237) '겨울' 이란 말은 히브리어로는 '마타르' 즉 '가려짐' 으로 되어 있다. 팔레스타인의 겨울은 우기의 계절이기 때문에 하늘을 구름이 가려지고 있다. 겨울은 음울하고 추우며 초목의 성장이 정지되는 때다. 따라서 겨울은 자연 세계의 죽음과 영적 세계의 시험을 상징한다.

238) '비도 그쳤다' 라는 말도 역시 봄이 왔다는 말과 같다. 여기서 비는 여름비가 아니라 겨울날의 궂은비로서 시련을 상징한다.

239) 꽃과 새는 낙원(천국)의 쾌적한 환경을 이루는 가장 중요한 요소 중의 하나다. 꽃은 아름다움을, 새는 행복한 노래 곧 찬양을 뜻한다.

240) '푸른 무화과'가 익는 시기는 유월절 전후다(막 11:13). 푸른 무화과가 익는 시기는 북방 유대인의 구원의 시기를 뜻한다(미 7:1).

241) 박윤선 저, 『전도서. 아가서』(서울: 영음사, 1985), 141.

242) 김상배 지음, 『솔로몬의 아가라』 (서울: 엘맨, 1995), 46.

243) 사랑하는 사람의 마음을 사로잡는 것은 '부드러운 소리'와 '아름다운 얼굴'이다. 이것을 영적으로 생각해 보면 '부드러운 소리'는 성도의 기도 소리와 찬송 소리 및 사상의 표현을 가리킨다 할 수 있고, '아름다운 얼굴'이란 인격과 품성의 아름다움을 뜻한다고 할 수 있다.

244) 죠지 뷰로우, 『솔로몬의 아가』, 최종태 역 (서울: 소양사, 1989), 168.

245) 박철우, 『구약성경의 구조와 신학』 (서울: 한국신학연구소, 1994), 7.

246)언어학의 네 가지 중요한 요소들:

1) 언어행위의 두 단계: 랑그(langue, 언어)는 사람이 자기 머리 속에 담고 있는 모든 단어들의 형상들을 통칭한다. 즉 모든 개개인의 정신에 축적된 단어 이미지의 총체를 가리킨다. 빠롤(parole, 말 speech)은 다른 사람에게 특정한 메시지를 전달하기 위해 개개의 화자가 사용하는 말을 가리킨다.

2) 기호들의 체계의 독자성: 언어를 형성하는 말 또는 단어들을 일컬어 기호(sign)라 한다. 기호란 '기표' (표현 signifier: 의미를 나타내는 것)와 '기의' (내용 signified: 의미를 포함하는 것)가 결합된 것으로서 일반적으로 이 두 요소의 결합은 독자적인 의미를 창출한다. 즉, 하나의 언어 체계에서 사용된 어떤 말이나 단어는 꼭 하나의 의미만을 갖는 것이 아니라, 문맥이나 말하는 방식에 따라 다른 의미를 제공한다는 것이다. 이러한 기호 체계의 독자성 때문에 인간이 발음할 수 있는 음소(phoneme)는 적지만 인간은 다수의 언어 체계를 가질 수 있다. (이광규, 『레비-스토로스』 (서울: 대한기독교서회, 1973), 149). 여기서 말하는 기표는 입을 통해서 나올 때 갖는 '소리' 또는 '글씨'로 썼을 때 갖는 글자의 형태고, 기의

는 그 말속에 담겨진 '개념' 또는 '뜻' 이다.

3) 통시적 언어학과 공시적 언어학의 구별: 전자는 본문에 대한 역사 비평적 연구를 시도하는 것이고, 후자는 본문의 고정적인, 그리고 체계적인 면을 연구하는 시도로서 구조 언어학의 중심이 되는 것이다.

4) 기호들의 연관성의 종류들: 기호들의 연관성은 통합적 관계(rapport syntagmatique)와 연상적 관계(rapport associatif)로 나타난다고 한다. 통합적 관계란 하나의 기호가 자체적으로 의미를 갖기보다는 앞뒤에서 제시되는 기호들과의 연관성 속에서 의미를 갖는다는 것이고, 연상적 관계란 하나의 기호에 대한 이해는 그것과 형태 그리고 의미에 있어서 유사한 기호들을 연상한 결과로도 가능하다는 말이다.

247) 장일선, 『구약성서와 설교』 (서울: 전망사, 1089), 144.

248) 왕대일, 207.

249) 장일선, 『히브리설화의 문학적 이해』 (서울: 대한기독교출판사, 1985), 146.

250) Robert H. Pfeiffer, *Introduction to the Old Testament* (New York: Harper & Brothers Publishers, 1948), 326.

251) R. G. Moulton, *Bible as Literature* (New York: Thomas Y. Crowell & Co., 1896), 127.

252) Chase, 131.

253) Julius A. Bewer, *The Literature of the Old Testament* (New York: Columbia University Press, 1933), 8.

254) Chase, 103-105.

255) Chase, 103-105.

256) 팟테, 『구조주의적 성서해석이란 무엇인가?』, 이승식 역 (천안: 한국신학연구소, 1987), 94.

257) 그레마스의 모델은 아래의 책에 공통으로 인용이 될 정도로 구조주의적 해석의 대표적인 모델이다. 장일선, 『히브리설화의 문학

적 이해』(서울: 대한기독교서회, 1985), 244-47; 장일선, 『구약성서와 설교』(서울: 전망사, 1993), 146-47; 이형원, 『구약성서비평학 입문』(서울: 침례신학대학 출판부), 266-67; Terence J. Keegan, *Interpreting the Bible-A Popular Introduction to Biblical Hermeneutics* (New York: Paulist Press, 1985), 57-60; 문덕수, "구조주의적 비평," 『현대의 문학이론과 비평』(서울: 시문학사, 1991), 170-73; 하윤금, "그레마스의 기호학," 『구조주의』(서울: 고려원, 1992), 79-100; 김경용, 『기호학이란 무엇인가?』(서울: 민음사, 1994), 280-97.

258) 전철, "구조주의와 구조주의적 성서해석", http:// blog. empass. com/mokpojsk/9897708 참조.

259) 하윤금, 92.

260) 이형원, 『구조성서비평학 입문』, 269.

261) Alfred M. Johnson, Jr., ed. and trans. *Structuralism and Biblical Hermeneutics* (Pittsburgh: The Pickwick Press, 1979), 196. 이형원 『구약성서비평학 입문』 268에서 재인용.

262) Robert C. Cully, *Studies in the Structure of Hebrew Narrative* (Philadelphia: Fortress Press, 1970), 47-108.

263) *Ibid*, 70.

264) *Ibid.*, 93.

265) 장일선 저, 『히브리 설화의 문학적 이해』, 252.

266) Cully, 40.

267) 웨인 로빈슨 저,『이야기 설교를 향한 여행』, 이연길 역 (서울: 한국장로교출판사, 1998), 13.

268) 담론이란 일반적으로는 이야기를 주고받으며 논의하는 것을 가리킨다. 문학에 있어서는 서사 구조의 내용을 이루는 서술 전체를 가리키며, 언어학에서는 한 문장보다 더 큰 일련의 문장을 가리킨다.

269) 이연길, 『이야기 설교학』(서울: 쿰란출판사, 2003), 26.

270) 마크 알렌 포웰 지음, 『서사 비평이란 무엇인가?』, 이종록 옮김 (서울: 한국장로교출판사, 1993) 참조.

271) 로빈슨, 13에서 재인용.

272) Eugene L. Lowry, *Sermon* (Abingdon, 1997), 24.

273) 토마스 롱 지음, 『성서의 문학유형과 설교』, 박영미 옮김 (서울: 대한기독교서회, 1995), 123.

274) J. B. Green, *The Gospel of Luke* (Grand Rapids: Eerdmans, 1997), 10.

275) 윤철원, "서사로 성경읽기(신약): 신약성서의 설교와 내러티브 읽기," 『교회와 신앙』webmaster@ amennews.com. 10-11.

276) 위 글.

277) Northrop Frye, *The Great Code: The Bible and Literature* (New York: Harcourt Brace Jovanovich, 1982) 참조.

278) John Bowker, *Problems of Suffering in Religions of the World* (Cambridge: At the University Press, 1970), 32.

279) Edward Morgan Foster, *Aspects of the Novel* (New York: Harcourt, Brace, Jovanovich, 1927), 103-18.

280) Meyer Howard Abrams, *A Glossary of Literary Terms* 4th ed. (New York: Holt, Rhinehart and Winston, 1981), 185.

281) 평가관점이라는 용어는 등장인물이 사물을 보고 그것들을 판단하는 방식을 결정하는 규준, 가치 그리고 전반적인 세계관을 가리칸다.

282) Seymour Chatman, *Story and Discourse: Narrative Structure in Fiction and Film* (Ithaca: Cornell UP, 1978), 45.

283) 포웰, 72.

284) Forster, 86.

285) Chatman, 45-46.

286) Laurrence Perrine, *Story and Structure*, 4th ed. (New York: Hartcourt, Brace, Jovonovich, 1974), 44.

287) *Ibid.*, 44.

288) Abrams, 175.

289) 송영목, "자서전적 독자비평으로 신약 읽기," 『교회와신앙』(2006) webmaster@ amennews.com.

290) 조신권, 『성경의 문학적 탐구』(서울: 아가페 문화사, 2008) 참조바

람. 특히 본서의 수사적 접근방법 장을 참고하기 바란다.

291) 본서 서사적 접근방법 장을 참조하기 바란다.

끝맺는 말

이 시대는 르네상스 이래 전면으로 그 모습을 드러내기 시작한 인본주의가 절정에 이르러 저마다 주관주의로 치닫고 있는 때다. 현대인들은 그들의 유익과 행복을 위해서라면 얼마든지 하나님을 무시하거나 그분을 제쳐놓고 패역 하는 일을 조금도 서슴지 않는다. 이런 식으로 인본주의가 만연되고 팽배해지면서, 신앙의 정체성은 자연히 자의적 숭배신앙으로 변질될 수밖에 없었으며, 또한 이로 인해서 말씀에 대한 해석과 적용의 관점도 하나님 중심에서 인간중심으로 옮겨지게 되었다.

이렇게 성경에 대한 해석과 적용의 관점 및 축이 하나님 중심에서 인간중심으로 옮겨지면서, 인간은 종교적인 중압에서 해방되어 자유를 얻은 듯 의기양양해 하지만, 하나님을 무시하고 성경을 접어두는 순간부터 인간 세상에서는 정의가 살아지고 죄만 우굴거리게 되었다. 이런 더러운 시궁창 같은 곳에는 빛과 자유가 존재할 수 없다. 뿐만 아니라 신전의식(神前意識)을 내려놓으면서 인간은 방종에 가까운 생활윤리와 저질적인 가치관에 사로잡히게 되고, 그때부터 비인간화된 상태와 모습으로 살아가게 되었다. 진지하고 엄숙한 경건주의를 추구하는 신앙인이나 절대적인 가치를 추종하는 사람은 시대에 뒤떨어진 바보로 취급받게 되었다.

또한 하나님을 버리고 성경을 떠나면서, 확고한 신념도 종적을 감추었고, 절대적인 윤리의식과 형이상학인 진리를 추구하는 신학과 철학도 힘을 잃고 말았다. 이러한 판국이 된 것은 한 마디로 말해서 우리 삶의 지침이 되며 미래를 이끌어갈 만한 신앙체계와 가치체계로 이루어진 바르고 포괄적인 세계관이 실종됐기 때문이다. 이시대의 여러 가지 어려운 국면들을 감싸않고 여과할 수 있는 포괄적인 세계관은 전능하신 하나님의 영감을 받아 기록한 성경을 떠나 다른 곳에서는 찾을 수가 없다. 다시 말하자면, 성경만이 그런 세계관의 기초요 지침이 될 수 있다는 말이다. 이제라도 성경으로 다시 돌아갈 때, 이 시대는 영적인 암매와 위기에서 벗어날 수가 있고, 이 시대의 특징 중의 하나인 포퓰리즘을 지향할 수 있으며, 또한 대중들이 연출해내는 감각적인 방종의 광무(狂舞)도 사라지게 될 것이다. 사실상 이 시대만큼 성경에 대한 올바른 해석과 적용이 절실하게 요청되고 바른 세계관의 정립을 필요로 하는 때도 없다.

사실상 기독교는 오랜 세월 동안 이 땅에서 존경을 받아왔는데, 그것은 바로 시대는 변해도 전혀 변치 않는 성경진리와 그 정신에 굳게 서 있었기 때문이다. 개화기 이래 교육과 의료를 전한 것이 기독교 선교사들이었고, 전쟁과 가난으로 어려움을 겪는 이웃을 힘써 돌보고 섬긴 것이 기독교였다. 농촌 계몽운동을 통하여 개화의 바람을 불어넣었고 문맹퇴치에 앞장섰던 것이 또한 기독교였다. 나라가 기울어졌을 때 애국운동을 전개하고 절제운동을 펴서 경제를 살리는 일에 앞장서기도 하였던 것이 기독교였다. 그러나 1970-80년대 이후 대형 교회를 선두로 양적 성장에 몰두하면서 기독교가 보통 사람들에게서 떨어져 '그들만의 종교'가 되고 말았다.

이미 언급한 바와 같이, 이 시대의 문제는 하나님께서 우리 인생의 마그나 카르타로 주신 성경을 가볍게 대하고 그 무게를 격하 시키는 일반인들은 물론이거니와 그리스도인들 중에도 그런 사람이 적지 않게 많다는 것이다. 하나님의 말씀보다 사람의 말과 기록을 더 중하게 생각하고 소중하게 여기는 데서 문제는 야기된다. 그러나 우리가 명심하여야 할 것은 인간의 말과 기록은 조석지변이요 불완전한 것이지만, 하나님의 말씀과 기록은 일점일획도 틀림없고 변함도 없다는 것이다. 인간의 기억은 한계가 있기에 사안에 따라 축소, 확대, 왜곡, 미화될 수밖에 없다. 이미 기록자의 마음속에 자리 잡고 있는 기존 성향과 가치체계 혹은 세계관에 따라 의식의 흐름이 전개되기 때문에 객관성을 유지한다는 생각 자체가 또 다른 편견을 가져올 뿐이다. 그런데도 요즈음 세상은 불변하는 하나님의 말씀을 제쳐놓고 분별력 없는 사람들의 기록이나 어록을 더 높이여기거나 세계관의 뿌리를 거기에다 두려는 경향이 더 많아졌다. 이래서 이 세대는 초점을 잃었고 사상의 조류는 탁류가 되었다.

두말 할 것도 없이 이 시대에 있어서 가장 시급한 것은 성경적 세계관의 정립이라 할 수 있다. 그것을 회복하는데 앞장 서야 할 주동 세력은 기독교회다. 그런데 기독교회가 사회의 신임을 잃었으니 그것이 문제다. 이런 사회 속에서 기독교의 위상을 되찾으려면 우선 그리스도인들이 순수복음으로 돌아가서 신앙윤리와 사회와의 의사소통 및 사회를 섬기는 청지기 정신부터 회복하여야 한다. 그런 솔선수범(率先垂範) 없이는 어떤 일도 이룩할 수가 없다. 솔선은 앞장을 선다는 뜻이요, 수범은 모범을 보인다는 뜻이다. 앞장서서 삶의 좋은 성경적 본보기를 보이는 것이 솔선수범의 신앙이라 할 수 있다.

성경의 다독도 좋지만 성경에 대한 바른 이해와 해석을 통하여 바른 세계관을 세우고 그 세계관에 따라 사회로부터 신임 받을 수 있도록 철저하게 훈련받고 생명 에너지를 되찾는 것이 더 중요하다. 그래야만 그리스도의 전사가 될 수 있다. 그래야만 사회가 우리를 무시하거나 경멸하질 않고 따라오게 될 것이다. 말씀이 올바르게 살아나면 사람이 살아나고, 사람이 살아나면 신자가 살고 나라가 살아나게 된다. 이와 같이, 말씀을 경시하는 사회를 개혁하기 위해서는 말씀이 살아야 한다. 말씀이 살려면 성경에 대한 바른 이해와 해석이 요청된다. 이런 올바른 성경해석의 원리를 네 가지로 제시하고자 한다.

첫째로, 성경은 하나님의 계시의 말씀이기 때문에 하나님의 절대주권적인 관점으로 해석하여야 한다. 이는 하나님의 선하시고 기뻐하시고 온전하신 뜻을 분별하는 가운데서 하나님의 의와 영광 중심과 하나님의 관점으로 해석해야 함을 의미한다.

둘째로, 성경은 인간들의 작품이 아니라 성스러운 경전이기 때문에 성경신학적 관점으로 해석하여야 한다. 이는 역사 속에서 점진적으로 발전해 가는 역동적인 계시의 다양성을 예수 그리스도에게 집중시키는 한편, 하나님 나라라는 구속사의 최종 목표에 유기적으로 연결시킴으로서 종말론적인 완성(통일성)을 지향하게 하는 것을 의미한다.

셋째로, 『신구약』은 두 책이지만 따로 떨어진 별개의 책이 아니라 하나로 통일되어 있는 책이기 때문에 『신구약』을 총체적이고 통시적인 관점으로 상호관계 속에서 해석하여야 한다. 이는 구약계시를 '약속'의 관점에서 신약계시를 '성취'의 관점으로 해석하는 것을 의미한다.

넷째로, 성경은 치밀한 그물망으로 엮여져 있는 책이기 때문에 전후좌우의 문맥을 살펴서 종합적으로 해석하여야 한다. 적어도 하나의 사상과 주제를 설명하고 있는 한 단락 내지는 그 이상의 내용을 포괄해서 하나님의 본의를 파악해야 함을 의미한다.

마지막 원리로서 제시한 바와 같이, 성경의 바른 해석을 위해서는 통합적인 접근방법이 필요하다는 것도 숙지하게 되었다. 성경신학에 관련한 여러 가지 접근방법이 있지만 크게 두 가지, 즉 통시적인 연구방법과 공시적인 연구방법으로 나눌 수 있다. 본문비평, 문서비평이나 양식비평 그리고 전승사비평 같은 방법은 통시적인 연구방법이라 할 수 있다. 그 이유는 종래의 역사비평 연구방법은 성경을 역사적 산물로 보고, 성경 기자나 편집자가 가진 세계관이 그 시대의 역사적인 제약을 받기 때문에 인간의 이성으로서 역사적 산물을 비판해 왔기 때문이다. 통시적인 연구 방법은 이와 같이 역사를 꿰뚫고 과거에서 현재에까지 이르는 과정을 세분하여 분석하며 검토하는 과정을 말한다.

반면에 역사를 문제시하지 않는 공시적인 연구방법이 있다. 이 같은 연구방법으로서는 경전비평, 구조주의비평, 그리고 문학비평, 곧 수사비평, 형식주의비평, 서사비평, 독자반응비평, 장르비평 등을 들 수 있다. 이 연구방법은 자료의 문제나 전승의 문제 그리고 저자나 역사적 배경까지도 문제 삼지 않는다. 다만, 신앙공동체가 물려받은 경전 그 자체에 기록된, 마지막 형태로 있는 그대로를 읽으며 그 의미를 찾아보는 데 힘을 쏟는다. 성경 본문의 배후에 자리 잡고 있는 저자의 역사나 상황 등을 해석이 과제나 수단으로 전제하지 않고, '최종 형태의 성경 본문' 이 무엇을 어떻게 말하고 있는지를 해석의 대상이나 해석의 과제로 삼는다. 그래서 이 해석은 텍스트의 역사성을 규명하기보다는 텍스트의 문학성을 추적하려 한다. 곧 본문의 의미나 글의 의미를 소중하게 갈무리하려고 한다는 것이다.

그러나 두 방법 중 어느 한 방법만으로 성경을 올바르고 정확하게 해석을 할 수가 없다고 생각한다. 이 두 해석방법을 통합한 방법을 사용하는 것이 가장 이상적이다. 다시 말하자면 통시적인 연구방법과 공시적인 연구방법을 최대한 상호 보완하고 의존하여 상호관련성을 맺게 하여 해석할 때에 비로소 성경해석학의 좀 더 바람직한 관점이 이루어질 수 있다는 말이다. 부연하자면, 각기 다른 비평방법이 갖는 한계와 제약을 극복하고 성경에 나타난 여호와 하나님의 구원사역을 증언하는 구원 증언의 책으로 읽도록 도와주어야 한다는 것이다. 역사비평과 같은 저자 중심의 해석방법론(Author-centered methods)도, 신비평과 같은 본문 중심의 해석방법론(Text-centered methods)도, 독자반응비평과 같은 독자 중심의 해석 방법론(Reader-centered methods)도, 일방적인 것으로서는 올바른 성경해석을 이루어낼 수가 없다. 가능한 한 이런 모든 접근방법을 통합해서 적절하게 해석할 때 성경의 진정성을 확보할 수 있다. 그때 교회가 살고 신앙이 살아나게 될 것이다. 제 아무리 신기하고 좋게 보이는 방법론이라도 성경의 권위나 영감을 해치는 것은 절대로 수용해서는 안 된다.

성경과 역사를 구분하려는 사람들도 있지만 그것은 옳지 못하다. 미국 웨스트몬트대학 석좌교수로 재직 중에 있는 트렘퍼 롱맨 3세는 "문학으로서의 성경과 역사로서의 성경을 구분하는 것은 잘못된 이분법"으로서, "성경은 문학이자 동시에 역사이며 그 이상"이라고 강조하였다. 롱맨이 말한 바와 같이, 문학으로서의 성경과 역사로서의 성경으로 나누는 것은 옳지 못하며, 누차 말한 대로 이상적인 것은 통합적인 방법으로 성경에 접근하는 것이라 할 수 있다.

다시 말하면, 성경해석은 성경의 핵심인 구원사역을 입증하는 방면으로 철저하게 이루어져야 하고, 성경 안에 형상화되어 있는 사랑과 화해 및 용서의 정신을 풀어내서 이 시대의 세계관으로 삼아야 한다는 것이다. 그런 희망을 간절히 담아서 미흡하지만 이 책을 썼다. 독자 여러분의 애독을 기다리며 대단원의 막을 내리겠다.

참고문헌

고영민. "성경은 무엇인가," 『국민일보 미션라이프』. 2010년 7월 7일자.

곽안전. 『한국교회사』. 서울: 대한기독교서회, 1973.

권성수. 『성경해석학』. 서울: 총신대학출판부, 1991.

권태경. 『하나님 마음에 합한 사람』. 서울: 도서출판 그리심, 2002.

『기독교 대백과사전』. 서울: 기독교문사, 1984.

그레이다누스, 시드니. 『성경 해석과 성경적 설교 상』. 김영철 옮김. 서울: 여수룬, 1992.

김경용. 『기호학이란 무엇인가?』. 서울: 민음사, 1994.

김기홍. 『이야기 교회사』. 서울: 도서출판 두란노, 2004.

김병철. 『한국근대번역문학사』. 서울: 을유문화사, 1975.

김상배. 『솔로몬의 아가라』. 서울: 엘맨, 1995.

김상훈. 『해석 매뉴얼: 성경해석법의 이론과 실제』. 서울: 그리심, 2003.

______. "영감된 하나님의 책으로서의 성경과 개혁주의 해석학적 과제," 『신학지남』. 서울: 신학지남사, 2002.

김양선. "Ross Version과 한국 Protestantism," 『백산학보』. 제3호, 1967.

김정우. "성경의 문학적 접근," 『목회와 신학』. 서울: 두란노서원. 제4호, 1991.

김지찬. 『언의 직공이 되라』. 서울: 생명의 말씀사, 1996.

라이켄, 리런드. 『기독교와 문학』. 권영건 옮김 . 서울: 크리스챤 다이제스트사, 1991.

로빈슨, 웨인. 『이야기 설교를 향한 여행』. 이연길 역 . 서울: 한국장로교출판사, 1998.

롱, 토마스. 『성서의 문학유형과 설교』. 박영미 옮김 . 서울: 대한기독교서회, 1995.

매츠거, 부르스 M. 『신약정경형성사』. 이정근 역 . 서울: 기독교문화사, 1993.

맥, 벌턴 L. 『수사학과 신약성서』. 유태엽 옮김. 서울: 도서출판 나단, 1993.

문덕수, "구조주의적 비평," 『현대의 문학이론과 비평』. 서울: 시문학사, 1991.

문연철, "요나에 나타난 유머성의 수사적 기능," 『신학지남』. 2011년 제78권 1집.

박영만. 『성경산책』. 서울: 성광문화사, 2000.

박윤선. 『전도서. 아가서』. 서울: 영음사, 1985.

박준서. "구약성서," 『성서와 기독교』. 서울: 연세대학교 출판부, 1988.

박창환. 『성경의 형성사』. 서울: 대한기독교서회, 1969.

______. 『성서개론』. 서울: 대한 예수교 장로회 총회 교육부, 1970.

박철우. 『구약성서의 구조와 신학』. 천안: 한국신학연구소, 1994.

박형용. 『신약정경론』. 서울: 합동신학대학원 출판부, 2002.

______. 『성경해석의 원리』. 서울: 엠마오, 1994.

벤후저, 케빈. 『이 텍스트에 의미가 있는가?』. 김재영 옮김 . 서울: 한국기독학생회출판부, 2003.

뷰로우, 죠지. 『솔로몬의 아가』. 최종태 역. 서울: 소망사, 1989.

브라우어, 더글라스 J. 『당신은 무엇을 믿는가』. 이종태 옮김 . 서울: 복있는 사람, 2001.

브럭헌, 야콥 판. 『누가 성경을 만들었는가?』. 김병국 역 . 서울: 총신대학교 출판부, 1997.

블록, 하셀. 『시편 총론-문학 및 신학적 개론』. 류근상 옮김 . (서울:

크리스천 출판사, 2003.
블롬버그, 크레크. 『비유해석학』. 김지찬 옮김 . 서울: 생명의 말씀사, 1996.
사이어, 제임스.『비뚤어진 성경해석』. 박우석 역 . 서울: 생명의 말씀사, 1983.
샤프, 필립.『교회사 전집 2: 니케아 이전의 기독교』. 이길상 옮김 . 서울: 크리스챤 다이제스트, 2004.
송영목. "자서전적 독자비평으로 신약 읽기,"『교회와신앙』. 2006. webmaster@ amennews.com.
스토트, 죤. 『성경연구입문』. 최낙재 옮김. 서울: 성서유니온, 1992.
신충훈. 『유대인의 세계와 히브리어』. 서울: 한국학술정보, 2008.
왕대일. 『새로운 구약주석』 . 서울: 성서연구사, 2000.
용혜원. 『유머의 법칙』. 서울: 도서출판 정우, 2004.
유성덕. 『성경형성개론』. 서울: 성광문화사, 1987.
윤철원. "서사로 성경읽기(신약): 신약성서의 설교와 내러티브 읽기,"『교회와 신앙』. webmaster@ amennews.com. 10-11.
이광복.「해석학의 실제」. 서울: 흰돌선교회, 2000.
이연길. 『이야기 설교학』. 서울: 쿰란출판사, 2003.
이일환. 『알레고리와 아이러니 사이』. 서울: 한신문화사, 1999.
이형원. "실존적 문제에 대한 성경적 대답(문학적 해석으로)" , 『목회와 신학』. 서울: 두란노 서원. 제91호. 1996.
______. 『구약성서 비평학 입문』. 대전: 침례신학대학교, 1991.
장경철. 『하나님 공부하기』. 서울: 낮은 울타리, 1998.
장성민. "다원주의 시대의 기독교윤리 방향," 『개혁논총』. 제12권, 2009.
장일선. 『구약성서와 설교』. 서울: 전망사, 1089.

______. 『히브리설화의 문학적 이해』. 서울: 대한기독교출판사, 1985.

전 철. "구조주의와 구조주의적 성서해석" , http://blog .empass.com/mokpojsk/9897708.

정규철. "칼빈의 성경무오론," 『신학지남』. 2002년 여름호 271호. 서울: 신학지남사, 2002.

조신권. 『예수와 그 주변 사람들의 이야기』. 서울: 아가페문화사, 2009.

______. 『명작속의 크리스천』. 서울: 아가페문화사, 2007.

______. 『성경의 문학적 탐구』. 서울 아가페 문화사, 2008.

진론드, 베르너. 『신학적 해석학: 해석학의 역사와 특성』. 최덕성 옮김 . 서울: 도서출판 영문, 2000.

崔載瑞. 『文學原論』. 서울: 春潮社, 1966.

카이저, 월터 C ・실바, 모이세스. 『성경 해석학 개론』. 강창헌 번역 . 서울: 도서출판 은성, 1996.

클라인, 윌리엄. 블롬버그, 크레크. 하버드, 로버트. 『성경해석학 총론』. 류호영 역 . 서울: 생명의 말씀사, 2009.

포웰, 마크 알렌. 『서사 비평이란 무엇인가?』. 이종록 옮김 . 서울: 한국장로교출판사, 1993.

클라크, 다윗. 『성경 교리학』. 송봉길 옮김 . 서울: 기독교 문화협회, 1986.

토잇, A.B. 『신약정경론』. 권성수 옮김. 서울: 엠마오, 1991.

킬취, 벤자민. 『성경예표 · 환유 · 은유해설 대사전』. 김경선 역. 서울: 여운사, 1994.

킴포트, 필립 W. 『성경의 기원』. 김광남 옮김 . 서울: 엔크리스토, 2010.

팟테. 『구조주의적 성서해석이란 무엇인가?』. 이승식 역 . 천안: 한국신학연구소, 1987.

하윤금. “그레마스의 기호학,” 『구조주의』. 서울: 고려원, 1992.

함만, 아달베르. 『교부들의 길』. 이연학 옮김. 서울: 성바오르, 2010

행크스, 제프리.『교회사를 빛낸 거인들』. 안보현 옮김 . 서울: 생명의 말씀사, 2001.

현경식. 이성호. 『수사학적 성경해석의 이론과 실제』. 서울: 성서연구사, 2000.

홀, 크리스토퍼.『교부들과 함께 성경 읽기』. 이경직 · 우병훈 옮김 . 서울: 살림출판사, 2008.

힌슨, 데이비드 F. 『구약성서 39권』. 이후정 역 .서울: 컨콜디아사, 1991.

Abbot, Layman. *The Life and Literature of the Ancient Hebrews*. New York: Houghton, Mifflin and Company, 1902.

Abrams, M. A. *A Glossary of Literary Terms*. New York: Holt, Rinehart, & Winston, 1993.

Bewer, Julius A. *The Literature of the Old Testament*. New York: Columbia University Press, 1933.

Booth, Henry Kendall. *The Background of the Bible*. New York: Charles Scribner's Sons, 1930.

Bruce, F, F. *The English Bible, A History of Translation*. London: Methuen, 1961.

_____. *The Books and The Parchments*. Westwood: Fleming H. Revell Company, 1963.

Butterworth, Charles. *The Literary lineage of the King James Bible 1340-1611*. Philadelphia: Pennsylvania UP, 1941.

Buttrick, George Arthur. ed., *The Interpreter's Dictionary of the*

Bible. Nashville: Abingdon Press, 1962..

Caird, G. B. *The Language and Imagery of the Bible*. Philadelphia: Westerminster, 1980.

Chatman, Seymour. *Story and Discourse: Narrative Structure in Fiction and Film*. Ithaca: Cornell UP, 1978.

Chase, Mary Ellen. *Life and Language in the Old Testament*. New York. 1955.

Childs, Brevard S. *Concordia Theological Monthly 43*. 1972.

______. *Biblical Theology in Crisis*. Philadelphia: Westminster, 1970.

Clines, David J. A. *I, He, We, and They: A Literary Approach to Isaiah 53*. JSOTSS 1. Sheffield: JSOT Press, 1978.

Cook, A. S. "The Authorized Version of the Bible and Its Influence," in *Cambridge History of English Literature*. Cambridge: University of Cambridge Press, 1909.

Daiches, David. *Critical Approaches in Literature*. London: Longmann, Green and Co Ltd., 1969.

Dibelius, M. *From Tradition to Gospel*. New York: Charles Scribner's Sons, 1965.

Dockery, David. "Preaching and Hermeneutics," in *Handbook of Contemporary Preaching*. ed. Michael Duduit . Nashville: Broadman and Holman Publishers, 1992.

Drew, Elizabeth. *Poetry*. New York: Dell Publishing Co., Ltd., 1959.

Eliot, T, S. *Essays Ancient and Modern*. London: Faber and Faber, 1963.

_____. *Selected Essays*. London: Faber and Faber, 1951.

Fohrer, Georg. *Introduction to the Old Testament.* trans. David E. Green. New York: Abindon Press, 1968.

Foster, Edward Morgan. *Aspects of the Novel.* New York: Harcourt, Brace, Jovanovich, 1927.

Frye, Northrop. *The Great Code: The Bible and Literature* . New York: Harcourt Brace Jovanovich, Publishers, 1981.

Goodspeed, Edagar J. *How Came The Bible?* New York: Abingdon Press, 1940.

Green, J. B. *The Gospel of Luke.* Grand Rapids: Eerdmans, 1997.

Habel, Norman. *Literary Criticism of the Old Testament, Guides to Biblical Shcolarship.* Old Testament series. Philadelphia: Fortress Press, 1971.

Harbermas, J. "Modernity versus Postmodernity," in *New German Critique*, no. 22. 1981.

Johnson, Alfred M. Jr., ed. and trans. *Structuralism and Biblical Hermeneutics.* Pittsburgh: The Pickwick Press, 1979.

Keegan, Terence J. *Interpreting the Bible—A Popular Introduction to Biblical Hermeneutics.* New York: Paulist Press, 1985.

Kelly, Joseph F. *The World of the Early Christians.* Minnesota: Liturgical Press, 1997.

Kenneth, Gros Louis R. R. "The Book of Judges," *Literary Interpretation of Biblical Narratives.* ed. K. Gros Louis er al. 2 vols . Nachville: Abingdon, 1974.

Kistemaker, Simon J. *The Gospel in Current Study.* Grand Rapids: Baker Book House, 1972.

Kugel James I. /Greer, Rowan A. *Early Biblical Interpretation.* Philadelphia: Westminster Press, 1986.

Lakoff George and Johnson, Mark. *Metaphors We Live By*. Chicago: University of Chicago Press, 1980.

Levenson, Jon D. "Theological Consensus or Historical Evasion?", in *Hebrew Bible or Old Testament: Studying the Bible in Judaism and Christianity*. eds. Brooks, R and Collions, J. J. . Norte Dame: University of Norte Dame Press, 1990.

Lewis, C. S. *They Asked for a Paper*. London: Geoffrey Bless, 1962.

Lowry, Eugene L. *Sermon*. Abingdon, 1997.

Mickelsen, A. B. *Interpreting The Bible*. Grand Rapids: Eerdmans, 1963.

Moulton, R. G. *Bible as Literature*. New York: Thomas Y. Crowell & Co., 1896.

Muilenburg, James. "Form Criticism and Beyond," *JBL* 88. 1969.

Murry, J. Middleton. *The Problem of Style*. London: Cambridge University Press, 1960.

Palmer, Earl F. *The Humor of Jesus: Source of Laughter in The Bible*. California: Regent College Publishing, 2001.

Perrine, Laurence. *Story and Structure*. New York: Hartcourt, Brace, Jovonovich, 1974.

Pfeiffer, Robert H. *Introduction to the Old Testament*. New York: Harper & Brothers Publishers, 1948.

Quincey, De. "Essay on Pope," in *Art of Criticism*. ed. Leider, P. R. and R. Wittongton, R.. Appleton Century, 1911.

Reynolds, W. D. "The Contribution of the bible Societies to the Christianization of korea," *The Korea Mission Field*. Vol. 12, No. 5. 1916.

Ryken, Leland. *The Christian Imagination: Essays on Literature and the Art*. Michigan: Grand Rapids, 1981.

Schqarz, W. *Principles and Problems of Biblical Translation*. London: Cambridge UP, 1955.

Smith, Logan Pearsall. *The English Language*. Oxford: Oxford UP, 1952.

Sweetkind, Morris. *Teaching Poetry in the High School*. New York: The Macmillan Company, 1964.

Trible, Phyllis. *Rhetorical Criticism: Context, Method, and the Book of Jonah*. Minneapolis: Fortress, 1994.

Warfield, B. B. *The Inspiration and Authority of the Bible*. Philadelphia: The Presbyterian and Reformed Publishing Company, 1948.

Wilder, Amos N. "Modern Poetry and the Christian Tradition," in *Encyclopedia of Poetry and Poetics*. ed., Priminger, Alex. Warnke, Frank J. and Hardison, O. B. Jr.. New Jersey: Princiten UP, 1965.

성경의 이해와 해석
문학적 접근 모색

2011. 9. 15 초판 인쇄
2011. 9. 30 초판 발행

지은이 조 신 권
발행인 김 영 무

발행처 : 도서출판 아가페문화사
156-094 서울 동작구 사당4동 254-9
전화 3472-7252, 3 팩스 523-7254
등록 제3-133호(1987. 12. 11)

보급처 : 아가페문화사
156-094 서울 동작구 사당4동 254-9
전화 3472-7252, 3 팩스 523-7254
온라인 우체국 011791-02-004204 (김영무)

정가 23,000 원

ISBN 978-89-8424-117-6 03230